फिदेल कास्त्रो

फिदेल कास्त्रो

वी.के. सिंह

प्रस्तावना

अवधेश प्रधान

राजकमल प्रकाशन

ISBN : 978-81-267-2689-9

मूल्य : ₹499

पहला संस्करण : 2014
तीसरा संस्करण : 2024

प्रकाशक : राजकमल प्रकाशन प्रा.लि.
1-बी, नेताजी सुभाष मार्ग, दरियागंज
नई दिल्ली-110 002
शाखाएँ : अशोक राजपथ, साइंस कॉलेज के सामने, पटना-800 006
पहली मंजिल, दरबारी बिल्डिंग, महात्मा गांधी मार्ग, प्रयागराज-211 001
1, अनमोल सोराबजी संतुक लेन, धोबी तलाव, मरीन लाइंस, मुम्बई-400 002
वेबसाइट : www.rajkamalprakashan.com
ई-मेल : info@rajkamalprakashan.com

मुद्रक : बी.के. ऑफसेट
नवीन शाहदरा, दिल्ली-110 032

FIDEL KASTRO
Biography by V.K. Singh

फिदेल कास्त्रो : अभी लड़ाई जारी है

इस तरह तारीख दिखाती है रोशनी
कि जो कुछ भी है, उसे बदल सकता है इनसान
जब जंग में होती है, पावन उजास
शान में महमहा उठता है वसन्त।
सब बिखर जाता है मौत की गर्त में
जब लोग मुकाबिल कर लेते हैं वायलिनें
चुनौती देते हैं अँधेरों को-अँधेरों के पहरुओं को
जगा देते हैं अपने गीतों से सितारों को
भेद डालते हैं बन्दूकों से अँधेरों को
इस तरह बढ़ा आता है फिदेल
चीरते हुए अँधेरों को
उतार लाने को सुबह का सुनहरा लाल सूरज
चमेली की शाखों पर।

—पाब्लो नेरूदा
(क्यूबा अपीयस)

उनके लिए
जिनका श्रम और सृजन की संस्कृति में विश्वास है

मैं सोचता हूँ जो लोग कुछ बनाते हैं
उन्हें उनका मालिक भी होना चाहिए
जो खदानों के अँधेरों में हैं, रोशनी के हकदार हैं
जंजीरों में जकड़ा बूढ़ा-थका आदमी-अब और नहीं
ढलानों पर लुढ़कते गुजर गए पत्थर-अब और नहीं...
मैं जानता हूँ उस आदमी को
और जब अभी मुझमें थोड़ी आग थी
जब चेहरे पर अभी भी थीं आँखें
जब गले में थी अभी भी आवाज
मैंने उसे ढूँढ़ निकाला, कब्रों की भूल-भुलैया से
उसकी हथेलियाँ थाम, जो अभी नहीं हुई थीं धूल
कहा 'सब गुजर जाएगा और तुम जिन्दा रहोगे
तुमने आग दी है जीवन को,
जो भी तुमने बनाया है, तुम्हारा ही है।'
वे मैं जिनके गीत गाता हूँ, वे जिन्हें मैं जानता हूँ
जनमते रहेंगे धरती पर
और समेट लेंगे समूची कायनात।

—पाब्लो नेरूदा
(द पीपुल)

प्रस्तावना

क्रान्ति और समाजवाद का जो सपना बीसवीं सदी की शुरुआत में रूसी क्रान्ति (1917) और चीनी क्रान्ति (1949) में साका र हुआ और जिसने विश्व-भर में मुक्तिकामी शक्तियों को अभूतपूर्व प्रेरणा दी, वह बीसवीं सदी के अन्तिम दशकों में सोवियत पतन और चीन में बाजारवाद के प्रसार के कारण जबर्दस्त धक्के का शिकार हो गया और संघर्ष की शक्तियों में भी हताशा के लक्षण प्रकट होने लगे। अमरीकी प्रभुत्व में विश्व-पूँजीवाद ने आक्रामक बढ़त लेनी शुरू की, इतिहास और विचारधारा के अन्त की घोषणा होने लगी और जिन विकासशील देशों ने समाजवाद के साथ थोड़ा-बहुत सामंजस्य बैठा रखा था, उन्होंने भी 'कल्याणकारी राज्य' का चोला उतार फेंका और विश्व बैंक और आई.एम.एफ. के निर्देशों के अनुसार बहुराष्ट्रीय निगमों के लिए, कॉरपोरेट पूँजी के लिए फाटक खोल दिए। जल, जंगल, जमीन, खनिज की खुल्लम-खुल्ला लूट शुरू हुई, राष्ट्रीय अर्थव्यवस्था की संवेदनशील इकाइयाँ निजीकरण के हवाले कर दी गईं। भूख और भ्रष्टाचार का भूमंडलीकरण हो गया।

इस समूचे दौर में, अमरीका की नाक के ठीक नीचे विश्व पूँजीवाद को चुनौती देता खड़ा रहा फिदेल कास्त्रो के नेतृत्व में समाजवादी क्यूबा! फिदेल--क्यूबाई क्रान्ति का महानायक--जिसने अमरीका के ग्यारह राष्ट्रपतियों की धौंस-पट्टी, सैनिक हस्तक्षेप, घुसपैठ, षड्यंत्र, आर्थिक नाकेबन्दी का मुकाबला किया। फिदेल--जिसने लातिन अमरीका मुक्ति-संग्राम के नायक सिमोन बोलिवार और जोस मार्ती की शौर्यगाथा को अपने लम्बे और शानदार अभियानों के द्वारा विजयगाथा में बदल दिया और 1 जनवरी, 1959 को सदियों पुरानी गुलामी की जंजीरें तोड़कर क्यूबा को स्वतंत्र सार्वभौम राष्ट्र का दर्जा दिलाया। इतना ही नहीं, इस महानायक ने जिस तरह क्रान्ति के दौरान, उसी तरह क्रान्ति के बाद 54 वर्षों से समाजवादी निर्माण में जनता का जैसा शानदार नेतृत्व किया है, उसकी कोई मिसाल नहीं है। मुक्ति-संग्राम और समाजवादी निर्माण के अप्रतिम नेता तो वे हैं ही; विश्व-साम्राज्यवाद के मुकाबले अदम्य प्रतिरोध और प्रतिवाद की प्रत्यक्ष चुनौती के रूप में फिदेल आज की तारीख में विश्व-जनगण के लिए प्रेरणा के जीवन्त स्रोत हैं।

विश्व पूँजीवाद के विजय-रथ के पहिये के नीचे पिसते हुए लोग सारी दुनिया में उठ खड़े हुए हैं। मार्क्स की 'पूँजी' फिर से पढ़ी जाने लगी है, 'इतिहास के अन्त' की घोषणा करनेवाले देखकर चकित हैं कि लातिन अमरीका, अफ्रीका और एशिया के उत्पीड़ित जन एक नया इतिहास रचने की ओर बढ़ रहे हैं। मुक्ति और समाजवाद का सपना सुगबुगाने लगा है। लातिन अमरीकी मुक्ति-संग्राम के महानायक सिमोन बोलिवार की विरासत को

फिदेल की प्रेरणा से आगे बढ़ाते हुए वेनेजुएला में ह्यूगो चावेज ने बोलिवारी क्रान्ति को अंजाम दिया। गत 5 मार्च को ह्यूगो कैंसर से जूझते हुए असमय विदा हो गए। आज हजारों-हजार बोलिवारी वेनेजुएला की मुक्ति और समाजवाद के सपने को पूरे आवेग और संकल्प के साथ बढ़ा रहे हैं।

आज जब हमारे देश में मजदूर, किसान, आदिवासी, स्त्रियाँ, छात्र-युवा, नौकरीपेशा और बेरोजगार, छोटे दुकानदार और व्यापारी लूट और दमन के विरुद्ध छोटी-बड़ी लड़ाइयों में उतर रहे हैं, तब कॉ. वी.के. सिंह ने उनके इस अभियान में फिदेल कास्त्रो जैसे आदर्श क्रान्तिकारी की जीवनगाथा लिखकर मशाल की तरह थमा दी है। यह फिदेल की जीवनी तो है ही, क्यूबा और समूचे लातिन अमरीका की मुक्तिगाथा भी बन गई है। इसमें फिदेल के साथ चेग्वेवारा जैसे उनके साथी की, उनके मुक्तियोद्धाओं की और सबसे बढ़कर अपराजेय जन-गण की शौर्यगाथा जितनी रोचक शैली में कही गई है उतनी ही रोचक शैली में मुक्ति-संग्राम और समाजवादी-निर्माण की समस्याओं और चुनौतियों का विश्लेषण भी किया गया है। वी.के. सिंह वामपंथी ट्रेड यूनियन के मँजे हुए नेता और मजदूर वर्ग के ओजस्वी वक्ता-प्रवक्ता रहे हैं, इसीलिए इस शौर्यगाथा में औपचारिक और अकादमिक भाषा के ठंडेपन के बजाय आन्दोलनधर्मी भाषा की ऊष्मा अधिक अनुभव होगी।

फिदेल कास्त्रो के जीवन, विचार और कर्म को समेटनेवाली ऐसी भरी-पूरी किताब हिंदी में पहली बार आई है। आशा है, हिंदी के जागरूक पाठक और जन-संघर्षों के सचेत कार्यकर्ता इसे हाथो-हाथ लेंगे।

अवधेश प्रधान
प्रोफेसर, हिंदी विभाग
बी.एच.यू., वाराणसी

अपनी बात : दिल से

इस प्रयास का पूरा श्रेय मेरे अनन्य मित्र, विचार और व्यवहार के हमराही डॉ. अवधेश प्रधान को जाता है। मेरी सेवानिवृत्ति के कुछ ही दिनों बाद मेरे आवास पर इग्नाशियो रमोने की फिदेल से सौ घंटों के साक्षात्कार पर आधारित फिदेल की आत्मकथा 'माइ लाइफ' के पन्ने पलटते हुए प्रधान जी ने इसके हिन्दी अनुवाद का सुझाव दिया। बातों-बातों में बात आगे निकली और लगा कि इसके बजाय फिदेल पर हिन्दी में स्वतंत्र लेखन प्रस्तुत किया जा सके तो बेहतर होगा। अंग्रेजी और तमाम विदेशी भाषाओं में फिदेल को लेकर बहुत कुछ लिखा गया है। खुद फिदेल के अपने भाषणों का विशाल भंडार उनके व्यक्तित्व और कृतित्व को जानने-समझने के लिए उपलब्ध है। यथास्थितिवाद के खिलाफ वैकल्पिक सपनों और उम्मीदों को लेकर दुनिया-भर में चे गुवेरा और फिदेल कास्त्रो का अपना आकर्षण, अपनी अपील है—खासकर संघर्षशील नौजवान पीढ़ी में। हिन्दीभाषी जनता भी इससे अछूती नहीं है। मगर हिन्दी में फिदेल के बारे में चन्द फुटकर सामग्रियों के अलावा कुछ खास उपलब्ध नहीं है। अपनी मजदूरवर्गीय प्रतिबद्धताओं के चलते फिदेल मेरे लिए हमेशा एक प्रेरणा और क्रान्तिकारी संघर्षों का जीवित इतिहास रहे हैं। इसलिए मुझे लगा कि काम कठिन जरूर है, मगर किया जाना चाहिए।

प्रयास में एक वर्ष से अधिक समय लगा। प्रधान जी हर थोड़े दिन पर प्रगति का जायजा लेते हुए प्रोत्साहित करते रहे—फिदेल पैदा हुए कि नहीं। विश्वविद्यालय पहुँचे कि नहीं। क्रान्ति शुरू हुई कि नहीं...। अलावा इसके अपने साहित्यकार मित्रों के जुटावे के मौकों पर वह उत्साह के साथ मेरी इस हिमाकत का बखान करने से नहीं चूकते। इस तरह वह मेरे पीछे हट सकने के सारे रास्ते मुस्तैदी से बन्द करते गए। हालाँकि जब फिदेल आपके नायक हों, पीछे हटने की सम्भावना हो ही नहीं सकती। लिहाजा प्रयास पूरा होना था और हुआ।

लेखन के पहले अध्ययन सामग्री के भंडार को खँगालते हुए लगा कि अगर विशुद्ध अमेरिकी प्रशासनिक पूर्वग्रहों से लिखी गई चीजों को किनारे भी कर दिया जाए तो भी विद्वानों, विशेषज्ञों, राजनीतिक टिप्पणीकारों के लेखन का एक बड़ा हिस्सा ऐसा बचता है जो फिदेल, उनकी क्रान्ति और क्यूबाई समाज पर पहले से एक 'स्टैंड', एक निर्णय लेकर उसके पक्ष में तर्कों की बनावट और बुनावट ज्यादा है। लेखन की यह पद्धति आलोच्य के प्रति वैचारिक ईमानदारी और नैतिकता के सवाल खड़े करती है। आप किसी व्यक्ति, उसके विचार, उसके कामों से असहमत हो सकते हैं। असहमति और आलोचना का आप को अधिकार है। मगर इसके लिए आपको सबसे पहले उस व्यक्ति के विचारों, तर्कों,

नजरिए को जानना-समझना होगा। पाठक के सामने इन्हें ईमानदारी से रखकर अपने प्रतिवादी तर्कों, विचारों, नजरिए को रखना होगा जिससे पाठक अपने स्वतंत्र निष्कर्ष पर पहुँच सके। बिना इतिहास को जाने उस पर अपना नजरिया, अपना निर्णय थोपना बौद्धिक बाजीगरी तो हो सकती है मगर बौद्धिक ईमानदारी नहीं।

फिदेल अक्सर कहते हैं, क्यूबा की क्रान्ति को क्यूबा के, आम क्यूबाइयों के नजरिए से ही समझा जा सकता है। इसी तरह फिदेल को भी समझने का प्रस्थान-बिन्दु फिदेल की वैचारिकी को बिना किसी पूर्वग्रह या पूर्वनिर्णय के समझना ही हो सकता है। यह इस विनम्र प्रयास की मूल दिशा है।

रचना की अपेक्षा आलोचना आसान है। खासकर तब जब आलोचक की उस रचनाकर्म में कोई भागीदारी नहीं रही हो। ऐसी आलोचनाओं का आलोचना और आत्मालोचना की रचनात्मकता से लेना-देना नहीं होता। फिदेलिस्ता क्रान्ति एक भी विदेशी पैसे और एक भी विदेशी बन्दूक की मदद के बिना फिदेल के लड़ाकों और क्यूबाई जनता की कुर्बानियों की ताकत पर लड़ी और जीती गई थी। क्रान्ति के बाद जब दैत्याकार अमेरिकी शार्क ने नन्ही क्यूबाई सार्डिन की गर्दन पर आर्थिक नाकेबन्दी के पैने दाँत गड़ा दिए तब पूँजीवादी दुनिया के साहिल के तमाशाई देश या तो सार्डिन पर अफसोस कर रहे थे या उल्टे शार्क की वाहवाही। इमदाद के लिए कोई नहीं था। ऐसे में शार्क से बचने के लिए जी-जान से लड़ती सार्डिन को सिर्फ सोवियत खेमे का साथ मिला था। आज सोवियत समाजवाद को लेकर तमाम सवाल उठाये ही जा सकते हैं। इस मॉडल की कमजोरियों-विसंगतियों का दुष्प्रभाव क्यूबा के सामाजिक पुनर्निर्माण और इसकी आर्थिक-सामाजिक-प्रशासनिक संरचनाओं पर पड़ना स्वाभाविक था। यह भी बिल्कुल मुमकिन है कि अमेरिकी साम्राज्यवाद से लड़ते हुए, उसकी नाक के नीचे, उसकी सीमाओं से महज 90 मील दूर अपनी क्रान्ति को टिकाये रखने के लिए क्यूबा को सोवियत संघ के साथ अन्तर्राष्ट्रीय मसलों पर कभी-कभार मजबूरी के समायोजन भी करने पड़े हों। फिदेल ने यह कभी नहीं कहा कि उनसे गलतियाँ नहीं हुईं। फिदेल का कहना सिर्फ इतना है कि उनकी गलतियाँ रणनीतिक न होकर कार्यनीतिक रही हैं। फिदेल यह भी मानते हैं कि परिस्थितियों का दबाव आपको कभी-कभी मर्जी के विपरीत कार्यनीतिक समायोजनों के लिए मजबूर कर ही सकता है।

एक छोटे से उदाहरण से बात पूरी करना चाहूँगा। प्रखर मार्क्सवादी चिन्तक तारिक अली मेरे पसन्दीदा लेखकों में से हैं। उनकी राय पर सवाल उठाना मेरी हिमाकत होगी। 'पिरेट्स ऑफ करेबियन' में तारिक अली फिदेल और उनकी क्रान्ति के शुरुआती दौर से समूची दुनिया के वाम आन्दोलन और वाम कतारों को मिले आवेग और ऊर्जा के भावपूर्ण रेखांकन के बाद सोवियत संघ के चेकोस्लोवाकिया में सैनिक हस्तक्षेप की चर्चा करते हुए क्यूबा द्वारा इस कार्यवाही के समर्थन को लेकर फिदेल को 'उस मोटे थुल-थुल ब्रेझनेव की गोद में' बैठा देते हैं। सोवियत कार्यवाही के पक्ष में एक पल के लिए भी खड़े हुए बगैर यह समझने की कोशिश की जानी चाहिए कि क्या सचमुच क्यूबा के लिए यह ऐसा मुद्दा था जिसकी उसे सोवियत सम्बन्धों और सहयोग की कीमत पर मुखालफत करनी चाहिए थी? फिदेल ने कहा कि बहुत भारी मन और मजबूरी में क्यूबा ने इस कार्यवाही का समर्थन

किया था। इसके अलावा क्यूबा के लिए कौन-सी अन्तर्राष्ट्रीयता महत्त्वपूर्ण होनी चाहिए थी—सोवियत विरोध या दुनिया के विभिन्न महाद्वीपों में संघर्षरत मुक्तिकामी जनता के मुक्ति आन्दोलनों; कांगो, अंगोला, इथोपिया, बोलीविया, वियतनाम जैसे दर्जन भर देशों में अपने जुझारू स्वयंसेवकों के जरिए प्रत्यक्ष सहयोग। निवेदन सिर्फ इतना है कि परिस्थितियों के दबाव पर यदा-कदा कार्यनीतिक समायोजनों को रणनीतिक भूलों का दर्जा देना ज्यादती हो सकती है।

फिदेल और फिदेलिस्ता क्रान्ति को समझने के प्रयास की सीढ़ियाँ मैंने कुछ इस तरह तय की हैं। सबसे पहले लातिन-अमेरिका और क्यूबा की क्रान्तिकारी विरासत को उसके महानायकों—सिमोन बोलिवार और जोंसमार्ती—के मुक्ति-संघर्षों के माध्यम से समझने का प्रयास। फिदेल के जन्म के समय क्यूबा की राजनीतिक-सामाजिक स्थितियाँ। फिदेल का बचपन और व्यक्तित्व निर्माण के बीज मूल्य। फिदेल की क्रान्ति की पाठशाला—हवाना विश्वविद्यालय और अन्तर्राष्ट्रीयता के प्रारम्भिक अभियान—केयो कन्फाइट्स और बोगोटाजो। क्रान्ति की पहली चिंगारी—बतिस्ताशाही के खिलाफ मोन्काडा बैरक पर हमला, हमले की असफलता, बतिस्ता तानाशाही का दमन अभियान, फिदेल पर मुकदमा और क्रान्ति का पहला मेनिफेस्टो 'हिस्ट्री विल एब्जाल्व मी'। क्रान्ति की तैयारी के लिए मैक्सिको प्रवास और ग्रान्मा अभियान। सियेरा पहाड़ियों का संघर्ष, 26 जुलाई आन्दोलन, बतिस्ता सेना का अन्तिम हमला और पराजय-क्रान्तिकारी सेना का विजय-अभियान-बतिस्ता का पलायन-फिदेल का हवाना कूच, क्रान्ति की निर्णायक विजय। नए क्यूबा के निर्माण में क्रान्तिकारी अभियान का प्रारम्भ-कृषि सुधार और राष्ट्रीयकरण, अमेरिकी प्रतिक्रिया और आर्थिक नाकेबन्दी, डर्टीवार, बे ऑफ पिग्स की लड़ाई, मिसाइल संकट, पलायन संकट, शान्तिकाल का विशेषकाल। क्रान्ति की वैचारिकी, रंगभेद, महिला प्रश्न, धर्म और नैतिकता, त्रुटियों का परिमार्जन, विचारों का संघर्ष। चे की अनमोल शहादत और अन्त में फिदेल—एक जिन्दा क्रान्ति एक सच्चा इनसान।

किसी भी दृष्टि से यह प्रयास फिदेल के सम्पूर्ण व्यक्तित्व और कृतित्व को प्रस्तुत करने का दावा नहीं करता। यह काम किसी एक पुस्तक के लिए मुमकिन भी नहीं है। फिदेल के क्रान्तिकारी संघर्षों ने आधी सदी से ज्यादा लम्बे कालखंड में अमेरिका के ग्यारह राष्ट्रपतियों-आइजनहावर, केनेडी, जॉनसन, निक्सन, फोर्ड, कार्टर, रीगन, बुश सीनियर, क्लिंटन, बुश जूनियर और ओबामा का सामना किया है। यह प्रयास उस अद्‌भुत कालखंड की प्रतिनिधि घटनाओं के माध्यम से फिदेल के व्यक्तित्व और कृतित्व को समझने का है। यह घटनाओं को निर्विकार-निरपेक्ष बौद्धिक नजरिए से नहीं बल्कि एक स्थिति-सापेक्ष संवेदनशील इनसान के रूप में निरखने-परखने का प्रयास है।

यह प्रयास किसी रचना, साहित्य अथवा इतिहास की हैसियत में होने का दावा बिल्कुल नहीं करता और है भी नहीं। यह एक बेहतर, न्यायपूर्ण, समतामूलक दुनिया के लिए आज के अन्याय, अनीति और असमानता को फिदेल द्वारा दी जा रही चुनौती को एक आम श्रमशील व्यक्ति द्वारा समझने का विनम्र प्रयास-भर है। यह प्रयास अगर पाठकों के लिए 'फिदेल कास्त्रो' को 'फिदेल' बना पाने में कुछ भी कामयाब हो सका हो तो यह इसकी सबसे बड़ी सार्थकता होगी।

प्रयास मेरे परिवारजनों, मित्रों और शुभेच्छुओं के समवेत सहयोग और शुभकामनाओं से अस्तित्व में आ सका, जिसकी कमान डॉ. अवधेश प्रधान के हाथों में रही है। लगातार उत्साहवर्धन करने में श्रीमती नीरजा प्रधान, प्रधान जी की अर्धांगिनी होने के साथ ही अपने स्वयं के व्यक्तित्व और अधिकार के साथ भागीदार हैं। मेरे अनन्य कामरेड मित्र प्रशान्त शुक्ला और कुसुम वर्मा भी इस पूरे अभियान में लगातार मेरा सम्बल बने रहे। मेरी पत्नी विभा वाही न केवल इस पूरे दौर में उत्साहित रहकर मेरा उत्साह बढ़ाती रहीं बल्कि अध्ययन-लेखन के क्रम में मेरी ज्यादतियों-तुनुकमिजाजियों को भी सहज बर्दाश्त करती रहीं। हमारे बच्चों–मनीषा, शिशिर और सौरभ, पुत्रवधुओं–खुशबू और सुप्रिया को भी लगा कि पापा कुछ काम का काम कर रहे हैं और सब के सब उत्साह बढ़ाते रहे। खासकर मेरी बेटी मनीषा की खुशी का ठिकाना ही नहीं लगता था। बेटियाँ अपने पिता को लेकर ज्यादा ही मगन रहती हैं। इस पारिवारिक प्रोत्साहन-अभियान में मेरी बेटी की बेटी निमिषा 'रूनझुन' बराबर अपनी माँ से होड़ लेती रही। जामाता पंकज भी, जो जामाता होने के साथ मेरे 'कामरेड' भी हैं, बराबर मेरे प्रयास की प्रगति की जानकारी लेते रहे।

अपने मित्रों और शुभेच्छुओं में मैं पहला नाम अनुज समान राजेश वी. मुनी का लेना चाहूँगा जिसने असीम धैर्य के साथ मेरी अपठनीय हस्तलिपि को कम्प्यूटर के पन्नों पर उतारने का कठिन और उबाऊ कार्य उत्साह और चेहरे पर हमेशा चमकती रहनेवाली मुस्कराहट से किया। साथी राज नारायण पाण्डेय, अनुज हरिश्चन्द्र सिंह, सन्तोष राय 'नन्हे' और अखिलेश वर्मा के विशेष उल्लेख के साथ मैं अपने तमाम मित्रों-शुभचिन्तकों का उनके उत्साहवर्धन और शुभकामनाओं के लिए आभारी हूँ।

प्रयास में जिस अध्ययन सामग्री की सहायता ली गई है उसकी सूची साभार पुस्तक के अन्त में है। प्रयास का मुख्य आधार इग्नासियो रमोने की 'माई लाइफ' है जिसके लिए विशेष आभार। पूरे लेखन में तमाम सन्दर्भ सामग्री से स्वच्छंदतापूर्वक उद्धरणों का उपयोग किया गया है और उन्हें हिन्दी में अनूदित करते समय शब्दों से ज्यादा भावों पर ध्यान दिया गया है। जहाँ कहीं भी पाब्लो नेरूदा अथवा अन्य विदेशी कवियों की कविताओं के उद्धरण हैं, अनुवाद मेरे हैं। इसलिए स्वाभाविक रूप से किसी भी प्रकार की त्रुटि का दायित्व पूरी तरह से मेरा है।

अन्त में प्रधान जी, परिवारजनों, मित्रों, शुभेच्छुओं की प्रेरणा और प्रोत्साहन से साकार हुए मेरे इस प्रयास का परिणाम आप के हवाले है।

वी.के. सिंह

'बागेश्वरी' भवन
बी. 36/4-21, रमापुरी कालोनी
संकटमोचन, वाराणसी-221010

अनुक्रम

खंड I

पृष्ठभूमि

खंड II

एक क्रान्तिकारी का जन्म

खंड III

बगावत का बिगुल

खंड IV

निर्णायक जंग

खंड V

नए क्यूबा की ओर

खंड VI

क्रान्ति की वैचारिकी

खंड VII

क्रान्ति की राहों पर

खंड I

पृष्ठभूमि

(वे हमारे द्वीपों पर 1493 में आए)

जल्लादों ने द्वीपों को रौंदा
माटी के नन्हों की खिलखिलाहटें
टूटीं, बिखरीं, नोच डाली गईं
उन्हें बाँधकर यातनाएँ दी गईं
सरापा गया, दागा गया
नोचा गया और दफन कर दिया गया
कुछ नहीं बचा सिवाय हड्डियों के
क्रॉस की शक्ल में करीने से सजाई हुई
ईश्वर महान और
मानवता की शान और गौरव के नाम पर।

पाब्लो नेरूदा
(द कान्क्विस्टाडोर्स)

न्यूयॉर्क के मोटे थुल-थुल शहंशाह
विनम्र, शातिर हत्यारे हैं
खरीदते हैं सिल्क, नाइलॉन और सिगार
दलाल देसी आक्रांता और तानाशाह
खरीदते हैं देश, लोग, समन्दर
पुलिस, संसद, दूर-दराज के वतन
जहाँ गरीब सहेजकर रखता है अपना अनाज
जैसे कंजूस अपना सोने का खजाना।

पाब्लो नेरूदा
(स्टैंडर्ड आयल कं.)

क्या जमाना था : बीसवीं सदी

बीसवीं सदी दुनिया में नए संयोजनों, नए सपनों, नए विकल्पों की तलाश की सदी थी। पुरानी दुनिया, पुराने ढाँचों, पुरानी मान्यताओं के टूटने और बिखरने की सदी थी। इतिहास और भौगोलिक सीमा-रेखाओं में जबर्दस्त उथल-पुथल की सदी थी। नई दुनिया और नए इनसान के सपने के परवान चढ़ने, बुझने और फिर से जाग उठने के हौसले की सदी थी।

18वीं सदी के अन्त में ग्रेट ब्रिटेन की औद्योगिक क्रान्ति से जन्मा आधुनिक पूँजीवाद 19वीं सदी के मध्य तक समूचे पश्चिमी यूरोप में फैल चुका था। पश्चिमी यूरोप और बाकी दुनिया के बीच भौतिक सुख-समृद्धि, औद्योगिक और सामरिक क्षमता की गहरी और चौड़ी खाई बन चुकी थी। दुनिया का बड़ा हिस्सा औद्योगिक पूँजीवादी यूरोपीय औपनिवेशिक साम्राज्य के उपनिवेशों में बदल रहा था। रूस, चीन, जापान और ओटोमान जैसे पुराने परम्परागत साम्राज्य भी नए पश्चिमी यूरोपीय संस्थागत स्वरूपों में ढलने की आधी-अधूरी कोशिशें कर रहे थे। पूँजीवादी बाजार, वित्तीय संस्थागत प्रबंधन, व्यापार और वाणिज्य के पूँजीवादी नियम, आधुनिक ढाँचागत सुविधाएँ—टेलीग्राफ, रेल, सिंचाई और परिवहन के लिए नहरें, बन्दरगाह और कहीं-कहीं शाही दरबार भी संसदीय रूप लेने लगे थे। औद्योगिक पूँजीवाद के उत्पादों और विचारों का वैश्वीकरण शुरू हो गया था। पुराने साम्राज्यों में सिर्फ जापान ने 1868 में 'मेजी' पुनर्स्थापन के बाद एक झटके में पुरानी सामन्ती कृषि-व्यवस्था को तोड़कर अपना पूँजीवादी रूपान्तरण किया और द्वितीय विश्वयुद्ध के अन्तिम दिनों तक जिन्दा रहा। अन्य पारम्परिक साम्राज्यों में रूस ने 1858 से 65, ओटोमान ने 1840 के बाद और चीन ने 1890 से 1900 तक आधी-अधूरी कोशिशें की और बीसवीं सदी में बहुत दिनों तक अपना अस्तित्व बचाए नहीं रह सके। बाकी की ज़्यादातर दुनिया—अफ्रीका (इथियोपिया और लाइबेरिया को छोड़कर), दक्षिण-पूर्व एशिया, भारतीय उपमहाद्वीप, मध्य एशिया 19वीं सदी में यूरोपीय साम्राज्य के उपनिवेशों में बदल चुकी थी। पूँजीवाद ने इन देशों के अभेद्य दुर्गों को ढहाया। अपनी वैचारिकी और सस्ते औद्योगिक उत्पादों के जरिए नहीं बल्कि बन्दूक और बारूद की बदौलत। आधुनिक पूँजीवाद का पहला युद्ध ब्रिटेन ने चीन के खिलाफ नशे के मुक्त व्यापार के लिए 1839 से 42 तक 'अफीम युद्ध' के रूप में लड़ा था।

20वीं सदी के शुरू होने तक यूरोपीय साम्राजी ताकतों ने दुनिया को कमोबेश अपने पूँजीवादी साम्राजी साँचे में ढाल लिया था। 20वीं सदी के शुरू होते-होते अमेरिका भी स्पेनिश-अमेरिकी युद्ध में प्यूरिटेरिको और फिलीपीन्स के उपनिवेश हासिल करके

साम्राजी ताकतों में शामिल हो चुका था। बीसवीं सदी के शुरुआती दौर में ही जापान भी 1904-05 के युद्ध में रूस को हराकर विश्व-राजनीति में एक महाशक्ति का रुतबा हासिल कर चुका था।

साम्राजी ताकतों की विस्तारवादी-औपनिवेशिक महत्त्वाकांक्षाओं ने उपनिवेशों की पारम्परिक राजनीतिक-आर्थिक-सामाजिक संरचना के ताने-बाने को छिन्न-भिन्न कर दिया। औपनिवेशिक शासकों ने पुराने आर्थिक-सामाजिक ढाँचों और सामाजिक अन्तर्सम्बन्धों को हेय और पिछड़ा मानते हुए नकार दिया। उनके लिए ईसाइयत सर्वश्रेष्ठ धर्म और सभ्यता तथा उपनिवेशों के समाज असभ्य, बर्बर और दकियानूस थे। साम्राज्यवादी हमलों ने इन उपनिवेशों में सदियों से चली आ रही राजनीतिक व्यवस्था और शासन-प्रणाली की संस्थाओं को भी नष्ट किया।

संहार की तकनीक के औद्योगीकरण की प्रक्रिया 19वीं सदी के मध्य से ही प्रारंभ हो चुकी थी। 1880 के बाद से इसमें अभूतपूर्व तेजी आई। हथियारों का निर्माण लोहारों-शिल्पकारों की भट्ठियों और हथौड़ों से फिसलकर विशाल कारखानों और नई तकनीकों का उद्यम बन चुका था। इस पर होनेवाला विशाल सामरिक खर्च जनता पर बढ़ते करों के बोझ, सरकारी कर्जों और खासकर उपनिवेशों के उत्पादों, सम्पदा, संसाधनों की लूट के जरिए पूरा किया जाता। एमड स्मिथ के पैरोकारों ने मुक्त व्यापार का सिद्धान्त अपने उपनिवेशों में कभी भूले से भी लागू नहीं किया। 1892 में एंजेल्स ने कहा था कि युद्ध कौशल के विशाल औद्योगिक ढाँचे की एक महत्त्वपूर्ण शाखा बनने के साथ ही विशाल औद्योगिक ढाँचा खुद एक अपरिहार्य राजनीतिक जरूरत बन चुका है। राज्यों के लिए लाजिमी हो चुका था कि वे हर कीमत पर अपने देशों के हथियार उद्योग के मुनाफे और फलने-फूलने की गारंटी करें। मौत के सौदागरों ने फौलाद और सोने के लिए विदेशी आक्रांताओं के मुकाबले कमजोरी और असुरक्षा का हौवा खड़ा किया। ताकत के खेल के वैश्वीकरण की शुरुआत हुई। विश्वव्यापी औद्योगिक पूँजीवादी अर्थव्यवस्था के उभार का दौर शुरू हुआ। इसने दुनिया को अन्तर्राज्यीय वर्चस्व और प्रतिद्वन्द्विता, साम्राज्यवादी विस्तार, संघर्ष और युद्ध की ओर धकेलना शुरू किया। 1914 के पहले से ही पूँजीवादी-सामरिक संसाधनों की दृष्टि से मध्यपूर्व में पेट्रो डिप्लोमेसी महत्त्वपूर्ण आयाम लेने लगी थी। फिलहाल बाजी ब्रिटिश और फ्रांसीसी तेल कम्पनियों के पक्ष में थी। 1882 से शुरू हुई यूरोप की परस्पर विरोधी गुटबन्दी की प्रक्रिया 1907 तक परिपक्व हो चुकी थी।

औद्योगीकरण के साथ ही बड़े पैमाने पर मजदूर वर्ग और उनके पक्षधर राजनीतिक दलों के उभार की परिघटना भी प्रारंभ हो चुकी थी जो सामाजिक परिवर्तन, क्रान्ति और विभिन्न समस्याओं, माँगों को लेकर संगठन, सामूहिक गोलबन्दी की दिशा ले रही थी।

इन तमाम बातों के बावजूद बीसवीं सदी का शुरुआती दौर, खासकर 1899 से 1914 तक धनिक और सम्पन्न वर्ग के लिए सुख-सुविधा, शान्ति और प्रगति का दौर था। समाज और सत्ता कुल मिलाकर निरापद चल रहे थे। यह शान्ति, बुर्जुआ सभ्यता के उत्कर्ष, पूँजी और सम्पदा के उभार-प्रसार और पश्चिमी साम्राज्य के चुनौतीहीन विस्तार का दौर था। पश्चिमी यूरोप की धुरी पर केन्द्रित इस स्वर्णिम युग को याद करते हुए जे.एम. कीन्स ने अपनी पुस्तक 'दि इकोनॉमिक कान्सीक्वेंसेज ऑफ दि पीस' में लिखा :

"मनुष्य की आर्थिक प्रगति में क्या ही असाधारण अध्याय था वह जमाना जिसका अगस्त 1914 में अन्त हो गया!" ...अपनी बात को आगे बढ़ाते हुए कीन्स याद करते हैं कि कैसे "लंदनवासी बिस्तर में अपनी सुबह की चाय का मजा लेते हुए टेलीफोन से दुनिया-भर में कहीं से भी कोई भी सामान, कितनी भी मात्रा में मँगा सकता था और उन सामानों की अपने दरवाजे पर जल्द से जल्द आमद की सुसंगत उम्मीद कर सकता था उसी समय और उसी तरीके से अपने धन का निवेश दुनिया में कहीं भी प्राकृतिक संसाधनों और नए धंधों में करके बिना किसी जोखिम या परेशानी के मुनाफा कमा सकता था, किसी भी देश या सरकार के बांड में अपना पैसा लगा सकता था, कहीं भी, किसी भी साधन से बिना किसी पासपोर्ट के बेरोकटोक आ-जा सकता था, अपने सेवक को पास के बैंक में भेजकर मनचाही मात्रा में बहुमूल्य धातुएँ मँगा सकता था जिन्हें लेकर वह दुनिया के किसी भी देश में बगैर उनके धर्म, भाषा, रीति-रिवाज की तनिक भी परवाह किए जा सकता था और सबसे महत्त्वपूर्ण यह कि 'वह इन तमाम स्थितियों को पूरी तरह सामान्य, स्वाभाविक, निश्चित और स्थायी समझता था सिवाय इसके कि कोई भी बदलाव बेहतरी की ओर ही हो सकता है।'

मगर समृद्धि और शान्ति का यह दौर अपने गर्भ में भारी पैमाने पर विश्वव्यापी राजनीतिक-आर्थिक उथल-पुथल, युद्ध, क्रान्तियाँ और संकट भी पाल रहा था। पूँजीवादी साम्राजी विस्तार के दबाव में वैश्विक राजनीतिक उथल-पुथल का क्षेत्र मैक्सिको, पूर्व में चीन से लेकर पश्चिम में हाब्सबर्ग और मोरक्को तक परम्परागत साम्राज्यों के भौगोलिक क्षेत्रों में फैला हुआ था।

II

मोरक्को अफ्रीका के उत्तर-पश्चिमी कोने पर समुद्री व्यापार और नौसैनिक दृष्टि से महत्त्वपूर्ण रणनीतिक अवस्थिति के चलते उस समय की तमाम नौसैनिक ताकतों--फ्रांस, ब्रिटेन, जर्मनी और स्पेन की प्रतिद्वन्द्विता, लूट और लालच का शिकार हुआ। प्रथम विश्वयुद्ध में इन्हीं देशों की सर्वाधिक भूमिका भी रही। फ्रांस और स्पेन ने मोरक्को को आपस में बाँट लिया और ब्रिटेन के हितों को साधने के लिए ताजियेर को मुक्त बन्दरगाह की मान्यता दे दी। मोरक्को अपनी आजादी तो नहीं बचा सका परन्तु वहाँ के लड़ाकू कबीले हमेशा आक्रांताओं के लिए चुनौती बने रहे।

एशिया में चीन अपनी विशाल भौगोलिक अवस्थिति और आबादी के चलते हमेशा से साम्राज्यवादी, विस्तारवादी ताकतों के निशाने पर था। सन 1900 में बाक्सर विद्रोह के बहाने तमाम साम्राजी ताकतें--ब्रिटेन, फ्रांस, रूस, इटली, जर्मनी, अमेरिका और जापान पीकिंग को लूटने और बाँटने पर आमादा थे परन्तु चीन के विशाल क्षेत्र में लूट की हिस्सेदारी को लेकर विवाद और खासकर अमेरिका द्वारा लूट में बराबर की हिस्सेदारी और चीन के साथ व्यापार की खुली छूट पर अड़ने के चलते लुटेरे कामयाब नहीं हो सके। जापान 1894-95 की लड़ाई में ताइवान और कोरिया पर कब्जा कर चुका था। ब्रिटेन हांगकांग में उपनिवेश को बढ़ाने के साथ ही तिब्बत पर भी लगभग कब्जा कर चुका था। जर्मनी उत्तरी चीन में घुसपैठ किए हुए था। फ्रांस अपने हिंद चीन साम्राज्य

को फैलाते हुए दक्षिण में घुसता आ रहा था। पुर्तगाल भी मकाओ द्वीप को 1887 में छीन चुका था। कमजोर मांचू साम्राज्य मुख्यतः दक्षिण और मध्य चीन के विद्रोह से 1911 में ध्वस्त हो गया। विद्रोह में सेना, सुनयात सेन और चांग-काई-शेक के नेतृत्व में राष्ट्रवादी-रिपब्लिकन उभार के साथ दरबारी-नौकरशाही और चीन की विशिष्ट परिघटना—गुप्त समूहों-संगठनों—का भी योगदान था। इसके बाद मची उथल-पुथल में सत्ता स्थानीय 'वार लॉर्डों' के हाथों में उलट-पुलट होती रही। 1912 से सुनयात सेन के नेतृत्व में कोमिंगतांग ने सत्ता सँभाली। कोमिंगतांग और कम्युनिस्ट गठबन्धन ने 1925-27 के अभियान में दक्षिण से उत्तर चीन तक सफलता हासिल करते हुए 1911 के बाद पहली बार एकीकृत सत्ता स्थापित की। 1927 में चांग-काई-शेक द्वारा कम्युनिस्टों के जबर्दस्त दमन और कत्लेआम के बाद माओ-त्सेतुंग के नेतृत्व में कम्युनिस्ट पार्टी ने गुरिल्ला युद्ध-शैली और आधार इलाकों की रणनीति पर विद्रोह संगठित किया।

कोमिंगतांग सरकार के दमन ने माओ को 1934-35 के ऐतिहासिक 10 हजार कि.मी. के 'लाँग मार्च' के लिए मजबूर किया। माओ की लाल सेना का सत्ता की ओर विजय-अभियान जापान के 1937 में चीन पर कब्जे के लिए हुए हमले की पृष्ठभूमि में आगे बढ़ा। द्वितीय विश्वयुद्ध में चीन के विभिन्न विद्रोही समूह जापान के खिलाफ एकजुट हुए मगर 1946 से चीन में भीषण गृहयुद्ध छिड़ गया, जिसमें लाल सेना ने चांग-काई-शेक को 1949 में हुआई-हाई और नानजिंग की लड़ाई में निर्णायक मात दी। माओ के नेतृत्व में कम्युनिस्ट शासन पीपुल्स रिपब्लिक ऑफ चाइना का गठन हुआ और चांग-काई-शेक ने भाग कर ताइवान में शरण ली।

ओटोमान साम्राज्य का बिखराव जुलाई 1908 में 'युवा तुर्कों' द्वारा 18वीं सदी की फ्रांसीसी क्रान्ति और अगस्त काम्ते के विज्ञान और आधुनिकता के सामाजिक नवजागरण की वैचारिकी पर आधारित सत्ता दखल के साथ शुरू हुआ। राष्ट्रवादी उभार में ज्यादातर बाल्कन प्रान्त पहले ही अलग हो चुके थे। स्थानीय विद्रोहों के जरिए दूर-दराज के इलाकों का टूटना जारी था। प्रथम विश्वयुद्ध के तुरन्त बाद असली तुर्की क्रान्ति जनरल कमाल अतातुर्क के नेतृत्व में 1918 में हुई, जिसमें साम्राजी अवशेषों को एक झटके में तहस-नहस करते हुए आधुनिकीकरण, रिपब्लिक की स्थापना, राज्य-धर्म के रूप में इस्लाम का खात्मा, महिलाओं को पर्दे से आजादी, शिक्षा के अधिकार और पश्चिमी ड्रेस कोड और तौर-तरीकों की स्थापना व प्रसार का अभियान चला। मूलतः यह आधुनिकीकरण अभियान शहर-केन्द्रित था और ग्रामीण तुर्कों की विशाल आबादी तक पहुँच बनाकर खेतिहर समाज की जड़ परम्परागत संरचना को बदल पाने में कामयाब नहीं हो सका।

ब्रिटिश साम्राज्य की श्वेत आबादी वाली कॉलोनियाँ 1907 से 'डोमिनियन' कहलाने लगी थीं। दक्षिण अफ्रीका दोनों ही विश्वयुद्धों के काल में साम्राज्यवादी नजरिए से निरापद बना रहा, जहाँ ब्रिटिश और बोअर्स दोनों ही गोरी नस्लों ने अश्वेतों के खिलाफ सत्ताधारी मोर्चा बना लिया। 1914 तक तमाम डोमिनियन श्वेत कॉलोनियों—कनाडा, ऑस्ट्रेलिया, न्यूजीलैंड और दक्षिण अफ्रीका को आन्तरिक स्वायत्तता हासिल हो गई थी। आयरलैंड ब्रिटिश साम्राज्य के लिए हमेशा सरदर्द बना रहा।

ब्रिटिश साम्राज्य का नया उपनिवेश इजिप्ट (मिस्र) जो 1882 में युवा सैनिकों के 'अरबपाशा विद्रोह' दमन के बाद ब्रिटिश प्रोकाउन्सुल लार्ड क्रोमर के अधीन था, कभी भी शान्त नहीं रहा और वहाँ शुरू से ही स्वायत्तता आन्दोलन 'वफ्द' जड़ पकड़ने लगा था। हालाँकि इजिप्ट को औपचारिक आजादी 1952 में हासिल हुई मगर 1922 से ही ब्रिटेन की सत्ता पर पकड़ ढीली हो चुकी थी। ब्रिटेन के सबसे पुराने और सबसे बड़े उपनिवेश भारत में चौतरफा असन्तोष और आन्दोलन जोर पकड़ रहा था। प्रभावशाली शिक्षित बुर्जुआ मध्यम वर्ग भारतीय राष्ट्रीय कांग्रेस की अगुवाई में जनता में लगातार पैठ बना रहा था। 1906 में 'स्वराज' का नारा देने के बाद कांग्रेस पूर्ण स्वतंत्रता की राह पर कदम बढ़ा रही थी। सामाजिक-धार्मिक जागरण, गणेशोत्सव (खासकर बाल गंगाधर तिलक की अगुवाई में) मध्यमवर्गीय चेतना को धार दे रहे थे। महाराष्ट्र और दक्षिण के दलित उत्थान, शिक्षा प्रसार, नारीमुक्ति आन्दोलन विशेषकर पेरियार और बाबा साहेब अम्बेडकर की अगुवाई में दलित व महिला चेतना को ब्राह्मणवाद-विरोधी और साम्राज्यवाद-विरोधी दिशा दे रहे थे। बंगाल में क्रान्तिकारी आन्दोलन निम्न मध्यवर्गीय, शिक्षित नौकरीपेशा 'भद्र लोक' के बीच से उभर रहा था जो धार्मिक राष्ट्रवादी 'वन्देमातरम्' चेतना, आयरिश व रूसी नरोदनिक क्रान्तिकारी हथियारबन्द आन्दोलनों से प्रभावित था। एम.एन. राय जैसे कम्युनिस्ट इसी धारा से आए थे। उत्तर भारत, विशेषकर पंजाब में अमेरिका से लौटकर आए अप्रवासी भारतीय 'गदर पार्टी' का गठन करके हथियारबन्द विद्रोह की दिशा में 1905 तक साम्राज्य के लिए चुनौती बन चुके थे। मोहनदास करमचन्द गांधी दक्षिण अफ्रीका में रंगभेद के खिलाफ अश्वेतों की सफल गोलबन्दी के नेतृत्व की ऊर्जा के साथ 1915 में भारत लौटकर भारतीय स्वतंत्रता आन्दोलन और समूची तीसरी दुनिया को आजादी के आन्दोलन के दो नए नायाब हथियार—अहिंसा और असहयोग देने तथा 'महात्मा' बनने की राह पर चल पड़े थे। 1918 से 1922 के क्रान्तिकारी कालखंड ने भारतीय उपमहाद्वीप में व्यापक राष्ट्रवादी-क्रान्तिकारी जन-उभार के जरिए ब्रिटिशराज के अन्त की इबारत लिख दी थी। 'जलियाँवाला कांड' में हजारों निहत्थे नागरिकों की हत्या कर ब्रिटिश हुकूमत ने आग में घी का काम किया। मजदूरों की हड़तालों और गांधी के आह्वान पर सिविल नाफरमानी के चलते समूचे देश की जनता मुक्ति आन्दोलन की राह पर थी। भारत ब्रिटिश साम्राज्य की जकड़ से लगातार बाहर होता जा रहा था। शहीद भगतसिंह, सुखदेव और राजगुरु को फाँसी ने देश की आजादी के अटल भविष्य पर अपने बलिदान की मुहर लगा दी।

मैक्सिको और ज्यादातर लातिनी अमेरिकी देश शुरू से ही अमेरिकी अनौपचारिक साम्राज्य का हिस्सा थे, जो द्वितीय विश्वयुद्ध के बाद अमेरिकी साम्राज्य के 'नव उपनिवेश' में तब्दील होते गए। ये देश तकनीकी तौर पर सार्वभौम स्वतंत्र रहते हुए भी आर्थिक-राजनीतिक रूप से अमेरिका पर निर्भर थे। समूचे लातिनी अमेरिका में स्थानीय सत्ताधारी वर्गों—व्यापारियों, धनिक जमींदारों, उद्यमियों, बुद्धिजीवियों के लिए प्रगति का मतलब ब्रिटेन, फ्रांस और खासकर पड़ोसी अमेरिका था। विशेषकर उत्तरी मैक्सिको के सत्ताधारी वर्ग को अमेरिकी सहयोग-समर्थन और बाजार अर्थव्यवस्था के साथ घुलने-मिलने में कोई परहेज नहीं था। वैश्विक साम्राज्यवादी अर्थव्यवस्था के चरम उभार के समूचे दौर में

मैक्सिको में अमेरिकी साम्राज्यवाद-निर्भर विज्ञान, मुनाफे और संकीर्ण सुधारवादी रिपब्लिकन वैचारिकी पर आधारित 'सियेन्टिफिको' समूहों का शासन था, जिसका नेतृत्व 1870 से 1915 तक बिना किसी अवरोध के राष्ट्रपति पोरेफोरियो दियाज ने किया। इस जमाने में मैक्सिको की आर्थिक समृद्धि हुई। सत्ताधारी वर्ग ने प्रतिद्वन्द्वी साम्राज्यवादी हितों को आपस में उलझाकर अकूत दौलत कमाई। खासकर ब्रिटिश आयल कं. और कंस्ट्रक्शन टायकून वीटमैन पीयर्सन को एक दूसरे के खिलाफ और इन दोनों को उत्तरी अमेरिका के खिलाफ लड़ाकर। 1910 तक अमेरिका की दृष्टि में मैक्सिको अमेरिकी अर्थव्यवस्था की 'डिपेंडेंसी' के अलावा कुछ नहीं था और वह हर हाल में राकफेलर की स्टैंडर्ड आयल कं. के हितों की रक्षा के लिए कटिबद्ध था जो इस बड़े और महत्त्वपूर्ण तेल उत्पादक देश में ब्रिटिश प्रभाव की दखलंदाजी से नाराज थे। स्वाभाविक रूप से दियाज-विरोधी गुटों को उत्तरी सीमा से अमेरिकी मदद और शह मिलने लगी। दियाज के शासन में सेना और समृद्ध ग्रामीण जमींदारों के 'सोनारा गैंग' को खुली छूट थी जिनके लिए गाँवों की सामूहिक सामुदायिक खेती की जमीनें छीनी गईं। खेतिहर असन्तोष दक्षिण और मध्य मैक्सिको में एमिलियानो जपाटा के नेतृत्व में संगठित हुआ। उत्तरी मैक्सिको में भी दियाज की नीतियों के चलते जमीनों से बेदखल बन्दूक और घोड़ों के साथ लड़ाकों का असन्तुष्ट समुदाय बढ़ रहा था जिसका कद्दावर नेता जनरल 'पाँचोविला' था। मैक्सिको का प्रतिद्वन्द्वी ताकतवर सत्ताधारी समुदाय भी मदेरो के नेतृत्व में केन्द्रीय सत्ता को चुनौती दे रहा था। 1907-08 की अमेरिकी अर्थव्यवस्था की मन्दी ने आग में घी का काम किया। बाजार के टूटने और वित्तीय संकुचन के चलते अमेरिकी अर्थव्यवस्था में पनाह लिये लाखों मैक्सिकन मजदूर छँटनी होकर बिना फूटी कौड़ी के दाने-दाने को मोहताज मैक्सिको में दाखिल हुए। इसी समय मैक्सिको में फसल बरबादी की प्राकृतिक आपदा ने अनाज को गरीब जनता की पहुँच से बाहर कर दिया। इन्हीं विस्फोटक परिस्थितियों में दियाज ने चुनावों की घोषणा कर दी। मुख्य प्रतिद्वन्द्वी मदेरो को गिरफ्तार कर लिया गया। दियाज ने अपनी चुनावी जीत की घोषणा की और जन-विद्रोह फूट पड़ा। दियाज को भागना पड़ा। मदेरो ने सत्ता सँभाली मगर जल्दी ही उसकी हत्या कर दी गई। अमेरिका ने विद्रोही जनरलों और नेताओं के बीच अपने पक्ष के भ्रष्ट और दलाल प्रभावी नेता की खोज की मगर कामयाब नहीं हो सका। दक्षिण में जपाटा ने कृषि-भूमि अपने समर्थक किसानों के बीच बाँट दी और उत्तर में जनरल विला ने अपनी सेना को भुगतान के लिए जमीनों पर कब्जा कर लिया। 1914 से शुरू हुआ सामाजिक राजनीतिक उथल-पुथल का यह सिलसिला लम्बे समय तक जारी रहा।

रूस 19वीं सदी के अन्त तक अपने विशालतम भौगोलिक क्षेत्र के साथ दकियानूस, अक्षम, आर्थिक और तकनीकी रूप से पिछड़े 12.6 करोड़ लोगों (1897 में) की आबादी वाला जारशाही साम्राज्य था। 80 प्रतिशत आबादी निहायत पिछड़े खेतिहर समुदाय की थी। जारशाही निरंकुशता के तहत 1 प्रतिशत वंशानुगत कुलीन दरबारी घराने प्रागैतिहासिक नौकरशाही तर्ज पर शासन चला रहे थे। किसान ग्राम-समुदायों के रूप में अपना जीवन और जीविका चलाते थे और शायद ही कभी अपने गाँवों से बाहर देखे-सुने जाते थे। 1881 के भीषण अकाल ने गरीबी, भूख, बढ़ते कर-बोझ के साथ इन ग्रामीण सामुदायिक

संगठनों के विभिन्न राजनीतिक धाराओं में संगठित होने की दिशा में महत्त्वपूर्ण भूमिका निभाई। ये सामूहिक ग्राम समुदाय परम्परागत जारभक्ति से लेकर सामाजिक क्रान्तिकारी धाराओं तक में बँटे थे। मगर सभी तरह के प्रभाव व विचारों वाले इन संगठनों की जबर्दस्त घृणा नौकरशाही के खिलाफ थी, यहाँ तक कि जारभक्त समुदाय की भी। 1890 के दशक में राज्य द्वारा जबर्दस्त औद्योगीकरण अभियान चलाया गया जिसके लिए वित्त-प्रबन्धन बहुसंख्यक खेतिहर जन-समुदाय पर भारी कर-बोझ लाद कर किया गया। यह भी जन-असन्तोष का एक बड़ा कारण बना। 1890 से 1904 में रूस में रेल लाइनों की लम्बाई दोगुनी होने के साथ ही, कोयले, लोहे और इस्पात का उत्पादन भी दूना हुआ। औद्योगीकरण का एक प्रभाव केन्द्रीकृत औद्योगिक प्रतिष्ठान समूहों में औद्योगिक सर्वहारा के केन्द्रीकरण के रूप में भी हुआ जो अपनी ग्रामीण सामूहिक सामुदायिक पृष्ठभूमि के चलते सर्वहारा मजदूर आन्दोलनों की दिशा में सहज संगठित होने लगे। 1881 में अलेक्जेंडर द्वितीय की हत्या के बाद तितर-बितर और नष्ट हुए नरोदनिक 1900 दशक के शुरुआती वर्षों में सोशल डेमोक्रेटिक पार्टी के रूप में पुनर्गठित होने लगे थे। इस बार उन्हें ग्रामीण समुदायों का समर्थन हासिल था और जल्दी ही वे वाम पक्ष की मुख्य ग्रामीण पार्टी बन गए। 1890 में औद्योगीकरण की शुरुआत के साथ ही औद्योगिक सर्वहारा पर आधारित पार्टी के बीज पड़ने लगे थे। यद्यपि अभी भी व्यापक जन-समर्थन गरीब सर्वहारानुमा शिल्पकारों-दस्तकारों के बीच से ही था। बोल्शेविक, रूसी सोशल डेमोक्रेसी की विभिन्न धाराओं में से एक थे और 1912 तक अलग नहीं हुए जब तक कि लेनिन की सिद्धान्त और व्यवहार के अद्‌भुत समन्वय की असाधारण क्रान्तिकारी क्षमता और सांगठनिक कौशल ने बोल्शेविज्म को संगठित मजदूर वर्ग के अन्दर सर्वाधिक शक्तिशाली और एकताबद्ध सामाजिक शक्ति के रूप में विकसित और प्रतिष्ठित नहीं कर दिया। इधर 1904-05 के रूस-जापान युद्ध में शर्मनाक पराजय ने जारशाही और नौकरशाही, दोनों को कमजोर और हताश किया। 1905 में चौतरफा विद्रोह का ज्वालामुखी फट पड़ा। राजधानी और आसपास जबर्दस्त मजदूर हड़ताल, समर्थन में तमाम अन्य औद्योगिक केन्द्रों पर हड़तालें, वोल्गा घाटी और उक्रेन में किसान विद्रोह, सैन्य बलों की नाकामी और 'बैटलशिप पोटेमकिन' के नौसैनिक विद्रोह ने जारशाही की कमर तोड़ दी। 17 अक्टूबर को जार ने संवैधानिक सत्ता को मान्यता दे दी। ग्रामीण सामुदायिक सामूहिक संगठन के अनुभवी मजदूरों ने मजदूर-सोवियतों का गठन कर लिया। 13 अक्टूबर को गठित सेंट पीटर्सबर्ग की मजदूर 'डेपुटियों' की सोवियत ने इस दौर में 'मजदूर संसद' और कुछ अर्से तक राजधानी में सबसे प्रभावी राजनीतिक सत्ता-केन्द्र की भूमिका निभाई। 1907 तक राजनीतिक उभार और असन्तोष का ज्वार शान्त हो जाने के चलते क्रमशः संविधान के अधिकारों का हनन होता गया और तकनीकी तौर पर तो नहीं मगर व्यावहारिक रूप से जारशाही वापस सत्ता में आ गई। रूस की तत्कालीन परिस्थितियों में वहाँ की कोई भी उदारवादी या बुर्जुआ धारा संख्या और राजनीतिक परिपक्वता की दृष्टि से जारशाही का स्थान ले पाने में अक्षम थी। ये वे परिस्थितियाँ थीं जिनमें लेनिन ने सर्वहारा क्रान्ति के कार्यभार की विशिष्ट ऐतिहासिक परिस्थितियों की विवेचना करते हुए घोषित किया कि बुर्जुआ के अभाव में बुर्जुआ क्रान्ति को उनके बगैर ही अंजाम देना

होगा। यह काम संगठित मजदूर वर्ग पेशेवर क्रान्तिकारियों की अनुशासनबद्ध अगुआ पार्टी की अगुवाई में करेगा। रूसी समाज में क्रान्ति के इस काम में विशाल खेतिहर समुदाय का सहयोग लेना अनिवार्य है जिनका राजनीतिक महत्त्व और क्रान्तिकारी क्षमता निर्विवाद है। साथ ही क्रान्ति की राह में राष्ट्रवादी ताकतों को भी गोलबन्द करना, समर्थन में लाना अथवा निष्क्रिय करना होगा जो जारशाही के दुश्मन के रूप में क्रान्ति के काम आ सकते हैं। लेनिन का बीसवीं सदी की राजनीति और दुनिया के मजदूर वर्ग के लिए यह असाधारण और प्रभावी योगदान था।

रूस में 1914 तक औद्योगिकीकरण का एक और जबर्दस्त दौर चला। कारखानों में दाखिल होनेवाले ग्रामीण युवाओं का मेन्शेविज्म के मुकाबले लेनिन के सुसंगठित क्रान्तिकारी बोल्शेविज्म की ओर जबर्दस्त झुकाव था। 1912 से 1914 के बीच सर्वहारा असन्तोष और आन्दोलनों का अभूतपूर्व उभार हुआ। समूचे रूस में सामाजिक परिवर्तन की छटपटाहट संगठित राजनीतिक आधार-आकार लेने लगी थी। इस बार क्रान्ति और सफलता के बीच जारभक्त नौकरशाही और सेना-पुलिस मौजूद थी जो 1904-05 की तरह न तो पस्त हिम्मत थी, न परास्त और न ही किसी और मोर्चे पर उलझी हुई। प्रथम विश्वयुद्ध ने इस आंतरिक क्रान्तिकारी विस्फोट पर अस्थायी विराम लगा दिया। जैसे ही विश्वयुद्ध बीता, 1917 में जारशाही का पतन हो गया। जुलियन कलैंडर के अनुसार 24 अक्टूबर, 1917 को लेनिन के नेतृत्व में बोल्शेविकों ने एक के बाद एक सरकारी भवनों पर कब्जा करना शुरू किया और अगले दिन राजधानी पेत्रोगाद में अस्थायी सरकार की पनाहगाह विन्टर पैलेस पर कब्जे के साथ जारशाही का निर्णायक अन्त हो गया। रूस में 1918 से 1920 तक चले गृहयुद्ध में निर्णायक और अन्तिम विजय लेनिन के नेतृत्व में सोवियत संघ की स्थापना के रूप में हुई। विश्व की पहली कम्युनिस्ट सत्ता के रूप में यह बीसवीं सदी की महानतम घटना थी जिसका दूरगामी परिणाम और प्रभाव विश्व-राजनीति पर पड़ना निश्चित था। रूसी क्रान्ति ने बीसवी सदी के भविष्य के तमाम राजनीतिक, सामाजिक आन्दोलनों, क्रान्तियों, सत्ता-परिवर्तनों और विशेषकर वैश्विक मजदूर आन्दोलनों की दशा और दिशा के निर्धारण में अपना प्रभावी और प्रेरक योगदान किया। इस क्रान्ति ने पश्चिम के श्रमिक संगठनों और आन्दोलनों से लेकर पूर्वी जर्मनी और चीन की क्रान्तियों को दिशा और प्रेरणा दी। जारशाही के अन्तिम दिनों में रूस विश्व के तमाम अन्तर्विरोधों और तनावों का संयुक्त उदाहरण था। रूस एक विशाल साम्राज्य था, एक प्रमुख औद्योगिक राष्ट्र था, एक निहायत पिछड़ी मध्ययुगीन खेतिहर अर्थव्यवस्था वाला समाज था, एक साम्राजी ताकत और उसके अन्दर खेतिहर उपनिवेश था, मध्ययुगीन कुलीन नौकरशाही से ग्रस्त और युवा औद्योगिक सर्वहारा से सम्पन्न राष्ट्र था। रूसी समाज का बौद्धिक और सांस्कृतिक विकास पश्चिम की किसी भी सर्वाधिक विकसित बौद्धिकता और संस्कृति को टक्कर दे सकता था। उसके 80 फीसदी भूखे-चीथड़ों में लिपटे किसान इस कदर पिछड़े थे कि 1904-05 के युद्ध में जापानी विजेताओं द्वारा बन्दी बनाए जाने पर जापान की आधुनिकता देखकर उनकी आँखें फटी रह गई थीं। इन तमाम अन्तर्विरोधों के साथ रूसी समाज प्रथम विश्वयुद्ध के बाद मानो ज्वालामुखी की तरह फट पड़ा और विश्व के अब तक के सबसे बड़े क्रान्तिकारी रूपान्तरण का प्रतीक बना।

III

प्रथम विश्वयुद्ध ने यूरो साम्राज्यवाद पर आधारित पूँजीवादी ताने-बाने को लगभग तहस-नहस कर दिया। यूरोपीय ताकतें आर्थिक और राजनीतिक मोर्चों पर बुरी तरह कमजोर हुईं। इस विश्वयुद्ध ने विनाश और जनसंहार के अब तक नहीं देखे-सुने कई पैमाने बनाए। 1914 से दुनिया में युद्धों और मानवजनित आपदाओं के शिकार मौतों, घायलों, बेघरबार विस्थापितों की संख्या हजारों में नहीं, लाख-दसियों लाख में गिनी जाने लगी। ऐसी गिनती महज विश्वयुद्धों में नहीं बल्कि तमाम छोटी-बड़ी लड़ाइयों–स्पेन, कोरिया, वियतनाम, अफ्रीका, ईरान, इराक, अफगानिस्तान, पूर्वी यूरोप आदि अनगिनत जगहों, जबरिया विस्थापनों और शरणार्थियों, आरमेनियन और यहूदी जैसे नरसंहारों, मानवजनित अकाल की विभीषिकाओं–हर मामले और हर जगह पर होने लगी। सारी दुनिया को सभ्यता और मानवता का पाठ पढ़ाने वाले नागरिक समाजों में बर्बर यातना, बलात्कार, सामूहिक हत्या, निर्दोष नागरिकों का अपहरण और हत्या राजनीतिक-पुलिसिया-मिलिटरी तौर-तरीकों के रूप में सहज स्वीकार्य होने लगे। इस विश्वयुद्ध और उसके बाद से युद्धों की परिभाषा और क्षेत्र बदल गए। युद्ध अब महज परम्परागत सेनाओं द्वारा परम्परागत युद्ध मोर्चों पर जनरलों और कमांडरों के नेतृत्व में लड़ी जाने वाली लड़ाइयाँ नहीं रह गए। नागरिक ठिकानों, कस्बों, शहरों, गाँवों, औद्योगिक प्रतिष्ठानों, अस्पतालों, स्कूलों की हवाई बमबारी और तबाही अब थल-सेना के कूच की पूर्व शर्त बन गई। युद्ध ने विनाश के दायरे में समूची दुनिया को समेट लिया। द्वितीय विश्वयुद्ध ने दुनिया को महाविनाश का नया नुस्खा–परमाणु बम दिया। युद्ध की परिभाषा हथियारों तक सीमित नहीं रही। इसने लगभग तय कर दिया कि अब जैविकीय युद्ध, बैक्टीरिया और वायरस युद्ध, जहरीली गैसों के युद्ध लड़े जाएँगे और इनका निशाना निर्दोष नागरिक, उनका स्वास्थ्य और उनका भोजन बनेगा। अब युद्ध मनोवैज्ञानिक तरीकों से लड़े जाएँगे। नागरिक आबादी पर नापाम और क्लस्टर जैसे बमों की कारपेट बॉम्बिंग करने के बाद बमवर्षक विमानों की अगली खेप चाकलेट, बिस्कुट और ईसा मसीह के सन्देशों की बरसात करेगी। बीसवीं सदी में पूँजी के साम्राज्य की मनुष्य जाति के लिए ये नायाब सौगातें थीं।

प्रथम विश्वयुद्ध के नतीजे में आए व्यापारिक, औद्योगिक और वित्तीय असन्तुलन के साथ विजेताओं की विजित राष्ट्रों पर थोपी गई कमरतोड़ शान्ति और क्षतिपूर्ति की शर्तों के चलते 1920 का दशक आर्थिक-वित्तीय दबावों और उथल-पुथल का दशक था। यह संकुचनवादी मौद्रिक नीतियों का दौर था। सभी प्रमुख पूँजीवादी देशों की मुद्राएँ स्वर्णमान पर आधारित थीं। दुनिया में 1890 के बाद कोई बड़ा स्वर्ण स्रोत–खदान नहीं मिला था। सदी के प्रारम्भ से ही चल रहे भारी पैमाने पर औद्योगीकरण और विश्वयुद्ध के बाद सामाजिक-आर्थिक पुनर्निर्माण के दबाव ने मुद्रा प्रसार की जबर्दस्त जरूरत बढ़ाई। इस जरूरत के अनुपात में सोने की आपूर्ति और आमद नहीं होने के कारण तमाम बड़े देशों ने मुद्रा-प्रसार के उलट मुद्रा संकुचन की नीति पर अमल करना शुरू किया। ये 'देश विदेशी व्यापार-विनिमय मुद्रा' और सोने की ज्यादा से ज्यादा आमद और जमाखोरी के लिए व्यापारिक संरक्षणवाद अपनाने लगे। 1920 के दशक में मुद्रा के इस जबर्दस्त दबाव और तंगी ने बैंकों के धराशायी होने का सिलसिला शुरू कर दिया। इन तमाम बातों ने

1930 के अगले दशक में अभूतपूर्व महामन्दी और नाजीवादी राष्ट्रवाद के उभार की पृष्ठभूमि तैयार की।

ओटोमान और रूस के साम्राज्य विश्वयुद्ध की भेंट चढ़ गए। मध्य यूरोप का हाब्सबर्ग साम्राज्य कुछ तो अपनी सामरिक पराजय और बाकी विजेताओं द्वारा इस साम्राज्य के देशज समूहों को आत्मनिर्णय की शह और सहयोग की रणनीति के चलते विखंडित हो गया। रूसी साम्राज्य के पराभव के बाद लेनिन की अगुवाई और प्रेरणा में बोल्शेविकवाद ने व्यवस्थित रूप से सिद्धान्त और व्यवहार, दोनों ही मोर्चों पर संकटग्रस्त पूँजीवाद को चुनौती देते हुए दुनिया से पूँजीवाद के खात्मे, बुर्जुआ के अन्त और समाजवादी समाज की स्थापना की मुहिम चलाई। पूँजीवादी विश्व में लम्बे अर्से से चल रहे औद्योगीकरण के कारण विकसित औद्योगिक सर्वहारा-मजदूर वर्ग के बीच, जो पहले से भी अपनी विभिन्न माँगों और मुद्दों पर संगठित और आन्दोलित था, दुनिया के पहले कम्युनिस्ट मॉडल के रूप में सोवियत संघ ने एक नई उम्मीद और ऊर्जा का संचार किया। हालाँकि ज्यादातर बड़ी पूँजीवादी ताकतें इसे अपनी यथास्थिति और जीवन के लिए कोई बहुत गम्भीर खतरा नहीं मान रही थीं मगर फिर भी विश्वयुद्ध से हुए आर्थिक-सामाजिक ध्वंस और रूसी क्रान्ति के समीकरण का खतरा नजरअन्दाज नहीं किया जा सकता था। खासकर तब, जबकि एक विशाल भूभाग, सम्पदा और आबादी वाले असाधारण रूप से कमजोर और पिछड़े समाज में हुई इस क्रान्ति ने रूस को राजनीतिक रूप से वैश्विक मंच पर एक महाशक्ति बना दिया था। इस क्रान्ति का तत्काल प्रभाव एशिया में साम्राज्यवादविरोधी चेतना और आन्दोलन, समाज के आधुनिकीकरण और औद्योगीकरण और किसानों व कृषि को क्रान्ति की धुरी बनाकर होनेवाली क्रान्तियों के रूप में पड़ा। फिर भी अफ्रीका और मध्यपूर्व में साम्राज्यवादी ताकतों के उपनिवेश अगले विश्वयुद्ध तक महफूज रहे। मध्यपूर्व में ओटोमान साम्राज्य के विखंडन के चलते कुछ नए उपनिवेश यूरोपीय साम्राज्यों के हाथ लगे। अफ्रीका में विजेता देशों द्वारा जर्मनी आदि विजित देशों के उपनिवेश हथिया लिए गए। विकसित पूँजीवादी जगत की अर्थव्यवस्थाएँ और बाजार कुल मिलाकर पूँजीवादी अर्थव्यवस्था के पुनर्स्थापन में सफल रहे। पुनर्निर्माण और क्षतिपूर्ति के भारी कर्जों के बोझ से अर्थव्यवस्थाओं में आई महास्फीति (हाइपर इन्फ्लेशन-50% प्रतिमाह से अधिक) भी 1920 के दशक के बीतते काबू में आती दिख रही थी। फ्रांस और ब्रिटेन अपनी युद्धपूर्व आर्थिक स्थिति पर लौटकर अपनी मुद्राओं को 1925 तक युद्धपूर्व के स्वर्ण विनिमय स्तर पर ले आए थे। जर्मनी भी दो आपात ऋणों और क्षतिपूर्ति दायित्व के पुनर्संयोजन के बाद पटरी पर लौट रहा था। तभी दुनिया में अब तक की कभी नहीं झेली गई आर्थिक प्रलयंकारी महामन्दी ने तमाम पूँजीवादी अर्थव्यवस्थाओं को अपनी चपेट में ले लिया और जबर्दस्त फासीवादी-नाजीवादी राष्ट्रवाद का उभार आया। पहली जनवरी 1933 को जर्मनी के तमाम बड़े अखबार अपने सम्पादकीय में जर्मनी से नाजी ताकतों के निर्णायक सफाये की घोषणाएँ कर रहे थे और महज 30 दिन बाद मंत्रिमंडलीय फेरबदल में हिटलर जर्मनी का चांसलर बन बैठा।

बोल्शेविक क्रान्ति की पृष्ठभूमि में राजनीतिक-आर्थिक पुनर्निर्माण की प्रक्रिया में 1917 के बाद पूँजीवादी जगत में सुधारवादी, सामाजिक-जनवादी पार्टियाँ पूँजीवादी

सामाजिक-राजनीतिक निरन्तरता के गारंटीकर्ता और पैरोकारों के रूप में उभरीं। जे.एम. कीन्स, जिन्होंने अपनी कैम्ब्रिज और ब्लूम्सबर्ग की 'शिक्षित बुर्जुआ' मित्रमंडली के साथ पूँजीवाद के गुजरे दौर की सपनों सरीखी समृद्धि का भरपूर मजा उठाया था, अपनी पूरी प्रतिभा, शैली और प्रचारतंत्र के साथ पूँजीवाद को इस 'महामन्दी की प्रलय' से बचाने के लिए राज्य द्वारा अर्थव्यवस्था के नियन्त्रण व प्रबन्धन तथा जरूरत पड़ने पर निजी और राजकीय भागीदारी के मिश्रित अर्थतंत्र के पैरोकार बने। यह फार्मूला दूसरे विश्वयुद्ध के बाद भी पुनर्निर्माण और पुनर्व्यस्थापन के दौर में खूब काम आया। 1944 के बाद ज्यादातर सुधारवादी, सामाजिक-जनवादी और यहाँ तक कि प्रगतिशील जनवादी सरकारों ने भी इस पर बढ़-चढ़कर अमल किया। यह दो विश्वयुद्धों, विश्वव्यापी आर्थिक महामन्दी और फासीवाद के असाधारण विनाशकारी संकट के उथल-पुथल भरे दौर से निकला पूँजीवादी सबक था।

प्रथम विश्वयुद्ध से यूरोपीय साम्राज्य के विखंडन की शुरू हुई प्रक्रिया द्वितीय विश्वयुद्ध ने पूरी कर दी। इस बार विनाश और बिखराव इतना गहरा था कि यूरोपीय साम्राज्यवाद अपने उपनिवेशों पर आगे पकड़ बनाए रखने की हैसियत में नहीं रहा। फ्रांस, ब्रिटेन और डच साम्राज्यों के तमाम उपनिवेश एक-एक कर आजाद होने लगे। जापान की चीन में विस्तारवादी कोशिशों ने चीन में कमजोर और भ्रष्ट चांग-काई-शेक राष्ट्रवादी सरकार की जड़ें हिला दीं और 1946 से 1949 तक तीन साल के गृहयुद्ध के बाद माओ-त्सेतुंग के हाथों हार के साथ ही कोरिया और ताइवान पर उसके औपनिवेशिक कब्जे का भी अन्त हो गया।

द्वितीय विश्वयुद्ध ने अमेरिका को पूँजीवादी विश्व की एकमात्र साम्राज्यवादी ताकत के रूप में स्थापित कर दिया जो इस विश्वयुद्ध का वास्तविक विजेता भी था। अमेरिका ने अपने वर्चस्व और छत्रछाया में नए वैश्विक आर्थिक पुनर्निर्माण, संयुक्त राष्ट्र की अन्तर्राष्ट्रीय व्यवस्थाओं-संस्थाओं—विश्व बैंक, अन्तर्राष्ट्रीय मुद्राकोष, मुक्त अन्तर्राष्ट्रीय व्यापार तथा अमेरिका निर्भर नए सार्वभौम राष्ट्रों के जरिए एक नए किस्म के साम्राज्यवादी विस्तार की मुहिम पर काम करना शुरू किया। नतीजे में जल्दी ही अमेरिका, ब्रिटेन और सोवियत संघ का युद्धकालीन गठबन्धन टूट गया और दुनिया दो प्रतिद्वन्द्वी और द्वेषपूर्ण कटुता वाले पूँजीवादी और समाजवादी खेमों में बँट गई। एक नए, बेहद जटिल और लम्बे विश्वयुद्ध—'शीतयुद्ध' का कुटिल दौर शुरू हुआ। चीन में कम्युनिस्ट शासन के साथ ही एक तिहाई मानवता समाजवादी खेमें में आ गई। पश्चिमी यूरोप और जापान का पूँजीवादी जगत भारी पैमाने पर मूलतः अमेरिकी मदद, योजनाओं और सामरिक सहयोग के रास्ते पुनर्निर्माण की राह पर था।

दोनों ही खेमों में पुनर्निर्माण और पुनर्संयोजनों के इस दौर में आर्थिक समृद्धि के साथ-साथ अभूतपूर्व जनसंख्या-वृद्धि हुई। विकसित पूँजीवादी जगत में, जिसे 'पहली दुनिया' का नाम दिया जाने लगा था, किसान या कृषि-निर्भर आबादी निरन्तर घटती गई। पहली दुनिया तेजी से महानगरीय होने लगी। औद्योगीकरण का सही मायनों में वैश्वीकरण हो रहा था। 1950 से 1973 तक पूँजीवादी अर्थव्यवस्था के पुनर्निर्माण और विकास का स्वर्णिम युग था। यह पुनर्निर्माण और विकास अमेरिका के मार्शल प्लान और उसके नेतृत्व

में 1944 की ब्रेटेनउड्स संस्थाओं के जरिए अंजाम दिया जा रहा था। शीतयुद्ध ने पश्चिमी पूँजीवादी जगत और जापान पर अमेरिकी प्रभाव को संस्थाबद्ध किया। पुनर्निर्माण और विकास की इस मुहिम ने अमेरिका की अपराजेय राजनीतिक-आर्थिक ताकत में लगातार इजाफा किया। 1950 में अमेरिका के पास समूचे विकसित पूँजीवादी जगत के कैपिटल स्टाक और उत्पादों का 60% था।

1960 के दशक से पूँजीवाद ने ट्रांसनेशनल अर्थव्यवस्था के दौर में प्रवेश किया। आर्थिक गतिविधियों और पूँजी का मुनाफे के लिए प्रवाह अब राष्ट्र-राज्यों की सीमाओं से आजाद होने लगा। इस ट्रांसनेशनल पूँजीवाद की तीन प्रमुख विशेषताएँ थीं—ट्रांसनेशनल कॉरपोरेशन, श्रम-शक्ति का नया अन्तर्राष्ट्रीय विभाजन और 'ऑफशोर फाइनान्स' के रूप में आवारा पूँजी का उदय। इस आवारा पूँजी ने अपने मूल देशों के कराधान और वित्तीय नियन्त्रण से बचने के लिए छोटे-छोटे 'कर स्वर्ग' देशों वर्जिन आइलैंड, बहामास, क्यूराकाओ, लाइचेन्स्टीन आदि में अड्डा बनाया। 1984 तक 200 ट्रांसनेशनल कॉरपोरेशनों, जिनमें से 85% अमेरिका, जापान, ब्रिटेन और जर्मनी के थे, का कारोबार दुनिया के 26% सकल राष्ट्रीय उत्पाद के बराबर था। इन ट्रांसनेशनल कम्पनियों ने सस्ते श्रम, कच्चे माल और कर छूट के लिए अपनी उत्पादन इकाइयों को विकसित देशों से तीसरी दुनिया के विकासशील देशों में स्थानान्तरित करना शुरू किया, जहाँ उन्हें विशाल आन्तरिक बाजार के साथ-साथ विश्वबाजार में निर्यात की दृष्टि से अकूत सुविधाएँ भी मिल रही थीं।

द्वितीय विश्वयुद्ध के बाद आजाद हुए ज्यादातर देशों ने, जिनकी संख्या बहुत अधिक थी, दोनों ही दुनियाओं या दोनों महाशक्तियों—अमेरिका और सोवियत संघ—से जाहिरा तौर पर राजनीतिक असम्बद्धता और मिश्रित अर्थव्यवस्था के तीसरे रास्ते को तरजीह दी। नासिर, नेहरू और टीटो की अगुवाई में इन राष्ट्रों ने अपना गुटनिरपेक्ष समूह (नान एलाइंड मूवमेंट) बनाया। ये राष्ट्र साम्राज्यवाद के चंगुल से हाल ही में आजाद हुए थे। नए सत्ताधारी वर्ग और जनता, दोनों की ही स्मृतियों में औपनिवेशिक दासता के कटु अनुभव थे। स्वाभाविक रूप से वे पूँजीवादी विकसित राष्ट्रों को अपने विकास और व्यापार में भागीदारों से कहीं ज्यादा आर्थिक दैत्यों के रूप में देख रहे थे जो शोषण और लूट के नए रास्तों की तलाश में थे। विश्व-अर्थव्यवस्था और शक्ति-सन्तुलन में पहली दुनिया के दबदबे को देखते हुए उनमें से ज्यादातर सीधे-सीधे समाजवादी दुनिया से हाथ मिलाने का जोखिम नहीं उठाना चाहते थे। इसलिए उत्तर-औपनिवेशिक काल के अधिकतर देशों और लातिनी अमेरिकी देशों ने आन्तरिक औद्योगीकरण और आयात-प्रतिस्थापन नीति अपनाते हुए अपने शिशु-उद्योगों के विकास के लिए कर-सीमाशुल्क टैरिफ संरक्षण, सार्वजनिक क्षेत्र के जरिए ढाँचागत सुविधाएँ व संसाधन का प्रबन्ध और प्रत्यक्ष-अप्रत्यक्ष सब्सिडी का रास्ता चुना।

द्वितीय विश्वयुद्ध के बाद पूँजीवादी विकसित समाजों के पुनर्निर्माण और विकास की प्रक्रिया से उपजे असाधारण वैश्विक आर्थिक-औद्योगिक विस्तार 'बूम' ने इन समाजों के सामाजिक ताने-बाने में नाटकीय उथल-पुथल और परिवर्तन किए। परम्परागत परिवार और पारिवारिक सम्बन्धों में जबर्दस्त बदलाव आया। महिलामुक्ति आन्दोलनों में तेजी आई। महिला ने घर की चारदीवारी से आजाद होकर औद्योगिक श्रम-शक्ति में अपनी

बढ़ती हिस्सेदारी के साथ श्रमिक एवं समाजवादी आन्दोलनों में विशिष्ट सामाजिक ताकत के बतौर पहचान बनाई। महिला मुक्तिआन्दोलन ने खासकर 1960 के दशक में व्यापक और गतिशील विकास किया। जबर्दस्त औद्योगिक विकास-प्रसार के चलते बड़ी संख्या में विवाहित महिलाएँ उद्योग, वित्त व सेवा क्षेत्र में नियमित वेतनभोगी श्रम-शक्ति के रूप में दाखिल हुईं।

पूँजीवादी विकास और विस्तार के इस अभूतपूर्व दौर में वित्तीय पूँजी औद्योगिक पूँजी पर हावी होने लगी और उसके लिए अपने देशों की सीमाएँ छोटी पड़ने लगीं। यूरोडॉलर, पेट्रोडॉलर और तमाम तरह की आवारा पूँजियों ने अपने प्रवाह-प्रसार और अकूत मुनाफे के लिए नए किस्म के गैर उत्पादक बाजार बनाए। संस्कृति, खासकर देशज 'एथनिक कल्चर', पर्यटन, खेल, प्रेस, फिल्म, टीवी, मास मीडिया, शिक्षा आदि का विशाल विश्वव्यापी ग्लोबल बाजार बनने लगा। ओलम्पिक, कामनवेल्थ, फार्मूला वन रेस, टेनिस के अन्तर्राष्ट्रीय टूर्नामेंट, क्रिकेट, फुटबाल आदि के विशाल खेल बाजारों में बिलियनों डॉलर की पूँजी और सट्टा प्रवाह होने लगा। मास मीडिया, खासकर टीवी ने युद्ध और विभीषिकाओं को भी बाजार का हिस्सा बना लिया।

बीसवीं सदी के इस अकूत और अद्भुत पूँजी-प्रसार का चुनौतीविहीन नेतृत्व अमेरिका के पास था। विश्व की तमाम प्रमुख मुद्राओं के स्वर्णमान सम्बद्धता से मुक्त हो जाने के बाद डॉलर के व्यापार, विदेशी मुद्रा-विनिमय और मुद्रा रिजर्व की एकमात्र स्वीकार्य अन्तर्राष्ट्रीय मुद्रा बन जाने के चलते समूची बीसवीं सदी में अमेरिका की इस नेतृत्वकारी स्थिति को उसके गम्भीर आन्तरिक वित्तीय संकटों के बावजूद कोई प्रभावी चुनौती नहीं मिली। यूरोपीय राष्ट्रों ने 1990 दशक के शुरुआती वर्षों में खुद को एकीकृत साझा बाजार में संगठित कर लिया था और दशक बीतते-बीतते उन्होंने अपनी साझा मुद्रा 'यूरो' भी बना ली। अन्तर्राष्ट्रीय स्तर पर औद्योगिक विकास के स्वर्णिम युग 1950-73 के बाद व्यापार-वाणिज्य का प्रसार-प्रवाह लगातार बढ़ने लगा और व्यापार की वृद्धि-दर उत्पादन की वृद्धि से कहीं आगे निकल गई। पूँजीवाद, औद्योगिक पूँजी के दौर से निकलकर वित्तीय पूँजी के दौर में आ पहुँचा।

उधर समाजवादी दुनिया, खासकर सोवियत संघ, जिसने उस कठिन दौर में, जब पूँजीवादी दुनिया आर्थिक महामन्दी के प्रलयकारी प्रभाव से डाँवाडोल हो रही थी, 1930 के समूचे दशक में, मन्दी अथवा किसी भी प्रकार की 'बिजनेस साइकिल' से बेपरवाह अभूतपूर्व औद्योगीकरण करते हुए 'महाशक्ति' का दर्जा हासिल कर लिया था, प्रगति की रफ्तार बहुत दिनों तक टिकाये नहीं रख सका। 1960 का दशक आते-आते जब पहली दुनिया अपनी अर्थव्यवस्थाओं के विकास की रफ्तार पकड़ चुकी थी, सोवियत संघ और तमाम पूर्वी यूरोपीय समाजवादी देश गहरी आर्थिक गतिरुद्धता की दहलीज पर थे। सोवियत सत्ता की स्थापना के बाद एक विशाल गतिरुद्ध पिछड़े खेतिहर समाज के समाजवादी रूपान्तरण के जटिल कार्यभार को अंजाम देने के लिए लेनिन जीवित नहीं रह सके थे। सोवियत सत्ता की स्थापना में बोल्शेविकों के क्रान्तिकारी मार्क्सवादी व्यवहार के लिए लेनिन का महानतम योगदान व्यापक जन-समुदाय की नब्ज को पहचानकर उसकी जरूरत के मुताबिक व्यवहार और नीति का नारा देने की क्षमता थी।

लेनिन के साथ ही इस महत्त्वपूर्ण और निर्णायक क्षमता का भी अन्त हो गया। दूसरी तरफ अपने प्रतिद्वन्द्वी के लिए पूँजीवादी पहली दुनिया ने नई तकनीक के प्रवाह के सारे छिद्र पूरी तरह बन्द कर रखे थे। शीतयुद्ध का दौर तकनीकी प्रगति के आदान-प्रदान के सम्पूर्ण ब्लॉकेज का दौर था। सामरिक बेहतरी और प्रतिद्वन्द्विता की प्राथमिकता के चलते समाजवादी खेमे में सैन्य तकनीक के अतिरिक्त अन्य किसी क्षेत्र में तकनीकी शोध-प्रगति नहीं हुई। नतीजतन 1960 के दशक में सोवियत संघ और तमाम पूर्वी यूरोप 1930 और 40 के दशक की तकनीक के औद्योगिक उत्पादों के अजायबघरों में तब्दील होने लगे थे। सेवाक्षेत्र और सूचना तकनीक में, जिसने पूँजीवादी जगत के अभूतपूर्व विकास में सबसे बड़ा योगदान किया था, समाजवादी खेमे ने कोई प्रगति नहीं की थी। यहाँ विकास का मतलब सिर्फ पुराने औद्योगिक उत्पादों का अन्तहीन दुहराव था। सामाजिक-आर्थिक-तकनीकी गतिरुद्धता के मारक समीकरण ने सोवियत संघ समेत तमाम समाजवादी देशों को दिवालिएपन की दहलीज पर ला खड़ा किया और एक के बाद एक ये देश पूँजीवादी नव-उदारवाद की झोली में गिरने लगे। सोवियत संघ में गोर्वाचेव ने पेरेस्त्रोइका काल (1985-91) में शिकागो स्कूल के नव-उदारवादी सुधार नुस्खे को लागू करने की कोशिश की। नतीजे में बीसवीं सदी की महानतम घटना—दुनिया की पहली कम्युनिस्ट सत्ता का बीसवीं सदी के अन्तिम दशक के पहले वर्ष में पराभव हो गया। सोवियत संघ राष्ट्रीयताओं और जातीय समूहों के आधार पर विखंडित हो गया और रूस अपने 'मध्य सत्रहवीं सदी आकार' में सिमट गया।

तीसरी दुनिया की हालत अपेक्षाकृत बेहतर रही। आयात-प्रतिस्थापन के उद्योग अन्तर्राष्ट्रीय प्रतिस्पर्धा में नहीं टिक सके। तीसरी दुनिया के परम्परागत निर्यात क्षेत्र और उत्पादों (खनन और कृषि उत्पाद) की आय, नई तकनीक, पूँजीगत उपकरण और भारी मशीनरी के आवश्यक आयात के लिए विदेशी विनिमय मुद्रा जुटाने में असमर्थ थी। इस कमी की भरपाई के लिए इन देशों ने कर्ज का सहारा लिया और कर्ज के मकड़जाल में फँसते चले गए। 1990 के शुरुआती वर्षों तक राजकोषीय दिवालियापन अफ्रीका और एशिया के तमाम उत्तर-औपनिवेशिक देशों तथा पूरे लातिनी अमेरिकी क्षेत्र में फैल चुका था। यह दिवालियापन, विशेषकर ऊँची ब्याज दर, सकल राष्ट्रीय उत्पाद में ऋण विमोचन देनदारियों की लगातार बढ़ती हिस्सेदारी और समाप्तप्राय विदेशी विनिमय रिजर्व इन देशों के आर्थिक-वित्तीय वातावरण को खोखला कर रहा था। इस दबाव ने इन राष्ट्रों को विश्व बैंक, अन्तर्राष्ट्रीय मुद्रा कोष और पश्चिमी पूँजीवादी जगत के ढाँचागत पुनर्संयोजनों, बाजार सुधारों और आर्थिक नीतियों के बदलाव के नव-उदारवादी नुस्खों की शरण में जाने के लिए मजबूर किया। चिली में वामपंथी सरकार के भूमि-सुधार और जन-पक्षधर कार्यक्रमों को लागू करने की कोशिश पर अमेरिका की शह और समर्थन से 1973 में रक्तरंजित तख्तापलट के बाद काबिज तानाशाही ने नव-उदारवादी एजेंडे को बर्बरता से लागू करना शुरू किया। अन्य तमाम राष्ट्रों ने भी 1980 के शुरुआती वर्षों से इसी फार्मूले पर अमल करना शुरू किया। पूर्वी यूरोप इसकी चपेट में दशक के अन्तिम वर्षों में आया। भारत में इस एजेंडे की धीमी शुरुआत दशक के मध्य में हुई थी जिसने 1991 से पूरी रफ्तार पकड़ी। चीन में माओ की मृत्यु के दो साल बाद 1976 से सुधारों का सिलसिला

शुरू हुआ। तमाम सब-सहारा क्षेत्र के अफ्रीकी देश भी 80 और 90 के दशक में विश्व बैंक और आई.एम.एफ. के ढाँचागत संयोजनों के जाल में आ गए। चीन सामूहिक खेती की व्यवस्था को पलटते हुए अपनी परम्परागत पारिवारिक खेतिहर किसानी पर लौट आया। इसके साथ ही कई अन्य महत्त्वपूर्ण बाजार आधारित बदलाव–गैर कृषि उत्पाद उद्योग धंधे, टाउनशिप एवं विलेज इंटरप्राइजेज (TVEs) और चयनित तटवर्ती इलाकों में विदेशी निवेशकर्ताओं को निर्यातोन्मुख एवं श्रम-शक्ति बहुल मैन्युफेक्चरिंग इकाइयाँ लगाने की अनुमति, आदि लागू किए गए। इन उपायों ने, जब विकसित देशो समेत दुनिया के लगभग सारे देश मन्दी की मार और लगातार घटती विकास दर से जूझ रहे थे, चीन को दुनिया की सबसे तेज गति से विकसित होनेवाली विशाल अर्थव्यवस्था में बदल दिया जो अगली सदी में अमेरिका को भी चुनौती दे सकने वाली आर्थिक महाशक्ति बन सकती थी। चीनी विकास मॉडल की विशिष्टता यह थी कि उसने गैर राजकीय क्षेत्रों की श्रम-शक्ति को बाजार के लिए आजाद करते हुए अपनी पकड़ राजकीय क्षेत्र और उद्योगों पर लगभग यथावत रखी। ऐसा इसलिए भी व्यवहारतः मुमकिन हो सका कि चीन की कुल श्रम-शक्ति में राजकीय क्षेत्र की भागीदारी महज 18% है। इसकी देखा-देखी जब गोर्वाचेव ने सोवियत संघ में इस फार्मूले को लागू करने की कोशिश की तो बुरी तरह विफल रहे क्योंकि वहाँ राजकीय क्षेत्र में श्रम-शक्ति की भागीदारी 90% थी। दिसम्बर 1991 में सोवियत संघ बिखर गया और इस बिखराव से बने 15 राज्यों ने भी पूँजीवादी नव-उदारवादी सुधारों के एजेंडे को जोर-शोर से अपना लिया। इस तरह 1990 का दशक बीतते समूची दुनिया नव-उदारवादी बाजार के झंडे तले थी जिसके मूल में अर्थव्यवस्था पर निजी क्षेत्र का मालिकाना, अन्तर्राष्ट्रीय व्यापार के लिए बाजार आधारित परिवर्तनशील मुद्रा, विश्व व्यापार-संगठन के व्यापार-मानक तथा अर्थव्यवस्था के समस्त उत्पादन क्षेत्रों के लिए बाजार-आधारित दिशा की अवधारणा थी। वैश्विक स्तर पर तेजी से विकसित हो रही तकनीकों ने इन बदलावों को लागू करने में भरपूर मदद की–विशेषकर परिवहन, संचार और कम्प्यूटर क्षेत्र में आई अद्‌भुत और तेज तकनीकी प्रगति ने। सूचना तकनीक क्रान्ति ने उत्पादन का सही मायनों में वैश्वीकरण सम्भव कर दिया। अब बहुराष्ट्रीय ट्रांसनेशनल कम्पनियों के लिए एक साथ दुनिया के विभिन्न देशों में उनकी सापेक्षिक सुविधाओं–सस्ता श्रम, संसाधन, कच्चा माल, जमीन, कर छूट, परिवहन आदि का भरपूर लाभ उठाते हुए अपनी उत्पादक और असेम्बली इकाइयों की स्थापना और संचालन सम्भव था और इस तरह पूरी दुनिया वैश्विक स्तर पर समेकित उत्पादन व वितरण व्यवस्था में बदल रही थी।

बीसवीं सदी के अन्तिम दशक में अमेरिकी प्रभुत्व के तहत संचालित इस वैश्विक नव-उदारवादी एजेंडे ने संयुक्त राष्ट्र और उसकी तमाम संस्थाओं समेत हर तरह की अन्तर्राष्ट्रीय समन्वय, सहयोग और नियन्त्रण की संस्थाओं को कमजोर, अक्षम और लगभग अप्रासंगिक बना दिया। रूस अपनी ताकत और प्रभाव खो चुका था। ब्रिटेन और फ्रांस स्थानीय आर्थिक राजनीतिक ताकत बने रहकर अमेरिका से सहयोग की भूमिका में सन्तुष्ट थे। जर्मनी और जापान आर्थिक ताकतों के रूप में तेजी से उभर रहे थे मगर उनकी सैन्य अथवा विस्तारवादी महत्त्वाकांक्षा नहीं थी। यूरोपीय यूनियन अपने एकीकृत

बाजार और मौद्रिक व्यवस्था के चलते प्रभावी आर्थिक ब्लाक था परन्तु राजनीतिक रूप से किसी स्वतंत्र वैश्विक भूमिका के निर्वहन में सक्षम नहीं था। चीन भी तेज उभरती हुई आर्थिक ताकत थी मगर वह किसी अन्तर्राष्ट्रीय भूमिका के लिए इच्छुक नहीं था। ऐसी स्थिति में आर्थिक और सामरिक पुलिसिया क्षेत्रों में वैश्विक दादागिरी के लिए अमेरिका का रास्ता साफ था।

कुल मिलाकर बीसवीं सदी ढेर सारे सामाजिक-राजनीतिक आन्दोलनों, क्रान्तियों, अन्तर्विरोधों, सैन्य और शीत विश्वयुद्धों की उथल-पुथल भरी सदी थी। आमतौर पर पूरी सदी में युद्ध का उन्माद छाया हुआ था। इस सदी में युद्ध अपने पारम्परिक रणक्षेत्रों की परिधि से बाहर समूची दुनिया में फैला। युद्ध की परिभाषाएँ बदलीं। सामरिक युद्धों के साथ-साथ आर्थिक और वैचारिक-सैद्धान्तिक लड़ाइयाँ हुईं। सदी के प्रथमार्ध में दो विश्वयुद्ध लड़ चुकने के बाद अगले पचास वर्षों में मानो युद्ध का विस्फोटकारी विकेन्द्रीकरण हुआ। औपनिवेशिक मुक्ति-संग्रामों, लातिनी अमेरिकी क्रान्तियों, वियतनाम, 1983 का ब्रिटेन-अर्जेन्टीना युद्ध, ईरान-इराक में 1980-88 का युद्ध, 1989 के बाद यूरोप, एशिया अफ्रीका सभी महाद्वीपों में युद्धों का सिलसिला—लाइबेरिया, अंगोला, सूडान, अन्य अफ्रीकी देश, भूतपूर्व यूगोस्लाविया, मालदोवा, कराकास और ट्रांस-कराकास के देश, सुलगता मध्यपूर्व, विस्फोटक मध्य एशिया, अफगानिस्तान—हर तरफ आग, नरसंहार, विस्थापन और विनाश की इबारतें लिखी जा रही थीं। पूर्वी यूरोप और सोवियत संघ के विखंडन के बाद संहार और विनाश के साधनों के खगोलीय विकेन्द्रीकरण और धार्मिक, देशज, जातीय उन्मादी उभार ने हिंसा और विनाश को दुनिया में कहीं भी-कभी भी सहज-सम्भव बना दिया। यहाँ तक कि आतंक के बाजार में परमाणु हथियार, उसके निर्माण की तकनीक और संसाधन भी उपलब्ध थे। गुटीय और धार्मिक आतंकवाद से युद्ध के नाम पर आगे चलकर एक तरफा अमेरिकी सैन्य कार्यवाहियों ने, जो विश्व जनमत की अनदेखी और अवहेलना करते हुए की गई, आनेवाली सदी में वित्तीय साम्राज्यवादी वैश्विक आतंक का रास्ता तैयार किया।

बीसवीं सदी के इस विनाशकारी, हिंसक उथल-पुथल के मूल में नव-उदारवादी अर्थव्यवस्था की आर्थिक-सामरिक उद्दंडता थी। दुनिया के गरीब व अमीर देशों और इन तमाम देशों में गरीब और अमीर आबादी के बीच भयावह तेजी से बढ़ती हुई खाई थी। खगोलीय पैमाने पर अभी भी पश्चिमी जगत के पास निर्णायक और सम्पदा-संसाधनों की बढ़त हासिल थी। इसी तरह राष्ट्र राज्यों की अपनी आन्तरिक आबादी में भी सत्ताधारी धनिक वर्ग को अर्थव्यवस्था और सत्ता-संसाधनों पर निर्णायक बढ़त हासिल थी। मगर दोनों ही मामलों में यह निर्णायक बढ़त का स्थायित्व मुमकिन नहीं था। बीसवीं सदी का अन्त आते-आते विजेताओं के पास विजय का मूल हथियार नहीं रहा। औद्योगिक पूँजीवादी जमाने में साम्राज्यवादी विजेताओं के उपनिवेशों की जनता शासित होने को अपनी नियति मानती थी। आज दुनिया के किसी भी कोने में जनता को विदेशी शासन मंजूर नहीं है। इसी तरह सदियों से अपनी गरीबी को अपना भाग्य माननेवाली जनता अपने शासकों से अब और छली जाने के लिए तैयार नहीं है। नई सदी में अपनी दुर्दशा का जवाब माँगते हुए दमित और गरीब आम जन अपने देशों की हर तरह की तानाशाही

को, चाहे वह जनतंत्र के नाम पर ही क्यों नहीं चल रही हो, उखाड़ फेंकने के लिए आमादा हो रहे हैं। यह नई सदी के लिए नए सपनों और नई उम्मीदों के संकेत हैं। नव-उदारवादी नुस्खा और उसकी तमाम 'शॉक थिरेपी' बुरी तरह असफल हो रही है और खुद वित्तीय साम्राज्यवाद के गढ़ अमेरिका की आर्थिक नींव हिला रही है। इस नुस्खे और उसकी नीतियों ने दुनिया में चौतरफा आर्थिक-सामाजिक कहर बरपा किया है। पूँजीवादी साम्राज्यवाद के दौर में धनिक देशों ने दुनिया का गुलामी, औपनिवेशिक शासन, सैन्य कार्यवाहियाँ, कब्जा, आर्थिक युद्ध और दादागिरी, अपनी मर्जी की दलाल तानाशाह सरकारों, और भी न जाने कितने तरीकों से शोषण-शासन किया। गरीब बहुसंख्या पर अमीर अल्पसंख्या के प्रभुत्व का चरम संकीर्णतावादी विचार और दर्शन हावी रहा। मगर इसी क्रम में बीसवीं सदी ने मानवजाति को यह भी दिखाया कि पूँजीवाद निर्णायक संकट की घड़ियों से प्रभावी ढंग से निपटने में कभी कामयाब नहीं हो सका। वह विश्वयुद्धों को होने से नहीं रोक सका। वह आर्थिक महामन्दी को नहीं रोक सका। वह सदी के अन्तिम दौर की मन्दी के प्रभावों से निपटने में भी नाकाम है। हर संकट में उसके हाथ-पाँव फूल जाते हैं। वह वक्त के गुजर जाने का इंतजार करता है। यह पूँजीवाद की अपराजेयता के दम्भ के खोखलेपन और आमजन के सपनों की ताकत की आश्वस्ति है।

बीसवीं सदी में पूँजीवादी विकृत विकास के मॉडल ने आर्थिक क्षेत्र से इतर भी बहुत सारी जटिलताएँ दीं। प्राकृतिक संसाधनों के अंधाधुंध विदोहन ने प्रकृति और पर्यावरण के लिए विनाशकारी स्थितियाँ बना दीं। पृथ्वी पर अनगिनत प्रजातियों के लगातार लुप्त होते जाने का सिलसिला चल पड़ा। मानव प्रजाति भी इन परिस्थितियों में अपने अनन्त जीवन का भरोसा नहीं रख सकती। आधुनिक तकनीकी प्रगति ने पर्यावरण से छेड़छाड़ की अपरिमित क्षमता हासिल कर ली है। पर्यावरणीय समस्याओं-जटिलताओं का हल खगोलीय स्तर पर ढूँढ़ना होगा। तकनीक मानवीय श्रम-शक्ति को उत्पादन-प्रक्रिया से बाहर कर रही है। उत्पाद और सेवा दोनों ही क्षेत्रों में निरन्तर मानवीय श्रम-शक्ति का अनुपात घट रहा है। न तो उत्पादन प्रक्रिया से बाहर कर दी गई श्रम-शक्ति और न ही तेजी से बढ़ती जनसंख्या से आ रही नव प्रवेशी श्रम-शक्ति के लिए अर्थव्यवस्था में कोई जगह है। समग्र तौर पर अभी भी श्रम-शक्ति उत्पादन-प्रक्रिया का एक महत्त्वपूर्ण हिस्सा है मगर इसकी भौगोलिक सीमा रेखाएँ तेजी से बदल रही हैं। अर्थव्यवस्था के खगोलीकरण ने ज्यादातर श्रमसाध्य उत्पादक उद्योगों को धनी देशों के महँगे श्रम-शक्ति केन्द्रों से ऐसे देशों और स्थानों में स्थानान्तरित कर दिया है जहाँ सस्ते हाथ और दिमाग दोनों बहुलता से सुलभ हैं। रोजगार के उच्च वेतन से निम्न वेतन क्षेत्रों में स्थानान्तरण से माँग की कमी के चलते उच्च वेतन क्षेत्रों के वेतन ढाँचे में भी गिरावट आती है। नव-उदारवाद की बाजार केन्द्रित अवधारणा ने उन तमाम अवसरों, व्यवस्थाओं और संस्थाओं को कमजोर, निष्क्रिय या समाप्तप्राय कर दिया है जो कल्याणकारी राज्य और कीन्सवादी आर्थिक विकास के दौर में ऐसी जटिलताओं--रोजगार ह्रास, छँटनी, बेरोजगारी आदि से राज्य आधारित समाधान-सामाजिक सुरक्षा-संरक्षा की गारंटी करती थीं। लगातार बाजारोन्मुख होती हुई वैश्विक अर्थव्यवस्था का आधार उपभोग है। उपभोग के लिए अपेक्षित क्रय-क्षमता से सम्पन्न विशाल उपभोक्ता वर्ग की दरकार है। यह उपभोक्ता वर्ग अब तक उच्च वेतन भोगी

समुदाय था जिसके पास उच्च तकनीक के औद्योगिक उपभोक्ता उत्पादों के खरीदने के लिए पर्याप्त क्रय-शक्ति थी। यह समुदाय अब घटते वेतन और सिकुड़ती संख्या की दोहरी मार झेल रहा है। नव-उदारवाद ने अब तक के सर्वाधिक सुरक्षित और निरापद नियमित रोजगार क्षेत्रों–सार्वजनिक क्षेत्र सेवाओं, वित्त व बैंकिंग, कार्यालयी सेवाओं आदि में जबर्दस्त कटौती-छँटनी की है। कम्प्यूटर और ऑटोमेशन तकनीकों से परम्परागत औद्योगिक उत्पादन क्षेत्रों में भी भारी कटौती हुई है। नव-उदारवाद की नजर में सार्वजनिक, सामाजिक सुरक्षा और कल्याण की लागत अधिक और अनावश्यक है। वह इस झमेले में पड़ना नहीं चाहता। ऐसी जटिलताओं को उसने पूरी तरह बाजार भरोसे छोड़ दिया है। राज्य की भूमिका इस कदर सीमित कर दी गई है कि वह संसाधन और अधिकार दोनों की दृष्टि से प्रभावकारी कदम उठाने की स्थिति में नहीं है।

इसके बावजूद अपने नागरिकों की तमाम प्रशासनिक गतिविधियों और सूचना-जानकारियों की ताक-झाँक और नियन्त्रण में आज राज्य कई गुना सक्षम है। सदी का अन्त होते-होते नव-उदारवादी गुब्बारे की हवा निकल गई है। एक बार फिर बाजार अर्थव्यवस्था की बेलगाम दौड़ से उपजी सामाजिक-आर्थिक-पर्यावरणीय विषमताओं से निपटने के लिए राज्य की अपरिहार्य भूमिका नई सदी के प्रारम्भ से ही एजेंडे पर है। बीसवीं सदी का अन्त आते-आते वैश्विक अर्थव्यवस्था के सबसे ताकतवर इंजन–अमेरिकी अर्थव्यवस्था–में वित्तीय दिवालिएपन और मन्दी का संकट 1930 के दशक की महामन्दी के बाद का सबसे बड़ा आर्थिक-वित्तीय संकट बन गया है और इसने विश्व की तमाम छोटी-बड़ी अर्थव्यवस्थाओं और बाजारों को चपेट में लेना शुरू कर दिया है। इससे निपटने के लिए अमेरिका और पश्चिमी जगत समेत दुनिया की तमाम सरकारों ने निजी पूँजी, खासकर बैंकिंग उद्योग को बचाने के लिए राजकीय वित्तीय संसाधनों, समर्थन और सहयोग की पूरी ताकत झोंक दी है। तमाम 'बेल आउट' प्रयासों के बावजूद वर्तमान आर्थिक संकट अपनी गम्भीरता, गहराई और जटिलता के पैमाने से विकराल और वैश्विक आयाम लिये हुए है और 21वीं सदी का पहला दशक बीत जाने के बावजूद इसके हल होने के आसार नजर नहीं आते। इस स्थिति ने दुनिया की आबादी के काफी बड़े हिस्सों के लिए, खासकर अफ्रीका, युद्ध की विभीषिका से त्रस्त अफगानिस्तान, इराक, और पूर्वी यूरोपीय देशों के करोड़ो लोगों को कुपोषण, महामारी और भुखमरी के कगार पर ला खड़ा किया है। इससे पहले सत्ताधारी वर्गों की संकट से निपटने की रणनीति उन्हीं वित्तीय दैत्यों के पक्ष में इतनी नहीं रही जिन्होंने जनता और समाज से पूरी तरह बेपरवाह रहते हुए, उनके साथ धोखा करते हुए जो अर्थव्यवस्था और समाज की सबसे निचली पायदान पर और सबसे बहुसंख्या में रहते हुए संकट की कीमत अपने रोजगार, अपनी बचत और अपनी भूख से चुका रहे हैं, इस संकट को अंजाम दिया है। अमेरिका और जी-20 देशों का इन गैरजिम्मेदार और अनैतिक बैंकिंग व वित्तीय दैत्याकार संस्थाओं को बचाने का फैसला पूरी तरह विकृत तर्क और अनैतिकता पर आधारित है। यह पूँजीवाद के अपने खुद के सिद्धान्तों के विरुद्ध है जिसमें सही कदम उठाने वाले आगे बढ़ते हैं और गलती करनेवाले बाजार और अर्थव्यवस्था से बाहर होते जाते हैं। परन्तु संकट प्रबन्धन की वर्तमान नीति सट्टा आधारित, अदूरदर्शी, मनमाने जोखिम

उठानेवाले अक्षम, अकुशल व अय्याश प्रबन्धन को जनता के पैसे पर बढ़ावा देने की है। ऐसे गैरजिम्मेदार, अनैतिक और हारे हुए लोगों और उनकी करनी का बोझ अर्थव्यवस्था उठा रही है और दुनिया-भर के में गरीब बेरोजगारी, बेघरबारी, सामुदायिक विस्थापन, पलायन, भूख, तनाव और अकाल मौत की मार झेल रहे हैं।

कुल मिलाकर बीसवीं सदी की आर्थिक-सामाजिक-राजनीतिक व्यवस्था, ढाँचे और व्यवहार ने आनेवाली सदी के लिए बहुत सारी चुनौतियाँ और अनसुलझे सवाल छोड़े हैं– तेजी से बढ़ती हुई आबादी, तेजी से बूढ़ी होती आबादी, आबादी का विषम होता जेंडर अनुपात, विस्थापन और पलायन, वैश्विक मध्यवर्ग का उभार, बदलते उपभोग पैटर्न, बदलते राजनीतिक-आर्थिक समीकरण और प्रभाव, अपर्याप्त और अक्षम वैश्विक वित्त प्रबन्धन का ढाँचा और संस्थाएँ, वैश्विक राजनीतिक-आर्थिक परिप्रेक्ष्य में अन्तर्राष्ट्रीय स्वतंत्र व सक्षम संस्थागत व्यवस्थाओं का अभाव और डगमगाती हुई व्यापक वैश्विक आर्थिक-वित्तीय परिस्थितियाँ। इनसे निपटने के लिए जाहिरा तौर पर वैश्विक पूँजीवादी अर्थतंत्र के पास ढाँचा और प्रक्रियागत व्यवहार भले ही नजर आता हो मगर इसमें जन-पक्षधर सैद्धान्तिक-वैचारिक समझदारी, विवेक, तात्विक दृढ़ता, तार्किकता और नैतिकता का नितान्त अभाव है। तत्वहीन प्रारूप के इस खोखलेपन को भरने के लिए प्रगति की जनपक्षधर धारा और यथास्थिति की प्रतिक्रियावादी धारा दोनों ही अपने-अपने ढंग से मैदान में हैं। प्रतिक्रिया की धारा अंधराष्ट्रवाद, कठमुल्लावाद, आतंकवाद और यहाँ तक कि नव नाजीवाद के रूप में दीखती है। प्रतिक्रिया का सबसे मजबूत और जबर्दस्त अपील के साथ प्रतिनिधित्व पोप बेनेडिक्ट XVI की वैश्विक अर्थतंत्र पर धर्म के नियन्त्रण की अवधारणा करती है। पोप बेनेडिक्ट साफ तौर पर पश्चिम की निजी बाजारोन्मुखी अर्थव्यवस्था के प्रगति और यहाँ तक कि वितरणकारी न्याय की भी गारंटी कर पाने में भी पूरी तरह अक्षम और असफल रहने की बात करते हैं। इसके लिए उनकी प्रस्थापना है कि 'एक ऐसी आर्थिक नीति की, जो महज किसी समूह के हित या फिर महज किसी राज्यविशेष के सामूहिक साझा हित के लिए नहीं बल्कि जो मनुष्य जाति के समूचे परिवार के साझा हितों की दिशा में उन्मुख हो, अपरिहार्य जरूरत नैतिक अनुशासन का उच्चतम स्तर है और इसका मतलब धार्मिक शक्ति के उच्चतम स्तर से है।' अपनी इस प्रस्थापना पर खड़े होकर पोप चर्च के अर्थव्यवस्था में महज एक घटक के रूप में हस्तक्षेप की नहीं बल्कि चर्च की अपनी स्वतंत्र और शीर्ष सत्ता के आधार पर विमर्श में उतरने की बात करते हैं। उनकी दावेदारी है कि बिना आर्थिक अर्थात सामाजिक न्याय के परिप्रेक्ष्य और परिक्षेत्र को अपनाए धर्म उसी तरह अधूरा है जैसे अर्थशास्त्र बगैर एक सार्वभौम नैतिकता के ढाँचे के, जो सिर्फ और सिर्फ धर्म ही दे सकता है। सब कुछ मूल्यों से निर्धारित होगा और मूल्यों को धर्म निर्धारित करेगा। पोप का धर्म से आशय ईसाइयत से है जिसके प्राधिकारी पोप हैं। मनुष्यता अपने बीते अतीत में क्रूसेड और जिहाद के नाम पर धर्म, राजनीति और अर्थतंत्र के उन्मादी अभियानों से उठे लहू के सैलाबों और विनाश के तूफानों को झेल चुकी है और फिर से इन त्रासदियों को खुद पर गुजरते नहीं देखना चाहेगी। मनुष्यता फिर से ऐसे इतिहास को दुहराये जाने की इजाजत हरगिज नहीं देगी।

IV

फिदेल कास्त्रो की कहानी समाज, राजनीति और अर्थतंत्र के खोखलेपन में जन-पक्षधर मूल्यों और नैतिकता के सारतत्त्व भरने की जद्दोजेहद की कहानी है। फिदेल कास्त्रो इस धारा का जिन्दा इतिहास हैं। फिदेल शोषण और क्रूरता से परे एक श्रमशील और न्यायपूर्ण वितरणकारी समाज के लिए संघर्ष करने वाली क्रान्तिकारी वैचारिकी और व्यवहार के अप्रतिम योद्धाओं की पुरानी पीढ़ी के एकमात्र जीवित सक्रिय जन-राजनीतिज्ञ और योद्धा हैं। फिदेल की कहानी बीसवीं सदी के समूचे उत्तरार्ध में साम्राज्यविरोधी, समझौताहीन जीवन्त संघर्षों का इतिहास है। अमेरिका समूचे लातिनी अमेरिका को अपने पिछवाड़े का कूड़ाखाना और तेल समेत तमाम महत्त्वपूर्ण प्राकृतिक संसाधनों का अपना भंडारघर मानता आया है। वह समूचे लातिनी अनेरिका को दलाल और भ्रष्ट सरकारों के जरिए अपना राजनीतिक-आर्थिक नव-उपनिवेश बनाए रखने के लिए लातिनी अमेरिका के किसी भी देश में हस्तक्षेप और तख्तापलट को अपना चुनौतीविहीन अधिकार मानता है। विश्व की एकमात्र साम्राज्यवादी महाशक्ति अमेरिका की इस लातिनी अमेरिकी नीति की पृष्ठभूमि में फिदेल ने क्यूबा की अमेरिकापरस्त तानाशाही के विरुद्ध 26 जुलाई, 1953 से विद्रोह का बिगुल बजाया और लगातार संघर्ष करते हुए 1 जनवरी, 1959 को सफल क्रान्ति के जरिए अमेरिका की नाक के नीचे एक समाजवादी सार्वभौम स्वतंत्र राष्ट्र और समाज के निर्माण का बीड़ा उठाया। फिदेल को जानना महज इसलिए जरूरी नहीं है कि उन्होंने क्यूबा में साम्राज्यविरोधी क्रान्ति और समाजवाद के निर्माण की अगुवाई की। फिदेल को जानने की जरूरत सिर्फ इसलिए भी नहीं है कि उन्होंने लगभग पचास वर्ष तक क्यूबा का सफल नेतृत्व किया, इस दौर में कम से कम दर्जन-भर अमेरिकी राष्ट्रपतियों की क्यूबा-विरोधी नीतियों का सामना किया, अमेरिका और उसकी दादागिरी के चलते वैश्विक आर्थिक नाकेबन्दी और असहयोग का मुकाबला किया, अमेरिका, उसके दलाल पड़ोसियों-तानाशाहों, क्यूबा के प्रतिक्रियावादी भगोड़ों, माफिया और हत्यारों की क्यूबा में किसी भी कीमत और रास्ते से अशान्ति, उपद्रव, गृहयुद्ध फैलाने और तख्तापलट की हर कोशिश को लगातार नाकाम किया, और खुद अपने जीवन पर सी.आई.ए., पेन्टागन, मियामी माफिया और न ज ` किन-किन स्रोतों और तरीकों से हत्या की छः सौ बार से ज्यादा की गई कोशिशों को नाकाम करते हुए अमेरिकी साम्राज्यवाद द्वारा क्यूबा और फिदेल के अस्तित्व को अपनी प्रतिष्ठा के लिए चुनौती बना लिए जाने के बावजूद क्यूबा और फिदेल दोनों ही लगातार नए आदमी और नए समाज की दिशा में बढ़ते रहे हैं। फिदेल को जानना सिर्फ इसलिए भी जरूरी नहीं है कि आधी सदी तक इन अकल्पनीय, कठिनतम चुनौतियों का सामना करते हुए, उत्पादन, आय और व्यापार के हर रास्ते को बन्द और बर्बाद कर दिए जाने के बावजूद फिदेल की अगुवाई में क्यूबा ने खासकर शिक्षा और स्वास्थ्य के क्षेत्र में जो प्रगति की और अपने नागरिकों के लिए दीर्घ और स्वस्थ्य जीवन-दशाओं के जो प्रतिमान स्थापित किए उन पर पश्चिमी जगत के किसी भी विकसित देश को आश्चर्य और ईर्ष्या हो सकती है। फिदेल का महत्त्व महज इस बात के लिए भी नहीं है कि उनकी अगुवाई में क्यूबा ने संकटों और संसाधनों की सीमाओं के बावजूद निःस्वार्थ अन्तर्राष्ट्रीयतावाद की भावना और उत्साह के साथ न केवल पड़ोसी देशों बल्कि सुदूर

अफ्रीका तक जनविरोधी और भ्रष्ट, दलाल तानाशाहियों के खिलाफ वहाँ की जनता के संघर्षों को समर्थन और सहयोग दिया, लातिनी अमेरिका और तीसरी दुनिया के गरीब देशों की युवा पीढ़ी को अपने विश्वविद्यालयों में विशेषकर चिकित्साविज्ञान में निःशुल्क शिक्षित किया और दुनिया के किसी भी कोने में घटित होनेवाली आपदाओं के लिए पीड़ित जनों को अपने हजारों-हजार चिकित्सकों और स्वास्थ्य-कर्मियों के माध्यम से मानवीय मदद पहुँचाई। ये तमाम उपलब्धियाँ किसी भी राष्ट्र और उसके अगुवा के लिए स्वाभाविक गर्व और सम्पूर्ण मानवता के लिए प्रेरणा का सबब हैं। इन सबके अलावा भी फिदेल को जानना उनकी उस जिजीविषा और जीवट के लिए जरूरी है जिसके बल पर 13 अगस्त, 1926 को जन्मे फिदेल 85 वर्ष की लम्बी जीवनयात्रा में अनगिनत संकटों-बाधाओं, हत्या के 638 प्रयासों और गम्भीर बीमारी का सामना करते हुए आज भी साम्राज्यवादविरोधी और नए समाज के निर्माण के मोर्चे पर सक्रिय हैं। वक्त और समाज की जरूरत के अनुसार फिदेल ने हथियारबन्द क्रान्तिकारी संघर्ष की अगुवाई की, साम्राज्यवादविरोधी राजनय की अगुवाई की और क्यूबा को आन्तरिक और बाहरी, दोनों ही मोर्चों पर आर्थिक-वैचारिक हमलों से बचाते हुए समाजवादी समाज के निर्माण की अगुवाई की। फरवरी 2008 में सक्रिय सत्ता और राजनीति की कमान छोड़ने के बाद भी फिदेल समाज के नवनिर्माण के अगले महत्त्वपूर्ण मोर्चे 'विचारों के युद्ध' पर सक्रिय हैं जिसे वह 'बैटल ऑफ आइडियाज' कहते हैं। फिदेल की यह जिजीविषा, यह जीवट, यह हौसला और यह उम्मीद एक नए समाज, नए इनसान और नए भविष्य की जिजीविषा, जीवट, हौसला और उम्मीद है और यही फिदेल की 21वीं सदी के लिए सबसे बड़ी देन है जिसके लिए इस जिन्दा इतिहास को जानना-समझना जरूरी है।

लातिनी अमेरिकी मुक्ति और एकता का सपना और संघर्ष : सिमोन बोलिवार

सिमोन बोलिवार का व्यक्तित्व और कृतित्व तीन सौ साल से ज्यादा के स्पेनी औपनिवेशिक राजशाही से जड़ और जर्जर दक्षिणी अमेरिकी समाज और संस्कृति को झकझोर कर सार्वभौम स्वतंत्रता, मुक्ति और एकजुट अमेरिका के लिए अनथक साहस और संघर्ष की महागाथा है। दक्षिणी अमेरिका में स्पेनी राजशाही, नौकरशाही और सेना के खिलाफ असन्तोष और नफरत 1750 से ही प्रतिरोध के विभिन्न रूपों और स्तरों पर आकार लेने लगी थी। 18वीं सदी की यूरोपीय नवजागरण धारा के प्रभाव ने दक्षिण अमेरिकी जनता को अपनी स्वतंत्र और सार्वभौम पितृभूमि–अमेरिका के लिए प्रेरित किया। सामाजिक-सांस्कृतिक मुक्ति संघर्षों के तीन अविस्मरणीय मील के पत्थर–1780 में मूल इंडियन आबादी का पेरू में तुपाक अमारू के नेतृत्व में विद्रोह, 1789-90 में अश्वेत गुलामों का लुवर्चर के नेतृत्व में सफल हैती विद्रोह और इस पूरे मुक्ति-अभियान की चरम परिणति के रूप में श्वेत क्रियोल वर्ग से सिमोन बोलिवार के नेतृत्व में दक्षिणी अमेरिकी समाज का 1810 से 1830 तक संघर्ष करते हुए स्पेनी साम्राज्य की सत्ता को उखाड़कर स्वतंत्र दक्षिणी अमेरिकी राष्ट्रों की स्थापना और उनके महासंघ की दिशा में कदम बढ़ाना है।

वेनेजुएला का काराकास शहर 1567 में बसाये जाने के बाद से ही दक्षिणी अमेरिका में स्पेनी राजशाही साम्राज्य के फलते-फूलते केन्द्रों में था। सिमोन बोलिवार का जन्म 24 जुलाई 1783 को काराकास के प्रभावशाली और समृद्ध बोलिवार क्रियोल परिवार में हुआ था जो विशाल गन्ना बागानों और चाँदी की खदानों के मालिक थे। बोलिवार परिवार को स्पेनी राजशाही से दरबारी 'नोबिलिटी' का दर्जा हासिल था। दक्षिणी अमेरिकी समाज का क्रियोल वर्ग 200 सालों से स्पेनी राजसत्ता का स्थानीय प्रतिनिधि, सम्पदा और गुलामों का मालिक और भोग-विलास, फिजूलखर्ची, अय्याशी में डूबा हुआ निकम्मा और जड़ समुदाय था। सिमोन बोलिवार ने न सिर्फ अपनी वर्गीय विकृति और जड़ता, बल्कि समूची दक्षिणी अमेरिकी समाज की जड़ता और विकृतियों पर भी चोट करते हुए एक नए आजाद, खुदमुख्तार और जागरूक दक्षिणी अमेरिका के निर्माण का नेतृत्व किया।

सिमोन बचपन में ही अपने माता-पिता को खो चुके थे (दो वर्ष की आयु में पिता और नौ वर्ष की आयु में माता की मृत्यु हो गई)। सिमोन ने अपने जमाने के बेहतरीन शिक्षकों से शिक्षा-दीक्षा पाई, जिनमें खासकर सिमोन रोड्रिग्ज और आंद्रेज बेलो थे। रोड्रिग्ज बेहद आजाद खयालों के, फ्रांसीसी क्रान्ति, मुक्त प्रेम और नवजागरण धारा के प्रबल समर्थक,

धर्म, पोंगापंथी, कठमुल्लावाद के कट्टर विरोधी और क्रान्तिकारी विचारों के धनी थे। रोड्रिग्ज पर होलाबाख और रूसो का बहुत गहरा प्रभाव था। रोड्रिग्ज ने बुद्धिमान सिमोन बोलिवार में अपना बेहतरीन शिष्य देखा। ग्रीक-रोमन क्लासिकीय दर्शन से लेकर फ्रांसीसी क्रान्ति और नवजागरण की आधुनिकतम विचारधारा के साथ क्रान्तिकारी प्रतिरोध संघर्षों और उनके नायकों की अद्भुत रोमांचकारी गाथाओं ने बालक सिमोन के दिलो-दिमाग पर गहरा असर डाला। खासकर बोलिवार पर तुपाक अमारू के नेतृत्व में पेरू के इंका विद्रोह की अमिट छाप पड़ी। इंका योद्धा के इस अचानक प्रतिरोध-विस्फोट ने स्पेनी साम्राज्य को अवाक् कर दिया था, अपने ही लोगों की गद्दारी के चलते यह महान योद्धा पकड़ा गया। स्पेनी सैनिकों ने उसे खुले आम बर्बर यातनाएँ देते हुए चौराहे पर तड़पा-तड़पाकर मार डाला। दरबारी अरिस्टोक्रेट क्रियोल अपने-अपने रथों से इस योद्धा के बर्बर शिकार का मजा लेते हुए देख रहे थे—इन बातों को बोलिवार कभी भूल नहीं सके। अपने शिक्षक की ही तरह बोलिवार भी रूसो के दीवाने थे। अपने एक खत में बोलिवार ने रोड्रिग्ज को लिखा, 'मैं उसी रास्ते का राही हूँ जो आपने मुझे दिखाया...आपने मेरे दिल-दिमाग को आजादी, न्याय, महानता और सौन्दर्य से प्रेम करना सिखाया है।' 1799 में क्रियोली अरिस्टोक्रेट साज-सज्जा में सजे-धजे 16 साल के बोलिवार उच्चशिक्षा के लिए स्पेन की राजधानी मेड्रिड पहुँचे, जहाँ ऊँचे तबके के समाज और सम्बन्धियों ने उनका स्वागत किया। मगर जल्दी ही बोलिवार की समझ में यह बात आ गई कि उपनिवेश से आया हुआ कोई क्रियोल कभी स्पेनी समाज में बराबरी का दर्जा नहीं पा सकता, जहाँ शुद्ध रक्त 'लिम्पियेजा' की सनक पागलपन बन चुकी थी। सत्ताधारी समाज की जड़ता और विकृतियाँ अपने चरम पर थीं। जल्दी ही बोलिवार का स्पेनी समाज से मोहभंग हो गया। उन्हें वहाँ स्पेनी-वेनेजुएलन समृद्ध परिवार की मारिया टेरेसा से प्रेम हो गया। इसी बीच 1802 में वह पेरिस गए। क्रान्ति के बाद की ऊर्जा, उत्साह और आजादी से भरपूर पेरिस और नौजवान जनरल नेपोलियन बोनापार्ट के हैरतअंगेज सामरिक अभियानों ने बोलिवार पर मानो जादू कर दिया। मैड्रिड वापस आकर बोलिवार ने मारिया टेरेसा से शादी की और उसके साथ वेनेजुएला अपनी जागीर पर वापस आ गए। दुर्भाग्य से छः महीने बाद ही मारिया की तेज बुखार से मौत हो गई। टूटे हुए दिल के साथ बोलिवार एक बार फिर यूरोप पहुँचे। 1804-06 का वक्त फ्रांस और इटली में बिताया। मारिया की मौत के बाद इस बार पेरिस ने भी उनके दिल-दिमाग पर गहरी चोट की। पेरिस नेपोलियन की सम्राट के रूप में ताजपोशी के जश्न में डूबा था। बोलिवार ने पेरिस-क्रान्ति और रिपब्लिक को खुद उसके अन्दर से छला जाता महसूस किया। नेपोलियन को लेकर बोलिवार का इसके बाद सारी जिन्दगी घृणा-प्रेम का अन्तर्द्वन्द्व बना रहा। वह नेपोलियन के क्रान्ति के साथ घात को कभी भुला नहीं सके। बावजूद इसके वह उसकी सैन्य मेधा और रणनीति के हमेशा कायल रहे। इसी दौरान बोलिवार की अचानक मुलाकात अपने पुराने शिक्षक सिमोन रोड्रिग्ज से हुई और दोनों ने साथ-साथ यूरोप की यात्राएँ की। पेरिस में बोलिवार की मुलाकात उस समय के मशहूर जर्मन वैज्ञानिक और घुमन्तू खोजी अलेक्जेंडर वॉन हम्बोल्ट से हुई जो अभी हाल ही में दक्षिणी अमेरिका से लौटे थे। दक्षिणी अमेरिका के अभिभूत कर देनेवाले प्राकृतिक सौन्दर्य, संसाधनों की समृद्धि और समाज की जड़ता और असन्तोष पर लम्बी चर्चा हुई।

जब हम्बोल्ट ने कहा, 'दक्षिणी अमेरिकी समाज की परिस्थितियाँ तीन सौ साल की स्पेनी राजशाही से छुटकारा पाने के लिए परिपक्व हैं मगर इस काम को करेगा कौन?' बोलिवार गहरे सोच में पड़ गए। यहाँ से उनके जीवन का नया अध्याय शुरू हुआ। इस बातचीत ने बोलिवार को आजादी और उसके लिए संघर्ष के बारे में सोचने के लिए प्रेरित किया।

एक दिन इटली में अवेन्तिन पहाड़ी की चोटी से उन अवशेषों को निहारते हुए, जहाँ दो हजार साल पहले रोमनों ने अपनी आजादी के अधिकार का संकल्प लिया था, सोच में डूबे बोलिवार अचानक अपने शिक्षक रोड्रिग्ज की ओर मुड़े और शपथ ली—'मैं आप के सामने, अपने पूर्वजों के ईश्वर और खुद अपने पूर्वजों की ओर से, अपने आत्मसम्मान और अपने देश की ओर से शपथ लेता हूँ कि अब से मेरे हाथ कभी खाली नहीं रहेंगे और मेरी आत्मा कभी विश्राम न लेगी, जब तक मैं उन तमाम बेड़ियों को चूर-चूर नहीं कर देता जो हमें स्पेन से जकड़े हुए हैं।' यह दक्षिणी अमेरिका के मुक्ति-संघर्ष की पहली हुंकार थी। अब बोलिवार के जीवन का एकमात्र मकसद था दक्षिणी अमेरिका की सम्पूर्ण आजादी।

बोलिवार 1808 में वेनेजुएला लौटे। इसी साल नेपोलियन ने स्पेन पर कब्जा कर वहाँ के राजा चार्ल्स चतुर्थ को हटाकर अपने भाई जोसेफ को राजा बना दिया। स्पेन में जगह-जगह विद्रोही सेनाओं ने अपनी स्थानीय सत्ताएँ बना लीं। इन परिस्थितियों ने दक्षिणी अमेरिका में स्पेन से मुक्त होने के लिए संघर्ष को हवा दी। स्पेनी राजशाही के पराभव के बाद इन उपनिवेशों में भी क्रियोलों की अगुवाई में विद्रोही जुंता शासन स्थापित होने लगे। 1810 तक वेनेजुएला, न्यू ग्रेनाडा, अर्जेंटीना और चिली में विद्रोही सत्ताएँ बन चुकी थीं। 1808 में लौटने के बाद बोलिवार काराकास पेट्रियाटिक सोसाइटी में शामिल हुए। यह असंगठित, दिशाहीन विद्रोहियों का एक समूह था। बोलिवार ने उन्हें जागरूक और संगठित करते हुए उनके सामने लक्ष्य रखा—'यह तमाम संशय हमारी पुरानी बेड़ियों का दुःखदायी प्रभाव है। इन बेड़ियों को अब और बर्दाश्त करने की जरूरत नहीं है। वे कहते हैं कि हमें बड़े अभियानों के लिए शान्तिपूर्वक इन्तजार करना चाहिए—क्या तीन सौ सालों का इन्तजार और शान्ति काफी नहीं है? आओ, हम निर्भीक होकर दक्षिण अमेरिकी मुक्ति की आधारशिला रखें।' अप्रैल 1810 में पेट्रियाटिकों की अगुवाई में औपनिवेशिक गवर्नर को पदच्युत कर वेनेजुएला में विद्रोही जुंता काबिज हुई। बोलिवार सैनिक जुंता की ओर से क्रान्ति में मदद माँगने के लिए लन्दन गए। यह उनके आगे आनेवाले बीस वर्षों के लम्बे राजनय का पहला अनुभव था। मिशन को कुछ खास सफलता नहीं मिली। लौटने में बोलिवार फ्रांसिस्को डे मिरांडा से मिले और उन्हें काराकास चलकर मुक्तियोद्धाओं का नेतृत्व करने के लिए राजी किया। मिरांडा पहले भी एक विद्रोह का नेतृत्व कर चुके थे और निर्वासन में थे। 5 जुलाई 1811 को मिरांडा के नेतृत्व में काराकास में आजादी की घोषणा और वेनेजुएला के प्रथम रिपब्लिक की स्थापना हुई। मिरांडा अपनी उम्र की थकान से गुरिल्ला युद्ध की नई राजनीति में कमजोर पड़ गए। मार्च 1812 में पुएरटोरिको से स्पेनी सेना की टुकड़ी आ पहुँची। रिपब्लिक अभी नया था। अश्वेतों की मुक्ति और उन्हें समाज की मुख्यधारा में लाने का काम अधूरा था। स्पेनी राजशाही के समर्थक भी अभी खत्म नहीं हुए थे। स्पेनी सेना ने इन अश्वेतों और राजशाही समर्थक लड़ाकों को साथ लेकर विद्रोही जुंता सेना पर धावा बोल दिया। कुछ ही महीनों में मिरांडा ने निराश होकर

समर्पण की शर्तें कुबूल कर लीं। आग-बबूला बोलिवार ने मिरांडा को गिरफ्तार कर लिया। इस बिखराव में स्पेनी सेना ने काराकास पर कब्जा कर लिया। प्रथम रिपब्लिक का अन्त हुआ, विद्रोही गिरफ्तार कर लिए गए और मिरांडा को बेड़ियों में जकड़कर स्पेन भेज दिया गया। बोलिवार गिरफ्तारी से बचते हुए न्यू ग्रेनाडा पहुँच गए। काराकास में उनकी सारी चल-अचल सम्पदा-जागीर जब्त कर ली गई। अगले बीस सालों के मुक्ति-संग्राम की कमान इतिहास ने बोलिवार को सौंप दी। न्यू ग्रेनाडा में मुक्ति वाहिनी 'इंडिपेन्डिस्टा' की छिट-पुट टुकड़ियाँ अभी भी थीं। बोलिवार ने उन्हें इकट्ठा किया और एक नए मुक्ति-अभियान में जुट गए। नौजवान सेन्टियागो मोरेनो की सेन्टियागो के 'इम्मार्टल 45' लड़ाकों की छोटी सी टुकड़ी के साथ बोलिवार ने वेनेजुएला में अपने इस दूसरे अभियान की शुरुआत की और तटवर्ती शहरों पर कब्जा कर लिया। हजारों विद्रोही लड़ाके और लोग जुटते गए। एक के बाद एक फतह करते हुए विद्रोही सेना काराकास की ओर बढ़ने लगी। इतिहास में यह अभियान 'शानदार अभियान' ('एडमायरेबुल कम्पेन') के नाम से जाना जाता है। बोलिवार ने स्पेन के खिलाफ 'मृत्यु तक लड़ने' ('वार टु दी डेथ') की घोषणा करते हुए ढुलमुल क्रियोलों को आजादी और औपनिवेशिक दासता में से एक को चुनने के लिए मजबूर किया। अभियान में एक बार जबर्दस्त भूकम्प का सामना करना पड़ा। बोलिवार ने कहा–'अगर प्रकृति हमारे इरादों और रास्तों के बीच आती है तो हम उससे भी लड़ेंगे और उसे अपने सामने झुकने के लिए मजबूर करेंगे।' अगस्त 1813 में बोलिवार अपनी मुक्तिवाहिनी के साथ काराकास पहुँचे और वेनेजुएला की दूसरी आजादी 'दूसरे रिपब्लिक' का एलान कारकासवासियों से किया–'मैगदलेना के घहराते-उफनते किनारों से आरागुआ की महमहाती घाटियों और इस महान राजधानी के कदमों तक तुम्हारे मुक्तिदाता पहुँच चुके हैं...' इतिहास अब से बोलिवार को 'मुक्तिदाता' 'दि लिबरेटर' के नाम से जानेगा।

वेनेजुएला का दूसरा 'रिपब्लिक' भी बहुत दिनों तक जिन्दा नहीं रह सका। स्पेनी राजशाही की फर्माबरदार सेना का कमांडर जोस टामस वेनेजुएला और कोलम्बिया के मैदानी इलाकों में पहुँचा, जहाँ के अक्खड़ और फक्कड़ चरवाहे 'काउब्वाय' हमेशा से अभिजात क्रियोलों और भूस्वामियों को नापसन्द करते थे। अभिजात क्रियोल-भूस्वामी भी हमेशा इन 'ल्लानेरो' को उजड्ड-गँवारों की हिकारत से देखते थे। जोस टामस ने इन क्रियोलों-भूस्वामियों की जमीनें छीनकर 'ल्लानेरो' लड़ाकों में बाँटना शुरू किया और वे शाही सेना के साथ जुड़ते गए। इस तरह स्पेनी उपनिवेशवादियों की शह पर वेनेजुएलों बनाम वेनेजुएलों का भयावह युद्ध शुरू हुआ। शाही टुकड़ी के नेतृत्व में गरीब, दासों, अर्धदासों और खूँखार घुड़सवार ल्लानेरो लड़ाकों का हुजूम मैदानों को पार करता हुआ रास्ते में निर्मम लूट-पाट, हत्या और आगजनी की विनाशलीला करता, इंडिपेंडेस्टा वेनेजुएली सेनाओं को हराता-धकेलता कारकास जा पहुँचा। यह थी तथाकथित '1814 के गरीब विद्रोह' की सच्चाई। 'दूसरा रिपब्लिक' नहीं टिक सका। शुरू हुआ बोलिवार की अगुवाई में कारकास की जनता का 'पूर्व की ओर प्रस्थान' जिसमें असंख्य वेनेजुएलनों ने अपनी आजादी की कीमत असहनीय तकलीफों को सहते हुए, जानें देकर चुकाई। मगर अविस्मरणीय गौरव, शालीनता और सम्मान के साथ!

बोलिवार वेनेजुएला से निकलकर 1815 में जमाइका और फिर हैती पहुँचे, जहाँ सफल गुलाम क्रान्ति के नायक और आजाद हैती के राष्ट्रपति पेशियों ने हथियारों, संसाधनों और पैसे, हर तरह से उनकी मदद की। पेशियों के साथ रहते हुए बोलिवार ने पहले दो रिपब्लिक प्रयासों का गहराई से मंथन किया और उनकी गलतियों से सबक लेते हुए आगे की रणनीति तैयार की। हैती के अश्वेत गुलामों की क्रान्ति के परिप्रेक्ष्य में पिछले दोनों वेनेजुएलन विद्रोहों में अश्वेत गुलाम आबादी के साथ नहीं होने का विश्लेषण करते हुए बोलिवार ने क्रान्ति का एक और निर्णायक सबक सीखा—'गुलामों की मुक्ति और आजादी की लड़ाई और समाज-निर्माण में उनकी समान भागीदारी के बगैर क्रान्ति की सफलता सम्भव नहीं है।'

अपने 'तीसरे रिपब्लिक' अभियान की शुरुआत करते हुए बोलिवार ने 6 जुलाई 1817 को 'आकुमेर मेनिफेस्टो' के माध्यम से एलान किया—'हमारे भाइयों का वह अभागा हिस्सा जो गुलामी के बर्बर बोझ तले पिसता रहा है, अब आजाद है; प्रकृति, न्याय और नीति का तकाजा गुलामों की मुक्ति है, अब से समूचे वेनेजुएला में सिर्फ एक वर्ग के इनसान होंगे, और वे सभी समान नागरिक होंगे...'

'लिबरेटर' बोलिवार पश्चिम से अपने अभियान की शुरुआत करते हुए मार्गरीटा द्वीप से ओरिनोको पहुँचे जो आज का सिउदाद बोलिवार है। ओरिनोको का अंगोस्तूरा शहर समुद्र मार्ग से मदद हासिल करने और मध्य मैदानी इलाकों की ओर बढ़ने की रणनीतिक दृष्टि से महत्त्वपूर्ण था। अंगोस्तरा पर लिबरेटर ने कब्जा किया और यहीं 1819 के संविधान की अवधारणाओं को सूत्रबद्ध करते हुए गुलामी के खात्मे के साथ इंडियनों और अश्वेतों के अधिकारों की घोषणा की। मैदानी इलाकों में ल्लानेरो लड़ाके राजशाही समर्थकों और सेनाओं के खिलाफ गुरिल्ला लड़ाइयाँ लड़ रहे थे। कुछ देशभक्त ल्लानेरो नेता अपने इंडियन और मेस्तीजो ल्लानेरो लड़ाकों के साथ बोलिवार के राष्ट्रीय मुक्ति-संघर्षों में शामिल हुए। इस क्रम में बोलिवार ने ल्लानेरो समुदाय को यह समझाया कि उनका असली दुश्मन स्थानीय क्रियोल नहीं बल्कि स्पेन है, जो इस देश के हर वर्ग को तबाह-बर्बाद कर रहा है। बात समझ में आते ही इतिहास की धारा ने करवट ली और ल्लानेरो समुदाय बोलिवारी मुक्ति-संघर्ष का अपराजेय सहयोगी-सहभागी बना। यह स्पेनी राजशाही की 'वेनेजुएली बनाम वेनेजुएली' रणनीति का सटीक और स्थायी जवाब था। इतिहास की इस करवट ने क्रान्ति की सफलता सुनिश्चित कर दी।

उत्तरी और मध्य मैदानी इलाकों की लड़ाइयाँ बेनतीजा रहीं। क्रान्ति की कार्यनीति में बदलाव करते हुए बोलिवार ने मैदानी इलाकों को पार कर बरसात के मौसम में एंडीज पहाड़ियों तक पहुँचकर न्यू ग्रेनाडा को मुक्त कराने का दुःस्साहसिक निर्णय लिया। बोलिवार का 'लांग मार्च' बरसात के शुरू होते ही 26 मई 1819 को शुरू हुआ। मैदानी, दलदली, जल-भराव वाले इलाकों, उफनती नदियों को पार करता हुआ यह असम्भव-सा अभियान जून तक एंडीज पहाड़ियों में पहुँच गया। भूख, बीमारी, थकान एक हजार से ज्यादा लड़ाकों की मौत का सबब बन चुकी थी। एक भी घोड़ा जीवित नहीं बचा था। पहाड़ी के निचले और अपेक्षाकृत सुगम रास्तों पर शाही सेनाओं का जबर्दस्त पहरा था। मजबूरन 13,000 फीट की ऊँची पिस्वा पहाड़ी को पार करना था। अविचलित बोलिवार

और साथी बढ़ते रहे। 7 अगस्त को शाही सेना की मुख्य टुकड़ी से बोयाका पर उनकी मुठभेड़ हो गई। बोलिवार और उनके लड़ाके संख्या में शाही सेना के सामने कुछ भी नहीं थे मगर गजब की बहादुरी से लड़ते हुए उन्होंने यह निर्णायक लड़ाई जीत ली। स्पेनी और समर्थक सेना बोयाका हार के बाद भाग खड़ी हुई और 10 अगस्त, 1819 को बोलिवार का बोगोटा पर कब्जा हो गया। न्यू ग्रेनाडा की मुक्ति और वाइसरायल्टी के तमाम प्रान्तों को आजाद कराते हुए ग्रैंड कोलम्बिया (आज का वेनेजुएला, कोलम्बिया, पनामा और इक्वाडोर) की स्थापना हुई। सिमोन बोलिवार राष्ट्रपति बने। बोलिवार का मुक्ति-संघर्ष जारी रहा।

जून 1821 में काराबाबो के मोर्चे पर जीत और उसके कुछ दिन बाद काराकास पर कब्जे के साथ वेनेजुएला अन्ततः स्पेनिश कब्जे से पूरी तरह मुक्त हुआ। दक्षिण की तरफ रुख करते हुए बोलिवार पेरू की ओर बढ़े। 1824 के मध्य तक जुनिन की महत्त्वपूर्ण लड़ाई जीतने के साथ लीमा विजय का रास्ता साफ हो गया। 1825 में बोलिवार ने ऊपरी पेरू में पोत्सी पहाड़ी पर चढ़कर अपनी आँखों से चाँदी की उन खदानों को देखा जो पिछले तीन सौ सालों से स्पेनी साम्राज्य के कभी न खत्म होनेवाले खजाने की भूमिका निभा रही थीं। ऊपरी पेरू का नया नाम बोलिवार के सम्मान में बोलीविया रखा गया। मुक्ति-संघर्ष के अन्तिम और निर्णायक मोर्चे पर अयाकुदों में बोलिवारी मुक्तिवाहिनी की विजय के साथ स्पेनी सत्ता के तमाम वायसराय और कैप्टन जनरलों को दक्षिणी अमेरिका की धरती से उखाड़ फेंकने का बोलिवार का संकल्प 1825 में पूरा हुआ।

जातीय, रंग और सामुदायिक मतभेद और स्वार्थों, तीन सदी से जड़ समाज की इन विकृतियों के अवशेषों के चलते स्पेनी सत्ता से निजात पाने के बाद भी बोलिवार का दक्षिणी अमेरिकी महाद्वीप को एक प्रभावी शक्तिशाली स्वतंत्र महासंघ के रूप में देखने का सपना छलावा ही रहा। स्वतंत्र राज्यों में विरोध और गुटबन्दी जल्दी ही जोर पकड़ने लगी। 1828 में बोगोटा में बोलिवार की हत्या का प्रयास जरा सा ही चूका। 1830 में बोलिवार के विश्वस्त साथी जनरल सक्रे की हत्या के बाद ग्रैंड कोलम्बिया अपने तीन घटकों--वेनेजुएला, इक्वाडोर और न्यू ग्रेनाडा (वर्तमान कोलम्बिया) में बँट गया। बोलिवार ने राष्ट्रपति पद से इस्तीफा दे दिया। अपने जन्मस्थान से दूर सान्तामार्ता में बीमार, झल्लाए और हताश बोलिवार दिसम्बर 1830 में अपने गिने-चुने रह गए विश्वस्त सहयोगियों और अपनी संगिनी मैनुएला साचेंज के साथ जीवन के अन्तिम दिन बिता रहे थे। बावजूद इसके बोलिवार टूटे नहीं थे। आखिरी साँस तक वह दक्षिणी अमेरिका की एकता के लिए लड़ने के लिए तैयार थे और गद्दार पायेज को हटाकर बोगोटा फिर से हासिल करके नए अभियान की योजना बनाने में लगे थे। जीवन की अन्तिम घड़ियों में भी स्पेनिश अमेरिका को एकजुट करने के अपने संघर्षों को 'समुद्र में हल चलाने' की संज्ञा देते हुए 'दि लिबरेटर' बोलिवार ने एक बार फिर स्लेट से सब कुछ साफ करके नए सिरे से शुरुआत की कामना करते हुए 17 दिसम्बर, 1830 को अन्तिम साँस ली।

दक्षिणी अमेरिका को तीन सौ वर्षों की स्पेनी औपनिवेशिक दासता से मुक्त कराने का यह अद्भुत सैन्य अभियान 'लिबरेटर' के मुक्ति-संघर्षों का केवल एक पहलू है। 'लिबरेटर' की संघर्ष-गाथा का दूसरा महत्त्वपूर्ण और कठिन पहलू दक्षिणी अमेरिकी

समाज को विभेदकारी विकृतियों, गुलामी और रंगभेद से मुक्त कराकर सही अर्थों में खुदमुख्तार आजाद राष्ट्रों और उनके एकीकृत महासंघ बनाने और समाज के हर व्यक्ति को समान नागरिक के रूप में उसके सम्मान, गौरव और अधिकारों की गारंटी करते हुए विकसित, समतामूलक, तरक्कीपसन्द नागरिक समाज के निर्माण में उसकी पहलकदमियों के लिए रास्ता खोलने की कोशिशों का था। इतिहास ने 'लिबरेटर' को अपने सामरिक और नागरिक अभियानों के लिए अलग-अलग समय नहीं दिया। 1810 से 1830 के महज बीस वर्षों से भी कम समय में उनके सामने इन दोनों गुरुतर कार्यभारों को पूरा करने की चुनौती थी।

राष्ट्र, समाज और व्यक्ति को लेकर बोलिवार की वैचारिकी और व्यवहार अपने समय और समाज की विशिष्टताओं, मनुष्य जाति के विकास के इतिहास और सार्वभौम मानवीय प्रगतिशील विचार व व्यवहार की गहरी समझदारी से विकसित हुई थी। बोलिवार की अवधारणा सम्पूर्ण रूप से मानवतावादी थी। राजनीतिक आजादी हासिल करने और उसे स्थायी और सुरक्षित बनाने की दिशा में बोलिवार ने हमेशा व्यक्ति के सम्मान, सुरक्षा और उसकी मूलभूत आजादी को सर्वोपरि रखा। युद्ध के एक मोर्चे से दूसरे मोर्चे तक, एक मेनिफेस्टो से दूसरे मेनिफेस्टो तक, एक कांग्रेस से दूसरी कांग्रेस तक बोलिवार के लिए सांस्कृतिक उन्नयन, सामूहिक गौरव और वैयक्तिक स्वतंत्रता—ये तीनों हमेशा मार्गदर्शक सिद्धान्त बने रहे। बोलिवार के राजनीतिक, दार्शनिक और सामाजिक-सांस्कृतिक विचारों का विकास ग्रीक और रोम के क्लासिकी दार्शनिकों से लेकर अपने जमाने के आधुनिकतम नव जागरणवादी विचारकों, न्याय, नीति, कानून और परम्पराओं की एंग्लो-सैक्सन प्रणाली, दक्षिणी अमेरिकी समाज के तीन सौ वर्षों के सम्पूर्ण विकास-क्रम, उत्तरी अमेरिका, फ्रांस और हैती की सफल क्रान्तियों और विशेषकर खुद दक्षिणी अमेरिका में तीन सौ वर्षों से औपनिवेशिक शासन के खिलाफ सुलग रही प्रतिरोध और घृणा की आग के गहन अध्ययन और विश्लेषण के जरिए हुआ था। अपने देश-काल-परिस्थिति के लिए बोलिवार नवजागरण के अन्तिम दार्शनिक और तुपैक अमारू से लेकर तिराडेन्टेस, तुसियाँ-लुवर्चर से लेकर फ्रांसिस्को मिरांडा तक के अश्वेत विद्रोहों प्रतिरोधों के उत्तराधिकारी थे।

बोलिवार के राजनीतिक-सैन्य अभियानों ने लातिनी अमेरिकी सामाजिक ताने-बाने में आमूल-चूल परिवर्तनों का आगाज किया। औपनिवेशिक शासन-व्यवस्था के अन्त ने नई राष्ट्र-राज्य व्यवस्थाओं के लिए मार्ग प्रशस्त किया। आजादी के सैन्य अभियानों में विभिन्न सामाजिक समुदायों और वर्गों के साथ आने से स्वतंत्र समाज और शासन-व्यवस्था में भी इनकी गतिशीलता और भूमिका बनी, जिससे उन वंचित तबकों की दावेदारी मजबूत हुई जो स्पेनी औपनिवेशिक शासन-व्यवस्था से अब तक पूरी तरह बाहर थे। बोलिवार की डिक्रियों, घोषणाओं, मेनिफेस्टो और संविधानों में स्थानीय देशज आबादी, अश्वेतों, गुलामों को उनकी बेड़ियों से आजाद किए जाने और सबके लिए समान नागरिकता के अधिकार के प्रावधानों ने नए सभ्य और आधुनिक राष्ट्रसमाजों की नींव रखी।

इस सिलसिले में बोलिवार के बनाए दो संविधान-1819 का अंगोस्तूरा संविधान और—1825 का बोलीविया संविधान—उल्लेखनीय हैं। इनमें बोलिवार ने औपनिवेशिक शासन की सामाजिक-राजनीतिक और सांस्कृतिक विकृतियों की पड़ताल करते हुए

जोरदार हमला बोला। राजशाही के अत्याचार और आतंक, उपनिवेषवाद का भारी-भरकम जुआ, विकृत परम्पराओं और पूर्वग्रहों का बोझ, जातीय विषमताएँ और रंगभेद–बोलिवार इन सब को जड़ से मिटा देने पर आमादा थे।

इन संविधानों के जरिए सामाजिक परिवर्तन की प्रक्रिया को गति देने के लिए बोलिवार ने एक सम्पूर्ण और केन्द्रित शिक्षा-प्रणाली बनाई जो ज्यादा से ज्यादा लोगों को सुसंस्कृत, जागरूक और आजाद बना सके। औपनिवेशिक दासता का एकमात्र विकल्प बोलिवार के लिए एक ऐसी राज्य-व्यवस्था की स्थापना था, जो सामाजिक वर्गों के बीच के हर विभेद को मिटाकर स्पेन राजशाही के भूतपूर्व प्रजाजनों को साधिकार नागरिक बनाए और सच्चे मायनों में उनकी सृजनशीलता की हर बेड़ी को तोड़ सके क्योंकि राष्ट्र और समाज के नवनिर्माण में बोलिवार को 'हर नागरिक के सम्पूर्ण योगदान' की दरकार थी। इसके लिए अंगोस्तूरा संविधान में बोलिवार ने खासतौर पर 'नैतिक बल' (मॉरल पॉवर) की संकल्पना रखी। अंगोस्तूरा संविधान ने शासन-व्यवस्था को मान्टेस्क्यू माड्यूल पर विधायिका, कार्यपालिका और न्यायपालिका के तीनों स्तम्भों को तो विकेन्द्रित किया ही, बोलिवार ने इसमें चौथा महत्त्वपूर्ण स्तम्भ 'नैतिक शक्ति' का जोड़ा जो दो चेम्बरों–एजुकेशन चेम्बर और मोरालिटी चेम्बर–से निर्मित थी। इस व्यवस्था के जिम्मे प्राइमरी से लेकर उच्च शिक्षा संस्कृति और संचार व्यवस्था के सम्पूर्ण प्रसार और नियमन का कार्यभार था। राष्ट्र-निर्माण के लिए शिक्षा की भूमिका पर जोर देते हुए बोलिवार ने कहा–'शासन का पहला कर्तव्य जनता के लिए शिक्षा को सुलभ बनाना है क्योंकि रिपब्लिक का विकास और समृद्धि उसके नागरिकों द्वारा अपने बचपन में शिक्षा के जरिए हासिल की गई नैतिकता पर निर्भर है'। बोलिवार के लिए शिक्षा 'उपनिवेशों' के 'राष्ट्रों' में रूपान्तरण के लिए मूलमंत्र थी; 'राष्ट्र महानता की ओर उसी गति से आगे बढ़ते हैं जिस गति से शिक्षा। वे उड़ान भरते हैं अगर शिक्षा उड़ान भरती है, वे पीछे हटते हैं अगर शिक्षा पीछे हटती है, वे गुमनामी के अँधेरों में औंधे मुँह जा गिरते हैं अगर शिक्षा की अवहेलना की जाती है या फिर भ्रष्ट बना दी जाती है'। बोलिवार 'मुक्ति' और शिक्षा को एक ही सिक्के के दो पहलू मानते थे और शिक्षकों को ज्ञान के प्रदाता के साथ ही उनकी सुपुर्दगी में दी गई युवा पीढ़ी के लिए मॉडल (आदर्श) बनने पर, उन्हें संस्कार, अनुशासन, नागरिकता, बोली और व्यवहार की मृदुता और विचारों की दृढ़ता से लैस करने पर विशेष बल देते थे। अपनी 'नैतिक शक्ति' की अवधारणा के जरिए बोलिवार एक ऐसी भरी-पूरी संस्कृति चाहते थे जिसके जरिए कम से कम समय में ऐसे शिक्षित और संस्कारवान नागरिक तैयार किए जा सकें, जो समाज-निर्माण के गम्भीर और कठिन कार्यभार को अंजाम दे सकें। इस 'नैतिक शक्ति' के जरिए वह भूतपूर्व भूदासों और गुलामों को जो आबादी की बहुतायत थे और जो सदियों से औपनिवेशिक दासता की अज्ञानता, अत्याचार और अराजकता तले पिस रहे थे, शिक्षा के माध्यम से 'आत्मसम्मान से भरपूर और समाज-निर्माण में सक्षम मनुष्य' बनाना चाहते थे। शिक्षा और संस्कार से बोलिवार का आशय आधुनिकता, विकास और प्रगति के हर आयाम–विज्ञान, संचार, अर्थनीति और कृषि के सम्पूर्ण विकास के साथ विचार और सूचना की सम्पूर्ण आजादी का भी था–'अपने विचारों और भावनाओं को मुँह से, लिखकर या किसी भी अन्य माध्यम

से अभिव्यक्त करने का अधिकार प्रकृति की सबसे महत्त्वपूर्ण और अनमोल देन है। कोई भी कानून इसे कभी भी प्रतिबन्धित नहीं कर सकता।' विचारों के प्रसार और इसके लिए पत्रकारिता को वह अपने उद्‌देश्यों की दिशा में अनिवार्य मानते थे। बोलिवार ने खुद एक राष्ट्रीय अखबार 'एल कोरियो डेल ओरिनोको' की स्थापना की और बतौर एक पत्रकार अपनी उपलब्धियों पर वह सैन्य उपलब्धियों से ज्यादा गर्व करते थे। उनका मानना था 'प्रेस विचारों का तोपखाना है।'

राष्ट्रों और समाजों के निर्माण के साथ बोलिवार का एक और महत्त्वपूर्ण योगदान क्षेत्रीय समन्वय और एकता के लिए दक्षिण अमेरिकी महासंघ का प्रयास और इसी के साथ अन्तर्राष्ट्रीय सम्बन्धों की समझदारी है।

औपनिवेशिक सत्ता के बिखराव के चलते मुक्ति-संग्राम के 1810 से 1816 के शुरुआती सालों में स्वतःस्फूर्त ढंग से स्थानीय और अराजक सत्ताओं की बाढ़-सी आ गई थी। बोलिवार के सामने स्पेन से मुकम्मल आजादी के साथ-साथ एक सम्पूर्ण महाद्वीपीय ढाँचे के अन्तर्गत सक्षम राष्ट्रीय और क्षेत्रीय व्यवस्थाओं के नवनिर्माण का भी कार्यभार था। वह एकजुटता और परस्पर समन्वयकारी सम्बन्धों के प्रबल पक्षधर थे। वह अच्छी तरह समझते थे कि आजादी हासिल करने और उसे सहेज कर रखने के लिए संघर्षरत हर स्थानीय राष्ट्रीयता को दूसरों की मदद और कठिन-कठोर घड़ियों में एक दूसरे का साथ निभाते हुए, एक दूसरे की हिफाजत करते हुए कंधे से कंधा मिलाकर आगे बढ़ने की दरकार है। एकता ही लातिन अमेरिका के लिए आजाद और खुशहाल भविष्य का रास्ता बन सकती है। इस दिशा में बोलिवार का पहला प्रयास वेनेजुएला, न्यू ग्रेनाडा (वर्तमान कोलम्बिया और पनामा) और कुयितो (वर्तमान इक्वाडोर) का 'ग्रान कोलम्बिया' के रूप में 'रिपब्लिक' की स्थापना करना था। बोलिवार ने पूरे महाद्वीप में इस तरह के रिपब्लिकों के एक एकीकृत, स्वतंत्र और सक्षम दक्षिण अमेरिकी महासंघ की स्थापना के उद्‌देश्य से ऐतिहासिक पनामा कांग्रेस बुलाई, जिसका उद्‌देश्य और तमाम बातों के साथ खासतौर पर विभिन्न गणराज्यों के एक स्थायी महासंघ की स्थापना, युद्ध और शान्ति, दोनों ही स्थितियों में परस्पर पूर्ण सहयोग, एकतरफा गठबन्धनों और सन्धियों पर रोक, महासंघ की स्थायी समितियों और व्यवस्थाओं के मातहत अपने सभी झगड़े और अन्तर्विरोध रखने और संयुक्त सैन्य शक्ति की स्थापना का था। एकीकरण और समन्वय की यह अद्‌भुत अवधारणा बोलिवार की सबसे महत्वपूर्ण और मौलिक देन थी। बोलिवार के सपनों का महाद्वीपीय अमेरिकी महासंघ निश्चित रूप से दक्षिण अमेरिका में बेहतर राजनीतिक स्थिरता और खुदमुख़्तारी में सहायक होता और आनेवाली 19वीं सदी में विदेशी ताकतों द्वारा उसके आर्थिक औपनिवेशीकरण की कोशिशों का प्रभावी प्रतिरोध खड़ा करने में मददगार होता।

बोलिवार के सपनों, उम्मीदों और विचारों का क्षितिज अपने महाद्वीप के गणराज्यों अथवा उनके एकीकृत महासंघ तक ही सीमित नहीं था। बोलिवार के सपनों में एक ऐसा आदर्श वैश्विक परिसन्तुलन था जो प्रत्येक राष्ट्र की जनता के आत्मनिर्णय और स्वतंत्रता के साथ व्यक्ति की अपनी आजादी और अधिकार की सार्वभौम मान्यता, और एक-दूसरे के आन्तरिक मामलों में हस्तक्षेप न करने की नीति पर आधारित हो। वह अन्तर्राष्ट्रीय

सम्बन्धों और सहयोग की एक ऐसी व्यवस्था के हिमायती थे जो सभी राष्ट्रों की सम्पूर्ण और बिना शर्त बराबरी के सिद्धान्त पर टिकी हो। वह राजनीति और समाज-निर्माण के प्रयासों को इस सपने के साथ जोड़कर चलते थे कि 'हमारे लिए एक और महत्त्वपूर्ण सन्तुलन जरूरी है, और वह है समूचे विश्व का सन्तुलन। हमारा संघर्ष एकतरफा और एकांगी नहीं हो सकता क्योंकि इसका परिणाम समूची दुनिया में बिखरे हुए हितों को प्रभावित करेगा।'

यह थे सिमोन बोलिवार मुक्तिदाता–'दि लिबरेटर'। अपने गहनतम मानवीय सरोकारों, स्वतंत्र, सक्षम और खुदमुख्तार राष्ट्र-राज्य के संघर्षों, रंग और जातीयताओं के विभेदों से परे समान नागरिक अधिकारों, शिक्षित, जागरूक, समृद्ध समाज के विकास, साम्राज्यवाद और शोषण के खिलाफ क्षेत्रीय और अन्तर्राष्ट्रीय स्तर पर महासंघों और परस्पर सहयोग की अवधारणाओं के साथ बोलिवार आज भी सच्चे अर्थों में मानवीय दुनिया, समाज और व्यक्ति के लिए प्रयासों की दिशा में बेहद प्रासंगिक हैं। आज के नव-उदारवादी, नव औपनिवेशिक, वित्तीय साम्राज्यवादी हमलों के परिप्रेक्ष्य में दुनिया के तमाम विकासशील देशों के सामने अपनी संस्कृति, अर्थतंत्र और राजनीतिक आजादी को बचाए रखने की चुनौती की दृष्टि से बोलिवार और उनका बोलिवारवाद सचमुच में उम्मीद जगाता है। चुनौतियों से कभी हार न मानते हुए, सोच की सीमाओं और जड़ताओं को तोड़ते हुए, जरूरत पड़ने पर बार-बार नए सिरे से नई कोशिशें शुरू करने का बोलिवारी हौसला एक बार फिर दक्षिणी अमेरिका में उठ खड़ा हो रहा है और अमेरिका के नेतृत्व में वित्तीय साम्राज्यवाद के हमलों को चुनौती दे रहा है। इसकी शुरुआत फिदेल कास्त्रो ने बीसवीं सदी में की और पचास वर्षों से भी ज्यादा समय तक साम्राज्यवादी विरोध और स्वतंत्र राष्ट्रीय अस्मिता के प्रतिनिधि बनकर डटे रहे। आज संघर्ष, प्रतिरोध और खुदमुख्तारी की इस मुहिम को वेनेजुएला में ह्यूगो चावेज और बोलीविया में इवोमोरालेस जैसे नेता आगे बढ़ा रहे हैं। बोलिवारवाद का कारवाँ बढ़ रहा है। शोषित दुनिया में दलाल, कठपुतली सरकारों–वे चाहे जिस नाम से चल रही हों–जनतंत्र से लेकर राजशाही और तानाशाही तक–के खिलाफ अमेरिकी नेतृत्व में लूट की समूची व्यवस्था को चुनौती देता हुआ जन सैलाब बढ़ रहा है। खुद वित्तीय साम्राज्यवाद के केन्द्र अमेरिका और उसके तमाम यूरोपीय सहयोगियों को उनकी अपनी जनता से चुनौती मिलने लगी है। पुराने, बूढ़े, पके हुए चेहरों और उनकी उदास मुस्कराहटों की जगह अब नौजवान, अल्हड़, उत्साही खिलखिलाहटें लेने लगी हैं। बोलिवार का सपना नई कोशिशों और नई उम्मीदों की ओर बढ़ रहा है।

क्यूबा : एक संक्षिप्त परिचय

भूगोल

अमेरिका से 90 मील की दूरी पर कैरेबियन समुद्र और उत्तर अटलांटिक महासागर को विभाजित करता हुआ मैक्सिको की खाड़ी के मुहाने पर फ्लोरिडा और मध्य अमेरिका के बीच क्यूबा कैरेबियन का सबसे बड़ा देश और वेस्टइंडीज का सबसे बड़ा द्वीप है। निचले ढलवाँ मैदानों और पहाड़ी भागों के इस देश का पूर्वी किनारा पहाड़ी है। दक्षिणी सपाट हिस्से अक्सर हरिकेन और सुनामियों की चपेट में रहते हैं। दक्षिण-पूर्व में क्यूबा की सबसे ऊँची 6560 फीट की पहाड़ी 'पीको टर्क्यूनो' है। पूर्वी तट से जमीन सीधे समुद्र की ओर चली जाती है। अन्तर्देशीय झीलें बहुत गिनी-चुनी और परिवहनयोग्य एकमात्र नदी 'रियो काउतो' है। क्यूबा की जलवायु ट्रापिकल उष्ण-कटिबन्धीय है और इससे जुड़े जीव, जंगल, वनस्पति और हरियाली की वहाँ भरमार है।

लगभग 1,10,860 वर्ग कि.मी. क्षेत्रफल में विस्तीर्ण क्यूबा तुलनात्मक रूप से अमेरिका के पेंसुल्वानिया राज्य से कुछ छोटा है। द्वीप होने के कारण क्यूबा की सम्पूर्ण सीमा समुद्री है जिसकी लम्बाई 3,735 कि.मी. है। क्यूबा उपजाऊ भूमि और खनिज सम्पदा से समृद्ध देश है जिसकी 33.05% भूमि खेती योग्य है। लगभग 24% श्रम-शक्ति कृषि में है और सकल घरेलू उत्पाद में कृषि की हिस्सेदारी 6.6% है। प्रमुख कृषि उपज मक्का, कॉफी, तम्बाकू, गन्ना, अवाकाडो, केला, रसदार फल, चावल, आलू और फलियों वाली सब्जियाँ और दालें हैं। इसके अतिरिक्त क्यूबा के पास खाद्य और दुधारू पशुओं तथा मत्स्य का भी विशाल भंडार है। प्राकृतिक संसाधनों की दृष्टि से भी प्रकृति क्यूबा पर मेहरबान है। कोबाल्ट, निकिल, लौह अयस्क, क्रोमियम, ताँबा, नमक, इमारती लकड़ी, सिलिका और पेट्रोलियम क्यूबा के प्रमुख प्राकृतिक और खनिज उत्पाद हैं। क्यूबा के ऑफशोर तेल कूपों में इतना भंडार है कि विदोहन की तकनीक और मशीनरी का विकास कर लेने पर क्यूबा न केवल अपनी सम्पूर्ण पेट्रोलियम जरूरतों की दृष्टि से आत्मनिर्भर हो सकता है बल्कि निर्यात की भी क्षमता हासिल कर सकता है।

वर्ष 2004 में क्यूबा की सकल घरेलू उत्पाद की वास्तविक विकास दर 3% तथा औसत प्रतिव्यक्ति आय (क्रय शक्ति-PPP) 3,000 अमेरिकी डॉलर के बराबर थी। 45.5 लाख क्यूबाई श्रम-शक्ति का 78% राजकीय तथा 22% गैर राजकीय क्षेत्र में कार्यरत है। श्रम-शक्ति की क्षेत्रवार भागीदारी कृषि में 24%, उद्योग में 25% तथा सेवाक्षेत्र में 51% है। बेरोजगारी दर 2.5% है जो विकसित देशों के पैमाने से लगभग पूर्ण रोजगार की स्थिति है। क्यूबा के प्रमुख उद्योग चीनी, पेट्रोलियम, तम्बाकू, निर्माण, निकिल, इस्पात,

सीमेंट और कृषि उत्पाद हैं। क्यूबा के प्रमुख निर्यात चीनी, निकिल, तम्बाकू, मत्स्य, चिकित्सा सामग्री, रसदार फल और कॉफी तथा प्रमुख निर्यात भागीदार नीदरलैंड (22.7%), कनाडा (20.6%), चीन (7.7%), रूस (7.5%) और स्पेन (6.4%) हैं। प्रमुख आयात पेट्रोलियम, खाद्य-पदार्थ, मशीनरी उपकरण तथा केमिकल उत्पाद व प्रमुख आयात भागीदार स्पेन (14.7%), वेनेजुएला (13.5%), अमेरिका (11%), चीन (8.9%) और कनाडा (6.4%) हैं। परिवहन सुविधाओं की दृष्टि से क्यूबा के पास 4,226 कि.मी. रेल लाइन, 60,858 कि.मी. राजमार्ग तथा 240 कि.मी. का जल परिवहन मार्ग है।

क्यूबा स्पेन के औपनिवेशिक शासन से 10 दिसम्बर 1898 और अमेरिका के प्रत्यक्ष शासन से 20 मई 1902 को आजाद हुआ था। क्यूबा की वर्तमान राजधानी हवाना है तथा राजनीतिक-प्रशासनिक दृष्टि से 14 प्रान्त हैं। वर्ष 2005 में क्यूबा की आबादी 1,13,46,670 तथा जनसंख्या वृद्धि की वार्षिक दर 33% थी। क्यूबा की 15 से 64 वर्ष आयु समूह की आबादी लगभग 70% है। कुल आबादी का पुरुष-महिला लिंग अनुपात 1:99 है। क्यूबा की शिशु मृत्युदर 6 प्रति हजार है जो किसी भी विकसित देश के पैमाने से श्रेष्ठ है। औसत जीवन-प्रत्याशा 77.23 वर्ष है। आबादी में 51% मुलातो (मिश्रित), 37% श्वेत तथा 11% अश्वेत हैं। क्यूबा की बोली स्पेनिश तथा साक्षरता दर 97% है। क्यूबा में सार्विक मताधिकार लागू है तथा मताधिकार आयु 16 वर्ष है।

क्यूबा का सैन्य व्यय सकल घरेलू उत्पाद का 1.8% है। देश में पाँच तरह के सैन्य बल : रिवोल्यूशनरी आर्म्ड फोर्सेस, रिवोल्यूशनरी आर्मी, रिवोल्यूशनरी डिफेन्स फोर्स, टेरीटोरियल मिलिशिया ट्रूप तथा यूथ लेबर आर्मी हैं। सैन्य बल प्रवेश आयु 17 वर्ष स्त्री-पुरुष दोनों के लिए लागू है। प्रमुख अन्तर्राष्ट्रीय विवाद अमेरिका का क्यूबा की गुआन्तनामो खाड़ी पर लीज कब्जा छोड़ने से इनकार है।

1 जनवरी, 1959 की क्रान्ति और वर्तमान सरकार की स्थापना के बाद से क्यूबा लगातार अमेरिकी प्रशासन और उसके दबाव के चलते अन्तर्राष्ट्रीय आर्थिक-व्यापारिक-औद्योगिक नाकेबन्दी और असहयोग का शिकार है जिसने क्यूबा की विकास क्षमता विशेषकर औद्योगिक उत्पादन क्षमता को बुरी तरह प्रभावित किया है। बावजूद इस अन्याय, नाकेबन्दी और असहयोग के क्यूबा की शिक्षा, स्वास्थ्य, जीवन प्रत्याशा, शिशु मृत्यु दर, बेरोजगारी उन्मूलन तथा न्यायपूर्ण सामाजिक वितरण में प्रगति पश्चिमी विकसित राष्ट्रों की उपलब्धियों को भी मात करती है।

संक्षिप्त ऐतिहासिक परिचय

पश्चिम की ओर अपनी प्रारम्भिक व्यापारिक समुद्री-यात्राओं के क्रम में क्रिस्टोफर कोलम्बस क्यूबा की भूमि पर 28 अक्टूबर, 1492 को उतरा। स्पेन के सम्राट फर्दिनान्द पंचम और साम्राज्ञी इसाबेला प्रथम की पुत्री के सम्मान में कोलम्बस ने अपनी इस नई खोज का नाम 'जुआना' रखा। आगे चलकर कई सारे नाम बदलते हुए मूल कबीलाई नाम 'क्यूबानास्कनान' से इस द्वीप का स्थायी नाम क्यूबा पड़ा।

कोलम्बस से पहले क्यूबा में ईसा पूर्व 1,000 से 'अरावाक' जनजाति से सम्बन्धित 'सिबोनी' आदिवासियों का निवास था। द्वीप का उपनिवेशीकरण 1511 में शुरू हुआ जब

कोलम्बस के पुत्र डियागो कोलोन वेलाक्बेज ने बाराकोआ और उसके बाद कई स्पेनिश सेटेलमेंट शहरों की स्थापना की। सेन्टियागो दे क्यूबा 1514 और हवाना 1515 में बसाया गया। स्पेनियों ने क्यूबा का अपने मैक्सिको और फ्लोरिडा व्यापारिक अभियानों के लिए आपूर्ति अड्डे के रूप में इस्तेमाल किया। मूल कबीलाई आबादी पर स्पेनियों के जुल्म, शोषण और लूट के चलते 16वीं सदी के मध्य तक वहाँ के मूल निवासी समाप्तप्रायः हो गए। इसके बाद स्पेनी औपनिवेशिकों ने क्यूबा में खदानों और प्लांटेशन बागानों में काम करने के लिए भारी पैमाने पर अफ्रीका से गुलामों का आयात किया। क्यूबा लगभग अगली चार सदियों तक स्पेनी औपनिवेशिक शासन के अधीन रहा सिवाय 18वीं सदी में कुछ समय तक ब्रिटेन के कब्जे के, जब सात साल तक चले युद्ध के बाद 1763 में अंग्रेजों ने हवाना पर कब्जा कर लिया था।

क्यूबाई राष्ट्रवाद और आधुनिकता की धारा के पहले शिक्षक के रूप में फादर फेलिक्स वरेला का नाम आता है। 1788 में जन्में फादर वरेला के तर्क, नैतिकता, कठमुल्लावाद और धार्मिक उन्माद, मूल अधिकार, मनुष्य और समाज के अन्तर्सम्बन्ध, सृष्टि और मानव के रचयिता के प्रति मानव के दायित्व, आदि विचार न केवल क्यूबा बल्कि मैक्सिको और तमाम स्पेनी प्रभाव की करेबियाई कालोनियों में लम्बे समय तक पढ़ाए जाते रहे। उनकी नजर में विज्ञान और दर्शन में कोई अन्तर्विरोध नहीं था। मनुष्य अपनी चतुर्दिक् वास्तविकताओं से आँखें नहीं मूँद सकता और ये सच्चाइयाँ उसे ईश्वर के नजदीक लाती हैं। वरेला के शिष्यों में क्यूबा के दस वर्षों के स्वतंत्रता संग्राम के नायक सेस्पेडे और अग्रामोन्टे जैसे योद्धा थे जिनकी दृष्टि में 'वरेला ने हम क्यूबाइयों को सोचना सिखाया था।' आगे चलकर क्यूबा के महानतम क्रान्तिकारी योद्धा और विचारक जोसमार्ती पर भी वरेला के विचारों और उसके शिष्यों की क्रान्तिकारिता का जबर्दस्त प्रभाव पड़ा।

1830 के दशक में स्पेनी औपनिवेशिक शासन का शोषण और अत्याचार अपने चरम पर था जिसके चलते क्यूबा में औपनिवेशिक शासन से मुक्ति के आन्दोलनों-लड़ाइयों का दौर शुरू हुआ। अत्याचारी गवर्नर मिगुएल के खिलाफ 1834 से 1838 तक जबर्दस्त विरोध हुआ। आन्दोलनों और संघर्षों का यह सिलसिला पूरी 19वीं सदी में जारी रहा। 1844 में अश्वेत गुलामों के विद्रोह को औपनिवेशिक सत्ता ने बर्बरतापूर्वक कुचला। 1844 से 1851 तक क्यूबा को अमेरिका में मिला देने का 'अनेक्सेशन आन्दोलन' इसके नेता स्पेनी-अमेरिकी जनरल नारसिस्को लॉपेज की गिरफ्तारी और हत्या के साथ खत्म हुआ। अमेरिका के क्यूबा को खरीदने के प्रस्तावों को स्पेन ने कभी तरजीह नहीं दी।

1868 में कार्लोस मेनुएल दे सेस्पेडे, मैक्सिमो गोमेज और अन्तोनियो माकियो के नेतृत्व में क्रान्तिकारियों ने क्यूबा की आजादी की घोषणा की और दस वर्षों तक लम्बी आजादी की लड़ाई लड़ी। इस युद्ध ने पहली बार क्यूबा में स्पेनी उपनिवेशवादियों को असली चुनौती दी। यद्यपि यह युद्ध क्यूबा को आजादी नहीं दिला सका परन्तु 1878 में इस युद्ध के अन्त में हुए शान्ति समझौते में कई महत्त्वपूर्ण सुधारों के साथ ही इसने आजादी की लड़ाई के अगले दौर की भी अलख जगाई। 1886 में गुलामी का अन्त हुआ। 1893 में श्वेत और अश्वेतों के समान नागरिक अधिकारों का चार्टर घोषित हुआ।

बावजूद इन सुधारों के औपनिवेशिक शासकों के चरित्र में बदलाव नहीं आया और जनता पर जुल्मों का सिलसिला जारी रहा। 23 फरवरी 1895 को महान नेता, विचारक, देशभक्त क्रान्तिकारी और दूरदर्शी जोसमार्ती और पिछले 10 वर्षीय युद्ध के सेनापति जनरल मेक्सिमो गोमेज की अगुवाई में क्यूबाई क्रान्ति का अगला दौर शुरू हुआ।

जोसमार्ती का जन्म हवाना में 1853 में हुआ था। 17 वर्ष की आयु में औपनिवेशिक शासन का विरोध करने के कारण वह स्पेन निर्वासित हुए जहाँ उन्होंने क्यूबा में जेल के अपने भयावह बर्बर अनुभवों पर पर्चा लिखा। निर्वासन के दौर में मार्ती एक परिपक्व विचारक, लेखक और पत्रकार बने और समूचे लातिनी अमेरिका में तानाशाही से बचते हुए घूमते रहे।

रंगभेद, आजादी, वर्ग, देशभक्ति पर उनके विचार वरेला से गहरे प्रभावित थे। मार्ती का कहना था कि नस्ली घृणा का कोई अस्तित्व नहीं है क्योंकि नस्ल का ही कोई अस्तित्व नहीं है। मनुष्य की सार्वभौम पहचान उसके उदात्त प्रेम और उसके लिए कभी न शान्त होनेवाली भूख में है। अलग-अलग रंगों और आकार के शरीरों में एक ही आत्मा समान और शाश्वत रूप से रहती है। मार्ती सामाजिक वर्ग की बात सुनना भी नहीं चाहते थे क्योंकि इसके अस्तित्व को स्वीकारना इसे प्रोत्साहन देना और प्रतिष्ठित करना था। इसके अस्तित्व से इनकार इसे नष्ट करने की ओर ले जाएगा जो मार्ती का लक्ष्य था। मार्ती के लिए समाज में वैषम्य और संघर्ष का मूल कारण अच्छाई और बुराई के बीच युगों से चला आ रहा संघर्ष था। मार्ती 1878 में क्यूबा लौटे पर जल्दी ही फिर से निर्वासित कर दिए गए। इस बार मार्ती ने 1881 से 1895 तक अमेरिका में रहकर अपनी अद्भुत सांगठनिक-वैचारिक क्षमता से क्यूबा की क्रान्ति के लिए धन-जन और साजो-सामान जुटाया। 1895 में वह आजादी की लड़ाई में शामिल होने के लिए क्यूबा लौटे और जल्दी ही युद्ध के एक मोर्चे पर शहीद हुए।

अमेरिका ने इस लड़ाई में अप्रैल 1898 में हस्तक्षेप किया। स्पेनी-अमेरिकी युद्ध का अन्त 10 दिसम्बर 1898 के शान्ति समझौते से हुआ। स्पेन को क्यूबा से अपना कब्जा छोड़ना पड़ा। 20 मई 1902 तक क्यूबा में अमेरिकी सैन्य शासन रहा। अमेरिकी सेना की वापसी के लिए क्यूबा को 'प्लैट अमेंडमेंट' के रूप में कीमत चुकानी पड़ी, जिसे 1901 के क्यूबा के संविधान में शामिल किया गया। इस संशोधन ने अमेरिका को क्यूबा में अपने हितों की रक्षा के नाम पर अपनी मर्जी से एकतरफा हस्तक्षेप करने के अपरिमित अधिकार दिए जिनका फायदा उठाकर अमेरिका अगले 32 वर्षों तक लगातार क्यूबा के आन्तरिक मामलों में दखल देता रहा।

इस दखलन्दाजी के चलते क्यूबा में भ्रष्ट और दलाल राजनीतिक संस्कृति और संस्थाओं का उदय हुआ। क्यूबा के दोनों राजनीतिक दल–लिबरल और कंजरवेटिव के अधिकांश नेताओं के व्यापारिक-आर्थिक हित अमेरिकी कॉरपोरेशनों के साथ जुड़े थे। क्यूबा के वित्त, कृषि और उद्योग पर अमेरिकी वर्चस्व ने गम्भीर आर्थिक संकटों को जन्म दिया। सुधारों के वायदे के साथ लिबरल पार्टी के मंच से जेरार्डो मकाडो नवम्बर 1924 में चुनाव जीत कर राष्ट्रपति बना। परिस्थितियाँ लगातार विषम होती गईं और अपनी दूसरी पारी में उसने तानाशाही स्थापित करते हुए तमाम विरोधी स्वरों को कुचल डाला।

1933 की महामन्दी ने आग में घी का काम किया। संकट चरम पर पहुँच चुका था। विरोध के तूफानों और अमेरिकी राजदूत के दबाव से मकाडो इस्तीफा देकर क्यूबा से भाग गया। अमेरिकी समर्थन से कार्लोस मेनुअल सेस्पेडे की अगुवाई में सरकार बनी। 4 सितम्बर, 1933 को सेना के सार्जेन्ट फुलगेन्शियो बतिस्ता ने छात्र क्रान्तिकारियों के साथ तख्तापलट कर दिया। फुलगेन्शियो बतिस्ता अगले 26 वर्षों तक क्यूबा की राजनीति में जबर्दस्त उथल-पुथल का सूत्रधार और खिलाड़ी रहा। हवाना विश्वविद्यालय के प्रोफेसर रामोन ग्राउ सान मार्टिन अन्तरिम राष्ट्रपति बने जिन्होंने 'प्लैट अमेंडमेंट' वाले 1901 के संविधान को मानने से इनकार कर दिया। अमेरिकी युद्धपोतों ने क्यूबा को घेर लिया। 127 दिन के बाद ग्राउसान मार्टिन की सरकार का बतिस्ता ने तख्ता पलट दिया। 1934 में अमेरिका ने काले 'प्लैट अमेंडमेंट' के अन्त की मान्यता दी।

लिबरल और कंजरवेटिव सरकारों के अन्त के बाद क्यूबा में दो नए राजनीतिक दलों 'एल अथेंटिको' और बाद में 'भ्रष्ट अथेंटिको' के खिलाफ 'एल ऑर्थोडाक्सो' का गठन हुआ। 1934 से 1940 तक बतिस्ता ने क्यूबा पर विभिन्न कठपुतली सरकारों के माध्यम से राज किया। 1940 में संविधान सभा बुलाई गई जिसमें क्यूबा की सभी राजनीतिक धाराओं के लोग शामिल हुए। 1940 में नए संविधान की घोषणा हुई और बतिस्ता संवैधानिक राष्ट्रपति के रूप में निर्वाचित हुआ। बतिस्ता की जीत और मंत्रिमंडल में कम्युनिस्ट पार्टी की भूमिका और भागीदारी थी। बतिस्ता ने खुद को 'प्रगतिशील समाजवादी' घोषित करते हुए कम्युनिस्ट पार्टी के जरिए क्यूबा की श्रमिक यूनियनों पर कब्जा किया।

1944 में हुए चुनाव में बतिस्ता को हराकर ग्राउसान मार्टिन राष्ट्रपति बने। 1948 में ग्राउ के बाद कार्लोस प्रियोसोकारा राष्ट्रपति चुने गए। अथेंटिको पार्टी के शासन में क्यूबा में राजनीतिक और माफिया गुंडागर्दी चरम पर पहुँच गई। 1940 के संविधान में हवाना विश्वविद्यालय सेना और पुलिस के प्रवेश से मुक्त क्षेत्र था। तमाम राजनीतिक ठग और माफिया गुट लूट और हत्या करके विश्वविद्यालय परिसर में पनाह लेने लगे। इन गुटों का इस्तेमाल अथेंटिको पार्टी कम्युनिस्टों के, खासकर ट्रेड यूनियनों से सफाये के लिए करती थी। अगले चुनावों में अपनी तय हार को भाँपकर एक बार फिर फुलगेन्शियों बतिस्ता ने 10 मार्च, 1952 को सेना के समर्थन से तख्तापलट करते हुए अपनी तानाशाही कायम कर ली। बतिस्ता ने संविधान पर रोक लगा दी, संसद को भंग कर दिया और तानाशाही की अन्तरिम सरकार का गठन किया। नौजवान छात्रनेता और वकील फिदेल कास्त्रो के नेतृत्व में क्यूबा में क्रान्ति युद्ध का बिगुल बजा जिसकी शुरुआत 26 जुलाई, 1953 को मोंकाडा सैनिक बैरक पर हमले से हुई। आगे की कहानी इस पुस्तक का मूल विषय है। कुछ विशिष्ट पूर्ववर्ती घटनाओं और व्यक्तित्वों की, जिन्होंने फिदेल कास्त्रो के क्रान्तिकारी विचारों, व्यक्तित्व, चरित्र और व्यवहार के विकास में महत्त्वपूर्ण योगदान किया, जरूरत के मुताबिक उपयुक्त स्थानों पर थोड़े विस्तार से पुनः चर्चा होगी।

क्यूबा : क्रान्तिकारी विरासत

आजादी की पहली लड़ाई-1868-78 : मेनुएल डे सेस्पेडे

एक स्वतंत्र और सार्वभौम राष्ट्र के रूप में क्यूबा की आजादी के लिए संगठित क्रान्तिकारी संघर्षों की शुरुआत कार्लोस मेनुएल डे सेस्पेडे के नेतृत्व में 10 अक्टूबर, 1868 को हुई थी।

क्यूबा में गुलाम व्यवस्था की जड़ें बहुत गहरी और व्यापक थीं। 16वीं सदी के मध्य तक क्यूबा की मूल आबादी के लुप्तप्राय हो जाने पर स्पेनी उपनिवेशवादी अपने बागानों और खदानों के लिए बड़ी संख्या में गुलामों का आयात कर रहे थे। इसके अलावा 1791 में हैती में गुलामों के विद्रोह के बाद लगभग दो-तीन हजार फ्रांसीसी बागान मालिक अपने गुलामों के साथ क्यूबा के ओरियन्ट प्रान्त में आ बसे थे। वैसे भी हैती से छोटे-छोटे बागान मालिकों और गुलामों का क्यूबा में आकर बसना पुराने जमाने से चला आ रहा था। इनमें से ज्यादातर क्यूबा के पूर्वी भाग में बसे थे। स्वभाव से परिश्रमी और आजादीपसन्द इन बाशिन्दों को स्पेनी आक्रांता 'हिस्पियानोल' कहते थे। इन पूर्वी भागों में स्पेनियों का मूल हिस्पियानोलों ने कड़ा प्रतिरोध किया था। स्पेनी आक्रांता अपने साथ 800 वर्षों के युद्धों की विरासत, जिसे उन्होंने अपने देश में अरब कब्जे के खिलाफ आजादी की लड़ाइयों से हासिल किया था और घुड़सवार, तलवार, तीर आदि का श्रेष्ठ युद्ध-कौशल लाये थे जिसका मुकाबला हिस्पियानोल नहीं कर सके। क्यूबा के ओरियन्ट प्रान्त में ज्यादातर खेती पशुपालन और छोटे पैमाने पर फसलों की खेती तक सीमित थी। स्वाभाविक रूप से यहाँ गुलामी भी छोटे पैमाने पर ही थी। पूर्वी हिस्से में सबसे ज्यादा छोटे-मझोले भूमि-मालिकों की आबादी थी। मध्यभाग से पश्चिम की ओर बड़े-बड़े कॉफी और गन्ने के बागान थे जो गुलाम श्रम-शक्ति पर निर्भर थे। क्यूबा उस समय सबसे बड़ा कॉफी उत्पादक और निर्यातक था। 1840 के हरीकेन तूफानों से कॉफी बागानों की बरबादी के बाद गन्ने की खेती ने जोर पकड़ा। उस समय क्यूबा की 10-15 लाख की कुल आबादी में लगभग तीन लाख गुलाम थे। बाकी औपनिवेशीकरण के पहले दौर के स्पेनियों के वंशज, क्यूबा की जमीनों-बागानों के मालिक 'क्रियोल' और स्पेनी पिताओं और मूल इंडियन माताओं की सन्तानें 'मेस्तीजो' थे। आगे इसमें स्पेनी, इंडियन और अश्वेत मिश्रित रक्त-सम्बन्धों की आबादी जुड़ती गई। स्पेनी 'क्रियोलों' का क्यूबा की सत्ता और अर्थतंत्र पर कब्जा था। गन्ने के बागानों में अश्वेत गुलाम श्रमिकों की बहुतायत थी। 1850 से 1860 के दौर में क्यूबा में कुछ 'डोमिनिकन' भी आए जिनमें ज्यादातर ने स्पेनी नागरिकों के रूप में (हालाँकि उनका जन्म सान्तो डोमिन्गो में हुआ

था) स्पेनी सेनाओं में अपनी सेवाएँ दी थीं। ये 'कम्पेंसिनो' कहलाये और छोटे पैमाने पर खेती-किसानी करते हुए क्यूबा में बस गए। आगे क्यूबा की क्रान्ति के ये विश्वस्त सहयोगी बने।

18वीं और 19वीं सदी के दौरान क्यूबा में आजादी की अवधारणा की कई धाराएँ थीं—सुधारवादी, स्वायत्ततावादी और आमेलन वादी ('अनेक्सेशनिस्ट') धाराएँ। 19वीं सदी की शुरुआत से ही गुलामों और जमीनों के मालिक 'क्रियोलों' की काफी संख्या, खासकर पश्चिमी भाग के क्रियोल क्यूबा को अमेरिका के साथ मिला दिए जाने की 'अनेक्सेशनिस्ट' धारा के पक्षधर थे। इन गुलाम मालिकों को क्यूबा में किसी भी प्रकार के ब्रिटिश प्रभाव से जबर्दस्त एतराज था क्योंकि वे अंग्रेजों की गुलाम व्यापार पर रोक लगाने की नीति से सशंकित थे। इन आमेलनवादी विचारों और भावनाओं को अमेरिका के दक्षिणी राज्यों की शह और समर्थन था। इन दक्षिणपंथियों ने अमेरिका में गुलाम व्यवस्था वाले कई राज्य बना लिए थे और इनका गुलाम-मुक्त उत्तरी राज्यों से जबर्दस्त विरोध चल रहा था। उत्तर के राज्य आर्थिक प्रगति और उदारवादी विचारधारा के आधार पर गुलामी के खिलाफ और बहुमत में थे। अमेरिका में गृहयुद्ध छिड़ गया। गुलाम प्रथा का उन्मूलन 1861 में हुआ। गृहयुद्ध 1865 तक चला और अब्राहम लिंकन अमेरिका के सबसे परिपक्व, प्रतिभाशाली और ताकतवर नेता के रूप में उभरे। बावजूद इसके पश्चिमी क्यूबा में गुलाम मालिकों की बहुतायत दक्षिणी अमेरिकी राज्यों के साथ आमेलित होने के पक्ष में थी। ये आमेलनवादी स्पेन से अलग होकर अमेरिका से जा मिलना चाहते थे। पूर्वी क्षेत्र में भी इस धारा का थोड़ा बहुत प्रभाव था जहाँ से क्यूबा की आजादी की लड़ाई की शुरुआत हुई। 1868 में क्यूबा की आजादी की पहली लड़ाई कमोबेश इसी सामाजिक-राजनीतिक पृष्ठभूमि में शुरू हुई।

1868 से 1878 तक दस वर्षों के इस युद्ध की शुरुआत छोटे जमीन मालिकों की ओर से हुई थी। इनमें से कई पढ़े-लिखे, वकील और उदार विचारों के थे। अधिकांश छोटे पैमाने के गन्ना बागानों और उनमें काम करनेवाले गुलामों के मालिक थे। गुलामों की भारी संख्या वाले कॉफी बागान हैती के निकटवर्ती गुआन्तनामो इलाके में थे।

विद्रोह का पहला बिगुल, 'इंडिपेन्डिस्ता क्रान्ति' का पहला शंखनाद कार्लोस मेनुएल डे सेस्पेडे ने किया। सेस्पेडे कामागुआ प्रान्त के डेमाजागुआ में एक छोटे गन्ना बागान के मालिक थे। असाधारण प्रतिभा, देशभक्ति, साहस और मानवतावादी भावनाओं के धनी सुसंस्कृत सेस्पेडे ने दस अक्टूबर, 1868 की सुबह अपने बागान के मुख्यद्वार पर अपने गुलामों को आजाद करते हुए क्यूबा से गुलामी प्रथा के खात्मे का क्रान्तिकारी एलान किया। उस समय की परिस्थितियों में यह एक अभूतपूर्व, प्रगतिशील, क्रान्तिकारी कदम था। एलान पर ओरियन्ट प्रान्त और कामागुआ में अमल हुआ और क्यूबा के पूर्वी भाग के ज्यादातर बागान मालिकों ने अपने गुलामों को आजाद घोषित कर दिया। आजाद गुलामों की बड़ी संख्या उत्साह और ताकत से देशभक्तों के साथ दस वर्षों तक चले युद्ध में शामिल हुई। इस युद्ध के अन्य महान नेताओं में डोमिनिकन मूल के मैक्सिमो गोमेज और अफ्रीकी-क्यूबाई मूल के अश्वेत माकियो थे।

सेस्पेडे ने युद्ध में जनरल-इन-चीफ की भूमिका स्वीकार करते हुए नेतृत्व किया। मेक्सिमो गोमेज ने अश्वेत योद्धा माकियो को गुआन्तनामो भेजा जहाँ गुलामी गहरे तक जड़ जमाये हुई थी। गुआन्तनामो के विशाल काफी बागानों में स्पेनिश सेनाओं से मोर्चा लेते हुए भारी पैमाने पर गुलामों को आजाद कराया गया। शक्तिशाली और युद्ध के अभ्यस्त स्पेनी उपनिवेशवादियों और बहुत से क्यूबाई जमीन-बागान मालिकों का, जो क्यूबा की आजादी और गुलामी प्रथा के खात्मे के खिलाफ थे, जबर्दस्त मुकाबला करते हुए दस वर्षों तक क्रान्तिकारियों ने यह युद्ध लड़ा।

सेस्पेडे उदारवादी विचारधारा और सुव्यवस्था के पक्षधर थे। आजादी की लड़ाई को व्यापक स्वीकार्यता दिलाने के उद्देश्य से सेस्पेडे ने 1869 में आजाद क्यूबा के संविधान और झंडे पर व्यापक विचार-विमर्श करके अन्तिम रूप देने के लिए संविधान सभा बुलाई। संविधान सभा में आपसी प्रतिद्वन्द्विता और मतभेद के चलते सेस्पेडे का सुझाया झंडा नहीं बल्कि 1850 में जनरल नारसिस्को लापेज का झंडा जो अमेरिका के टेक्सास प्रान्त के झंडे से मिलता-जुलता था, स्वीकार किया गया। जनरल नारसिस्को ने दक्षिण अमेरिकियों के धन और समर्थन से स्पेन के खिलाफ युद्ध-अभियान चलाया था। वह क्यूबा के इतिहास में अजीबोगरीब भ्रांतियों का दौर था। कौन, किसकी ओर से, किस इरादे से लड़ रहा है, तय करना मुश्किल था। इसी माहौल में नारसिस्को का झंडा जो वस्तुतः अमेरिका का हिस्सा बन जाने के लिए लड़ी जा रही लड़ाई का प्रतीक था, स्पेनी शोषण और उपनिवेशवाद के विरुद्ध क्यूबा की आजादी का प्रतीक बन गया। इसकी चर्चा करते हुए फिदेल कास्त्रो कहते हैं कि क्यूबा ने अपने महान, शुद्धतम और राष्ट्रभक्त लहू से, जिसकी बदौलत आज क्यूबा धरती पर मानवता के अब तक के इतिहास के सबसे ताकतवर साम्राज्य का सामना करता हुआ अस्तित्व में है, हजारों बार धोकर विदेशी उद्गम और प्रभाव से पूरी तरह मुक्त कर इस झंडे को स्वाधीनता और समाजवाद के 135 वर्षों के अनवरत संघर्षों में समस्त क्यूबावासियों के गर्व और गौरव का प्रतीक बना लिया है।

10 अप्रैल 1869 को गुआईमारो संविधान ने सदियों से चली आ रही बजबजाती गुलाम प्रथा का खात्मा करते हुए तमाम क्यूबावासियों के लिए समान अधिकारों और आजादी की घोषणा की। यद्यपि औपचारिक रूप से गुलामी का उन्मूलन क्यूबा में 1886 में हो पाया मगर इस युद्ध की बदौलत क्यूबा के पूर्वी आधे भाग में मुक्त हुए गुलाम ओरियन्ट से लेकर मातन्जा तक जहाँ भी देशभक्तों की टोलियाँ पहुँचीं, उनके साथ इस आजादी की लड़ाई में शरीक हुए और अपने प्राणों की आहुतियाँ दीं।

क्यूबा के प्रथम दस वर्षीय स्वाधीनता संग्राम की एक और महत्त्वपूर्ण विशेषता इसके अन्तर्राष्ट्रीय सहयोग का चरित्र है। हेनरी रीव जिसे अफ्रो-क्यूबाई सेना के देशभक्त लड़ाके 'एल इंगलिस्तिया' (छोटा अंग्रेज) के नाम से बुलाते थे, वास्तव में न्यूयॉर्क ब्रुकलिन में जन्मा अमेरिकी था जो अमेरिकी गृहयुद्ध में अब्राहम लिंकन के साथ अलगाववादी दक्षिणपन्थियों के खिलाफ लड़ा था। गृहयुद्ध की समाप्ति के बाद रीव, क्यूबा में गुलाम मालिकों और उपनिवेशवादियों के खिलाफ युद्ध में अपना स्वैच्छिक योगदान करने चले आए। रीव ने क्यूबा की आजादी के लिए लड़ते हुए युद्ध के महानतम

नेता जनरल इग्नासियो अग्रामोन्टे की कमान में ब्रिगेडियर जनरल का दर्जा हासिल किया और अग्रामोन्टे की शहादत के बाद मैक्सिमो गोमेज की कमान में गुलामी और उपनिवेशवादविरोधी अभियान जारी रखा। सात वर्षों तक अनवरत युद्धों में अपनी जान की बाजी लगाते हुए हेनरी रीव 1876 में सिर्फ 26 वर्ष की आयु में स्पेनी सेना से जबर्दस्त मुकाबला करते हुए शहीद हुए।

दस वर्षों तक चले इस महान युद्ध ने मानवता को साम्राज्यवादी, उपनिवेशवादी प्रभावों से परे स्वतंत्र और सार्वभौम आजादी की अवधारणा, उस आजादी के लिए कठोरतम संघर्ष करने और बलिदान देने का साहस और सेस्पेडे, अग्रामोन्ते, गोमेज और माकियो जैसे असाधारण योद्धा दिए। गरीबों, वंचितों, किसानों और मुक्त हुए गुलामों की कतारों से आजादी के असाधारण योद्धा और नेता निकले। इस महान संघर्ष का असफल अन्त 'जांजो शान्ति समझौते' और क्रान्ति के नेताओं के तितर-बितर हो जाने में हुआ। यह महान संघर्ष स्पेनी सेना की ताकत की बदौलत नहीं बल्कि क्रान्ति की नेतृत्वकारी कतारों में आए मतभेद, क्षेत्रवाद, अहम् और 'काडलिस्मो' (नायकवाद) के चलते विफल हुआ।

आजादी की यह पहली लड़ाई संघर्षों की वह भट्ठी थी जिसमें क्यूबा एक राष्ट्र की अवधारणा के साथ तपकर निखरा। यह युद्ध क्यूबा में आगे के तमाम क्रान्तिकारियों और संघर्षों के लिए महत्त्वपूर्ण और अनिवार्य राजनीतिक पाठ बना। इस युद्ध ने क्यूबा की मुक्ति का मार्ग प्रशस्त किया और अगले संघर्ष की परिस्थितियाँ तैयार कीं। जांजोपैक्ट के रूप में दुर्भाग्यपूर्ण अन्त ने क्रान्ति के अगले दौर 1895-98 के नायक और क्यूबा के महानतम क्रान्तिकारी, विचारक और योद्धा जोसमार्ती को क्रान्ति की सफलता के लिए एकता और एकीकृत राजनीतिक नेतृत्व की अनिवार्यता की सीख दी। इस युद्ध के अन्तिम वर्ष 1878 तक जोसमार्ती एक परिपक्व क्रान्तिकारी विचारक और कुशल राजनीतिक संगठनकर्ता के रूप में एकीकृत राजनीतिक विचार और राजनीतिक पार्टी के नेतृत्व में पहली क्रान्ति के तितर-बितर योद्धाओं को एकजुट करने का बीड़ा उठाकर क्रान्ति के अगले चरण की शुरुआत कर चुके थे।

आजादी की दूसरी लड़ाई—1895-98 : जोसमार्ती

दस वर्षों तक चली आजादी की पहली लड़ाई ने समूचे क्यूबा को झकझोर कर रख दिया था। अगस्त 1879 में सेन्टियागो डे क्यूबा में कुछ विद्रोही झड़पें हुई थीं जिन्हें 'गुएराचिकुता' (आजादी की छोटी लड़ाई) कहा जाता है। सही मायनों में आजादी के दूसरे महासंग्राम का आरम्भ 17 वर्ष बाद 1895 में हुआ। पहले संग्राम से निरन्तरता और क्यूबाई लड़ाकों के अद्‌भुत जीवट का अन्दाज इस बात से लगता है कि 17 वर्ष बाद लड़ी गई यह दूसरी लड़ाई भी पहले महासंग्राम के ही अधिकांश योद्धा-जनरलों की अगुवाई में लड़ी गई। इस दूसरे महासंग्राम की सबसे बड़ी विशेषता और ताकत यह थी कि इस बार ये योद्धा जनरल अलग-अलग खुदमुख्तार योद्धा-नायकों के रूप में नहीं बल्कि एक गैर-पेशेवर जुझारू नौजवान, विचारक, राजनीतिज्ञ और संगठक जोसमार्ती की अगुआई, एकीकृत राजनीतिक विचार और क्रान्तिकारी पार्टी की कमान में लड़ रहे

थे। जोसमार्ती का जन्म 1853 में हुआ था और वह स्पेनी सेना के एक कैप्टन के बेटे थे। बचपन से ही खराब स्वास्थ्य के बावजूद अपनी प्रखर मेधा और औपनिवेशिक दासता की बेड़ियों से मुक्त, स्वतंत्र और सार्वभौम क्यूबा के लिए अपने इंडिपेंडेस्टा विचारों के चलते मार्ती उपनिवेशवादी सत्ता की आँखों की किरकिरी बन चुके थे। उन्हें बन्दी बनाकर, बेड़ियों में जकड़कर पत्थर खदानों में काम करने की यातनाएँ दी गईं। अपने इन कटु अनुभवों की रोशनी में मार्ती ने 16 वर्ष की आयु में 'प्रेसीडियो पालिरिको एन क्यूबा' (क्यूबा में राजनीतिक जेल) नाम का ऐतिहासिक पर्चा लिखा। मार्ती को क्यूबा से स्पेन निर्वासित कर दिया गया। बीस वर्ष की आयु में क्यूबा के प्रथम स्वतंत्रता संग्राम का गहन विश्लेषण करते हुए मार्ती ने स्पेन में रहकर क्यूबा के राजनीतिक इतिहास का सबसे बेहतरीन दस्तावेज 'ला रिपब्लिका इस्पानोल एन्टे ला रिवोल्यूसियों क्यूबाना' (क्यूबा की क्रान्ति के प्रति स्पेनी रिपब्लिक की प्रक्रिया) लिखा। निर्वासन में सत्ता की तानाशाही से बचते हुए मार्ती मैक्सिको, ग्वाटेमाला आदि विभिन्न देशों में गए और वहाँ के समाज और राजनीति के अन्तर्विरोधों का गहराई से अध्ययन किया। क्यूबा के प्रथम स्वतंत्रता संग्राम के अन्तिम वर्ष 1878 तक मार्ती निर्वासन में रहते हुए नौजवान परन्तु परिपक्व बुद्धिजीवी, देशभक्त, कवि, लेखक और इन्डिपेन्डिस्टा स्वंत्रता के विचारक बन चुके थे। 1878 में प्रथम दसवर्षीय संग्राम की विफलता और जांजो पैक्ट शान्ति-सन्धि के बाद मार्ती अगली क्रान्ति के सूत्रधार, सिद्धान्तकार और संगठनकर्ता बने। मार्ती ने विफलता के कारणों का गहराई से विश्लेषण किया, उनसे सीख ली, क्रान्ति के विचार, दर्शन और रणनीति को अपने समय के सर्वोच्च स्तर पर विकसित किया और नए स्वतंत्रता-संग्राम की तैयारियों में जुट गए। जांजो पैक्ट के बाद वह क्यूबा लौटे मगर जल्दी ही फिर स्पेन निर्वासित कर दिए गए। 25 वर्ष की उम्र में मार्ती उस राह पर निकल पड़े जो उन्हें पहले स्वाधीनता संग्राम के गर्वीले योद्धाओं का सफल नेतृत्व करने की ओर ले गई। लगभग बीस वर्षों तक मार्ती ने कभी हताश न होते हुए, क्रान्तिकारी सिद्धान्त और व्यवहार की रणनीति को विकसित किया और क्रान्ति की तमाम ताकतों को एक कमान तले लाने में जुटे रहे। एक ऐसे नौजवान बुद्धिजीवी के लिए, जो ज्यादातर स्पेन में, या फिर क्यूबा से बाहर रहा हो और जिसके पास युद्ध का कोई अनुभव न हो ऐसे मँजे हुए सैन्य कमांडरों को एक कमान में संगठित करना लगभग असम्भव था। सपनों सरीखी वैचारिक चेतना, दृढ़ निश्चय और नैतिक बल के साथ मार्ती जुट गए। क्रान्ति के सिद्धान्त और स्वतंत्रता के दर्शन को सूत्रबद्ध किया। मार्ती का दर्शन असाधारण रूप से मानवतावादी था। मार्ती ने साफ तौर पर कहा 'हमारे दिलों में स्पेनियों के लिए कोई नफरत नहीं है।' मार्ती ने अमेरिका में रह रहे क्यूबाइयों को एकजुट कर एकताबद्ध क्रान्तिकारी पार्टी में संगठित किया। इस काम के लिए सांगठनिक दक्षता, कुशल वाक्पटुता, अद्‌भुत भाषणशैली से मार्ती ने धन और अन्य संसाधन जुटाये। अधिकांश धन फ्लोरिडा के तम्पा में सिगार बनानेवाले क्यूबाई मजदूरों से जुटाया गया था जो फ्लोरिडा में क्यूबा से मँगाए गए तम्बाकू को रोल कर सिगार बनाने का काम करते थे। मार्ती इन मजदूरों में बेहद लोकप्रिय थे जो मार्ती की भाषणशैली और विचारों के दीवाने थे। मार्ती का उद्‌देश्य न केवल क्यूबा और प्युएरटेरिको

की आजादी थी बल्कि वे सिमोन बोलिवार के लातिनी अमेरिकी एकता के वृहत्तर सपनों के भी जबर्दस्त हिमायती थे।

लगभग बीस वर्षों तक क्रान्ति की अनथक तैयारी करने के बाद युद्ध के लिए मार्ती ने क्यूबा कूच का निर्णय लिया। राह में अकल्पनीय बाधाएँ आईं। मजदूरों और शुभचिन्तकों की गाढ़ी कमाई जुटाकर खरीदे गए हथियार अमेरिका में जब्त कर लिए गए। मार्ती ने हिम्मत नहीं हारी और कूच कर दिया। पैसे की जबर्दस्त तंगी थी। थोड़ा-बहुत फिर से जुटाकर मार्ती मैक्सिमो गोमेज से मिलने सान्तोडोमिन्गो पहुँचे। माकियो उस समय मध्य अमेरिका में थे। क्रान्ति के तमाम पुराने नेता और योद्धा अमेरिका सहित विभिन्न जगहों पर तितर-बितर थे। सान्तोडोमिन्गो में मार्ती ने गोमेज के साथ मिलकर इंडिपेन्डिस्टा क्रान्ति का चार्टर 'मोन्टेक्रिस्टी मेनिफेस्टो' तैयार किया। इस चार्टर में अमेरिका के साथ आमेलनवादी अनेक्सेशनिस्ट और सुधारवादी आटोनामिस्ट दोनों ही धाराओं से संघर्ष करते हुए 'सबके लिए और सबके हित के लिए' सही अर्थों में स्वतंत्र और सार्वभौम क्यूबा की अवधारणा-परिकल्पना प्रस्तुत की गई। मार्ती अपने अन्तरतम की गहराइयों तक मानवतावादी और अमन-पसन्द थे। उन्होंने जनता से एक 'बेहद जरूरी और तेज युद्ध' लड़ने का आह्वान किया जिससे कम से कम खून-खराबा और बर्बादी हो। उनका मेनिफेस्टो अपने समय की सबसे प्रगतिशील और आधुनिक रिपब्लिक की अवधारणा थीं।

युद्ध की शुरुआत मातन्जा, जहाँ के गन्ना बागानों में गुलामों का बाहुल्य था और ओरियन्ट प्रान्त से हुई जहाँ विद्रोह की जुझारू परम्पराएँ जीवित थीं। मार्ती अपने 6-7 साथियों के साथ छिपते-छिपाते क्यूबा-प्लेइटास पहुँचे।

पहली क्रान्ति के एक और महान नेता माकियो पहले ही क्यूबा पहुँच चुके थे और संसाधनों के अभाव में बहुत कठिन दौर से जूझ रहे थे। बावजूद इसके माकियो सेन्टियागो के पास तक पहुँचने में कामयाब रहे और मार्ती और मैक्सिमो गोमेज के पहुँचने तक कई हजार घुड़सवार हथियारबन्द लड़ाकों के सेनापति बन चुके थे।

1895 से 98 के इस दूसरे महासंग्राम में क्यूबाई लड़ाकों ने लगभग 3 लाख स्पेनी सैनिकों का सामना किया। क्यूबाई लड़ाके 'माम्बीसे' अपनी संख्या और संसाधनों की दृष्टि से अनियमित युद्ध की रणनीति अपना रहे थे। इस लड़ाई में क्यूबाई लड़ाकों की रणनीति अपने अभियान में सामने आनेवाली हर चीज–गन्ने के खेत, कारखाने, खलिहान–एक सिरे से दूसरे सिरे तक जलाकर राख कर देने की थी। इसके पीछे यह सोच थी कि क्यूबा में स्पेनी सत्ता की आर्थिक रीढ़ चीनी उद्योग थी। क्यूबा दुनिया का प्रमुख चीनी आपूर्तिकर्ता था और स्पेन के लिए अकूत धन संसाधन मुहैया करा रहा था। क्रान्तिकारियों का मकसद स्पेन के लिए धन के इस अकूत स्रोत को बरबाद कर देना था।

मार्ती और उसके साथी जहाँ भी पहुँचते, क्यूबाई जनता का अपार समर्थन मिलता। मार्ती को हर जगह क्यूबा के राष्ट्रपति के रूप में देखा जाता। हालाँकि मैक्सिमो गोमेज को यह बात पसन्द नहीं थी। उनकी नजर में राष्ट्रपति की अवधारणा और विचार सर से पाँव तक युद्ध में जूझ रहे राष्ट्र की संगति में नहीं था। बावजूद

इसके वह क्रान्ति के इस दौर में मार्ती के नेतृत्व, उसके महत्त्व और उसकी अपरिहार्य जरूरत को गम्भीरता और निष्ठा से स्वीकारते-महसूस करते थे।

कमजोर स्वास्थ्य और युद्ध की अनुभवहीनता के चलते मार्ती के लिए क्रान्ति के इस दौर में युद्ध के प्रत्यक्ष मोर्चे पर अनुभव प्राप्त कर सकने की गुंजाइश नहीं थी। इसी बीच 19 मई 1895 को अचानक स्पेनी सैनिकों की एक टुकड़ी से अप्रत्याशित लड़ाई छिड़ गई। क्रान्तिकारी लड़ाकों के साथ गोमेज और मार्ती मौजूद थे। मार्ती मोर्चे पर जाना चाहते थे। परन्तु गोमेज उन्हें एक नौजवान लड़ाके एन्जेल डे ला गार्डिया की निगरानी में रुकने का आदेश देकर मोर्चे पर कमान सँभालने चले गए। मार्ती ने अपने नौजवान अंगरक्षक को ललकारा—'नौजवान, मोर्चे की ओर', और घोड़े को उस दिशा में एड़ लगा दी जहाँ स्पेनी लड़ाके घात लगाए बैठे थे। क्यूबा की आजादी का महानतम स्वप्नद्रष्टा, विचारक और संगठनकर्ता आजादी की वेदी पर शहीद हो गया।

मार्ती, फिदेल कास्त्रो की क्रान्तिकारी चेतना के महान शिक्षक और प्रेरणा थे। फिदेल गर्व से कहते हैं कि एक परिपक्व मार्क्सवादी होने से पूर्व वह मार्तीवादी थे और जीवनपर्यन्त मार्तीवादी और मार्क्स-लेनिनवादी रहेंगे।

अन्तिम दिनों में युद्ध के मोर्चे पर अपनी डायरी में मार्ती अपने मैक्सिकन मित्र मैनुएल मकीडो को पत्र लिख रहे थे जो अधूरा रह गया। इस पत्र में मार्ती ने लिखा : 'अमेरिका को समूचे महाद्वीप पर वर्चस्व कायम करने और हमारी अमेरिकी भूमि पर और बर्बर ताकत से टूट पड़ने से रोकने के लिए...हमें अपना काम गुपचुप और अप्रत्यक्ष रूप से करना होगा।' आकार ले रहे अमेरिकी साम्राज्यवाद और उसके प्रभावों की चर्चा करनेवाले पहले व्यक्ति मार्ती थे। मार्ती ने गुलाम प्रथा वाले समाज में 'क्यूबा की क्रान्तिकारी पार्टी' बनाई और उसमें तमाम महानतम योद्धाओं को एकजुट कर आजादी की लड़ाई लड़ी। मार्ती के विचारों और दर्शन में एक समूची दुनिया अपने उत्कृष्ट नैतिक मूल्यों के साथ बसती थी। मार्ती की राजनीतिक अर्थशास्त्र पर अद्भुत पकड़ थी। अमेरिका के लातिनी अमेरिकी देशों के साथ आर्थिक समुदाय 'फ्री ट्रेड एरिया ऑफ अमेरिकाज' (**FTAA**) बनाने के प्रस्ताव पर मार्ती ने दूरद्रष्टा विचारक की तरह प्रतिवाद करते हुए बताया कि कैसे विकसित, सम्पन्न और ताकतवर अमेरिका के साथ ऐसा गठबन्धन लातिनी अमेरिकी हितों के विपरीत होगा। मार्ती के विचार अपने समय की दृष्टि से इतने आगे, नैतिक और मानवतावादी थे कि उनके सूत्र पकड़कर एक समाजवादी समाज तक पहुँचा जा सकता है।

मार्ती क्यूबा की आजादी के युद्ध में अमेरिका के किसी भी हस्तक्षेप के विरोध में थे। दुर्भाग्य से इस युद्ध का अन्त न केवल अमेरिकी हस्तक्षेप बल्कि अगले कुछ सालों तक क्यूबा पर अमेरिका के प्रत्यक्ष सैनिक शासन के रूप में हुआ। स्पेन-अमेरिकी युद्ध का अन्त 10 दिसम्बर 1898 को 'पेरिस सन्धि' के रूप में हुआ। अमेरिका को क्यूबा, पुएर-टेरिको, फिलीपीन्स और गुआम के उपनिवेश स्पेन से मिले। अमेरिका के प्रत्यक्ष शासन समाप्त होने की कीमत क्यूबा को 2 मार्च 1901 के 'प्लैट अमेंडमेंट' को अपने संविधान में शामिल करके चुकानी पड़ी। इस संशोधन से अमेरिका को न केवल क्यूबा

की विदेश नीति और बजट बल्कि जब चाहे, किसी भी बहाने से हस्तक्षेप करने के अपरिमित अधिकार भी मिल गए। मगर ये तमाम साम्राज्यवादी कार्यवाहियाँ और क्यूबा के भ्रष्ट सत्तावर्ग की दलाली क्यूबा की जनता की आजादी की चाहत, क्रान्तिकारी चेतना और जुझारू जीवट को परास्त नहीं कर सकी। आजादी की लड़ाई ने तब तक विराम नहीं लिया जब तक कि फिदेल कास्त्रो की अगुवाई में 1 जनवरी, 1959 को क्यूबा ने साम्राज्यवाद और उसके भ्रष्ट क्यूबाई दलालों को देश छोड़ने पर मजबूर करते हुए सही अर्थों में खुदमुख्तार, स्वतंत्र और सार्वभौम क्यूबा के सपने को हकीकत में नहीं बदल दिया।

खंड II

एक क्रान्तिकारी का जन्म

नगाड़े बजे,
धरती पर सब तैयार था,
जहोवा ने बाँट दिया धरती को
कोकाकोला को, अनाकोंडा, फोर्ड मोटर्स
और तमाम लुटेरों को
फ्रूट कम्पनी ने खुद के लिए
बचाकर रख लिया
सबसे रसीला, मलाईदार, जायकेदार
मेरी धरती का तटबन्ध
अमेरिका की बल खाती, इठलाती कमर...
मिटा दी आजाद सत्ताएँ
सीजर की ताजपोशियाँ हुईं
खोल से बाहर निकली ईर्ष्या
भिनभिनाने लगी मक्खियों की तानाशाही
ट्रुजिल्लो मक्खी, टाको मक्खी, केरिया मक्खी, मार्टिनेज मक्खी
युबिको मक्खियाँ, बतिस्ता मक्खियाँ
खून से ज्यादा मार्मलेड की लिजलिजी मक्खियाँ
इन्सानी कब्रों पर नशे में धुत मँडराती मक्खियाँ
शातिर, हत्यारी, जोकर मक्खियाँ
आतंक-अत्याचार में माहिर।
खून की प्यासी मक्खियों के बीच
लाती है फ्रूट कम्पनी अपने जहाज
ले जाने को कॉफी और फल
हमारी डूब चुकी जमीनों के खजाने

उलीचे जाने लगते हैं उन जहाजों में
गिरने लगते हैं सुबह के धुँधलके में
बन्दरगाहों की कीच से चिपचिपी गहरी खाइयों में
कफन में लिपटे हम इंडियन बाशिन्दे
लुढ़कता चला जाता है बदन
जिसका कोई नाम नहीं है, बस महज एक चीज
एक शून्य
सड़े मुर्दा फलों का एक गुच्छा
कूड़े के ढेर पर फेंका हुआ।

पाब्लो नेरूदा

(युनाइटेड फ्रूट कं.)

बचपन के दिन :
कोई भी क्रान्तिकारी बनकर पैदा नहीं होता

बिरान : क्यूबा के पुराने ओरियन्ट प्रान्त (नया होलगुइन) के मयारी का एक कस्बा। एन्जेल कास्त्रो आर्गिज : बिरान के प्रभावशाली बड़े जमींदार। एन्जेल पैदाइशी जमींदार नहीं थे। एन्जेल कास्त्रो आर्गिज एक गरीब स्पेनी गेलीशियन थे जो क्यूबा में स्पेन और अमेरिका की जंग में स्पेन की ओर से 1895 में लड़ने आए थे। वह युद्ध में नागरिकों की अनिवार्य भागीदारी का जमाना था। अमीर-ग़रीब विभाजित समाज में अमीर के पास हर मर्ज की दवा है। उस समय का चलन था कि अमीर युद्ध में अपनी सेवा-शर्त अपने किसी जरूरतमन्द गरीब को भेजकर पूरी कर सकता था! ऐसे एवजीदार 'कैंपेसिनो' कहे जाते थे। एन्जेल, ऐसे ही कैंपेसिनो थे। युद्ध का अन्त 1898 सन्धि के जरिए हुआ। स्पेन ने क्यूबा से कब्जा छोड़ा और अमेरिका ने जमाया। एन्जेल की स्पेन वापसी हुई। रोजी-रोजगार की सूरत न देख एक बार फिर एन्जेल दिसम्बर 1899 में क्यूबा की राजधानी हवाना चले आए। इस बार बतौर एक अनपढ़ मजदूर।

1898 में क्यूबा पर अमेरिकी राजनीतिक-सामरिक कब्जे के काफी पहले से अमेरिकी कम्पनियों का क्यूबा के उद्योगों और प्राकृतिक सम्पदा-संसाधनों पर दबदबा था। 1895-98 की स्पेनी-अमेरिकी जंग भी अमेरिका ने अपनी कम्पनियों के व्यावसायिक हितों की निर्बाध गारंटी के लिए लड़ी थी। चीनी और कॉफी निर्यात क्यूबा की आमदनी के प्रमुख स्रोत थे। इन दोनों उद्योगों पर, खासकर चीनी पर अमेरिकी बहुराष्ट्रीय कम्पनी 'यूनाइटेड फ्रूट कं.' का लगभग एकाधिकार था। ये कम्पनियाँ क्यूबा में इमारती लकड़ी के घने जंगलों को काट-साफ कर गन्ना बागान लगाती थीं। इस काम के लिए उन्हें भारी संख्या में मजदूरों की दरकार थी। ओरियन्ट प्रान्त में यूनाइटेड फ्रूट कं. के लिए एन्जेल ने अपने साथ कुछ और मजदूरों को इकट्‌ठा करके सेवाएँ देनी शुरू की। इसी के साथ एन्जेल ने खुद से लिखना-पढ़ना भी सीखा। एन्जेल के ग्रुप में स्पेन, हैती और जमाइका से रोजी-रोजगार की तलाश में आए गरीब मेहनतकश थे। बिरान में एन्जेल ने जंगल के छोटे-छोटे टुकड़े लेकर अपने ग्रुप के साथ छोटे पैमाने पर गन्ने की खेती शुरू की। धीरे-धीरे एन्जेल के पास लगभग 2000 एकड़ जमीन हो गई। अलावा इसके उन्होंने 'वार ऑफ इंडिपेंडेंस' के दो जनरलों से काफी जमीन लीज पर ली और करीब 25,000 एकड़ जमीन पर गन्ना बागानों के कारोबारी बन गए। अब एन्जेल खाते-पीते धनी किसान परिवार के मुखिया थे। बिरान को एन्जेल ने अपनी मेहनत और लगन से एक भरी-पूरी बस्ती बनाया। डेयरी फार्म,

बेकरी, सराय, जानवरों का तबेला, बच्चों के लिए स्कूल, बाजार, पोस्ट ऑफिस, हैती मजदूरों के लिए आवासीय बैरकें। पोस्ट आफिस सरकार का था। अलावा इसके सब एन्जेल का। उस समय मनोरंजन का सबसे सुलभ और पसन्दीदा साधन मुर्गों की लड़ाई थी। एन्जेल के यहाँ रेडियो पहली बार 1836-37 में आया।

एन्जेल अपने काम से काम रखनेवाले, धुन के पक्के, कड़कमिजाज अन्तर्मुखी इनसान थे। अपने और अपने परिवार से सम्बन्धित फैसले खुद लेते थे। कारोबार के फैसले भी उन्हीं के होते थे। मगर उन्होंने न तो अपनी शुरुआत को भुलाया और न ही अपनी समृद्धि पर घमंड किया। मजदूरों की हर जरूरत, हर दुख-सुख का ध्यान रखना उनके स्वभाव में था। यही वजह थी कि दूसरे धनी जमींदारों के साथ उनका खास उठना-बैठना नहीं था। वह बुर्जुआ समुदाय में अलग-थलग अपनी खुद की दुनिया में रहते थे। यह थे हमारी कहानी के नायक फिदेल कास्त्रो रूज के पिता।

लीना रूज गोन्जालेज एन्जेल की जीवनसंगिनी और उनके सात बच्चों की ममतामयी माँ थीं। कहते हैं, दोनों बहुत अरसा साथ रहने के बाद औपचारिक-पारम्परिक विवाह-सूत्र में बँधे थे। लीना पिनारडेलरियो प्रान्त की गरीब क्यूबाई महिला थीं, जिनके पूर्वज कनेरी आइलैंड से आए गरीब कैंपेसिनों थे। अनपढ़ लीना ने भी खुद से लिखना-पढ़ना सीखा था। दृढ़ धार्मिक आस्था और विश्वासों के साथ लीना धर्मपरायण, नैतिक मूल्यों की प्रबल पक्षधर, मजबूत इरादों-इच्छाशक्ति वाली महिला थीं जो कठिन से कठिन समय और परिस्थितियों का सामना धैर्यपूर्वक, बिना विचलित हुए करती थी। परिवार के लिए वह पीर-बावर्ची-भिश्ती-खर-हकीम सब कुछ थी। घर के भीतर-बाहर के सारे काम ढंग से निपटाएँ जाएँ, सबकी जरूरतें समय से पूरी हों, साफ-सफाई रहे—इन सारी बातों के लिए मुस्तैद ओवरसीयर थीं। परिवार की अर्थव्यवस्था और बचत उनका जिम्मा था। बाप की कड़क मिजाजी से गुस्साये-भन्नाए बच्चे अपनी ममतामयी माँ के कंधों पर सहारा पाते थे।

एन्जेल और लीना ने अनपढ़ होते हुए खुद से लिखना-पढ़ना सीखा था। उस समय क्यूबाई समाज में बमुश्किल बीस फीसदी लोग साक्षर थे। एन्जेल और लीना ने अनपढ़ होने की तकलीफें अन्दर तक झेली थीं। वे अच्छी तरह जानते-समझते थे कि एक अनपढ़ इनसान समाज में किस कदर दबाया-हैरान-परेशान किया जाता है। इसलिए उन्होंने तमाम कष्ट सहते हुए अपने बच्चों की भरपूर शिक्षा-दीक्षा का इंतजाम किया।

परिवार में सातों बच्चे घर पर दाई की मदद से हुए। उस समय क्यूबाई मध्यवर्गीय समाज में, खासकर ग्रामीण-कस्बाई इलाके में, डॉक्टर की कल्पना भी नहीं की जा सकती थी। सबसे बड़ी बेटी एन्जेला 1923 में हुई। उसके बाद तीन बेटे—रामोन (1924), फिदेल (1926) और राउल (1931)। फिर तीन बेटियाँ—जुआना (1933), एम्मा (1935) और आगस्टीना (1938)। फिदेल कास्त्रो रूज 13 अगस्त 1926 को सुबह दो बजे जन्मे थे। फिदेल के जीवन-मूल्यों और स्वभाव पर अपने अभिभावकों, खासकर माँ लीना का निर्णायक-सकारात्मक प्रभाव पड़ा जिनसे उन्होंने नैतिक मूल्यों में अडिग विश्वास, अन्याय-अत्याचार के प्रति असहिष्णुता और कठोरतम परिस्थितियों का धैर्यपूर्वक अविचलित रहकर सामना करना सीखा। अपने लक्ष्य के प्रति जुनून की हद तक लगन और लक्ष्य पा लेने तक लगातार लगे रहने के गुण फिदेल को विरासत में मिले। पिता एन्जेल कास्त्रो की

मृत्यु 21 अक्टूबर 1956 को हुई–फिदेल की 29वीं वर्षगांठ के लगभग दो महीने बाद जब वह निर्वासन में क्रान्ति की तैयारियाँ कर रहे थे; क्रान्ति के साथी योद्धाओं को साथ लेकर निर्णायक जंग के लिए 25 नवम्बर को मैक्सिको से 'ग्रानमा' जहाज पर क्यूबा रवाना होने से करीब एक महीने पहले। माँ लीना ने बेटे की अगुवाई में क्यूबाई क्रान्ति की सफलता के करीब 3-1/2 साल बाद 6 अगस्त 1963 को अन्तिम विदा ली।

फिदेल के जन्म और बचपन का समय क्यूबा की कठिनतम राजनीतिक-सामाजिक परिस्थितियों का दौर था। जेरार्डो मकाडो की तानाशाही का जमाना था। देश में चारों ओर भुखमरी और गरीबी थी। विषम आर्थिक संकट का जवाब निरंकुश सत्ता क्रूर राजनीतिक दमन से दे रही थी। जूलियो अन्तोनियो मेला की अगुवाई में चला छात्र-प्रतिरोध कुचला जा चुका था और मेला की हत्या हो चुकी थी। मेला ने विश्वविद्यालय छात्र महासंघ 'फेडरासियो इस्टूडियान्तिल युनिवर्सितारिया' के जरिए छात्र-प्रतिरोध की गोलबन्दी करते हुए क्यूबा के मुक्ति-संघर्षों के महानायक जोसमार्ती के एक विश्वसनीय साथी कार्लोस बालिनो के साथ मिलकर क्यूबा में कम्युनिस्ट पार्टी बनाई थी। शोषण के खिलाफ जनता के सब्र का बाँध टूटा। समूचे देश में आम हड़तालों और प्रदर्शनों का विप्लवी सैलाब मकाडो तानाशाही को बहा ले गया। 12 अगस्त 1933 को अन्तरिम सरकार ने काम-काज सँभाला। सेना में मकाडो समर्थक अफसरों के खिलाफ जवानों और नॉनकमीशंड अफसरों की बगावत हुई जिसका नेतृत्व सार्जेन्ट फुलगेन्शियो बतिस्ता कर रहा था। 4 सितम्बर 1933 को 'सार्जेन्ट विद्रोह' ने, जिसे समाज के हर तबके, वामपंथियों, दक्षिणपंथियों, यहाँ तक कि मुसोलिनी-समर्थक फासीवादियों का भी समर्थन हासिल था, अन्तरिम सरकार का भी तख्तापलट कर दिया। हवाना विश्वविद्यालय में फिजियोलाजी के प्रोफेसर रामोन ग्राउसान मार्टिन क्यूबा की राष्ट्रीय सहमति की सरकार के राष्ट्रपति चुने गए। सरकार बमुश्किल तीन महीने चल पाई। राष्ट्रीय सरकार में अन्तोनियो गुतेरा को गृहमंत्री (सेक्रेटरी ऑफ स्टेट) नियुक्त किया गया था। गुतेरा एक साहसी, बहादुर और आदर्शवादी नौजवान था जिसने मकाडो के खिलाफ विद्रोह के दौरान ओरियन्ट प्रान्त के सानलुइस में सेना बैरक पर कब्जा किया था। गुतेरा ने देश में कानून का राज स्थापित किया, अमेरिकी टेलीफोन कम्पनी और दूसरी प्रमुख अमेरिकी व्यावसायिक कम्पनियों का राष्ट्रीयकरण करके उनकी सम्पत्तियाँ जब्त की, सिंडिकेट, छात्र और श्रमिक संगठनों को मान्यता दी और आठ घंटे कार्य दिवस लागू किया। हालाँकि गुतेरा के श्रम राष्ट्रीयकरण कानून का एक दुर्भाग्यपूर्ण-दुखदायी परिणाम निरीह-गरीब हैती मजदूरों का बड़ी संख्या में निर्वासन भी था।

अपने हितों पर आघात देख अमेरिका के कान खड़े हुए और उसने अपने राजदूत समर वेल्स के जरिए बतिस्ता को शीशे में उतारना शुरू किया। अमेरिका में राष्ट्रपति फ्रैंकलिन रूजवेल्ट की सरकार थी। अमेरिकी शह, समर्थन और मदद से फुलगेन्शियो बतिस्ता ने 14 जनवरी, 1934 को राष्ट्रीय सरकार का तख्तापलट दिया। अगले दस सालों तक–पहले सात साल नामित कठपुतली राष्ट्रपतियों और 1940 में संविधान सभा बुलाकर नए संविधान के जरिए 1944 तक निर्वाचित राष्ट्रपति के रूप में क्यूबा पर बतिस्ता का एकछत्र निरंकुश शासन रहा। तख्तापलट के बाद सार्जेन्ट बतिस्ता ने खुद को

कर्नल और दूसरे सहयोगी सार्जेन्टों को लेफ्टिनेन्ट कर्नल प्रोन्नत करके सेना और राजनीति की कमान हथियाई। बतिस्ता की सेना में कोई जनरल नहीं था। अन्तोनियो गुतेरा की बतिस्ता के खिलाफ विद्रोह संगठित करने की कोशिश में मैक्सिको जाते समय हत्या कर दी गई। क्यूबाई मुक्ति प्रयासों में मैक्सिको प्रवास क्रान्तिकारियों की कोशिशों का अनिवार्य हिस्सा हुआ करता था। गुतेरा से पहले अन्तोनियो मेला ने यही कोशिश की थी और गुतेरा के बाद आगे चलकर हमारे नायक फिदेल ने भी ऐसा ही किया और कामयाब रहे।

बहरहाल बतिस्ता-रूजवेल्ट गठजोड़ के शुरुआती दौर में क्यूबा को कुछ फायदे भी हुए। क्यूबा पर अमेरिका ने 1901 में प्लैट अमेंडमेंट लादा था जिसके जरिए वह क्यूबा के हर छोटे-बड़े आन्तरिक मामलों में अपने व्यावसायिक-राजनीतिक हितों के मुताबिक लगातार सैन्य हस्तक्षेप करता रहा था। 29 मई 1934 को फ्रैंकलिन रूजवेल्ट ने 'भले पड़ोसी की नीति' (गुड लेबर पॉलिसी) के जरिए क्यूबा से 'प्लैट अमेंडमेंट' आधिपत्य खारिज कर दिया। अलावा इसके, रूजवेल्ट ने 'हे-क्यूसाडा सन्धि' के जरिए क्यूबा को 'आइसिल ऑफ पाइन्स' द्वीप वापस किया जिस पर उसका 1898 से कब्जा था। आज यह क्यूबा का इस्ला-दे-जुवेन्टड (युवाओं का द्वीप) नाम का प्रान्त है। मगर 1898 से ही क्यूबा के एक और भू-भाग गुआन्तनामो पर अमेरिका का कब्जा अभी भी बरकरार है, जिसे उसने अपना खूँखार राजनीतिक-सामरिक अड्डा बना रखा है। इराक युद्ध के दौरान बन्दियों की अमानवीय-मनोविकृत यातनाओं के लिए यह अन्तर्राष्ट्रीय सुर्खियों में आया था। इसके बाद अमेरिका ने अपने गुप्त यातना-गृहों को पूर्वी यूरोप के भूतपूर्व कम्युनिस्ट देशों को 'आउट सोर्स' कर दिया है।

इन सामाजिक-राजनीतिक परिस्थितियों में फिदेल का जन्म और स्कूली शिक्षा-दीक्षा हुई। फिदेल ने ऐसे परिवेश में आँखें खोलीं, तुतलाना-चलना और खेलना सीखा जहाँ अलावा उनके परिवार के, चारों तरफ गरीब, अनपढ़, क्यूबाई, हैती, जमाइकन मजदूरों-बेरोजगारों के परिवार, उनके नंगे पाँव-भूखे पेट बच्चे थे। कास्त्रो परिवार ने कभी अपने बच्चों को इस परिवेश से अरिस्टोक्रेटिक-बुर्जुआ अन्दाज में बचा-सहेज कर नहीं रखा। बच्चे इसी माहौल में पले-बढ़े। कास्त्रो परिवार अच्छी तरह जानता-महसूस करता था कि वे खुद भी इन्हीं जड़ों से आए हैं और ये ही उनके अपने लोग हैं। फिदेल पर इसका गहरा असर पड़ा। वह जीवन-भर अपने बचपन के माहौल को नहीं भूले। क्यूबाई समाज से इस माहौल को जड़ से निकाल बाहर करना उनके जीवन का मकसद बना।

फिदेल की स्कूली शिक्षा सितम्बर 1930 से बिरान के ही स्थानीय पब्लिक स्कूल में शुरू हुई जहाँ उनकी बड़ी बहन और भाई एन्जेला और रामोन भी पढ़ रहे थे। वहाँ की एक स्कूल टीचर युफ्रेशियाफेल्यू सेन्टियागो डे क्यूबा की रहने वाली थी। करीब दो साल बाद पिता एन्जेल ने फिदेल और बड़ी बहन एन्जेला को टीचर यूफ्रेशियाफेल्यू के साथ सेन्टियागो डे क्यूबा में ढंग की पढ़ाई-लिखाई के लिए भेजा। तय हुआ कि एन्जेला और फिदेल टीचर के साथ रहकर स्कूल में दाखिले के लिहाज से पढ़ाई करेंगे जिसके बाद उनका वहाँ के अच्छे स्कूल में दाखिला करा दिया जाएगा। इसके लिए टीचर को हर महीने अच्छी-खासी रकम भेजी जाती थी। सेन्टियागो डे क्यूबा में बालक

फिदेल ने पहली बार विशाल घहराता हुआ खुला समुद्र देखा और अचरज से उसकी आँखें फटी रह गई थीं।

बच्चे टीचर यूफ्रेशियाफेल्यू के साथ उसके घर में रहते थे। घर में यूफ्रेशिया की एक और बहन भी थी जो पियानो टीचर थी। शायद ही कभी कोई उससे पियानो सीखने आता था। हैती दूतावास के एक राजनयिक का उससे मिलना-जुलना था जिसके साथ बाद में चलकर उसकी शादी हुई। घर के नजदीक एक बड़ी सी सेकेंडरी स्कूल की इमारत थी जिस पर सेना का कब्जा था। वह मकाडो तानाशाही के अत्याचारों का दौर था। स्कूल, खासकर रात में सैनिकों द्वारा निर्दोष नागरिकों को राइफल के कुन्दों और बूटों से पीटे जाने की दिल दहला देनेवाली चीत्कारों से गूँजता रहता। हैती काउन्सुल के साथ एक बार फिदेल ने जेल जाकर वहाँ कैदियों पर बर्बर अत्याचार देखा। बालक फिदेल के मन पर इन बातों का गहरा असर पड़ा। अत्याचार के खिलाफ एक विद्रोही वितृष्णा अनजाने मन में घर करती गई।

टीचर के यहाँ चप्पे-चप्पे में दरिद्रता और अभाव पसरा हुआ था। दोनों बहनों के पास आमदनी का कोई जरिया नहीं था। जब स्कूलों पर सेना का कब्जा हो, चारों तरफ भूख, लूट, अत्याचार और हाहाकार का साम्राज्य हो, ऐसे में कौन लिखने-पढ़ने या पियानो सीखने की सोचता। घर की आमदनी का एकमात्र जरिया बिरान से बच्चों की परवरिश के लिए हर महीने आनेवाला पैसा था। हाँ, उस घर में एक चीज की कोई कमी नहीं थी—फ्रांसीसी संस्कृति और तौर-तरीकों के प्रति पागलपन की हद तक लगाव या सनक। घर में अनाज का दाना जुटे न जुटे मगर काँटा-चम्मच-छुरी पकड़ने की तमीज, उठने-बैठने-बोलने का सलीका हमेशा चाक-चौबन्द रहना चाहिए। बिरान से आनेवाला पैसा जब बड़ों की परवरिश को ही पूरा नहीं होता था तो जाहिर है बच्चे हर दम भूख से बिलबिलाते रहते। उनके कपड़े चीथड़ों में बदलने लगे। जूते मुँह बाने लगे। बच्चे भुखमरी का शिकार हो रहे थे। उन्हें लगता कि हरदम भूख लगी है। बच्चों को पढ़ाने-लिखाने का कोई सवाल ही नहीं था क्योंकि टीचर बहनों का सारा समय रोजमर्रा के जुगाड़ और फ्रेंच तहजीब सँभालने में ही लग जाता था। फिदेल ने स्कूल नोट बुक के कवर से खुद से कुछ जोड़-घटाना, गुणा-भाग सीखा। बच्चों के जीवन के वे दो साल पूरी तरह बरबाद हुए। उन दिनों को याद करते हुए फिदेल कहते हैं कि उस समय का समाज गहरी विषमताओं, विसंगतियों, अन्याय, असमानता और घोर अभाव का था। आम जनता जिन्दगी की जद्दो-जहद से जूझती हुई अकल्पनीय कष्ट झेल रही थी और कुर्बानियाँ दे रही थी। इसलिए बहुत स्वाभाविक था कि ऐसे समाज में चारों ओर घोर स्वार्थ, निजी हित और हर चीज में अपने लिए कुछ काट-कपटकर लेने की प्रवृत्ति फैलती। यह जनता की नहीं, शासन की विकृति थी।

बहरहाल माँ मिलने आई, बच्चों की दुर्दशा देखी और अपने साथ दोनों बच्चों और टीचर को वापस बिरान ले आई। बच्चों के अभाव और निष्क्रियता से भरे निर्वासन का अन्त हुआ। टीचर युफ्रेशियाफेल्यू फिर से बिरान स्कूल में लग गई। टीचर से खार खाये फिदेल को बदला लेने का मौका आखिरकार मिल ही गया। यूफ्रेशिया क्लास में पढ़ा रही थी। जिंक-टीन की छत थी। स्कूल से लगा हुआ बेकरी की भट्ठी का पिछवाड़ा था जहाँ

जलावनी लकड़ी की अटाल लगी थी। फिदेल की अगुवाई में बच्चों ने उसी के पीछे से मोर्चा सँभाला और आधा घंटे तक फ्रांसीसी तहजीब वाली टीचर जी के क्लास की टीन की छत गुलेलों की बमबारी से गूँजती रही।

बहरहाल बिरान की धींगामस्ती कब तक चलती। एक बार फिर बच्चों को टीचर जी के साथ सेन्टियागो डे क्यूबा पढ़ने भेजा गया। इस बार पैसा काफी बढ़ा दिया गया था। सो भुखमरी तो नहीं थी मगर निठल्लेपन की फ्रेंच तहजीब में कोई बदलाव नहीं हुआ। बच्चों की जिद पर आखिरकार उनके स्कूल दाखिले की नौबत आई। एक अड़चन अभी भी थी। फिदेल का अभी तक बपतिस्मा–नामकरण नहीं हुआ था। बगैर बपतिस्मा के किसी भी अच्छे कैथोलिक स्कूल में दाखिले की गुंजाइश नहीं थी। दरअसल फिदेल के पिता फिदेल का बपतिस्मा एक लखपती धनवान फिदेल पिनोसान्तोस को सरपरस्त (गॉडफादर) बनाकर करना चाहते थे। यह काम काफी दिनों से किसी न किसी अड़चन से टलता चला आ रहा था। लिहाजा पियानो टीचर के पति हैती काउन्सुल ने गॉडफादर बनकर फिदेल का बपतिस्मा कराया और राम-राम करके फिदेल का जनवरी 1935 में सेन्टियागो डे क्यूबा के मशहूर कैथोलिक स्कूल कालेजियो डे ला सेल्ले की पहली कक्षा के पहले सेमेस्टर में गैर-बोर्डिंग 'डे स्टूडेन्ट' के रूप में दाखिला हुआ।

गैर-बोर्डिंग छात्र होने के नाते फिदेल रोज पैदल स्कूल जाते, खाने के लिए दोपहर को घर आते, फिर स्कूल वापस जाते और फिर शाम को घर वापस आते। घर में खाने में जरूर कुछ सुधार था मगर रोज की इस चार बार पैदल आवाजाही में सुधार की गुंजाइश नहीं थी। ऊपर से तमाम तरह की फ्रेंच तहजीबी बंदिशें, नुक्ताचीनी। फिदेल आजिज आ चुके थे। एक दिन उन्होंने सारी फ्रेंच तहजीब की ऐसी की तैसी करनी शुरू कर दी। कोई भी बात मानने से इनकार कर दिया। यह एक तरह से बालक फिदेल का पहला सोचा-समझा विद्रोह था जो टीचर के घर से किसी भी कीमत पर छुटकारा पाने के लिए किया गया था। आखिरकार बच्चों को दूसरे सेमेस्टर से स्कूल में बोर्डिंग छात्रों के रूप में दाखिल करा दिया गया। फिदेल को मानो मुँहमाँगी मुराद मिली। उन्हें तमाम बच्चों के साथ रहने-खेलने-पढ़ने-मस्ती करने का मौका मिला। हर बृहस्पतिवार और शनिवार को बच्चों को समुद्र के किनारे ले जाया जाता जहाँ तमाम तरह के खेल-कूद-एडवेंचर के साधन और अवसर थे।

कालेजियो डे ला सेल्लो में तीन कास्त्रो भाई–रामोन, फिदेल और राउल–पढ़ रहे थे। राउल जब करीब साढ़े चार साल का था, माँ के साथ स्कूल दोनों भाइयों से मिलने आया था। वहाँ राउल ने भाइयों के साथ ही स्कूल में रहने की जिद पकड़ ली और वो हंगामा मचाया कि माँ को उसे वहीं स्कूल में दाखिल कराना पड़ा। तब से राउल हमेशा फिदेल की देख-रेख में जीवन की राहों पर आगे बढ़े और क्रान्ति की हर मंजिल पर, क्यूबाई समाज के नवनिर्माण के हर मुकाम पर, क्रान्ति की रक्षा के हर मोर्चे पर फिदेल के हमकदम रहे।

कालेजियो डे ला सेल्लो में फिदेल का सामना जिन्दगी की कुछ और कड़वी सच्चाइयों से हुआ जिन्होंने उनके विद्रोही मिजाज के बनने में मदद कीं। शुरू से ही फिदेल को अपमान, मार, अन्याय से चिढ़ थी। स्कूल में फिदेल का चौथा साल था।

पहली, दूसरी और तीसरी कक्षा की पढ़ाई पूरी करने के बाद फिदेल सीधे पाँचवीं कक्षा में थे। स्कूल के वाइस प्रिंसिपल बोर्डिंग हाउस के इंचार्ज थे। एक बार समुद्र में बोट राइडिंग के दौरान वाइस प्रिंसिपल के चहेते एक लड़के से फिदेल का झगड़ा हो गया। इस उम्र में आपस में झगड़ना आम बात है। मगर इस बात को बहाना बनाकर वाइस प्रिंसिपल ने दो बार सारे स्कूल के सामने फिदेल की अकारण पिटाई की। तीसरी बार सारे बच्चे सुबह के नाश्ते के लिए डाइनिंग हाल में इकट्ठे थे। ब्रेड और अलग से मक्खन जार में रखा था। फिदेल ने जल्दी-जल्दी दो-चार बटररोल गटका और दो-तीन ब्रेड में ढेर सारा मक्खन चुपड़ मुट्ठी में लिए तमाम बच्चों के साथ दस-पन्द्रह मिनट का बचा समय खेल-मस्ती में गुजारने लपके। तभी पीछे से सर पर तीन-चार झन्नाटेदार झापड़ पड़े। फिदेल मुड़े, सर पर वाइस प्रिंसिपल को देखा। बर्दाश्त की हद टूट गई। मुट्ठी में भरा बटररोल वाइस प्रिंसिपल के मुँह पर दे मारा और शरीर पर कूदकर, पटककर लात-घूँसा-नाखून-दाँत-शरीर का पूरा शस्त्रागार उलट दिया। सारा स्कूल तमाशा देख रहा था। यह पाँचवीं कक्षा की पहली तिमाही थी। फिदेल सीधे प्रिंसिपल के पास गए और सारी बात बताई। बीच में ही रोकते हुए प्रिंसिपल ने कहा कि नहीं, वाइस प्रिंसिपल ने सिर्फ हल्का सा धक्का दिया था। इस तरह फिदेल का सामना अन्याय और अन्याय का साथ देनेवालों से हुआ। स्कूल के सारे बच्चों ने फिदेल को सही ठहराया। फिदेल की इस हरकत से बड़बोले और उजड्ड वाइस प्रिंसिपल की साख को गहरा धक्का लगा और उसके बाद उसने जल्दी किसी छात्र पर हाथ उठाने की हिम्मत नहीं की। अभी क्रिसमस की छुट्टियों में समय था। फिदेल और वाइस प्रिंसिपल के बीच शीतयुद्ध चलता रहा। क्रिसमस की छुट्टियों में बच्चों को घर ले जाने एन्जेल और लीना स्कूल पहुँचे। प्रिंसिपल ने उनसे कहा कि उनके तीनों बच्चे इस स्कूल में भर्ती हुए अब तक के सबसे दुष्ट-हरामजादे हैं। कल्पना कीजिए—राउल उस समय बमुश्किल छः साल का पहली कक्षा में था। रामोन पूरा का पूरा सन्त था। फिदेल के गुस्से की जायज वजह थी। मगर पिता एन्जेल ने प्रिंसिपल के कहे पर यकीन किया। बच्चों को घर बिरान ले आए और सजा के तौर पर पढ़ाई छुड़ा देने, वापस स्कूल न भेजने का फरमान सुना दिया। सन्तजी (रामोन) ट्रैक्टर और खेती में मगन हो गए। छोटे राउल को अभी इस सब की कोई समझ नहीं थी। अन्याय, अपमान और गलत सजा झेलने के लिए बचे फिदेल।

पहले तो फिदेल ने सोचा कि बाप ऐसे ही गुस्से में कह रहे हैं, पढ़ाई थोड़े ही छुड़ाएँगे। मगर घर में आने-जाने वालों के सामने उन्हें अपनी किस्मत को कोसते और यह कहते सुनकर कि उन्हें ऐसे बच्चे मिले जो पढ़ने की बजाय अध्यापकों से मार-पीट करते हैं, फिदेल को लगने लगा कि मामला सचमुच गड़बड़ है। क्रिसमस की छुट्टियाँ बीत जाने के बाद भी स्कूल भेजने के लिए घर में कोई हलचल न देककर उनका माथा और ठनका। माँ से रोज स्कूल जाने की जिद होती। एक दिन नंगई पर उतारू होकर बोले– 'अम्मा स्कूल नहीं भेजोगी तो घर में आग लगा दूँगा और घर लकड़ी का है, जानती हो न।' अब माथा ठनकने की बारी अम्मा की थी। हालाँकि फिदेल कहते है कि उनका कत्तई ऐसा करने का इरादा नहीं था। मगर फिदेल के हाव-भाव देख अम्मा को

लगा, कहीं बिगड़ैल लड़का सचमुच सनक गया तो! घर में आपदा प्रबन्धन का जिम्मा अम्मा का ही था। इस बार भी अड़ियल बाप और बिगड़ैल लड़के के बीच वही पुल बनी। कई दौर की कोशिशों के बाद आखिरकार लड़के को फिर से स्कूल भेजना तय हुआ।

इस बार फिदेल को एन्जेल के एक व्यापारी दोस्त मजोरा और उसकी पत्नी कारमेन वेगा के घर रहने सेन्टियागो डे क्यूबा भेजा गया। वे लोग मध्यवर्गीय परिवार के थे और समाज में अभिजात हैसियत की सीढ़ियाँ चढ़ रहे थे। फिदेल का नाम सेन्टियागो के मशहूर जेसुइट स्कूल कालेजियो डे डोलोरेस में लिखाया गया। वहाँ केवल धनाढ्य बुर्जुआ श्वेत अभिजात वर्ग के बच्चे पढ़ते थे। फिदेल के स्थानीय अभिभावक इस बात से बहुत खुश थे क्योंकि इसके जरिए उनका उन बड़े लोगों से मेल-जोल बढ़ता जिनके बच्चे वहाँ पढ़ रहे थे।

फिदेल को जेबखर्च के लिए हर हफ्ते पचीस सेन्टावो मिलते। मगर शर्त थी कि हर विषय में अव्वल नहीं आए तो जेबखर्च नहीं मिलेगा। दोपहर बाद फिदेल को जबरन घंटों घर पर पढ़ने बैठाया जाता। जबरिया दबाव, दिखावा और पढ़ाई की बन्दिशों से धीरे-धीरे फिदेल को पढ़ाई से अरुचि होने लगी। फिदेल कहते हैं कि जब आपको इन परिस्थितियों में जबरिया घंटों बैठाया जाता है तो पढ़ने के बजाय आप दिवास्वप्न देखना शुरू कर देते हैं—दिमाग इधर-उधर डाँवाडोल होने लगता है। फिदेल ने अपने हफ्ते के पचीस सेन्टावो के लिए नायाब तरीका निकाला। पहला स्कूल रिपोर्ट कार्ड अभिभावक के दस्तखत के बाद स्कूल में लौटाने के बजाय खो गया बताकर एक और बनवा लिया। अब फिदेल के पास दो रिपोर्ट कार्ड थे। एक पर उनके असली नम्बर होते जो कभी फेल तो नहीं थे मगर अभिभावकों की उम्मीदों के मुताबिक भी नहीं थे। दूसरा घर पर दिखाने के लिए जिसमें हर सब्जेक्ट में दस में दस होते। सेमेस्टर के अन्त में अभिभावक असेम्बली में स्कूल के अब तक के सबसे मेधावी बच्चे की अभिभाविका बनने और बच्चे को हर विषय में पुरस्कार पाते औरों को ईर्ष्या से जलते-भुनते देखने डोना कारमेन नए कपड़े सिलवाकर पूरी तैयारी से सज-धजकर स्कूल पहुँचीं। मगर फिदेल का शायद एक विषय (भूगोल) के अलावा कहीं कोई नाम नहीं आया। फिदेल ने एक बार फिर बुद्धि लगाई और समझा दिया कि चूँकि वे साल के बीच में आए थे इसलिए उनकी रिपोर्ट कार्ड में पहली तिमाही के अंक नहीं थे जिसके कारण उन्हें पुरस्कार नहीं मिल सके। डोना कारमेन को बात समझ में आ गई और सब लोग खुश!

पाँचवीं कक्षा पास करने के बाद फिदेल को हाईस्कूल के लिए दाखिला नहीं मिला क्योंकि दाखिले के लिहाज से उनकी उम्र कम थी। इस समय बड़ी बहन एन्जेला को उसकी सातवीं कक्षा की टीचर एमेलियाना डेन्जर हाईस्कूल की तैयारी करा रही थी। उसने फिदेल की लगन को देखते हुए रुचि ली और छठी, सातवीं के साथ हाईस्कूल के पहले साल की तैयारी एक साथ कराने का निश्चय किया। फिदेल इस अश्वेत टीचर से बहुत प्रभावित थे और कहते हैं कि वह पहली इनसान थी जो मेरे अन्दर किसी बात के लिए इतनी उत्सुकता और उत्साह जगा सकी। मगर तभी एक गड़बड़ हो गई।

फिदेल का अपेन्डिक्स के लिए ऑपरेशन हुआ। अड़तालीस या बहत्तर घंटे के अन्दर टाँका पक गया। दुबारा से खोलकर टाँके लगाने पड़े और इस सारी झंझट में फिदेल

तीन महीने तक अस्पताल के बिस्तर पर पड़े रहे। एमिलियाना डेन्जर की योजना धरी की धरी रह गई।

अस्पताल से निकलकर फिदेल वापस डोना कारमेन के घर पहुँचे और एक बार फिर से वही पुराना ढर्रा शुरू हुआ। फिदेल इस सब दिखावे, शोशेबाजियों और जालसाजी से तंग आ चुके थे। एक बार फिर उन्होंने कालेजियो डे ला सेल्ले जमाने का टीचर युफ्रेशियाफेल्यू के घर से छुटकारा पाने का आजमाया नुस्खा दोहराया।

पूरी तरह नंगई पर उतारू फिदेल अपने अभिभावकों की कोई भी बात मानने से तब तक इनकार करते रहे जब तक कि आजिज आकर उन लोगों ने फिदेल को बोरिया-बिस्तर सहित बोर्डिंग में नहीं भिजवा दिया। इसके बाद फिदेल को फिर कभी ऐसी परेशानी नहीं हुई। उनका मन लगने लगा। अच्छे नम्बर आने लगे और सातवीं कक्षा तक आते-आते फिदेल सचमुच स्कूल के अव्वल छात्र बन चुके थे।

पाँचवीं कक्षा के दूसरे सेमेस्टर से ग्रेजुएशन तक अगले सात सालों में फिदेल की शिक्षा-दिक्षा सेन्टियागो और बेलेन के मशहूर जेसुइट स्कूलों में स्पेनी जेसुइट शिक्षकों की देख-रेख में हुई। ये अभिजात वर्ग के लिए आरक्षित स्कूल थे जिनमें अश्वेत या मिश्रित रक्त सम्बन्धों के बच्चे नहीं थे। यहाँ का खर्च आसानी से वहन कर सकने में सक्षम अश्वेतों के बच्चों को भी प्रवेश नहीं मिल सकता था। चमड़ी के रंग और सम्पन्नता के हवाले से फिदेल सुविधासम्पन्न वर्ग के थे और इन स्कूलों में दाखिले में कोई दिक्कत नहीं हुई। बावजूद इसके फिदेल के माता-पिता के ग्रामीण नवधनाढ्य होने और अपनी जड़ों से लगाव बनाए रखने के चलते फिदेल और दूसरे खानदानी परम्परागत अभिजात बुर्जुआ घरानों के शहरी बच्चों के बीच कला, पेन्टिंग, संगीत आदि में बड़ा सांस्कृतिक अन्तर था।

इन जेसुइट स्कूलों के ज्यादातर स्पेनी शिक्षक दक्षिणपंथी राष्ट्रवादी, प्रतिक्रियावादी फ्रैंक्विस्टा विचारधारा के समर्थक थे। मगर चरित्र, अनुशासन, मितव्ययी जीवन-शैली, कठोर परिश्रम के मामले में वे अद्वितीय थे। अपने काम के प्रति सम्पूर्ण रूप से समर्पित ये शिक्षक सादा जीवन बिताने वाले स्वाभिमानी, आत्मबलिदानी, न्यायप्रिय जेसुइट थे जो पूरी लगन से इन गुणों और जीवन-मूल्यों को अपने छात्रों को आत्मसात कराते थे। बताते हैं, जेसुइटों को ये गुण अपनी ईसाई पंथ परम्परा के प्रमुख सन्त इग्नाशियस से मिले जिन्हें शैतान और उसके चेलों के खिलाफ योद्धा सेनापति का दर्जा हासिल है।

इन शिक्षकों ने फिदेल के भीतर आत्मविश्वास, उत्साह और ऊर्जा का संचार किया। उन्हें प्रकृति से प्रेम करना सिखाया। उनकी खिलाड़ी प्रतिभा को निखारा। पर्वतारोहण में फिदेल ने गजब महारत हासिल की। फिदेल और उनकी टीम को लेकर उनके शिक्षक हर सप्ताह पर्वतारोहण अभियान पर निकलते, अभियान की बारीकियाँ सिखाते, अभियान के पूरे होने तक दल का इंतजार करते और तब स्कूल बोर्डिंग को लौटते। जल्दी ही फिदेल समूचे स्कूल की पर्वतारोही टीम के कप्तान बन गए। अपने अन्तिम वर्ष तक फिदेल की बास्केट बॉल, फुटबॉल, बेस-बॉल और ज्यादातर आउटडोर खेलों में गहरी रुचि बन चुकी थी। स्कूली जीवन के इस खेल-प्रशिक्षण, खासकर पर्वतारोहण में हासिल की गई महारत ने आगे क्रान्ति के निर्णायक संघर्ष के दौर में सियेरा मायेस्त्रा पहाड़ियों के मोर्चो की सफलता में स्वाभाविक योगदान किया।

पढ़ाई के मामले में भी फिदेल अब पीछे नहीं थे। यद्यपि कक्षा के अन्दर की परम्परागत पढ़ाई में उनका मन कभी नहीं लगा। मनमौजी फिदेल दिन-भर खेल-कूद में रमे रहते। रात में जब हास्टल के सारे छात्र सो जाते, फिदेल अपनी पढ़ाई में जम जाते। इन अर्थों में फिदेल स्वशिक्षा पद्धति से पढ़े। शायद यह प्रवृत्ति या स्वभाव फिदेल को अपने माता-पिता से विरासत में मिला जिन्होंने अनपढ़ होकर बाद में खुद से पढ़ना-लिखना सीखा था। हालत यह थी कि सेशन के दौरान तो फिदेल के शिक्षक उनसे कुछ नहीं कहते परन्तु हर सत्र के आखिर में परीक्षा से पहले की छुट्टियों में वे फिदेल के स्थानीय अभिभावक को सन्देश भिजवाते कि लड़के का हर विषय में फेल होना तय है। यह स्थानीय अभिभावक फिदेल के पिता के फिदेल नाम के वही लखपति मित्र थे जिनके गॉडफादर बनने के इंतजार में फिदेल का बपतिस्मा आठ साल की उम्र तक टलता रहा था। बहरहाल, हर बार जब नतीजे आते फिदेल बिना किसी हेरा-फेरी के हर विषय में अव्वल रहते।

फिदेल के स्कूली जीवन की एक और रोचक घटना है। 1939 में फिदेल हाईस्कूल के छात्र थे। तब रूजवेल्ट अमेरिका के राष्ट्रपति थे। प्लैट अमेंडमेंट के खात्मे और इज्ला-डे-पिनोज द्वीप की वापसी के फैसलों के चलते क्यूबा में उनको लेकर सम्मान और आकर्षण था। बालक फिदेल ने भी एक लम्बा-चौड़ा खत राष्ट्रपति रूजवेल्ट को लिखा। खत में अपनी अब तक की सीखी सारी विद्वत्ता बघारते हुए फिदेल ने रूजवेल्ट से एक दस डॉलर के हरे नोट की भी माँग कर डाली। लोग अब तक मजाक में कहते हैं कि अगर उस समय रूजवेल्ट ने फिदेल की बात मान ली होती और दस डॉलर का नोट भेज दिया होता तो फिदेल ने अमेरिका को पचासों साल का सरदर्द नहीं दिया होता। 1942 में फिदेल ने सेन्टियागो के अपने कालेजियो-डे-डोलोरेस की पढ़ाई पूरी करके क्यूबा के उस समय के सबसे बेहतरीन स्कूल हवाना के कालेज़ियो-डे-बेलेन में दाखिला लिया। जून 1945 में वहाँ से ग्रेजुएशन करने के बाद 4 सितम्बर, 1945 से आगे की उच्च शिक्षा के लिए हवाना विश्वविद्यालय की कानून और सामाजिक विज्ञान फैकल्टी में दाखिल हुए।

ये थे बचपन के दिन जिन्हें अपने ढंग-ढर्रे से जीते हुए बालक फिदेल ने अपने परिवार, परिवेश, स्कूल और समाज से सीखा-समझा। बचपन के इन दिनों का फिदेल के स्वभाव, देश-दुनिया-समय को देखने-समझने और प्रतिक्रिया करने के तरीकों, जीवन-मूल्यों और नैतिक मान्यताओं के विकास पर गहरा प्रभाव पड़ा। अपने व्यक्तित्व-निर्माण पर पड़ने वाले प्रभावों की चर्चा करते हुए फिदेल कहते हैं कि यह बहुत सी परिस्थितियों और थोड़ी सी खुशकिस्मती का भी मामला था। बहुत सी पारिवारिक, सामाजिक-राजनीतिक परिस्थितियों की चर्चा हम कर चुके हैं। अलावा इनके बहुत सी महत्त्वपूर्ण अन्तर्राष्ट्रीय घटनाओं के प्रभाव से भी क्यूबा का सामाजिक-राजनीतिक जीवन अछूता नहीं था और इन घटनाओं के फिदेल के विप्लवी व्यक्तित्व के निर्माण पर परोक्ष-अपरोक्ष प्रभाव से भी इनकार नहीं किया जा सकता। ऐसी कुछ उल्लेखनीय घटनाओं में अमेरिका में 24 अक्टूबर, 1929 'काला बृहस्पतिवार' को न्यूयॉर्क स्टाक एक्सचेन्ज का ध्वस्त होकर गम्भीर वित्तीय संकट और मंदी का दौर आना जिसमें दसियों हजार क्यूबाई

कामगारों के रोजगार छिने, 30 जनवरी, 1933 को अडोल्फ हिटलर का जर्मनी की सत्ता पर काबिज होना, अक्टूबर 1935 में मुसोलिनी की इतालवी फासिस्ट सेनाओं का अबीसीनिया (आधुनिक इथोपिया) पर चढ़ाई करना, जुलाई 1936 से अप्रैल 1939 तक स्पेनी गृहयुद्ध में राष्ट्रवादी सरकार की पराजय और जनरल फ्रैंको की तानाशाही कायम होना, अगस्त 1936 से मार्च 1938 तक रूस में स्तालिन का शुद्धीकरण 'सफाया' अभियान चलाना, 1 सितम्बर, 1939 से 8 मई, 1945 तक द्वितीय विश्वयुद्ध चलना आदि का खास महत्त्व है। क्यूबा और अन्तर्राष्ट्रीय जगत से सम्बन्धित एक और घटना उस समय की राजनीतिक-सामाजिक संवेदनहीनता और अमानवीयता के सन्दर्भों में उल्लेखनीय है। 27 मई, 1939 को हैम्बर्ग से एस.एस. सेन्ट लुइस नाम का जहाज हिटलर के आतंक से जान बचाकर भागे 1000 जर्मन यहूदियों को लेकर हवाना बन्दरगाह पहुँचा। इनके पास बर्लिन में क्यूबा काउंसुलेट द्वारा जारी किया गया वैध वीजा था। मगर बतिस्ता ने अपने कठपुतली राष्ट्रपति लारेडो ब्रू के साथ मिलकर यहूदी विरोधी प्रदर्शन आयोजित करके इन निरीह यहूदियों को उतरने नहीं दिया। जहाज मजबूर होकर लौटा, मगर न तो अमेरिका और न ही कनाडा ने इन्हें शरण दी। मजबूरन जहाज वापस जर्मनी लौटा और सारे यात्री हिटलर के सफाया कैंपों में मौत के हवाले हो गए। वह केवल क्यूबा में ही नहीं समूची दुनिया में पूँजी की संवेदनहीन अमानवीय राजनीतिक-सामाजिक पेशबन्दियों का जमाना था।

व्यक्तित्व-निर्माण के सन्दर्भ में फिदेल की खुशकिस्मती यह थी कि वह धनी जमींदार के बेटे थे, पोते नहीं। लिहाजा कास्त्रो परिवार का अभी बुर्जुआकरण नहीं हुआ था। वह अपनी नाभिनाल से अलग नहीं हुआ था। इसीलिए फिदेल का बचपन सम्पन्न परिवार में जन्म लेने के बावजूद निहायत गरीब, अनपढ़, भूखे, रोजगारहीन मजदूरों और उनके बच्चों के साथ बीता था जिसके चलते वह इन सामाजिक विसंगतियों-विषमताओं-असमानताओं को पूरी तरह खारिज करना सीख पाये। फिदेल कहते हैं कि अपने घर और स्कूल के परिवेश से उन्होंने उन बातों को देखना, समझना, पहचानना और लड़ना शुरू किया जो अनुचित थीं, अन्यायपूर्ण थीं। बिरान के गरीब, मेहनतकश निरीह लोगों की छवि, नंगे पाँव चीथड़ों में बड़ी-बड़ी अमेरिकी कम्पनियों के लिए काम करनेवाले मजदूरों की छवि फिदेल जीवन में कभी नहीं भूल पाए।

फिदेल का मानना है कि उनके व्यक्तित्व में नैतिक मूल्यों का समावेश उनकी शिक्षा, उनके स्कूल, उनके शिक्षकों और उनके अपने परिवार, अपने घर से हुआ। उन्हें शुरू से ही सिखाया गया कि क्या करना चाहिए और क्या नहीं। वे व्यावहारिक नैतिक मूल्य थे। न तो वे मार्क्सवादी सैद्धान्तिक मूल्य थे और न ही कोई दार्शनिक नैतिक मूल्य। उनका आधार धार्मिक नैतिकता पर आधारित था जो उनकी माँ की खास देन थी।

आगे फिदेल कहते हैं कि उनका व्यक्तित्व और स्वभाव जीवन की उन कठिन परीक्षाओं से बना जिनसे उन्हें गुजरना पड़ा। कठिनाइयाँ जो पार करनी पड़ीं। संघर्ष जिनका सामना करना पड़ा। फैसले जो लेने पड़े। अपने जीवन के अनुभवों से फिदेल ने अच्छे-बुरे में फर्क करना सीखा। नैतिकता, न्याय और मूल्यों के नजरिए से समाज को देखना और सवाल करना सीखा। चीजों को जैसे का तैसा या दूसरों के कहे मुताबिक

स्वीकार कर लेने के बजाय उन्हें अपनी सोच, तर्कों, मूल्यों के आधार पर परखना सीखा। फिदेल के अनुभवों ने उन्हें किसी भी तरह के अन्याय, अत्याचार, दूसरे व्यक्ति को नीचा दिखाने, अपमानित करने को बर्दाश्त नहीं करने का साहस और संकल्प दिया। अपने बचपन के अनुभवों से उनमें एक खास तरह की चेतना-जागरूकता बननी शुरू हुई। गलत के खिलाफ कभी न झुकने कीकभी हार न मानने की चेतना। इस बात ने फिदेल के व्यक्तित्व में एक और महत्त्वपूर्ण आयाम का रास्ता बनाया–आत्मसम्मान और गौरव। फिदेल व्यक्तित्व-विकास के लिए शारीरिक श्रम और खेलकूद को भी ऊर्जा, सहिष्णुता, संकल्प, दृढ़ इच्छाशक्ति, स्वस्थ प्रतिस्पर्धा और आत्मानुशासन के लिए महत्त्वपूर्ण मानते हैं। कुल मिलाकर फिदेल का मानना है कि अपने जन्मजात बागी मिजाज के साथ ही देंश-काल-समाज की बहुत सारी परिस्थितियों ने उन्हें बागी बनाया।

यही था फिदेल का बचपन जिसमें घर और समाज की परिस्थितियों के साथ क्रिया-प्रतिक्रिया करते हुए उनके अनूठे व्यक्तित्व की बुनियाद पड़ी जिसकी मौलिक खूबियों के साथ वे हवाना विश्वविद्यालय में पढ़ने पहुँचे।

हवाना विश्वविद्यालय : क्रान्ति की पहली पाठशाला

4 सितम्बर, 1945 को फिदेल कास्त्रो हवाना विश्वविद्यालय में दाखिल हुए। सेन्टियागो डे क्यूबा में जेसुइट कालेजियो डे डोलोरेस से छठी की पढ़ाई पूरी करके सातवीं की परीक्षा और प्रीयूनिवर्सिटी प्रिपरेटरी परीक्षा पास करने के बाद फिदेल सितम्बर 1942 में हवाना के प्रसिद्ध स्कूल कालेजियो डे बेलेन में दाखिल हुए थे। वहाँ से हाईस्कूल का ग्रेजुएशन करने के बाद उनका दाखिला हवाना विश्वविद्यालय के विधि और सामाजिक विज्ञान संकाय में हुआ।

फिदेल कहते हैं, ये सारे अवसर उन्हें इसलिए मिले कि वे एक धनी जमींदार के बेटे थे। वर्ना क्या किसी और अर्थ में वे बिरान के उन हजारों बच्चों से अलग थे, जिनमें से शायद ही कोई छठी तक पहुँच पाया और एक भी हाईस्कूल तक नहीं पहुँच सका? गरीब कैंपेसिनो अथवा मजदूर जो गन्ना बागानों में काम करते थे और क्यूबा के महानगरों से दूर-दराज के ग्रामीण इलाकों में रहते थे, अपने बच्चों को हाईस्कूल भी करा पाने की सोच नहीं सकते थे, विश्वविद्यालयी शिक्षा की तो बात ही क्या? उच्च शिक्षा के लिए हवाना आना होता था। हवाना विश्वविद्यालय गरीबों के लिए नहीं था। यह उच्च मध्य वर्ग, धनिकों का विश्वविद्यालय था। बावजूद इसके, इसमें पढ़ने वाले बहुत से नौजवानों ने इतिहास के नाजुक मौकों पर अपने वर्गीय स्वार्थों से परे देश-समाज के लिए जबर्दस्त संघर्ष किया और क्यूबा के लिए अपनी जानें निछावर कीं।

फिदेल जब हवाना विश्वविद्यालय आए, वह क्यूबा पर बतिस्ता तानाशाही के आतंक और ग्राऊसान मार्टिन की अक्षम, भ्रष्ट और निकम्मी सरकार का जमाना था। विश्वविद्यालय, जो कभी क्रान्तिकारी विचारों और छात्र-प्रतिरोध संघर्षों का केन्द्र हुआ करता था, सरकार और बतिस्तापोषित गुंडों-माफियाओं का अभयारण्य था। छात्रसंघ पर घोर प्रतिक्रियावादी सरकार समर्थकों का कब्जा था। उस विश्वविद्यालय में जहाँ मेल्ला और रूबेन मार्टिनेज विल्लेना की कम्युनिस्ट पार्टी की विप्लवी ऊर्जा से लैस छात्र समुदाय ने मकाडो तानाशाही को ध्वस्त किया था, फिदेल के दाखिले के समय पन्द्रह हजार छात्रों में बमुश्किल 25-50 छात्र वाम विचारधारा-साम्राज्यवाद विरोधी विचारधारा के थे। वह द्वितीय विश्वयुद्ध के बाद पूरी नंगई से पूँजीवादी दुनिया में चलाये जा रहे कम्युनिस्टविरोधी मेकार्थीवाद, यातना-सफाया और मनोवैज्ञानिक युद्ध अभियान का जमाना था।

वामपंथी छात्रों ने फिदेल को देखते ही फिकरा कसा—'एक और धनी जमींदार का बेटा और कालेजियो डे बेलेन का ग्रेजुएट। दुनिया का सबसे प्रतिक्रियावादी-प्रति क्रान्तिकारी लफंगा।'

बहरहाल, फिदेल उसी हवाना विश्वविद्यालय से, जिसमें वह अपने बागी तेवर और न्याय-नीति की प्रारम्भिक अवधारणाओं की पूँजी के साथ दाखिल हुए थे, अगले सात सालों में मजबूत इरादों और दृष्टि से लैस क्रान्तिकारी और दृढ़ मार्क्सवादी-लेनिनवादी बनकर मूल्यों, विचारों और भावनाओं का वह खजाना लेकर निकले जो आज भी उनके लिए अनमोल है और जिसके बूते वह अनवरत संघर्ष करते रहे हैं।

फिदेल ने, जिन्हें विश्वविद्यालयी शिक्षा-दीक्षा का अवसर महज इसलिए नसीब हो सका कि वह धनी जमींदार के बेटे थे, अपने क्रान्तिकारी जीवन का एक महत्त्वपूर्ण लक्ष्य क्यूबाई समाज में हर किसी को उसकी रुचि और मेधा के अनुरूप शिक्षा के समान और निर्बाध अवसर को बनाया। शिक्षा के अवसर महज महानगरों तक सीमित न हों। समूचे क्यूबा में तमाम दूर-दराज इलाकों में उच्च शिक्षा के विश्वविद्यालय हों। शिक्षा संस्थान डिग्री और प्रमाणपत्रों की फैक्ट्री नहीं, मानवीय महानता की ऐसी प्रयोगशालाएँ हों जहाँ न सिर्फ नौजवानों को अपनी ज्ञान-क्षमता के विकास के असीमित अवसर हों, बल्कि जहाँ से वे न्याय, नैतिकता और अन्तर्राष्ट्रीय भाईचारे पर आधारित नए समाज और नई दुनिया के निर्माता बनकर निकलें। आज क्यूबा के हजारों शिक्षा संस्थानों में न सिर्फ लाखों क्यूबाई नौजवान, बल्कि लातिन अमेरिका के तमाम देशों के नौजवान भी अपने देश, अपने नए लातिन अमेरिका और अपनी नई दुनिया के सपनों को सच करने में लगे हैं।

हाईस्कूल की तरह फिदेल ने अपने विश्वविद्यालयी दिनों की शुरुआत खेल-कूद में रुचि लेते हुए की। वे एक राजनीतिक अनपढ़ के रूप में विश्वविद्यालय आए थे। विश्वविद्यालय में ग्राउसान मार्टिन सरकार समर्थक अराजक गुंडा समूहों का छात्र-संघ और प्रशासन पर कब्जा था। चिबास के चुम्बकीय प्रगतिशील व्यक्तित्व की अगुवाई में इस भ्रष्ट 'अर्थेंटिको गुट' के खिलाफ बगावत धीरे-धीरे आकार ले रही थी। इसने जल्दी ही एक नए राजनीतिक दल 'क्यूबन पीपुल्स पार्टी-ऑर्थोडाक्स' को जन्म दिया। विश्वविद्यालय में आने के एकाध-हफ्ते में ही उनका सम्पर्क छात्र-आन्दोलन और राजनीति की इस धारा से हुआ। अगले दो तीन महीनों में फिदेल बास्केटबॉल, बेस बॉल, फुटबॉल और तमाम खेल-कूद भुलाकर राजनीति में रमने लगे।

पूँजीवादी राजनीतिक अर्थशास्त्र की पढ़ाई करते हुए फिदेल के मन में इसकी अतार्किक विषमताओं-विसंगतियों को लेकर सवाल उठे। इसकी नीतियाँ, नियम और सिद्धान्त उन सच्चाइयों से मेल नहीं खाते थे जिन्हें उन्होंने अपने वास्तविक परिवेश-बागानों-जागीरों में गरीबों-मजदूरों की गरीबी, मजबूरी और अज्ञानता में देखा-सुना-महसूस किया था। वह इस व्यवस्था पर गम्भीर शक करने लगे थे, इस पर सवाल उठाने लगे थे।

राजनीतिक अर्थशास्त्र की पढ़ाई के लिए उस समय कोई छपी हुई पाठ्यपुस्तक नहीं होती थी। करीब 1000 पन्नों की मिमियोग्राफ किताब थी जिसके बहुत से पन्ने इस कदर पीले पड़ चुके थे और अक्षर इतने घिस चुके थे कि पढ़ना मुश्किल था। उसमें सिर्फ पूँजीवादी अर्थशास्त्र की व्याख्या थी। अन्य सामाजिक-आर्थिक-राजनीतिक सिद्धान्तों की कोई जानकारी नहीं थी। इसे पढ़ाने वाले प्रोफेसर का बड़ा आतंक हुआ करता था। पोर्टेला नाम था उनका। पोर्टेला ने फिदेल का उस किताब के आधार पर जबानी

इम्तहान लिया। फिदेल उसका इतनी गहराई से आलोचनात्मक मनन कर चुके थे कि सवालों का जवाब देने में उन्हें कोई दिक्कत पेश नहीं आई और आश्चर्यजनक रूप से अच्छे अंक मिले।

पढ़ाई के पारम्परिक तौर-तरीकों को लेकर फिदेल कभी गम्भीर नहीं रहे। फिदेल कहते हैं कि उन्होंने ठीक उन्हीं ऊबड़-खाबड़ तौर-तरीकों से पढ़ाई की जिनसे दूर रहने की सलाह अब वे नौजवानों को देते हैं। उनका मन कभी क्लास रूम की पढ़ाई में नहीं लगा। स्कूली जीवन में कक्षा में बैठने की बाध्यता होती थी। उनका शरीर क्लास में होता और दिमाग दुनिया-भर की काल्पनिक उड़ानों में। अब विश्वविद्यालय में कक्षा की बाध्यता नहीं थी। शायद ही कभी वह क्लास करने जाते। परीक्षा के समय अपने से पढ़कर तैयारी करने और अच्छे अंकों से पास होते रहने का सिलसिला स्कूल से विश्वविद्यालय तक टूटा नहीं। इसलिए बाकी दिनों में उनकी दिनचर्या कक्षा में जाने के बजाय विश्वविद्यालय के पार्क 'पेशियो डे लो लारेल्स' की बैंचों पर अड्डा जमाये दुनिया-भर की बहस-मुबाहिसों की थी—खासकर लड़कियों के साथ। फिदेल कहते हैं कि लड़कियाँ ज्यादा बुद्धिमान थीं और उनसे ज्यादा प्रभावित रहती थीं।

दूसरे साल की पढ़ाई के बाद आगे के लिए फिदेल ने नियमित कोर्स 'मैट्रिकुला लिबरे' न चुनकर 'पोरला लिब्रे' कोर्स चुना जिसका मतलब था कि उनका नामांकन पहले से चुने गए विषयों के लिए नहीं था बल्कि वह अपनी मर्जी से चाहे जितने विषय चुन सकते थे। फिदेल ने आगे की पढ़ाई के लिए पचास विषय चुने।

फिदेल की 12 अक्टूबर, 1948 को राजनीतिक रसूख रखनेवाले धनी क्यूबाई परिवार की मिर्थादियाज बालार से शादी और 1 सितम्बर, 1949 को पहला बच्चा फिदेल फेलिक्स कास्त्रो दियाज 'फिदेलिटो' हुआ। इस विवाह का अन्त 1955 में तलाक से हुआ।

जून 1950 में फिदेल ने हवाना विश्वविद्यालय के विधि स्कूल से कानून में स्नातक की डिग्री ली और हवाना में वकालत के लिए बार में पंजीयन ले लिया। इसके साथ ही अन्य विषयों की पढ़ाई जारी रखी।

विश्वविद्यालय के अपने अन्तिम वर्षों में फिदेल ने सचमुच गम्भीरता से पढ़ाई की। रोज उनका 15-16 घंटा समय पढ़ाई में बीतने लगा। नाश्ता-खाना सब, किताबों पर आँखें और ध्यान गड़ाये। नतीजे में फिदेल ने तीन विषयों में मेजर (आनर्स) किया—लॉ, डिप्लोमेटिक लॉ और सोशल साइंस। तीन विषयों में मेजर करनेवालों को छात्रवृत्ति मिलती थी। अब तक फिदेल के राजनीतिक विचार परिपक्व होने लगे थे। वह अर्थशास्त्र को और गहराई से, बारीकी से जानना-समझना-परखना चाहते थे। फेलोशिप हासिल करके यूरोप अथवा अमेरिका जाकर आगे के अध्ययन-शोध के बारे में सोच रहे थे। मगर राजनीतिक घटना-क्रम तेजी से करवटें लेने लगा था। बतिस्ता ने 10 मार्च, 1952 को अगले आम चुनावों से करीब तीन महीना पहले एक बार फिर तख्तापलट करके क्यूबा पर अपनी घोर प्रतिक्रियावादी दक्षिणपंथी अमेरिकापरस्त क्रूर तानाशाही लाद दी। अब फिदेल के लिए सिद्धान्त को धार देने का नहीं, ठोस सच्चाइयों के झंझावात में कूद पड़ने का समय था। यहाँ फिदेल के औपचारिक शैक्षिक जीवन को पूर्ण विराम लगा और क्रान्तिकारी व्यवहार का कठिन जीवन-संघर्ष शुरू हुआ।

राजनीति का पहला सबक

हम लोग चर्चा कर चुके हैं कि विश्वविद्यालय प्रशासन और छात्र-संघ पर सरकार समर्थक गुंडा गुट का कब्जा था। चिबास की अगुवाई में इसके खिलाफ विरोध भी आकार लेने लगा था। फिदेल चिबास-समर्थक छात्रों के सम्पर्क में आ चुके थे।

1930 के दशक में मकाडो तानाशाही को उखाड़ फेंकनेवाले छात्रों को संगठित करके 1934 में हवाना विश्वविद्यालय फिजियालॉजी के प्रोफेसर ग्राउसान मार्टिन की अगुवाई में 'पार्टिडो रिवोल्यूसनारियो क्यूबानो-आटेंटिको' बनी थी। चिबास इसी पार्टी के थे। पार्टी ने 1944 का आम चुनाव जीता था और ग्राउसान मार्टिन ने राष्ट्रपति बनकर क्यूबा का शासन सँभाला था। चिबास इस पार्टी से सीनेटर (साँसद) थे। हर रविवार की रात 8 से 8:30 तक चलनेवाले उनके राष्ट्रीय रेडियो प्रसारण को अपार लोकप्रियता मिली और अपने ईमानदार, बेबाक विचारों और टिप्पणियों के चलते वह एक जनप्रिय राष्ट्रीय राजनेता के रूप में तेजी से उभर रहे थे।

ग्राउसान और उसके बाद कार्लोस प्रियो सरकारें भ्रष्ट, अक्षम और निकम्मी गुटशाही के रूप में पतित होने लगीं। चिबास ने इसके खिलाफ एक नई पार्टी 'क्यूबन पीपुल्स पार्टी-आर्थोडॉक्स' बनाकर सरकारी तंत्र और उसके पोषित माफिया-लुटेरों के भ्रष्टाचार पर हल्ला बोला। इसका सबसे कारगर माध्यम उनका साप्ताहिक राष्ट्रीय प्रसारण था। फिदेल इस आन्दोलन और घटनाक्रम के साथ गम्भीरता से जुड़े हुए थे। ये लोग एक मिमियोग्राफ मशीन के जरिए भूमिगत रूप से छोटा सा अखबार 'एल एक्यूसेडर' (दि एक्यूजर) निकालते थे।

अपने राष्ट्रीय प्रसारणों के जरिए बतिस्ता और अथेंटिको पार्टी प्रशासन की लूट और भ्रष्टाचार का पर्दाफाश करते हुए चिबास देश-भर में प्रतिरोध चेतना संगठित कर रहे थे। इसी क्रम में उन्होंने सरकार के शिक्षामंत्री के खिलाफ ग्वाटेमाला में अवैध सम्पदा बनाने का आरोप लगाया। मंत्री ने चिबास को इसे साबित करने की सार्वजनिक चुनौती दी। ठोस सबूतों के अभाव में चिबास इसे साबित नहीं कर सके। मंत्री और पूरा प्रशासन चिबास को झूठा और चरित्रहनन करनेवाला साबित करने में जुट गया। चिबास इस अपमान को सहन नहीं कर सके और अगस्त 1951 में अपने रविवारीय प्रसारण के बाद खुद को गोली मार ली। बतिस्ता के खिलाफ, जो किसी भी कीमत पर क्यूबा की गद्दी हथियाने के फिराक में था, चिबास लगातार जनता को आगाह करते हुए उसके अतीत के खूनी काले कारनामों की याद दिलाते रहे थे। मुसोलिनी फासीवादी आतंकी यातना और 'इस्केप एक्ट' की आड़ में 'जेल से भागने की कोशिश करते हुए मारे जाने' के बहाने राजनीतिक विरोधियों की हत्या के तौर-तरीकों के चलते वह बतिस्ता और उसके गुर्गों को 'पामाक्रिश्टी' और 'इस्केप एक्ट कर्नल' करार देते हुए लानत-मलामत करते थे। चिबास के मरने के बाद उनकी पार्टी का और कोई नेता बतिस्ता आतंक का मुकाबला करते हुए इस अभियान को आगे बढ़ाने की हिम्मत नहीं जुटा सका और बतिस्ता के लिए अगले कुछ ही महीनों में तख्तापलट के जरिए अपनी खूनी फौजी तानाशाही थोपने का रास्ता साफ हो गया।

ये वे हालात थे जिनमें फिदेल अपने शुरुआती विश्वविद्यालयी जीवन में चिबास-समर्थक समुदाय के सम्पर्क में आए और राजनीति की ओर मुड़े। पहले साल ही फिदेल

अपनी कक्षा के 33 के खिलाफ 181 मतों से प्रतिनिधि चुने गए। जैसे-जैसे विश्वविद्यालय छात्र संघ (एफ.ई.यू.) का चुनाव नजदीक आता गया, फिदेल द्वारा सरकार-समर्थक माफिया गुट के उम्मीदवार की मुखालफत तेज होती गई। इसी के साथ फिदेल के लिए खतरे भी बढ़ते गए। ये वे लोग थे जो खुलेआम परिसर में हथियारबन्द घूमते थे, जिन्हें विश्वविद्यालय प्रशासन, पुलिस और सरकार का पूरा संरक्षण था, जिनके खिलाफ कहीं कोई सुनवाई नहीं थी और जिनके लिए दिन-दहाड़े हत्या कर देना आम बात थी। विश्वविद्यालय और पुलिस ऐसी हत्याओं को छात्र गुटों की आपसी लड़ाई में होनेवाली मौत के रूप में रफा-दफा करने में माहिर थी। फिदेल को मैदान छोड़ने पर मजबूर कर पाने में कामयाब नहीं हो पाने पर उन गुंडों ने फिदेल के विश्वविद्यालय की किसी भी फेकल्टी में घुसने-दिखाई देने पर पाबन्दी लगा दी।

फिदेल के लिए यह भीषण तनाव का दौर था। बीस साल के फिदेल इस तनाव से निजात पाने के लिए, अपना मन मजबूत करने के लिए, समुद्र के किनारे गए। इस कठिन घड़ी में माँ के आँचल-सा सहारा देने के लिए फिदेल के सामने वही विशाल, धीर-गम्भीर घहराता हुआ अन्तहीन समुद्र था जिसे सेन्टियागो डे क्यूबा में पहली बार निहार कर छः साल का बालक फिदेल स्तब्ध-मंत्रमुग्ध रह गया था। अपना चेहरा रेत में छिपाकर फिदेल फूट-फूट कर रो पड़े। इस पूरे आतंकी गिरोह के खिलाफ फिदेल की एकमात्र ताकत उनका नैतिक बल और छात्र समुदाय का दिन-ब-दिन बढ़ता समर्थन था। फिदेल शान्त हुए, फैसला लिया—मुकाबला करेंगे, अंजाम भले ही मौत हो। फिदेल हर कीमत पर विश्वविद्यालय जाएँगे।

फिदेल के एक दोस्त ने उन्हें पन्द्रह शॉट ब्राउनिंग पिस्तौल मुहैया कराई और राजसत्ता के खिलाफ उनके हथियारबन्द संघर्ष की पहली शुरुआत हुई। पाँच नौजवान छात्रों के साथ, जो उनके अकेले संघर्ष की हिम्मत देखकर उनके साथ हो लिए और हथियारों से लैस थे, अगले दिन फिदेल विश्वविद्यालय में खुले आम दाखिल हुए। बागी तेवर देख फिदेल को न घुसने का फरमान सुनानेवालों को काठ मार गया। बहरहाल संघर्ष के इस दौर में हथियारों का इस्तेमाल नहीं हुआ। आतंक की बेपरवाह मुखालफतों के जरिए ही यह लड़ाई अपने अंजाम तक पहुँची। फिदेल और उनके सथियों के लिए खुलेआम हथियार लेकर घूमना मुमकिन भी नहीं था। विश्वविद्यालय पुलिस जो उन गुंडों पर हाथ भी नहीं डालती थी, इन्हें कभी भी गिरफ्तार करके 'इमर्जेन्सी ट्रायल' के लिए जेल में डाल सकती थी और इसकी जमानत भी नहीं मिलती थी। इस तरह फिदेल को मैदान से हटाना ज्यादा आसान होता। लिहाजा फिदेल के लिए इस दौर में लगातार खतरा उठाते हुए, बगैर हथियार के ही अपनी लड़ाई जारी रखने की बाध्यता थी। सुरक्षा का एकमात्र साधन ज्यादा से ज्यादा छात्रों के साथ रहते हुए अभियान चलाना था। हालाँकि ऐसे मौकों की भी कमी नहीं थी जिनमें फिदेल को अकेले निहत्थे ही आगे बढ़ना होता था।

अपने उन दिनों की याद करते हुए फिदेल कहते हैं कि विश्वविद्यालयी जीवन के उन सात वर्षों में कुछ गिने-चुने अवसरों को छोड़कर, जिनमें डोमिनिकन रिपब्लिक के अमेरिकी दलाल तानाशाह ट्रुजिल्लो के खिलाफ केयो कन्फाइट्स अभियान और कोलम्बिया

की राजधानी बोगोटा में लोकप्रिय जननेता जार्ज इलेसिर गैतां की हत्या के प्रतिशोध में हुआ स्वतःस्फूर्त जन-विद्रोह 'बोगोटाजो' विशेष रूप से उल्लेखनीय हैं, वह पूरी तरह निहत्थे रहते हुए राजनीतिक अभियान-आन्दोलन प्रतिरोध के खतरों से बेपरवाह, सरकार और उसके पिट्ठुओं की लानत-मलामत करते रहे थे। अब तक के पालन, शिक्षा और अनुभवों ने उन्हें यही सिखाया था कि स्वाभिमान, गौरव, नैतिकता और सच्चाई ही संघर्ष के अपराजेय हथियार हैं। आगे परिस्थितियों ने ऐसी करवट ली कि सशस्त्र जन-विद्रोह की दिशा लेने के अलावा कोई विकल्प नहीं रह गया। बतिस्ता तख्तापलट के विरोध में 26 जुलाई 1953 आन्दोलन की शुरुआत मोन्काडा सेना बैरक पर सशस्त्र हमले से हुई। 2 दिसम्बर 1956 को ग्रानमा जहाज से अपने साथियों और हथियारों के साथ क्यूबा की धरती पर पाँव रखने के बाद फिदेल फिर कभी निहत्थे नहीं रहे।

बहरहाल छात्र-संघ चुनाव के तनाव और आतंक से भरपूर घटनाक्रमों का बिना किसी खास नुकसान के नाटकीय पटाक्षेप हुआ। फिदेल पहले उपाध्यक्ष और अध्यक्ष के इस्तीफा दे देने के बाद अध्यक्ष भी बने। उस जमाने के विरोधी खेमे के कई प्रतिद्वन्द्वियों ने आगे चलकर क्रान्तिकारी आन्दोलन और बतिस्ता-विरोधी छापामार लड़ाइयों में भागीदारी की, शहादतें दीं और क्रान्ति की सफलता के बाद क्रान्ति की रक्षा और क्यूबाई समाज के नवनिर्माण में बढ़-चढ़कर सहयोग दिया।

क्रान्तिकारी अन्तर्राष्ट्रीयता के सबक

केयो कन्फाइट्स अभियान

हवाना विश्वविद्यालय छात्रसंघ (एफ.ई.यू.) में फिदेल को डोमिनिकन रिपब्लिक में ट्रुजिल्लो तानाशाही को उखाड़कर लोकतंत्र की स्थापना तथा पुएरटेरिको की आजादी के लिए बनाई गई कमेटियों की अध्यक्षता मिली।

डोमिनिकन रिपब्लिक पर अमेरिका ने अपने आर्थिक और सामरिक वर्चस्व के लिए कब्जा कर लिया था। अमेरिकी सेना ने 1918 में ट्रुजिल्लो को अमेरिका की दलाली और आतंक का प्रशिक्षण देने के बाद कैप्टन के ओहदे पर यूनिट चीफ के रूप में शामिल किया था। 1924 में अमेरिका का प्रत्यक्ष सैनिक कब्जा हटने तक अमेरिकी हितों की गारंटी के लिहाज से ट्रुजिल्लो सेना का ताकतवर कमांडर बनाया जा चुका था। इसका इस्तेमाल करते हुए उसने तख्तापलट और फिर अपने खास 'लोकतांत्रिक चुनाव' के जरिए 1930 में राष्ट्रपति पद हथियाकर क्रूर अमेरिकापरस्त तानाशाही स्थापित की।

धूर्त और क्रूर ट्रुजिल्लो ने जल्दी ही पूरे डोमिनिकन रिपब्लिक को अपनी जागीर बना लिया। ज्यादातर चीनी मिलें, बागान और दूसरे उद्योग-धंधे उसकी निजी सम्पत्ति बन गए। तमाम शहरों और जगहों के नामकरण उसके और उसके रिश्तेदारों के नाम पर हो गए। 1930 में, जब वह राष्ट्रपति बना, राजधानी सान्तो डोमिन्गो में हरिकेन तूफान से भीषण बरबादी हुई थी। शहर को इससे उबरने के बाद उसने इसका नया नाम 'ट्रुजिल्लोसिटी' रखा। पूरे देश में हर गली-चौराहे पर 'ईश्वर और ट्रुजिल्लो' के नियोन साइन चमकने लगे। व्यक्तिपूजा की ऐसी मिसाल शायद ही दुनिया में और कहीं मिले। 1937 में उसने हैती मजदूरों का, जिनका वह खेती और निर्माण-उद्योग में 'रिजर्व लेबर' के बतौर इस्तेमाल करता था, भारी पैमाने पर नरसंहार किया जिसमें लाखों निरीह गरीब हैती मारे गए।

यह था ट्रुजिल्लो जिसके आतंक और यातना से सताये क्यूबा में पनाह लेकर डोमिनिकन विद्रोह की तैयारी कर रहे थे। इस अभियान में डोमिनिकन भाइयों का साथ देने के लिए फिदेल और कई अन्य क्यूबाई छात्र-नौजवान शामिल हुए। जुलाई 1947 का समय था। अभियान को ट्रुजिल्लो-विरोधी क्यूबाई राष्ट्रपति ग्राउसान मार्टिन का अपरोक्ष समर्थन था। समुद्र तट के पास केयो कन्फाइट्स नामक जगह पर 1200 नौजवान इस अभियान के लिए प्रशिक्षित किए जा रहे थे। अभियान में जुआन बोश भी थे जो आगे चलकर डोमिनिकन गणराज्य के प्रतिभाशाली नेता बने।

फिदेल क्यूबा के ग्रामीण और पहाड़ी अंचल में पले-बढ़े थे, क्यूबा के अतीत के मुक्ति-संग्रामों से पूरी तरह परिचित थे और उनके मन-मस्तिष्क में भावी मुक्ति-संग्रामों को लेकर सम्भावनाएँ और धारणाएँ आकार लेने लगी थीं। उनके विचार से बगैर किसी खास प्रशिक्षण और प्रभावी हथियारों के 1200 अनुभवहीन नौजवानों को ट्रुजिल्लो की अमेरिका-प्रशिक्षित, पेशेवर, आधुनिकतम हथियारों से लैस, नौसेना और वायुसेना के बैक-अप के साथ मुस्तैद सेना के खिलाफ सीधी लड़ाई में झोंक देना आत्मघाती था। ऐसी खूँखार पेशेवर सेना का मुकाबला डोमिनिकी पहाड़ियों और घाटियों में अनियमित छापामार-गुरिल्ला युद्ध के जरिए ही किया जा सकता था। फिदेल समझ रहे थे कि केयो कन्फाइट्स अभियान बुरी तरह असफल होने जा रहा है। इसलिए फिदेल ने योजना बनाई थी कि समुद्र तट पर उतरने के बाद वह अपने दल के साथ पहाड़ियों का रुख करेंगे जिससे अभियान को आगे बढ़ाया जा सके।

तब तक इस अभियान की भनक अमेरिका और ट्रुजिल्लो को लग चुकी थी। ट्रुजिल्लो ने क्यूबाई सेना के चीफ जनरल पेरेज दामेरास को भारी रकम देकर खरीद लिया और अभियान पर हमले के लिए राजी कर लिया।

1200 लड़ाकों का दल अपने गंतव्य पर पहुँचने के लिए नौकाओं से समुद्र पार पहुँचने वाला ही था कि पीछे से क्यूबा नौसेना के लड़ाकू जहाज ने गोलीबारी करते हुए घेराबन्दी शुरू कर दी और लौटने का निर्देश दिया। फिदेल और तीन अन्य साथी अँधेरी रात में अपनी बन्दूकें लिए शार्कों से भरे समुद्र में कूद पड़े और सात मील तक एक हाथ में बन्दूक उठाये तैरते हुए समुद्र तट पर बचकर पहुँच जाने में कामयाब रहे। अगले दिन पहाड़ियों में भटकने के बाद एक स्थानीय मछुआरे की मदद से फिदेल कुछ दिन बाद हथियार सहित अपने गृहनगर मयारी, बिरान पहुँचे। उधर क्यूबाई सेना लगभग 1000 लड़ाकों को गिरफ्तार करके कोलम्बिया मिलेट्री कैम्प ले गई जहाँ जुआन बॉश ने गिरफ्तारी के खिलाफ अनशन शुरू कर दिया। बाद में सभी बन्दी छोड़ दिए गए थे। इस तरह बिना ठोस समझदारी और योजना के भावनात्मक सैन्य अभियान का असफल अन्त हुआ। इस महत्त्वपूर्ण अनुभव ने फिदेल की इस धारणा को पूरी तरह से पुष्ट किया कि राजसत्ता की पेशेवर सेनाओं से क्यूबाई भौगोलिक परिस्थितियों में मुकाबला करने और पछाड़ने का एकमात्र कारगर तरीका छापामार गुरिल्ला युद्ध है।

ग्यारह साल बाद 1958 में सियेरामाएस्त्रा की निर्णायक जंग में ट्रुजिल्लो ने फिदेल के खिलाफ बतिस्ता को धन, हथियारों और डोमिनिकन लड़ाकों से मदद की, क्रान्ति के सफल होने पर भगोड़े बतिस्ता और उसके सहयोगियों को शरण दी और क्यूबा में प्रतिक्रान्ति के लिए अमेरिका के साथ कंधे से कंधा मिलाकर बार-बार असफल कोशिशें कीं। फिदेल ने ट्रुजिल्लो की इन तमाम साजिशों और कोशिशों का मुकाबला क्रान्ति के अगले विभिन्न मोर्चों पर सफलतापूर्वक किया।

9 अप्रैल 1948 'बोगोटाजो'

विश्वविद्यालय छात्र संघ में अपने दायित्व और भूमिका का विस्तार करते हुए नौजवान फिदेल लातिनी अमेरिकी छात्र गोलबन्दी की दिशा में विभिन्न लातिनी अमेरिकी करेबियाई

देशों के छात्र-संगठनों से सम्पर्क करके लातिनी अमेरिकी छात्र कांग्रेस और रैली के आयोजन के लिए अपने सहयोगियों के साथ निकल पड़े।

20वीं सदी के उत्तरार्ध से लातिनी अमेरिकी देशों में उभरते और विस्तारित हो रहे मध्य वर्ग के लिए शिक्षा के अवसर बढ़ रहे थे। उच्च शिक्षा को आधुनिकता और विकास की अनिवार्य शर्त के रूप में देखा जाने लगा था। विश्वविद्यालयी उच्च शिक्षा तक पहुँचनेवाले सम्पन्न मध्यवर्गीय छात्र समुदाय की समझ और सोच के आयाम खुलने लगे थे। विश्वयुद्ध के बाद की परिस्थितियों, पुनर्संयोजनों और नवनिर्माण की जरूरतों के लिहाज से राजनीतिक-सामाजिक-आर्थिक यथास्थितिवाद को चुनौती देनेवाले नए नेता उभरने लगे थे। लातिनी अमेरिकी छात्र कांग्रेस ऐसे छात्र-नेताओं के परस्पर सम्पर्क और साझा कार्यवाही की रणनीति की दिशा में बढ़ने का प्रयास था। कांग्रेस 9 अप्रैल 1948 को कोलम्बिया की राजधानी बोगोटा में किया जाना तय पाया गया। फिदेल और उनके साथी वेनेजुएला, पनामा आदि तमाम लातिनी अमेरिकी-करेबियाई देशों के छात्र-संगठनों से सम्पर्क करते हुए बोगोटा पहुँचे थे। इसकी अन्तिम कड़ी में, कांग्रेस से ठीक पहले फिदेल पनामा में थे जहाँ अमेरिका ने बेशर्मी और दबंगई से पनामा नहर पर फौजी कब्जा कर लिया था। इस कब्जे का विरोध और पनामा नहर पनामा को वापस किए जाने की माँग कर रहे छात्रों की रैली पर मशीनगनों से अमेरिकी फौजों ने बर्बर गोलीबारी की जिसमें कई छात्र मारे गए और बहुत से बुरी तरह घायल हुए थे। फिदेल और उनके साथी इस छात्र-प्रतिरोध के समर्थन में, उनका हौसला बढ़ाने घायल छात्रों से मिलने गए। उस पूरे इलाके को अमेरिकी फौजों ने शराब और वेश्यावृत्ति के अड्डे में बदल डाला था।

फिदेल की अगुवाई में आयोजित हो रहे लातिनी अमेरिकी छात्र कांग्रेस के साथ ही बोगोटा में 9 अप्रैल 1948 को ही अमेरिका की अगुवाई में अमेरिकी देशों के राजसत्ता प्रतिनिधियों की नौवी अखिल अमेरिकी कांफ्रेंस भी हो रही थी जिसमें अमेरिका के सेक्रेटरी ऑफ स्टेट (गृहमंत्री) जार्ज मार्शल समेत तमाम अमेरिकी देशों के राजनेता-राजनयिक हिस्सेदारी कर रहे थे। कांफ्रेस का मूल एजेंडा अमेरिकी क्षेत्रीय और अन्तर्राष्ट्रीय हितों की दृष्टि से लातिनी अमेरिका में अपने सामरिक अड्डों और पिट्ठू सरकारों की गारंटी के लिए 'ऑर्गनाइजेशन ऑफ अमेरिकी स्टेट्स' (ओ.ए.एस.) का गठन करना था। इस तरह 9 अप्रैल को बोगोटा दो विरोधी ध्रुवों–प्रतिक्रियावादी यथास्थितिवाद और उसे चुनौती देती हुई नौजवान आधुनिकता की अन्तर्राष्ट्रीय गोलबन्दी की कोशिशों का गवाह बनने जा रहा था।

लातिनी अमेरिकी छात्र कांग्रेस का लक्ष्य क्यूबा, डोमिनिकन रिपब्लिक और पुएरटेरिको समेत तमाम लातिनी अमेरिकी करेबियाई देशों में अमेरिका की प्रभुत्ववादी-साम्राज्यवादी कोशिशों का विरोध, पुएरटेरिको की आजादी, ट्रुजिल्लो तानाशाही का खात्मा, दक्षिण अटलांटिक के मालविना (फाकलैंड) द्वीप समूह से ब्रिटिश साम्राज्यवादी कब्जे का खात्मा और इन द्वीपों की अर्जेन्टीना को वापसी, पनामा नहर पर अमेरिकी कब्जे से मुक्ति और पनामा को वापसी, समूचे क्षेत्र के तमाम यूरोपी उपनिवेशों की आजादी और इन सब के लिए लातिनी अमेरिकी छात्रों के फेडरेशन की स्थापना था।

कोलम्बिया विश्वविद्यालय से आए छात्र नेताओं ने फिदेल और उनके साथियों की मुलाकात बोगोटा में कोलम्बिया के सबसे लोकप्रिय जुझारू नौजवान नेता जार्ज एलीसर गैताँ से करवाई। गैताँ ने इस अभियान का पूरी गर्मजोशी के साथ स्वागत-समर्थन किया और छात्र कांग्रेस को अपने विचारों और अनुभवों से समृद्ध करने के लिए समापन सत्र में सम्बोधित करने की सहमति दी। उत्साहित फिदेल और तमाम छात्र नेताओं को भरोसा होने लगा कि बोगोटा की छात्र कांग्रेस अमेरिकी नेतृत्व में ओ.ए.एस. के खिलाफ क्षेत्रीय जनसहयोग प्रतिरोध संगठन खड़ा करने की दिशा में एक कारगर कदम साबित होगी और साम्राज्यवादी अमेरिका द्वारा लातिन अमेरिका में प्रतिक्रियावादी जन-विरोधी सरकारें थोपने की कोशिशों के खिलाफ अन्तर्राष्ट्रीय मुखालफत की चिनगारी भी बन सकेगी।

जार्ज एलीसर गैताँ कोलम्बिया की लिबरल पार्टी के महत्त्वपूर्ण नेता, बोगोटा के मेयर और शिक्षामंत्री थे। वह 1950 के आगामी राष्ट्रीय चुनावों में लिबरल पार्टी की ओर से राष्ट्रपति पद के उम्मीदवार थे। पिछले कई वर्षों से अथक मेहनत करते हुए गैताँ ने एक ताकतवर राजनीतिक आन्दोलन खड़ा किया था जिसके साथ देश के तमाम गरीब और वंचित तबके जुट रहे थे और उभरता मध्यवर्ग भी आकर्षित हो रहा था। अपने जुझारू तेवर, आक्रामक निर्भीकता और जन-पक्षधर ईमानदारी के चलते गैताँ कोलम्बिया की उम्मीद और प्रगति के प्रतीक बन चुके थे। उनकी लगातार बढ़ती लोकप्रियता और जनाधार देश की तमाम पार्टियों (सत्ताधारी कंजर्वेटिव और उनकी अपनी लिबरल, दोनों) के राजनेताओं के लिए ईर्ष्या और चिन्ता का सबब बनती जा रही थी।

गैताँ ने महज एक दिन पहले 8 अप्रैल, 1948 को भूस्वामियों-जमींदारों के आतंक-अत्याचार के सताये, ग्रामीण इलाकों से विस्थापित-पलायित गरीब-खेतिहर किसानों का विशाल 'मौन मार्च' निकाला था। गैताँ कभी अपनी सुरक्षा के लिए अंगरक्षक नहीं रखते थे। उनके मित्र ने उन्हें चेताया था : 'जार्ज एलीसर, तुम मारे जाओगे, अपना खयाल रखो।' गैताँ ने जवाब दिया था : 'मेरा खयाल जनता रखती है। मुझे मारने वाले को पहले जनता को मारना होगा।'

अगले दिन 9 अप्रैल को, गैताँ की, जब वे छात्र कांग्रेस को सम्बोधित करने निकल रहे थे, अपने कार्यालय के बगल के रेस्तराँ में खाना खाते समय दिन के 1 बजे हत्या कर दी गई। पूरे बोगोटा में आग की तरह यह खबर फैल गई। जन-आक्रोश का स्वतःस्फूर्त ज्वालामुखी फट पड़ा। लाखों की संख्या में आक्रोशित जनसमुदाय प्रतिशोध के लिए सड़कों पर उमड़ पड़ा। मानो समूचे बोगोटा में गैताँ की ललकार गूँज रही थी : 'अगर मैं आगे बढ़ूँ, मेरे पीछे आओ; अगर मैं रुक जाऊँ, मुझे धक्का दो; अगर मैं दगा करूँ, मुझे मार डालो; अगर मैं मारा जाऊँ मेरा बदला लो।'

चारों तरफ आग, विनाश और मौत का माहौल था। प्रतिशोध में मरने-मारने पर उतारू जनसैलाब जो भी सामने मिलता, नष्ट करते हुए राष्ट्रपति आवास को घेरने बढ़ता चला जा रहा था। एक के बाद एक पुलिस थाने के सिपाही अपने शस्त्रागार जनता के लिए खोल उनके साथ होते जा रहे थे। सेना अपनी पूरी ताकत झोंककर भी हालात पर काबू नहीं पा रही थी।

इस उथल-पुथल की भनक लगते ही बोगोटा में अमेरिका के सेक्रेटरी ऑफ स्टेट जार्ज मार्शल की अगुवाई में जुटे विश्वविधाता राजनेता अपनी जान बचाने दूर उत्तर के ग्रामीण अंचलों की तरफ भाग निकले। छात्र कांग्रेस को गैताँ की हत्या और इसके जन प्रतिशोध की जानकारी मिलते ही फिदेल की अगुवाई में लातिनी अमेरिकी छात्रनेता और बुद्धिजीवी सड़कों पर जनता के आक्रोश को संगठित प्रतिरोध की राजनीतिक दिशा में गोलबन्द करने के इरादे से निकल पड़े। मगर उस स्वतःस्फूर्त क्रोध के ज्वालामुखी के सामने किसी का कोई बस नहीं था। फिदेल जनता के साथ हो लिए। रास्ते में एक पुलिस स्टेशन पर कब्जा करके राइफल हासिल करने के बाद फिदेल जनता के साथ मिलकर सेना की कार्यवाहियों का मुकाबला करते रहे। सारी इनसानी कोशिशों के नाकाम हो जाने के बाद, अन्त में जब अँधेरे, ठंड और तेज बरसात ने शहर को पूरी तरह अपने आगोश में ले लिया तब जाकर 'बोगोटाजो' जन-सैलाब ने धीरे-धीरे अपने घरों का रुख किया।

यह था 'बोगोटाजो' जिसने 9 अप्रैल को बोगोटा में हजारों जानों की बलि ली, न जाने कितने अपंग और घायल हुए और सार्वजनिक, निजी, सरकारी सम्पदाओं-व्यापार-व्यवसाय की बेहिसाब बरबादी हुई। इसका एक और दुर्भाग्यपूर्ण पहलू यह था कि जैसे-जैसे गैताँ की हत्या और उसकी प्रतिक्रिया में राजधानी में जन-आक्रोश की खबरें रेडियो के जरिए कोलम्बिया में प्रसारित होती गईं, समूचे देश में क्रोध, हिंसा, मौत और बरबादी का तांडव फैलता गया। 'बोगोटाजो' की हिंसक त्रासदी समूचे कोलम्बिया की राष्ट्रीय त्रासदी बन गई जिसका नाम ही 'एल नुएवे डे अब्रिल' (नौ अप्रैल) पड़ गया।

कोलम्बिया में कंजर्वेटिव पार्टी कैथोलिक चर्च के साथ मिलकर पिछले पच्चीस सालों से कम्युनिस्टविरोधी सफाया अभियान चला रही थी। लिबरल पार्टी और उसके 'विधर्मी' समर्थकों के खिलाफ यह कंजर्वेटिव-कैथोलिक अभियान अमेरिका की अगुवाई में द्वितीय विश्वयुद्ध के बाद के शीतयुद्ध की जंग में चलाये जा रहे 'हम सभ्य गैर-कम्युनिस्ट' और 'वे बर्बर कम्युनिस्ट दुष्ट' के वैश्विक अभियान की संगति में था। स्वाभाविक था कि 'बोगोटाजो' में जान बचाकर भागे राजनयिकों की टोली के वापस जुटते ही जार्ज मार्शल ने पहला काम यह फतवा जारी करने का किया कि 'इन हालात का जायजा और फैसला महज स्थानीय आधार पर नहीं लिया जा सकता।...वर्तमान हालात के सन्दर्भ में फैसले लेते समय यहाँ हमें साफ-साफ ध्यान में रखना होगा कि यह एक वैश्विक मसला है न कि महज कोलम्बियन या लातिनी अमेरिकी।' उस समय और उसके बाद की भी तमाम स्वतंत्र, निष्पक्ष जाँचों से यह पूरी तरह प्रमाणित है कि 'बोगोटाजो' किसी कम्युनिस्ट साजिश का नहीं, गैताँ की एक सिरफिरे द्वारा की गई हत्या की स्वतःस्फूर्त हिंसक जन-प्रतिक्रिया थी, मगर इसका इस्तेमाल अमेरिका, कोलम्बियन कंजर्वेटिव पार्टी और कैथोलिक चर्च ने इस हद तक कम्युनिस्ट-विरोधी घृणा, हिंसा और आतंक अभियान के प्रसार के लिए किया कि 1948 से 1953 के कोलम्बिया कम्युनिस्ट सफाया अभियान में कम से कम 1,80,000 निर्दोष-निरीह कोलम्बियाइयों की हत्या हुई। आज भी कोलम्बियावासी इस त्रासदी के दौर को 'दि वायलेंस' (हिंसा) के नाम से याद कर काँप उठते हैं।

फिदेल का 'बोगोटाजो' अभियान में शामिल होना किसी ठोस सैद्धान्तिक मार्क्सवादी-लेनिनवादी क्रान्तिकारिता का नतीजा नहीं था। उस समय तक फिदेल की मार्क्सवादी अवधारणाएँ प्रारम्भिक अवस्था में थीं और अधिक से अधिक उन्हें एक आदर्शवादी यूटोपियन कम्युनिस्ट कहा जा सकता था। बोगोटाजो में फिदेल की भागीदारी एक मार्तीवादी, साम्राज्यवादविरोधी, उपनिवेशवादविरोधी जनवादी नौजवान की स्वतःस्फूर्त प्रतिक्रिया थी। फिदेल के लिए यह जीवन के सबसे महत्त्वपूर्ण अनुभवों में था जिसने उनकी जनता के साथ जुड़ने की प्रतिबद्धता और राजसत्ता के किसी भी आतंक के खिलाफ जनता की निर्णायक ताकत के प्रति उनके विश्वास को गहराई और मजबूती प्रदान की। बोगोटाजो के ये महत्त्वपूर्ण सबक आगे क्यूबा के क्रान्तिकारी मुक्ति अभियान में फिदेल के बहुत काम आए।

युवा आदर्शवाद से परिपक्व क्रान्तिकारिता का सफर

फिदेल हवाना विश्वविद्यालय में राजनीतिक रूप से अशिक्षित आदर्शवादी नौजवान के रूप में दाखिल हुए जो अपने देश और लातिनी अमेरिका के औपनिवेशिक मुक्ति-संग्रामों और उनके महान योद्धाओं-नेताओं से परिचित और गहरे प्रभावित था, जो एक धनी जमींदार बाप का बेटा होने के बावजूद अपने समाज की गरीबी, गैर-बराबरी और आम लोगों की तकलीफों को गहराई से महसूस करता था और जिसके पास इन विषमताओं के खिलाफ विद्रोही स्वभाव और न्याय व नैतिकता की प्रारम्भिक पूँजी थी।

आठ वर्षों से भी कम समय में फिदेल हवाना विश्वविद्यालय से एक ऐसे क्रान्तिकारी योद्धा बनकर निकले जिसके पास समाज में वर्ग-विभाजन और विषमताओं के विश्लेषण की वैज्ञानिक सोच थी, जिसने अपने मार्तीवादी न्याय व नैतिकता के मूल्यों को क्रान्तिकारी विचारों और व्यवहार से परिपक्व कर लिया था, जिसके पास न सिर्फ विचारों के मामले में बल्कि अपना लक्ष्य तय करने, लक्ष्य तक पहुँचने की योजना और साधन निर्धारित करने और उन्हें अपने देश की ठोस राजनीतिक-सामाजिक परिस्थितियों में लागू करने की विकसित क्रान्तिकारी विश्वदृष्टि भी थी और जो न सिर्फ अपने देश के राजनीतिक प्रतिरोध आन्दोलनों बल्कि अन्य लातिनी अमेरिकी देशों के क्रान्तिकारी जन-संघर्षों की आँच से तपकर निकला एक खरा मार्क्सवादी-लेनिनवादी बन चुका था।

फिदेल खुद के एक आदर्शवादी यूटोपियन कम्युनिस्ट से परिपक्व मार्क्सवादी-लेनिनवादी बनने की प्रक्रिया के तीन निर्णायक कारक गिनाते हैं : व्यक्तिगत परिवेश, मार्तीवाद और मार्क्सवाद।

व्यक्तिगत परिवेश

फिदेल को आदर्श और नैतिकता की प्रारम्भिक अवधारणाएँ अपने परिवार और स्थानीय परिवेश से मिलीं। उचित अनुचित, सही-गलत, अच्छे-बुरे की नैतिकता और झूठ नहीं बोलने या फिर दूसरों को छोटा न मानने की समझदारी उन्हें अपनी माँ से मिली जो बेहद दृढ़ चरित्र की परिश्रमी और धार्मिक विचारोंवाली महिला थीं। उनके धार्मिक विचार और विश्वास जड़ कठमुल्लापन और अंधविश्वास पर नहीं बल्कि व्यावहारिक नैतिकता पर टिके थे। फिदेल के माता-पिता अपनी गरीबी और अभाव की जड़ों को भूले नहीं थे, इसलिए फिदेल का बचपन धनी जमींदारों के बिगड़ैल लाड़लों की सोहबत में नहीं बल्कि अपने आसपास के गरीब मजदूरों-खेतिहरों के भूखे-नंगे बच्चों के बीच बीता था। इस तरह फिदेल के मन में गरीबों से नहीं बल्कि गरीबी और विषमता से नफरत करने की और

उसके खिलाफ लड़ने की प्रारम्भिक अवधारणाएँ बनी। अपने आसपास की विषमताओं को देखते हुए समझदारी बननी शुरू हुई कि इसमें कुछ गहरी गड़बड़ है जिसे समझा और मिटाया जाना चाहिए।

फिदेल जोर देकर कहते हैं कि यह उनकी खुशनसीबी थी कि वे एक धनी जमींदार के बेटे थे, पोते नहीं। तब वह एक खानदानी बुर्जुआ का हिस्सा होते और शायद कभी वह मौलिक-जमीनी अनुभव नहीं हासिल कर पाते जो उन्हें अपने आसपास के बागानों में काम करनेवाले गरीब-मजदूरों के परिवारों के साथ रहते हुए, उनके भूखे-नंगे बच्चों के साथ खेलते-पलते-बढ़ते हुए मिला।

अपने पारिवारिक परिवेश को लेकर एक और महत्त्वपूर्ण बात फिदेल अपने पिता के बागान और दूसरे बागानों से अन्तर को बताते हैं। फिदेल के पिता खुद भी अपने बागानों में काम करते थे। रोज बिना किसी सुरक्षा के वह मीलों तक गाँव-कस्बे का हाल लेने निकल पड़ते। बस्ती के तमाम मजदूर परिवार जिन्हें वह व्यक्तिगत रूप से जानते-पहचानते थे, बेरोकटोक अपना दुःख-सुख उनके साथ बाँटते और वह जहाँ तक बन पड़ता, मदद करते। इस तरह उनके बीच मालिक और मजदूर की तनातनी से ज्यादा अभिभावक और आश्रित की आत्मीयता थी। अन्य बागानों पर स्थितियाँ बिल्कुल अलग थीं। ज्यादातर बड़े बागान अमेरिकी कम्पनियों की सम्पदाएँ थीं, जिनके मालिक न्यूयॉर्क में रहनेवाले बड़े-बड़े स्टाक होल्डर थे। बागानों का सारा काम-काज कम्पनियों के कारिन्दे-ओवरसीयर देखते थे। कम्पनियों का मकसद अकूत मुनाफा था। एकमात्र तरीका था—खर्चों में ज्यादा से ज्यादा कटौती। इसका मतलब था मजदूरों की बद-से-बदतर जीवन-दशा और कम से कम मजदूरी। खर्च जरूरत के हिसाब से नहीं बल्कि न्यूयॉर्क से मिलने वाले बजट के मुताबिक ही हो सकता था और इसमें एक पैसा इधर-उधर की गुंजाइश नहीं थी। जाहिर था, इन बागानों के कारिन्दे-ओवरसीयर चाहकर भी मजदूरों के लिए कुछ नहीं कर सकते थे। क्रान्ति के बाद चेगुवारा ने इन बहुराष्ट्रीय कम्पनियों के दस्तावेजों और बागान प्रबन्धन की गहराई से छानबीन की थी और पाया कि बागानों के स्तर पर 'किसी की मदद कर सकने के लिए एक पैसा भी नहीं बचता था।' इस तरह फिदेल ने अपने स्थानीय परिवेश से मजदूरों की वास्तविक जीवन-दशा का परिचय पाया, उनके मन में मजदूरों के प्रति सहज आत्मीयता पनपी और साथ ही उस व्यवस्था के प्रति नफरत भी जो इन मजदूरों की मदद के लिए एक पैसा भी खर्च नहीं करती थी।

मार्तीवाद

स्कूली जीवन से ही फिदेल के मन में मुक्ति-संघर्षों का इतिहास और उसके महान योद्धाओं-नेताओं के बारे में जानने की जबर्दस्त ललक थी। इस ललक का विस्तार न केवल अपने देश क्यूबा बल्कि समूचे लातिनी अमेरिकी औपनिवेशिक मुक्ति-संग्रामों तक था। फिदेल की सोच और दृष्टि पर खासकर जोसमार्ती का गहरा और जबर्दस्त प्रभाव था। एक आदर्शवादी यूटोपियन मार्क्सवादी बनने से पहले वे अपने हाईस्कूल के दिनों से ही जोसमार्ती के अनुयायी थे और पिछली सदी में क्यूबा की मुक्ति के लिए हुए तमाम

बहादुराना जन-संघर्षों से रोमांचकारी प्रेरणा लेते हुए खुद-संघर्षों के नेता बनने का सपना देखने लगे थे। फिदेल ने नैतिकता, आदर्श और संघर्ष की मूलभूत प्रेरणा जोसमार्ती से पाई। मार्ती से ही उन्होंने सीखा कि नैतिकता ही व्यवहार का सबसे मूलभूत और आदर्श खजाना है। मार्ती का यह कथन कि 'विश्व की समूची गरिमा अनाज के एक दाने में समाहित है' फिदेल के जीवन का ध्येय-वाक्य बन गया। फिदेल के अनुसार मार्ती के दस्तावेजों में इतनी महान और बेहतरीन, खूबसूरत सच्चाइयाँ हैं कि आप मार्ती के विचारों को प्रस्थान-बिन्दु बनाकर बहुत सहज और स्वाभाविक रूप से मार्क्सवाद तक पहुँच सकते हैं। यह सही है कि मार्ती ने इसकी व्याख्या नहीं की कि समाज में वर्ग विभाजन क्यों और कैसे होता है मगर वह निर्विवाद रूप से ऐसे योद्धा थे जो पूरी मजबूती के साथ हमेशा गरीबों के पक्ष में लड़े और शोषकों के समाज की विषमताओं और उसकी बुराइयों की खुलकर मुखालफत की। फिदेल पूरी मजबूती और गर्व के साथ अपने ऊपर इतिहास की महान क्रान्तिकारी घटनाओं के प्रेरक प्रभाव को स्वीकार करते हैं। इतिहास के ये विप्लवी अध्याय अल्पसंख्यक स्वार्थी शासक समुदाय के खिलाफ व्यापक जनसमुदाय की खुशहाली की आकांक्षा की विजय के प्रतीक हैं। ऐसे क्रान्तिकारी संघर्षों की कड़ी में फिदेल हैती के अश्वेत गुलामों के सफल विद्रोह से विशेष प्रभावित हैं। उस जमाने में, जब नेपोलियन सीजर के नक्शे-कदम पर चल रहा था और फ्रांस रोमन साम्राज्य सरीखा लगने लगा था, स्पार्टाकस की गर्वीली आत्मा ने तूसियाँलवर्चर में पुनर्जन्म लिया था। इतिहासकारों ने इस महान अभिभूतकारी विप्लव की ज्यादातर अनदेखी की जिसमें तूसियाँ के नेतृत्व में अफ्रीकी अश्वेत गुलामों ने नेपोलियन के कद्दावर जनरलों-सेनापतियों को हराते हुए स्वतंत्र हैती की स्थापना की। यह सही है कि हैती बहुत आगे प्रगति नहीं कर पाया मगर क्या और कोई लातिनी अमेरिकी देश इससे बहुत बेहतर कर सका?

विद्रोही तेवर, जुझारूपन, समाज में अन्याय और विषमता की मुखालफत, गरीब के पक्ष में खड़ा होने का, उसके लिए लड़ने का हौसला और सबसे बढ़कर व्यवहार में नैतिकता, ये तमाम बातें फिदेल को मार्तीवाद से मिलीं।

मार्क्सवाद

अपने पारिवारिक परिवेश और मार्तीवादी जुझारू नैतिकता से लैस फिदेल हवाना विश्वविद्यालय पहुँचे और चिबास की अगुवाई में अपने समय के राजनीतिक प्रतिरोध से जुड़े। छात्र- राजनीति में भागीदारी के जरिए परिस्थितियों, उसके कारणों और निदान के बारे में देखने-समझने का उनका अपना नजरिया बनने लगा। उनकी विद्रोही चेतना हर अनुभव के साथ समृद्ध और परिपक्व होने लगी। इसी क्रम में वह मार्क्सवादी साहित्य के सम्पर्क में आए। उनके सामने मानो एक समूची नई दुनिया खुलने लगी। उन्हें अपने सवालों के जवाब मिलने लगे। फिदेल कहते हैं कि शुरुआती विश्वविद्यालयी जीवन में वह एक आदर्शवादी यूटोपियन कम्युनिस्ट थे जिसका आधार उसके अपने जीवन और समाज के अनुभव और इनके बारे में प्रारम्भिक सोच-समझ थी। वे एक ऐसे आदर्शवादी स्वप्नद्रष्टा थे जो अपने समाज की सच्चाइयों को, उसकी बर्बर विषमताओं को देखकर

गुस्से से भर उठता और सब-कुछ बदल देना चाहता था। मगर उन सच्चाइयों के मूल कारण, उन सच्चाइयों को बदल देने का रास्ता नहीं मालूम था और न ही उन सच्चाइयों के बाद की मंजिल की समझदारी। उनके विचारों, धारणाओं का वैज्ञानिक अथवा ऐतिहासिक आधार नहीं था मगर वह गहराई के साथ, भावनात्मक रूप से महसूस करते कि स्थितियाँ बहुत ही खराब हैं और चारों तरफ फैली हुई गरीबी, अन्याय, विषमता समाज के सच्चे विकास की सबसे बड़ी बाधाएँ हैं।

फिदेल ने जब 1950 में कानून की डिग्री ली, उस समय तक उनकी क्रान्तिकारी विश्वदृष्टि और नजरिया काफी हद तक विकसित हो चुका था–न सिर्फ विचारों के क्षेत्र में बल्कि उद्देश्य और उसे अपने समाज की ठोस परिस्थितियों में हासिल करने की समझदारी के मामले में भी। वह चिबास और उनकी ऑर्थोडाक्स पार्टी से अभी भी सक्रियता से जुड़े थे मगर उनकी सैद्धान्तिक-व्यावहारिक सोच और समझदारी उस पार्टी की सीमाओं से आगे विकसित होने लगी थी। अपनी इस विकास-यात्रा में वह मार्क्सवादी पुस्तकों के सम्पर्क में आए। मार्क्सवादी साहित्य मानो उनकी अब तक की तमाम धारणाओं की राजनीतिक व्याख्या थी। मार्क्सवाद ने उन्हें सिखाया कि समाज वास्तव में है क्या। फिदेल कहते हैं कि वह अब तक जैसे किसी घने जंगल में आँखों पर पट्टी बाँधे घूमते इनसान की तरह थे। मार्क्सवाद ने उनकी आँखों की पट्टी खोली और आगे का रास्ता दिखाया। समाज के अमीरों और गरीबों में बँटे होने, चन्द लोगों द्वारा बहुसंख्यक जनता का शोषण करने और इस शोषण को जनता की नियति, समाज की स्वाभाविक स्थिति बताने के तमाम हथकंडे अपनाने, पूँजीवादी वर्ग-संघर्ष का इतिहास, उसकी असली व्याख्या खुलने लगी।

फिदेल ने तमाम महत्त्वपूर्ण मार्क्सवादी पुस्तकों का गहराई से अध्ययन-मनन किया। मार्क्स के कम्युनिस्ट मेनिफेस्टो, फ्रांस में गृहयुद्ध, 18वीं ब्रुमेर और गोथा प्रोग्राम की आलोचना से वे विशेष प्रभावित हुए। साथ ही लेनिन की राज्य और क्रान्ति, साम्राज्यवाद-पूँजीवाद की चरम अवस्था तथा एंजेल्स की "इग्लैंड में मजदूर वर्ग की दशा" ने भी उनको गहरे प्रभावित किया। मार्क्स का तपस्वी सरीखा संयम और सादगी, आत्मानुशासन और उनके शोध व अध्ययन की विशालता और गहराई के वह मुरीद हो गए। समूचे मार्क्सवादी साहित्य में जिस किताब का फिदेल पर सबसे गहरा असर पड़ा, वह है कम्युनिस्ट मेनिफेस्टो। जिस सादगी, स्पष्टता और बगैर किसी लाग-लपेट के 'कम्युनिस्ट मेनिफेस्टो' में दुनिया और समाज को व्याख्यायित किया गया, उसने फिदेल को गहरे प्रभावित किया।

फिदेल कहते हैं कि कम्युनिस्ट मेनिफेस्टो पढ़ते ही मानो उन्हें उनके बहुत सारे सवालों का जवाब मिल गया। घटनाओं और परिस्थितियों के घने जंगल में, जहाँ सामने दिखाई दे रही चीजों की छिपी हुई सच्चाइयों को देख-समझ पाना बहुत ही जटिल और मुश्किल हो, जहाँ सारा दोष इनसान की अपनी नियति, दुर्भाग्य, कमजोरियों पर मढ़ दिया गया हो फिदेल ने उन कारकों को पहचानना शुरू किया जो किसी व्यक्ति के दुर्गुण और अनैतिकता के चलते नहीं थे। फिदेल ने मानवीय समाज और उसके अन्दर के उन तमाम विभाजनों-विषमताओं की ऐतिहासिक प्रक्रिया को समझना शुरू किया जिन्हें वह

रोजमर्रा के जीवन में देखते आ रहे थे। फिदेल कहते हैं कि इस नंगी सच्चाई को देखने के लिए किसी नक्शे, खुर्दबीन या दूरबीन की दरकार नहीं है कि समाज में हजारों-हजार लोग रोज भूखे रह जाते हैं और कुछ थोड़े से लोगों के पास उनकी जरूरतों से कहीं ज्यादा जमा होता जाता है।

फिदेल के आदर्शवादी स्वप्नद्रष्टा से क्रान्तिकारी विश्वदृष्टि हासिल करने के आठ वर्षों के सफर में मार्क्सवाद-लेनिनवाद का निर्णायक योगदान था। फिदेल स्वीकार करते हैं कि क्यूबाई क्रान्ति के लिए उनका सर्वाधिक महत्त्वपूर्ण योगदान मार्ती और मार्क्सवाद-लेनिनवाद के विचारों-सिद्धान्तों को संयोजित-समन्वित करके उन्हें लगातार अपने संघर्षों में लागू करते रहना है।

क्रान्ति की राह पर

सितम्बर 1950 में कानून की डिग्री लेने तक फिदेल मार्क्सवाद-लेनिनवाद के बुनियादी सिद्धान्तों और विश्वदृष्टि से लैस हो चुके थे। उनके पास छात्र-राजनीति में सत्ता-संरक्षित माफिया तत्वों से मोर्चा लेते हुए आगे बढ़ने और चिबास की अगुवाई में ऑर्थोडाक्स पार्टी द्वारा चलाये जा रहे बतिस्ता तानाशाही, ग्राउसान और सो़कारा सरकारों के भ्रष्टाचार के संगठित विरोध में सक्रिय भागीदारी के राजनीतिक व्यवहार का अनुभव था। साथ ही साथ फिदेल केयो कन्फाइट्स अभियान, लातिनी अमेरिकी छात्र संगठन के गठन और 'बोगोटाजो' अभियानों के जरिए सशस्त्र कार्यवाहियों और क्रान्तिकारी अन्तर्राष्ट्रीयता की बुनियादी सीखों से भी दीक्षित हो चुके थे।

विश्वविद्यालय के शुरुआती दिनों से ही फिदेल ग्राउसान मार्टिन की सत्ताधारी पार्टी 'अथेंटिको' के युवा नेता चिबास द्वारा अपनी पार्टी के भ्रष्टाचार, फ्रॉड और निकम्मेपन के खिलाफ चलाये जा रहे भंडाफोड़ और साथ ही साथ बतिस्ता तानाशाही के निर्भीक विरोध अभियान में खुलकर साथ दे रहे थे। जल्दी ही चिबास ने 'अथेंटिको' के खिलाफ अपनी नई राजनीतिक पार्टी 'ऑर्थोडाक्स' का गठन कर लिया था। फिदेल का इस पार्टी के साथ बराबर घनिष्ठ सम्पर्क रहा। चिबास की दुर्भाग्यपूर्ण आत्महत्या के बाद 'ऑर्थोडाक्स' की गतिविधियों की सत्ता और बतिस्ता विरोधी धार कमजोर पड़ती गई। लिहाजा पार्टी से सम्पर्क बनाए रखते हुए भी फिदेल के क्रान्तिकारी सिद्धान्त और व्यवहार की धारणाएँ अपने अनुभवों और मार्क्सवादी अध्ययन के रास्ते आगे बढ़ती रहीं।

क्यूबा में कम्युनिस्ट पार्टी का लम्बे अरसे से अस्तित्व और मजदूर वर्ग के बीच खासा प्रभाव था। मगर साम्राज्यवादी, मेकार्थीवादी, दक्षिणपंथी प्रतिक्रियावादी राजनीति और अमेरिका-परस्त बतिस्ता तानाशाही के चतुर्दिक हमलों से कम्युनिस्ट अलग-थलग पड़ चुके थे। तमाम कोशिशों के बावजूद आम जनता के साथ उनका राजनीतिक जुड़ाव नहीं बन रहा था। मजदूर आन्दोलनों-संघर्षों में वह अभी भी एक मजबूत धारा थे। बड़ी संख्या में क्यूबा के कम्युनिस्ट मजदूर वर्ग के अन्दर निष्ठा, ईमानदारी और शिद्दत के साथ काम कर रहे थे। मजदूरों की दशाओं में सुधार के लिए बढ़-चढ़कर प्रयास कर रहे थे। इसके चलते मजदूरों के बीच उन्हें खासा सम्मान हासिल था। बावजूद इन तमाम सकारात्मक बातों के, व्यापक जन-समुदाय के बीच उनकी स्वीकार्यता और राजनीतिक प्रतिष्ठा नहीं थी। क्यूबा की उस समय की परिस्थितियों में उनके लिए राजनीतिक सम्भावना नहीं थी।

इसका सबसे बड़ा कारण यह था कि बिल्कुल शुरुआती दौर से ही कम्युनिस्ट पार्टी का बतिस्ता तानाशाही के साथ संश्रय था। द्वितीय विश्वयुद्ध के दिनों में अन्तर्राष्ट्रीय

स्तर पर हिटलर और स्तालिन की जुगलबन्दी 'माल्तोव-रिब्बेनट्राप समझौते' के पहले से ही क्यूबा में कम्युनिस्ट बतिस्ता के साथ थे। यह साथ बतिस्ता द्वारा बेशर्मी से 1933 की क्रान्तिकारी अन्तरिम सरकार को अपदस्थ करने, क्यूबा पर अपनी तानाशाही थोपने और 1934 में बतिस्ता के खिलाफ आम हड़ताल के बर्बर दमन के बावजूद बना रहा और बतिस्ता देश में कत्लो-गारत की तानाशाही मजबूत करते हुए अकूत दौलत हथियाता रहा।

बावजूद इसके कि 1933 में अन्तरिम सरकार को अपदस्थ करने के अपने राष्ट्रीय विश्वासघात के समय से ही बतिस्ता हमेशा अमेरिकी साम्राज्यवाद का पिट्ठू और मोहरा रहा, कम्युनिस्ट इन्टरनेशनल ने क्यूबाई कम्युनिस्टों को बतिस्ता सरकार में शामिल होने का निर्देश दिया। कम्युनिस्ट नेतृत्व को, जिसमें न जाने कितने ईमानदार और बहादुर नौजवान थे, विवश होकर अन्तर्राष्ट्रीय फरमान मानना पड़ा। फिदेल ऐसे बहादुर कम्युनिस्टों में कार्लोस राफेल रोड्रिग्ज की विशेष रूप से चर्चा करते हैं जो उनके साथ बतिस्ता के खिलाफ सियेरा मायेस्त्रा की निर्णायक जंग में कंधे से कंधा मिलाकर लड़े।

बहरहाल द्वितीय विश्वयुद्ध बीतते न बीतते समूची पूँजीवादी दुनिया में कम्युनिस्टों पर पूँजीवाद कहर बनकर टूट पड़ा। मेकार्थीवाद के घृणित, क्रूर कम्युनिस्ट सफाया अभियान में पूँजीवाद और अमेरिका की पिट्ठू राजसत्ताओं ने हजारों बहादुर प्रगतिशील नौजवानों-महिलाओं-बुद्धिजीवियों-मजदूर नेताओं और यहाँ तक कि आम निरीह जनों को भी बर्बर यातनाएँ देते हुए मार डाला। वह पूँजीवाद का एक समूची पीढ़ी के खिलाफ सफाया अभियान था। खुद क्यूबा में ग्राउसान मार्टिन सरकार की नुमाइन्दगी में प्रतिभाशाली कम्युनिस्ट और मजदूर नेता निर्ममतापूर्वक सताये और कत्ल किए गए। यह वही फिजियोलॉजी का प्रोफेसर ग्राउसान मार्टिन था जो कभी मकाडो तानाशाही के खिलाफ संगठित जन-विद्रोह का प्रतीक और 1933 की अन्तरिम सरकार का राष्ट्रपति हुआ करता था। वही अब बतिस्ता का बेबस मोहरा था, जिसने जनवरी, 1934 में उसकी अन्तरिम सरकार को उखाड़कर अपनी तानाशाही चलाई थी। वही ग्राउसान अब कम्युनिस्टों के कत्ले-आम को संस्थाबद्ध कर रहा था। फिदेल इन घटनाओं से ऐतिहासिक सबक लेते हुए कहते हैं कि क्रान्तिकारी पार्टी समय और परिस्थिति की ठोस माँग के मुताबिक अपने कार्यनीतिक संयोजन-समझौते जरूर कर सकती है परन्तु इसकी आड़ में रणनीतिक भूल करने का जोखिम नहीं उठा सकती। क्यूबा में कम्युनिस्ट पार्टी ने रणनीतिक भूल की और इतिहास के निर्णायक मोड़ पर, जब क्यूबा को उसकी बेहद जरूरत थी, अप्रासंगिक हो चुकी थी।

क्यूबा में अमेरिकी दलाल तानाशाही के खिलाफ किसी प्रभावी और संगठित राजनीतिक विपक्ष के अभाव के माहौल में एक नए समतामूलक क्यूबाई समाज की रचना को लेकर फिदेल के मन-मस्तिष्क में उथल-पुथल मची हुई थी। अपने अनुभवों और मार्तीवाद की रोशनी में शुरू से ही फिदेल के मन में यह धारणा बन रही थी कि परम्परागत राजनीतिक तौर-तरीकों से कुछ हासिल नहीं होनेवाला है और सशस्त्र जन-कार्यवाहियों के जरिए ही स्थापित सत्ता को मिटाकर क्रान्ति लाई जा सकती है। मार्क्सवाद ने फिदेल की इस धारणा को पुष्ट किया और इसके सैद्धान्तिक, राजनीतिक और वैज्ञानिक आयामों को व्याख्यायित किया।

क्यूबा में एक सच्ची आमूल-चूल परिवर्तनकारी सामाजिक क्रान्ति लाने के लिए फिदेल क्रान्तिकारी रणनीति तैयार करने में जुट गए। सामाजिक क्रान्ति क्रमशः चरणबद्ध तरीके से अंजाम दी जाएगी। यह असन्तुष्ट, विप्लवी व्यापक जन-समुदाय के जरिए अपने मुकाम तक पहुँचेगी, वह व्यापक जनता जिसके अन्दर अभी क्रान्ति की अपरिहार्यता को लेकर परिपक्व राजनीतिक चेतना नहीं है परन्तु जो क्यूबाई आबादी का विशालतम हिस्सा है। असन्तुष्ट विप्लवी, बेदाग, निरीह आम जन ही वह ताकत है जो क्रान्ति को सफल बना सकता है। जनता क्रान्ति की निर्णायक कारक है। उसे क्रान्ति की दिशा में गोलबन्द करना होगा, आगे बढ़ाना होगा, उसका नेतृत्व करना होगा। यह सब कुछ अचानक नहीं होगा। इस कार्यभार को चरणबद्ध तरीके से अंजाम देना होगा। समाज में, जनता में क्रान्तिकारी-राजनीतिक चेतना रातो-रात महज जबानी जमा-खर्च करके नहीं लाई जा सकती है। फिदेल को यह बात पूरी तरह साफ थी कि जनता ही आधारभूत, निर्णायक कारक है। ज्यादातर जनता असमंजस में है, भ्रमित है। खासकर समाजवाद और साम्यवाद को लेकर वह खासी सशंकित और पूर्वग्रहों से ग्रस्त है। अब तक उसे सही राजनीतिक शिक्षा-समझदारी नहीं मिली। सत्ता अपने तमाम हथकंडों से कदम-कदम पर उसे गुमराह करने में लगी है। हर तरफ रेडियो, टी.वी., पत्र-पत्रिकाएँ, अखबार, फिल्म, मास मीडिया का हर साधन यहाँ तक कि स्कूल और चर्च भी समाजवादविरोधी झूठे पूर्वग्रहों और दुष्प्रचारों की मुहिम चलाए हुए हैं। जनता नहीं जानती कि साम्यवाद या समाजवाद है क्या बला, मगर एक बात पूरी तरफ साफ थी—समाज में चारों तरफ हाहाकार मचा हुआ था। जनता गरीबी, अन्याय, अपमान और असमानता के असहनीय बोझ तले कराह रही थी।

जनता की ये तकलीफें महज भौतिक या शारीरिक नहीं थीं। आपको सिर्फ इसीलिए तकलीफ नहीं होती कि आपको 3000 की जगह महज 1500 केलोरी जीवनशक्ति ही नसीब हो रही है, या फिर आप भूखे-नंगे-फटेहाल रह जाने के लिए मजबूर हैं। सत्ता के हमले का एक दूसरा पहलू है जो दिखता नहीं मगर ज्यादा गहराई से वार करता है। यह जनता की आत्मा पर, उसकी चेतना पर, उसके आत्मगौरव पर हमला करता है। यह सामाजिक गैरबराबरी का हमला है। वह गैरबराबरी, वह विषमता जो आप को एक इनसान नहीं मानती, लगातार नीचा दिखाती है, अपमानित करती है। आपको नाबदान की गंदगी की तरह देखा जाता है। मानो आप कुछ नहीं हैं। मानो आपका कोई अस्तित्व ही नहीं है। यह वह हमला है जो यथास्थिति की सत्ता को स्थायित्व प्रदान करता है, उसे संस्थाबद्ध करता है।

इस तरह क्यूबा के लोग बिना कुछ जाने और बिना किसी दोष के असहनीय-अकल्पनीय तकलीफें झेल रहे थे। वे भ्रमित और सशंकित जरूर थे मगर अपने वर्तमान से असन्तुष्ट थे, तमतमाये हुए थे, कुछ करने पर आमादा थे। वे लड़ सकते थे। वे गोलबन्द किए जा सकते थे। उनके गुस्से और उनकी ऊर्जा को सही दिशा में मोड़ा जा सकता था। क्रान्ति की राह पर उन्हें कदम-ब-कदम तैयार किया जा सकता था, उन्हें अपने स्वाभिमानी भविष्य के प्रति विश्वास और राजनीतिक चेतना से पूरी तरह लबरेज होकर सत्ता पर निर्णायक चोट करने के लिए पूरी तरह तैयार किया जा सकता था।

1950 में कानून की डिग्री लेने के बाद से आगे की पढ़ाई के साथ-साथ फिदेल की क्रान्तिकारी सोच इसी रास्ते पर विकसित हो रही थी। यह वह समय भी था जब फिदेल अपने सम्पूर्ण शैक्षिक जीवन में पहली बार आश्चर्यजनक गम्भीरता के साथ पढ़ाई कर रहे थे। तीन विषयों से मेजर (आनर्स) करने के कारण वह स्कॉलरशिप के हकदार थे। अपने चुने हुए पचास विषयों में से अब महज दो विषयों में पास करना रह गया था। इसके बाद वह राजनीतिक अर्थशास्त्र की गहन समझदारी, शोध और अध्ययन के लिए विदेश जा सकते थे।

तभी क्यूबा के राजनीतिक घटनाक्रम ने ऐसी करवट ली कि फिदेल को अपनी निजी महत्त्वाकांक्षाओं को हमेशा के लिए भूलकर ठोस राजनीतिक यथार्थ की राहों पर चल पड़ने के लिए मजबूर होना पड़ा।

जून 1952 के चुनावों में राष्ट्रपति बन पाने की कोई सम्भावना न देख चुनाव से तीन महीने पहले 10 मार्च, 1952 को बतिस्ता ने खुद की ही पहलकदमी पर बने संविधान के तहत निर्वाचित राष्ट्रपति का तख्तापलट करते हुए एक बार फिर क्यूबा पर अपनी सैनिक तानाशाही थोप दी। स्थापित विपक्ष 'ऑर्थोडाक्स पार्टी' के एकमात्र ईमानदार और कद्दावर नेता चिबास अगस्त 1951 में आत्महत्या कर चुके थे। ग्राउसान मार्टिन की 'अथेंटिकों' पार्टी में न तो विरोध का दम था, न नैतिकता और न ही रत्ती-भर जन-स्वीकार्यता। कम्युनिस्ट पूरी तरह हाशिये पर और अलग-थलग थे। बतिस्ता के लिए मैदान बिल्कुल साफ था।

इस समय तक फिदेल एक समझदार मार्क्सवादी-लेनिनवादी बन चले थे। उनके पास भविष्य के संघर्षों की योजना और समझदारी थी। यह समझदारी जून 1952 के चुनावों की पृष्ठभूमि में विकसित हुई थी। क्यूबा की तमाम राजनीतिक परिस्थितियों को देखते हुए यह तय था कि 1 जून के बाद भी कुछ बदलने वाला नहीं है। जनता को हताशा और निराशा के सिवा कुछ मिलने वाला नहीं है। किसी भी सच्चे क्रान्तिकारी बदलाव के लिए उन पुराने, बार-बार दुहराये जा चुके घुमावदार रास्तों की भूल-भुलैया पर वापस लौटने का कोई मतलब नहीं था जो कभी किसी मुकाम तक नहीं पहुँचते।

इसलिए फिदेल और उनके साथियों ने क्रान्तिकारी आन्दोलन-अभियान की शुरुआत करते हुए व्यापक जन-विद्रोह की गोलबन्दी की ओर बढ़ने का फैसला किया। इसके लिए 1952 से ही फिदेल ने अपने कुछ बेहतरीन विश्वस्त साथियों के साथ, जिनमें आबेल, मोन्टाने और अन्य नौजवान शामिल थे, 1200 नौजवानों के दस्ते को संगठित-प्रशिक्षित करना शुरू किया। इनमें से ज्यादातर ऑर्थोडाक्स पार्टी से आए थे। फिदेल ने हर नौजवान से व्यक्तिगत रूप से बात-व्यवहार करते हुए संगठन के उद्देश्य और नियमों को व्याख्यायित किया। इस दौर में आन्दोलन का लक्ष्य क्रान्ति नहीं, बल्कि 10 मार्च के पहले की उस संवैधानिक राजनीतिक स्थिति की पुनर्बहाली था जिसे बतिस्ता ने सैनिक कार्यवाही के जरिए उखाड़ फेंका था। बतिस्ता तानाशाही को शान्तिपूर्ण तरीकों से हटा पाने की कोई उम्मीद नहीं थी। उसे हटाने के लिए सशस्त्र आन्दोलन की दरकार थी। फिदेल और उनके साथियों की मंशा इसमें नेतृत्वकारी भूमिका निभाने की थी। अभी भी स्थापित राजनीति में जाने-माने चेहरों की कमी नहीं थी। मगर आन्दोलन

के इस दौर में फिदेल और उनके साथियों को जल्दी ही इस नतीजे पर पहुँचने के लिए मजबूर होना पड़ा कि सब कुछ जनता के साथ छल, जालसाजी और दिखावा था। वे तमाम जाने-माने चेहरे दिखावटी-नूरा कुश्ती लड़ रहे थे और इनसे कुछ होने-जाने वाला नहीं था।

इन हालातों में फिदेल और उनके साथियों ने संघर्ष की अपनी योजना बनाने और उस पर अमल करने का फैसला लिया। उनके पास आगामी संघर्ष की ठोस समझदारी और इस संघर्ष को अपने वांछित क्रान्तिकारी लक्ष्य की ओर ले चलने का हौसला था। यहाँ से सब-कुछ बदलने लगा। क्यूबा का इतिहास नई करवट लेने लगा। एक नए क्यूबा की, आम जनता के क्यूबा की उम्मीदें जगने लगीं।

खंड III

बगावत का बिगुल

खून से नहाए ध्वज अभी सूखे नहीं थे
सैनिक अभी बैरकों में लौटे नहीं थे
आजादी ने बदल लिए लबादे
बन गयी एक असीम जागीर।
नयी जुताई से नई नस्ल उगी-
नवधनिक हरामजादे-हथियारों के जखीरों के साथ
पुलिस और जेलों के साथ-खींच दी एक स्याह लकीर
'यहाँ सब कुछ हमारा...इसके हर तरफ पहरा'
उस पार गरीब के लिए-
खदानों का अँधेरा और रेगिस्तानों का उजाला।
और जहन्नुम के जने दुष्ट कम्युनिस्ट
हाँ वही-सिर्फ वही उठा सकते हैं उँगलियाँ
इसलिए वे, सब के सब—जेलों और कत्लगाहों में।

पाब्लो नेरूदा
(द ओलिगार्चीज)

मैं हमेशा सच्चाई के साथ हूँ
कि उजास से भर उठे धरती
मैं होना चाहता हूँ—महज एक रोटी की तरह
कि जब रणभेरी बजे, मैं छूटने न पाऊँ
मैं अब यहाँ हूँ अपनी चाहतों के साथ
खुद के वजूद के साथ, जो जाने कब-कहाँ छूट गया था
फिर भी, इस पथरीली छाँव में, मैं नहीं लूँगा विश्राम
समूचा समन्दर लरजता है मेरी खामोशी में।

पाब्लो नेरूदा
(नथिंग मोर)

बगावत का पहला बिगुल : मोन्काडा सेना बैरक पर हमला

एक कहानी

एक देश था। देश के लोग थे। देश के लोगों ने दो सौ सालों के संघर्ष और बेमिसाल कुर्बानियों के बल पर औपनिवेशिक आक्रांताओं से आजादी हासिल की थी। अब उनके पास अपना संविधान था। अपना कानून था। अपनी आजादी थी। अपनी चुनी हुई सरकार, संसद और न्यायपालिका थी। हालाँकि अभी भी देश में औपनिवेशिक आक्रांताओं के बहुरूपिए दलाल मौजूद थे। अभी भी देश के काफी सारे कारोबार पर उनका कब्जा था। सरकार के भी बहुत सारे लोगों को उन्होंने खरीद रखा था। लिहाजा लोग निकम्मी और भ्रष्ट सरकार से नाराज थे। मगर फिर भी उन्हें इत्मीनान था कि उनके हाथों में नई सरकार चुनने की संवैधानिक ताकत है। उन्हें विश्वास था कि इस ताकत और संविधान को कोई खतरा नहीं था। चारों तरफ राजनीतिक गहमागहमी थी। अखबार, रेडियो, टेलीविजन पर खुली बहसें और जन-गोलबन्दियों का दौर था। लोग निकम्मी और भ्रष्ट सरकार को सबक सिखाने और नए राजनीतिक दल को मौका देने पर आमादा थे। उनके जेहन में गुलामी की भयावह यादें थीं मगर उन्हें यकीन था कि वे काले दिन अब कभी नहीं लौटेंगे।

बेचारा देश। एक दिन सुबह लोग अचकचाकर जागे और पाया कि जब वे सो रहे थे, अतीत के पिशाचों ने उनके संविधान और सपनों पर कब्जा कर लिया था। उनके हाथ-पाँव बाँध दिए थे, गले में फन्दा और जबान पर ताला जड़ दिया था। यह पैशाचिक खूनी पंजा जाना-पहचाना और पचास साल पहले भगाए गए पड़ोसी आक्रांता का भरोसेमन्द दलाल था।

संविधान के जरिए देश पर कब्जा करने का मंसूबा न पूरा होते देख इस जाने-पहचाने पिशाच ने अपने भरोसेमन्द सत्रह गुर्गों की सेना में घुसपैठ कराई। फौजी बूटों के जरिए देश और उसके खजाने पर कब्जे की साजिश रची और कामयाब रहा। अब आगे क्या हो? पिशाच ने अपने सत्रहों गुर्गों को बुलाया और कहा : 'तुम मुझे प्रधानमंत्री बनाओ; मैं तुम सबको जनरल बनाता हूँ।' इसके बाद उसने बीस-एक दलाल और जुटाए : 'मैं तुम्हें अपनी कैबिनेट में लेता हूँ, तुम मुझे राष्ट्रपति बना दो।' इस तरह पिशाचों, भूतों और दलालों ने एक दूसरे को राष्ट्रपति, जनरल, मंत्री, सरकार बनाकर देश और उसके खजाने पर कब्जा कर लिया। संविधान के हर प्रावधान की धज्जियाँ उड़ाते हुए

पिशाच तानाशाह लोगों की साँसों, उनकी जिन्दगी, उनके वजूद का मालिक बन बैठा। देशद्रोही, दलाल, कायरों में उसके कदमों में बिछ जाने की होड़ लग गई। न्यायपालिका उसकी रखैल बन बैठी। पुराने घाघ राजनीतिक दल एक के बाद एक उसकी खुशामद में बिछने और उसके मोहरे बनकर सत्ता का मजा लूटने लगे। फौजी बूटोंवाली इस हत्यारी तानाशाही को पूँजीवाद के अन्तर्राष्ट्रीय सरगना, ताकतवर लालची पड़ोसी और उसके तमाम चेलों से धड़ा-धड़ अन्तर्राष्ट्रीय मान्यता मिलने लगी। देश के अन्दर विरोध की हर आवाज बेरहमी से कुचली जाने लगी।

उसी देश में एक छब्बीस साल का नौजवान था। उसने कानून पढ़ा था। वह संविधान की सर्वोच्चता का कायल था। वह लोगों की आजादी के अधिकार को अनुल्लंघनीय मानता था। वह संविधान पर हमलावर किसी भी तानाशाही का विरोध और जरूरत पड़ने पर उसके खिलाफ बगावत को लोगों का मौलिक अधिकार मानता था। उसने संविधान उठाया। देश की जनता और देश के संसाधनों पर हमले की रोकथाम करनेवाली धाराएँ खँगालीं और पाया कि इस पिशाच तानाशाह और उसके गुर्गों के गुनाहों के लिए संविधान ने 108 सालों की सख्त सजा तजवीज की है। देश पर तानाशाही के काले बादल छाये महज चार दिन हुए थे कि एक हाथ में संविधान और दूसरे में तानाशाह के गुनाहों का कच्चा चिट्ठा लिये यह नौजवान देश की सर्वोच्च न्यायपीठ के सामने जा पहुँचा। तानाशाह और उसके सत्रह गुर्गों को 108 साल की सजा सुनाने और देश को उनके चंगुल से आजाद कराने की गुहार लगाई।

दिन और महीने बीतने लगे। कहीं कोई सुनवाई नहीं थी। उलटे न्यायपीठ ने तानाशाह को 'महामहिम' बना दिया। तानाशाह की दरिंदगी, हवस और लूट दिन-पर-दिन बढ़ती गई। लोगों की बर्दाश्त की हद टूटने लगी। लोगों में इस पिशाच से छुटकारा पाने की अकुलाहट बढ़ने लगी। मगर इस अकुलाहट और आक्रोश को संगठित संघर्ष में कौन गोलबन्द करता? जाहिर था, सत्तालोलुप, कायर और चाटुकार घाघ राजनीतिक दल ऐसा करने की सोच भी नहीं सकते थे। तब उस नौजवान की समझ में मूल बात आई। लोगों को अपनी आजादी की, अपने सपनों की लड़ाई खुद लड़नी होगी। नौजवान ने इस लड़ाई को संगठित करने और दिशा देने का बीड़ा उठाया।

उस देश का नाम क्यूबा, तानाशाह का नाम फुलगेन्शियो बतिस्ता और नौजवान का नाम फिदेल कास्त्रो था।

पृष्ठभूमि

क्यूबा में 1948 के चुनावों में अथेंटिको पार्टी की जीत हुई थी। राष्ट्रपति कार्लोस प्रियो सोकारा के नेतृत्व में बनी सरकार से जनता को काफी उम्मीदें थीं। जल्दी ही ये उम्मीदें टूटने लगीं। सरकार में निकम्मे और भ्रष्ट लोगों का बोलबाला था। देश में बेरोजगारी, गरीबी, भूख और भ्रष्टाचार चरम पर पहुँचने लगा। पुराना तानाशाह बतिस्ता, वर्तमान राष्ट्रपति प्रियो सोकारा और उनके गुर्गे देश को अपनी अय्याशी की जागीर बनाकर लूट रहे थे और विदेश, खासकर अमेरिका में अकूत लूट की कमाई जमा कर रहे थे।

क्यूबा में 1925 से ही आजादी की लड़ाई के बहादुर योद्धा मेल्ला की अगुवाई में कम्युनिस्ट पार्टी की स्थापना हुई थी। मगर अब उस पार्टी में धार नहीं बची थी। पार्टी का अभी भी मजदूर वर्ग के बीच कामकाज और आधार था मगर देश में संघर्षशील, सक्षम राजनीतिक विकल्प के तौर पर पार्टी की साख, सम्भावना और हिम्मत नहीं थी। द्वितीय विश्वयुद्ध के तुरंत बाद से चले मेकार्थीवाद और खूँखार साम्राज्यवादी कम्युनिस्टविरोधी अभियान ने बतिस्ता और उसके बाद की तमाम सरकारों के जरिए कम्युनिस्ट पार्टी की कमर तोड़ दी थी। कम्युनिस्टों और उनके नाम पर आम जनता, मजदूरों, राजनीतिक कार्यकर्ताओं के खिलाफ चलाए जा रहे बर्बर यातना और सफाया अभियानों के चलते देश की राजनीतिक संस्कृति और वातावरण में हताशा छाई हुई थी।

सत्तारूढ़ अथेंटिको पार्टी के एक ईमानदार और जुझारू नौजवान नेता, एडवर्डो चिबास ने अपनी पार्टी के निकम्मेपन और भ्रष्टाचार के खिलाफ बगावत करते हुए 1950 में एक नए राजनीतिक दल 'ऑर्थोडाक्सो' का गठन करके बतिस्ता और अथेंटिको के खिलाफ जन-गोलबन्दी अभियान चलाया। आम जनता और विशेषकर नौजवानों में पार्टी की साख और लोकप्रियता लगातार बढ़ रही थी। जैसे-जैसे 1 जून, 1952 का अगला चुनाव नजदीक आ रहा था, देश की राजनीति में परिवर्तन का ध्रुवीकरण तेज होता जा रहा था। यह साफ हो चला था कि इस बार अथेंटिको और बतिस्ता किसी की भी दाल नहीं गलनेवाली और नई सरकार 'ऑर्थोडाक्सो' की चिबास की अगुवाई में बनेगी।

तभी अचानक एक हादसा हो गया। चिबास अपने भ्रष्टाचार भंडाफोड़ अभियान के तहत सरकार के तमाम मंत्रियों और नौकरशाहों की काली कमाई और लूट की कलई खोल रहे थे। इसी क्रम में उन्होंने एक मंत्री की विदेश में अकूत सम्पदा का खुलासा किया था। विरोधियों ने चिबास को इसे साबित करने की खुली चुनौती दी। चिबास अपने खुलासे के पक्ष में तत्काल अकाट्य प्रमाण नहीं दे पाए। विरोधियों को मनचाहा मौका मिल गया और जबरदस्त राजनीतिक घेरेबन्दी करते हुए चिबास के झूठे और साजिशकर्ता होने का प्रचार चलाने लगे। चिबास इस अपमान को बर्दाश्त नहीं कर सके और रेडियो पर अपने राष्ट्रीय प्रसारण के तुरंत बाद पेट में गोली मारकर आत्महत्या कर ली।

चिबास के बाद 'ऑर्थोडाक्सो' में उनके कद और हौसले का कोई और नेता नहीं था जो बतिस्ता और अथेंटिको के खिलाफ भंडाफोड़ अभियान को उसी हिम्मत और ईमानदारी से आगे बढ़ाता। मगर चिबास के अभियान और उसकी शहादत ने यह तो तय कर ही दिया था कि जून 1952 के चुनाव में बतिस्ता और अथेंटिको किसी को भी कामयाबी नहीं मिलने जा रही थी।

इस राजनीतिक परिदृश्य में अपनी कोई संवैधानिक सम्भावना न देख और अथेंटिको के निकम्मेपन, कम्युनिस्टों के हाशिये पर और हताश होने तथा खासकर चिबास की असामयिक मौत के चलते वैकल्पिक राजनीतिक शून्यता का फायदा उठाते हुए फुलगेन्शियो बतिस्ता ने सेना के अपने घाघ सहयोगियों के साथ साजिश रची और चुनाव से महज 2 महीना 21 दिन पहले 10 मार्च, 1952 को क्यूबा पर अपनी फौजी तानाशाही लाद दी। हर तरह की संवैधानिक आजादी और विरोध पर पाबन्दी लगाते हुए आगामी चुनाव रद्द कर दिया। बतिस्ता ने चुनाव के ठीक पहले का समय इसलिए भी चुना कि चुनाव के बाद

जनता द्वारा चुनी गई सरकार के खिलाफ उसके और उसके फौजी गुर्गों के लिए सेना को बगावत पर राजी कराना मुमकिन नहीं होता।

संविधान और लोकशाही की इस अचानक हत्या से स्तब्ध और क्षुब्ध लोगों ने स्थापित राजनीतिक दलों की कायरता, अक्षमता, हताशा और यहाँ तक कि बतिस्ता के साथ मिलीभगत के माहौल में अपने-अपने ढंग से विरोध के लिए 'विद्रोही जुन्टा' के रूप में गोलबन्दियों के प्रयास शुरू किए। 10 मार्च के पहले क्यूबा के चार स्थापित राजनीतिक दलों–अथेंटिको, लिबरल, डेमोक्रेटिक और रिपब्लिकन में से रिपब्लिकन ने तो तख्तापलट के महज दो दिन बाद ही तानाशाही को अपना समर्थन दे दिया। साल बीतते लिबरल और डेमोक्रेटिक दल भी सत्ता-प्रतिष्ठान का हिस्सा बन चुके थे। बतिस्ता ने संविधान, जनता की आजादी, न्यायपालिका, जनतांत्रिक संस्थाओं अथवा चुनाव में से किसी की बहाली नहीं की मगर सभी पुराने भ्रष्ट और निकम्मे राजनीतिज्ञ और नौकरशाह जरूर सत्ता में बहाल हो गए।

यह वह राजनीतिक परिदृश्य था जिसके चलते फिदेल इस नतीजे पर पहुँचे कि हालात से निपटने के लिए उन्हें अपने तरीके से संघर्ष और लोगों को गोलबन्द करना होगा। शुरुआती दौर में इस संघर्ष और गोलबन्दी का मकसद निर्णायक व्यवस्था-परिवर्तन नहीं बल्कि और भी दूसरे संघर्षरत समूहों अथवा जुन्टा के साथ मिलकर क्यूबा में 10 मार्च से पहले की राजनीतिक संवैधानिक स्थिति की बहाली को अंजाम देना था। आगे परिस्थितियों ने ऐसी करवट ली कि संघर्ष की राह क्यूबा की आमूल-चूल क्रान्ति की मंजिल की ओर मुड़ गई।

योजना

बतिस्ता तानाशाही के खिलाफ कई सारे गुट और संगठन अपनी-अपनी समझ के मुताबिक तैयारियाँ कर रहे थे। हवाना विश्वविद्यालय इन तैयारियों का गढ़ था। हवाना विश्वविद्यालय के एक प्रोफेसर रफाइल गर्सिया बार्सीना ने कुछ छात्रों के साथ हवाना सैन्य मुख्यालय पर कब्जे की योजना बनाई। योजना की एक-एक बात की जानकारी सेना समेत पूरे हवाना को थी। सबके-सब पकड़कर जेल भेज दिए गए और बतिस्ता तानाशाही के खिलाफ एक शेखचिल्लीनुमा प्रतिक्रिया का जो अन्त होना था, हो गया। मगर इस घटना ने फिदेल को बतिस्ता के खिलाफ संघर्ष खड़ा करने की दृष्टि से किसी महत्त्वपूर्ण सैन्य ठिकाने पर कब्जे की अहमियत पर सोचने को विवश किया। फिदेल की अगुवाई में उस समय करीब 1200 नौजवानों का संगठन बेहतर सैद्धान्तिक समझदारी, प्रशिक्षण और अनुशासनिक तैयारियों के साथ गोलबन्द हो रहा था जिसके बल पर ऐसी किसी भी योजना को अंजाम दिया जा सकता था।

मूल योजना क्यूबा के किसी रणनीतिक-राजनीतिक दृष्टि से महत्त्वपूर्ण सैन्य ठिकाने और निकटवर्ती रेडियो स्टेशन पर कब्जा कर क्षेत्र की जनता का बतिस्ता के खिलाफ बगावत के लिए आह्वान करने, सैन्य शस्त्रागार के हथियार इस उद्देश्य से जनता में वितरित करने, सेना को भी जनता के पक्ष में बतिस्ता के खिलाफ विद्रोह में उतरने और इस तरह एक बड़े इलाके में प्रभावी जन-सैन्य विद्रोह खड़ा करने की थी। योजना में

प्रारम्भ से ही सैनिकों के साथ किसी सीधी झड़प अथवा हमले को खारिज करते हुए अचानक और अप्रत्याशित हमले के जरिए सैनिकों और उनके हथियारों के जखीरे पर कब्जा करने और सैनिकों का निर्दोष जनता के खून से रँगे तानाशाही झंडे का साथ छोड़ आजादी, राष्ट्र और नागरिकों की रक्षा के लिए अपनी बन्दूकों की नाल जनता की बजाय आततायियों की ओर मोड़ देने के आह्वान का रास्ता चुना गया था।

काफी विचार-विमर्श के बाद फिदेल और उनके विश्वस्त नौजवान सहयोगियों– आबेल, जोस लुइस, रेनाटो गुतेरा, पेड्रो मिरेट और जिसस मोन्टाने ने हवाना के बाद क्यूबा के दूसरे सबसे बड़े सैन्य ठिकाने सेन्टियागो डे क्यूबा में माकियो रेजीमेंट के मुख्यालय मोन्काडा फोर्ट सैन्य बैरक पर हमले की योजना बनाई।

मोन्काडा सैन्य बैरक को उसके सामरिक महत्त्व के साथ ही इस दृष्टि से भी चुना गया था कि सेन्टियागो डे क्यूबा पर कब्जे के जरिए पूरे ओरियन्ट प्रान्त की जनता को तत्काल विद्रोह के लिए सफलतापूर्वक उतारा जा सकता था। लगभग 15 लाख की आबादी के साथ ओरियन्ट प्रान्त की जनता का जुझारू, गौरवशाली और आजादी के लिए मर-मिटने वाला इतिहास था। यह वह प्रान्त था जहाँ अतीत के तीस वर्ष लम्बी आजादी की लड़ाई की मशाल जली थी और जिसने क्यूबा की आजादी के लिए अनगिनत बेमिसाल कुर्बानियाँ दी थीं। अपने इस जुझारू और विद्रोही तेवर के साथ ओरियन्ट प्रान्त बगावत के इस दौर के लिए भी सबसे भरोसेमन्द क्षेत्र था।

मोन्काडा बैरक और निकटवर्ती रेडियो स्टेशन पर कब्जे के सिलसिले में कई विकल्पों पर विचार हुआ। मोन्काडा सेना के शीर्षस्थ अधिकारियों के घर पर एक साथ हमला करके उन्हें बन्दी बनाने के जरिए पूरी मोन्काडा रेजीमेंट पर आसानी से कब्जा किया जा सकता था। परन्तु इन अधिकारियों के घरवालों के सामने खून-खराबे से बचने के मानवीय आधारों पर इस विचार को खारिज कर दिया गया। तय यह पाया गया कि बैरक पर सुबह के धुँधलके में, जब सैनिक गहरी नींद में सो रहे हों, अचानक हमला करके उन्हें किसी किस्म के प्रतिरोध का अवसर दिए बगैर, न्यूनतम खून-खराबे के साथ बन्दी बनाते हुए समूचे शस्त्रागार पर कब्जा कर लिया जाए।

जहाँ तक सवाल रेडियो स्टेशन पर कब्जे का था, इसे सैन्य ठिकाने पर कब्जे के बाद अंजाम देने का निर्णय लिया गया। हालाँकि मुश्किल से दस जाँबाज साथियों के साथ सैन्य ठिकाने पर कब्जे के साथ ही या पहले ही और शायद बिना किसी खून-खराबे या प्रतिरोध के रेडियो स्टेशन पर आसानी से कब्जा किया जा सकता था। फिदेल की खुद की ओजस्वी-विप्लवी वक्तृता और उनके पास उपलब्ध चिबास के जनता के नाम अन्तिम सम्बोधन के साथ युद्ध की रणभेरियों और देशगानों की रिकार्डिंग और इन सबकी पृष्ठभूमि में सैन्य बैरक पर हमले की गोलाबारियों की आवाजें पूरे ओरियन्ट को सड़कों पर उतार लाने के लिए काफी थीं। परन्तु बिना सैनिकों को बन्दी बनाए, उन्हें अपने पक्ष में लाए या निष्क्रिय किए, बिना उनके शस्त्रागार पर कब्जा किए और बिना उन हथियारों को जनता में वितरित किए जनता को बगावत के लिए सड़कों पर उतार देने पर होनेवाले भयावह खून-खराबे से बचने के लिए रेडियो स्टेशन पर कब्जे और जनता का विद्रोह के लिए आह्वान करने का काम सैन्य ठिकाने पर कब्जे के बाद किए जाने का निर्णय लिया गया।

इस तरह अन्तिम योजना यह बनी कि मोन्काडा सैनिक छावनी पर भोर के धुँधलके में अप्रत्याशित हमला करके, बिना कोई प्रतिरोध का अवसर दिए सैनिकों को उनकी बैरकों में सोते हुए बन्दी बना लिया जाए, छावनी के पूरे शस्त्रागार को अपने कब्जे में लिया जाए, निकटवर्ती रेडियो स्टेशन पर कब्जा करके जनता का विद्रोह के लिए आह्वान किया जाए, जनता में हथियार वितरित किए जाएँ और सेन्टियागो के रणनीतिक ठिकानों की सशस्त्र नाकेबन्दी करते हुए अन्य स्थानों से सैन्य मदद या कुमुक के आने की सम्भावना को निष्प्रभावी कर दिया जाए।

संगठन और तैयारी

फिदेल ने मुट्ठी-भर नौजवानों को साथ लेकर इस महा अभियान की शुरुआत की। संगठन में 1200 नौजवानों को गोलबन्द किया गया। इनमें से ज्यादातर बीस से चौबीस साल के थे। केवल दो लोग डॉ. मारियो मुनोज जो संगठन के एकमात्र डॉक्टर थे और गिल्डो फ्लीटास तीस साल से ऊपर थे। ये नौजवान समूचे क्यूबा के विभिन्न शहरों से जुटाए गए थे। काफी लोग पिनार डेल रियो प्रान्त के आर्टीमेसा से थे। ज्यादातर नौजवान ऑर्थोडाक्स पार्टी से आए थे। चिबास की इस पार्टी के साथ फिदेल के सम्बन्ध विश्वविद्यालय के शुरुआती दिनों से ही थे। ये छात्र, मजदूर, पेशेवर स्वरोजगारी, शिक्षक, कलाकार, क्लर्क, बेरोजगार नौजवान थे। ऑर्थोडाक्स पार्टी का जनाधार मध्यवर्ग के बीच था। इसीलिए ज्यादातर नौजवान आम मध्यमवर्गीय गरीब, दुकानों, फैक्ट्रियों में छोटे-मोटे काम करनेवाले, कुछ अपना खुद का रोजगार—फोटोग्राफी आदि करनेवाले थे। दो चार गिने-चुने मध्यवर्गीय सम्पन्न घरों से भी थे। ज्यादातर अपने परिवार की गैरजानकारी में संगठन में शामिल हुए हालाँकि कुछ अपने माता-पिता की जानकारी और उनकी अपने बच्चों के लिए मौन गर्व और सुरक्षा की दिन-रात की चिन्ता के साथ भी शामिल थे।

फिदेल ने इनमें से हर-एक नौजवान को व्यक्तिगत रूप से जाँचा-परखा और संगठन, अनुशासन, राजनीतिक विमर्श से दीक्षित किया। इन सभी नौजवानों में एक बात समान थी। सब के सब घोर बतिस्ता-विरोधी थे। इनमें राजनीतिक ललक तो थी परन्तु राजनीतिक चेतना का अभाव था। यह अभाव क्यूबा में लम्बे अरसे से चलाए जा रहे कम्युनिस्ट दमन और कम्युनिस्ट विरोधी घोर दुष्प्रचार का स्वाभाविक नतीजा था। इन नौजवानों में बहुत से समझते थे कि क्यूबा की सारी दुर्दशा चन्द गिने-चुने दुष्ट राजनीतिज्ञों की वजह से है। कुछ मानते थे कि देश को एक मसीहा की जरूरत है जो सरकारी अमले से भ्रष्टाचार का खात्मा कर दे, बहुत सारे स्कूल और अस्पताल खुलवा दे और ऐसा कुछ कर दे कि सबके पास काम-धन्धा-रोजगार—जीने का साधन हो जाए, किसी को कुछ चुराने-लूटने की जरूरत ही नहीं रहे। वे नहीं समझते थे कि क्यूबा की दुर्दशा कुछ गिने-चुने राजनीतिज्ञों की बदौलत नहीं बल्कि पूँजीवादी उत्पादन-व्यवस्था की देन है जो एक भ्रष्ट राजनीतिज्ञ के मारे जाने पर हजारों ऐसे राजनीतिज्ञ रक्तबीज बनाकर पैदा कर देती है। क्यूबा की दशा में सुधार किसी मसीहा या देवदूत से नहीं बल्कि आदमखोर उत्पादन-व्यवस्था को बदलने से आएगा और यह खुद क्यूबा की दमित-कुचली जनता के संघर्षों से ही मुमकिन हो सकेगा। फिदेल के सामने इन 1200 घोर बतिस्ता-विरोधी, ईमानदार, कुछ कर गुजरने

पर उतारू, पर राजनीतिक रूप से अनपढ़ नौजवानों को क्रान्तिकारी राजनीतिक चेतना, समझदारी और हौसले से लैस अपराजेय जनसेना में बदल देने का कठिन कार्यभार था।

फिदेल संगठन के एकमात्र पेशेवर क्रान्तिकारी थे। उनके संगठन में सबसे पहले शामिल होनेवालों में आबेल सान्तामारिया और जीसस मोन्टाने थे। 1950 में कानून की डिग्री लेने के बाद से फिदेल हवाना बार में वकालत कर रहे थे। फिदेल हमेशा गरीबों के मामले बिना कोई फीस लिए लड़ते और उनके पास केवल गरीब ही अपनी फरियाद लेकर पहुँचते। जाहिर था कि फिदेल हमेशा तंगी में रहते। एक पूर्णकालिक पेशेवर क्रान्तिकारी होने के नाते उनकी आय का कोई और जरिया भी नहीं था। लिहाजा संगठन में उनकी जरूरतों का जिम्मा अक्सर उनके सहयोगी साथियों पर आता। मोन्टाने की अच्छी-खासी नौकरी और थोड़ा बैंक बैलेन्स भी था। आबेल की भी ठीक-ठाक तन्ख्वाह थी और वह अल वेदादो में अपनी बहन के साथ एक अपार्टमेंट लेकर रह रहा था। फिदेल ने संगठन के काम से, खासकर नौजवानों की भरती के सिलसिले में देश-भर से सम्पर्क के लिए एक शेवर्ले कार ले रखी थी। इस कार से फिदेल ने अभियान के निर्णायक दिनों में, मोन्काडा हमले की तैयारियों को अन्तिम रूप देने के सिलसिले में साल-भर में 50,315 मील का सफर तय किया था। होता यह था कि अक्सर फिदेल की कार किस्त न चुकाये जाने के चलते फँस जाती और आबेल या मोन्टाने उसे छुड़ाते।

आबेल सान्तामारिया इस अभियान के सेकेंड-इन-कमाण्ड बने। फिदेल के छोटे भाई राउल के अलावा फ्रैंक पाइस और उसके भाई जोसुआ जैसे कई क्रान्तिकारी नौजवान अभियान की अगली नेतृत्वकारी कतार में थे। इनको लेकर फिदेल छोटे-छोटे स्टडी सर्किल चलाते। शुरुआत मेहरिंग की लिखी मार्क्स की जीवनी से होती। फिदेल शुरू से ही चीजों को बारीकी और गहराई से समझने और उसे प्रभावशाली तरीके से साथियों के बीच रखने-समझाने में माहिर थे। इस तरह फिदेल के साथ-साथ अभियान के कुछ और प्रमुख नेता आबेल और मोन्टाने आदि मार्क्सवादी सिद्धान्त और व्यवहार की विश्व-दृष्टि और समझदारी से लैस हुए। फिदेल ने राउल (क्यूबा के वर्तमान राष्ट्रपति) को भी मार्क्सवाद-लेनिनवाद से दीक्षित किया। राउल अपनी खुद की समझदारी से शुरुआती दौर से ही कम्युनिस्ट पार्टी में शामिल हो गए। मगर फिदेल काफी बाद तक, क्रान्ति के समूचे दौर और उसके बाद भी कई साल तक कम्युनिस्ट पार्टी में शामिल नहीं हुए थे।

अभियान के सदस्यों का सैद्धान्तिक प्रशिक्षण ऑर्थोडाक्स पार्टी के हवाना मुख्यालय में पार्टी मेम्बरों की आपसी बातचीत के छद्म आवरण में होता। एक छोटे से कमरे में पाँच-सात लोगों का ग्रुप बिठाकर उन्हें बुनियादी बातों, अनुशासन, राजनीतिक परिस्थिति आदि का प्रशिक्षण देकर संगठन में शामिल करने के लिए तैयार किया जाता। नेतृत्वकारी साथियों की ज्यादातर बैठकें अल वदादो में आबेल के घर पर होतीं। आबेल की बहन हेदी सान्तामारिया भी इस अभियान में पूरी तरह शामिल थी। दो महिला नेतृत्वकारी साथियों—हेदी सान्तामारिया और मेल्बा हर्नान्डेज की क्यूबा क्रान्ति के पूरे अभियान में अभिभूत कर देनी वाली जुझारू भूमिका थी जो बतिस्ता तानाशाही की दिल दहला देनेवाली अकल्पनीय बर्बर यातनाओं को झेलती हुईं अन्त तक क्रान्ति की नेतृत्वकारी कतार में डटी रहीं। अल वेदादो में आबेल और हेदी का अपार्टमेंट स्थानीय पुलिस थाने और बतिस्ता की बदनाम

खूंखार सैन्य गुप्तचर संस्था 'सर्विस ऑफ मिलटरी इंटेलिजेंस' (सिम) के यातना सेलों के बिल्कुल नजदीक था। बावजूद इसके उन्हें इस अभियान की भनक तक नहीं लग सकी।

अभियान के सदस्यों का सैन्य प्रशिक्षण विश्वविद्यालय कैम्पस में चलाया गया। यहाँ तक कि कमांडो दस्ते भी तैयार किए गए। विश्वविद्यालय शुरू से ही स्वायत्तशासी था जहाँ बाहरी पुलिस-सेना की दखलन्दाजी नहीं थी और तमाम तरह के ग्रुप अपनी गतिविधियाँ चलाते रहते थे। प्रशिक्षण को खेल गतिविधियों का रूप दिया गया था। इंजीनियरिंग के एक छात्र पेड्रो मिरेट ने प्रशिक्षण देने का जिम्मा सँभाला और विश्वविद्यालय के 'हॉल ऑफ मार्टेयर्स' में अपना प्रशिक्षण कैम्प खोला। लोग छः से 12 तक के दस्तों में आते। हर दस्ते का अपना एक नायक होता। खाली खोखों से राइफल चलाने, असेम्बली और डिसअसेम्बली की ट्रेनिंग दी जाती। इसके बाद का व्यावहारिक शूटिंग प्रशिक्षण हवाना के पेशेवर फायरिंग रेंज क्लबों में कराया जाता। अपने रूप-रंग, कद-काठी, व्यक्तित्व और स्टाइल के मुताबिक लोगों का इन क्लबों में उभरते बुर्जुआ-व्यवसायी शिकारप्रेमियों के बतौर पंजीकरण कराया जाता, जहाँ 'क्ले पिजन शूटिंग' के जरिए शूटिंग प्रैक्टिस होती। इस तरह फिदेल और उनके साथी 1200 लोगों का पूरे कानूनी जामे में सैन्य प्रशिक्षण कराने में कामयाब रहे। फिदेल खुद कभी भी विश्वविद्यालय अथवा राइफल क्लबों के आसपास नहीं फटकते थे जिससे किसी को कोई सन्देह न हो। पूरे ग्रुप में फिदेल ही पूरी तरह जाने-पहचाने विद्रोही नेता थे। फिदेल के जिम्मे राजनीतिक-सैद्धान्तिक प्रशिक्षण का कार्यभार था। यह सारा प्रशिक्षण 1200 लोगों ने अपने सामान्य काम-काज—पढ़ाई, रोजगार, दफ्तर, दुकान, नौकरी चालू रखते हुए किया। इस पूरे अभियान की भनक न तो बतिस्ता और उसके गुप्तचरों और न ही अमेरिका के सी.आई.ए. एजेंटों को लगी। इसका कारण फिदेल और उनके साथियों की सांगठनिक कुशलता के साथ-साथ यह भी था कि बतिस्ता को अच्छी तरह से पता था कि फिदेल और उसके साथियों के पास न तो फूटी कौड़ी है और न ही किसी राजनीतिक पार्टी का समर्थन या प्रश्रय। इसलिए विश्वविद्यालय के शेखचिल्ली प्रोफेसरों की तरह इन लोगों से भी कोई खतरा नहीं था। बतिस्ता सोच भी नहीं सकता था कि एक-एक पैसे के लिए मोहताज और किसी भी तरह के राजनीतिक-कूटनीतिक शह-संरक्षण से वंचित सपने देखनेवाले सिरफिरे नौजवान कोई सचमुच का चिन्ता करने लायक संगठन खड़ा कर सकते हैं और विद्रोह के लिए जरूरी हथियार और साजो-सामान जुटा सकते हैं।

सोच में व्यावहारिक सच्चाई भी थी। दोनों ही बातें सही थीं कि संगठन के पास न पैसा और संसाधन था और न ही उन्हें किसी प्रकार का राजनीतिक सहयोग-समर्थन-सहायता हासिल थी। ऑर्थोडाक्स पार्टी के साथ फिदेल के जरूर सक्रिय सहयोगात्मक रिश्ते थे और पार्टी की आम कतारों-कैडरों के बीच अभी भी उनकी मजबूत पैठ और पहचान थी। मगर चिबास के मरने के बाद पार्टी के नेतृत्व में इस कदर हताशा और अवसरवाद हावी था कि बतिस्ता विरोध का नाम सुनते ही मानो उन्हें साँप सूँघ जाता था। हवाना को छोड़कर जहाँ ऑर्थोडाक्स पार्टी का नेतृत्व अभी भी पेशेवर बुद्धिजीवियों के पास था, बाकी सारे क्यूबा में पार्टी पर भू-स्वामियों-धनिकों का कब्जा था। पार्टी के पास धन-सम्पदा और संसाधनों की कोई कमी नहीं थी, यहाँ तक कि भारी मात्रा में हथियार भी,

खासकर हवाना पार्टी मुख्यालय के पास उपलब्ध थे। आबेल के व्यक्तित्व की स्वीकार्यता और हवाना नेतृत्व के बीच उसकी पहुँच को देखते हुए उन हथियारों के इस्तेमाल की योजना बनाई गई। ऑर्थोडाक्स पार्टी को आबेल ने 120-120 नौजवानों के तीन हथियारबन्द दस्ते तैयार करके बतिस्ता के खिलाफ कार्यवाही के लिए राजी कर लिया। परन्तु शंकालु और कायर नेतृत्व योजना पर टिका नही रह सका और पीछे हट गया। यह तो गनीमत थी कि उन्हें इन सब में फिदेल का हाथ होने की भनक नहीं थी वर्ना फिदेल का नाम सुनते ही वे ऐसी किसी योजना में हाथ भी नहीं डालते।

इस तरह संगठन और उसके 1200 लड़ाके तैयार कर लेने के बावजूद फिदेल को आगे का रास्ता नजर नहीं आ रहा था। योजना पर अमल करने के लिए करीब 200 लड़ाकों की जरूरत थी जिनकी तैयारी-साजो-सामान-हथियार के लिए कम से कम 15-20 हजार पीसो (क्यूबा की मुद्रा) की दरकार थी। संगठन ने इसके लिए कभी किसी राजनेता के आगे हाथ नहीं फैलाया। यह संगठन क्यूबा की उस नई नौजवान पीढ़ी का आन्दोलन था जिसके पास एक आजाद, खुदमुख्तार खुशहाल क्यूबाई समाज के सपने के साथ सबसे घाघ और बर्बर तानाशाही के खिलाफ बगावत की अपनी योजना और अपने हौसले थे। यह उन नौजवान लड़ाकों का आन्दोलन था जो उस समय महज सात साल के रहे होंगे, जब बतिस्ता ने पहली बार सन् 1934 में क्यूबा पर अपने लालची खूनी पंजे गड़ाये थे। यह वह आन्दोलन था जिसके असली प्रणेता क्यूबा की आजादी के महानायक जोस मार्ती थे। और जोस मार्ती ने कहा था : 'एक सच्चा मर्द उस रास्ते को नहीं चुनता जहाँ उसका फायदा हो बल्कि उस राह से हमवार होता है जहाँ कर्तव्य उसका इंतजार कर रहे होते हैं। और वही सही मायनों में इनसान भी है क्योंकि उसके वर्तमान के सपने ही भविष्य की सार्वभौम सच्चाइयाँ बनेंगी। जिसने इतिहास से जरूरी सबक सीखा है और अपने लोगों को समय की भट्ठी में अत्याचारों से तड़पते-उबलते-बिलबिलाते देखा है, जो अच्छी तरह जानता-समझता है कि बिना किसी अपवाद के उसका भविष्य कर्तव्यों की तरफ ही है।'

फिदेल का संगठन उन लड़ाकों-आन्दोलनकारियों का था जो जंग को हथियार से ज्यादा हौसले से जीत लेने की कूवत रखते थे। फिदेल ने अपने साथियों के इस हौसले का बयान करते हुए अपने ऐतिहासिक दस्तावेज 'इतिहास मुझे दोषमुक्त करेगा' (हिस्ट्री विल एब्जाल्व मी) में इसकी तुलना क्यूबा की आजादी की लड़ाई के इतिहास में महानतम सेनापति एन्टोनियो माकियो के जनरल स्टाफ जाबाँजों की लड़ाई के एक सन्दर्भ से की है। सेनापति माकियो के जनरल स्टाफ कमांडर मिरो आर्गेन्टर ने अपनी डायरी में इस घटना को दर्ज किया है : *"पेड्रो डेलगाडो की कमान में बिना किसी प्रशिक्षण के जवान जिनमें से ज्यादातर के पास एक खुखरी (मैचेट) के अलावा कुछ नहीं था, स्पेनी सेना के बख्तरबन्द लड़ाकों की शस्त्र-सज्जित टोली पर टूट पड़े और करीब-करीब सब के सब काट डाले गए। यह कहना अतिशयोक्ति नहीं होगी कि हर पचास में से कम से कम 25 जवान मारे गए थे। उनमें से कइयों ने तो बिना खुखरी के ही महज अपनी मुट्ठियों से स्पेनियों का मुकाबला किया था। होंडो नदी के किनारे उगी झाड़ियों में हमें क्यूबाई दल के पन्द्रह और लोगों के शव मिले जिनकी तुरन्त पहचान न हो सकी कि वे किस रेजीमेंट*

या टुकड़ी के हैं। उन्होंने कंधे या बाँहों पर कोई बख्तरबन्द कवच नहीं पहना था, उनके कपड़े जस के तस थे और उनकी कमरपेटियों से महज टिन के मग लटक रहे थे। कुछ कदम की दूरी पर मुर्दा घोड़ा पड़ा हुआ था जिस पर लड़ाई के साजो-सामान ज्यों के त्यों लदे थे। तब जाकर हमें इस त्रासदी की चरम परिणति का अन्दाजा हुआ। इन जवानों ने अपने साहसी कमांडर लेफ्टिनेन्ट कर्नल पेड्रो डेलगाजे का अनुसरण करते हुए अद्‌भुत वीरगति प्राप्त की थी। वे अपनी नंगी हथेलियों और मुट्‌ठियों के साथ स्पेनियों की संगीनों पर टूट पड़े थे। उनके चारों ओर जो धातुई हथियारों के टकराने जैसी आवाजें आ रही थी वे वास्तव में उनकी कमरपेटियों से लटके मगों की आवाजें थीं।"

यह था फिदेल के संगठन के लड़ाकों का आदर्श। जाहिर था, धन या संसाधन और हथियारों की कमी उनके कर्तव्यमार्ग के आड़े नहीं आ सकती थी। संगठन में जिसके पास जो कुछ था, लेकर सामने आया। एल्पीडो सोसा ने अपना धंधा बेच दिया और 300 पीसो के साथ अभियान के लिए हाजिर हो गया। फर्नान्डो ने भी अपनी आजीविका का एकमात्र साधन फोटोग्राफी का सारा साजो-सामान बेच डाला। पेड्रो ने कई महीने की तनख्वाह, अपनी पूरी बचत लगा दी और घर के सारे फर्नीचर बेच डालने पर आमादा था। आस्कर अल्काल्डे ने अपनी पूरी फार्मास्यूटिकल लैब ही बेच डाली। जीसस मोन्टाने ने अपने पूरे पाँच साल की बचत का एक-एक पैसा लगा डाला। यह क्रम चलता रहा। जिसके पास जो था, बिना किसी झिझक के उसने 'अभियान' पर निछावर कर दिया, यहाँ तक कि वक्त आने पर अपनी जानें भी।

इस तरह हुआ 'अभियान' के लिए संसाधनों का बन्दोबस्त। इन सीमित संसाधनों, मगर असीमित हौसलों के साथ अभियान को अंजाम देने की तैयारी आगे बढ़ी।

तैयारी के सिलसिले में एक बात छूट गई। संगठन के 1200 लड़ाकों के राजनीतिक और सैन्य प्रशिक्षण की चर्चा हो चुकी है। फिदेल के खुद के मार्क्सवादी-लेनिनवादी बनने की भी चर्चा विस्तार से हो चुकी है। हम यह भी देख चुके हैं कि सैन्य प्रशिक्षण के किसी भी कार्यक्रम में फिदेल कभी आसपास भी नहीं फटके। फिर फिदेल के पास अभियान के लिए जरूरी सामरिक दक्षता कहाँ से आई?

फिदेल के घर पर बिरान में कई बन्दूकें थीं। बचपन में फिदेल ने शिकार के जरिए उन बन्दूकों से सटीक निशानेबाजी सीखी थी। विश्वविद्यालयी छात्र-जीवन में केयो कन्फाइट्स अभियान के दौरान फिदेल ने मोर्टार और दूसरे भारी हथियारों से गोलाबारी का प्रशिक्षण लिया था। फिदेल को सैन्य कार्यवाही का व्यावहारिक अनुभव बोगोटाजो के दौरान मिला था जब उन्होंने थाने पर कब्जा करके बन्दूकें हासिल करने और सशस्त्र जन-कार्यवाहियों का नेतृत्व किया था। केयो कन्फाइट्स के दौरान कोई व्यावहारिक सामरिक अनुभव नहीं मिला क्योंकि अभियान का शुरू होने से पहले ही अन्त हो गया था। केयो कन्फाइट्स में शुरू से ही किसी भी तरह की ठोस रणनीति या योजना का अभाव था। जिस किसी को भी पकड़कर एक हजार लोग भर्ती कर लिए गए थे। इन अप्रशिक्षित, अप्रतिबद्ध लोगों के हाथ में हथियार थमाकर अमेरिका द्वारा प्रशिक्षित, आधुनिकतम हथियारों से लैस युद्धशैली में दक्ष, जल और नभ सेना से समर्थित हजारों सैनिकों की पेशेवर लड़ाकू सेना से सीधे भिड़ा देने की योजना थी। सबके सब अभियान के लिए समुद्र

पार कदम रखते ही चुटकियों में मसल दिए जाते। इस अभियान से फिदेल को अपने अभियान के लिए महत्त्वपूर्ण रणनीतिक सबक मिले। एक तो यह कि केयो कन्फाइट्स की तर्ज पर संगठन हर्गिज नहीं खड़ा करना है। दूसरे नियमित, पेशेवर सेना के खिलाफ सीधे जंग में नहीं उतरना है। तभी से फिदेल ने अपनी सामरिक कार्यनीति में अनियमित, अप्रत्याशित छापामार युद्ध-शैली के महत्त्व और अपरिहार्यता को आत्मसात कर लिया था। इस तरह फिदेल तानाशाही के खिलाफ एक प्रभावी सैन्य कार्यवाही का नेतृत्व करने की क्षमता हासिल कर चुके थे और संगठन में अभियान के लिए न्यूनतम जरूरी संसाधनों को जुटाने के लिए धन का भी 'जन बन्दोबस्त' हो चुका था।

जिस तरह लड़ाकों का सैन्य प्रशिक्षण पूरी तरह खुले, सामान्य और विधिमान्य तौर-तरीकों के आवरण में सफलतापूर्वक पूरा किया गया उसी तरह अभियान के लिए हथियारों का बन्दोबस्त भी खुले रूप से किया गया। ज्यादातर हथियार कार्यवाही के चन्द रोज पहले खरीदे गए। हथियार सेन्टियागो डे क्यूबा और अन्य जगहों पर शस्त्र बिक्री की दुकानों से एक-एक करके पैसों के जुगाड़ के अनुसार बुर्जुआ शिकार शौकीनों के रूप में खरीदे गए थे। तख्तापलट के बाद किसी भी तरह के प्रभावी विरोध के अभाव और राजनीतिक शून्यता के माहौल से बतिस्ता तानाशाही इस कदर आश्वस्त थी कि इस तरह से हथियारों को हासिल करना कोई समस्या नहीं थी। जुटाए जा सके हथियारों में एक बेल्जियन शॉटगन, लाइट अमेरिकन सेमी आटो एम-1 राइफल, बोल्ट एक्शन स्प्रिंग फील्ड राइफल और एक .45 केलिबर थाम्सन सब मशीनगन थी जिसके नीचे मैगजीन लगती थी। फिदेल को निजी तौर पर एम-1 पसन्द थी। वैसे पूरे जखीरे में सबसे प्रभावी हथियार .12 गेज बेल्जियन शॉटगनें थीं। कुछ .22 राइफलें भी थीं। इन सभी की मारक रेंज कम थी पर अभियान की जरूरत के मुताबिक इनसे काम चल सकता था। अपने घर बिरान से राउल दो शॉटगनें झटक लाये थे। इनमें से एक बन्दूक डाक पैकेज के जरिए हवाना पहुँचाई गई थी और दूसरी खुद राउल बस से लाये थे। एहतियात के तौर पर बन्दूक बस में आगे की सीट के पास रखकर और खुद पीछे की सीट पर बैठकर लाये ताकि किसी अचानक धर-पकड़ से निपटा जा सके।

इस तरह जैसे-तैसे बन पड़ा हथियारों का बन्दोबस्त किया गया। एक भी हथगोला नहीं जुटाया जा सका जिसकी कमी अभियान के दौरान बहुत अखरी। हथियारों की कमी ने अभियान में सैन्य कार्यवाही के लिए लड़ाकों की संख्या पर भी प्रभाव डाला जिसके चलते महज 160 लड़ाकों के साथ कार्यवाही को अंजाम देना तय पाया गया जबकि संगठन में 1200 प्रशिक्षित जाँबाज मौजूद थे।

हथियारों के बन्दोबस्त के साथ दूसरा बड़ा काम सबके लिए वर्दी का इंतजाम करना था। सैन्य कार्यवाही में सुरक्षा, अप्रत्याशा और भ्रम का माहौल बनाने के लिहाज से कार्यवाही को बतिस्ता सेना के सार्जेन्टों की वर्दी में अंजाम देना तय किया गया था। सेना सार्जेन्टों की वर्दी का इंतजाम कैसे हो? लेकिन जब आप ईमानदारी के साथ किसी बड़े काम में जुट जाते हैं, तो परिस्थितियाँ भी साथ देती हैं, लोग मिलने लगते हैं। हवाना सेना बैरक में एक भरोसेमन्द सम्पर्क मिल गया जिसके जरिए ज्यादातर वर्दियों का जुगाड़ हुआ। ये वर्दियाँ सम्पर्क के जरिए मेल्बा हर्नान्देज और हेदी सान्तमारिया

के घरों पर पहुँचाई जातीं जो इन्हें अभियान के सदस्यों की नाप के मुताबिक काँट-छाँटकर अन्तिम रूप से तैयार करतीं। इस तरह अब हथियार और वर्दी, दोनों का बन्दोबस्त हो गया था। ऐसे में अभियान के लड़ाकों और बतिस्ता सेना सार्जेन्टों के बीच भोर के धुँधलके में फर्क कैसे हो? फर्क जूतों और बन्दूकों का था जो सेना के नहीं थे, बाकी सारा रंग-रूप सेना जैसा था।

हथियार और वर्दी के बाद अब कार्यवाही के लिए जुटावे की जगह का इंतजाम करना था। हमले की तारीख 26 जुलाई तय की गई थी। 25 जुलाई सेन्टियागो में अपने गृह सन्त की यादों का जश्न मनाने, मेले की चहल-पहल का दिन होता है। हजारों लोग दूर-दराज के इलाकों-शहरों से जुटते हैं और रात-भर सेन्टियागो की सड़कों पर झूमते-नाचते-गाते-जश्न मनाते हैं। इसी गहमा-गहमी और भीड़ में बिना किसी सन्देह और रोक-टोक के अपनी कार्यवाही को अंजाम देने के लिए 26 जुलाई की भोर में 5.15 का समय तय किया गया। हालाँकि वास्तविक कार्यवाही पर अमल करने के दौरान इस भीड़ और गहमा-गहमी से कई संकट खड़े हुए जिनके चलते अभियान अपने तय अंजाम तक नहीं पहुँच पाया। इस पर चर्चा आगे होनी है।

अभियान के सदस्यों को छोटी-छोटी टुकड़ियों में सैलानियों-मेले के भागीदारों के रूप में 25 जुलाई को सेन्टियागो पहुँचकर अलग-अलग गेस्ट हाउसों में रुकना था। 25 की रात तक सारे लोगों को एक जगह पर जुटना था। इसके लिए सेन्टियागो शहर से बाहर एक फार्म हाउस 'सिबोनी फार्म' चुना गया था। इसका चयन रणनीतिक दृष्टि से खूब समझकर किया गया था। यह शहर से दूर समुद्र तट को जानेवाले सुनसान हाइवे के बगल में कुछ दूरी पर था जिस पर आम तौर पर लोगों का ध्यान नहीं जाता। यह फार्म हाउस तीन महीने पहले अप्रैल 1953 से ही किराये पर ले लिया गया था। इसका सारा बन्दोबस्त रेनाटो गुतेरा के जिम्मे था जो बहादुर, प्रतिभाशाली, प्रतिबद्ध, विश्वसनीय और सेन्टियागो शहर के चप्पे-चप्पे से पूरी तरह से वाकिफ साथी था। रेनाटो एकमात्र कॉमरेड था जिसे हमले के सटीक ठिकाने के बारे में फिदेल ने सबसे पहले जानकारी दी थी। उसके बाद आबेल और फिर एल्पीडो सोसो को इसकी जानकारी हुई।

सिबोनी फार्म किराये पर लेकर उसे एक मुर्गीपालन फार्म का रूप दिया गया था। बाकायदा इन्क्यूबेटर और तमाम सम्बन्धित साजो-सामान लगाए गए थे। फार्म हाउस में पीछे की तरफ खेतों के किनारे एक पुराना कुआँ था जिसकी जगत के इर्द-गिर्द झाड़-झंखाड़ उगा हुआ था और एक पेड़ इस तरह से टेढ़ा उग आया था कि उसने पूरे कुएँ को सील कर दिया था। आखिरी दिनों से पहले पहुँचने वाले हथियार इसी कुएँ में छिपाकर रखे जाते थे।

अन्तिम दौर में 25 जुलाई की शाम या रात तक सभी लड़ाकों को अपने-अपने गेस्ट हाउसों से निकलकर अपने जिम्मे की कारों के साथ सिबोनी फार्म पर जुटना था। कार्यवाही के चन्द घंटे पहले उन्हें कार्यवाही के असली ठिकाने की जानकारी दी जाती और निर्धारित समय 4.45 सुबह सारे जत्थे अपने ठिकानों के लिए निकल जाने थे।

यह था 26 जुलाई अभियान का संगठन और उसकी तैयारी।

और आक्रमण...

हवाना से 160 लड़ाकों को सेन्टियागो भेजने का क्रम 25 जुलाई से शुरू हुआ। करीब 1000 कि.मी. का सफर तय करने के लिए 18-20 कारों को किराये पर लिया गया। हर कार में 8-9 लोग सवार होकर हवाना की अलग-अलग जगहों से थोड़े-थोड़े अन्तराल पर रवाना हुए। सेन्टियागो में उन दिनों मेले और मौजमस्ती का मौसम था इसलिए लोगों की आमद को लेकर सन्देह की गुंजाइश नहीं थी। ज्यादातर सैलानियों के भेस में गाते-बजाते शोर मचाते पहुँच रहे थे। कुछ ने अपनी कारों पर बतिस्ता के झंडे लगा रखे थे। एक-एक करके जत्थे कारों से सेन्टियागो पहुँचते और उन्हें आबेल और रेनाटो की निगरानी में गेस्ट हाउसों में ठहरा दिया जाता। हर जत्थे का अपना टीम लीडर था। फिदेल 23 तारीख से लगातार 48 घंटों तक बिना पलकें झपकाये इस पूरी रवानगी की निगरानी कर रहे थे। अभियान के सटीक ठिकानों की जानकारी केवल फिदेल, आबेल और रेनाटो को थी। बाद में एल्पीडो सोसा, मेल्बा और हेदी को भी इसकी जानकारी हुई। हवाना से फिदेल सबसे आखिर में 25 की सुबह को निकले और जगह-जगह रुकते, अभियान का जायजा लेते रात को सिबोनी फार्म पहुँचे जहाँ आबेल सान्तामारिया बेसब्री से इंतजार कर रहे थे। अब तक सेन्टियागो के गेस्ट हाउसों से एक-एक निकलकर सभी दस्ते गुप-चुप अपनी कारों के साथ सिबोनी फार्म आ चुके थे। कारें घनी झाड़ियों और पेड़ों की आड़ में छिपा दी गई थीं। जहाँ तक मुमकिन हो सका, हथियारों का बन्दोबस्त-खरीद-फरोख्त भी हो चुका था और सारे हथियार पहुँच चुके थे।

सिबोनी फार्म पहुँचे लड़ाकों में अभियान को लेकर उत्सुकता और उत्साह का आवेग चरम पर था। अभी तक उन्हें अभियान के सटीक ठिकाने और अमली योजना की जानकारी नहीं दी गई थी। पहले भी ऐसे अभियानों की कई बार मॉक ड्रिल कराई जा चुकी थी। सम्भावित कार्यवाही के लिए पूरी तैयारी के साथ अलग-अलग जगह और समय पर बुलाया जाता और बाद में वापस भेज दिया जाता। मगर इस बार की गम्भीरता और माहौल से उन्हें लगने लगा था कि शायद असली कार्यवाही का वक्त आ गया है। वे मानसिक रूप से पूरी तरह तैयार थे। अचानक उन्हें पूरी योजना बताई जाएगी और वे मिशन पर टूट पड़ेंगे। रगों में लहू की रवानी और कलेजे की धड़कन हर अगले पल तेज होती जा रही थी।

करीब 10-11 बजे रात को सभी लड़ाकों को एक जगह इकट्ठा किया गया और योजना का खुलासा हुआ। हमले का मुख्य निशाना मोन्काडा सैनिक छावनी थी। इसके साथ ही बेयामो सेना बैरक पर भी हमला करना था। बेयामो बैरक सेन्टियागो के मुख्य सम्पर्क मार्ग पर उस मार्ग की निगरानी के लिए थी जहाँ से आकस्मिक जरूरत पड़ने पर हालगुइन और अन्य जगहों से तुरन्त मदद के लिए दुश्मन की कुमुक आ सकती थी। यह मुख्य मार्ग कयातो नदी पर बने पुल के जरिए सेन्टियागो से जुड़ता था जो बेयामो से कुछ कि.मी. दूर उत्तर में था। बेयामो बैरक पर कब्जे का मकसद उस पुल को उड़ा देना या नाकाम कर देना था जिससे उस रास्ते किसी मदद की सम्भावना न रहे। रेल या हवाई रास्ते से किसी मदद के पहुँच पाने की गुंजाइश बहुत कम थी।

160 लड़ाकों को कई टुकड़ियों में बाँटा जाना था। इसके अनुसार चालीस लड़ाकों की टुकड़ी बेयामो कब्जे के लिए जाएगी। बाकी के 120 एक कमान में मगर तीन टुकड़ियों

में बँटेंगे। 20 लोगों की टुकड़ी जिसमें अभियान के एकमात्र डॉक्टर और दोनों लड़कियाँ– मेल्बा और हेदी भी रहेंगी, मोन्काडा बैरक से सटे सिविल अस्पताल पर कब्जा करेगी जिससे घायलों को तत्काल आपात चिकित्सा मुहैया कराई जा सके। दस लोगों की दूसरी टुकड़ी बैरक के बगल की बहुमंजिली इमारत आडेन्सिया बिल्डिंग पर कब्जा करेगी। 90 लोगों की तीसरी टुकड़ी के जिम्मे मोन्काडा बैरक पर हमला करके सैनिकों को सोते में अचानक उठाकर गिरफ्तार करने और छावनी के समूचे शस्त्रागार पर कब्जा करने का कार्यभार था। इसमें 8-9 लड़ाकों का एक जत्था सबसे पहले गार्ड पोस्ट पर कब्जा करके उसे निष्प्रभावी करेगा और बाकी के लोग बिजली की तेजी से बैरकों पर झपटकर सैनिकों की गिरफ्तारी और हथियार कब्जे को अंजाम देंगे।

160 लड़ाकों के दल में हवाना विश्वविद्यालय के पाँच छात्रों की एक टोली थी। ये बड़बोले छात्र जबानी आग खूब उगलते थे। ये मुख्य संगठन के लड़के नहीं थे। विश्वविद्यालय में प्रशिक्षण आदि गतिविधियों के दौरान अनावश्यक हो-हल्ला और जटिलताओं से बचने के लिहाज से इन्हें असली कार्यवाही में शामिल करने का वायदा किया गया था। इन लड़कों को जब असली योजना का पता चला तो सारी हेकड़ी गुम हो गई, हाथ-पाँव ठंडे पड़ गए और अभियान से पीछे हट गए।

बचे हुए लड़ाकों में चालीस की टुकड़ी सबसे पहले बेयामो की ओर रवाना की गई क्योंकि वह मोन्काडो की तुलना में थोड़ी दूरी पर था। अब बचे 115 लड़ाके और 16 कारें। एक कार भगोड़ों के वापस जाने के लिए छोड़ दी गई और एक कार खराब हो चुकी थी। बची हुई कारों से सुबह 4.45 से रवानगी शुरू की गई। आबेल सान्तामारिया के नेतृत्व में सबसे पहला 20 लोगों का जत्था सिविल अस्पताल के लिए रवाना हुआ जिसमें डॉ. मारियो मुनोज, मेल्बा और हेदी भी थे। अगला जत्था 10 लोगों का आडेन्सिया बिल्डिंग के लिए रवाना हुआ जिसमें रैंक-एंड-फाइल लड़ाके के बतौर राउल शामिल थे। इन दोनों जत्थों को मोन्काडा छावनी से थोड़ा आगे जाना था। अब फिदेल के जिम्मे 10-12 कारें और करीब 85 लड़ाके थे। पहली कार में जीसस मोन्टाने, रामरियो वाल्डेस, रेनाटो गुतेराँ और आर्टेमिसा के चार-पाँच और लड़के थे। इनके जिम्मे मोन्काडा छावनी के प्रवेश पर लगे गार्ड पोस्ट पर अचानक धावा बोलकर सन्तरी सैनिकों को निष्प्रभावी करना, उनके हथियार कब्जे में लेना और प्रवेश पर वाहनों को रोकने के लिए लगीं जंजीर हटाना था। इस कार के करीब 100 गज पीछे दूसरी कार में फिदेल और उनके साथी और फिर उनके तुरन्त पीछे बाकी तमाम लड़ाकों की कारें थीं। पहली और दूसरी कार के बीच 100 गज का फासला इस लिहाज से रखा गया था कि जब तक पहली कार के लोग गार्ड पोस्ट पर कब्जा करके जंजीर हटाते फिदेल और उनके बाद की कारें बिना रुके धड़ा-धड़ बैरक कॉम्प्लेक्स के अन्दर घुस जातीं और तुरन्त बिना किसी तैयारी का मौका दिए सैनिकों को कच्छा-बनियान में गिरफ्तार कर लेने की अप्रत्याशित कार्यवाही शुरू कर दी जाती। एक-एक मिनट का हिसाब लगाकर हर कार का मूवमेंट तय किया गया था। चलने का समय 4.45 और बैरक पर हमले का समय 5.15 तय था। सुबह पाँच बजे के आसपास का समय इसलिए निर्धारित किया गया था कि धुँधलके के चलते अँधेरे और कार्यवाही के लिए पौ फटते हुए हल्के उजाले दोनों का लाभ मिल सके और उस समय सिपाही गहरी नींद में सोते मिलें।

नियत समय पर कारों की रवानगी तयशुदा क्रम से होने लगी। सिबोनी से सेन्टियागो शहर में घुसने के लिए एक सँकरे पुल से एक-एक करके कारों को धीमी गति से गुजरना था जिससे चन्द मिनटों की देर हुई। शहर में घुसने पर एक और अप्रत्याशित गड़बड़ी हो गई। मेले का मौसम होने के नाते रात-भर जश्न मनाकर मस्ती में लौटते लोगों का हुजूम सड़कों पर था। ऐसे में आखिरी पाँच-छः कारें जिनमें 45 लड़ाके और ज्यादातर भारी हथियार रिजर्व कुमुक के रूप में थे, भीड़ में फँसकर गलत रास्ते की ओर मुड़ कर भटक गए। वापस मुड़ने और पुनः मुख्य दस्ते से सम्पर्क का कोई रास्ता नहीं था। इस तरह अभियान की लगभग आधी ताकत, भारी हथियारों के साथ शामिल नहीं हो सकी। इस बात का फिदेल और उनके साथियों को अभियान के दौरान पता भी नहीं चल सका।

इस हादसे से बेखबर गार्ड पोस्ट के लिए पहली कार और उसके 100 गज पीछे फिदेल के साथ चार-पाँच और कारों का कारवाँ अपनी मंजिल की ओर तेजी से बढ़ा जा रहा था।

गार्ड पोस्ट पर पहली कार झटके से रुकी और पहले से अधखुले दरवाजों से मोन्टाने, रामरियो, गुतेराँ और उनके साथी बिजली की तेजी से कार से बाहर कूदकर सन्तरियों पर झपट पड़े जिससे उन्हें निष्प्रभावी करके हथियार छीनने के साथ ही अवरोधक जंजीर को हटाया जा सके। फिदेल की और बाकी बची कारें निश्चित गति से पीछे आ रही थीं। करीब 20 गज की दूरी तय हो चुकी थी। अचानक फिदेल ने देखा कि उनके सामने की ओर बाईं तरफ के फुटपाथ पर दो गश्ती सैनिक अपनी मशीनगनों के साथ करीब बीस गज आगे गार्ड पोस्ट की ओर बढ़ रहे हैं। शायद उन्हें गार्ड पोस्ट पर कुछ गड़बड़ी का आभास हो गया और वे उधर मुड़ गए थे। साठ गज की दूरी से वे आसानी से मशीनगनों से मोन्टाने और दूसरे साथियों को निशाना बना सकते थे जो अब तक सन्तरी पोस्ट के गार्डों के हथियार कब्जे में ले चुके थे। फिदेल के दिमाग में तत्काल विचार आया—पैदल गश्ती सैनिकों पर तुरन्त झपटकर उनकी थाम्पसन मशीनगनें कब्जे में ले ली जाएँ जिससे मोन्टाने और उसके दल पर गोली चलाने की गुंजाइश न रहे।

फिदेल दाहिने हाथ से शॉटगन और बायें हाथ में पिस्तौल सँभाले, कार का दरवाजा अधखुला रखे पैदल गश्त के पीछे अचानक पहुँचकर झपटने की गरज से कार चलाते हुए बढ़े। मुश्किल से 6-7 कीट की दूरी रह गई थी, अचानक दोनों गश्ती सैनिक अपने पीछे हलचल का आभास पाकर झटके से पलटे, फिदेल की कार को चढ़े आते देखा और मशीनगनें उनकी ओर तान दीं। कार को उनकी तरफ बढ़ता छोड़ फिदेल फौरन कार से कूद पड़े और उनके साथ कार के बाकी लड़ाके भी। पीछे वाली कारों ने भी यही किया और सभी 40-45 लड़ाके धड़ा-धड़ हथियारों के साथ बाहर कूद पड़े। भोर के धुँधलके और अफरा-तफरी में इन लोगों को लगा कि वे सेना बैरक कॉम्प्लेक्स के अन्दर पहुँच चुके हैं। फिदेल के जत्थे के एक नौजवान ने फिदेल पर मशीनगन तनी भाँपकर गोली चला दी। गोली की आवाज सुनते ही बाकी के लड़ाके भी गोलियाँ चलाते हुए इधर-उधर बिखरने शुरू हो गए। उन्हें लगा कि वे बैरक कॉम्प्लेक्स के अन्दर हैं इसलिए जो भी अन्दर घुसने की जगह दिखे घुसकर सैनिकों को कच्छा-बनियान में सोते से पकड़ कर पीछे कोर्ट यार्ड में घेरकर ले चलने का समय आ गया है। इसी समय बैरक कॉम्प्लेक्स से तेजी से अलार्म

बजने लगे और गोलीबारी भी शुरू हो गई। कुल मिलाकर अजीब सी अफरा-तफरी, कान-फाड़ शोर और असमंजस का माहौल बन गया। गार्ड पोस्ट से सटी सामने एक बिल्डिंग दिखाई दी जो सेना अस्पताल था। तमाम लड़ाके उसे बैरक समझ कर घुस पड़े।

इस तरह लड़ाई बैरक कॉम्प्लेक्स के अन्दर न होकर बाहर गार्ड पोस्ट के मुहाने पर ही शुरू हो गई और फिदेल के तमाम लड़ाके गलत बिल्डिंग में घुस चुके थे। पैदल पेट्रोल अब तक न जाने कहाँ गुम हो चुका था। अचानक और अप्रत्याशित हमले के निर्णायक फायदे की सम्भावना खत्म हो चुकी थी। फिदेल अस्पताल के अन्दर अपने आदमियों को बाहर लाने के लिए झपटे। लोग अभी निचली मंजिल पर ही थे। फुर्ती के साथ फिदेल ने सबको बाहर निकाला और पाँच-छः कारों का काफिला जुटाकर बैरकों की ओर चले। इस सारी अफरा-तफरी के बावजूद गार्ड पोस्ट निष्क्रिय करके जंजीर हटाई जा चुकी थी और पहली कार के लड़ाके अपना काम पूरा कर चुके थे। जल्दी से कारों का काफिला बैरकों की ओर बढ़ा। लड़ाके एक बैरक में घुसे और फिर हथियारखाने की ओर बढ़ गए। आर्मी बैंड सो रहा था। हथियार वहाँ नहीं थे। जाहिर था, हथियार मुख्य शस्त्रागार में रखवा दिए गए थे। और तमाम बैरकों की भी कमोबेश यही हालत थी।

उधर आबेल और राउल की टुकड़ियों ने अपने-अपने जिम्मे का काम आसानी से पूरा कर लिया था। सिविल अस्पताल आबेल और आडेन्सिया भवन राउल के नियन्त्रण में आ चुका था परन्तु बैरक कॉम्प्लेक्स के मुख्य दस्ते से इन टुकड़ियों के सम्पर्क का कोई साधन नहीं था। वे लोग गोलीबारी के शोर से ही अन्दाजा लगा सकते थे।

अन्दर बैरक कॉम्प्लेक्स में सैनिक जागकर तैयार होने लगे थे। गार्ड पोस्ट के पास अभी भी गोलीबारी चल रही थी। दुश्मन की तरफ से अब गोलीबारी लगातार बढ़ने लगी थी। हड़बड़ी और भ्रम के चलते कारें अक्सर एक दूसरे से भिड़ जातीं और ज्यादातर लड़ाके अब कारों से बाहर अपने-अपने मुताबिक इस अजीबोगरीब परिस्थिति से अपने पास उपलब्ध हथियारों के भरोसे निपटने की कोशिश कर रहे थे। इस परिस्थिति में हथगोलों का अभाव बहुत खला। फिर लगभग आधी कमान और काफी सारे हथियार भी नहीं पहुँच सके थे। धीरे-धीरे विद्रोहियों की तरफ से गोलीबारी कमजोर पड़ने लगी। उधर सैनिक इस अचानक हादसे से उबरकर संगठित रूप से मुकाबला करने की स्थिति में आ चुके थे। उनके पास मोन्काडा किले की बुर्जों से मोर्चा सँभालने की बेहतर स्थिति थी। पैदल गश्ती के पास वाली बिल्डिंग के पास गिल्डो फ्लीटास इस अप्रत्याशित हताशाजनक स्थिति का जायजा ले रहा था। फिदेल ने उससे वहीं आखिरी बार विचार-विमर्श किया। सैनिकों को अप्रत्याशित स्थिति में डालने के बजाय विद्रोही अब खुद अप्रत्याशित स्थितियों का सामना कर रहे थे। भारी हथियारों और किलेबन्दी से लैस एक हजार से ज्यादा सैनिकों के लगभग व्यवस्थित हो चले मुकाबले में उन्हें परास्त कर बैरक पर कब्जे का कोई सवाल नहीं था। गोलीबारी से भी ज्यादा सायरन अलार्मों के कानफोड़ शोर और कम रोशनी की अफरा-तफरी ने सब चौपट कर दिया था।

लगभग 80 मिनट का समय बीत चला था। मिशन की सफलता की कोई गुंजाइश नहीं बची थी। फिदेल ने लौट चलने के लिए लोगों को जुटाना शुरू किया। इस समय वह गार्ड पोस्ट से थोड़ी दूर, सड़क के बीचो-बीच .22 केलिबर राइफल के साथ अकेले कारों

को कवर देते हुए मुकाबला कर रहे थे। सामने बैरक की बुर्ज से एक सैनिक .50 मशीनगन से निशाना लेने की कोशिश कर रहा था। वह अगल-बगल से झाँककर निशाना लेता, फिदेल गोली चला देते और वह बन्दर की तरह कूदकर छिप जाता। यही क्रम चल रहा था। कारें लोगों को लेकर वापस लौटने लगी थीं। अब आसपास अपना कोई साथी नजर नहीं आ रहा था। फिदेल आखिरी कार में सवार हो गए जो पहले ही पूरी भरी थी। तभी अचानक सड़क पर अपने जत्थे का एक लड़ाका नजर आया। फिदेल कार से नीचे कूदे, उसे घकेल कर अन्दर किया और असमंजस में पड़े साथियों को तेजी से कार आगे बढ़ाने का हुक्म दिया। एक बार फिर फिदेल बीच सड़क पर अकेले खड़े थे। अचानक एक कार तेजी से बैक गियर में आई, उसमें बैठे एक नौजवान ने फिदेल को खींचकर अन्दर किया और कार उसी तेजी से आगे बढ़ गई। वह आर्टेमिसा का एक नौजवान था।

फिदेल उस घटना को याद करते हुए कहते हैं कि वह हमेशा सोचते रहे कि इस नौजवान से पूछें कि कैसे अचानक चारों तरफ बरसती गोलियों की आग में वापस पलटकर वह उन्हें बचाने को कूद पड़ा था। यह बात वह कभी इत्मीनान से पूछ नहीं सके। लोग सोचते हैं कि उनके पास यह सब करने के लिए सौ सालों का वक्त है और तमाम दूसरी बातों की जल्दी में दिल की बातें अक्सर पीछे छूटती जाती हैं। उसका नाम सन्ताना था। अचानक उसे लगा कि फिदेल पीछे अकेले छूट गए हैं और पलटकर उन्हें लेने दौड़ पड़ा! संकट की घड़ियों में लोग अपने-अपने तरीकों से असाधारण मिसालें पेश करते हैं।

कार में बैठने के बाद फिदेल ने 'अल केनी' की ओर चलने के लिए कहा। अलकेनी 1848 में आजादी की दूसरी लड़ाई के दौर में युद्ध का महत्त्वपूर्ण मोर्चा था जहाँ अब एक छोटी सेना बैरक थी। फिदेल के दिमाम में बेयामो के साथियों की मदद के लिहाज से इस बैरक पर अचानक हमला करके कब्जा करने की योजना कौंधी थी। हालाँकि उस समय तक लड़ाकों पर काफी कुछ बीत चुका था और उन्हें तुरन्त फिर किसी नए हमले की मनःस्थिति में ला पाना आसान नहीं था। बावजूद इसके फिदेल के मन में सबसे बड़ी चिन्ता उस समय बेयामो के लड़ाकों को मदद पहुँचाने की थी। इसलिए वे उस रास्ते पर जाना चाहते थे जो सीधे अलकेमी जाने के मुख्य मार्ग से मिलती थी। मगर आगे की कार उत्तरी तरफ-दाहिने ओर-सिबोनी फार्म की ओर मुड़ गई और उसके पीछे की कारें भी उसके पीछे मुड़ती चली गईं। अब उन कारों को वापस मोड़ने और अलकेनी की ओर ले चलने का कोई उपाय नहीं था।

इस बीच आडेन्सिया बिल्डिंग पर कब्जा करनेवाले राउल और उसके साथियों को मोन्काडा बैरक की परिस्थितियों का अन्दाजा लग चुका था। टुकड़ी के नायक के साथ राउल और अन्य सभी साथी उस बहुमंजिली इमारत से नीचे की ओर उतर आए ताकि वहाँ से निकलकर जैसी स्थिति बने आगे कदम उठाया जा सके। निकास द्वार पर सेना का सार्जेन्ट पिस्तौल ताने हुए पूरी टुकड़ी के साथ तैनात था और उसने हथियार डालने के लिए कहा। विद्रोही टोली के नायक ने अपने हथियार डाल दिए। देखा-देखी अन्य सभी साथियों ने भी यही किया। तभी राउल ने देखा कि सेना सार्जेन्ट के पिस्तौल वाले हाथ काँप रहे थे। बिजली की तेजी से राउल ने झपटकर पिस्तौल छीनी और सेना की टुकड़ी को कब्जे में ले लिया। सेना को अन्दर धकेलकर बन्द करते हुए विद्रोही टोली बाहर

निकली और बच निकलने का रास्ता तलाशने लगी। वहाँ पर डटे रहने या रुकने का अब कोई मतलब नहीं था। छिपने के लिए कोई न कोई जगह तलाशनी थी। इसलिए वे जिधर समझ में आया, ठिकानों की तलाश में बिखर गए।

उधर आबेल और उनके साथी सिविल अस्पताल में काफी देर तक डटे रहे। यह साफ हो चुका था कि मिशन नाकामयाब रहा और उन्हें लगा कि मोन्काडा पर हमला करनेवाले उनके सारे साथी मारे जा चुके हैं। जब सैनिकों ने अस्पताल पर धावा बोला तो अस्पताल के सारे डॉक्टरों, कर्मचारियों, नर्सों ने विद्रोही जत्थे का पूरी आत्मीयता से बढ़-चढ़कर साथ दिया। उन्हें मरीजों, डॉक्टरों आदि के भेस में छिपाकर बचाने की कोशिश की। विद्रोहियों ने आखिरी गोली तक मुकाबला किया। अस्पताल की नर्सें उनकी बन्दूकों में गोलियाँ भरने का काम कर रही थीं। मगर सैनिकों की तादाद और हथियारों के आगे उनका जोर नहीं चला और सबके सब बन्दी बनाकर बैरक में ले आए गए।

फिदेल अपनी टोली के बीस लोगों के साथ सिबोनी फार्म वापस पहुँचे। सबकी वर्दियाँ और हथियार सलामत थे। और भी कई कारें पहुँच चुकी थीं। वहाँ का नजारा अपनी कहानी खुद बयान कर रहा था। हर तरह के लोग थे। वे जो आगे लड़ाई लड़ने के लिए तैयार थे, वे जो समर्पण के लिए अपनी वर्दियाँ उतार रहे थे। गम्भीर रूप से घायल, कराहते नौजवान जिनकी मदद का कोई रास्ता नहीं था। मोन्काडा की लड़ाई में टोली के पाँच सर्वश्रेष्ठ, जांबाज लड़ाके शहीद हुए थे–गिल्डो फ्लीटास, फ्लोरेस बेटनकोर्ट, कारमेलो नोआ, रेनाटो गुतेरा और पेड्रा माटेरो। करीब-करीब सभी गार्ड पोस्ट कब्जे वाली पहली कार के लड़ाके थे। उस कार के चन्द एक लोग ही जिन्दा बच पाये थे। युद्ध में शहीद इन पाँच नौजवानों के बाद बतिस्ता के आदेश पर उसके दरिन्दों ने 70-75 और लड़ाकों को बर्बर यातनाएँ देते हुए अगले दस दिनों में कत्लेआम किया। निर्दोष, निरीह और निहत्थे नागरिक-बूढ़े-महिलाएँ-बच्चे भी इस पैशाचिक प्रतिशोध का शिकार हुए। यह पूरी तरह साफ हो चुका था कि फिलहाल बेयामो के विद्रोहियों को मदद पहुँचा पाने की गुंजाइश नहीं बची। समर्पण का सवाल ही नहीं था। फिदेल ने टोली के उन्नीस और साथियों को राजी किया और इस लड़ाई को आगे बढ़ाने के लिए हथियारों के साथ पहाड़ों की ओर निकल पड़े।

मोन्काडा हमले में बतिस्ता के 19 सैनिक मारे गए और तीस के आसपास घायल हुए थे।

तानाशाह का प्रतिशोध

क्यूबा के मुट्ठी-भर नौजवानों के इस अचानक और अप्रत्याशित दुस्साहसिक हमले से जिसमें वे लगभग कामयाब ही हो चले थे, सेना किसी तरह बची और स्तब्ध-अचंभित-अवाक थी। होश आने पर उन्होंने गिनती शुरू की—नौजवानों की पाँच लाशें। और सेना की? उन्नीस लाशें और तीस घायल! लड़ाई खत्म होते ही झल्लाए-बौखलाए-तिलमिलाए सैनिक सेन्टियागो डे क्यूबा शहर पर खून के प्यासे पिशाचों की तरह टूट पड़े और अपना पहला गुस्सा, निर्दोष-निरीह नागरिकों पर उतारा। लड़ाई के मैदान से दूर, बीच शहर में सड़क के बीचो-बीच अपने घर के दरवाजे के सामने खेल रहे बच्चे के सीने में गोली उतार दी। हाहाकार करता बाप जब अपने बच्चे को बचाने दौड़ा दूसरी गोली ने उसकी खोपड़ी के चीथड़े कर दिए। सामने एक निरीह आदमी हाथों में डबल रोटी लिए घर की ओर जा रहा था, बिना कुछ कहे-सुने उसे वहीं गोली मार ढेर कर दिया।

जब निर्दोष-निरीह नागरिकों के साथ यह व्यवहार हो रहा था तो हमले में भाग लेने वाले नौजवानों के साथ किए जाने वाले सुलूक की कल्पना की जा सकती है।

लड़ाई खत्म होने के बाद बन्दी बनाए गए लड़ाकों के कत्लेआम की शुरुआत डॉ. मारियो मुनोज की हत्या से हुई। डॉक्टर निहत्था था, उसने सेना की वर्दी नहीं पहनी थी, वह डॉक्टरों के सफेद कोट में था। कुशल और उदार चिकित्सक के बतौर घायल दुश्मन की भी उतनी ही तत्परता से तीमारदारी करता जितनी अपने घायलों की। सिविल अस्पताल से बैरकों की तरफ बन्दियों को ठोकरें मारते, गालियाँ देते, दाँत पीसते हाँक कर ले जाते सैनिकों ने उसे पीछे से पीठ में गोली मार दी और वहीं सड़क पर औंधे मुँह, अपने खून में नहाते हुए मरते छोड़कर आगे बढ़ गए। यह पिशाचों के प्रतिशोध की वेदी पर पहली पवित्र शहादत थी। अभी बहते खून, कटे हुए अंगों और टूटती साँसों का अम्बार लगना बाकी था। बन्दियों की लोमहर्षक यातनाएँ और कत्लेआम का सिलसिला 26 जुलाई तीन बजे शाम तक नहीं शुरू हुआ था। वे हवाना सेना मुख्यालय से आदेश का इंतजार कर रहे थे। तीन बजे जनरल मार्टिन डियाज तमायो हवाना से बतिस्ता के सेना-प्रमुख, गुप्तचर संस्था के मुखिया और तमाम अन्य जनरलों के साथ हुई बैठक के निर्देशों को लेकर पहुँचा। क्रोध और घृणा से तमतमाया आततायी तानाशाह इस शर्मिन्दगी को पचा नहीं पाया कि छोटे-मोटे हथियारों से लैस मुट्ठी-भर नौजवान नागरिकों ने, जिनकी पीठ पर किसी नए-पुराने राजनीतिज्ञ, सेना-प्रमुख अथवा बाहरी ताकत का कोई हाथ नहीं था, उसके खूँखार सैन्य प्रतिष्ठान को लगभग हरा दिया था और उनके मन्सूबों और तैयारियों की भनक तक नहीं लग सकी थी। जनरल डियाज ने सैनिकों को लताड़ा : 'सेना के लिए शर्म से डूब मरने

की बात है कि हमलावरों के मुकाबले सैनिकों का तीन गुना नुकसान हुआ है। हर मुर्दा सैनिक के एवज में कम से कम दस बन्दियों की लाशें चाहिए। यह आदेश है!'

यहाँ से शुरू हुआ यातनाओं, अत्याचारों और हत्याओं का अब तक न देखी-सुनी गई दिल दहला देनेवाली, मानवता को शर्मसार कर देनेवाली जघन्यतम वारदातों का सिलसिला जो अगले दस दिनों तक चला। क्यूबा के देशभक्त नौजवान-बहादुर लड़ाके एक मिनट, एक घंटे या एक दिन में नहीं मारे गए। पूरे हफ्ते-दस दिनों तक अत्याचार और यातनाओं का अन्तहीन सिलसिला चलता रहा। दिन-रात यातना देने के बाद घायलों को छतों से फेंका जाता और गोली मार दी जाती। मोन्काडा बैरकों के सेल यातना और मौत की पिशाच-साधना के श्मशानघरों में बदल दिए गए थे। कुछ दरिंदों ने सेना की वर्दी को जल्लाद के चोंगों में बदल दिया जो क्यूबा के पवित्रतम रक्त से सराबोर हो रही थी। सेल की दीवारें खून से लाल हो गईं। चेहरे से सटाकर मारी गई गोलियाँ अपने साथ इनसानी चमड़ी, भेजा और बालों को लपेटे दीवारों में पैबस्त हो रही थीं। बैरकों के बाहर घास इनसानी खून से कीचड़ और दलदल बनती जा रही थी। तानाशाही के पिशाच मानो क्यूबा के माथे पर यह लिख देने पर आमादा थे कि 'तुम्हारा कोई भविष्य नहीं है।'

इन्सानियत और सैन्य नैतिकता की सारी मर्यादाओं को कुचलते हुए आततायियों ने नागरिक अस्पतालों में भर्ती घायल लड़ाकों के साथ भी कोई मुरव्वत नहीं की और मरते हुए घायल शिकारों पर गिद्धों की तरह टूट पड़े। सेन्ट्रो गेलागो अस्पताल के ऑपरेशन थियेटर का दरवाजा ठोकरों से तोड़ते हुए सैनिक अन्दर घुस आए जहाँ दो बुरी तरह घायल लड़ाकों को खून चढ़ाया जा रहा था। हिलने-डुलने से भी लाचार इन घायलों को ऑपरेशन टेबुल से घसीटते हुए नीचे की मंजिल पर ले जाया गया जहाँ तक पहुँचते-पहुँचते उनके शरीर मुर्दा हो चुके थे। सौभाग्य से इस कारस्तानी को वे स्पेनी क्लीनिक में नहीं दुहरा सके जहाँ गुस्ताव आर्मोस और जोस पोंस भरती थे। वहाँ के साहसी डॉक्टर पोसाज के चलते सैनिक क्लीनिक में नहीं घुस पाये। डॉक्टर ने पूरी सख्ती से कहा कि वे उनकी लाश के ऊपर से गुजरकर ही क्लीनिक में घुस सकते हैं।

इधर सेना अस्पताल में दरिन्दे घायल पेड्रो मिरेट, आबेलार्डो क्रेस्पो और फिदेल लेब्राडोर की हत्या करने के लिए उनकी नसों में हवा और कपूर चढ़ा रहे थे। उनकी जान एक सच्चे जाबाँज सैनिक डॉक्टर कैप्टन तमायो की वजह से बच सकी जिसने पिस्तौल की नोक पर इन तीनों घायलों को हत्यारों की गिरफ्त से छुड़ाकर नागरिक अस्पताल में भर्ती कराया। पूरे अभियान में घायल विद्रोहियों में सिर्फ यही पाँच जिन्दा बच पाने में कामयाब हो सके थे।

अगले दिन 27 जुलाई को बतिस्ता ने राष्ट्र के नाम अपने सन्देश में विद्रोहियों के खिलाफ शर्मनाक झूठे आरोपों की झड़ी लगाते हुए यातना और अत्याचारों की कड़ी में जले पर नमक छिड़का और देश-दुनिया को गुमराह करने की कोशिश की। उसने कहा कि विद्रोही भाड़े के हत्यारे थे और उनमें कई सारे बाहरी आतंकी थे। उसने कहा कि इन भाड़े के हत्यारों का असली मकसद उसकी हत्या करना था। उसने इल्जाम लगाया कि हमले की योजना अपदस्थ राष्ट्रपति कार्लोस प्रियो द्वारा बनाई गई थी और इसके लिए प्रियो ने इन विद्रोहियों को दस लाख पीसो से ज्यादा रकम मुहैया कराई थी।

उसने दावा किया कि विद्रोहियों के पास मशीनगनें, हथगोले और भारी हथियार-साजो-सामान थे। झूठ और षड्यंत्र की सारी हदें पार करते हुए उसने इल्जाम लगाया कि विद्रोहियों ने गार्ड पोस्ट पर सन्तरियों के सर कलम किए और सैनिक अस्पताल में रोगियों को चाकू गोद-गोदकर मारा।

पकड़े जाने के बाद चलाये गए मुकदमे के दौरान अपने और अपने साथी विद्रोहियों की ओर से दिए गए ऐतिहासिक प्रतिवाद वक्तव्य—जो आगे चलकर क्रान्ति की कामयाबी की आधारशिला बना—'हिस्ट्री विल एब्जाल्व मी' में फिदेल ने बतिस्ता के एक-एक झूठ का पर्दाफाश करते हुए तानाशाह को चुनौती दी। फिदेल ने साबित किया कि 26 जुलाई अभियान में शामिल हर लड़ाका क्यूबा का देशभक्त नौजवान था। अभियान का पूरा मकसद विस्तार से रखते हुए फिदेल ने दावा किया कि अगर बतिस्ता की हत्या करना उनका मकसद होता तो इसे वे लोग कहीं आसानी से कभी भी अंजाम दे सकते थे। अभियान में लगे एक-एक पैसे की आमद और खर्च का हिसाब देते हुए फिदेल ने कहा कि महज 15-20 हजार पीसो की बदौलत वे लोग तानाशाही की चूलें इस कदर हिला देने में कामयाब हुए और अगर कुछ अप्रत्याशित दुर्भाग्यपूर्ण दुर्घटनाएँ अचानक नहीं घटी होतीं तो बतिस्ता तानाशाही अब तक इतिहास के पन्नों में दफन हो चुकी होतीं। फिदेल ने सप्रमाण साबित किया कि अभियान का कार्लोस प्रियो या किसी भी राजनीतिज्ञ से कोई लेना-देना नहीं था। फिदेल ने बतिस्ता को चुनौती देते हुए कहा कि अगर उनके पास मशीनगनें और हथगोले रहे होते तो बतिस्ता 27 जुलाई को ऐसे घृणित झूठ बोलने की हैसियत में नहीं होता। फिदेल ने मुकदमे के दौरान खुद अभियोजन पक्ष के दस्तावेजों और गवाहियों से साबित किया कि सैनिकों के साथ दुर्व्यवहार के सारे आरोप झूठ और फरेब के पुलिन्दों के अलावा कुछ नहीं थे। मारे गए सैनिकों में से किसी एक भी मेडिकल रिपोर्ट में धारदार हथियार से मारे जाने का हवाला नहीं था। सैनिक अस्पताल के डॉक्टरों और नर्सों ने सरकारी गवाहों के बतौर बयान दिया कि विद्रोहियों के कब्जे में कभी सैनिक अस्पताल था ही नहीं। एक भी रोगी पर किसी विद्रोही ने कभी हमला नहीं किया और न ही कोई विद्रोहियों की वजह से मारा गया या घायल हुआ। अस्पताल के स्टाफ में एकमात्र कर्मचारी-एक केयरटेकर की मौत इस हादसे में हुई थी जो अहमकों की तरह खिड़की से सर बाहर निकालकर झाँकने की कोशिश कर रहा था।

एक के बाद एक पचासों सैनिकों ने गवाही देते हुए बताया कि पूरे अभियान में कई मौके आए जब उन्हें विद्रोहियों ने बन्दी बना लिया था या वे उनके रहमो-करम पर थे परन्तु कभी एक भी विद्रोही ने उनमें से किसी के भी साथ किसी तरह का दुर्व्यवहार नहीं किया। यहाँ तक कि किसी अपशब्द तक का प्रयोग नहीं किया। खुद सरकारी पक्ष प्रस्तोता सेना के एडजुटेन्ट जनरल ने यह बात खुले दिल से स्वीकार की कि पूरे अभियान के दौरान विद्रोहियों का व्यवहार शालीन, अनुशासित और युद्ध-मर्यादाओं के उच्चतम मानकों के अनुरूप था।

26 जुलाई को अभियान जब खत्म हुआ, फिदेल के साथियों में से केवल पाँच मारे गए थे। 27 जुलाई को जब बतिस्ता सेना-मुख्यालय से राष्ट्र को अपने झूठ के पुलिन्दों से बरगलाने की कोशिश कर रहा था, उसने मारे गए विद्रोहियों की तादाद बत्तीस बताई।

अभियान खत्म होने के बाद महज एक दिन में पकड़े गए और घायल विद्रोहियों में से 27 का बेरहमी से कत्ल किया जा चुका था। अगले 7-8 दिनों में यह तादाद 80 से ऊपर पहुँच गई। वास्तव में बतिस्ता के झूठों का असली मकसद इस बर्बरता, यातना और कत्लेआम की पिशाचलीला को वैधता प्रदान करना था।

अमानवीय यातनाओं के समूचे दौर में सेना के दरिन्दे विद्रोहियों को लालच देते रहे कि वे प्रियो द्वारा धन दिए जाने की झूठी गवाही पर दस्तखत करके न सिर्फ अपनी जान बचा सकते हैं बल्कि उन्हें पैसे और रोजगार से मालामाल किया जा सकता है। यातनाओं से दम तोड़ता एक भी विद्रोही उन्हें नहीं मिला जिसने इस प्रस्ताव पर घृणा से थूक न दिया हो। पिशाचों की क्रूरता सारी हदें पार करने लगी। जूतों से बन्दियों के अंडकोष कुचल दिए गए। उनकी आँखें बाहर निकाल दी गईं। मगर कोई टस से मस नहीं हुआ। किसी ने रहम की भीख नहीं माँगी।

मकसद में कामयाबी न मिलते देख हताशा और गुस्से से पागल दरिन्दों ने अभियान की दोनों बहादुर औरतों को निशाना बनाया। अपनी हथेली पर खून में लथपथ आँख लेकर एक सार्जेन्ट और कई सैनिक मेल्बा हर्नान्डेज और हेदी सान्तामारिया के सेल में घुसे। हेदी को हथेली पर रखी हुई आँख दिखाकर सार्जेन्ट फुफकारा : 'यह आँख तेरे भाई की है। अगर तू वह सारे राज नहीं खोलती जिसे तेरा भाई बताने से मना कर रहा है, हम उसकी दूसरी आँख भी निकाल लेंगे।' हेदी ने, जिसके लिए उसका भाई जान से भी प्यारा था, गर्व के साथ जवाब दिया : 'अगर तुमने उसकी एक आँख निकाल ली और फिर भी उसने कुछ नहीं बताया तो मेरे कुछ बताने का तो सवाल ही नहीं है।' गुस्से से उबलते दरिन्दे एड़ियाँ पटकते सेल से निकल गए। थोड़ी देर बाद वे फिर लौटे और जलती सिगरेटों से दोनों लड़कियों के बदन को दागना शुरू कर दिया। ऐसा करके थक चुकने के बाद, जब उन दोनों ने उफ तक नहीं की, सार्जेन्ट ने हेदी को एक कुचला हुआ अंडकोष दिखाते हुए कहा : 'अब तेरा मंगेतर भी नहीं रहा, हमने उसे भी जहन्नुम पहुँचा दिया है।' हेदी ने फिर गर्व से भर कर जवाब दिया : 'वह मरा नहीं है। अपने देश के लिए मरने वाला हमेशा के लिए अमर हो जाता है।' यह था क्यूबा की नौजवान पीढ़ी का हौसला!

इस पिशाच सार्जेन्ट का नाम यूलालियो गोन्जालेज था जो 'मोन्काडा छावनी का टाइगर' नाम से कुख्यात था। यह वह शख्स था जिसने अपने हाथों से आबेल सान्तामारिया की आँखें निकालकर यातनाएँ देते हुए हत्या की थी। एक दिन वह पुएर्टो बोनियाटो जेल से वापस लौट रहा था जहाँ वह लड़ाकू मुर्गे तैयार करने और बेचने का धंधा चलाता था। संयोग से लौटने में वह उसी बस में बैठा जिसमें आबेल की माँ शोक के कपड़ों में बैठी सिसक रही थी। जब इस पिशाच को मालूम चला कि वह कौन है, वह जोर-जोर से चिल्लाने लगा : 'हाँ मैं ही हूँ जिसने न जाने कितनों की आँखें अपनी उँगलियाँ घुसेड़कर निकाली हैं और मैं अभी और ऐसा बहुत कुछ करता रहूँगा।' इस दरिन्दे के पैशाचिक प्रलाप की हैवानियत के सामने लाचार माँ की बेबस सिसकियों का हिसाब आगे चलकर फिदेल और उनके साथियों ने चुकता किया।

हद यही नहीं थी। जब सिसकती हुई माताएँ अपने बच्चों के बारे में पूछने के लिए मोन्काडा छावनी पहुँचतीं, उन्हें जवाब दिया जाता : 'जरूर मैडम, आप अपने बच्चे को

सान्ता इफिगेनिया होटेल में मिल सकती हैं जहाँ हमने उसे आप के लिए पका-परोसकर रखा हुआ है।'

भोर के अँधेरे में बैरकों से बन्दी निकाले जाते और सिबोनी, तामाया, सोंगो और तमाम निर्जन जगहों पर ले जाए जाते। हाथ-पैर बाँधकर यातनाओं से क्षत-विक्षत लहूलुहान जिस्मों को दूर तक घसीटा जाता और बेरहमी से कत्ल कर दिया जाता। सेना से मुठभेड़ में हुई मौतों में इनका इन्दराज हो जाता। कई बन्दियों को उनकी खुद की कब्रें खोदने पर मजबूर किया जाता। ऐसी वारदातों के दौरान एक बन्दी ने अपनी कब्र खोदते हुए, बिजली की तेजी से घूमकर अपने फावड़े से हत्यारों में से एक का चेहरा चीर डाला। कई नौजवान लड़ाके पीछे हाथ बाँधकर जिन्दा दफन कर दिए गए।

30 जुलाई को सिबोनी के पास एक गुफा से दो विद्रोहियों, मार्कोस मार्ती और रेडांडो को सैनिकों ने पकड़ा। हाथ उपर उठवाये इन्हें सड़क पर मार्च कराया गया। थोड़ी दूर जाने पर सैनिकों ने मार्कोस मार्ती को पीछे से गोली मार दी और सड़क पर गिर जाने पर सारा बदन गोलियों से छलनी कर दिया। रेडांडो को छावनी ले जाया गया। मेजर पेरेज चाउमान्ट देखते ही गुर्राया : 'और यह? इस हरामजादे को क्यों मेरे लिए ले आए हो?' यह वाकया रेडांडो ने अदालत को गवाही के दौरान बताया जिसकी जान मेजर पेरेज के मुताबिक सैनिकों की बेवकूफी से बच गई थी।

मन्जानिल्लो से बेयामो के रास्ते में दो विद्रोहियों की लाशें लटकी हुई पाई गईं। तीन विद्रोही–ह्यूगो कामजो, पेड्रो वालेज और आन्द्रे गार्सिया–को मन्जानिल्लो बैरक से दो बजे रात को निकालकर बेयामो की तरफ ले जाया जा रहा था। रास्ते में सुनसान जगह पर इनको बाहर निकाला गया। सिपाही इन्हें तब तक पीटते रहे जब तक एक भी कराह की आवाज आती रही। तीनों को मरा समझकर एक साथ रस्सी से बाँधकर लटकाने के बाद सैनिक चलते बने। उन्हीं तीनों में से एक आन्द्रे गार्सिया को बाद में होश आया और किसी तरह रस्सी छुड़ाकर वह पास के खेत में छिप गया। अदालत में आन्द्रे ने खुद यह गवाही दी। बेयामो से पकड़े गए विद्रोहियों में आन्द्रे अकेला जिन्दा बचा था। काउतो नदी के पास आल्टो सेड्रो से पामासोरियानो जाने वाली सड़क पर पकड़े गए तीन विद्रोही नौजवान राउल अगुआर, अर्मांडो और आन्द्रे वाल्देज बराकांस के पास आधी रात को बेरहमी से कत्ल कर दिए गए। उनकी लाशें एक गड्ढे में फेंकी हुई मिली थीं।

कत्लो-गारत और यातनाओं के तांडव की ये वारदातें उनके साथ हुईं जो 26 जुलाई अभियान के गर्वीले-बहादुर लड़ाके थे। अलावा इनके, सेना के दरिन्दों ने अनगिनत निर्दोष नागरिकों को भी गिरफ्तार किया, यातनाएँ दीं और कत्ल कर दिया जिनका कोई हिसाब दर्ज नहीं हुआ। यह था बतिस्ता और उसके जनरलों का प्रतिशोध। ये वे जनरल थे जिनकी बहादुरी का पैमाना युद्ध में बन्दी बनाए गए लड़ाकों को यातनाएँ देकर कत्ल करना था। ये वे लोग थे जो रातो-रात बिना एक गोली चलाये, बिना किसी युद्ध में हिस्सेदारी किए अपने देश को अमेरिकी साम्राज्यवाद के हाथों बेचने के देशद्रोह के जरिए दलालों और जल्लादों से जनरल बन बैठे थे।

और बतिस्ता के सैनिक शासन की युद्ध मर्यादा! वह युद्ध मर्यादा जिसके बारे में कहा जाता है कि युद्ध की कोई भी परिस्थिति सैनिक की तलवार को जल्लाद के गंड़ासे में नहीं

बदल सकती है। वह युद्ध मर्यादा जो युद्धबन्दी और घायलों का सम्मान करने, उनकी मदद करने को कहती है। वह युद्ध मर्यादा जिसमें सैनिक निरीह-निहत्थों का कत्ल करने के बजाय अपनी तलवार को दो टुकड़े कर देना ज्यादा नैतिक समझता है। कैसे निभा पाते बतिस्ता और उसके जल्लाद जनरल ये महान सैन्य मर्यादाएँ? ये वे दलाल-जल्लाद थे जो फिदेल के मुताबिक स्वतंत्रता के महान सेनापति एंटोनियो माकियो की सेना में खच्चर हाँकने वालों की भी बराबरी करने लायक नहीं थे।

26 जुलाई अभियान के जाँबाज बहादुर साथियों के शौर्य और बलिदान के सन्दर्भ में फिदेल ने 'हिस्ट्री विल एब्जाल्व मी' में आजादी के सार्वकालिक अमर महानायक जोसमार्ती की, जिन्हें वह इस अभियान और समूची क्यूबा क्रान्ति का प्रणेता, सूत्रधार और पथप्रदर्शक मानते हैं, इन पंक्तियों को याद किया–

प्रिय मृतजनों, तुम जो कभी
हमारी प्रिय मातृभूमि की गर्वीली उम्मीद थे,
मल दो हमारे ललाट पर
अपनी भंगुर हो चली हड्डियों की भस्म।
आओ, थाम लो हमारे हृदय को अपने बर्फीले हाथों से।
भर दो अपनी हठीली हुँकार हमारे कानों में।
बदल दो हमारी हर सिसकारी
एक और आततायी के खून के आँसुओं में।
आओ हमारे गिर्द आओ, हमारे साथ चलो
दीप्त हो उठे हमारी आत्मा तुम्हारे धधकते शौर्य से
हमारे हमकदम करो अपने श्मशानों का आतंक
महज आँसू ही काफी नहीं हैं
जब हम दलाल-जल्लादों के मुकाबिल हैं।

गर्व के साथ फिदेल कहते हैं कि उनके साथी न तो मरे हैं और न ही भुलाये गए हैं, वे जिन्दा हैं, पहले से कहीं ज्यादा। उनके बलिदानों से उठता हुआ अपराजेय शौर्य देखकर हत्यारों की आँखें फट पड़ेंगी, कलेजे दहल जाएँगे। जोसमार्ती को याद करते हुए वह एक बार फिर कहते हैं : "अपने मृत साथियों की कब्रों पर आँसू बहाने की एक सीमा है। वह सीमा अपने प्रिय देश और उसके गौरव के लिए अगाध-अपरिमित प्यार है, वह प्यार जो कभी डगमगाता नहीं, कभी उम्मीद नहीं खोता और न ही कभी मद्धिम पड़ता है। शहीदों की कब्रें हमारे श्रद्धा और सम्मान की सर्वोच्च वेदियाँ हैं।

"...जब कोई अपनी अन्तिम साँसें लेता है। कृतज्ञ राष्ट्र की बाँहों में, सारे दुःख मिट जाते हैं, टूट जाती हैं जेल की बेड़ियाँ और तब अन्ततः, मृत्यु के साथ, शुरू होती है जीवन की यात्रा!"

क्रान्ति का मेनिफेस्टो : इतिहास मुझे दोषमुक्त करेगा

फिदेल की गिरफ्तारी

मोन्काडा बैरक से सिबोनी फार्म लौटने के बाद फिदेल अपने उन साथियों के साथ, जो इस संघर्ष को आगे बढ़ाने के लिए राजी थे, ग्रानपियेड्रा पर्वत-शृंखला की ओर बचे-खुचे हथियार और गोलियाँ लेकर चल दिए। योजना पहाड़ी के उस पार पिछली आजादी की लड़ाई के ऐतिहासिक स्थल रेलिन्गो की तरफ निकल जाने की थी, जहाँ पहुँचकर सब नए सिरे से शुरू किया जाता। फिदेल और उनके साथी पहाड़ियों पर करीब 3000 फीट से ज्यादा ऊँचाई पर पहुँच गए और पार करने के लिए अब उन्हें नीचे उतरना था। अब तक बतिस्ता के हजारों सैनिक भारी हथियारों और बख्तरबन्द गाड़ियों के साथ नीचे पहाड़ी को चारों तरफ से घेर चुके थे। 19 थके-माँदे लड़ाके जिनमें कई घायल, जगह से अनजान, कोई रास्ता बतानेवाला नहीं, भूख-प्यास से बेहाल। एक हफ्ते तक न वे नीचे उतर सके, न बतिस्ता के सैनिक ऊपर चढ़ने की हिम्मत जुटा सके। बीच-बीच में छिट-पुट गोलीबारी से घायलों की संख्या बढ़ती जा रही थी और उनके इलाज का कोई जरिया नहीं था। बतिस्ता के हथियारों की ताकत नहीं बल्कि भूख-प्यास और इलाज का अभाव परिस्थितियों को विकट बना रहा था।

इधर बतिस्ता की फौज द्वारा बन्दियों की यातना और कत्लेआम नृशंसता से जारी था। इन हैवानी वारदातों की खबरें मीडिया सेन्सरशिप के बावजूद क्यूबा के तमाम शहरों और क्यूबा से बाहर भी पहुँचने लगी थीं। लोगों का गुस्सा बढ़ रहा था। कैथोलिक चर्च, खासकर सेन्टियागो के आर्क बिशप मान्सियोर पेरेज सेरेन्टा और तमाम प्रभावशाली लोगों ने बन्दियों की यातना और खून-खराबे पर रोक लगाने के लिए मुहिम तेज कर दी थी। भारी दबाव के चलते एक हफ्ता बीतते यातना और कत्लेआम का सिलसिला धीमा पड़ने लगा था।

बतिस्ता प्रतिशोध पर जन-दबाव के थोड़े बहुत असर की खबर स्थानीय निवासियों के जरिए मिलने पर फिदेल ने अपने जत्थे के 10-11 लोगों को स्थानीय लोगों की मदद से इलाज के लिए सेन्टियागो भिजवाने का बन्दोबस्त किया। अब फिदेल समेत आठ लोग बचे जिनमें तीन संगठन के मुखिया थे—फिदेल, आस्कर अल्काल्डे डाइरेक्टोरेट इंचार्ज और जोस सुआरेज आर्टेमिसा जत्थे का कमांडर। नीचे उतरने की कोई सूरत न देख फिदेल ने योजना में बदलाव की सोची। ला चिवेरा पहुँचकर नाव से खाड़ी पार करते हुए सियेरा मायेस्त्रा की ओर बढ़ने की योजना बनी। मगर साथ के पाँचों लड़ाकों की गम्भीर

घायल स्थिति देखते हुए इस पर भी अमल कर पाना मुमकिन नहीं लग रहा था। कोई सूरत न देख अन्तिम फैसला यह लिया गया कि तीनों कमांडिंग ऑफिसर फिदेल, अल्काल्डे और सुआरेज पैदल अपने हथियारों के साथ इस अभियान को जैसे मुमकिन हो आगे बढ़ाएँगे और बाकी के पाँच घायलों का कैथोलिक चर्च के दबाव से बतिस्ता द्वारा समर्पणकारी बन्दियों की जानबख्शी पर मिली आधी-अधूरी गारंटी का फायदा उठाते हुए आर्क बिशप पेरेज सेरेन्टा के माध्यम से समर्पण करा दिया जाए। फिदेल और साथियों ने पाँचों समर्पणकारी घायलों के हथियार जंगल में छिपा दिए और बाकी तीनों अपने हथियारों के साथ पाँचों को लेकर एक स्थानीय सम्पर्क के घर अँधेरा होने पर पहुँचे। उसके जरिए फादर पेरेज की देख-रेख में पाँचों को सेना को सौंपे जाने की बात तय करके, पाँचों साथियों को वहीं छोड़ तीनों अपने हथियारों के साथ वापस लौटे।

मुख्य मार्ग से दूर जंगल में रात बिताने के लिए ठिकाने की तलाश में ये लोग करीब दो-तीन कि.मी. अन्दर गए। वहाँ उन्हें एक झोंपड़ीनुमा जगह दिखाई दी जिसे चरवाहे या शिकारी गाहे-बगाहे इस्तेमाल करते थे। इसी के पास पाँचों लोगों के हथियार छिपाये गए थे। हफ्ते-भर से ज्यादा थके-माँदे, भूखे-प्यासे बेहाल भटकते क्रान्ति के इन तीन लड़ाकों ने एक जोखिम-भरी भूल कर दी। वे अभी मुख्य मार्ग से महज दो-तीन कि.मी. अन्दर आए थे। उन्हें और अन्दर घने जंगल में सुरक्षित ठिकाने की तलाश करनी चाहिए थी। मगर ये तीनों उसी झोंपड़ी में पड़ रहे और चार-पाँच घंटे तक बेखबर सोते रहे। अचानक झोंपड़ी का दरवाजा बूटों की तेज ठोकरों से खुला और जब तक वे कुछ देख-समझ पाते, बतिस्ता के सैनिक उनकी छातियों पर राइफल की नाल सटाये गालियाँ देते घेरे हुए थे। तीनों के हाथ पीछे की ओर बाँध दिए गए। फिदेल के दिमाग में कई खयाल आए। स्थानीय सम्पर्क ने दगा दे दिया? किसी मुखबिर को भनक लग गई? टेलीफोन टैपिंग हुई? क्या हुआ होगा?

बहरहाल जो भी हुआ हो। भोर से कई पेट्रोलिंग टुकड़ियाँ पूरे जंगल को छान रही थीं। उन्हीं में से एक लेफ्टिनेन्ट पेड्रोसारिया की टुकड़ी ने फिदेल और उनके दोनों साथियों को खोज निकाला था। लेफ्टिनेन्ट सारिया लम्बा-चौड़ा अश्वेत जवान था जिसके अपने सैनिकों पर काबू पाने में छक्के छूटे जा रहे थे। सैनिक उन तीनों को वहीं उसी वक्त गोलियों से उड़ा देने पर आमदा थे। ले. सारिया लगातार समझाये जा रहा था—'नहीं ऐसा मत करना। गोली मत चलाना। विचारों की हत्या नहीं की जा सकती।' तब तक एक और बवाल हो गया। टुकड़ी के कुछ सैनिक जो अभी आसपास खोज रहे थे, उन्हें छिपाये गए हथियार मिल गए। अब तो सैनिकों के गुस्से का ठिकाना नहीं था और वे किसी तरह काबू ही नहीं आ रहे थे। लेफ्टिनेन्ट सारिया लगातार इस सैनिक से उस सैनिक तक हाँफता-रोकता दौड़ रहा था और 'विचारों की हत्या नहीं की जा सकती' की रट लगाता हुआ उन्हें शान्त करने की कोशिश कर रहा था। आखिरकार जैसे-तैसे सैनिक माने। तीनों बन्दियों को ठोकरों से उठाया गया और मुख्य मार्ग की ओर मार्च करा दिया गया। मुख्य मार्ग पर जिधर फिदेल और उनके साथी ले जाए जा रहे थे, गोलियाँ चलने की आवाज सुनाई देने लगी। स्थानीय सम्पर्क ने पाँचों समर्पणकारियों को आर्मी पेट्रोल के हवाले कर दिया था। फिदेल को लगा कि यह मार्च उन्हें पीछे से शूट कर देने की साजिश है। फिदेल अपने

दोनों साथियों के साथ ठमककर खड़े हो गए : 'हम आगे नहीं जाएँगे।' फिर सैनिकों का पारा आसमान पर था। लेफ्टिनेन्ट सारिया फिदेल के बिल्कुल नजदीक आकर फुसफुसाया : 'तुम सब बहुत बहादुर लड़के हो।' क्रान्ति की कठिन राहों पर अक्सर अप्रत्याशित सहयोग मिल जाया करता है। फिदेल को सारिया पर यकीन आ गया था। उन्होंने उसे धीरे से अपना नाम बता दिया। सारिया ने कहा : 'किसी और से भूलकर भी मत कहना।'

स्थानीय सम्पर्क वाले घर के पास आर्मी का ट्रक खड़ा था। ट्रक में पाँचों समर्पणकारी पीछे बैठाये जा चुके थे। सैनिक और फिदेल के बाकी दोनों साथी भी ट्रक में पीछे चढ़ा दिए गए। आगे ड्राइवर की बगल में फिदेल और किनारे दरवाजे की ओर दाहिने लेफ्टिनेन्ट सारिया। तभी कुख्यात हत्यारे कमांडेंट पेरेज चाउमान्ट की कार पहुँची। पेरेज ने फिदेल को उसके हवाले करने के लिए सारिया को हुक्म दिया। सारिया ने साफ इनकार करते हुए कहा कि उसके बन्दी उसकी जिम्मेदारी हैं। तमतमाया पेरेज लौट गया। सारिया फिदेल और उनके साथी बन्दियों को विवाक नागरिक पुलिस थाने में लेकर आया जहाँ गिरफ्तार किए गए लोग सेना के नहीं बल्कि नागरिक न्यायालय के अधिकार- क्षेत्र में आते थे। अगर वह इन्हें मोन्काडा ले गया होता तो सबके सब तुरन्त कत्ल कर दिए गए होते। फिदेल के मारे जाने की खबर 29 जुलाई को ही अखबारों में प्रकाशित कर दी गई थी। क्रान्ति के समूचे दौर में आगे भी कई बार फिदेल की मौत की खबरें छपीं। 29 जुलाई को ही मारे जा चुके फिदेल को 1 अगस्त को सचमुच में कत्ल कर देने में हत्यारों को कोई दिक्कत नहीं होती। उस घटना को याद करते हुए फिदेल लेफ्टिनेन्ट सारिया का बार-बार शुक्रिया अदा करते हैं जिसकी वजह से उनकी जान तीन बार बची। पहली बार जब सोते से पकड़े जाने पर सैनिक वहीं गोली मार देने पर आमादा थे। दूसरी बार फिदेल को हत्यारे चाउमान्ट को सौंपने से इनकार करके। और, तीसरी बार फिदेल को मोन्काडा न ले जाकर।

पुलिस थाने में कर्नल चेवियानो ने फिदेल से पूछताछ की। फिदेल ने सारे अभियान को गोलबन्द करने और नेतृत्व करने का पूरा उत्तरदायित्व अपने ऊपर लिया। फिदेल पर जबर्दस्त दबाव डाला गया कि वह अपदस्थ राष्ट्रपति कार्लोस प्रिया सोकारा से धन लेने और उसके इशारे पर काम करने की बात मान लें। पूछताछ के दौरान कर्नल चेवियानो ने कुछ प्रेस रिपोर्टरों को मौजूद रहने की इजाजत दे दी थी। यह बतिस्ता की एक बड़ी भूल साबित हुई जिसने क्यूबा का भविष्य बदल दिया। अगले दिन सारे अखबारों में छा जाने वाली हेड लाइन थी : 'फिदेल पकड़ा गया।' जब तक बतिस्ता के गुर्गे सारे अखबारों को जब्त करते, यह खबर क्यूबा और दुनिया-भर में पहुँच चुकी थी। बतिस्ता दाँत पीस कर रह गया। अब गिरफ्तार फिदेल की हत्या कर पाना आसान नहीं था।

फिदेल को बेनियाटो जेल में कड़ी तनहाई में रखा गया। तनहाई के दौर में भी फिदेल अन्य कैद साथियों और यहाँ तक कि बाहरी दुनिया से भी काम लायक न्यूनतम सम्पर्क का जरिया निकाल लेते थे। लगातार बन्दी पहरेदारों के बदलते रहने के बावजूद फिदेल एकाध को मिला लेने में कामयाब हो ही जाते। जब स्थितियाँ ज्यादा कठोर हो गईं और सम्पर्क का कोई जरिया नहीं रहा तो फिदेल ने भूख हड़ताल कर दी। जेलर का मनोबल तोड़ने के इरादे से जब भी खाना आता, फिदेल चिल्लाना चालू कर देते :

'चेवियानो को बोलो, सारा खाना अपने गुदाद्वार में डाल ले।' चेवियानो जेल कमांड का इंचार्ज था। फिदेल की हठधर्मी के आगे जेलर मजबूर हुआ और फिदेल को हेदी, मेल्बा और एकाध अन्य कैदी साथियों से बातचीत की इजाजत मिली, महज 24 घंटों के लिए। उसके बाद फिर वही तनहाई।

अदालत की कार्यवाही में फिदेल के बचाव वकील के बतौर हवाना बार ने योग्य जूरिस्ट और डीन डॉ. जार्ज पगलिएरी की नियुक्ति की। डॉ. पगलिएरी जब भी फिदेल से मिलने जेल जाते, उन्हें इजाजत नहीं दी जाती। डेढ़ महीने तक दर्जनों बार यह क्रम चला। आखिरकार न्यायालय के हस्तक्षेप से उन्हें दस मिनट के लिए सैन्य गुप्तचर संस्था 'सिम' के सार्जेन्ट की मौजूदगी में मिलने की इजाजत मिली। इन हालात में यह तय था कि बतिस्ता के गुर्गे फिदेल को किसी भी कीमत पर कोई कानूनी मदद नहीं मिलने देंगे। इसलिए उस दस मिनट की मुलाकात में आरोपी और उनके वकील द्वारा मिलकर तय किया गया कि खुद एक पंजीकृत वकील होने के अधिकार का प्रयोग करते हुए फिदेल अपनी पैरवी खुद करेंगे। खबर सुनकर दुश्मन खेमे में खलबली मच गई। उन्हें लगने लगा कि उनकी सारी चालाकी, सारी योजना धरी की धरी रह जाएगी। हर साजिश, हर झूठ का पर्दाफाश हो जाएगा। तनहाई की बन्दिशें और कड़ी कर दी गईं। फिदेल को संविधान अथवा कोई कानूनी किताब तो दूर जोसमार्ती और तमाम विचारकों की कृतियों को भी उपलब्ध नहीं कराया गया। बाहरी दुनिया, अखबार या सम्पर्क-सूचना के किसी भी मुमकिन जरिए पर पाबन्दी लगा दी गई। मगर फिदेल के पास अपने, अपने साथियों और अपने देश के बचाव में तीन अपराजेय हथियार थे–उनकी मेधा, उनकी स्मरणशक्ति और उनका आत्मबल। इन हथियारों को छीन पाने में बतिस्ता का सारा दबाव, सारा आतंक, सारी बन्दिशें नाकाम रहीं।

न्यायालय में पहली पेशी 21 सितम्बर को हुई। पूरा न्यायालय परिसर सेना की छावनी बना हुआ था। सौ से ज्यादा मशीनगनों और संगीनों के साये में बन्दी दीर्घा में सौ से ज्यादा लोग बैठाये गए। इनमें से ज्यादातर का मोन्काडा हमले से कोई लेना-देना नहीं था। तमाम निरीह-निर्दोष नागरिकों को खूनी तानाशाही ने पकड़कर घोर यातनाएँ दीं और झूठे मुकदमे में फँसा दिया था। उन सौ से ज्यादा बन्दियों की जमात में छोटी सी संख्या विद्रोह के असली बहादुर लड़ाकों की भी थी जो आजादी की इस लड़ाई में अपनी संग्रामी भूमिका गर्व से कुबूल करने को तैयार थे, इसके सारे अंजाम झेलने के लिए तैयार थे और अपना दायित्व निभाते हुए निर्दोष नागरिकों को खूनी तानाशाही के पंजों से, जेल से, आजाद कराने के लिए प्रतिबद्ध थे।

फिदेल को उस पेशी में गवाह के तौर पर पेश किया गया। दो घंटे से ज्यादा आरोपी पक्ष के प्राजीक्यूटर और तमाम बचाव वकीलों ने गहन पूछताछ की। फिदेल ने अभियान के उद्देश्य, इसमें शामिल लोगों, इसमें लगाए गए पैसे और इसमें इस्तेमाल हुए हथियारों का पूरा और सच्चा ब्योरा पेश किया। जब सब कुछ देश के लिए, देशभक्तों द्वारा, देशभक्तों के पैसे, खून और पसीने से किया गया हो तो छिपाने के लिए कुछ था ही नहीं।

पेशी में बावजूद इसके कि फिदेल को किसी कैदी से कभी भी मिलने की इजाजत नहीं दी गई, सारे के सारे विद्रोही एक विचार, एक आवाज और एक प्रतिबद्धता के साथ

बोले। फिदेल 'हिस्ट्री विल एब्जाल्व मी' में इस पेशी की चर्चा करते हुए कहते हैं कि जब लोग अपने दिलों में एक ही आदर्श, एक ही लक्ष्य रखते हैं तो उन्हें कोई भी ताकत अलग नहीं कर सकती, न तो जेल की दीवारें और न हीं कब्रों का सन्नाटा। एक आदर्श, एक विचार, एक चेतना और एक गौरव उन्हें हमेशा एकजुट रखता है।

पेशी में मोन्काडा के लड़ाकों की सच्चाई के आगे बतिस्ता तानाशाही के तमाम झूठ ताश के पत्तों की तरह बिखरने लगे और तमाम निर्दोष-निरीह-फँसाए गए लोगों को छोड़ने पर मजबूर होना पड़ा।

दूसरी पेशी 22 सितम्बर को हुई। अभी महज दस गवाहियाँ गुजरी थीं और बतिस्ता के दरिन्दे गुर्गों द्वारा कैदियों की यातनाओं और कत्ल की वारदातें उजागर होना शुरू हो गई थीं। फिदेल को बचाव वकील के रूप में गवाहों से जिरह करने से रोकने और उन्हें आगे की कार्यवाही में भाग न लेने देने के लिए साजिशें शुरू हो गईं।

25 सितम्बर, तीसरी पेशी की पूर्व संध्या को फिदेल की तनहाई कोठरी में जेल के दो डॉक्टर दाखिल हुए। काफी तनाव और दबाव में लग रहे इन डॉक्टरों ने फिदेल से कहा कि वे उनके स्वास्थ्य की जाँच करने आए हैं। हुआ यह था कि उस दोपहर को जेल अधीक्षक कर्नल चेवियानो ने डॉक्टरों से यह कहते हुए कि फिदेल मुकदमे में सरकार का जबर्दस्त नुकसान कर रहे हैं, इस बात का झूठा प्रमाणपत्र जारी करने के लिए दबाव दिया कि फिदेल की तबीयत बेहद खराब है और वह न्यायालय आ सकने की हालत में नहीं हैं। डॉक्टरों ने फिदेल को सारी बातें बताते हुए निर्णय उन पर छोड़ते हुए कहा कि यदि वे कहेंगे तो वह दोनों अपनी नौकरी से इस्तीफा देने और अपने खिलाफ कार्यवाही का जोखिम झेलने के लिए तैयार हैं। फिदेल ने जवाब दिया कि उन्हें अपना कर्तव्य बेहतर मालूम होना चाहिए, उसी तरह जैसे वे अपना खुद का फर्ज जानते हैं। बहरहाल डॉक्टरों ने कोठरी से बाहर निकलने के बाद फर्जी मेडिकल पर दस्तखत कर दिए। उन्हें लगा था कि ऐसा करके ही वे फिदेल की जान बचा सकते हैं।

उसी रात फिदेल ने न्यायालय को एक पत्र इस साजिश का खुलासा करते हुए लिखकर न्यायालय के चिकित्सकों से उनका स्वास्थ्य परीक्षण कराए जाने का अनुरोध किया। भारी निगरानी बन्दोबस्त के बावजूद फिदेल इस पत्र को मेल्बा हर्नान्डेज के मार्फत न्यायालय तक अगले दिन पहुँचाने में कामयाब रहे। उसके बाद से मेल्बा को भी तनहाई में डाल दिया गया, फिदेल पर पहरे और कड़े कर दिए गए और हर कैदी की न्यायालय पहुँचने से पहले सर से पाँव तक जामातलाशी ली जाने लगी। अगले दिन न्यायालय के डॉक्टरों द्वारा फिदेल का परीक्षण करके उन्हें पूरी तरह स्वस्थ घोषित करने के बावजूद फिदेल को सार्वजनिक ट्रायल के लिए न्यायालय में पेश नहीं किया गया। इस तरह तमाम पाबन्दियों के साथ फिदेल के ट्रायल में भाग लेने पर भी गैरकानूनी पाबन्दी लग गई। बावजूद इसके फिदेल को अपनी तनहाई कोठरी में न्यायालय की पेशियों और उनमें फिदेल के जाँबाज लड़ाकों द्वारा दिए जा रहे निर्भीक बयानों की जानकारी मिलती रहती थी। यह काम जेल के पुराने सजायाफ्ता कैदियों के जरिए होता था जो कोई न कोई नायाब तरीका निकालते हुए समाचारों की कतरनें और दूसरी जरूरी जानकारियाँ पहुँचाने में कामयाब हो ही जाते थे।

एक के बाद एक पेशियों में फिदेल की गैरमौजूदगी के बावजूद क्रान्ति के जाँबाज बागियों ने पूरे मामले को उलट दिया। जिन्होंने बागियों पर इल्जाम लगाया था, जो इन्हें मौत की सजाएँ दिलाने के लिए हर जोड़-तोड़-साजिश कर रहे थे, हर पेशी के बाद खुद को गुनाहगारों के कटघरे में और बागियों की सच्चाई और उनके सवालों के सामने लाचार पाते। इल्जाम धरने वाले मुल्जिम हो गए और मुल्जिमों ने इल्जाम लगानेवालों पर खुद इल्जाम धरना शुरू कर दिया। हर पेशी में पर्त-दर-पर्त सच्चाई खुलने लगी और यह साफ हो गया कि असल में जिसके गुनाहों-कारनामों का फैसला होना है उस दरिन्दे अपराधी का नाम है—'बतिस्ता'।

न्याय का नाटक पूरा करने की गरज से 16 अक्टूबर को फिदेल की पेशी-सुनवाई हुई। यह सुनवाई न्यायालय में, सबके सामने नहीं हुई बल्कि एक अस्पताल के छोटे से कमरे में, मरीज के पलंग पर की गई, जिससे फिदेल की आवाज बाहर न जा सके। इस अकेली गुप-चुप सुनवाई के लिए भी अस्पताल के कमरे और पूरे परिसर में सौ से ज्यादा सैनिक और अधिकारी अपने हथियारों के साथ मुस्तैद थे। समूची सुनवाई में गैरसैनिकों में महज दो वकील और छः रिपोर्टर उपस्थित थे जिनके अखबारों में सेंसरशिप इस सुनवाई का एक भी शब्द छपने की इजाजत नहीं देनेवाली थी।

इन हालात में फिदेल को अपना बचाव पेश करना था। वह बचाव जिसकी तैयारी के लिए कानून की किताबों का एक पन्ना भी नहीं सुलभ कराया गया था। वह बचाव जिसके लिए फिदेल को जोसमार्ती को भी पढ़ने की इजाजत नहीं मिली। वह बचाव जिसके लिए कोई सन्दर्भ पुस्तक, कोई समाचार, कोई दस्तावेज, कोई टिप्पणी पाने-पढ़ने की इजाजत नहीं दी गई थी। मगर फिदेल पर इन सब पाबन्दियों से कोई फर्क नहीं पड़ा। उनके दिल में क्यूबा की क्रान्ति के प्रणेता जोसमार्ती की शिक्षाएँ थीं। उनके दिमाग में तमाम विचारकों-क्रान्तिकारियों के पवित्र और आदर्श विचार थे जिन्होंने दुनिया-भर में विषमतम परिस्थितियों में अपने लोगों की आजादी की लड़ाइयाँ लड़ी थीं।

इस तरह 76 दिनों तक अँधेरी तनहाइयों में रहने के बाद, किसी भी तरह की बाहरी मदद से वंचित फिदेल ने अपनी मेधा, स्मरणशक्ति और आत्मविश्वास के बल पर 16 अक्टूबर, 1953 को अपने प्रतिवादी बयान, क्यूबा की क्रान्ति का मेनिफेस्टो, अत्याचार के विरुद्ध विद्रोह के बुनियादी मानवीय अधिकार का चार्टर और शोषणविहीन समाज व्यवस्था का अमिट दस्तावेज पेश किया। यह ऐतिहासिक दस्तावेज अपने अन्तिम वाक्य के नाम पर 'इतिहास मुझे दोष मुक्त करेगा'—'हिस्ट्री विल एब्जाल्व मी' कहलाया।

'हिस्ट्री विल एब्जाल्व मी'

16 अक्टूबर 1953 को अस्पताल की छोटी-सी कोठरी में, सौ से ज्यादा सैनिकों की मशीनगनों और संगीनों की निगरानी में, गुपचुप खेली गई न्याय की नौटंकी में बतिस्ता तानाशाही की ओर से सरकारी वकील ने फिदेल के खिलाफ अभियोजन में महज दो मिनट लगाए। 'सोशल डिफेन्स कोड' की धारा 148 पढ़ते हुए उसने फिदेल के लिए 26 साल की कैद की सिफारिश के साथ अपना अभियोजन पूरा कर लिया। धारा 148 के मुताबिक 'राज्य के संवैधानिक सत्ता-प्रतिष्ठानों के खिलाफ सशस्त्र जन-विद्रोह की किसी

कार्यवाही की साजिश रचनेवाले को तीन से दस साल तक कैद की सजा दी जाएगी। अगर जन-विद्रोह को सचमुच अंजाम दिया गया हो तब सजा पाँच से बीस साल की हो जाएगी। यह धारा फिदेल पर किस तरह लागू होती थी, इस बारे में अभियोजन के पास कहने के लिए कुछ नहीं था।

फिदेल ने अपना प्रतिवादी वक्तव्य देते हुए जजों से माँग की कि बचाव के हर साधन से वंचित किए जा चुकने के बाद न्याय, देशभक्ति और नैतिकता का न्यूनतम तकाजा था कि उनकी पूरी बात बिना रोक-टोक के ध्यान से सुनी जाए। जजों की ओर से उन्हें इसका अवसर मिला। फिदेल ने चार घंटों से ज्यादा, बिना रुके धाराप्रवाह क्यूबा की क्रान्ति का ऐतिहासिक मेनिफेस्टो पेश करते हुए बतिस्ता के एक-एक झूठ, एक-एक अत्याचार, उसके आतंकी साये में देश की दुर्दशा का बयान करते हुए आतंक के जरिए थोपी गई तानाशाही के खिलाफ हर देशभक्त नागरिक के विद्रोह में उठ खड़े होने और ऐसी सत्ता को जड़ से उखाड़ फेंकने के राष्ट्रीय, मानवीय और नैतिक दायित्व को साबित किया। इसके साथ ही एक आदर्श, जन-पक्षधर क्रान्तिकारी-लोकतांत्रिक सरकार के नेतृत्व में शोषणमुक्त खुशहाल क्यूबाई समाज के नवनिर्माण की प्रस्थापनाएँ रखीं।

फिदेल ने अभियोजन को चुनौती दी कि वह किस दुनिया और किस गुमान में जी रहा है? कौन कहता है कि क्यूबा में कोई संवैधानिक सत्ता है जिसके खिलाफ उन लोगों ने बगावत की है? तानाशाही, जो राष्ट्र का शोषण-दमन करती है, कभी संवैधानिक सत्ता हो ही नहीं सकती। यह संविधान की हत्या करके, साजिश और धोखे से, देशद्रोह करते हुए देश पर थोपी गई है। अभियोजन की धारा खुद 'सत्ता-प्रतिष्ठानों' का बहुवचन में हवाला देती है जिसका आशय चुनी हुई लोकतांत्रिक सरकार की विधायिका, कार्यपालिका और न्यायपालिका संस्थाओं से है। ये तीनों की तीनों तानाशाह द्वारा हड़प करके खुद में समाहित कर ली गई हैं। बतिस्ता, उसके भ्रष्ट-बदनाम दलाल राजनीतिज्ञों और सेना के गुर्गों का गुट चुनाव के जरिए सत्ता में आने की कोई सम्भावना न देख, सेना के सिपाहियों की दुर्दशा का फायदा उठाते हुए, उनकी पीठ पर सवार होकर रातो-रात क्यूबा का मालिक बन बैठा है। कौन-सा संविधान, कौन सा कानून ऐसी सत्ता को संवैधानिक वैधता प्रदान करता है?

बतिस्ता तानाशाही को असंवैधानिक और अवैध साबित करने के बाद फिदेल ने इस तानाशाही के खिलाफ अपनी बगावत का पूरा ब्योरा रखा, बतिस्ता के एक-एक झूठ, ढाए गए हर जुल्म-यातना और कत्लेआम का खुलासा किया।

बतिस्ता के दावे को कि फिदेल और उनके साथी अपदस्थ राष्ट्रपति कार्लोस प्रियो सोकारा की शह और पैसे पर खरीदे गए भाड़े के हत्यारे थे, चुनौती देते हुए फिदेल ने कहा कि उनका आन्दोलन क्यूबा की देशभक्त जनता का, उन्हीं के पैसे और उन्हीं के समर्थन से उन्हीं के लिए अकूत कुर्बानियाँ देने को प्रतिबद्ध क्यूबा की नौजवान पीढ़ी का आन्दोलन है।

फिदेल ने कहा कि जब वह क्यूबा की देशभक्त जनता की बात कर रहे हैं तो उनका मतलब उन साठ लाख से ज्यादा क्यूबाई नागरिकों से है जो ईमानदारी से, बगैर देश के साथ द्रोह किए हुए, बगैर अपने देश से भागे हुए, अपना खून-पसीना क्यूबा के लिए बहाकर अपनी रोजी-रोटी कमाना चाहते हैं; उन पचास लाख खेतिहर मजदूरों से है जो

फटेहाल झोंपड़ों में रहते हुए साल में बमुश्किल चार महीना कमाई कर पाते हैं और बाकी के दिन अपने बच्चों के साथ फाकों में गुजारते हैं; वे जिनके पास धुर भर भी जमीन नहीं है और जिनकी दयनीय दुर्दशा देख पत्थर के कलेजे भी चाक हो जाएँगे। उन चालीस लाख मेहनतकश औद्योगिक मजदूरों से है जिनकी जीवन-भर की कमाई, जिनकी पेंशन बतिस्ता और उसके गुर्गों ने हड़प ली है; घर के नाम पर जिन्हें ढहती हुई छतें भी शायद ही नसीब हैं, जिनकी तनख्वाहें महीने-दर-महीने मालिक की जेब से निकलकर ब्याजखोर साहूकार की जेबों में जाती रहती है, जिनकी जिंदगी का नाम हाड़तोड़ काम है और जिनके लिए आराम मौत के बाद कब्र की विश्रान्ति है। उनका मतलब उन एक लाख छोटे भूमिहीन किसानों से है जो जिन्दगी भर जमींदारों की जमीनों पर काम करते, अपनी खून-पसीने की फसल का ज्यादातर हिस्सा उनकी हवेलियों में पहुँचाते, कभी एकाध धुर अपनी खुद की जमीन हो पाने की हसरत पाले, पथराई आँखें लिए मर जाते हैं, उन तीस हजार शिक्षकों से है जो पूरी लगन, मेहनत और ईमानदारी से स्कूलों से लेकर विश्वविद्यालयों तक नई पीढ़ी का भविष्य सँवारते-तैयार करते हैं मगर जिनका खुद का न कोई वर्तमान है और न ही भविष्य। उन बीस हजार छोटे दुकानदारों से है जो आर्थिक तंगी और हालात की दुश्वारियों से जूझते हुए भ्रष्ट, बेईमान, घूसखोर सरकारी ओहदेदारों द्वारा हर कदम पर लूटे जाते हैं। उन दस हजार नौजवान पेशेवर लोगों—डॉक्टरों, इंजीनियरों, वकीलों, टीचरों, टेक्नीशियनों, कलाकारों, मूर्तिकारों आदि से है जो अपनी पढ़ाई पूरी करके डिग्रियाँ लिए दर-दर की ठोकरें खा रहे हैं मगर कहीं कोई सुनवाई नहीं है। ये वे लोग हैं जो अन्याय, अत्याचार और दुर्भाग्य का दंश झेल रहे हैं। इनमें इन सबसे निजात पाने की अपरिमित क्षमता और सम्भावना है।

फिदेल ने पूरी प्रतिबद्धता और गर्व से घोषित किया कि इस देशभक्त जनता से जिसके जीवन की कठिन-कठोर राहें सत्ता की दगाबाजियों और कभी न पूरे होनेवाले झूठे वायदों से पटी पड़ी हैं, वे यह नहीं कहते कि 'हम तुम्हें कुछ देंगे...' बल्कि यह कि 'हाँ यही है, आओ इसके लिए हमारे पास जो भी है उसी के बल पर लड़ें जिससे आजादी और खुशहाली हमारी हो सके।'

मोन्काडा बैरक पर हमले के जरिए क्यूबा की आजादी के क्रान्तिकारी अभियान का खुलासा करते हुए फिदेल ने कहा कि बैरक पर कब्जे के तुरन्त बाद रेडियो पर प्रसारण के जरिए नई सरकार की ओर से पाँच क्रान्तिकारी कानूनों की घोषणा की जानी थी।

पाँच क्रान्तिकारी कानून : क्रान्तिकारी सामाजिक रूपान्तरण की रूपरेखा

पहला क्रान्तिकारी कानून जनता के हाथों में सत्ता सौंपना और 1940 के संविधान को देश के सर्वोच्च कानून की मान्यता देना जब तक कि जनमत इसे संशोधित अथवा बदल नहीं दे। इस कानून को लागू करने और इसका उल्लंघन करनेवालों को सजा देने के लिए तत्काल किसी निर्वाचित जन सरकार के अभाव में क्रान्तिकारी आन्दोलन वैध जनसत्ता के एकमात्र प्रतिनिधि के रूप में तात्कालिक रूप से सर्व सत्ताधिकार हासिल करता।

दूसरे क्रान्तिकारी कानून के जरिए पाँच कबेलेरिया (लगभग 12 एकड़) अथवा कम जमीन के सिकमी किरायेदारों, बटाईदारों, लगानदारों, खेतिहर किसानों का जमीनों पर

अहस्तान्तरणीय मालिकाना दिया जाता और इन जमीनों के जमींदारों को लगान के अनुपात में क्षतिपूर्ति दी जाती।

तीसरा क्रान्तिकारी कानून कृषि उद्योगों को छोड़कर चीनी मिलों समेत तमाम बड़े औद्योगिक, वाणिज्यिक और खदान उद्योग के मजदूरों और कर्मचारियों को उनके उद्योगों के मुनाफे का 30% हासिल करने का अधिकार देता।

चौथा क्रान्तिकारी कानून गन्ना उत्पादन करनेवाले किसानों के हक में देश के चीनी उत्पादन के 55% का अधिकार और तीन अथवा ज्यादा सालों से गन्ना उत्पादन में लगे छोटे सिकमी किरायेदार अथवा बटाइदारों के लिए न्यूनतम 40 हजार अरोबा का कोटा निश्चित करता।

पाँचवाँ क्रान्तिकारी कानून पिछली सरकारों के दौर में अवैध ढंग से कमाई गई तमाम सम्पदा और जमीनों को उनके नाजायज मालिकों, उत्तराधिकारियों से छीनकर जब्त करता। इसकी छानबीन के लिए विशेष अधिकारों के साथ विशेष अदालतों का गठन किया जाता जो विदेशों में धन लूटकर भागे भगोड़ों के प्रत्यर्पण और विदेशों में जमा की गई अवैध सम्पदा को क्यूबा की जनता के पक्ष में जब्त कराये जाने का भी बन्दोबस्त करतीं। इस प्रकार की जब्तशुदा सम्पदाओं का आधा मजदूरों-कर्मचारियों के पेंशन फंड में मदद और बाकी आधा अस्पतालों, सुधारगृहों और दूसरी कल्याणकारी जन-कार्यवाहियों में लगाया जाता।

इन क्रान्तिकारी नियमों के अलावा पूरे लातिनी अमेरिकी क्षेत्र के लिए क्यूबा की घोषित नीति क्षेत्र की लोकतांत्रिक शक्तियों, जनवाद और अमनपसन्द जनता के साथ खुले दिल से समर्थन, सहयोग और भाईचारे की होती। अपने पड़ोसी देशों की जन-विरोधी, आततायी सरकारों द्वारा राजनीतिक रूप से सताये गए लोगों को मार्ती की ज़मीन क्यूबा से अपमान और वापस प्रत्यर्पण नहीं बल्कि उदार शरण और सुरक्षा मिलती। क्यूबा आतंक, अत्याचार और साम्राज्यवाद की शर्मनाक कड़ी नहीं बल्कि स्वतंत्रता, समानता और भाईचारे का गर्वीला ध्वजवाहक बनता।

वर्तमान उथल-पुथल से निजात पाने के तुरन्त बाद क्रान्तिकारी सरकार को नागरिक स्वतंत्रता और राजनीतिक जनवाद की बहाली के साथ-साथ देश की सर्वाधिक विकट समस्याओं—भूमि, औद्योगीकरण, आवास, रोजगार, शिक्षा और स्वास्थ्य में आमूल-चूल सुधार के लिए कदम उठाना था। यह महज सैद्धान्तिक मसला नहीं बल्कि व्यावहारिक समस्याएँ थीं जिन्होंने देश की प्रगति और विकास का हर रास्ता बन्द कर रखा था और समाज को अभाव, पिछड़ेपन और भयावह विषमता की काँटेदार जंजीरों से जकड़ रखा था।

क्यूबा के 85% छोटे किसान बटाईदारी और अपनी जोत की जमीनों से बेदखल कर दिए जाने की त्रासद आशंका में पिसते रहते थे। दो लाख किसानों के पास अपनी एक धुर जमीन भी नहीं थी कि वे अपने भूखे बच्चों को अनाज का एक निवाला भी खिला सकें। इसके बरक्स देश की आधे से ज्यादा सर्वोत्तम उपजाऊ जमीनें युनाइटेड फ्रूट कं. और वेस्टइंडियन कं. जैसे बहुराष्ट्रिकों के कब्जे में थीं। सत्ताधारी वर्गों और उनके दलालों के कब्जे में सात लाख एकड़ से ज्यादा उपजाऊ जमीन अनुपयोगी ऐशगाहों के रूप में थी।

सिवाय दो-चार कृषि उत्पादों, लकड़ी और टेक्सटाइल उद्योगों के, क्यूबा मूलतः कच्चे माल के उत्पादन और निर्यात पर निर्भर है। क्यूबा कैंडी के लिए चीनी, जूतों के लिए चमड़े और मशीनों के लिए लोहे का निर्यात करता है। स्टील, केमिकल, पेपर आदि में भारी पैमाने पर औद्योगीकरण, पशुधन और अनाज उत्पादन का विकास, नई तकनीकें, भारी उद्योग, जहाजरानी, पर्यटन—ये तमाम चीजें क्यूबा की खुशहाली की अनिवार्य शर्त हैं। इसके उलट अब तक की तमाम पूँजीवादी सरकारें औद्योगीकरण के बजाय साम्राज्यवाद की दलाली में ज्यादा यकीन रखती आई हैं।

क्यूबा की शिक्षा-व्यवस्था उसकी बदहाली की पूरी संगति में है। जब किसान के पास जमीन नहीं है, जनता के पास काम-धंधा नहीं है, रोजी-रोजगार नहीं है, कोई भारी उद्योग-प्रतिष्ठान नहीं है तो बच्चों को पढ़ा-लिखाकर क्या होगा? इसलिए क्यूबा में प्राइमरी से लेकर विश्वविद्यालयी और तकनीकी शिक्षा संस्थानों का अकाल है। इसीलिए ग्रामीण इलाकों में आधे से भी कम बच्चे नंगे पाँव, भूखे-अधनंगे खंडहरनुमा ग्रामीण स्कूलों में मुश्किल से जा पाते हैं जहाँ शिक्षकों को अपने ही वेतन से उनके लिए किताबों आदि का बन्दोबस्त करना होता है।

ऐसी दुर्दशा से केवल मौत ही मुक्ति दिला सकती है और राजसत्ता ने अपने नागरिकों की मौत का पूरा इंतजाम कर रखा है। ग्रामीण इलाकों के 90% बच्चे नंगे पाँव होने के चलते परजीवियों-कीटाणुओं का शिकार बनते हैं। सत्ताधारी वर्ग उन लाखों बच्चों की सामूहिक हत्या की कोई परवाह नहीं करता जो भोजन और स्वास्थ्य के अभाव में हर साल तड़पते हुए दम तोड़ देते हैं और जिनके गरीब माँ-बाप भूखे-असहाय-लाचार दवा और चिकित्सा के अभाव में अपने लाड़लों को तिल-तिल कर मरते देखने पर मजबूर हैं।

फिदेल ने कहा कि क्यूबा की ये बजबजाती समस्याएँ किसी चमत्कार के जरिए नहीं बल्कि क्यूबाई नागरिकों की उसी ईमानदारी, प्रतिबद्धता और देशभक्ति के साथ संघर्ष के जरिए हल की जा सकती हैं, जिस ईमानदारी, प्रतिबद्धता और देशभक्ति के साथ हमारे मुक्तिदाताओं ने आजाद राष्ट्र की स्थापना की थी।

जनता की ताकत और समर्थन से लैस क्रान्तिकारी सरकार तमाम संस्थाओं को भ्रष्टों और दलालों के चंगुल से मुक्त कराने के तुरन्त बाद देश के औद्योगीकरण की ओर अग्रसर होगी। देश की तमाम निष्क्रिय पूँजी को बाहर निकालकर इस काम में लगाएगी। किसी भी तरह की राजनीतिक दखलन्दाजी से मुक्त योग्य और ईमानदार विशेषज्ञों को इसके अध्ययन, योजना और क्रियान्वयन में लगाया जाएगा।

तमाम छोटे किसानों को उनकी जोत की जमीनों का मालिकाना दिलाने के बाद क्रान्तिकारी सरकार भूमि समस्या के समाधान की दिशा में आगे बढ़ेगी। हर तरह के कृषि उद्योगों के लिए अधिकतम भूमि की सीमा तय करने के बाद बाकी जमीन जब्त कर उसका इस्तेमाल पोखर, नर्सरी और पुनर्वानिकी के विकास के लिए किया जाएगा। शेष बची जमीन खेतिहर परिवारों में कृषि सहकारिता के विकास के लिए वितरित की जाएगी जिससे महँगे कृषि उपकरणों के उपयोग, तकनीकी प्रबन्धन और पशुधन फार्मिंग को बढ़ावा मिले। क्रान्तिकारी सरकार किसानों को कृषि के संसाधन, ढाँचागत सुविधाएँ, सहयोगी तकनीक व मार्गदर्शन उपलब्ध कराएगी।

क्रान्तिकारी सरकार आवास की समस्या को हल करने के लिए किराये की दरों को आधा कर देगी, निजी आवासीय उपयोग के लिए घरों पर टैक्स आधा और किराये पर उठाने वालों के लिए तीन गुना करेगी। झुग्गी-झोंपड़ियों की जगह आधुनिक अपार्टमेंट भवनों का निर्माण करेगी और पूरे क्यूबा में आवासीय परियोजनाओं के लिए आवश्यक वित्त प्रबन्धन करेगी। जिस तरह हर ग्रामीण परिवार के लिए उसकी अपनी जमीन का बन्दोबस्त किया जाएगा उसी तरह हर शहरी परिवार के लिए अपने आवासीय भवन या अपार्टमेंट का बन्दोबस्त भी सुनिश्चित होगा।

औद्योगीकरण, भूमि-सुधार और आवासीय सुधार की इन राष्ट्रीय परियोजनाओं पर अमल करके बेरोजगारी से स्वाभाविक रूप से निजात पाया जा सकेगा और सार्वजनिक स्वास्थ्य सेवाओं में भी माकूल सुधार सम्भव हो सकेगा।

क्रान्तिकारी सरकार शिक्षा-व्यवस्था में आमूल-चूल परिवर्तन सुनिश्चित करेगी जिससे क्यूबा के नौनिहालों के भविष्य का सर्वांगीण विकास और क्यूबा की ग्रामीण-शहरी सम्पूर्ण जरूरतों के अनुरूप मानवीय श्रम-शक्ति की सुलभता सुनिश्चित की जा सके। शिक्षण के पाठ्यक्रम, शिक्षण-तकनीक और शिक्षण-संस्थानों को सर्वजन-सुलभ बनाया जाएगा जिससे शिक्षा सत्ताधारी वर्ग की रखैल न बनकर राष्ट्र-निर्माण का सर्वाधिक महत्त्वपूर्ण माध्यम बन सके। शिक्षकों के सम्मान और उनकी आर्थिक दशा के सुधार पर विशेष ध्यान दिया जाएगा।

अपने वक्तव्य में क्रान्तिकारी सरकार के इन कार्यभारों को प्रस्तुत करते हुए फिदेल ने पूरे विश्वास और प्रतिबद्धता से कहा कि अपने अपार प्राकृतिक संसाधनों और असीमित मानवीय क्षमता के जरिए क्यूबा अपने से तीन गुना आबादी की हर जरूरत को पूरी कर सकता है। किसी के भूखा-अनपढ़ रहने का सवाल ही नहीं है। बाजार उत्पादों से अँटे होंगे, भंडारों में खाद्यान्न भरपूर होगा, सभी हाथों के लिए उनकी क्षमता के मुताबिक काम होगा। कोई बच्चा दवा या चिकित्सा के अभाव में दम नहीं तोड़ेगा। यह असम्भव नहीं है। यह सपना नहीं है। यह आनेवाले भविष्य की सच्चाई है।

फिदेल द्वारा प्रतिपादित पाँच क्रान्तिकारी कानून और समाज के क्रान्तिकारी रूपान्तरण की उनकी कार्ययोजना न सिर्फ क्यूबा बल्कि समूचे पूँजीवादी समाज के क्रान्तिकारी समाजवादी रूपान्तरण का चार्टर है।

बतिस्ता तानाशाही की अवैधता, उसकी राष्ट्रद्रोही असंवैधानिक स्थिति को सामने लाते हुए, मोन्काडा हमला आन्दोलन को लेकर बतिस्ता के एक-एक झूठ की धज्जियाँ उड़ाते हुए, बतिस्ता की शह पर उसकी सेना द्वारा विद्रोहियों के खिलाफ हर दरिन्दगी, हर यातना, हर कत्लेआम का पर्दाफाश करते हुए, अपने बहादुर देशभक्त जाँबाजों की शहादतों को ज़ाया न होने देने की कसम लेते हुए, क्यूबाई समाज के आमूल-चूल रूपान्तरण की ठोस कार्ययोजना पेश करते हुए अपने वक्तव्य के जरिए फिदेल ने 26 जुलाई आन्दोलन के लड़ाकों को आरोपी से आरोपकर्ता और बतिस्ता तानाशाही को आरोपकर्ता से घृणित आरोपियों में बदल दिया। फिदेल ने बतिस्ता तानाशाही को सीधे चुनौती देते हुए दुहराया कि इस तानाशाही ने 'जबरे का अधिकार' देश का सर्वोच्च कानून बना डाला है। सैनिकों और टैंकों के बल पर राष्ट्रपति भवन, राष्ट्रीय खजाने और तमाम

राष्ट्रीय संस्थाओं पर कब्जा करने और संगीनों को जनता के कलेजे पर तानने को इस तानाशाही ने जनता पर हुकूमत का आधार बना लिया है। यह वही तर्क है जिसे नाजियों ने यूरोप को रौंदने और अपनी कठपुतली सरकारें बिठाने के लिए इस्तेमाल किया था। बतिस्ता का सत्ता हड़प एक क्रूर, बर्बर-देशद्रोही तानाशाही है। ऐसी तानाशाही के खिलाफ प्रतिरोध-विद्रोह, न्याय, तर्क, नैतिकता और विधि-विधान का तकाजा है। यह जनतंत्र का सार्वभौम-स्वीकृत सिद्धान्त है। क्यूबा का अपना 1940 का संविधान भी इसके लिए नागरिकों के स्पष्ट दायित्व निर्देशित करता है। संविधान के अनुच्छेद 40 का दूसरा पैरा कहता है : 'पहले से हासिल किए गए वैयक्तिक अधिकारों की रक्षा के लिए सम्यक् प्रतिरोध किया जाना पूरी तरह विधिसम्मत है।' संविधान में उल्लेख न भी होता तो भी आमजन के इस अधिकार के बिना किसी जनतांत्रिक सामूहिक व्यवस्था की कल्पना नहीं की जा सकती है।

बतिस्ता तानाशाही देशद्रोही साजिश के जरिए देश की संप्रभुता को हड़प लेने भर का मसला नहीं है। इस नर-पिशाच ने देश के संविधान की हत्या करके उसकी जगह मनमाने प्रशासनिक अवैध आदेशों के जरिए न केवल समूचे देश पर अपना निरंकुश-निर्बाध कब्जा बना लिया है बल्कि देश के हर नागरिक की जिंदगी और मौत, उनकी हर साँस यहाँ तक कि उनके अस्तित्व का भी निरंकुश मालिक बन बैठा है।

फिदेल ने अकाट्य प्रमाणों से साबित किया कि आतंक और तानाशाही के खिलाफ विद्रोह का अधिकार मनुष्य की सभ्यता के उषाकाल से आज तक दुनिया के हर कोने, हर विचार और हर सिद्धान्त में प्रतिपादित है। चीन, भारत, ग्रीस और रोम की प्राचीनतम सभ्यताओं ने अत्याचारी राजाओं को हटाने-अपदस्थ करने के वैध जनाधिकार का प्रतिपादन किया है। जॉन सलिसबरी, सन्त थामस अक्विना, मार्टिन लूथर किंग, जुआन मेरियाना, के उद्धरणों से, 19वीं शती में इंग्लैंड के दो अत्याचारी शासकों चार्ल्स प्रथम और जेम्स द्वितीय को अपदस्थ किए जाने के उदाहरणों से, 1688 की इंग्लैंड क्रान्ति, 1775 की अमेरिकी क्रान्ति और 1789 की फ्रेंच क्रान्तियों के हवालों से अत्याचारी शासन के खिलाफ विद्रोह और उसे उखाड़ फेंकने के नैसर्गिक, न्यायिक और मानवीय अधिकार को प्रतिपादित किया। जॉन मिल्टन और जॉन लॉक के सिद्धान्तों का हवाला दिया। फिदेल ने अपनी अचूक स्मरणशक्ति के बल पर रूसो के 'सोशल कान्ट्रेक्ट' से विद्रोह के अविच्छिन्न जन अधिकार के पक्ष में विस्तृत उद्धरण दिया : 'जब इनसान के सामने जबरन आज्ञा मानने की विवशता हो और वह माने, वह ठीक करता है, लेकिन जैसे ही वह अपने कंधों से इस बोझ को उतार फेंकने में सक्षम हो तो इसे उतार फेंककर, वह बिल्कुल ठीक करता है, अपने उसी अधिकार से अपनी आजादी को हासिल करके, जिसे उससे छीन लिया गया था।' 'सबसे शक्तिशाली इनसान भी हमेशा के लिए मालिक नहीं बना रह सकता जब तक कि वह ताकत को अधिकार और आज्ञाकारिता को कर्तव्य में न बदल दे। ताकत महज भौतिक बल है, मैं नहीं समझता कि इसके जरिए कोई किसी तरह की नैतिकता हासिल कर सकता है। ताकत के सामने सर झुकाना परिस्थिति की मजबूरी भले हो, इनसान की मर्जी कभी नहीं हो सकती। ज्यादा से ज्यादा यह सामयिक समझदारी का काम हो सकता है। कोई इसे कर्तव्य कैसे कह सकता है?' 'आजादी का परित्याग इनसान के अपने

अस्तित्व का परित्याग है, मानवीय अधिकारों और कर्तव्यों का परित्याग है। इन के परित्याग की क्षतिपूर्ति सम्भव नहीं है। सब कुछ छोड़ देना इनसानी फितरत के खिलाफ है। स्वतंत्र इच्छा का अपहरण मानवीय मर्यादा की समस्त नैतिकता का अपहरण है। संक्षेप में यह बात बिल्कुल बेमानी, व्यर्थ और विरोधाभासी है कि एक ओर तो आप अपने लिए सम्पूर्ण प्राधिकार चाहते हो और दूसरों से असीमित आज्ञाकारिता...'

क्यूबाई क्रान्ति के विचार, सिद्धान्त और व्यवहार को पूरी तरह प्रतिपादित करते हुए फिदेल ने अपना प्रतिवादी वक्तव्य इन शब्दों में पूरा किया :

'मैं अपने बचाव-प्रतिवाद तर्क के अन्त पर पहुँच रहा हूँ, मगर इसका अन्त उस तरह नहीं करूँगा जैसे वकील आमतौर पर करते हैं, आरोपी को मुक्त करने की फरियाद करते हुए। मैं कैसे खुद के लिए आजादी माँग सकता हूँ जब मेरे साथी अभी आइसिल ऑफ पाइन्स की बदनाम जेलों में सड़ रहे हैं। मुझे उनके साथ रहने और उनकी किस्मत साझा करने के लिए वहाँ भेजा जाए। स्वाभाविक है कि ऐसे देश में जहाँ का राष्ट्रपति चोर और अपराधी हो, ईमानदार लोगों को मुर्दा या फिर जेल में होना चाहिए।

'और आप के लिए, माननीय न्यायाधीशों, मुझे बंदिशों के बिना अभिव्यक्ति की अनुमति देने के लिए आभार। मेरी आप से कोई कटुता नहीं है। मैं स्वीकार करता हूँ कि कई मामलों में आप लोगों ने मानवीय मर्यादाओं का पालन किया है। मैं जानता हूँ कि इस न्यायालय के मुख्य न्यायाधीश का वैयक्तिक जीवन बेदाग है। वह उन परिस्थितियों पर अपनी विवशता नहीं छिपा पाते जो उन्हें अन्यायपूर्ण फैसले देने पर मजबूर करती है। बावजूद इसके, कोर्ट ऑफ अपील के सामने एक गम्भीर सवाल है : सत्तर लोगों की हत्या, अब तक के सबसे बड़े कत्लेआम के अपराधियों को कटघरे में लाने का सवाल। अपराधी हत्यारे हाथों में हथियार लिए खुलेआम घूम रहे हैं—ये हथियार तमाम नागरिकों की जिन्दगी के लिए लगातार खतरा बने हुए हैं। अगर न्यायालय की कायरता अथवा डर के चलते हत्यारे अपराधियों पर न्याय पूरी ताकत से टूट नहीं पड़ता, अगर सभी न्यायाधीश अपना इस्तीफा नहीं दे देते, मैं आप के सम्मान पर लानत भेजता हूँ। मुझे उस शर्मिन्दगी पर बेहद अफसोस होगा जो इन हालात में न्याय को झेलनी होगी।

'मैं जानता हूँ मेरे लिए जेल की यातनाएँ अब तक किसी के भी द्वारा कभी भी झेली गई यातनाओं से कहीं कठोर होंगी, कायर धमकियों और नृशंस क्रूरता से भरपूर। मगर मुझे जेल की परवाह नहीं है। उसी तरह जैसे मुझे उस कायर, नृशंस आततायी के प्रतिशोध की परवाह नहीं है जिसने मेरे सत्तर कामरेडों की जिन्दगी छीन ली है। मुझ पर इल्जाम दें। कोई फर्क नहीं पड़ता। इतिहास मुझे दोषमुक्त करेगा।'

यह था 16 अक्टूबर, 1953 को फिदेल कास्त्रो द्वारा दिया गया वह ऐतिहासिक वक्तव्य जिसने क्यूबा की क्रान्ति को अकाट्य वैधता प्रदान की, जिसने फुलगेन्शियो बतिस्ता-अत्याचारी, आततायी, तानाशाह, जिसकी सत्ता का एकमात्र आधार आतंक और जिसकी सत्ता का एकमात्र मकसद क्यूबा के आत्मसम्मान को सबसे ऊँची बोली लगाने वाले माफिया और अमेरिकी साम्राज्यवादी हितों को बेचना था, से क्यूबा की जनता के निजात पाने की आधारशिला रखी और सबसे बढ़कर एक शोषणमुक्त, मानवीय और नैतिक समाज की स्थापना का असाधारण दस्तावेज, मानवीय गरिमा का चार्टर पेश किया।

मोन्काडा आन्दोलन के सबक

जेल के दिनों में फिदेल ने मोन्काडा छावनी पर हमले के समूचे अनुभवों का गहन विश्लेषण और अभियान की असफलता के कारणों की पड़ताल करते हुए क्रान्ति की आगे की रणनीति तैयार की।

सफलता की मंजिल तक पहुँचकर निर्णायक क्षणों की असफलता में कई अचानक हादसों-रुकावटों के साथ ही, अनुभव और संसाधनों की कमी की भी अपनी भूमिका रही।

संगठन में प्रशिक्षित लड़ाकों की पर्याप्त संख्या उपलब्ध रहने के बावजूद आर्थिक संसाधनों की तंगी के चलते हथियारों का माकूल बन्दोबस्त नहीं हो सका। इससे न केवल अभियान में भागीदारी की संख्या प्रभावित हुई बल्कि अभियान के लिए जरूरी हथियार-मशीनगनें, हथगोले आदि भी नहीं जुटाये जा सके।

रणनीति की दृष्टि से उपलब्ध लड़ाकों को विभिन्न मोर्चों--मोन्काडा, बेयामों, अस्पताल और आडेन्सिया भवन के लिए कई टुकड़ियों में बाँटना और इन टुकड़ियों में संख्या बल का निर्धारण भी अनुभव के अभाव में सटीक नहीं हो सका था।

हमले की तारीख सेन्टियागो के मेले की चहल-पहल को ध्यान में रखकर उसका भरपूर फायदा उठाने के लिहाज से की गई थी मगर इसी चहल-पहल ने आखिरी मौके पर अभियान के लगभग आधे सशस्त्र बल को हमले में भागीदारी से वंचित कर दिया। भीड़-भाड़ के चलते रास्ता भटक जाने के बाद लगभग 45 लड़ाकों के लिए वापस सही रास्ता खोज पाना किसी सूरत से सम्भव नहीं हो सका।

गार्ड पोस्ट कब्जे के समय अचानक पैदल पेट्रोल का सामना होने से उत्पन्न परिस्थिति से भी और बेहतर ढंग से निपटा जा सकता था। फिदेल उस घटना के बारे में चर्चा करते हुए कहते हैं कि पैदल पेट्रोल से उलझने और उस पर कब्जा करने की कोशिश करने की बजाय शायद बेहतर रहा होता कि पैदल पेट्रोल की अनदेखी करते हुए पूर्व निर्धारित कार्यक्रम के मुताबिक दर्जनों कारें धड़ा-धड़ एक के बाद एक गार्ड पोस्ट से तेजी से गुजरती बैरकों की ओर चली जातीं और जब तक अचकचाया हुआ पेट्रोल कुछ समझ पाता और कुछ कर पाने या सूचित करने की स्थिति में आ पाता, ज्यादातर लड़ाके बैरकों में घुसकर सैनिकों को अपने काबू में ले रहे होते।

गार्ड पोस्ट के पास लड़ाकों द्वारा सेना अस्पताल को बैरक समझकर घुस पड़ने और उसके बाद उन्हें बाहर निकालकर फिर से कारों में सवार कराकर बैरकों की ओर ले चलने में भी समय का नुकसान हुआ। इस बीच सायरन के शोर और गोलियों की तड़तड़ाहट से बैरकों में सोये सैनिकों को सजग हो जाने का मौका मिल गया।

वह अभियान जिसकी जबर्दस्त तैयारी पूरे एक साल से क्यूबा की राजधानी हवाना में, बतिस्ता, उसकी सेना और गुप्तचरों की नाक के नीचे, बिना कोई भनक दिए पूरी सफलता से की गई थी, जिस अभियान के लिए बारीक से बारीक बातों पर गौर करते हुए सटीक योजना बनाई गई थी, जिस अभियान के लिए एक-एक साथी को पूरी छानबीन और सावधानी से चुना गया था, जिस अभियान के लिए साथियों ने अपनी सारी कमाई, अपना भविष्य, अपना सबकुछ दाँव पर लगा दिया था, जिस अभियान के साथियों का साहस, धैर्य और प्रतिबद्धता क्रान्ति के समूचे दौर में कभी विचलित नहीं हुई, वह अभियान इन अचानक हादसों और छोटी-मोटी चूकों के चलते पूरी तरह कामयाब नहीं हो पाया। समय ने साबित किया कि 26 जुलाई 1953 को मोन्काडा छावनी पर हमला क्रान्ति का पहला बड़ा नाकामयाब सामरिक मोर्चा मगर निर्णायक क्रान्ति की राह का सबसे सुनहरा पल था। इस अभियान के अभिभूत कर देनेवाले शौर्य, साहस और आदर्श ने बतिस्ता तानाशाही के जुए तले सहमी, हताश, भ्रमित जनता को झकझोर कर जगाया और क्यूबा में प्रतिरोध संघर्षों, हड़तालों, भूमिगत कार्यवाहियों और अन्ततः समूचे राष्ट्र में आम जन हड़तालों और संघर्षों की वह अलख जलाई कि बतिस्ता तानाशाही और आतंक का नामोनिशान मिट गया। 26 जुलाई मोन्काडा हमला अभियान की असफलता की कोख से अपराजेय 26 जुलाई जन-प्रतिरोध आन्दोलन का जन्म हुआ। मोन्काडा अभियान की सामरिक विफलता क्रान्ति के लिए महानतम राजनीतिक सफलता साबित हुई। अभियान के ठीक पहले, रवानगी के समय फिदेल ने पूरे आत्मविश्वास से कहा था : 'यह आन्दोलन हर हाल में विजयी होगा। अगर कल हम जीत जाते हैं तो बहुत जल्द वह सब कुछ हासिल कर लेंगे जिसके लिए जोसमार्ती ने आजीवन संघर्ष किया। अगर इसका उलटा हुआ तो भी हमारा संघर्ष, हमारा बलिदान क्यूबा की जनता के लिए क्रान्ति की इस ध्वजा को उठाकर आगे बढ़ चलने के लिए शानदार प्रेरणा बन जाएगा।'

और आगे

मुकदमे के दौरान फिदेल का बचाव-प्रतिवाद और उनके तमाम साथी विद्रोहियों का साहस, उनकी प्रतिबद्धता, उनका नैतिक बल इस कदर जबर्दस्त था कि अभियोजन के पास अपने किसी भी इल्जाम को साबित कर पाने का कोई जरिया नहीं बचा। मगर यह बतिस्ता तानाशाही का जमाना था। जनता की साँसों पर पहरे थे। मीडिया पर पूरी सेन्सरशिप थी। विरोध की हर आवाज का जवाब आतंक, यातना और कत्ल था। न्यायालय बेबस था। बतिस्ता की मर्जी ही न्याय थी। फिदेल के फर्जी स्वास्थ्य प्रमाण-पत्र पर दस्तखत करनेवाले मजबूर डॉक्टरों की तरह न्यायाधीश भी बतिस्ता की मर्जी के सामने मजबूर थे।

न्यायाधीशों ने अपनी मजबूरी और सीमाओं के दायरे में भी क्रान्ति का साथ देने की कोशिश की। फिदेल और उनके साथी इस मुकदमे में झूठे फँसाये गए निरीह नागरिकों को बेदाग छुड़ाने में कामयाब हुए। सौ से ज्यादा नामजद अभियुक्तों में से, महज 26 कैदियों के खिलाफ अभियोग साबित हुआ। जिनके खिलाफ अभियोग साबित हुआ उन्हें बतिस्ता की ओर से अधिक से अधिक सजा दिलाने की हर कोशिश के बावजूद न्यायालय

ने यथासम्भव कम से कम सजाएँ सुनाईं। 16 अक्टूबर, 1953 को फिदेल के ऐतिहासिक वक्तव्य 'हिस्ट्री विल एब्जाल्व मी' के फौरन बाद फिदेल को 15 वर्ष और राउल को 13 वर्ष की सजा सुनाई गई। विद्रोहियों को अपनी सजाएँ भुगतने के लिए आइसिल ऑफ पाइन्स भेज दिया गया जिसे अब 'इज्ला डे जुवेन्टड' (युवाओं का द्वीप) कहा जाता है।

जेल से फिदेल ने क्रान्ति के काम को आगे बढ़ाना और क्रान्ति के अगले चरण की रणनीति को सोचने-सजाने-सँवारने का काम जारी रखा। जेल से अपने साथियों, शुभचिन्तकों, सम्बन्धियों को लिखे गए गोपनीय पत्रों के जरिए क्रान्ति के निर्णायक दौर के लिए गहन गम्भीर चिन्तन और योजना ने आकार लेना शुरू किया। फिदेल के लिए यह बतिस्ता तानाशाही के खिलाफ गुस्से और घृणा के आवेग से निकलकर योजनाबद्ध चिन्तन और अगली कार्यवाही के लिए रणनीति तैयार करने का समय था। फिदेल ने अपने एक मित्र लुई बन्टे अगुएरो (जो जल्दी ही क्रान्ति की राह से अलग हो गया) को भेजे पत्र में लिखा : 'अपने शहीद भाइयों के खून से, यह खत मैं तुम्हें लिख रहा हूँ। क्रान्ति की राह पर अविचलित बढ़ने के लिए वे मेरी एकमात्र प्रेरणा है।' क्यूबा को जिस कायरता और भय ने जकड़ रखा था, उस पर विस्तार से चर्चा करते हुए फिदेल ने लिखा : 'बतिस्ता के अपराधों की जोरदार मुखालफत करो। आज के दौर का यह सबसे बड़ा कार्यभार, सबसे महान कर्तव्य है; आगे बढ़ने के लिए सबसे जरूरी, सबसे मजबूत और सबसे क्रान्तिकारी कदम है।' क्रान्ति की सफलता के लिए जरूरी था कि देश क्रान्ति के कारणों, उसके दर्शन, उसके सिद्धान्त को जाने-समझे।

क्रान्ति के दर्शन को क्यूबा की जनता तक पहुँचाने के लिए योजना और रणनीति पर विमर्श करते हुए फिदेल ने मेल्बा हर्नान्डेज को लिखे अपने एक नोट में भय के वातावरण को किसी भी कीमत पर मिटाने और दुश्मन के साथ मुकाबले में धैर्य और समझदारी से काम लेने की सलाह देते हुए लिखा : 'आगे सारे काक्रोचों को एक साथ कुचल देने-मार भगाने का पर्याप्त अवसर मिलेगा।'

फिदेल के लिए किसी भी सम्बन्ध का एकमात्र पैमाना क्रान्ति के प्रति अविचलित और अगाध निष्ठा थी। जेल के दौरान फिदेल को खबर मिली कि उनकी पत्नी मार्थाडियाज ने अपनी और अपने बच्चे की खातिर बतिस्ता सरकार की मदद कुबूल कर ली है। फिदेल के लिए यह जेल की सारी यातनाओं से ज्यादा दुःखदायी यातना थी। यह न सिर्फ उनके, बल्कि समूची क्रान्ति के साथ किया गया जघन्य विश्वासघात था। यह घटना फिदेल और मार्था के तलाक का कारण बनी।

मुकदमे की कार्यवाही और विद्रोहियों को मिली सजा से फिदेल और उनके विद्रोही साथी समूचे क्यूबा में जननायकों के रूप में छा गए। उनके संघर्ष की कहानियाँ क्यूबा वासियों के दिलो-दिमाग को उद्वेलित करने लगीं। चारों तरफ से फिदेल, राउल और दूसरे मोन्काडिस्ता विद्रोहियों समेत तमाम राजनीतिक बन्दियों की आम माफी और रिहाई की माँग उठने लगी। इस अभियान में ऑर्थोडाक्स पार्टी, पीपुल्स सोशलिस्ट पार्टी (पार्टीडो सोशलिस्ता पापुलर) और कई छात्र संगठनों ने बढ़-चढ़कर हिस्सा लिया।

बतिस्ता की प्रेस सेन्सरशिप को धता बताते हुए भूमिगत आन्दोलन के रूप में फिदेल का 'इतिहास मुझे दोषमुक्त करेगा' क्यूबा के शहरों और गाँवों में पहुँचने लगा और न सिर्फ

क्यूबा की जनता बल्कि अन्तर्राष्ट्रीय समुदाय के सामने भी मोन्काडा अभियान की सच्चाई और बतिस्ता तानाशाही के नृशंस प्रतिशोध की वारदातें खुलने लगीं। लोग अभियान की नीयत और जरूरत को जानने-समझने लगे। ऑर्थोडाक्स और पीएसपी के कार्यकर्ता, खासकर नौजवान छात्र और मेहनतकश समुदाय के लोग भूमिगत रूप से अपने खर्च और जान की जोखिम पर फिदेल के दस्तावेज 'इतिहास मुझे दोषमुक्त करेगा' छपवाते और एक से एक नायाब तरीके निकालकर दूर-दूर तक भिजवाने का बन्दोबस्त करते। धीरे-धीरे इस अभियान ने 26 जुलाई आन्दोलन का रूप ले लिया और फिदेल का विद्रोही संगठन इसी नाम 'मुविमियेन्टो 26डे जुलियो' या M-26-7 से जाना जाने लगा। लोग छोटे-छोटे स्टडी सर्किल के रूप में क्यूबा की क्रान्ति के इस मेनिफेस्टो को पढ़ते। उनकी चेतना पर जबर्दस्त प्रभाव पड़ता। तानाशाही के आर्थिक और राजनीतिक जुए तले पिसते लोग हथियार उठाकर बतिस्ता तानाशाही को उखाड़ फेंकने के लिए उबलने लगते। मोरोन में 26 जुलाई आन्दोलन के संस्थापक नेता लुइस फन्डोरा जमारा (गुइन) पहली बार फिदेल के मेनिफेस्टो को हासिल करने का वाकया याद करते हुए कहते हैं : 'ऑर्थोडाक्स पार्टी के नौजवान नेता अल्बर्टो पिला (बेतिन) ने पहली बार मुझे यह दस्तावेज पढ़ने के लिए दिया और कहा, गुइन इसे पढ़ो। इसको पढ़ते-पढ़ते तुम्हारा मन करेगा कि बस राइफल उठाओ और बैरकों पर धावा बोल दो।' यही हालात धीरे-धीरे पूरे क्यूबा में बनने लगे। जन-भावना का दबाव इस मुकाम पर पहुँच गया कि बतिस्ता को एक बड़े जन-विद्रोह का खतरा बचाने की गरज से नौजवान विद्रोहियों की आम माफी की माँग पर झुकने के लिए मजबूर होना पड़ा। क्यूबा में जन-असन्तोष या विद्रोह की खबर अपने अमेरिकी आकाओं तक पहुँचने का जोखिम वह हरगिज नहीं उठाना चाहता था।

धूर्तता की एक और बानगी पेश करते हुए बतिस्ता के गुर्गों द्वारा विद्रोहियों को छोड़ने के पहले उन्हें बरगलाने की हर चन्द कोशिशें की गईं। उन्हें माफीनामे पर दस्तखत के लिए भारी पद-पैसे-सुविधाओं का लालच दिया गया। सारे विद्रोहियों ने इस पर लात मारते हुए एक संयुक्त घोषणा-पत्र जारी किया : 'ऐसा लगता है कि अगर हम देश में जबरन आतंक के बल पर कब्जा जमाये अवैध और असंवैधानिक सत्ता को स्वीकार करने पर गुप-चुप सहमत हो जाएँ तो आम माफी हमारा इंतजार कर रही है। वे बेहूदे, जिनके दिमाग में इस तरह का फितूर आता है, सोचते हैं कि जेल में झेली गई बीस महीनों की कठोर यातनाओं के दबाव में हमारा आत्मगौरव दम तोड़ चुका होगा...जबरन ताकत के बल पर हमें हमारे अधिकार से तो वंचित किया जा सकता है मगर कोई माई का लाल हमें किसी अनैतिक समझौते, उपहार या लालच के जरिए जेल से निकलने पर राजी करने में कामयाब नहीं हो सकता...हम अपनी रिहाई के बदले में अपने आत्मगौरव का एक कण भी देने से इनकार करते हैं...हम अपना सम्मान बेचकर आम माफी हासिल करने से इनकार करते हैं। हमारा शौर्य और साहस अजेय और अडिग है।

'हम अपनी किस्मत का पूरी हिम्मत के साथ सामना करने और पूरी जिन्दगी इस तानाशाही के खिलाफ जिन्दा इल्जाम बने रहने के लिए तैयार हैं।'

आतंक और तानाशाही अपने मंसूबों में एक बार फिर नाकामयाब रही। दिन-पर-दिन बढ़ते जन-दबाव के आगे घुटने टेकने के अलावा कोई चारा नहीं रहा।

अन्ततः 15 मई, 1955 को फिदेल, राउल और मोन्काडा विद्रोह के तमाम साथी आइसिल ऑफ पाइन्स की जेल से आम माफी के तहत अपनी शर्तों पर आजाद हुए।

समूचे क्यूबा में फिदेल का 'हिस्ट्री विल एब्जाल्व मी' एक जन-आन्दोलन का रूप लेते हुए क्रान्ति के अगले चरण के लिए मजबूत सांगठनिक आधार तैयार कर चुका था।

12 जून, 1955 को फिदेल ने औपचारिक रूप से 26 जुलाई आन्दोलन 'मुविमियेन्टो 26डे जुलियो' M-26-7 की स्थापना की। इसके पहले राष्ट्रीय डाइरेक्टोरेट का गठन हुआ, फिदेल इसके मुखिया चुने गए।

बतिस्ता तानाशाही को कानूनी तौर-तरीकों और आन्दोलन से मिटाने की कोई सूरत न देख सशस्त्र छापामार युद्ध चलाते हुए एक व्यापक राष्ट्रीय जन-उभार और अन्ततः निर्णायक आम जन हड़ताल के जरिए बतिस्ता तानाशाही को उखाड़ फेंकने के मकसद से क्रान्ति के अगले निर्णायक दौर की तैयारी के लिए फिदेल 7 जुलाई, 1955 को मैक्सिको प्रवास के लिए निकल गए। राउल पहले ही मैक्सिको पहुँच चुके थे।

खंड IV

निर्णायक जंग

आगे आओ : हमने सुना है
तुम अच्छे आदमी हो।
तुम खरीदे नहीं जा सकते, मगर बिजली भी
जो कड़क कर राख कर देती है आशियाने
खरीदी नहीं जा सकती।
तुम अपने कहने पर कायम रहते हो।
मगर तुम कहते क्या हो!
तुम ईमानदार हो, साफ राय देते हो।
कौन सी राय?
तुम बहादुर हो।
किसके खिलाफ?
तुम बुद्धिमान हो।
किसके लिए?
तुम अपने फायदे नहीं देखते।
तब किसका फायदा देखते हो?
तुम अच्छे दोस्त हो।
क्या तुम भली जनता के भी अच्छे दोस्त हो?

अब हमारी सुनो : हमें मालूम है।
तुम हमारे दुश्मन हो। इसलिए अब हम तुम्हें
दीवार के सामने खड़ा करेंगे।
तुम्हारी योग्यता और खूबियों को देखते हुए
हम तुम्हें एक अच्छी दीवाल के सामने खड़ा करेंगे और गोली
मार देंगे

अच्छी बन्दूक से निकली एक अच्छी गोली से
और तुम्हें दफन कर देंगे
एक अच्छे से फावड़े से अच्छी जमीन में।

बर्तोल्त ब्रेख्त

(इंटरोगेशन ऑफ दि गुड)

निर्णायक जंग की तैयारी : मैक्सिको से सियेरा मायेस्त्रा की ओर

15 फरवरी, 1955 को जेल से रिहा होने के बाद फिदेल और उनके साथियों का आइसिल ऑफ पाइन्स और हवाना में अभूतपूर्व स्वागत हुआ। बतिस्ता तानाशाही के आतंक से सहमे क्यूबाई समाज में मोन्काडा हमले और फिदेल के मेनिफेस्टो 'हिस्ट्री विल एब्जाल्व मी' ने जबर्दस्त हलचल पैदा कर दी थी। फिदेल और उनके लड़ाकों में, जिन्हें बतिस्ता का आतंक और लालच दोनों ही भ्रष्ट कर पाने में नाकामयाब रहे, क्यूबावासियों को उम्मीद की किरन-बदलाव की बयार दिखाई दी। हर कोई फिदेल को देखना-सुनना चाहता था। मीडिया-प्रेस, रेडियो, टेलीविजन हर तरफ फिदेल और उनके लड़ाकों की धूम मची थी।

जल्दी ही फिदेल के दिलो-दिमाग में यह धारणा बलवती होने लगी कि क्यूबा में रहते हुए बतिस्ता तानाशाही को उखाड़ फेंकना मुमकिन नहीं है। रैलियों, रेडियो या टेलीविजन किसी भी जरिए से वह जनता से मुखातिब होने, उसे गोलबन्द करने की कोशिशें करते, बतिस्ता प्रशासन और उसके गुर्गे कामयाब ना होने देते। ऑर्थोडाक्स पार्टी का नेतृत्व इस कदर पस्तहिम्मत था कि उसके जरिए किसी जुझारू गोलबन्दी की गुंजाइश नहीं थी। क्यूबावासियों को बतिस्ता के खिलाफ आम हड़ताल में उतार पाना तब तक सम्भव नहीं था जब तक कि उनके सामने कोई भरोसे का ताकतवर विकल्प न हो। अपने जेल के दिनों में भी परिस्थितियों का गहराई से विवेचन करते हुए फिदेल इसी नतीजे पर पहुँचे थे। जेल से निकलने के बाद सामाजिक-राजनैतिक सच्चाइयों ने इस पर मुहर लगा दी। निर्णायक जंग की मुकम्मल तैयारी के लिए फिदेल ने जुलाई में मैक्सिको जाने का फैसला किया। वहाँ राउल और उनके साथ कई 'मोन्कादिस्ता लड़ाके' पहले ही हालात का जायजा और प्रारम्भिक तैयारी के लिहाज से पहुँच चुके थे। इसके भी पहले फिदेल और अन्य पकड़े गए साथियों के जेल-प्रवास के दिनों में ही बेयामो बैरक पर हमला करने वाली टुकड़ी के कमांडर एन्टोनियो निको लोपाज और कुछ अन्य लड़ाके बतिस्ता सेना और पुलिस को चकमा देकर क्यूबा छोड़ ग्वाटेमाला जा चुके थे। वहाँ उनकी मुलाकात 'चे' से हुई। राउल के पहुँचने तक ये लोग चे के साथ मैक्सिको पहुँच चुके थे। चे और राउल की अच्छी जान-पहचान हो गई थी। 'चे' तब तक 'चे' नहीं महज डॉ. अर्नेस्टो गुयेवारा थे। अर्जेन्टीनी अपने साथी के लिए आदर सूचक सम्बोधन के रूप में हर बात में 'चे' ऐसा, 'चे' वैसा प्रयोग करते थे जिससे क्यूबाइयों को लगा कि 'चे' उनका नाम है और वे उन्हें इसी सम्बोधन से बुलाने लगे। धीरे-धीरे 'अर्नेस्टो' पीछे छूट गया और 'चे' दुनिया में युवा-क्रान्ति का प्रतीक बनकर छा गया।

बीसवीं सदी की शुरुआत से ही, खासकर दोनों विश्वयुद्धों के दौरान और उसके बाद भी मैक्सिको शहर लगभग समूचे पश्चिमी जगत—अमेरिका, यूरोप और लातिन अमेरिका से सत्ता के सताये प्रगतिशील नई धारा के परिवर्तनवादी विचारकों, कलाकारों, बुद्धिजीवियों, क्रान्तिकारियों, अराजकतावादियों, समाजवादियों, साम्यवादियों आदि की खुली पनाहगाह था। तमाम तरह के अमेरिकी कलाकार, लेखक, गीत-संगीतकार, बुद्धिजीवी यहाँ तक कि भगाए गए बीटल और समलैंगिक भी इत्मीनान से यहाँ डेरा जमाये रहते थे। अमेरिकी कम्युनिस्ट और मेकार्थी जमाने के राजनीतिक शरणार्थी भी यहाँ महफूज महसूस करते थे। द्वितीय विश्वयुद्ध काल में आस्ट्रिया और तमाम यूरोप से फासीवाद विरोधी राजनीतिज्ञ-बुद्धिजीवी परिवारों ने मैक्सिको में शरण ली थी। लातिनी अमेरिका के आततायी शासकों के सताये विरोधी और विद्रोही चिली, निकारागुआ, हैती, पुएरटेरिको, पेरू, वेनेजुएला, क्यूबा से भागकर मैक्सिको आते और विद्रोह की तैयारियाँ करते। इस तरह मैक्सिको पूरे अमेरिका में युवा गतिशीलता और ऊर्जा की अन्तर्राष्ट्रीय इन्द्रधनुषी सांस्कृतिक क्रान्तिकारी गतिविधियों का फलता-फूलता निरापद केन्द्र बन चुका था।

फिदेल के करीब तीस साल पहले क्यूबा से एक और नौजवान क्रान्तिकारी अपने साथियों के साथ क्रान्ति की तैयारियों के लिए मैक्सिको आया था। जेरार्डो मकाडो की भ्रष्ट और निरंकुश सरकार के खिलाफ बगावत की तैयारियों के लिए जुलियो अन्तोनियो मेला ने अपने साथियों के साथ 1926 में क्यूबा छोड़ा था। होण्डुरास और ग्वाटेमाला में कुछ समय बिताने के बाद ये नौजवान मैक्सिको पहुँचे और वहाँ फलते-फूलते मैक्सिकन साम्यवाद और लातिनी अमेरिकी प्रवासी राजनीतिक गतिविधियों के माकूल माहौल में अपनी कोशिशों में जुट गए। मेला ने क्यूबा में हथियारबन्द बगावत के लिए प्रवासी क्यूबाइयों की गोलबन्दी की। योजना में वेनेजुएला की गोमेज तानाशाही के खिलाफ असफल बगावत की तैयारियों के लिए जमा किए गए हथियारों का इस्तेमाल शामिल था। मेला ने जनवरी 1928 में नवप्रवासी क्यूबन क्रान्तिकारियों का संगठन 'एसोसियेशन डे नुयेवोज एमिग्राडेज रिवोल्यूसनियारोज क्यूबानोज' तैयार करके उसका मुखपत्र 'क्यूबा लिबरे' निकाला। संगठन की कई अन्य जगहों—न्यूयॉर्क, पेरिस आदि में शाखा खोली गई। इन तमाम शाखाओं की गतिविधियों के समन्वय और संयोजन का केन्द्र मैक्सिको था। संयोग से इन बागी प्रवासियों को मैक्सिको शहर में एक ऐसी जगह मिल गई जहाँ सिमोन बोलिवार—'दि लिबरेटर'—कुछ समय तक रहे थे। बागियों ने उस भवन को अपने विद्रोह का स्मारक बना लिया। वेनेजुएला के प्रवासी विद्रोही और मेला अपने साथियों के साथ इसमें रहे थे। दुर्भाग्य से तैयारी के आन्तिम चरण, जनवरी 1929 में मकाडो तानाशाही के एजेंटों को इस अभियान की भनक लग गई और मेला का मैक्सिको शहर में बेरहमी से कत्ल कर दिया गया। तीस साल बाद 1955 में एक बार फिर क्यूबा के नौजवान अपनी पितृभूमि की आजादी के लिए मैक्सिको जुटे। फिदेल और चे की अगुवाई में एक बार फिर हथियारबन्द बगावत की तैयारियाँ शुरू हुईं।

इस बार बतिस्ता के दलाल इन लोगों को गिरफ्तार करेंगे। मगर इस बार वे इनकी हत्या में कामयाब नहीं होंगे। इस बार अभियान नाकामयाब नहीं होगा। असम्भव सी

परिस्थितियों में पहाड़ जैसी मुश्किलों का सामना करते हुए क्यूबा की जवानी अपनी पितृभूमि पहुँचने और उसे बतिस्ता के चंगुल से आजाद कराने में कामयाब रहेगी।

क्यूबा छोड़ते समय फिदेल ने अपने एक मित्र को पत्र लिखा : 'मैं क्यूबा से जाने की तैयारियाँ कर रहा हूँ। मुझे अपने पासपोर्ट के लिए भी उधार लेना पड़ा। जाहिर है, कोई धन्नासेठ नहीं बल्कि एक आम क्यूबन जा रहा है जिसने अपने देश के लिए अपना सब कुछ निछावर किया है और हमेशा करता रहेगा। मेरे लिए शान्तिपूर्ण राजनीतिक संघर्ष के सब दरवाजे बन्द हो चुके हैं। मार्ती की ही तरह, मैं भी सोचता हूँ कि वक्त आ गया है कि हम अपने अधिकारों की याचना के बजाय छीन लें, भीख माँगने की बजाय उन्हें अपनी ताकत से हासिल करें। आखिर क्यूबाइयों के धैर्य की भी सीमा है।

"मैं करेबिया में कहीं रहूँगा। इस यात्रा में पीछे लौटने का सवाल नहीं है और अगर मैं लौटा तो आतंक का कलम हुआ सर मेरे कदमों पर होगा।"

फिदेल के मैक्सिको पहुँचने पर उनकी मुलाकात दो शख्सियतों से हुई जिन्होंने विद्रोह की तैयारियों में महत्त्वपूर्ण भूमिका निभाई—अर्नेस्टो 'चे' गुयेवारा और 'कर्नल' अलबर्टो बेयो।

चे का जन्म अर्जेन्टीना के कार्डोल में 1928 में हुआ था। सम्पन्न वास्तुविद इंजीनियर की सन्तान चे का लालन-पालन ब्यूनसआयर्स में उच्च मध्यवर्गीय परिवेश में हुआ। बचपन से ही उसकी रुचि अपने वर्गीय संगी-साथियों से ज्यादा गरीब-दमित वर्ग के बच्चों के साथ उठने-बैठने में थी। अलमस्त, मनमौजी और चंचल 'अर्नेस्टो' की चपलता पर अंकुश केवल अस्थमा से ही लगता था। दमा की यह बीमारी उनके साथ आखिरी दम तक लगी रही। समय के साथ-साथ नौजवान होते अर्नेस्टो के दिलो-दिमाग में गरीबों-मजबूरों की दुर्दशा और लातिनी अमेरिकी सम्पन्न सत्ताधारी वर्गों के प्रति घृणा घर करती गई। अर्नेस्टो ने 1947 में मेडिकल स्कूल में दाखिला लिया और मार्च 1953 में डॉक्टर बनने के बाद दुनिया-जहान देखने-समझने दक्षिण और मध्य अमेरिकी देशों की यात्रा पर निकल पड़े। फिदेल और मोन्काडा हमले के बारे में उन्हें कोस्टारिका में रहते हुए जानकारी मिली। ग्वाटेमाला पहुँचने पर चे का सामना अमेरिकी साम्राज्यवादी दादागिरी से हुआ। ग्वाटेमाला के निर्वाचित प्रगतिशील राष्ट्रपति जेकब आर्बेन्ज ने महत्त्वपूर्ण भूमि-सुधारों की पहल करते हुए अमेरिकी बहुराष्ट्रिक कम्पनियों के कब्जे में विशाल गन्ना बागानों की लूट और उनमें गुलामों की तरह खटते ग्वाटेमाली मजदूरों के शोषण पर लगाम लगाने के लिए इन बागानों के राष्ट्रीयकरण और उन्हें स्थानीय ग्वाटेमाली 'कम्पेसिनो' जनता में वितरित किए जाने का फैसला किया। अपने साम्राज्यवादी हितों पर चोट से तिलमिलाये अमेरिका की शह, साजिश और समर्थन से सेना ने राष्ट्रपति आर्बेन्ज का तख्तापलट करते हुए ग्वाटेमाला को सैनिक शिकंजे में ले लिया। इस अमेरिकी दादागिरी के खिलाफ ग्वाटेमाली जनता के तीखे मगर असफल प्रतिरोध में 'चे' ने खुलकर हिस्सेदारी की थी और उन्हें ग्वाटेमाला छोड़कर मैक्सिको आने के लिए मजबूर होना पड़ा था।

ग्वाटेमाला में 'चे' की मुलाकात निको लोपाज और अन्य क्यूबाई विद्रोहियों से हुई। उस समय तक 'चे' एक मुकम्मल मार्क्सवादी बन चुके थे—पार्टी के कार्डहोल्डर नहीं

बल्कि विचारधारा और विश्वास के स्तर पर। इसलिए उन्हें बेयामो बैरक के हमलावर लड़ाकों द्वारा दी गई जानकारी के आधार पर 26 जुलाई आन्दोलन की वैचारिकी और व्यवहार को और क्यूबा की सामाजिक-राजनीतिक परिस्थितियों को समझने में देर नहीं लगी। चे में जनता से आत्मसात होने, उसकी भावनाओं के साथ खुद को जोड़ लेने, स्वाभाविकता, सादगी और कामरेडाना आत्मीयता की बेमिसाल क्षमता थी। क्यूबा की परिस्थितियों में शान्तिपूर्ण कानूनी संघर्ष की कोई सम्भावना नहीं बची होने के फिदेल के विश्लेषण से वह पूरी तरह सहमत थे। विचार और व्यवहार की समानता और समझदारी चे और फिदेल के क्रान्तिकारी जीवन के हर मौके पर बनी रही।

फिदेल और चे की पहली मुलाकात मैक्सिको शहर में एक क्यूबाई मित्र मारिया अन्तोनिया गोन्जालेज के घर पर हुई। फिदेल ने मोन्काडा हमले की राजनीतिक वैचारिकी को विस्तार से रखा। चे इस नतीजे पर पहुँचे कि क्यूबा अपनी राष्ट्रीय मुक्ति, साम्राज्यवादी विरोध की लड़ाई लड़ रहा है, इसका चरित्र अभी समाजवादी क्रान्ति का नहीं है। यह उनके खुद के विश्लेषण से मेल खाता था। चे को साथ देने में कोई हिचकिचाहट नहीं हुई। उनकी केवल एक शर्त थी। क्यूबा में क्रान्ति की सफलता के बाद उन्हें अपने देश अर्जेन्टीना की क्रान्ति के लिए जाने से न रोका जाए। फिदेल की वैचारिकी और व्यवहार में विश्वविद्यालयी जीवन के शुरुआती दौर से ही अन्तर्राष्ट्रीय बिरादराना संघर्षों के साथ सहयोग की समझदारी शामिल थी। ट्रूजिल्लो के खिलाफ 'केयो कन्फाइट्स' अभियान और 'बोगोटाजो' जन-उभार में शामिल होने के साथ ही पुएरटे रिको की आजादी, पनामा नहर की वापसी, मालविना द्वीप पर अर्जेन्टीना के अधिकार और सम्पूर्ण करेबियाई क्षेत्र में यूरोपीय उपनिवेशों की आजादी फिदेल के लिए छात्र-जीवन से ही जन गोलबन्दी के अहम मुद्दे थे। इसलिए फिदेल ने कहा—'मंजूर'। किसी दूसरे शब्द की जरूरत नहीं थी। इतिहास रचनेवाला, समाज बदलनेवाला एक अपराजेय-अटूट संश्रय बन गया।

दूसरी महत्त्वपूर्ण शख्सियत जिसने मैक्सिको में विद्रोहियों का जत्था तैयार कराने में महत्त्वपूर्ण भूमिका निभाई, स्पेनी जनरल अलबर्टो बेयो थे। अलबर्टो बेयो 1892 में क्यूबा में ही जन्मे मगर बाद में स्पेन बस गए थे। स्पेनी मिलिट्री अकादमी से सैन्य रणनीति में शिक्षित बेयो स्पेनिश मोरक्को में स्पेनी सेना की ओर से ग्यारह वर्ष तक लड़े थे। बेयो ने स्पेन के गृहयुद्ध में भी रिपब्लिकन पक्ष से युद्ध का नेतृत्व किया था। फ्रांसिस्को फ्रैंको की सेना के हाथों रिपब्लिकन पराजय के बाद बेयो ने मैक्सिको में शरण ली थी। अमेरिकी विस्तारवाद और दादागिरी के घोर विरोधी बेयो गुरिल्ला रणनीति के विशेषज्ञ थे। फिदेल ने अलबर्टो बेयो को विद्रोही लड़ाकों के सैन्य प्रशिक्षण, विशेषकर गुरुल्ला युद्ध के लिए दीक्षित करने की जिम्मेदारी सौंपी। बेयो ने लड़ाकों को हथियार चलाने और गुरिल्ला संगठन बनाने की बारीकियाँ सिखाईं। मगर बेयो गुरिल्ला रणनीति में दुश्मन से घिर जाने के बाद घेरा तोड़कर निकल जाने की रणनीति से आगे कभी नहीं गए। अभी तक ऐसा मुमकिन नहीं हुआ था कि गुरिल्ला लड़ाकों का दस्ता सेना बनकर दुश्मन की समूची पारम्परिक सेना से मोर्चा ले और उसे निर्णायक मात दे। मगर फिदेल इसी रणनीति पर काम कर रहे थे। उनकी योजना अपने लड़ाकों के जरिए अनियमित गुरिल्ला युद्ध चलाते हुए बतिस्ता की नियमित सेना को शिकस्त देने की थी। नवीनतम अमरीकी हथियारों,

अमेरिकी प्रशिक्षण, हवाई और नौसैनिक ताकत से सुसज्जित बतिस्ता की चालीस हजार से अधिक की सैन्य शक्ति को सीधे पारम्परिक युद्ध के जरिए हराना मुमकिन नहीं था। मगर अभी तक कोई दूसरे रास्ते को भी मुमकिन नहीं कर सका था। फिदेल इसे मुमकिन कर दिखाने पर आमादा थे।

संगठन खड़ा हो रहा था। मगर न तो पैसा था न हथियार। मोन्कादिस्ता लड़ाकों के साथ क्यूबा और लातिन अमेरिका के अन्य देशों के नौजवान जुटने लगे थे। यहाँ तक कि बतिस्ता आतंक से क्यूबा छोड़कर अमेरिका में पनाह लिए नौजवान भी शामिल हो रहे थे। मैक्सिको शहर में प्रारम्भिक सांगठनिक तैयारी के बाद इनके ठोस व्यावहारिक सैन्य प्रशिक्षण के लिए शहर से बाहर रांचो सान्ता रोजा नाम का एक बड़ा फार्म किराए पर लिया गया था। फिदेल को सांगठनिक व्यस्तता के चलते इस प्रशिक्षण में कभी भाग लेने का मौका नहीं मिला मगर चे बेयो के सबसे मेधावी और उत्साही शागिर्द थे और गिरफ्तारी से पहले तक बिला नागा रात्रिकालीन प्रशिक्षण शिविर में हिस्सेदारी करते रहे थे। इसके पहले चे का व्यवस्थित सामरिक अनुभव का कोई प्रशिक्षण नहीं था। मगर उनकी अदम्य, अपराजेय इच्छाशक्ति और अतुलनीय उत्साह ने उन्हें आगे वास्तविक अभियान का सर्वश्रेष्ठ कमांडर बना दिया। चे शुरुआती दौर में अभियान के एकमात्र चिकित्सक के रूप में शामिल हुए। बाद में सियेरा मायेस्त्रा में फ्रैंक पाइस द्वारा भेजे गए 'वालंटियरों' से और चिकित्सक मिले। अभियान की कठोरतम सच्चाइयों में एक ऐसा वक्त आया जब चे को बिना एक पल गँवाये मेडिकल बॉक्स और मशीनगन में से एक चुन लेना था। चे ने बिना किसी झिझक के मशीनगन को चुना और फिदेल के बाद अभियान के पहले कमांडेंट बने। एक डॉक्टर, जो एक पल के लिए भी अपने डॉक्टरी दायित्व से विरत हुए बिना महानतम सैनिक बना। एक डॉक्टर और सैनिक जिसे दमा जैसी बीमारी ने कभी चैन नहीं लेने दिया, एक ऐसी बीमारी जिसके चलते आम आदमी इन दोनों पेशों के बारे में सोच भी नहीं सकता। अद्‌भुत और अभिभूत कर देनेवाला, संवेदनशील, सुसंस्कृत और मेधावी-कभी हार न माननेवाला था चे का व्यक्तित्व। पूरे विजय-अभियान के दौर में जो सबसे कठिन जिम्मेदारी हो—अचानक टूट पड़ना हो, हथियारों पर कब्जा करना हो-चे सबसे आगे हाजिर। डर तो मानो इस शख्सियत को छू भी नहीं गया था। क्रान्ति के लिए चे के जीवन के महत्त्व को देखते हुए बार-बार चे की हर खतरनाक काम में सबसे आगे रहने की ललक पर अंकुश लगाना पड़ता था। मैक्सिको में जब विद्रोह के लड़ाके प्रशिक्षण ले रहे थे, फिदेल ने 1955 के अन्तिम और 1956 के शुरुआती महीनों में अमेरिका और अन्य पड़ोसी देशों की यात्रा करते हुए अपने व्यक्तित्व, कृतित्व और वक्तृता के प्रभाव से क्यूबाई प्रवासियों और सहानुभूति रखनेवाले अमरीकियों के बीच करीब बासठ 'पैट्रियॉटिक क्लबों' की स्थापना करके अभियान के लिए पैसों और नैतिक समर्थन का बन्दोबस्त किया।

1955 के अन्त में फिदेल के 26 जुलाई आन्दोलन M-26-7 के साथ फ्रैंक पाइस के भूमिगत संगठन 'एक्सियों नेसियानल रिव्योल्यूसनारिया' (ए एन आर) का विलय हो गया। फ्रैंक पाइस 7 दिसम्बर, 1934 को सैन्तियागो डे क्यूबा में जन्मा वह क्रान्तिकारी था जो 10 मार्च, 1952 को बतिस्ता के सैन्य तख्तापलट के समय शिक्षक बनने के कोर्स के अन्तिम वर्ष का नौजवान छात्र और अपने विद्यालय छात्रसंघ का अध्यक्ष था। उस दिन के

बाद से पाइस ने अपनी पूरी जिंदगी बतिस्ता तानाशाही के खिलाफ प्रतिरोध खड़ा करने में लगा दी। फ्रैंक पाइस के संगठन का शहरी छात्रों और युवाओं में जबर्दस्त प्रभाव था। दो चक्र के लम्बे विचार-विमर्श के बाद फिदेल के विचारों और योजना से सहमत होने के बाद विलय का एलान करते हुए फ्रैंक पाइस ने कहा; 'अब हम 26 जुलाई हैं।' शिक्षक के पेशे को अलविदा कहते हुए फ्रैंक पाइस ने अपनी सारी ऊर्जा और समय फिदेल के लड़ाकों के साथ क्यूबा पहुँचते ही समूचे देश में जबर्दस्त आम हड़ताल के जरिए जन-उभार की गोलबन्दी के लिए लगा दिया। लगातार यात्राएँ और सम्पर्क करते हुए पुराने सेलों को पुनर्जीवित किया, नए सेल गठित किए, हथियारों का बन्दोबस्त किया, भूमिगत ढाँचों को सांगठनिक रूप से सुदृढ़ किया और इस तरह गुरिल्ला युद्ध के साथ जन-विद्रोह का तालमेल बैठाने की जिम्मेदारी जी जान से निभाई। फ्रैंक पाइस की इन कोशिशों के चलते 1956 के मध्य तक M-26-7 आन्दोलन ओरियन्ट प्रान्त और क्यूबा के अन्य महत्त्वपूर्ण शहरों में जबर्दस्त गति पकड़ने लगा था।

क्रान्ति की सफलता की दिशा में दूसरा महत्त्वपूर्ण गठबन्धन 26 जुलाई आन्दोलन और जोस अन्तोनियो इस्चेवेरिया के संगठन 'डाइरेक्टोरियो रिवोल्यूसनारियो' (डी आर) का समझौता, 'मैक्सिको पैक्ट' था। 28 अगस्त, 1956 को जोस अन्तोनियो इस्चेवेरिया और रेने एनिलो फिदेल से मिले और बतिस्ता के खिलाफ संयुक्त क्रान्तिकारी प्रतिरोध खड़ा करने के लिए विस्तार से चर्चा हुई। 29 अगस्त को सहमति बनी और 1 सितम्बर को मैक्सिको पैक्ट की औपचारिक घोषणा हुई। पैक्ट में बतिस्ता शासन को जड़ से उखाड़ फेंकने के लिए 26 जुलाई आन्दोलन और डी आर के गठबन्धन का एलान करते हुए छात्रों, मजदूरों और तमाम क्यूबाई देशभक्तों से निर्णायक सशस्त्र संघर्ष के लिए आगे आने का आह्वान किया गया जिसकी अन्तिम परिणति 'विजय या मृत्यु' होगी। पैक्ट दस्तावेज में क्रान्ति की सफलता के बाद सामाजिक न्याय, आजादी और जनतंत्र की स्थापना पर अमल करने और किसी के भी खिलाफ नफरत अथवा बदले की कार्यवाही न किए जाने पर सहमति व्यक्त की गई।

फिदेल के संगठन और योजना की बतिस्ता को भनक लग चुकी थी। मैक्सिकन पुलिस में बतिस्ता के हाथों बिके हुए लोग और बतिस्ता की अपनी बदनाम क्यूबन इंटेलिजेन्स एजेंसी (सिम) फिदेल और उनके संगठन की गतिविधियों पर पैनी नजर रखे हुए थे। 20 से 24 जून, 1956 के बीच मैक्सिकन पुलिस ने फिदेल और उनके पाँच अन्य 26 जुलाई आन्दोलनकारी साथियों को प्रवासी कानूनों का उल्लंघन करने, अवैध सैन्य हथियार रखने और विदेशी सरकार के खिलाफ बगावत की साजिश रचने के आरोप में गिरफ्तार कर लिया। पुलिस को प्रशिक्षण कैम्प सान्तारोजा रांच का पता चल चुका था। पुलिस ने पकड़े गए विद्रोहियों के साथ प्रशिक्षण कैम्प पर छापा मारकर 45 अन्य विद्रोहियों को गिरफ्तार करने के साथ, तमाम हथियार, रसद और नकद जब्त कर लिया। पूछताछ के दौरान चे ने बड़ी साफगोई से स्वीकार किया कि वह कम्युनिस्ट हैं और उनका मकसद हथियारबन्द क्रान्ति के जरिए न सिर्फ बतिस्ता तानाशाही बल्कि लातिन अमेरिका की हर जनविरोधी आततायी तानाशाही को उखाड़ फेंकना है। चे काफी देर तक मूढ़ पुलिसवालों को मार्क्सवाद के सिद्धान्त और स्तालिन की भयंकर भूलों के बारे में समझाते

रहे थे। फिदेल और चे करीब दो महीनों तक जेल में रहे। मैक्सिको के भूतपूर्व प्रभावशाली राष्ट्रपति लजारो कार्डेना के हस्तक्षेप से जुलाई में बन्दियों की रिहाई शुरू हुई। 6 से 10 जुलाई के बीच फिदेल, चे और गार्सिया मार्टिनेज को छोड़कर बाकी सब रिहा हो चुके थे। 24 जुलाई को फिदेल और उसके एक हफ्ते बाद चे और मार्टिनेज की रिहाई हुई। बेयो और कुछ दूसरे साथी इस पकड़-धकड़ से बचने में कामयाब रहे थे।

जुलाई के अन्त में जेल से छूटने के बाद फिदेल फिर से हथियारों और वापसी के लिए किसी बड़ी मोटरबोट (याच्ट) का इंतजाम करने में जुट गए। सितम्बर 1956 में फिदेल ने एक पुरानी अमेरिकी नौसेना क्रैश बोट खरीदने के लिए 5000 डॉलर की रकम जमा की। अमेरिकी सरकार ने इस सौदे की बाबत बतिस्ता सरकार से जानकारी माँगी और स्वाभाविक था, सौदा रद्द हो गया। स्थिति यह थी कि फिदेल की अगुवाई में सैन्य और सांगठनिक रूप से प्रशिक्षित बागियों का जत्था तैयार था, क्यूबा पहुँचने की तारीख 30 नवम्बर तय थी और उसी दिन पूरे क्यूबा, खासकर ओरियन्ट में जबर्दस्त आम हड़ताल और जन-उभार का जिम्मा फ्रैंक पाइस और अन्य नेतृत्वकारी साथियों को दिया जा चुका था। हालाँकि फ्रैंक पाइस ने मैक्सिको में फिदेल के साथ अपनी बैठक में तैयारियों के मुकम्मल न होने का हवाला देते हुए अभियान की तारीख आगे बढ़ाने का सुझाव दिया था। मगर फिदेल अब किसी किस्म की देर के लिए राजी नहीं थे। फ्रैंक पाइस निर्धारित तिथि को राष्ट्रव्यापी जन हड़ताल को सफल बनाने के लिए क्यूबा लौट चुके थे।

यह सब कुछ हो चुका था मगर न तो हथियारों का बन्दोबस्त था, न ही जाने के साधन का। फिदेल ने हार नहीं मानी। बड़ी मुश्किल से हथियारों और एक खस्ताहाल मोटरबोट 'ग्रान्मा' का बन्दोबस्त हुआ। 10-12 लोगों की क्षमता वाली मोटरबोट 'ग्रान्मा' हथियारों, गोला-बारूद और रसद के साथ 82 लड़ाकों को मैक्सिको से क्यूबा पहुँचाकर क्रान्ति के इतिहास में अपना अमिट स्थान बनाने जा रही थी।

'ग्रान्मा' यात्रा : क्रान्ति का बिगुल

25 नवम्बर, 1956 : यात्रा के प्रारम्भ और 30 नवम्बर को क्यूबा पहुँच जाने की तारीखें तय हो चुकी थी। मैक्सिको के दूर-दराज इलाकों से जहाँ प्रशिक्षण शिविर थे, मैक्सिको शहर, वेराक्रूज, तामुलियाज आदि जगहों से अभियान के लड़ाकों का गुपचुप पहुँचना शुरू हो गया। यात्रा के प्रस्थान-बिन्दु की जानकारी संगठन के शीर्ष नेतृत्व के अलावा किसी को नहीं थी। पुलिस और बतिस्ता के गुप्तचरों का खतरा बना हुआ था। पूरी सावधानी जरूरी थी। अभियान में शामिल योद्धा फासिनो पेरेज के शब्दों में : 'हमने क्यूबा से एक वादा किया था और क्यूबा इसे निभाने के लिए अपने बच्चों को पुकार रहा था : हम मुक्त होंगे, या फिर शहीद।'

तक्सपान शहर में मैक्सिको की खाड़ी के तट की निर्धारित जगह पर बरसात की अँधेरी रात में जुटाव शुरू हुआ। एक के बाद एक जत्थे बिना किसी शोर-शराबे के पहुँचने लगे। कई जत्थों को शहर के बीचो-बीच बहती टक्सपान नदी को पार करते हुए आना था। नदी के पास जंगल में अभियान के साथी जुट रहे थे। बिछड़े साथी गले मिल रहे थे। कोई आवाज नहीं, सभी के दिलों में एक ही जज्बा, एक ही उमंग। पितृभूमि को मुक्त

कराने की घड़ी आ पहुँची है। रात का सन्नाटा दूर भौंकते कुत्ते तोड़ रहे थे जो इतनी रात गए अजनबियों को नदी के किनारे चुपचाप तेजी से आते-जाते देख अचंभित हो रहे थे। ये सभी अभियान के साथी थे जो नदी में थोड़ी दूर पर खड़ी छोटी सी मोटरबोट में बिना कोई आवाज किए तेजी से हथियार और रसद लाद रहे थे। नौका की परछाईं नदी की लहरों पर हिलोरे ले रही थी। सभी के दिल धड़क रहे थे। वह 'ग्रान्मा' थी। सब के दिलों में एक ही आवेग, उमंग और आशंका थी।

हथियार और रसद के लदते ही लोगों का दौड़कर ग्रान्मा पर सवार होना शुरू हो गया। 10-12 लोगों की जगह वाली ग्रान्मा पहले ही सामानों से लगभग भर चली थी और उसमें बयासी लोगों को सवार होना था।

25 नवम्बर 1956, एक बजे रात। कम से कम शोर के लिहाज से केवल एक इंजन, बिल्कुल हल्की ताकत पर चालू किया गया। सारी रोशनी बुझा दी गई। लोग एक-दूसरे से चिपके, बल्कि यूँ कहें कि एक के ऊपर एक गुत्थम-गुत्था ठुँसे हुए थे। नाविकों ने टक्सपान नदी की चौड़ी सी नहर पर नजर डाली जो खाड़ी के मुहाने से जुड़ती थी। अँधेरे में, न्यूनतम सम्भव आवाज के साथ क्रान्ति अपनी सतर्क धीमी गति से चल पड़ी। नदी के दोनों तरफ टक्सपान शहर इत्मीनान से सो रहा था।

करीब एक घंटे में नदी और खाड़ी का तटबन्ध पीछे छूट गया। किसी को भनक नहीं लगी और ग्रान्मा खाड़ी में प्रवेश कर गई। यह वह घड़ी थी जिसका बेसब्री से इंतजार था। अचानक 82 लोग जैसे एक साझा आवेग के सम्मोहन में राष्ट्रगान और 26 जुलाई अभियान के मुक्तिगान से चारों दिशाओं को गुँजाने लगे। ग्रान्मा ने भी बेखौफ अपनी रफ्तार पकड़ ली। अब किसी चुप्पी की दरकार नहीं थी। सभी क्यूबा की राह पर थे। कभी न देखा-सुना गया संघर्ष और बलिदान उनकी प्रतीक्षा में था। पितृभूमि आर्त होकर पुकार रही थी। राह आसान नहीं थी।

मुश्किल से चंद घंटों में पूरे अभियान के सदस्यों पर समुद्र की आबो-हवा, 'सी सिकनेस' और थकान असर दिखाने लगी। तमाम लोग पेट पकड़कर ऐंठते-पैंठते उलटियाँ कर रहे थे। बहुत से बेजान औंधे मुँह डेक पर पड़े थे। यह खाड़ी में सबसे खराब उत्तरी हवाओं का मौसम था और मैक्सिकन नेवी ने किसी को भी खाड़ी में आने की मनाही कर रखी थी। जैसे-जैसे ग्रान्मा बढ़ती, पहाड़ जैसी ऊँची ताकतवर लहरें उसे चुनौती देतीं। इन चुनौतियों के सामने एक-एक इंच बढ़ना मुश्किल था। किसी भी समय बोट के पलटने-डूबने का खतरा लगातार बढ़ रहा था। मगर यह ग्रान्मा थी। छोटा-सा मगर निहायत जिद्दी खिलौना अपनी पूरी ताकत लगाता आगे बढ़ रहा था।

यात्रा के दौरान एक दिन डेक पर पानी भरने लगा। पम्प चालू किए गए मगर कोई नतीजा नहीं निकला। पानी धीरे-धीरे बढ़ता ही जा रहा था। लोगों ने बाल्टियाँ लेकर तेजी से पानी उलीचना शुरू किया। फिर भी कोई फायदा नहीं हुआ। आशंका घर करने लगी। बोट तट की ओर मोड़ने पर विचार होने लगा। तभी अचानक लोगों ने देखा कि पानी घट रहा है। पम्प काम करने लगे थे। बोट पर सवार लड़ाकों की तरह ही ग्रान्मा की जिजीविषा भी अपराजेय थी। इस समय तक उत्तरी हवाओं का खतरनाक क्षेत्र भी पार हो चुका था। अब खुले समुद्र में दूसरी तरह का खतरा था। दूर क्षितिज पर दिखाई देती कोई

बोट या आसमान से गुजरता जहाज हर बार अभियान को सम्भावित खतरे से निपटने के लिए हथियार लेकर तैयार कर देने के लिए काफी था। मगर ऐसा कोई वाकया पेश नहीं आया। अभियान अब युक्तान पेनिनसुला को पार करते हुए ओरियन्ट-सेन्टियागो-डे-क्यूबा की ओर बढ़ रहा था।

30 नबम्बर, 1956 : सेन्टियागो जन-विद्रोह और आम हड़ताल

30 नवम्बर, 1956 की सुबह थी। अभियान को सेन्टियागो-डे-क्यूबा पहुँच जाना था। मगर यात्रा में अनुमान से ज्यादा वक्त लग रहा था और अभी मंजिल दूर थी।

मूल योजना के मुताबिक फिदेल को अपने साथियों के साथ 30 नवम्बर को निक्वेरो के पास उतरना था। वहाँ उनकी मुलाकात M-26-7 के योद्धा, सियेरा मायेस्त्रा के क्रेसेन्डो पेरेज के साथ होती जो अपने 100 लड़ाकों के साथ उनका इंतजार कर रहे होते। दोनों जत्थे मिलकर निक्वेरो और मंजानिल्लो पर कब्जा करते हुए बेयामो के रास्ते सेन्टियागो पहुँचकर फ्रैंक पाइस के जत्थे के साथ मिल जाते जो तब तक पूरे शहर में आम हड़ताल के जरिए पुलिस स्टेशन-छावनी कब्जा करके शहर को अपने नियन्त्रण में ले चुके होते।

तीस नवम्बर की सुबह से ही रेडियो पर सेन्टियागो-डे-क्यूबा के विद्रोह की खबरें आने लगीं। नौसेना अड्डे और पुलिस थानों पर हमला। सड़कों पर घमासान। मोर्टार और मशीनगनें बागियों के कब्जे में। गुआन्तनामो पूरी तरह हड़ताल की चपेट में। मातन्जा लाविला और कई जगहों पर विस्फोट। फिदेल और उनके साथी समझ गए कि फ्रैंक पाइस ने अपने काम को अंजाम देना शुरू कर दिया है। मगर मूल योजना के मुताबिक फिदेल और साथियों के पहुँचने की कोई सूरत नहीं थी।

प्लान के मुताबिक फ्रैंक पाइस और पेपिटो टे के नेतृत्व में 30 नवम्बर को सेन्टियागो और अन्य शहरों में कार्यवाही शुरू हो गई। योजना के अनुसार सेन्टियागो नेशनल पुलिस हेडक्वार्टर और नेवी पुलिस पोस्ट पर एक साथ धावा बोलना था। साथ ही मोन्काडा छावनी किले पर मोर्टारों से हमला किया जाना था। आम हड़ताल के आह्वान पर जनता सड़कों पर उतर पड़ती जिनके हाथों में सेना, नौसेना और पुलिस से छीने गए हथियार देकर समूचे शहर को अपने कब्जे में लेना था। पाइस के अभियान में लगभग 86 नौजवान शामिल थे। पाइस का मुख्य भरोसा अचानक एक साथ अप्रत्याशित धावों पर था। दुर्भाग्य से अभियान का एक सदस्य मोर्टार हमले की पोजीशन पर जाते हुए पकड़ा गया और पुलिस-सेना पहले से सचेत हो गई। अप्रत्याशा का तत्व एक बार फिर खत्म हो गया। बावजूद इसके सारे दिन सेन्टियागो में कदम-कदम पर घमासान मचा था।

शहर में आम हड़ताल का आह्वान किया जा चुका था। मजदूरों के राष्ट्रीय नेतृत्व के पूरी तरह बतिस्ता के दलालों और गुर्गों में पतित हो जाने के बावजूद निचले स्तर पर खासकर सेन्टियागो और गुआन्तनामो में पुराने कम्युनिस्ट नेताओं और कार्यकर्ताओं का अच्छा-खासा प्रभाव था। कम्युनिस्ट पार्टी (पी एस पी) को फिदेल और पाइस के अभियान की जानकारी थी मगर परिस्थितियों के परिपक्व न होने और ऐसी कार्यवाहियों को अराजक मानने के अपने स्तालिनवादी विवेचन के आधार पर पार्टी ने खुद को इससे पूरी तरह अलग रखा था। बावजूद इसके सेन्टियागो में स्थानीय पीएसपी संगठन और कैडरों

के बीच जो ज्यादातर पोर्ट मजदूरों के बीच सक्रिय थे, M-26-7 का सम्मानजनक प्रभाव था। खासकर पोर्ट मजदूर संगठन के स्तर पर M-26-7 के सर्जियो वेलिएन्ते और पीएसपी के जोस परेज गार्सिया के बीच बाकायदा सांगठनिक सहयोग की समझदारी थी, जिसके अनुसार दोनों संगठन एक दूसरे की गतिविधियों और योजनाओं की जानकारी साझा करते थे। इसलिए तीस नवम्बर को सेन्टियागो डॉक पर हड़ताल पूरी तरह सफल रही और जुआन टेक्यूकेल के नेतृत्व में मजदूरों ने खुलकर जन-विद्रोह में हिस्सेदारी की। नतीजे में जनवरी 1957 में बतिस्ता श्रम मंत्रालय ने टेक्यूकेल, वेलिएन्ते और तीन अन्य मजदूरों को बर्खास्त कर दिया था।

चूँकि कार्यवाही की भनक बतिस्ता को पहले से लग चुकी थी, उसने बिना समय गँवाए चारों तरफ से कुमुक भेजकर पूरे सेन्टियागो में आतंक, हैवानियत और कत्लेआम का तांडव शुरू कर दिया। रात आते-आते यह तय हो गया कि जन-विद्रोह की सफलता की अब कोई उम्मीद नहीं है। फिदेल की अभी तक कोई खबर नहीं थी। फ्रैंक पाइस ने हमलों को बन्द करने का फैसला लिया और बचे साथियों के साथ जनता के बीच समा गए। क्रान्ति के इस पहले जन-अभियान, पहली आम हड़ताल में, M-26-7 के तीन बहादुर लड़ाके पेपिटो, आट्टो परेलादा और टोनी अलोमा शहीद हुए। यह क्रान्ति के नए और निर्णायक दौर की पहली शहादतें थीं। 30 नवम्बर क्यूबा के इतिहास का, उसकी क्रान्ति का अविस्मरणीय दिन बन गया।

अपनी तात्कालिक असफलता के बावजूद तीस नवम्बर का क्रान्ति के लिए महत्त्वपूर्ण योगदान रहा। काफी मात्रा में पुलिस-नौसेना से छीने गए हथियार छिपाकर रख लिए गए थे जो आगे चलकर सियेरा मायेस्त्रा अभियान के काम आए। अभियान के लिए तैयार किए गए लड़ाकों ने आगे के सैन्य अभियानों में हिस्सा लिया। सबसे बढ़कर M-26-7 की सांगठनिक कार्यनीतिक कमजोरियाँ उजागर हुईं जिन्हें समय रहते दुरुस्त करके अपराजेय प्रभावी संगठन विकसित किया जा सका।

फिदेल और उनके साथी रेडियो पर सेन्टियागो विद्रोह और उसकी असफलता की खबर से अधीर हो रहे थे। काश वे योजना के मुताबिक समय से पहुँच सके होते। गुस्सा अब लहरों की ढिठाई पर नहीं चाल की सुस्ती पर आ रहा था। ग्रान्मा अब केमान आइलैंड के नजदीक से गुजर रही थी। बोट पर राशन-पानी खत्म हो चुका था। भार के लिहाज से हथियारों से तो समझौता नहीं किया जा सकता था। इसलिए रसद-पानी कम से कम लादा गया था।

केमान आइलैंड के बगल से गुजरते वक्त अचानक एक हेलीकॉप्टर ग्रान्मा की तरफ आता दिखाई दिया और बोट के ऊपर मँडराने लगा। अभियान अपनी आखिरी मंजिल तक पहुँचने ही वाला था। हर लड़ाका अपने-अपने हथियार सँभाल बावर्दी मुस्तैद हो गया। यहाँ तक पहुँचकर बिना लड़े न तो हथियार डालना है, न जान गँवानी है। बहरहाल हेलीकॉप्टर बगैर किसी कार्यवाही के वापस लौट गया।

तभी नाविक ने कहा, 'जल्दी ही लाइट हाउस दिखाई देना चाहिए।' सबकी टकटकी समुद्र में अँधेरे क्षितिज की ओर लग गई। अभियान का एक साथी रोक जो पहले नेवी का लेफ्टिनेन्ट था, ग्रान्मा के मस्तूल शिखर पर चढ़कर देखने की कोशिश

करने लगा। देर तक कुछ दिखाई न देने पर नीचे लौटते समय अचानक उसके पैर लड़खड़ाये, सन्तुलन बिगड़ा और सँभलते-सँभलते वह समुद्र की लहरों में जा गिरा। चारों तरफ धुप्प अँधेरा। डेक पर अफरा-तफरी मच गई। बार-बार छप-छप की आवाजें सुनाई देतीं-दूर होती हुईं। पहली बार ग्रान्मा की हेडलाइटें जलाई गईं—जब खतरा सबसे ज्यादा था। नाविक और अभियान के सदस्य काफी देर तक तलाश करके हताश हो चले थे। सबसे पहले रोशनी देखने की ललक में रोक सागर के अँधेरों में गुम हो गया था। बेहद भारी कलेजे से साथियों ने खोज बन्द करके आगे बढ़ने की सोची। फिदेल ने आदेश दिया एक आखिरी कोशिश और। तभी एक बार फिर लगभग मृतप्राय सी हलचल सुनाई दी। इस बार अपेक्षाकृत नजदीक। बूढ़ा नाविक पिचरिलो अपनी लालटेन के साथ कूद पड़ा। असम्भव सम्भव हो गया। साथी बचा लिया गया। उसकी खुद की हिम्मत, घबराये बिना परिस्थिति से लोहा लेने की ताकत, कमांडर के विश्वास और साथियों की मेहनत ने उसकी जान बचा ली। काबोक्रुज लाइट हाउस की प्रकाश किरणें अब दूर क्षितिज पर आभास देने लगी थीं।

क्षितिज पर सुबह का सूरज निकलने लगा था। उतरने की ठीक जगह को लेकर संशय हो रहा था। समुद्र काफी उथला था और कीचड़ में फँस जाने का खतरा था। ग्रान्मा ने तट की ओर रुख किया और तब तक बढ़ती रही जब तक आगे जाने की गुंजाइश थी। अभी 100 मीटर दूरी बाकी थी। समय बर्बाद करने का समय नहीं था। तुरन्त लाइफ बोट पानी में उतारी गई। कैप्टन स्मिथ की अगुवाई में खोजी दस्ता साजो-सामान के साथ सवार हो गया। बोझ से लाइफ बोट में पानी भर गया। आगे की दूरी समुद्र में पैदल हेलते हुए साजो-सामान लेकर पार करने का फैसला हुआ। तलहटी अनजान और दलदली थी। लोग ठोस जमीन की उम्मीद में बढ़ते रहे। कमर तक पानी-कीचड़ में समाये। हाथों में कंधों के ऊपर बन्दूकें और दूसरे हथियार-गोला-बारूद की पेटियाँ सँभाले हुए। समुद्र किनारे की धनी अँधेरी दलदली झाड़ियों में न जाने कितनी दूर तक धँसा हुआ था। नजर के सामने केवल कीचड़, पानी और घनी झाड़ियाँ थीं। अभियान के साथी आगे बढ़ते रहे। न जाने कितने घंटों की कठिन परीक्षा के बाद पैरों तले ठोस जमीन आई। गिरते-पड़ते किनारे पहुँचकर थके-माँदे भूख-प्यास से बेहाल, सर से पाँव तक कीचड़ में सने हुए बागी किनारे की घनी घास में औंधेमुँह पसर गए। धीरे-धीरे सबको यकीन हो चला कि वे अपनी पितृभूमि क्यूबा की धरती पर हैं।

क्रेस्पो ने एक पेड़ पर चढ़कर चारों ओर का जायजा लिया। कुछ दूर एक झोंपड़ी सी नजर आई। अभियान के कुछ साथी वहाँ पहुँचे और उसके मालिक को लेकर बाकी साथियों के पास लौटे। वह एक गरीब, भयभीत आम क्यूबाई था, जिसकी लड़ाई लड़ने, अभियान के साथी जान पर खेलकर क्यूबा आए थे। उसका नाम एन्जेल पैरेज था। फिदेल ने उससे बात की। अपना और अपने साथियों का परिचय दिया। अपने क्यूबा लौटने का मकसद बताया। अवाक्, अचम्भित पेरेज ने सबको अपने झोंपड़े में आमंत्रित किया। जो भी रूखा-सूखा घर में था उसी से आवभगत की। जो लोग पहले पहुँचे, पानी पी रहे थे। बहुत से कीचड़ से सनी अपनी वर्दियों को झाड़ने में लग गए। कुछ अपनी बन्दूकें साफ कर रहे थे। परिवार वाले तब तक एक मुर्गी पकड़ लाये थे और एक सूअर

मारने की फिराक में थे। अभियान के लोगों को बहुत दिनों के बाद कुछ पेट में जाने की आस बँधी। सब ठीक-ठीक होता दिखाई दे रहा था। हालाँकि अभी भी कई सारे साथी गुम थे।

तभी यकायक भीषण गोलाबारी, विस्फोट की आवाजें सुनाई पड़ने लगीं। आवाजें ग्रान्मा की दिशा से आ रही थीं। दुश्मन ने ग्रान्मा को खोज लिया था और यह सोचते हुए कि अभी इसके सवार उतरे नहीं हैं, गोलाबारी शुरू कर दी थी। सारे लोग तुरन्त घने जंगल की ओर भागे। मुर्गी पड़ी रह गई और सूअर के पीछे भागने की जरूरत नहीं थी। अन्दर घने जंगल में जब सारे साथियों की सुध ली गई, पता चला आठ साथी गायब हैं। ये आठों दो दिन बाद जंगल में भटकते मिले।

क्यूबा की धरती पर पहला दिन बिना एक निवाले के गुजर गया। यह 2 दिसम्बर 1956 की तारीख थी। अभियान निक्यूरो न पहुँचकर कुछ मील दूर लॉ कोलोराडा समुद्र तट पर पहुँचा था।

उधर क्रेसेन्सियो पेरेज योजना के मुताबिक अपने 100 साथियों के साथ 30 नवम्बर को निक्यूरो पहुँचकर दो दिन इंतजार करने के बाद और सेना की गश्त के लगातार बढ़ते जा रहे खतरे के चलते वापस लौट चुका था। फिदेल ने पेरेज और उसके साथियों के मिलने की कोई सूरत न देख, मूल योजना को अमल में लाना असम्भव जान और बतिस्ता की हवाई और पैदल सेना के बढ़ते दबाव को देखते हुए घने जंगलों से गुजरते हुए सियेरा मायेस्त्रा की राह पकड़ी।

सियेरा मायेस्त्रा : क्रान्ति का आधार इलाका

फिदेल और उनके 81 साथी सात दिनों से भूखे-प्यासे बेहाल, एक स्थानीय किसान गाइड के भरोसे बचे-खुचे हथियारों के साथ जंगल में भटक रहे थे। हथियारों के नाम पर लड़ाकों के पास राइफलें, कार्टिज बेल्ट और थोड़ी-बहुत गोलियाँ बची थीं। बाकी सारे साजो-सामान, दवाइयाँ, किट सब दलदली कीचड़ की भगदड़ में छूट चुके थे। चे ने अपनी डायरी में लिखा : 'हमारी हालत जंगल में दिशा-भ्रमित, गोल-गोल चक्कर काटती प्रेत छायाओं जैसी थी, मानो किसी अदृश्य-अनजाने सम्मोहनपाश में भूतों का जत्था भटक रहा हो।' इसी तरह पूरी रात भटकते हुए अभियान दल पाँच दिसम्बर की सुबह एक जगह पहुँचा जिसका नाम मानो अपने आगन्तुकों का मजाक उड़ा रहा था--अलेग्रिया डे प्रियो यानि आनन्द धाम। पिछली रात को अभियान दल गन्ने के खेतों से गुजरा था और पावों तले कुचले गन्नों की पगडंडी, गन्ने के छिल्के और चूस कर फेंकी गई खोइयों के निशान छोड़ता आया था। बाद में मालूम हुआ कि निशान न भी छूटता तो भी कोई फर्क नहीं पड़ने वाला था। दल का एकमात्र स्थानीय गाइड ही दल का भेदी था। थके-माँदे दल ने गन्ने के खेतों से थोड़ी दूर जंगल में छोटी सी पहाड़ी पर दोपहर विश्राम के लिए डेरा डाला जिससे आराम करने के बाद फिर रात का सफर तय किया जा सके। शाम के चार बज रहे थे। फाइटर जेट टोही विमान मँडराने लगे। जब तक कोई कुछ समझ पाता, आसमान से मशीनगनें गोलियाँ बरसाने लगीं। केमिलो सियेनफूगोज ने आवाज लगाई : 'कोई समर्पण नहीं करेगा।' फिदेल सबको बटोर कर गन्ने के खेतों की ओर ले चलने की कोशिश कर रहे थे। मगर गोलियों की लगातार तड़तड़ाहट में बदहवास किसको क्या समझ में आता। जिसकी जिधर सींग समाई जान बचाने झपट पड़ा। सब तितर-बितर हो गए। फिदेल दो और साथियों के साथ गन्ने के खेत में घुसे। हर साथी या समूह अपनी जान बचाने का रास्ता तलाश रहा था। गन्ने के खेतों तक पहुँचते-पहुँचते न जाने कितने शहीद हो गए। गन्ने के खेतों पर भी गोलियों की बरसात जारी थी। खेतों से धू-धूकर लपटे उठने लगीं। जो बच पाये जिधर समझ में आया छिपते-छिपाते चलते रहे। फिदेल के साथ दो और साथी थे। मुट्ठी-भर गिने-चुने लड़ाके ही जिन्दा बच निकलने में कामयाब हो सके थे। हवाई हमले में मारे जाने के अलावा भी न जाने कितने साथी सेना द्वारा घेरकर मार डाले गए। बतिस्ता ने पूरी दुनिया को खबर कर दी कि फिदेल और उसके सभी लड़ाके मारे जा चुके हैं। यह खबर बार-बार दुहराई जाती रही जब तक कि न्यूयॉर्क टाइम्स के मशहूर पत्रकार हर्बर्ट मैथ्यूज ने सियेरा मायेस्त्रा में फिदेल के साथ अपने साक्षात्कार की खबर 27 फरवरी 1957 को प्रकाशित करके तहलका नहीं मचा दिया।

इधर फिदेल अपने दो साथियों के साथ घने जंगलों में बढ़ते हुए बचे साथियों की तलाश में लगे थे। तीन आदमी और दो बन्दूकें। फिदेल के पास एक राइफल और 90 कारतूस। यूनिवर्सो के पास एक राइफल और 30 कारतूस। फॉशियो पेरेज के पास कोई हथियार नहीं। लगभग 1 मीटर ऊँचे गन्ने के पौधों वाले खेतों से ये तीनों दिन-दोपहर मीलों गुजरते चले जा रहे थे। एक जहाज लगभग 3000 फीट की ऊँचाई पर मँडरा रहा था। थोड़ी देर में कई फाइटर जेट आ पहुँचे और जब तक ये तीनों कुछ दूर पर ऊँचे और घने गन्ने के खेत में छिपने के लिए लपकते मशीनगनों की बौछार शुरू हो गई। हर बौछार के बाद फिदेल अपने दोनों साथियों यूनिवर्सो और पेरेज को पुकारते कि कोई शहीद या घायल तो नहीं हुआ। गोलियों की बौछार में कुछ पलों का अन्तराल हुआ और तीनों पास के घने खेत में रेंगते हुए घुस गए। गोलीबारी रुक गई थी। मगर जहाज अभी मँडरा रहे थे। तीनों साँस रोके, बिना हिले-डुले पड़े थे। तभी एक अजीब वाकया हुआ। भूख-प्यास से बेहाल, दौड़ते-भागते निढाल दम साधे पड़े फिदेल को अचानक तेज नींद आने लगी। फिदेल ने खुद को सावधान करने का बहुत जतन किया। हवाई हमले के बाद हाल लेने पैदल सैनिक जरूर आएँगे। मगर फिर भी उनकी पलकें मुँदी जा रही थीं। फिदेल एक बगल होकर लेट गए। राइफल की बट पैरों के बीच और नाल ठुड्डी के नीचे जिससे अचानक सोते में जिन्दा पकड़े जाने की गुंजाइश न रहे। फिदेल करीब तीन घंटों तक घोड़े बेचकर सोते रहे।

जागने के बाद तीन लड़ाकों और दो बन्दूकों की क्रान्ति-यात्रा नए सिरे से शुरू हुई। जंगलों-पहाड़ियों में भटकते हुए करीब दो हफ्ते बाद राउल से मुलाकात हो गई। उसके साथ पाँच बन्दूकें थीं। पहली बार फिदेल ने कहा : 'हाँ, अब हम यह लड़ाई जीत सकते हैं।' फिदेल के जेहन में कार्लोस मेनुअल डे सेस्पेडो का उद्घोष गूँज रहा था : 'अभी भी हमारे पास बारह लड़ाके हैं। क्यूबा को आजाद कराने के लिए इतने काफी हैं।' फिदेल और राउल ने मिलकर सियेरा पहुँचने और इस लड़ाई को आगे बढ़ाने की ठानी। क्रिसमस के थोड़े पहले फिदेल और ग्रान्मा के ग्यारह और बचे हुए लड़ाके जिनमें राउल और चे शामिल थे 17 बन्दूकों के साथ सियेरा मायेस्त्रा की सबसे ऊँची पहाड़ी पीको तर्क्यूनो पर इकट्ठा हुए। कई बन्दूकें स्थानीय किसानों से मिलीं जो उन्हें मारे गए विद्रोहियों या इधर-उधर बिखरते समय बाद में उपयोग के लिए छिपाई गई जगहों पर मिली थीं। सबने मिलकर अभियान का अब तक का जायजा लिया। कुल मिलाकर परिस्थितियाँ बहुत विकट थीं। रसद पानी और गोलियों के अभाव में वे पूरी तरह स्थानीय किसानों के सहयोग पर निर्भर थे। मगर फिदेल का आत्मविश्वास अडिग था। सियेरा पहाड़ियों में पहुँचने पर फिदेल ने एक स्थानीय किसान से पूछा : 'क्या वाकई हम सियेरा मायेस्त्रा में हैं?' उसके हाँ में जवाब देते ही फिदेल उछल पड़े—'क्रान्ति जीत गई।'

मगर राह आसान तो नहीं थी। फिदेल और उनके साथी पहाडियों में लगातार एक जगह से दूसरी जगह हफ्तों भटकतें रहे। बतिस्ता के सैनिकों द्वारा पकड़े जाने का खतरा हमेशा बना रहता था। वे खुले में जमीन पर, चट्टानों पर सोते और जीने के लिए जंगली कन्दमूल खाते। ऐसे में अचानक एक दिन उनकी मुलाकात क्रेसेन्सो पेरेज से हो गई, जिससे उनको निक्वेरो में मिलना था। पेरेज ने स्थानीय किसानों की मार्फत भोजन-पानी

का बन्दोबस्त कराया और हथियारों-गोला-बारूद से मदद की। अब फिदेल अपने साथियों के साथ दुश्मन पर पहले हमले के लिए तैयार थे।

14 जनवरी, 1957। फिदेल और उनके साथी ला प्लाटा सेना बैरक के पास पहुँचे। 16 जनवरी की रात में बागी दल उथली लाप्लाटा नदी को पार करके चुपके से किसान बस्ती में पहुँचा और दो किसानों को अपने भरोसे में लेकर बैरक के बारे में मालूमात हासिल की। बागियों की पहचान से आश्वस्त होने के बाद किसानों ने बताया कि बैरक में करीब 15 सिपाही हैं और इलाके का सबसे कुख्यात हवलदार इसी रास्ते से गुजरने वाला है। बागी दल घात लगाकर बैठ गया। चियो ओसारियो नशे में बुरी तरह धुत खच्चर पर सवार झूमता चला आ रहा था। यूनिवर्सो सांचेज ने कड़क आवाज में बतिस्ता रूरल गार्ड के नाम पर 'हाल्ट' बोला। तुरन्त चियो ने जवाब दिया—'मस्कीटो'। यह पासवर्ड था। बागी दल की खस्ता हालत को देखते हुए कोई भी उन्हें सेना का अधिकारी-सिपाही नहीं मानता मगर चियो नशे में इस कदर धुत था कि उसने तुरन्त यकीन कर लिया। फिदेल ने आगे बढ़कर अपने को सेना का कर्नल बताते हुए पूछा कि अभी तक बागियों का पूरी तरह सफाया क्यों नहीं हुआ है? झिझकते हुए चियो ने कहा कि उसके सारे गार्ड निकम्मे हैं। सारा वक्त बैरकों के अन्दर खा-पीकर मस्ती करते रहते हैं और कभी कार्यवाही पर नहीं निकलते।

स्थानीय किसानों और चियो से मिली जानकारी के आधार पर बैरक पर हमले की कार्यनीति तैयार हुई। अगले दिन 17 जनवरी को तड़के अचानक धावा बोला गया। बागियों के पास बन्दूकें तो थीं मगर गोलियाँ इतनी कम थीं कि अगर हमला नाकामयाब रहता तो सब बर्बाद हो सकता था। जान पर खतरा मोल लेते हुए बागी आगे बढ़े और बैरकों में आग लगा दी। हल्के-फुल्के प्रतिरोध के बाद बागियों का बैरक पर कब्जा हो गया। दुश्मन की ओर से सात सिपाही मारे गए या घायल हुए। बागी दल में कोई हताहत नहीं हुआ था। बैरक पर कब्जे के बाद वहाँ का पूरा हथियार, गोला-बारूद, रसद आदि लेकर बागी पामामोचा की दुर्गम पहाड़ी की ओर निकल गए। निहत्थे बंदियों को रिहा कर दिया गया था। फिदेल अपने कुछ साथियों के साथ सेना द्वारा पीछा किए जाने की आशंका से घात लगाकर पोजिशन तय करके तैनात हो गए। थोड़ी देर के बाद एक सेना पेट्रोल उधर से गुजरते हुए घात (एम्बुश) में फँस गई और सबके सब मारे गए।

इस पहली, छोटी प्रतीकात्मक जीत ने बागियों का मनोबल चौगुना कर दिया। बागियों ने क्रान्ति अभियान के अगले बीस महीनों में हमले की कमोबेश इसी कार्यनीति पर अमल किया। दिन में हमले की जगह का सावधानीपूर्वक जायजा लिया जाता, सैनिकों की गतिविधियाँ नोट की जातीं, हमले और बच निकलने का रास्ता तय किया जाता और अचानक अप्रत्याशित धावा बोलकर हथियार, साजो-सामान कब्जा करके जल्दी से जल्दी दुर्गम पहाड़ियों का रास्ता पकड़ लिया जाता जहाँ बतिस्ता के सैनिक घुसने की हिम्मत नहीं जुटा पाते। गुरिल्ला रणनीति की यह पूरे अभियान में सबसे सफल कार्यनीति थी। पाँच दिन बाद तीन सौ बतिस्ता सैनिकों की कमान का अगला पेराट्रूपर दस्ता बागियों की घात में फँस गया। पाँच सैनिक मारे गए और एक शानदार सेमी आटॉमैटिक रायफल अपनी पूरी गोलियों के साथ हाथ लगी। जल्दी ही बागी लड़ाकों की संख्या तीस हो गई।

मगर दल का इकलौता गाइड बतिस्ता का भेदी निकला। बागियों की संख्या घटकर बीस और फिर बारह तक पहुँच गई। अलेग्रिया डे प्रियो के लगभग सब कुछ बर्बाद कर देनेवाले हादसे के बाद अब जब क्रान्तिकारी तेजी से विस्तार की ओर बढ़ रहे थे, फिर से सब कुछ वापस उसी जगह पर आ गया।

25 नवम्बर को जब ग्रान्मा पर अभियान रवाना हुआ था, चे बिना अपने अस्थमा इनहेलर के ही चल दिए थे। फिर भी चे फिदेल के साथ सियेरा मायेस्त्रा की पहाड़ियों में थे। जत्थे के साथियों की तादाद 30 से घटकर 20 हो चुकी थी। मगर ये बीस लड़ाके अब इलाके से परिचित थे, जिन्दा बचने की बारीकियों से ज्यादा वाकिफ थे, कठिन से कठिन परिस्थितियों को सँभाल लेने का अनुभव रखते थे और अपनी इन खूबियों की बदौलत दुश्मन सेना की चौबीसों घंटे नाक में दम किए रहते थे। न खुद कभी एक जगह टिकते न दुश्मन को कहीं व्यवस्थित होकर हमले का मौका देते। मुट्ठी-भर नौजवान अमेरिकी साम्राज्यवादपोषित सत्ता के अहं को खुली चुनौती दे रहे थे।

इसी लुका-छिपी में एक दिन 300 सैनिकों की कमान ने बागियों पर हमला कर दिया। बागी पहाड़ी की खड़ी चढ़ाई पार करते हुए दूसरी तरफ जंगल की ओर बढ़ रहे थे। चे पर दमा का दौरा आया हुआ था। दवा पास में नहीं थी। चे का चलना-साँस लेना दूभर हो रहा था। स्वाभाविक रूप से अभियान दल बहुत धीमी गति से अपने गंतव्य की ओर बढ़ रहा था। तभी थोड़ी दूर ऊँचाई पर एक चारागाह में डेरा जमाये 300 सैनिकों ने देख लिया। मोर्टार और राइफलों से गोला-बारी शुरू हो गई। अभियान दल किसी तरह बचते-बचाते आगे बढ़ता रहा। चे को लगभग घसीटते हुए सब दुश्मनों से पहले जंगल में पहुँच जाने की कोशिश कर रहे थे। रात होनेवाली थी। अभियान दल पहुँच ही चला था कि मूसलाधार बारिश शुरू हो गई। चारों तरफ धुप अँधेरा। सर से पाँव तक भीगे, ठंड से दाँत कटकटाते-काँपते हुए सब जंगल में घुस गए। थोड़ा अन्दर जाने पर कुछ सौ गज की दूरी पर दो घर दिखाई दिए। चे अब हिल पाने की स्थिति में भी नहीं थे। फ़िदेल और अन्य नेतृत्वकारी साथियों का चिन्ता के मारे बुरा हाल था। मगर 'चे' ने एक बार भी दवा की गुजारिश नहीं की। सेना अलग पीछे पड़ी हुई थी। रात में तो उनकी जंगल में घुसने की हिम्मत नहीं थी मगर सूरज उगते ही वे बागियों के शिकार पर निकल पड़ने वाले थे। फिदेल और उनके साथी उन दोनों घरों में गए। फिदेल ने खुद को बतिस्ता सेना का कर्नल बताया। सुरक्षा के लिहाज से ऐसा करना जरूरी था। इसके अलावा स्थानीय किसान जनता विद्रोहियों से इसलिए भी बचती थी कि उनसे सम्पर्क की खबर सूँघकर सेना वाले जुल्म ढाने लगेंगे। उन दोनों घरों में से एक तो निश्चित रूप से बतिस्ता-समर्थक था। मगर दूसरा 'जोस इसाक' ऑर्थोडाक्स पार्टी का था। बातों ही बातों में फिदेल ने बतिस्ता के बारे में उसकी धारणाओं का जायजा लिया और उसकी विश्वसनीयता के बारे में इत्मीनान हो जाने के बाद अपनी पहचान बता दी। इसाक की आँखें खुशी से चमक उठीं। सुबह की पहली किरण निकलते ही वह मंजानिल्लो दवा लाने के लिए चल दिया। चे को एक और साथी और हथियारों के साथ भरोसे की जगह पर टिकाते हुए फिदेल बाकी लोगों के साथ आगे के लिए निकल पड़े। रुककर इंतजार करने का जोखिम नहीं उठाया जा सकता था। रास्ते में अभियान के कुछ सदस्यों को दुश्मन की गतिविधियों

को लेकर भ्रम हुआ और छः कम्पेसिनो ने, जो सियेरा मायेस्त्रा में साथ जुड़े थे, दल छोड़ दिया। एक बार फिर अभियान में बारह लड़ाके बचे। सभी 'ग्रान्मा' के लड़ाके। जोस इसाक समय से चे की दवा ले आया था।

अभियान के लिए शहर से रंगरूटों को भेजने का जिम्मा फ्रैंक पाइस का था जो पूरी मुस्तैदी से इस काम में लगे थे। सियेरा मायेस्त्रा में फिदेल तक रंगरूटों को पहुँचाने की जिम्मेदारी सेलिया सांचेज की थी जो सियेरा के सबसे नजदीकी शहर मंजानिल्लों में M-26-7 की प्रमुख नेता थी। सेलिया 1956 से ही मंजानिल्लो और सियेरा पहाड़ियों के चौगिर्द ग्रामीण इलाकों से किसानों के सेल गठित करके उन्हें क्यूबा की आजादी के लिए लड़ रहे बागियों की हर तरह से मदद करने और इस अभियान में शामिल करने के लिए प्रेरित कर रही थी। अक्टूबर 1957 में सेलिया खुद विद्रोही सेना में नियमित लड़ाका के रूप में शामिल हो गई और क्रान्ति के निर्णायक दौर में असाधारण शौर्य, साहस और सांगठनिक क्षमता के साथ महत्त्वपूर्ण योगदान किया।

16-17 फरवरी, 1957 को फिदेल ने सेलिया को अभियान के लिए कुमुक तैयार करने के लिहाज से नौजवानों के जत्थों के सियेरा पहुँचाने की जिम्मेदारी सौंपी। उधर सेन्टियागो में फ्रैंक पाइस ने ओरियन्ट प्रान्त के M-26-7 सेलों को अपने सर्वश्रेष्ठ लड़ाके सियेरा जाने के लिए तैयार कर लेने को कहा। सियेरा के लिए लड़ाकों का चयन कई बातों पर निर्भर था। सिर्फ इतना नहीं कि शहर के भूमिगत आन्दोलन में जो दुश्मन द्वारा चिन्हित कर लिए गए उन्हें सियेरा भेज दिया जाय, हालाँकि यह एक महत्त्वपूर्ण आधार था। मगर सबसे जरूरी यह था कि उन्होंने खुद को 'कार्यवाहियों' में साबित किया हो, उनका राजनीतिक मान उन्नत हो और सियेरा की कठोरतम परिस्थितियों का मुकाबला करने में शारीरिक और मानसिक रूप से पूरी तरह सक्षम हों। मंजानिल्लो और आसपास के ग्रामीण इलाकों में यह जिम्मेदारी सेलिया की थी।

मंजानिल्लो में रंगरूटो की गोलबन्दी और प्रशिक्षण के लिए सेलिया ने शहर से करीब दस किलोमीटर दूर बेयामो हाइवे के बगल में एक फार्महाउस 'ला रोजारिया फार्म' का बन्दोबस्त किया। फार्महाउस सड़क से लगभग 300 मीटर और मंजानिल्लो जेल से 500 मीटर की दूरी पर था। फार्महाउस से लगा मराबू जंगली काँटेदार झाड़ियों का घना जंगल था। कौन सोच सकता था कि इन काँटेदार झाड़ियों में इनसान भी रह सकते हैं? कौन सोच सकता था कि मंजानिल्लो जेल बैरक के इतने पास कोई विद्रोही गतिविधि चला सकता है? यह सेलिया की अद्‌भुत सांगठनिक क्षमता थी। एक ऐसी जगह पर जहाँ किसी का सपने में भी ध्यान न जाए बिना किसी शोरगुल के, बिना किसी भनक, बागी जत्थों को तैयार करने का यह सेलिया का कौशल था।

सेन्टियागो से 2-3 के जत्थों में रंगरूट 26 फरवरी के आसपास मंजानिल्लो पहुँचने लगे। पहुँचने की जगह आमतौर पर केलिप गुयेरा मातो का घर थी जहाँ से मातो या कोई और कामरेड इन भावी लड़ाकों को फार्महाउस सेलिया की निगरानी में पहुँचा देता। सेलिया उन्हें टिटनेस और टाइफस के टीके लगाती और मराबू शिविर में भेज देती। शिविर की हर जिम्मेदारी में सेलिया की नेतृत्वकारी भूमिका थी। लड़ाकों और हथियारों को सियेरा पहुँचाने के साथ-साथ हर तरह की रसद, भोजन, सिगरेट, दवा वगैरह का

बन्दोबस्त और कैंप में हर प्रतिभागी की जरूरतों का खयाल। अलावा इसके, फार्महाउस की हर गतिविधि—खाना बनाने, कपड़े धोने, वर्दियाँ तैयार करने में हाथ बँटाना।

अचानक एक दिन फार्महाउस का मालिक अपने मैनेजर से मिलने फार्महाउस आ पहुँचा। उसे नहीं पता था कि फार्महाउस में सेलिया रह रही है। सेलिया और उसकी गतिविधियों से वह वाकिफ था। सेलिया को देखते ही उसका पारा सातवें आसमान पर था। उसने तुरन्त घर खाली करने को कहा। अभी उसे यह नहीं पता था कि उसके फार्म का इस्तेमाल पचास बागी लड़ाकों को तैयार करने में हो रहा है और उसका शयनकक्ष बागियों की वर्दी और तमाम दूसरे साजो-सामान से अटा पड़ा है। सेलिया ने उसे इत्मीनान से समझाया कि वह कहीं नहीं जा रही और उसकी तरफ से किसी भी तरह यह बात कहीं निकली या बतिस्ता के गुर्गों को इसकी भनक भी लगी तो नतीजा क्या हो सकता है।

करीब 53 नौजवानों का प्रशिक्षण ला रोजारिया फार्म में पूरा हुआ। फिदेल से सम्पर्क की जगह इपिफानियो डियाज का फार्म थी। सेलिया ने दो ट्रकों में भरकर पूरा जत्था केयो इस्पीनो भेजा। वहाँ से 15 मार्च की रात को जत्था पैदल सियेरा के लिए रवाना हुआ और महीने के आखीर में जत्थे की मुलाकात फिदेल से ला देरेया डे ला केरिदाद में हुई। अब फिदेल के पास लड़ाकों की तादाद वहाँ तक पहुँच गई जितने 25 नवम्बर को ग्रान्मा में सवार हुए थे।

वापस सेलिया गुरिल्ला लड़ाकों के लिए संसाधनों का इंतजाम और फिदेल द्वारा सौंपे गए एक खास मिशन (हर्बर्ट मैथ्यूज के बाद एक और अमेरिकी पत्रकार सियेरा में फिदेल का साक्षात्कार करने को उत्सुक था) को पूरा करने में जुट गई।

उधर फ्रैंक पाइस सेन्टियागो में ला रोजारिया फार्म के लिए हथियारों और गोला-बारूद की दूसरी खेप भेजने की कोशिश में 9 मार्च को गिरफ्तार हो चुके थे। बावजूद इसके शहर में भूमिगत ढाँचे का काम जारी रहा और फ्रैंक जेल से ही जन गोलबन्दी और सियेरा में लड़ाके और साजो-सामान भेजने के काम की निगरानी कर रहे थे।

सियेरा का मीडिया धमाका : हर्बर्ट मैथ्यूज का फिदेल से साक्षात्कार

न्यूयॉर्क टाइम्स के वरिष्ठतम पत्रकार हर्बर्ट मैथ्यूज का फिदेल से सियेरा में लिया गया साक्षात्कार 25 फरवरी 57 से टाइम्स के लीड आर्टिकल के रूप में तीन भागों में प्रकाशित हुआ। दुनिया के लिए यह खबर बीसवीं सदी के सबसे महत्त्वपूर्ण मीडिया धमाकों में से थी जिसने बतिस्ता द्वारा कई महीनों से दुहराई जा रही फिदेल की मौत की खबर की धज्जियाँ उड़ाकर रख दीं। मैथ्यूज टाइम्स के वरिष्ठतम पत्रकार, सम्पादक और क्यूबा मामलों के विशेषज्ञ थे। 57 वर्षीय मैथ्यूज कोई उभरता हुआ नौजवान पत्रकार नहीं थे जो प्रसिद्धि और सफलता की सीढ़ियाँ चढ़ने के लिए किसी अन्तर्राष्ट्रीय धमाकेदार शिगूफे की तलाश में हो। स्पेनी गृहयुद्ध के दौरान अपनी असाधारण पत्रकारिता के जरिए मैथ्यूज अपने जमाने के चोटी के पत्रकार के रूप में स्थापित हो चुके थे। क्या था जिसने एक चोटी के परिपक्व पत्रकार को जो अब फील्ड पत्रकारिता से विरत होकर सम्पादकीय लेखन कर रहा था, अमेरिका से गुपचुप क्यूबा आकर सियेरा पहाड़ियों में तीस साल के एक नौजवान बागी से मिलने पर मजबूर किया? मैथ्यूज वह पत्रकार नहीं

थे, जो घटनाओं की रिपोर्टिंग को अपने दायित्व की इतिश्री समझते हैं। वह उस समाप्तप्राय कबीले के पत्रकार थे जो घटनाओं की व्याख्या और उन्हें उनके सही सन्दर्भ में प्रस्तुत किए जाने में यकीन करते हैं।

फिदेल से बातचीत करते हुए मैथ्यूज को लगा मानो उनकी 'बूढ़ी और युद्ध जर्जर आत्मा' को विश्रान्ति मिल रही हो। वह आत्मा जिसे स्पेनी गृहयुद्ध के दौर में आदर्शवादी रिपब्लिकनों को, फ्रैंको तानाशाही के हाथों पराजित होते देख गहरी निराशा और चोट पहुँची थी। मैथ्यूज दलितों-वंचितों के साथ स्वाभाविक-आत्मिक सहानुभूति और आततायियों के प्रति उतनी ही नफरत रखते थे। दर्जी के लड़के और श्रमिक वर्गीय परिवेश में नास्तिक यहूदी के रूप में पले-बढ़े मैथ्यूज कोलम्बिया विश्वविद्यालय के ग्रेजुएट, दांते के कट्टर समर्थक और यूरोपीय इतिहास में गहरी रुचि रखनेवाले थे। 1930 और चालीस के दशकों में वह इतिहास की उन अनेक महत्त्वपूर्ण-घटनाओं के साक्षी रहे जिनसे मजदूरों और गरीबों की जीवन-दशाओं में सुधार की उम्मीद बनती थी। मैथ्यूज जरूरत पड़ने पर खुद को तकलीफ देकर भी गरीबों की मदद से नहीं हिचकते थे। विश्वयुद्ध के जमाने में रोम में जब अमेरिकी पत्रकार का PX राशनकार्ड खाद्य संकट के चलते सोने से ज्यादा मूल्यवान था, मैथ्यूज ने अपने पूरे हफ्ते का राशन खरीदकर छः मंजिल सीढ़ियाँ तय करते हुए भूख से मृतप्राय इतालवी मित्र को दे दिया।

फिदेल के साक्षात्कार के बाद अपने पहले आर्टिकिल में मैथ्यूज ने फिदेल के लिए लिखा : 'यह देखना-समझना कुछ मुश्किल नहीं था कि उसके लोग उस पर जान छिड़कते थे और क्यों वह क्यूबा के नौजवानों का सबसे चहेता था।' मैथ्यूज ने फिदेल को 'सत्ता के खिलाफ विरोध का धधकता हुआ प्रतीक' बताते हुए बिना किसी लाग-लपेट के स्वीकार किया कि 'हजारों मर्द और औरतें अपने समूचे दिलो-दिमाग-आत्मा से फिदेल कास्त्रो और उस नई सुबह के साथ हैं, जिसके लिए उनकी समझ से वह लड़ रहा है।'

फिदेल के आन्दोलन के बारे में मैथ्यूज ने दुनिया को बताया : 'यह वह क्रान्तिकारी आन्दोलन है जो खुद को समाजवादी मानता है। साथ ही यह राष्ट्रवादी भी है, जिसका आमतौर पर मतलब-अमेरिकाविरोध है। क्रान्ति के कार्यक्रम और कार्यभार अभी अस्पष्ट और सतही हैं, मगर इनकी दिशा क्यूबा के लिए नए रास्ते (न्यूडील) की, आमूल परिवर्तनकारी और जनतांत्रिक है और इसलिए यह कम्युनिस्टविरोधी मानी जा सकती है। इसकी ताकत का मूल तत्व यह है कि यह राष्ट्रपति बतिस्ता की सैनिक तानाशाही के खिलाफ लड़ रही है...आजादी, जनतंत्र, सामाजिक न्याय, संविधान बहाली और निष्पक्ष चुनाव के प्रति कास्त्रो की गहरी आस्था है।'

मैथ्यूज ने कास्त्रो को उद्धृत करते हुए लिखा : 'आप आश्वस्त हो सकते हैं कि हमारा संयुक्त राज्य अमेरिका और अमेरिकी जनता के प्रति कोई वैमनस्य नहीं है...हम एक जनतांत्रिक क्यूबा की स्थापना और तानाशाही के खात्मे के लिए लड़ रहे हैं...'

साक्षात्कार के दौरान मीडिया और बतिस्ता तानाशाही पर मनोवैज्ञानिक बढ़त लेने और जनता के बीच भरोसे को मजबूत करने की कार्यनीति पर अमल करते हुए फिदेल मैथ्यूज को वास्तविकता से कहीं ज्यादा तादाद में लड़ाकों के होने और उनमें महिला लड़ाकों की अच्छी-खासी तादाद होने के प्रति आश्वस्त करने में कामयाब हुए थे।

चे ने, जो साक्षात्कार के समय फिदेल के साथ थे महसूस किया कि मैथ्यूज द्वारा लिया गया साक्षात्कार और उसकी रिपोर्टिंग विद्रोहियों के लिए युद्ध का एक मोर्चा जीत लेने से भी ज्यादा महत्त्वपूर्ण थी।

मैथ्यूज की रिपोर्टिंग का जबर्दस्त असर पड़ा। न सिर्फ यह साबित हो गया कि फिदेल जिन्दा है और पूरी ताकत से बतिस्ताविरोधी अभियान चला रहे हैं बल्कि इस रिपोर्टिंग ने अमेरिकी प्रशासन और जनता के बीच बतिस्ता और उसके समर्थक पत्रकारों (क्यूबा में न्यूयॉर्क टाइम्स की संवाददाता रूबी फिलिप और अन्य) द्वारा फैलाई गई नकारात्मक छवि का भी काफी हद तक प्रतिवाद किया। मैथ्यूज जैसे प्रभावशाली और वरिष्ठ पत्रकार की रिपोर्टिंग को स्टेट डिपार्टमेंट ने गम्भीरता से लेते हुए बतिस्ता को और समर्थन-सहायता न दिए जाने का फैसला लिया जिसके चलते भी क्रान्ति के निर्णायक दौर में सफलता की सम्भावनाएँ बलवती हुईं।

मगर क्रान्ति के अपने निर्णायक दौर में पहुँचने और खासकर क्रान्ति के बाद क्यूबा-अमेरिका के बीच अविश्वास, आशंका और अन्ततः वैमनस्य की शीतयुद्धकालीन खाई ने अमेरिका में मैथ्यूज को फिदेल का दलाल और विलेन बना दिया। उसके ऊपर अमेरिका के खिलाफ साजिश और जान-बूझकर झूठी रिपोर्टिंग के आरोप लगे। टाइम्स ने उसे क्यूबा के बारे में एक शब्द भी लिखने से रोक दिया। मैथ्यूज ने कभी इन आरोपों से हार नहीं मानी और कहा : 'मैंने गुरिल्ला लड़ाकों के जनतांत्रिक आदर्शों के बारे में अपनी स्टोरी में जो भी लिखा उसमें कुछ भी गलत नहीं है क्योंकि मेरी बातें जैसा फिदेल ने कहा—और मेरे विचार से जिन पर वह सचमुच यकीन करता था—उसी को सच्चाई से बयान करती हैं।'

मैथ्यूज क्यूबाई क्रान्ति पर अमेरिकी कवरेज को 'अमेरिकी पत्रकारिता के इतिहास की सबसे फूहड़ असफलता' मानते थे। 1960 में अपने एक सम्पादक को उन्होंने चेताया कि जब तक अमेरिकी क्यूबा की घटनाओं को क्यूबा की जनता के नजरिए से नहीं समझेंगे 'हमारे बीच का संघर्ष कभी हल नहीं होगा बल्कि नासूर बनता जाएगा।' अपने जीवन के अन्तिम दिनों 1977 में भी अपनी बात पर कायम रहते हुए अपनी रिपोर्टिंग के बारे में उन्होंने लिखा : 'क्यूबा की क्रान्ति को समझने के लिए उसे 'महसूस' करना होगा।'

मैथ्यूज के मरने पर टाइम्स की श्रद्धांजलि में मैथ्यूज द्वारा स्पेन और क्यूबा रिपोर्टिंग के विवादों का प्रमुखता से उल्लेख किए जाने पर टाइम्स के ही सम्पादकीय पृष्ठ के प्रभावशाली सम्पादक जान बी ओक ने 'सम्पादक के नाम पत्र' में प्रतिवाद करते हुए लिखा 'अगर हर्बर्ट मैथ्यूज अपने जमाने के सर्वाधिक विवादित पत्रकारों में से एक था, तो इसका कारण सिर्फ इतना है कि अखबार पढ़नेवालों के बीच उस ईमानदार रिपोर्टिंग से ज्यादा और कोई बात तीखा विवाद नहीं खड़ा कर सकती जो उनकी भावनात्मक धारणाओं के खिलाफ जाती है।'

क्रान्ति के कम्युनिस्ट चरित्र के विवाद पर मैथ्यूज की साफ राय थी 'कम्यूनिज्म, क्यूबा क्रान्ति का कारण नहीं, एक परिणाम था।' 1976 में 'रिवोल्यूशन इन क्यूबा : एन एसे इन अंडरस्टैंडिंग' अपनी आखिरी किताब में मैथ्यूज ने लिखा : 'महत्त्वपूर्ण इनसान होता है, न कि उसके कपड़े। आज क्यूबा में जो सबसे महत्वपूर्ण बात है, वह है क्रान्ति, न कि उस पर चस्पा लेबल।'

क्यूबा क्रान्ति के तुरन्त बाद मैथ्यूज ने बड़े गर्व से फिदेल के हाथों से 1959 में 'सियेरा मायेस्त्रा प्रेस मिशन' के 'महत्त्वपूर्ण सदस्य' के रूप में मेडल लिया और सारी जिंदगी अपनी सबसे महत्त्वपूर्ण उपलब्धि के रूप में उसे सहेजकर रखा।

बतिस्ता पर हमला-13 मार्च, 1957

बतिस्ता तानाशाही के खिलाफ M-26-7 के अलावा भी कई संगठन अपने-अपने तौर-तरीकों से क्यूबा में सक्रिय थे। ऑर्गनाइजेशियों आटेन्सिया (OA), फेडरेशन ऑफ युनिवर्सिटी स्टूडेन्ट्स (FEU) और तमाम दूसरे संगठन भूमिगत प्रकाशनों, हथियार जुटाने और हिंसक कार्यवाहियों, सत्ता-प्रतिष्ठानों-पुलिस-सेना बैरकों पर हमले आदि के जरिए प्रतिरोध कर रहे थे। इनमें से कई के M-26-7 के साथ गठबन्धन अथवा सहयोगात्मक सम्बन्ध थे। डाइरेक्टरियो रिवोल्यूसनारियो (डीआर) मूलतः जोस अन्तोनियो इस्चेवेरिया के नेतृत्व में हवाना विश्वविद्यालय के छात्रों का जत्था था जो मैक्सिको पैक्ट के तहत M-26-7 के साथ मिलकर काम कर रहा था और हवाना में विशेष रूप से सक्रिय था। 'अचानक और अप्रत्याशित' हमले की 'फिदेलिस्ता' कार्यनीति पर अमल करते हुए करीब 25 नौजवान छात्रों ने 13 मार्च, 1957 को अचानक हवाना में बतिस्ता के राष्ट्रपति भवन पर धावा बोल दिया। हमला इतना अप्रत्याशित और अचानक था कि वे बतिस्ता को मारने या कब्जा कर लेने में कामयाब हो ही जाते अगर बतिस्ता संयोगवश थोड़ी ही देर पहले तेज सिर दर्द की वजह से अपनी पहली मंजिल के दफ्तर से उठकर दूसरी मंजिल के आराम कक्ष में न चला गया होता। जोंस इस्चेवेरिया समेत सभी पचीस हमलावर छात्र लड़ाके इस अभियान में शहीद हो गए। बतिस्ता ने इसे फिदेल की कारस्तानी करार देते हुए अपनी बर्बर प्रतिशोध नीति के तहत पूरे हवाना क्षेत्र में जाने-अनजाने बागियों और उनके समर्थकों के खिलाफ कार्यवाही का आदेश जारी किया। सेना-पुलिस के लिए कार्यवाही का मतलब यातना और हत्या के अलावा कुछ नहीं था। बागियों और समर्थकों के नाम पर सैकड़ों निर्दोष नागरिकों, छात्रों, मजदूर कार्यकर्ताओं का बेरहमी से कत्ल किया गया। दमन के बल पर विद्रोह तो दबा दिया गया मगर इसने आम जनता के मन में बतिस्ता और उसकी नृशंस क्रूरता के खिलाफ नफरत, गुस्से और लाचारी की आग भर दी, जिसकी अन्तिम परिणति क्रान्ति के अन्तिम चरण में 1 जनवरी से 8 जनवरी, 1959 के बीच आम हड़ताल और बतिस्ता तानाशाही का नामो-निशान मिटा देने में हुई।

अनियमित छापामार लड़ाई की नियमित शुरुआत

अप्रैल के मध्य तक सेन्टियागो और क्यूबा के दूसरे हिस्सों से काफी संख्या में लड़ाके पहुँच चुके थे। फिदेल ने युद्ध के मोर्चे की पहली कमान (कालम) गठित की। आगे समूचे अभियान में अन्तिम चरण तक 100 से 150 लड़ाकों की कुल 24 कमानें बनाई गई थीं। बहुत से रंगरूट, जो अब तक आ चुके थे, और आगे आनेवाले भी, मध्यवर्गीय छात्र, पेशेवर, दुकानदार आदि थे जिन्हें शहरों में बतिस्ता पुलिस और सेना सरगर्मी से तलाश रही थी। इनके अलावा सियेरा और आसपास के ग्रामीण इलाकों के किसान कम्पेसिनो भी इस अभियान में शामिल थे। इन रंगरूटों में गजब का उत्साह था। मगर इनके पास छापामार युद्धशैली का न तो अनुभव था और न ही इसका अनुशासन। मगर चे जैसे योग्य नेता के प्रशिक्षण-निर्देशन में उन्हें वे तमाम योग्यताएँ हासिल करने में मुश्किल से महीना- भर लगता जो दूसरे एक साल में भी नहीं हासिल कर पाते। आमतौर पर फिदेल किसी रंगरूट को बगैर हथियार के आने पर जगह नहीं देते थे। इसलिए शहर से आनेवाले रंगरूट सियेरा आकर फिदेलिस्ता लड़ाका बनने की ललक में शहरी भूमिगत आन्दोलन के दौरान ऐसे मौकों की तलाश में रहते थे जब बतिस्ता के सैनिकों से हथियार छीने जा सकें। धीरे-धीरे काम लायक हथियार जुटते गए। कुछ शहरी M-26-7 साथियों से मिले, कुछ का इंतजाम फ्रैंक पाइस और दूसरे नेतृत्वकारी साथियों ने 'बाहर' से किया। मगर ज्यादातर हथियार, कुल आमद का करीब 85% खुद दुश्मन पर हमले करके, उनसे छीनकर हासिल किए गए। एक-एक राइफल की इतनी अहमियत थी कि अगर किसी लड़ाके की बन्दूक अभियान से वापस आने में छूट जाती तो उसे निहत्थे वापस लेने लौटना होता था। फिदेल का सिद्धान्त था, वे कैदियों के लिए नहीं, हथियारों के लिए जूझ रहे हैं।

अभियान के लिए जिन रंगरूटों को लिया जाता उन्हें बेहद कठिन कठोर लम्बा राजनीतिक, शारीरिक और सामरिक प्रशिक्षण दिया जाता जो अलबर्टो बेयो के मैक्सिको प्रशिक्षण मॉडल पर आधारित था। प्रशिक्षण की इस तकनीक में गुरिल्ला प्रशिक्षुओं को 10 से 20 की यूनिट में बेहतर गतिशीलता और त्वरित कार्यवाही के लिहाज से बाँटा जाता। संगठन में लड़ाकों के साथ-साथ जनरल स्टाफ का बन्दोबस्त किया जाता था जिनके जिम्मे गुप्तचरी, जानकारी जुटाने, सबोटाज, भर्ती, प्रशिक्षण, हथियार-गोला-बारूद आपूर्ति, रसद-क्वार्टर मास्टर और प्रचार आदि के लिए सांगठनिक कार्य विभाजन किया जाता।

फिदेल अपनी कमान को हमेशा गतिशील रखते और शायद ही कहीं 24 घंटे से ज्यादा का पड़ाव डालते। आमतौर पर दिन में एक बार ही खाना नसीब होता फिर भी

रसद की किल्लत हमेशा रहती। अनुशासन बेहद कड़ाई से लागू किया जाता। कभी भी खाने का या कोई भी अन्य सामान किसानों या स्थानीय आबादी से उनकी सहमति के बिना या उसका पैसा दिए बिना नहीं लिया जाता। कभी मजबूरी में यदि दुकान पर या सामान की जगह पर कोई नहीं मिला तो बाकायदा पर्ची रखकर सामान उठाया जाता था कि दुकानदार अपना पैसा कब और कहाँ से ले सकता है। कोई भी अधिकारी दल के सामान्य लड़ाके को मिलनेवाले राशन से ज्यादा नहीं ले सकता था। मुखबिरी की सजा मौत थी। शराब की सख्त मनाही थी। आमतौर पर स्त्री-पुरुषों के बीच शारीरिक सम्पर्क की मनाही थी मगर प्रेमी-युगल जो विवाह-बन्धन में बँधने के लिए सहमत थे, कमांडेंट की सहमति से सम्पर्क बना सकते थे। फिदेल ने हमेशा दूसरों के लिए जो नियम बनाए उनका खुद पूरी कड़ाई से पालन किया और अपने साथियों के लिए आदर्श प्रस्तुत किया। कठिन पहाड़ी दुर्गम रास्तों पर बिना रुके-थके घंटों हथियार लिए चलते रह सकने की क्षमता ने उन्हें एक और उपनाम दिया था–'अल कबाल्लो' (दि हॉर्स)।

इन कठिन परिस्थितियों और कठोरतम अनुशासन के बावजूद फिदेल के लड़ाकों का कारवाँ बढ़ता गया और साथ ही साजो-सामान-व्यवस्था भी। जमीन पर या चट्टानों पर सोने की मजबूरी की जगह अब झूलनबैग (हैमक) और फिर तम्बुओं वाले स्थायी कैम्प का भी बन्दोबस्त होने लगा। कैम्प में रसोई, भंडार और आपात चिकित्सा का भी इंतजाम होने लगा। संगठन सियेरा में जैसे-जैसे जड़ पकड़ने लगा, स्थानीय जनता का, किसानों का विश्वास भी हासिल होने लगा। बतिस्ता के सैनिकों और छापामार लड़ाकों के व्यवहार में जमीन-आसमान का अन्तर, संगठन की ईमानदारी, चे द्वारा स्थानीय किसानों के बच्चों के लिए चलते-फिरते स्कूलों और किसान जनता के लिए डॉक्टरी चिकित्सा का बन्दोबस्त-इन तमाम बातों से फिदेल के संगठन ने जल्दी ही सियेरा के किसानों का दिल और भरोसा जीत लिया। फिदेल उन्हें यह भरोसा दिलाने में पूरी तरह कामयाब रहे कि ये जुनूनी नौजवान उन्हीं की लड़ाई लड़ रहे हैं। जैसे-जैसे किसान जनता के साथ रिश्ते प्रगाढ़ होते गए, फिदेलिस्ता सूचना तंत्र का खुफिया नेटवर्क मजबूत होता गया। सहानुभूति रखने वाली किसान जनता सियेरा के चप्पे-चप्पे से बतिस्ता सैनिकों की गतिविधियाँ, उनके ठिकानों की जानकारी बागियों तक पहुँचाती और अक्सर बतिस्ता सैनिकों को गलत जानकारियों में उलझाकर हैरान-परेशान करती।

28 गई, 1957 : अल युवेरो पर हमला

नए रंगरूटों और हथियारों की ताकत से लैस फिदेल और उनके लड़ाके अब बड़े अभियानों के लिए तैयार थे। इसी समय खबर आई कि एक दूसरे बागी ग्रुप ने ओरियन्ट के उत्तरी छोर पर अपनी हथियारबन्द गतिविधियाँ शुरू कर दी हैं। सहयोग और समर्थन की कार्यवाही के रूप में फिदेल ने एक बड़ी कार्यवाही किए जाने का फैसला किया। अलयुवेरो सेना बैरक सियेरा पहाड़ी की तलहटी में दक्षिण की ओर समुद्र तट पर तैनात थी, जिसे नौसेना और वायुसेना का बैक-अप आसानी से उपलब्ध था। जगह बागियों की सक्रियता के इलाके से बहुत दूर नहीं थी। बैरक में खबर के मुताबिक लगभग 50-55 सैनिक बराबर रहते थे।

20 मई 1957 को करीब अस्सी गुरिल्ला बागियों की कमान ने जिनमें जनरल स्टाफ भी शामिल थे, दिन-दहाड़े हमला बोला। यह फिदेलिस्ता कार्यनीति से थोड़ा हटकर था मगर बाकी सारी कार्यवाही सफलतापूर्वक आजमाई हुई अचानक हमले की फिदेलिस्ता कार्यनीति के मुताबिक ही थी। फिदेल ने पोजीशन लेते हुए सबसे पहले गोली चलाकर हमला शुरू करने का संकेत दिया। भीषण गोलीबारी करते हुए सबसे पहले बैरक का संचार-तंत्र ध्वस्त किया गया जिससे नौसेना या हवाई बैक-अप की गुंजाइश न रहे। बैरक से थोड़ी ऊँचाई पर पेड़ों की आड़ लेकर पोजीशन बनाई गई थी। दो प्लाटूनें रिजर्व रखी गई थीं। जुआन अल्मीडा ने अपनी प्लाटून के साथ मुख्य बैरक पर पैदल धावा बोला। हमले में जुलिटो की आँख पर गोली लगी और शहीद हो गया। रामिरो वाल्देज और राउल रिजर्व बैक-अप पर थे। सेन्टियागो रिइन्फोर्समेंट के गुलेमी, फ्यूरी और दूसरे साथी असाधारण वीरता दिखा रहे थे।

दुश्मन इस अचानक हमले से अचंभित रह जाने के बावजूद जल्दी ही सँभलकर मोर्चाबन्दी करके मुकाबला कर रहा था। फिदेल ने आखिरी रिजर्व राउल को मुख्य मोर्चे पर रवाना किया। अब महज सेलिया और चार-पाँच जनरल स्टाफ बचे थे। फिदेल ने कमांड दस्ते से चे को एक सब-मशीनगन के साथ 2-3 लोगों को लेकर मुख्य मोर्चे पर बाईं तरफ से हमला करने के लिए भेजा। मुख्य आक्रमणकारी टुकड़ी जबर्दस्त गोलाबारी के बीच जूझ रही थी। मोन्काडा और ग्रान्मा के योद्धा राउल, अल्मीडा, रामिरो, अलेग्रिया डे पियो हादसे के बाद दस्ते में शामिल होनेवाले पहले कम्पेसिनो योद्धा गुलेर्मो गार्सिया, फ्रैंक पाइस के सेन्टियागो से भेजे गए योद्धा अबेलार्डो फ्यूरी सब के सब जान की बाजी लगाए लड़ रहे थे। गनीमत थी, संचार तंत्र नष्ट हो जाने के चलते नौसेना या हवाई कुमुक की मदद दुश्मनों को नहीं मिली। आखिरकार चे ने अपना काम कर दिखाया। दस्ते का डॉक्टर क्रान्ति का सफलतम कमांडर बन गया।

युवेरो का मोर्चा करीब तीन घंटे तक चला। दुश्मन की तरफ से 11 मारे गए और 19 घायल हुए जिनमें लेफ्टिनेन्ट कमांडिंग ऑफिसर शामिल था। बागियों की तरफ से 7 लड़ाके शहीद हुए और आठ घायल। मोर्चा जीतने के बाद पहला काम छावनी से समूचे हथियार, गोला-बारूद और रसद कब्जे में लेने का किया गया। चे और छावनी के डॉक्टर ने मिलकर घायलों की देखभाल की। सबसे पहले दुश्मन पक्ष के घायलों की चिकित्सा की गई जो तादाद में घायल बागियों के दूने से भी ज्यादा थे। अभियान की सफलता ने 45 राइफलें, 6,000 गोलियाँ, कुछ पिस्तौलें, वर्दियाँ, बूट वगैरह का इजाफा किया। अपने पक्ष से घायलों की चिकित्सा कर चुकने के बाद अब जल्दी से जल्दी निकल लेने की तैयारी थी। एक सैनिक बन्दी होने से पहले ही आँख बचाकर निकल लेने में सफल हो गया था इसलिए कभी भी नौसेना और हवाई कुमुक या इन्फेंट्री का हमला हो सकता था। दोनों पक्षों से जिन घायलों की हालत ज्यादा गम्भीर थी और चल-फिर सकने में असमर्थ थे वही बैरक के डॉक्टर की देख-रेख में छोड़े गए। बागी पक्ष से ऐसे दो साथी थे। उनकी जान की जमानत के तौर पर बागी अपने साथ दुश्मन के कुछ बन्दी सैनिकों को ले जा रहे थे। चे विदा के अन्तिम क्षण तक अपने दोनों घायल साथियों की चिकित्सा कर रहे थे। वे जान चुके थे कि उनमें से एक नहीं बचेगा। बोझिल मन और डबडबाई आँखों से उसे स्नेह का

अन्तिम चुम्बन देकर चे आखिरी ट्रक में सवार हुए। बागियों को जितनी जल्दी हो सके उस इलाके से ऊँचाई पर घने जंगलों की ओर निकल लेना था। चे को घायलों के साथ चिकित्सा के लिए कस्बे की ओर रवाना कर दिया गया। करीब एक महीने बाद चे अपने साथियों और कुछ नए कम्पेसिनो रंगरूटों के साथ फिदेल के मुख्य दस्ते में वापस आ मिले। यूवेरो अभियान को याद करते हुए चे कहते हैं : 'अब हमारे पास दुश्मन को हराने के राज की चाभी थी। इस लड़ाई ने दूर-दराज इलाकों और बड़ी छावनियों से अलग-थलग बैरकों-गैरिसनों के सफाये का रास्ता साफ कर दिया।' अलावा इसके इस पहली बड़ी जीत का जबर्दस्त मनोवैज्ञानिक प्रभाव पड़ा। यह महीनों की कठोर तपस्या-भाग-दौड़, लुका-छिपी, प्रशिक्षण का पहला सफल नतीजा था जिसने बागियों के आत्मविश्वास और संघर्ष के प्रति आस्था के लिए अमृत का काम किया। इस सफलता से स्थानीय जनता में भी फिदेल और उनके साथियों के प्रति भरोसा बढ़ा और बतिस्ता से सचमुच निजात पा सकने की उम्मीद जागी।

चे के वापस लौटने के बाद फिदेल ने उन्हें बागी फौज का पहला कमांडेंट नियुक्त किया। अभियान के सबसे कठिन शुरुआती महीनों के अगुआ जत्थे के कमांडर केमिलो सियेन्फ्यूगो, कई और मँजे हुए अफसरों और उनके मातहत लड़ाकों को चे की कमान में सौंपते हुए कमान न. 2 तैयार करने को कहा। इस नई कमान की गतिविधियाँ दक्षिणी समुद्र तट के नजदीक तर्क्यूना पहाड़ी के उत्तर में संचालित होनी थीं जो फिदेल की पहली कमान की गतिविधियों के इलाके से काफी नजदीक थीं। पहली और दूसरी कमान को मिलाकर युद्ध का पहला मोर्चा बना। फिदेल के पास अभियान की शुरुआत से लेकर क्रान्ति की निर्णायक जीत तक पहली कमान की कमान रही।

बतिस्ता की प्रतिक्रिया

हर्बर्ट मैथ्यूज के साक्षात्कार से झूठ की कलई खुल जाने से हुई फजीहत और फिदेल की दिन पर दिन बढ़ती आक्रामकता, खासकर अल युवेरो हमले में बतिस्ता सैनिकों की शर्मनाक पराजय से बौखलाया बतिस्ता फिदेल की अनदेखी करने की अपनी अब तक की रणनीति में परिवर्तन के लिए मजबूर हुआ। अल युवेरो के बाद सेना को सियेरा मायेस्त्रा की पहाड़ियों में फिदेल का पीछा करने से रोक दिया गया। दूर-दराज में बनाए गए गैरजरूरी आर्मी आउटपोस्टों को बन्द करके फिदेल और और उनके साथी बागियों को पहाड़ियों में भटकता छोड़ उन्हें नीचे मैदानी इलाके में पहाड़ों से बाहर उतरने से रोकने की रणनीति बनी। सेना ने पहाड़ियों और मैदानी इलाके के बीच एक 'डेड जोन' घोषित करके लागू करने की कोशिश की जिससे फिदेल और उनके साथियों को पहाड़ों से उतरने अथवा शहरी भूमिगत संगठनों से सम्पर्क को प्रभावी ढंग से रोका जा सके। फिदेल ने भी फिलहाल बतिस्ता की संगठित सैन्य शक्ति को खुली चुनौती देने अथवा नया मोर्चा खोलने से बचने की कार्यनीति पर अमल करना शुरू किया।

अल युवेरो हमले के बाद फिर से पूरे राष्ट्र में आपात सेंसरशिप लागू कर दी गई और 1 नवम्बर, 1957 के लिए घोषित राष्ट्रपति चुनाव 1 जून, 1958 तक स्थगित कर दिए गए। आतंकी कार्यवाहियों के सफाये के नाम पर, खासकर ओरियन्ट में आम

नागरिकों का दमन और कत्लेआम चरम पर पहुँचने लगा। किसी भी तरह की नागरिक आजादी पर पाबन्दी आयद कर दी गई और शहरों में मार्शल लॉ लागू कर दिया गया। कहीं पर भी छापे मारना, घरों-दुकानों में घुसकर तोड़-फोड़ करना, सामान जला देना, परिवार के सदस्यों के सामने यातना और कत्ल सैनिकों का रोजमर्रा का शगल बन गया। सैनिक श्मशान का सन्नाटा लागू करके स्थिति को काबू में दिखाना चाहते थे। सुराग न मिलने या किसी बागी को नहीं पकड़ पाने की खीझ सैनिक आम नागरिकों को सड़कों पर घसीट कर उन्हें एक साथ मारकर और उन्हें बागी या मुखबिर बताकर मिटाते थे।

सियेरा मेनिफेस्टो; 12 जुलाई, 1957

नागरिक और पेशेवर असोसियेशनों के एक ढीले-ढाले संगठन इन्स्टीट्यूशन्स सिविकाज (IC) द्वारा सरकार और विरोधियों-बागियों के बीच संवाद की माँग का बतिस्ता पर कोई असर नहीं पड़ा। बतिस्ता अभी भी अमेरिका के समर्थन से चुनाव का नाटक खेलकर खुद को 'निर्वाचित राष्ट्रपति' घोषित करने का मंसूबा पाले था। उसकी इस चाल को भाँपकर तमाम विपक्षी स्थापित राजनीतिक दलों ने, जो निश्चित रूप से पूँजीवाद के पक्षधर थे, बतिस्ता की चुनाव घोषणा का बहिष्कार कर दिया। फिदेल ने इन पूँजीवादी विपक्षी पार्टियों-अथेंटिको और ऑर्थोडाक्सों तथा M-26-7 के सहयोगी संगठनों, जिनमें रेसिस्टेन्सिया सिविका के महत्त्वपूर्ण प्रतिनिधि राउल, चिबास और फेलिपो पाजो शामिल थे, मिलकर एक नागरिक क्रान्तिकारी मोर्चा (फ्रेंटे सिविको रिवोल्यूसनारियो) बनाया। मोर्चे ने 12 जुलाई को सियेरा से अपना साझा मेनिफेस्टो जारी किया जो 'सियेरा मेनिफेस्टो' नाम से जाना जाता है।

मोर्चे ने अपने घोषणा-पत्र में कहा : 'हम चुनाव चाहते हैं मगर एक शर्त पर : सचमुच का स्वतंत्र, लोकतांत्रिक और निष्पक्ष चुनाव'। 'चुनाव सबके सहयोग से गठित एक अन्तरिम निष्पक्ष सरकार की देख-रेख में कराए जाएँ जो शान्ति की बहाली और देश को जनतंत्र और संवैधानिक वातावरण की ओर ले चलने के लिए तानाशाही की जगह लेगी।'

सियेरा घोषणा-पत्र ने निम्नलिखित साझा कार्यक्रमों का ऐलान किया :

(1) संघर्ष की साझा रणनीति के साथ एक नागरिक-क्रान्तिकारी मोर्चे का गठन।
(2) मोर्चे के भागीदारों द्वारा प्रोविजनल सरकार के नेता का चुनाव।
(3) बतिस्ता का चुने गए नेता के पक्ष में इस्तीफा देकर उसे तमाम अधिकार सौंपना।
(4) क्यूबा के आन्तरिक मामलों में किसी भी बाहरी देश का किसी भी तरह का हस्तक्षेप स्वीकार नहीं किया जाए।
(5) अमेरिका से बतिस्ता को किसी भी तरह की हथियार आपूर्ति तत्काल रोकी जाए।
(6) देश पर किसी भी सूरत में 'मिलट्री जुन्ता' का शासन मंजूर नहीं किया जाएगा।
(7) सेना का राजनीति से पृथक्करण, उसका गैर-राजनीतिक चरित्र सुनिश्चित करना।

(8) प्रोविजनल सरकार द्वारा एक साल के अन्दर 1940 संविधान और निर्वाचन नियमों के अनुरूप राष्ट्रीय, प्रान्तीय और म्युनिसिपल आम चुनाव सम्पन्न कराकर निर्वाचित प्रतिनिधियों को तत्काल सत्ता हस्तांतरण।

(9) प्रोविजनल सरकार अपने जिम्मे इन कार्यभारों को शामिल करेगी :

(i) तमाम राजनीतिक, नागरिक, युद्ध बन्दियों की रिहाई,

(ii) सूचना, मीडिया, अभिव्यक्ति और संविधानसम्मत तमाम राजनीतिक व वैयक्तिक अधिकारों की गारंटी,

(iii) भ्रष्टाचार के हर रास्ते पर लगाम,

(iv) श्रम राजनीति का लोकतंत्रीकरण, यूनियनों और औद्योगिक फेडरेशनों में निष्पक्ष चुनाव,

(v) अशिक्षा के खिलाफ सघन अभियान,

(vi) भूमि-सुधारों के लिए पहल, बंजर जमीनों का वितरण, सभी सिकमी किसानों, बटाईदारों, खेतिहरों को जमीन का मालिकाना,

(vii) स्वस्थ और सक्षम वित्तीय नीति,

(viii) औद्योगीकरण और रोजगार को बढ़ावा।

घोषणा-पत्र में यह भी स्पष्ट किया गया कि भागीदार राजनीतिक पार्टियाँ और नागरिक संगठन जनविद्रोह की थीसिस का समर्थन करते हैं और सियेरा अभियान में शामिल हैं। मोर्चे में भागीदारी की मूल शर्तें थीं--बतिस्ता के चुनावी स्टंट की साजिश के साथ कोई नाता न रखना और पूरी प्रतिबद्धता के साथ घोषित करना कि क्यूबा में बतिस्ता के गद्दी छोड़ने के अलावा कोई रास्ता नहीं है।

घोषणा-पत्र से स्पष्ट था, इसकी माँगें M-26-7 आन्दोलन की मूल भावनाओं से लचीली रखी गई थीं और पूँजीवादी फ्रेमवर्क के अन्दर विपक्षी पार्टियों और संगठनों को आन्दोलन के सहयोग-समर्थन में उतारने या कम से कम उन्हें विरोध में न उतरने देने के इरादे से निरूपित की गई थीं।

तमाम विपक्षी पार्टियों और नागरिक संगठनों का इस घोषणा-पत्र से सहमत होना इस बात का प्रतीक था कि बतिस्ता तानाशाही अपना राजनीतिक आधार तेजी से खोती जा रही थी। जिन पार्टियों की 'निष्ठा' अथवा 'परोक्ष-अपरोक्ष' सहयोग को वह अपनी तानाशाही की वैधता का आधार बनाती आई थी वह अब उसके साथ नहीं बल्कि विरोध में थीं। घोषणा-पत्र के साथ यह सहमति इस बात का भी प्रतीक थी कि फिदेल और उनके M-26-7 आन्दोलन (सियेरा और शहरी आन्दोलन) की नेतृत्वकारी स्वीकार्यता का रास्ता खुलने लगा है।

क्यूबा की कम्युनिस्ट पार्टी (PSP) ने भी फिदेल के आन्दोलन को अछूत मानने की अपनी नीति में थोड़ा लचीलापन लाते हुए कुछ सम्पर्क शुरू किए। हालाँकि अभी भी वे फिदेल के सैन्य अभियानों को अराजक दुस्साहस ही मानते थे। अपनी 1957 की 8वीं कांग्रेस में PSP ने कास्त्रो के 'शौर्य और प्रतिबद्धता' को स्वीकार करते हुए यह भी कहा कि पार्टी के कास्त्रो की कार्यनीतियों और योजनाओं से 'रेडिकल मतभेद' हैं। उनकी राय में M-26-7 ने अभी पूरी तरह साम्राज्यवाद विरोध की लाइन नहीं अख्तियार की है। पार्टी

लफ्फाजी में इसका सीधा मतलब रूसपरस्ती की लाइन अख्तियार करना था। पार्टी ने चुनावों की माँग करते हुए राष्ट्रीय बुर्जुआ को साथ लेकर 'पापुलर फ्रंट' बनाए जाने का आह्वान किया।

स्वाभाविक है, नेतृत्व की इस रूसपरस्त ढुल-मुल लफ्फाजी वाली नीति का खुद पार्टी के अन्दर विरोध था, खासकर युवा कैडरों में। क्यूबा की कम्युनिस्ट पार्टी पी एस पी ने तेजी से आकार-उभार ले रहे जन-विद्रोह-आन्दोलन में भूमिका नहीं निभाई, सिवाय फिदेल को हतोत्साहित करने या आगे बढ़ने से रोकने (स्थितियाँ अभी परिपक्व नहीं हैं) की कोशिशों के। मगर पार्टी के नौजवान कैडर पार्टी कांग्रेस के बाद भारी तादाद में फिदेल के हथियारबन्द अभियान में शामिल होने लगे। खासकर चे और राउल की कमानों में।

'अविस्मरणीय फ्रैंक' की शहादत : अगस्त 1957 की हड़ताल

एक ओर सियेरा मायेस्त्रा में फिदेल का बागी गुरिल्ला-संघर्ष दिन-प्रतिदिन गति पकड़ रहा था और दूसरी ओर फ्रैंक पाइस शहरी इलाके में प्रतिरोध संघर्ष के लिए गोलबन्दी करने में जी-जान लगाए हुए थे। जोस अन्तोनियो इस्चेवेरिया की शहादत के बाद M-26-7 के लिए शहरी गोलबन्दी का पूरा भार फ्रैंक के कंधों पर आ पड़ा था। फ्रैंक की मेहनत और लगन रंग लाने लगी थी। न केवल सियेरा के लिए रंगरूटों और हथियारों का भेजा जाना सुनिश्चित हो रहा था बल्कि धीरे-धीरे M-26-7 समूचे ओरियन्ट में कस्बों के स्तर तक भी अपनी पहुँच बनाने लगा था।

शहर में संगठन का काम जैसे-जैसे बढ़ता गया, फ्रैंक पाइस अपनी गतिविधियों के केन्द्र सेन्टियागो में बतिस्ता सेना की नजरों में चढ़ते गए। जून 1957 में गोलबन्दी की एक कार्यवाही में भाग लेते हुए पुलिस के हाथों फ्रैंक के 19 वर्षीय भाई जोसुए का कत्ल हो चुका था और सेन्टियागो पुलिस किसी भी कीमत पर फ्रैंक की हत्या पर आमादा थी। जैसे-जैसे शिकंजा कसता गया, फ्रैंक के लिए शहर में ठिकाना ढूँढ़ना मुश्किल होता गया और नौबत यहाँ तक आ पहुँची कि सेन्टियागो छोड़ने के अलावा कोई रास्ता नहीं बचा। फ्रैंक अब सियेरा में फिदेल के साथ जुड़ने के विकल्प पर विचार कर रहे थे। इसी उधेड़-बुन और तैयारी में अचानक सेन्टियागो पुलिस ने 31 जुलाई, 57 को छापा मारकर उस ठिकाने को घेर लिया जहाँ फ्रैंक ठहरे हुए थे। ठिकाने से बाहर आते ही फ्रैंक और एक अन्य नौजवान राउल पुजोल को बतिस्ता पुलिस ने गोलियों से ढेर कर दिया। फ्रैंक पाइस 22 वर्ष की उम्र में अपनी पितृभूमि के लिए शहीद हो गए।

फ्रैंक पाइस की शहादत की खबर पूरे सेन्टियागो में जंगल की आग की तरह फैल गई। हर कोई स्तब्ध, अवाक्, आक्रोशित था। पूरे सेन्टियागो ने अपना काम-काज ठप कर दिया। सारा शहर, करीब 60-70 हजार लोग फ्रैंक पाइस और राउल पुजोल के ताबूतों के पीछे 'सेन्ट इफिगेनिया' कब्रगाह की ओर चले जा रहे थे।

आब्रियेरा में M-26-7 के एक कार्यकर्ता मिगुएल एन्जेलयेरो ने इस अभूतपूर्व घटना के चश्मदीद भागीदार के रूप में अपने अनुभवों के बारे में लिखा है। वह और उसके कुछ कामरेड शवयात्रा में इस इरादे के साथ गए थे कि अगर मुमकिन हो तो कुछ न कुछ प्रतिरोध अवश्य किया जाए। हत्यारों के प्रति गुस्से और नफरत से भरे साठ हजार

सेन्टियागोवासियों को देखकर उन्होंने हड़ताल के लिए आवाज दी। समूची जनता ने इसे हाथो-हाथ लिया और वापसी में पूरे शहर में तमाम फैक्ट्रियों, कार्यालयों, दुकानों से हड़ताल का आह्वान किया। पूरा सेन्टियागो हड़ताल के लिए उमड़ पड़ा और पाँच दिनों तक शहर में मानो जिन्दगी थम-सी गई। सेन्टियागो से कार्यकर्ता दूसरे शहरों की ओर निकल पड़े। कामागुआ और लाविलाज में पूरा समर्थन मिला मगर बतिस्ता की दमनकारी मशीनरी के टूट पड़ने के चलते हड़ताल के फैलने में बहुत कामयाबी नहीं मिली। हवाना में सार्वजनिक परिवहन जैसे कुछेक जुझारू संगठनों के अलावा आम तौर पर हड़ताल न केवल बतिस्ता के दमन बल्कि उसकी दलाल ट्रेड यूनियन की मुजालिस्ता नौकरशाही के चलते भी बहुत कामयाब नहीं रही।

मगर गुआन्तनामो में जहाँ फ्रैंक पाइस का मजदूरों और आम जनता में जबर्दस्त प्रभाव और सम्मान था, हड़ताल पूरी तरह कामयाब रही। रेल, बिजली, हवाई अड्डा, बैंक, परिवहन तो हड़ताल पर थे ही, शहर की लगभग तमाम दुकानें और व्यावसायिक उपक्रम भी पूरी तरह बन्द रहे। पुलों और सार्वजनिक महत्त्व के सरकारी प्रतिष्ठानों पर आन्दोलनकारियों ने बमों से हमले किए और जगह-जगह पुलिस और रूरल गार्ड के साथ आन्दोलनकारियों की तीखी हिंसक झड़पें हुईं। पुलिस और सेना के बर्बर अत्याचारों ने हड़ताल के फैलने और सफल होने में मदद की। पुलिस और सेना द्वारा जबरन बन्द दुकानों को तोड़कर घुसने और सारा सामान बाहर फेंक देने, लूट लेने और सरे-राह चलते लोगों को गोलियों से उड़ाने जैसी घटनाओं ने आग में घी का काम किया।

हड़ताल के दौरान ही M-26-7 के समर्थकों द्वारा चलाई जा रही एक घरेलू बम फैक्ट्री में विस्फोट हो गया जिसमें कई साथियों की जानें गईं और काफी मात्रा में हथियार नष्ट हो गए। बावजूद इसके इस घटना ने हड़ताल को मजबूत किया। खासकर तब जब बतिस्ता पुलिस ने मौके की जगह पर पहुँचते ही वहाँ आग बुझाने का प्रयास कर रहे दो निरीह पड़ोसियों को गोलियों से ढेर कर दिया।

गुआन्तनामो में हड़ताल की अलख 9 अगस्त तक जगी रही। शहर को श्मशान और राख में बदलकर एक नजीर बना देने के बतिस्ता के इरादों को भाँपकर M-26-7 के राष्ट्रीय नेतृत्व ने हड़ताल खत्म करने और काम पर लौटने का आदेश दिया। अगस्त 1957 की यह आम हड़ताल बतिस्ता के खिलाफ प्रतिरोध के उस दौर की सफलतम हड़तालों में थी। जब भी इस हड़ताल का जिक्र आता है, इसे एक स्वतःस्फूर्त हड़ताल के तौर पर देखा जाता है। मगर यह बात हमेशा ध्यान में रखनी चाहिए कि अगस्त 57 हड़ताल के सन्दर्भ में स्वतःस्फूर्तता का आशय संगठन और राजनीतिक दिशा का अभाव बिल्कुल नहीं है। इस हड़ताल के पीछे फ्रैंक पाइस की, जिसे उसके साथी 'अविस्मरणीय फ्रैंक' कहते थे, सारे जीवन की ऊर्जा और गोलबन्दी की सांगठनिक क्षमता छिपी थी जो उसकी मृत्यु पर अचम्भित कर देनेवाली स्वतःस्फूर्तता में प्रस्फुटित हुई।

'अविस्मरणीय फ्रैंक' की इस अचानक शहादत से M-26-7 आन्दोलन में एक निर्णायक मोड़ आया। इस्चेवेरिया के बाद अब पाइस की मृत्यु के बाद M-26-7 को एक प्रभावी, खुदमुख्तार शहरी प्रतिरोध संगठन के रूप में गोलबन्द करने में सक्षम कद्दावर नेता नहीं बचा जिसकी पूरे संगठन में स्वाभाविक स्वीकार्यता हो। यह वह मोड़ साबित

हुआ जहाँ से M-26-7 की शहरी गतिविधियों पर सियेरा ने नेतृत्वकारी बढ़त ली और अब M-26-7 की शहरी गतिविधियों का मुख्य मकसद सियेरा आन्दोलन को मजबूत करने के लिए उसकी जरूरतों को पूरा करना था। बावजूद इसके शहरी जनता के दिलों में अविस्मरणीय फ्रैंक की जलाई हुई बतिस्ता-विरोधी बगावत की आग चिंगारी बनकर दफन रही और सियेरा सफलता के निर्णायक मुकाम पर पहुँचते ही समूचे क्यूबा में आम हड़ताल बनकर धधक उठी।

5 सितम्बर, 1957 : नौसेना विद्रोह

5 सितम्बर, 1957 को राजधानी हवाना से लगभग 200 मील दूर, लाविलाज प्रान्त के समुद्र तटवर्ती शहर सियेन्फ्यूगोज के नौजवान नौसैनिक अधिकारियों ने बतिस्ता के खिलाफ पहली नौसैनिक बगावत की। नौसेना वैसे भी सेना के अंग के रूप में पारम्परिक रूप से बहुत बतिस्ता-समर्थक नहीं थी। इसे फिदेल ने अपने 'हिस्ट्री विल एब्जाल्व मी' में रेखांकित भी किया था। बतिस्ता द्वारा नौसेना अकादमी के ग्रेजुएटों को नजरअन्दाज करते हुए बाहर से उच्च अधिकारियों को नियुक्त करने के खिलाफ व्यापक असन्तोष था। तत्कालीन क्यूबा नौसेना प्रमुख रियर एडमिरल रोड्रिक्काल्डेरान इसी किस्म का थोपा गया अधिकारी था। विद्रोह सियेन्फ्यूगोज के स्थानीय केयो लोको नौसेना अड्डे के नौजवान रंगरूटों और हवाना व सेन्टियागो में सक्रिय M-26-7 युवा कार्यकर्ताओं की समन्वित योजना का परिणाम था और इसमें सियेरा आन्दोलन की बहुत उल्लेखनीय भूमिका नहीं थी।

मूल योजना 28 मई से पूरे क्यूबा में विद्रोह का दो चरणों में आह्वान किए जाने की थी। पहले चरण में एक नौसेना पोत को हवाना में राष्ट्रपति भवन पर बमबारी करना था और इसी के साथ नौसेना के पायलट कैंप कोलम्बिया सेना मुख्यालय पर बमबारी करते। इस बीच M-26-7 के कार्यकर्ता हवाना रेडियो स्टेशन पर कब्जा करके राष्ट्रव्यापी आम हड़ताल का आह्वान करते। विद्रोह का दूसरा चरण केयोलोको नौसेना अड्डे से बगावत की शुरुआत करके इसे क्यूबा के तमाम नौसैनिक अड्डों में फैला देने का था। मई 28 योजना की जानकारी मुखबिर के जरिए बतिस्ता को लग गई। विद्रोह की तारीख 5 सितम्बर के लिए बढ़ा दी गई जो बतिस्ता के '1933 सार्जेन्ट विद्रोह' की वर्षगाँठ थी।

सितम्बर 5 की योजना भी हवाना में सुरक्षा चूक के चलते स्थगित कर दी गई थी मगर किन्हीं कारणवश इसकी समय से सूचना सियेन्फ्यूगोज नहीं पहुँच सकी अथवा नौसैनिकों के धैर्य खो देने के चलते केयोलोको नौसेना अड्डे से बगावत शुरू हो गई। अड्डे के शस्त्रगार पर कब्जा करके हथियार जनता में वितरित कर दिए गए। बगावत अपने शुरुआती दौर में सफलता की ओर बढ़ रही थी मगर हवाना योजना पूरी तरह नाकामयाब हो जाने (हालाँकि कुछ बम विस्फोट की घटनाएँ हवाना में भी हुई थीं) तथा खासकर बतिस्ता को इसकी पूर्व जानकारी हो चुकने के चलते विद्रोह सेना और हवाई सेना की मदद से जल्दी ही दबा दिया गया। इसके बाद शुरू हुआ बर्बर दमन का तांडव। बतिस्ता ने अपनी पूरी ताकत फाइटर विमान, टैंक और सैनिक इस बगावत को

कुचलने के लिए झोंक दिए। इस विद्रोह में 300 से ज्यादा बागी शहीद हुए। एक प्रत्यक्षदर्शी के मुताबिक बुलडोजर से कब्रगाह में सामूहिक कब्र खोदकर 52 बागियों की लाशें उसमें फेंककर पाट दी गई थीं। कुछ बागी इस्काम्बरे पहाड़ी की ओर निकल गए जहाँ डाइरेक्टोरियो रिवोल्यूसनोरियो ने भी अपने लड़ाके भेज रखे थे। वहाँ से उन लोगों ने 'इस्काम्बरे मोर्चे' के रूप में बतिस्ता के खिलाफ हथियारबन्द झड़पें जारी रखीं। सियेरा आन्दोलन की सफलता के क्रम में कुछ महीनों बाद राउल के नेतृत्व में सियेरा कमान भी वहाँ पहुँची और राउल ने सियेरा मायेस्त्रा के बाद युद्ध का दूसरा 'फ्रैंक पाइस मोर्चा' बनाकर बतिस्ता के खिलाफ वहाँ सारे सक्रिय ग्रुपों को जोड़ते हुए संघर्ष को निर्णायक मंजिल तक पहुँचाया।

सियेन्फ्यूगोज नौसेना विद्रोह को बतिस्ता ने दमन के बल पर दबा जरूर दिया मगर यह उसकी अधिक से अधिक सैन्य सफलता ही मानी जा सकती है। नौसेना विद्रोह उसकी भारी राजनीतिक पराजय थी। 1933 के सार्जेन्ट विद्रोह के बाद पहली बार अब वह फौजों के संयुक्त समर्थन की ताकत का भरोसा नहीं कर सकता था। यह ताकत अब तक क्यूबा में उसकी राजसत्ता का मेरुदंड बनी हुई थी। असन्तोष की सुगबुगाहट सेना के तीनों अंगों, यहाँ तक कि 'उसकी अपनी' स्थल सेना में भी होने लगी थी। बतिस्ता के खिलाफ और क्रान्ति के पक्ष में एक और महत्त्वपूर्ण आयाम इस विद्रोह ने यह खोला कि 1933 के बाद पहली बार सेना और नागरिकों ने बतिस्ता के खिलाफ हाथ मिलाया।

मियामी पैक्ट : 1 नवम्बर, 1957

अमेरिका अब तक के घटनाक्रम से भाँप चुका था कि बतिस्ता क्यूबा में बहुत दिनों तक खुद को टिकाये रखने की स्थिति में नहीं है। पर्दे के पीछे रहते हुए बतिस्ता-विरोधी ताकतों को, उनमें M-26-7 के 'उदारवादी' तत्वों को भी समेटने की कोशिश करते हुए एक मंच पर लाने की योजना बनी। मियामी में अथेंटिको, ऑर्थोडाक्सो, स्टूडेन्ट रिवोल्यूशनरी डाइरेक्टरेट ने एक बैठक के लिए M-26-7 को आमंत्रित किया। M-26-7 की ओर से फेलिप पाजो की अगुवाई में एक प्रतिनिधिमंडल शरीक हुआ। फेलिप पाजो M-26-7 के सहयोगी संगठन रेसिस्टेन्सिया सिविका के प्रमुख, नेशनल बैंक ऑफ क्यूबा के पूर्व अध्यक्ष और जाने-माने अर्थशास्त्री थे। बैठक में बतिस्ता के खिलाफ जुन्ता डे लिबेरासियों क्यूबाना (क्यूबन लिबरेशन जुन्ता) का गठन करते हुए एक समझौता घोषणा-पत्र 'मियामी पैक्ट' 1 नवम्बर, 1957 को जारी किया गया। पैक्ट ने फेलिप पाजो को भावी प्रोविजनल राष्ट्रपति के रूप में मनोनीत किया।

फिदेल के 'सियेरा पैक्ट' से सैद्धान्तिक सहमति का दिखावा करनेवाले इस मियामी पैक्ट का निहित उद्देश्य बतिस्ता-विरोधी क्रान्तिकारी आन्दोलन की धार को कुंद करना, बतिस्ता की जगह क्यूबा में एक कमजोर, अमेरिकापरस्त सरकार की स्थापना करना, और गुरिल्ला आन्दोलन को समाप्त करना था। क्यूबा के अन्दर और बाहर के भगोड़े 'आर्म चेयर क्रान्तिकारियों' द्वारा बतिस्ता के आसन्न अन्त से मिलनेवाले 'सत्तासुख' की बन्दरबाँट और फिदेल के क्रान्तिकारी आन्दोलन को हाशिये पर डालने के लिए पर्दे के पीछे से

अमेरिका द्वारा चला गया यह तुरुप का पत्ता था। स्वाभाविक रूप से पैक्ट में 'सारा धान बाईस पसेरी' तौलते हुए सभी संगठनों की समान हैसियत स्वाकीर की गई–बतिस्ता विरोधी संघर्ष में उनके योगदान का आकलन किए बगैर।

पैक्ट में विदेशी हस्तक्षेप की कोई चर्चा नहीं थी, मिलट्री जुन्ता को नकारने की कोई चर्चा नहीं थी।

स्वाभाविक रूप से इस पैक्ट को फिदेल और सियेरा के अन्य तमाम नेतृत्वकारी साथियों ने आन्दोलन के साथ गद्दारी के रूप में देखा। फिदेल ने पैक्ट का प्रतिवाद करते हुए लिखा : 'जब दूसरे संगठनों के नेता क्यूबा से बाहर आराम फर्माते हुए काल्पनिक क्रान्ति कर रहे हैं, M-26-7 के नेता क्यूबा में हैं और सचमुच की क्रान्ति कर रहे हैं,' इसलिए, 'आततायी के खिलाफ संघर्षों की कमान क्यूबा और उसके क्रान्तिकारी लड़ाकों के हाथों में है और हमेशा रहेगी।'

पैक्ट की खबर पाते ही राउल और चे के क्रोध की सीमा नहीं थी। राउल ने इसे आन्दोलन से खुली गद्दारी मानते हुए M-26-7 के नाम पर पैक्ट पर दस्तखत करनेवालों को गोली मार देने की माँग की। चे ने भी तुरन्त कठोर कार्यवाही की माँग की।

पैक्ट की लानत-मलामत करते हुए फिदेल ने M-26-7 आन्दोलन और सियेरा पैक्ट के प्राविधानों के मुताबिक अस्थायी सरकार के नेतृत्व के लिए राष्ट्रपति के रूप में एक वरिष्ठ न्यायाधीश मैनुयेल उरुशिया का नाम घोषित कर दिया।

कागजी शेर पस्त हो गए, मियामी जुन्ता ढह गई, फेलिप पाजो का राष्ट्रपति का सपना धरा रह गया। फेलिप पाजो ने आन्दोलन से खुद को अलग कर लिया और फिदेल के कट्टर विरोधियों की फेहरिस्त में शुमार हो गया।

फिदेल द्वारा मियामी पैक्ट को नकारे जाने के दूरगामी परिणाम निकले। यह साबित हो गया कि फिदेल और उनके आन्दोलन को घाघ राजनीतिज्ञों द्वारा मोहरे के रूप में इस्तेमाल किए जा सकने की गुंजाइश नहीं है। M-26-7 एक स्वतंत्र और सक्षम संगठन है जो अपने फैसले खुद ले सकता है और उसकी किसी अन्य संगठन के समकक्ष रखकर तुलना नहीं की जा सकती है। फिदेल की इस साफगोई और बिना किसी लाग-लपेट के फैसले से M-26-7 की अन्य किसी भी बतिस्ता-विरोधी संगठन की तुलना में आक्रामकता और प्रभावशीलता भी सामने आई। यह भी साफ हो गया कि भविष्य में आन्दोलनकारियों अथवा किसी भी तरह की राजनीतिक एकता का कोई भी प्रयास फिदेल के साथ विचार-विमर्श और सहमति के बगैर सम्भव नहीं है।

1957 : सियेरा संघर्ष का पहला साल

नवम्बर 1957 में 'चे' ने सियेरा मायेस्त्रा में सियेरा क्रान्तिकारी आन्दोलन का मुख-पत्र 'अल क्यूबानो लिबरे' (आजाद क्यूबन) का प्रकाशन शुरू किया। अल क्यूबानो लिबरे स्पेनी औपनिवेशिक दासता के खिलाफ 19वीं सदी में क्यूबा की आजादी के योद्धाओं द्वारा निकाले गए मुखपत्र का भी नाम था।

मुखपत्र के तीसरे अंक, 3 जनवरी 1958, में चे ने 'संघर्ष का एक साल' शीर्षक से (वन इयर ऑफ कोम्बाट) सियेरा संघर्षों के पहले साल की समीक्षा की।

चे ने याद किया कि किस तरह 2 दिसम्बर को उतरने के तीसरे ही दिन 'अलेग्रिया' में ग्रान्मा के 82 लड़ाकों पर हमला हुआ था, किस तरह जान-बचाने को तितर-बितर भूखे-प्यासे, थके-हारे साथी अलग-अलग मारे-मारे फिरते रहे और कैसे बतिस्ता के सैनिक खोज-खोजकर इनका शिकार करते रहे।

दिन गुजरे और बचे साथी मिले, 15 लड़ाके जिनके पास न ढंग के हथियार थे न गोलियाँ न और कोई साजो-सामान। मगर एक आदर्श, एक लक्ष्य उन सबको क्यूबा खींच लाया था। सभी का अटल भरोसा एक शख्स पर था कि वह पहाड़ों को भी हिला सकता है—फिदेल। इतिहास में गिने-चुने ऐसे मौके होंगे जब ईमानदारी और सच्चाई के साथ किसी एक इनसान को क्रान्ति का जन्मदाता कहा जा सके। मार्ती ने कहा था : 'जो मोर्चे के अगुआ के बतौर कदम बढ़ाते हैं उन्हें दूर तक देखना होता है।' एक छोटे से गुरिल्ला जत्थे के अगुआ के तौर पर कदम बढ़ाते हुए फिदेल ने वह देखा जिसे देखने की किसी और की हिम्मत नहीं थी। पराजय और हताशा के उन दुर्दिनों में फिदेल ने विजय देखी। जनता की ताकत में उनकी अटूट और अचम्भित कर देनेवाली आस्था ने सबको टिकाये रखा।

फिर हिस्से आई ला प्लाटा और पामामोचा की जीतें। उसके बाद एक गद्दार ने तीन-तीन बार भेड़ियों के हवाले किया। वे दुःस्वप्न सरीखे दिन भी बीते और आन्दोलन ने अन्दर के भेदी से निजात पाई। जब सारी दुनिया ने फिदेल समेत सारे सियेरा लड़ाकों को मुर्दा मान लिया था, मैथ्यूज के साक्षात्कार ने इस झूठ की धज्जियाँ उड़ा दीं।

उस वक्त तक लगता था सियेरा का हर किसान मुखबिर है, संगठन के लिए खतरा है। लड़ाके उबली हुई जड़ें खाते थे, वह भी अक्सर बिना नमक या चिकनाई के। वे अभी तक क्यूबा के किसानों की संघर्ष की अपार अपराजेय क्षमता से वाकिफ नहीं थे। आगे बतिस्ता सेना के हाथों हर कत्ल, आगजनी, अत्याचार, आतंक और धमकी का जवाब किसानों ने लड़ाकों के समर्थन के जरिए दिया। अपनी आँख के तारों को लड़ाकों और गाइडों के रूप में सौंपा, अपने घरों के दरवाजे संगठन के लिए खोल दिए। सारा कुछ महान लक्ष्य के लिए अपने विनम्र योगदान के तौर पर।

फिर आया युवेरो विजय का मुकाम। जीत अपने सात साथियों की कुर्बानी की बड़ी कीमत चुकाकर हासिल हुई थी। एक बार फिर बतिस्ता की ओर से किसानों पर हजारों जुल्म ढाए गए, जबरिया बेदखली की गई। एक बार फिर किसानों ने इसका जवाब M-26-7 का दूने उत्साह से साथ देकर दिया।

किसान जनता के साथ संगठन के व्यवहार की ईमानदारी, उनकी सम्पत्ति के प्रति पूरा सम्मान, हर सामान के कीमत की पूरी अदायगी, उनके बीमारों की तीमारदारी, जरूरतमन्द की हर मुमकिन मदद, यह सब सरकारी बर्बरता और आतंक की नीति के एकदम उलट था। यह वह मुकाम था जब सियेरा मायेस्त्रा में दुश्मन और बागी ताकत के सन्तुलन ने निर्णायक करवट ली। चार हथियारबन्द कमानें तैयार हुईं, दुश्मन को आक्रमण के बजाय बचाव पर मजबूर किया गया और जब भी दुश्मन ने पहाड़ों पर चढ़ने की कोशिश की उसकी कमानें तहस-नहस कर दी गईं।

चे ने लिखा : 'अब हम जब तक बतिस्ता गद्दी पर है, गन्ने की फसलों को जला रहे हैं, हमारा इरादा उसे उखाड़ फेंकने का है। गन्ने की फसल के नुकसान से, जो

उसकी आमदनी का सबसे बड़ा जरिया है, उस पर आर्थिक दबाव डालकर, क्रान्तिकारी आम हड़ताल के जरिए, जिसका आह्वान माकूल मौके पर किया जाएगा और अपने योद्धाओं के बल पर दुश्मन के पहाड़ों में घुसने की हर कोशिश को नाकाम करते हुए लड़ाई को मुकाम तक पहुँचाने के लिए सही मौके पर मैदानों का रुख करेंगे।

'अब जब हमारी विजय निश्चित है, जिसे आती हुई देखने में अब महज फिदेल कास्त्रो की आँखों की ही दरकार नहीं है, तो भगोड़े पुराने राजनीतिज्ञों ने विदेश में मजे से रहते हुए गठबन्धन बनाने की कोशिश की है और उसमें हमारा नाम भी घसीटा है। न सिर्फ यह कि उन्होंने हमसे कोई विचार-विमर्श नहीं किया, बल्कि यह भी कि उन्होंने जान-बूझकर हमारा बहिष्कार किया जिससे वे क्यूबा को मार्च 1952 के पहले के दलदल में घसीट सकें।

'मगर जनता का खून व्यर्थ नहीं बहा है। तानाशाही के पाँच सालों में हमारी एक-एक शहादत क्रान्ति को निर्णायक मंजिल की ओर ले चलने का अटूट प्रण है-जो महज बतिस्ता के गद्दी छोड़ने तक सीमित नहीं है—यह उस मुकाम तक जाएगी जहाँ यथा स्थिति पर लौटने की सम्भावना जड़ से समाप्त हो जाती है।

'इसलिए हम लड़ रहे हैं। न तो सेना की बर्बरता और दरिन्दगी और न ही छद्म विरोधियों और चुनावबाज गुटों की गद्दारी हमें हमारे रास्ते से कभी डिगा सकेगी।'

युद्ध का दूसरा मोर्चा : 1957 का अन्त और 1958 का प्रारम्भ

1957 का अन्त और 1958 के शुरुआती दो एक महीने दोनों पक्षों के लिए अपेक्षाकृत शान्ति के थे। दोनों पक्षों ने इसका उपयोग अपनी-अपनी स्थिति को मजबूत करने और अगले दौर की तैयारी के लिए किया। बतिस्ता अपनी सैन्य ताकत को बढ़ाने और उसे पहाड़ों की लड़ाई के लिए प्रशिक्षित करने में लगा था। यह सियेरा आन्दोलन की नई रणनीति क्यूबा की एकल उपज (चीनी) अर्थव्यवस्था को नष्ट करने के अभियान को देखते हुए किया जा रहा था। 1957 के आखिरी महीनों में जब गन्ने की फसल कटने के लिए बिल्कुल तैयार थी फिदेल के साथियों ने गन्ने के खेतों को जलाने का अभियान शुरू किया था जिससे बतिस्ता शासन की आर्थिक रीढ़ तोड़ी जा सके। मगर जल्दी ही इस अभियान पर रोक लगानी पड़ी। गन्ना किसानों और स्थानीय कारोबारियों पर, जिनमें से ज्यादातर फिदेल के समर्थक थे, इस अभियान के चलते आजीविका का संकट आ रहा था। स्थानीय आबादी का सहयोग क्रान्ति की सफलता की जरूरी शर्त थी। फिर भी इतना नुकसान तो हो ही चुका था जो बतिस्ता को खबरदार करने और उसके मुताबिक अगली रणनीति बनाने के लिए मजबूर करता। बतिस्ता ने फिदेल और उनके लड़ाकों से मोर्चा लेकर हमेशा के लिए मामला खत्म करने की ठानी। इसी फैसले ने बतिस्ता के पतन की इबारत भी लिखना शुरू कर दी। फिदेल और उनके लड़ाके भी अब तक इतना मजबूत हो चुके थे कि सियेरा मायेस्त्रा के इर्द-गिर्द समूचे परिवहनतंत्र--रेल और सड़क परिवहन को नियन्त्रित करने की स्थिति में थे। संगठन में लड़ाकों और प्रशिक्षित अनुभवी योद्धा अफसरों की तादाद भी अब इतनी हो चली थी कि पहाड़ से आगे ओरियन्ट के अन्य हिस्सों पर कब्जे की कार्यवाही सोची जा सकती थी। 1957 बीतते-बीतते यह स्थिति बन चुकी थी कि पूरे मंजानिल्लो-बेयामो क्षेत्र में कोई गाड़ी, रेल या सेना पेट्रोल रात में विद्रोहियों की घात (एम्बुश) से बचकर नहीं निकल सकती थी।

25 जनवरी, 1958 को बतिस्ता ने समूचे क्यूबा में (सिवाय ओरियन्ट प्रान्त के) नागरिक अधिकारों की बहाली, चुनाव और निर्वाचित नेता को सत्ता सौंपने की घोषणा की। साथ ही उसने यह भी साफ कर दिया कि सेना की कमान उसी के हाथों में रहेगी। प्रभावशाली कैथोलिक चर्च की ओर से क्यूबा के 'पापाल नन्सियो' (पोप के प्रतिनिधि) ने फिदेल और बतिस्ता के बीच मध्यस्थता की पेशकश की। फिदेल ने ऐसी किसी भी हिमाकत का सख्ती से विरोध करते हुए कहा कि चर्च द्वारा मनोनीत प्रतिनिधि पूरी तरह

बतिस्ता के पक्षधर हैं और वे किसी भी तरह क्यूबा की जनता की अपेक्षाओं और आकांक्षाओं की कसौटी पर खरे नहीं उतरते।

पहली बार सियेरा मायेस्त्रा से मैदानी इलाके को पार करते हुए क्यूबा के उत्तर-पूर्वी पहाड़ी इलाके में लड़ाई का नया मोर्चा खोलने के लिए फिदेल ने राउल को चे के बाद अगला कमांडेंट नियुक्त करके पचास लड़ाकों के साथ सियेरा क्रिस्टल की ओर कूच का निर्देश दिया। फिदेल ने नए मोर्चे खोलने के लिहाज से न केवल राउल को कमांडेंट बनाया बल्कि नई कमानें बनाने और उनके कमांडेंट नियुक्त करने का अधिकार भी दिया।

12 मार्च को सियेरा क्रिस्टल पहाड़ियों में राउल ने युद्ध का दूसरा 'फ्रैंक पाइस मोर्चा' खोला। फिदेल ने इसकी घोषणा करते हुए 21 सूत्रीय घोषणा-पत्र जारी करके बतिस्ता के खिलाफ पहली अप्रैल से चौतरफा निर्णायक युद्ध का एलान किया।

प्रतिक्रिया में बतिस्ता ने ओरियन्ट में पहले से मौजूद 5,000 सैन्यबल की सेना को तत्काल हवाई कुमुक भेज कर बढ़ाना शुरू कर दिया। पूरे क्यूबा में फिर से आपातस्थिति लागू कर तमाम नागरिक अधिकारों पर पाबन्दी लगा दी गई। चुनाव एक बार फिर 1 जून से 3 नवम्बर के लिए टाल दिए गए। क्यूबा के हालात पर नजर रखे अमेरिका ने 14 मार्च को बतिस्ता को आगे से हथियार की आपूर्ति न किए जाने का फैसला लिया।

राउल ने सियेरा क्रिस्टल पहुँचने के बाद जुआन अल्मीडा को नई कमान का कमांडेंट नियुक्त कर युद्ध का तीसरा मोर्चा खोला। अप्रैल 1958 आते-आते चारों तरफ विद्रोह जोर पकड़ने लगा था, सियेरा मायेस्त्रा पूरी तरह बागियों के नियन्त्रण में था, नौसैनिक विद्रोह के दमन के बाद से सेना में भी असन्तोष की सुगबुगाहट बढ़ रही थी, सियेरा मायेस्त्रा से बाहर ओरियन्ट में दो नए मोर्चे खुल चुके थे, राउल के मोर्चे के अलावा भी ओरियन्ट में कम से कम चार और छोटी-बड़ी गुरिल्ला ताकतें सक्रिय थीं, कामागुए, पिनारडेलरियो प्रान्तों और एस्काम्ब्रे पहाड़ी इलाकों से भी प्रतिरोध की खबरें आने लगी थीं। स्थितियाँ अनुकूल लगने लगीं थीं और आम हड़ताल के आह्वान का इंतजार था।

9 अप्रैल, 1958 : आम हड़ताल

शहरी M-26-7 आन्दोलन की ओर से आम हड़ताल के लिए दबाव था। वे फ्रैंक पाइस की हत्या की प्रतिक्रिया में अगस्त 1957 हड़ताल की सफलता के आधार पर आश्वस्त थे। हड़ताल की सफलता को लेकर M-26-7 के शहरी भूमिगत नेतृत्व (ल्लानो) और फिदेल के सियेरा गुरिल्ला नेतृत्व के बीच तीखी बहस थी। फिदेल की राय में अभी परिस्थितियाँ उस स्तर तक परिपक्व नहीं हुई थीं, जिनमें तत्काल आम हड़ताल का आह्वान किया जा सके और उसकी सफलता की गारंटी की जा सके। बावजूद अपनी इस राय के ल्लानो (मैदानी) नेतृत्व की शहरी तैयारी को लेकर आत्मविश्वास और हड़ताल की जिद पर फिदेल ने हामी भरी और 9 अप्रैल, 1958 को राष्ट्रव्यापी आम हड़ताल का आह्वान किया।

सच्चाई यह थी कि हड़ताल को सफल बनाने की कोई तैयारी नहीं की गई थी। नेतृत्व ने हड़ताल के अन्तिम दिन तक हड़ताल की तारीख गुप्त रखी थी। हड़ताल के लिए पी.एस.पी. के साथ मिलकर कोई साझा कार्यनीति नहीं बनी थी। पी.एस.पी. का

अभी भी मजदूरों में जनाधार और प्रभाव था। मजदूरों के बीच बगैर किसी तैयारी, ठोस योजना, रणनीति और हड़ताल कमेटियों के गठन के अनायास हड़ताल पर उतर जाने को निश्चित सफलता मान लिया गया था। हड़ताल मजदूरों पर लादी गई थी और स्वाभाविक रूप से उन्होंने इसकी अनदेखी की। हवाना हड़ताल कमेटी की हालत यह थी कि उसमें एक भी मजदूर प्रतिनिधि नहीं था। कमेटी में M-26-7 नेशनल डाइरेक्टरेट के प्रतिनिधियों के अलावा, एक इंजीनियर, ऑर्थोडाक्स पार्टी से ताल्लुक रखनेवाला एक पत्रकार, एक समाजेसवी डॉक्टर और चर्च का प्रतिनिधि था।

आधिकारिक राष्ट्रीय ट्रेड यूनियन क्यूबन वर्कर्स कन्फेडरेशन (सी.टी.सी.) का मुजालिस्ता नेतृत्व पूरी तरह भ्रष्ट और बतिस्ता दलाल था। मुजालिस्ता नेतृत्व खुलकर फिदेल और M-26-7 को गालियाँ दे रहा था और उसने खुलेआम मजदूरों को धमकाना शुरू किया कि हड़ताली मजदूर काम से निकाल दिए जाएँगे और उस हालत में वे नेतृत्व से किसी मदद की उम्मीद न करें। हड़ताल को विफल बनाने के लिए मुजालिस्ता दलालों ने अपने-अपने कारखानों-संस्थानों के जुझारू मजदूरों की सूची कार्यवाही के लिए पुलिस और मालिकों को दे दी थी। 9 अप्रैल को मजदूर जब अपने काम पर जाने ही वाले थे, 11 बजे अचानक हड़ताल की सूचना मिलने पर अचम्भित थे। एक ऐसी हड़ताल, जिसकी तैयारी में उनकी कोई भूमिका या योगदान नहीं था, उसकी सफलता की सम्भावना नहीं थी।

आन्दोलन में अभी वह स्थिति नहीं आई थी कि जनता और मजूर आम हड़ताल के आह्वान पर अपनी जान और रोजी-रोटी दाँव पर लगा देते। आन्दोलनकारियों ने अगस्त हड़ताल की गलत व्याख्या कर ली थी। हड़ताल की सफलता तभी सुनिश्चित की जा सकती है जब हड़ताली मजदूर और जनता हड़ताल के मुद्दे के साथ अपनी पूरी आत्मीयता और भावनात्मक आवेग के साथ जुड़े हों। फ्रैंक पाइस की हत्या इसी आत्मीय भावनात्मक आवेग का नतीजा थी। हड़ताल की सफलता की दूसरी स्थिति तब होती जब मजदूर वर्ग अपनी वर्गीय चेतना से लैस हो, सामाजिक-राजनीतिक परिस्थितियाँ विस्फोटक हों और वैकल्पिक ताकतों की सफलता नजर आ रही हो। ऐसी स्थिति आगे 1 जनवरी, 1959 को आनेवाली थी जब M-26-7 आन्दोलन की बागी सेनाएँ चारों तरफ से मोर्चे फतह करते हुए हवाना की ओर कूच करने लगी थीं और बतिस्ता क्यूबा छोड़कर भाग चुका था। 9 अप्रैल 1958 को इनमें से कोई भी स्थिति नहीं थी।

बतिस्ता ने 7,000 की पुलिस फोर्स को हड़ताली जहाँ भी नजर आएँ, कुचल देने का फरमान जारी किया। हवाना के पुलिस प्रमुख ने आदेश दिया : 'कोई घायल-कोई बन्दी नहीं चाहिए।' पुलिस और सेना, हथियारबन्द सरकार समर्थक मिलिशिया 'दि टाइगर्स' के साथ सड़कों पर कत्लेआम का तांडव मचाती घूम रही थी। M-26-7 के विद्रोहियों में ज्यादातर इन हालात में अपनी ही हिफाजत नहीं कर पा रहे थे, वे हड़ताली मजदूरों और आम जनता की हिफाजत क्या करते!

इस अविचारित, अपरिपक्व आह्वान में पुलिस, सेना और सरकार समर्थक गुंडों के हाथों न केवल सैकड़ों मजदूरों और जनता की नृशंसतापूर्वक हत्याएँ हुईं बल्कि खुद M-26-7 के न जाने कितने बेहतरीन भूमिगत कार्यकर्ता-लड़ाकों को भी जान गँवानी पड़ी। हड़ताल की विफलता, प्रतिरोध आन्दोलन के लिए जबर्दस्त धक्के और बतिस्ता के लिए

छाती चौड़ी करने का सबब बनी। आन्दोलन को पस्त-हिम्मत जान बतिस्ता अपनी पूरी सैन्य ताकत झोंककर प्रतिरोध का नामोनिशान मिटा देने की तैयारी करने लगा।

M-26-7 का निर्णायक मोड़ : 3 मई, 58 बैठक

9 अप्रैल की हड़ताल की विफलता की समीक्षा के लिए सियेरा मायेस्त्रा के लॉ आल्तो दे मोम्पीये पर M-26-7 की निर्णायक बैठक हुई। शहरी भूमिगत आन्दोलन 'ल्लानो' और सियेरा गुरिल्ला नेतृत्व के बीच तीखी बहसें हुईं। इस बैठक का विवरण देते हुए चे लिखते हैं : 'इस बैठक के फैसलों से समूचे आन्दोलन पर फिदेल के नैतिक प्राधिकार, उनके निर्विवादित नेतृत्व और स्वीकार्यता भी पुष्टि हुई...फिदेल आन्दोलन की समूची लड़ाकू ताकतों के कमांडर-इन-चीफ नियुक्त किए गए, जिनमें वे मिलिशिया ताकतें भी शामिल थीं जो अभी तक ल्लानो नेतृत्व के अधीन थीं।' M-26-7 आन्दोलन की दोनों धाराओं और अवधारणाओं की तीखी बहसों में सियेरा गुरिल्ला अवधारणा विजयी हुई। चे ने लिखा 'स्थितियों के विस्फोटक उभार के लिए परिपक्व न होने और हड़ताल के लिए हर जरूरी तैयारी (ग्राउंड वर्क) पूरा किए बगैर क्रान्तिकारी आम हड़तालों के निरर्थक भ्रमों को सिरे से और अन्तिम तौर पर खारिज कर दिया गया।'

ला आल्तो बैठक में महत्त्वपूर्ण फैसला लेते हुए पहली बार फिदेल को 26 जुलाई आन्दोलन का महासचिव (जनरल सेक्रेटरी) और कमांडर-इन-चीफ नियुक्त करते हुए आन्दोलन के नेतृत्व की कमान सौंपी गई।

बैठक में आन्दोलन के वर्तमान चरण में गुरिल्ला संघर्षों पर जोर दिए जाने का फैसला लिया गया जिससे भविष्य में सही समय पर राष्ट्रव्यापी हड़ताल के आह्वान और सफलता के लिए माकूल परिस्थितियाँ तैयार की जा सकें। यह इस दृष्टि से भी जरूरी और महत्त्वपूर्ण था कि बतिस्ता के दमनकारी नृशंस शासन में आम हड़ताल का मसला सीधे तौर पर हड़ताली मजदूरों और जनता की जिन्दगी और मौत से जुड़ा था। इसलिए जरूरी था कि आह्वान के पहले वे परिस्थितियाँ सुनिश्चित कर ली जाएँ जिनसे हड़ताली मजदूरों और आम जनता को जीत और हड़ताल के लक्ष्य की सफलता का भरोसा हो सके।

मजदूर आन्दोलन को मजबूत करने की दिशा में एक और महत्त्वपूर्ण फैसला M-26-7 के कामगार विंग का सर्वोच्च दायित्व निकोटोरेस को सौंपना था। आन्तोनियो निकोटोरेस ने 1955 से ही गुआन्तनामो में फ्रैंक पाइस के साथ मिलकर मजदूरों के बीच बतिस्ता- विरोधी संगठनात्मक और क्रान्तिकारी चेतना विकसित करने का महत्त्वपूर्ण काम किया था। ग्रान्मा से फिदेल और उनके साथियों के सेन्टियागो पहुँचने के अवसर पर 30 नवम्बर 56 को राष्ट्रीय आम हड़ताल को गुआन्तनामो में पूरी सफलता के साथ अंजाम दिए जाने में टोरेस की निर्णायक भूमिका थी जिसके बाद फ्रैंक पाइस ने उसे देश-भर में मजदूरों के 'वर्क प्लेस सेल' के ढाँचे तैयार करने की जिम्मेदारी दी थी। निकोटोरेस को M-26-7 मजदूर आन्दोलन की जिम्मेदारी सौंपते हुए ला आल्तो बैठक में आन्दोलन के मजदूर विंग का फ्रेंटो आब्रेरो नेसियानल (एफ ओ एन) के नए नाम से पुनर्गठन किया गया।

एफ ओ एन के नए नेतृत्व ने अपनी जुझारू कार्यशैली का परिचय देते हुए मई 58 में अपने विंग का मेनिफेस्टो जारी किया और 9 अप्रैल की हड़ताल की विफलता की जिम्मेदारी ली। यह भी स्पष्ट किया कि इस असफलता से किसी भी मायने में मजदूरों और क्रान्ति के लिए आम हड़ताल के महत्त्व को कम करके नहीं आँका जा सकता। आम राष्ट्रीय हड़ताल मजदूरों के अधिकारों की रक्षा और विस्तार के साथ ही उस आततायी आतंक से भी निजात पाने का सबसे कारगर हथियार है, जो क्यूबा को अपने चंगुल में जकड़े हुए है। मेनिफेस्टो में पहली बार आर्थिक और राजनीतिक माँगों को इस सामंजस्य के साथ पेश किया गया कि वे मजदूरों की तात्कालिक माँगों के साथ ही मजदूरों, आम जनता और किसानों के हित में राष्ट्रीय स्तर पर क्रान्तिकारी आमूल-चूल परिवर्तन की जरूरत को भी गम्भीरता के साथ रेखांकित करे।

इस तरह 3 मई, 58 की इस महत्त्वपूर्ण बैठक ने M-26-7 आन्दोलन को निर्णायक दिशा देने, आन्दोलन के वर्तमान दौर में गुरिल्ला रणनीति के वर्चस्व को स्थापित करने और क्रान्ति की निर्णायक घड़ी में आम राष्ट्रीय हड़ताल के लिए निचले स्तर तक जरूरी तैयारियों का दूरगामी निर्णय लिया।

बतिस्ता का हमला : समर आफेन्सिव

9 अप्रैल हड़ताल की विफलता को फिदेल की कमजोरी का सबूत मानते हुए बतिस्ता ने सियेरा मायेस्त्रा में गुरिल्ला विद्रोहियों पर पूरी ताकत से टूट पड़ने और समूचे विद्रोह को एकबारगी नेस्तनाबूद कर देने की अपनी योजना को अंजाम देना शुरू किया। इस अभियान के लिए ओरियन्ट प्रान्त के सैन्य कमांडर जनरल अल्बर्टो डेलरियो चावियानो को हटाकर मई के प्रारम्भ में जनरल इयूलोजियो कान्तिल्लो को कमांडर नियुक्त किया गया। चावियानो गुरिल्ला लड़ाकों से निपटने में अब तक नाकामयाब था और बतिस्ता को उस पर भरोसा नहीं रह गया था। मगर चावियानो क्यूबा सेना के कमांडर-इन-चीफ जनरल फ्रांसिस्को ताबरनिल्ला का दामाद था। ताबरनिल्ला के दबाव में बतिस्ता को ओरियन्ट प्रान्त की सैन्य कमान दो भागों में बाँटकर उत्तरी कमान चावियानो को सौंपनी पड़ी। अभियान के लिहाज से यह बतिस्ता की पहली चूक थी।

जनरल कान्तिल्लो ने मई की शुरुआत में ही बतिस्ता के सामने अभियान की योजना रखी। सियेरा मायेस्त्रा में 24 बटालियनों को लगाया जाना था। योजना के मुताबिक पहाड़ी के चारों ओर मजबूत घेराबन्दी ('ब्लॉकेड') होना था जिससे गुरिल्ला लड़ाकों को किसी तरह की हथियार, रसद या आदमियों की मदद न पहुँच सके। एक बार घेराबन्दी लागू हो जाने पर सेना की 14 बटालियनें उत्तर और पूर्व से हमला करेंगी। दस बटालियनें रिजर्व में रहेंगी। इस सूरत में कास्त्रो के पास पश्चिम की ओर सेन्टियागो के उत्तर में पीछे हटने के अलावा कोई विकल्प नहीं बचेगा। अगर एक बार कास्त्रो नीचे मैदानी इलाके में उतार लाया गया तो चौतरफा घेरकर उसे मिटा देने में दिक्कत नहीं आएगी। बतिस्ता को योजना पसन्द आई मगर और मोर्चो से भारी तादाद में सैनिक इस अभियान के लिए बुलाए जाने में खतरे की आशंका से उसने 24 की बजाय 14 बटालियनों की अनुमति दी। कान्तिल्लो सन्तुष्ट नहीं था मगर 14 बटालियनों के बल पर ही योजना को अंजाम देने में

लग गया। कान्तिल्लो को मिली 14 बटालियनों के 12,000 सैनिकों में से करीब 7,000 सेना-भर्ती के नए रंगरूट थे।

अपने 12,000 सैनिकों, इन्फेन्ट्री, आर्टिलरी, टैंक दस्ते और हवाई-नौसेना बैकअप सपोर्ट के साथ जनरल कान्तिल्लो ने जून 58 के मध्य में सियेरा पहाड़ी को घेर लिया। कान्तिल्लो ने फिदेल के कॉलम न. 1 की अगुआ पंक्ति पर धावा बोला जहाँ हाईकमान, जनरल स्टाफ हास्पिटल और रेडियो-रिबाल्डे संचार सेटअप था। एक साथ धावा न बोलकर कान्तिल्लो टुकड़ों-टुकड़ों में हमले की नीति पर काम कर रहा था। गुरिल्ला लड़ाकों की लड़ाकू क्षमता को भाँपते हुए वह कम से कम जोखिम उठाना चाहता था। सियेरा बागी अपनी आजमाई प्रभावी रणनीति पर चल रहे थे। दुश्मन को छकाओ-थकाओ-हैरान करो-अचानक टूट पड़ो और हमले के बाद तुरन्त वापस पहाड़ों में लौट जाओ। अपनी कतारों की सुरक्षा के लिए सबसे भरोसेमन्द उपाय माइनफील्ड लगाना और घात लगाकर हमला (एम्बुश) था। मुख्य कार्यनीति दुश्मन को छकाते हुए आगे बढ़ाते जाने की थी, जब तक कि उनका अगुआ दस्ता अलग-थलग न पड़ जाए और तब अगुआ दस्ते पर जोरदार हमला बोल मटियामेट कर वापस हो लिया जाए।

दुश्मन की तादाद और हथियारों, बैकअप की ताकत को भाँपते हुए फिदेल ने अन्य मोर्चों से भी लड़ाकों को बुलाने का फैसला लिया। केमिलो सियेनफ्यूगो को जो उस समय मैदानी इलाके में थे और अल्मीडा की 'डॉ. मारियो मुनोज' कमान को जो सेन्टियागो के पास सियेरा के पूर्वी हिस्से में थी, कमान 1 के सहयोग में आने का निर्देश दिया गया। चे की कमान-2 साथ में थी ही।

28 जून, 58 को कान्तिल्लो ने दो बटालियनों के साथ सियेरा मायेस्त्रा की तलहटी में एस्त्राडापामा चीनी-मिल से हमले के लिए चढ़ाई शुरू की। आगे बढ़ने के लिए सिंगल रोड का रास्ता चुना गया था। बढ़ती हुई फौज के लिए बगल से सुरक्षा (फ्लैंक सिक्योरिटी) पर ध्यान नहीं दिया गया था।

बटालियन मिल से अभी मुश्किल से चार मील चली होगी कि चे की कमान न. 2 ने अगुआ टुकड़ी पर धावा बोला। अगुआ टुकड़ी अचानक हमले से तितर-बितर होने लगी। मदद के लिए दोनों बाजू से बख्तरबन्द गाड़ियाँ आगे बढ़ीं और विद्रोही सेना द्वारा सड़क के दोनों तरफ बिछाई गई माइनफील्डों पर जा पड़ीं। कई गाड़ियाँ वहीं नष्ट हो गईं। सैनिकों में अफरा-तफरी मच गई और वे जान बचाने को पीछे हटने लगे। चे के शार्पशूटर लड़ाकों ने गोलीबारी करते हुए सैनिकों को ढेर करना शुरू कर दिया। दूसरी बटालियन भी मदद के लिए आगे बढ़ने की बजाय पहली बटालियन के साथ पीछे लौटने लगी। दोनों को पीछे हटते देख बागी लड़ाकों ने दोनों बाजू से तेजी के साथ बढ़ते हुए हमला बोला। इस लड़ाई में दुश्मन के 86 सैनिक और बागी दल से तीन लड़ाके मारे गए। 65 हथियार और 18,000 राउंड गोलियाँ चे की कमान के हाथ लगीं।

जून 28 और 29 की यह विजय अल्मीडा और केमिलो की कुमुक के पहुँचने के कुछ घंटे पहले हासिल कर ली गई थी। अगले दिन 30 जून को अल्मीडा, रामिरो और केमिलो के अपने लड़ाकों के साथ पहुँच जाने के बाद रात में बागियों ने दुश्मन के गिरे मनोबल का फायदा उठाने के लिए कई दिशाओं से एक साथ दोनों बटालियनों पर हमला बोला।

मगर उन्हें पीछे हटाने या समर्पण कराने में कामयाबी नहीं मिल सकी। और जगहों से बागी कुमुकों के सियेरा मायेस्त्रा पहुँच जाने पर बागियों की तादाद लगभग 300 हो गई थी। इन 300 बागी लड़ाकों से बतिस्ता की 12,000 की सेना पूरी ताकत लगाकर अगले 74 दिनों तक जूझती रही।

जनरल कान्तिल्लो की बागियों को पश्चिम की तरफ मैदानी इलाके में धकेलने की योजना काम नहीं कर पा रही थी। साफ हो चुका था कि बागियों पर एक दिशा से हमला करके काबू नहीं पाया जा सकता। कान्तिल्लो ने दूसरी महत्त्वाकांक्षी योजना बनाई जो बागियों के तर्कूवीना पहाड़ी बेस कैंप के दक्षिण लाप्लाटा तटवर्ती शहर से चौतरफा हमला करने की थी। एक बटालियन ला प्लाटा में उतरेगी, दो कम्पनियाँ उससे कुछ ही दूर पश्चिम में और उसी समय एक दूसरी बटालियन उत्तर और पूर्व से हमला करेगी। योजना कामयाब हो जाती तो बागियों के तर्क्वीना बेस कैंप का पश्चिमी हिस्सा तीन तरफ से घिर जाता। इस तीन तरफ के भारी हमले से वे मैदानी इलाके में उतरने के लिए मजबूर हो जाते और उनकी हार तय थी।

11 जुलाई, 1958 को मेजर जोस क्यूवेडो पेरेज की कमान में बटालियन न. 18 तर्क्यूनो पहाड़ी के करीब दस किलोमीटर दक्षिणपूर्व ला प्लाटा नदी के मुहाने पर उतरी। क्यूवेडो हवाना विश्वविद्यालय में फिदेल का सहपाठी रह चुका था। क्यूवेडो के सैनिक कदम-कदम पर माइन्स और एम्बुश की आशंका से सहमे धीरे-धीरे अन्दर पहाड़ी की तरफ बढ़ रहे थे। फिदेल को अपने स्थानीय खुफिया संचार तंत्र के जरिए खबर लग चुकी थी। फिदेल ने जान-बूझकर उन्हें काफी अन्दर तक घुसने दिया। जैसा अक्सर क्यूबाई सेना के साथ होता आया था, क्यूवेडो के सैनिक बागी लड़ाकों द्वारा लगाई गई घात में फँस गए। तेजी से लगातार फैलते हुए बागियों ने बटालियन को घेर लिया।

जनरल कान्तिल्लो हेलीकॉप्टर से इस पूरे अभियान का जायजा ले रहा था। फिदेल को बटालियन 18 घेरने में लगा देख उसने बागियों पर दोनों बाजू से अचानक हमले की सोची और दो कम्पनियों को ला प्लाटा के पश्चिम में उतरने का आदेश दिया। एक बार फिर फिदेल का खुफिया तंत्र काम आया और उन्हें इसकी भनक लग गई। वह दुश्मन से इसी कार्यनीति की अपेक्षा कर रहे थे और दो .50 केलिबर मशीनगनें लाप्लाटा मुहाने की ओर लैंडिंग का जवाब देने के लिए मुस्तैद थीं। इन अचूक पोजीशनों से बरसती हुई गोलियों का मुकाबला दुश्मन की कम्पनियों के बस का नहीं था और वे लौट गईं। अन्त में ये दो कम्पनियाँ बटालियन 18 के पीछे ला प्लाटा पर उतरीं। कान्तिल्लो ने इधर से निराश होकर अपना ध्यान बटालियन 17 की ओर लगाया जो उत्तर और पूर्व से बढ़ने की कोशिश कर रही थीं।

जब मालूम हुआ कि दुश्मन की घिरी हुई बटालियन का कमांडर उनका सहपाठी है तो फिदेल ने क्यूवेडो को कई बार समर्पण और बागी सेना के साथ हाथ मिलाने के लिए सन्देश भेजा। क्यूवेडो ने हर बार इनकार किया और लड़ाई चलती रही। क्यूवेडो को उम्मीद थी कि आगे-पीछे मदद को कुमुक पहुँचती ही होगी इसलिए वह हर पल टिकना मुश्किल होते जाने के बावजूद हथियार डालने पर राजी नहीं था। क्यूवेडो को नहीं मालूम था कि बटालियन 17 चे के लड़ाकों के जबर्दस्त प्रतिरोध के चलते वापस लौट चुकी है।

निराश-हताश कान्तिल्लो ने 21 जुलाई को कमान को हथियार डालने का निर्देश दिया। कान्तिल्लो को इस लड़ाई में 41 जानों और 30 घायलों का नुकसान हुआ। बागियों की ओर से तीन लड़ाके मारे गए। बागियों के कब्जे में 241 युद्धबन्दी, 249 तरह-तरह के हथियार जिनमें बजूका, मशीनगनें और मोर्टार शामिल थे और 31,000 राउंड गोला-बारूद आए।

जुलाई बीतते-बीतते कान्तिल्लो का अपनी सेना के भरोसे कास्त्रो को धूल चटा देने का सारा उत्साह हवा हो चुका था। बतिस्ता को मोर्चे के बारे में अपनी रिपोर्ट में उसने फिदेल के लड़ाकों के बारे में लिखा : 'वे कई-कई दिन तक एक ही जगह पर बिना हिले-डुले, बिना कुछ खाये या एक बूँद पानी पिये पड़े रह सकते हैं...।' अभी भी उसके आकलन के अनुसार वह कम से कम एक या दो हजार बागियों के खिलाफ लड़ रहा था। उसके जेहन में अँट ही नहीं सकता था कि मुश्किल से 300 विद्रोही 12,000 की प्रशिक्षित और आधुनिकतम हथियारों से लैस सेना को इस कदर हैरान-परेशान कर कदम-कदम पर हरा सकते हैं, पीछे हटने पर मजबूर कर सकते हैं। साथ ही वह अपनी सेना में आत्मबल और अनुशासन की कमी और हथियारों की तंगी से भी परेशान था। चेवियानो हमेशा अपने ससुर सेना प्रमुख जनरल ताबरनिल्ला को कान्तिल्लो के खिलाफ भड़काता रहता था। नतीजे में जब भी कान्तिल्लो हथियारों अथवा कुमुक की आमद के लिए हवाना मुख्यालय सन्देश भिजवाता, उसकी आधी-अधूरी सुनवाई होती।

कान्तिल्लो ने बतिस्ता को अपनी सेना के बारे में लिखा कि सैनिकों का मनोबल गिरने की एक मुख्य वजह यह है कि '...वे जानते हैं कि समर्पण करनेवाले अथवा भगोड़े सैनिकों को कोई कड़ी सजा नहीं मिलेगी और दुश्मन के हाथों पड़ जाने अथवा आत्मसमर्पण कर देने से उनकी सारी मुसीबतें खत्म हो जाएँगी...इस बात ने पूरी रैंक और कतारों से लड़ने की इच्छा शक्ति सोख ली है...।' कान्तिल्लो के ज्यादातर सैनिक नौसिखुए थे जिन्हें छापामार प्रतिरोधी युद्ध तो क्या आम सैन्य अभियानों का भी कार्यनीतिक प्रशिक्षण या अनुभव नहीं था। अलावा इसके सेना की यूनिटों के अफसरों की खुली अनुशासनहीनता और लड़ने से इनकार करना आम बात थी। इस सारे आकलन के बाद जनरल कान्तिल्लो ने फिदेल और सियेरा बागियों के खिलाफ एक अन्तिम जोरदार कोशिश करने का फैसला लिया। क्यूवेडो की बटालियन न. 18 को मदद पहुँचा पाने में नाकामयाब रहने के बाद से 17वीं बटालियन पहाड़ों में डेरा डाले पड़ी थी। कान्तिल्लो ने ट्रिक खेलकर कास्त्रो को चंगुल में लेने की योजना बनाई कि कास्त्रो के सामने 17वीं बटालियन पीछे हटना शुरू करे और कास्त्रो इस भ्रम में कि अब समूची फौज इलाके से भाग रही है, हटती हुई बटालियन का पीछा करेंगे और पीछा करते बागियों को बाकी फौज घात लगाकर घेर लेगी। कान्तिल्लो के आकलन के मुताबिक एक महीने के अन्दर दूसरी समूची बटालियन को मात देने का लोभ बागी सँवरण नहीं कर सकेंगे। कान्तिल्लो ने सियेरा मायेस्त्रा के उत्तर में ला मर्सेडीज शहर की त्रिकोणीय नाकेबन्दी के साथ ही पीछे हटती बटालियन के दोनों बाजुओं पर कई कम्पनियाँ घात में तैनात कर दीं।

29 जुलाई, 58 को ला मर्सेडीज मोर्चे पर जंग शुरू हुई। तेजी से पीछे हटती 17वीं बटालियन को खदेड़ती हुई सियेरा कमान कान्तिल्लो के बिछाये जाल में फँसने लगी।

लड़ाई के पहले दिन सियेरा कमान के करीब आधे लड़ाकों ने 17वीं बटालियन के पीछे हटने के रास्ते पर पोजीशन ले ली और बाकी पीछे हटती सेना के पुछल्ले पर दबाव बनाए हुए थे। अपनी विशिष्ट 'फिदेलिस्ता' शैली में करीब 32 लड़ाकों ने हटती बटालियन के अगुआ दस्ते पर धावा बोला और इस तरह 17वीं बटालियन को अपने पूरे घेरे में ले लिया। वे इस बात से अनजान थे कि वे खुद भी सेना द्वारा घेरे जा चुके हैं और 17वीं बटालियन उनकी खुद की घेरेबन्दी के लिए चारे के तौर पर इस्तेमाल की गई है।

अब स्थिति यह थी कि 17वीं बटालियन को घेरे में लिए सियेरा छापामार और सियेरा छापामारों को घेरे में लिए हुए कान्तिल्लो की बाकी फौज। फौज अपना घेरा कसने लगी। सियेरा दल के गुरिल्ला कमांडर मेजर रेने रामोसलताउर 'डेनियल' ने झड़प के दौरान पीछे हटते हुए फिदेल को कुमुक भिजवाने का सन्देशा दिया। नतीजे में फिदेल भी घेरे के अन्दर हो गए। दिन बीतते फिदेल और उनके साथियों को इस परिस्थिति का खुलासा हुआ। फिदेल ने 'चे' को खबर भिजवाई। चे ने, जो गुरिल्ला रणनीति के योग्यतम कमांडर थे, तुरन्त कान्तिल्लो की योजना को भाँपकर समझ लिया कि फिदेल को इस कठिन स्थिति से तभी निकाला जा सकता है जब कान्तिल्लो को किसी भी तरह की कुमुक पहुँचने से रोका जा सके। बिना समय गँवाये चे और उनके लड़ाकों ने क्यूबानकाओ के नजदीक बढ़ती हुई कुमुक कमान पर धावा बोल दिया। फौजों को भारी नुकसान हुआ और करीब 50 सैनिक बन्दी बना लिए गए। इस गतिरोध में फिदेल को अपने कुछ लड़ाकों को घेरे से बाहर निकाल लेने और बाकियों की बेहतर सुरक्षात्मक स्थिति मजबूत कर लेने का मौका मिल गया।

31 जुलाई तक फिदेल के काफी लड़ाके घेरेबन्दी में ही थे। करीब 30 बागी शहीद हो चुके थे। दूसरी ओर जनरल कान्तिल्लो भी आगे बढ़कर हमले की हिम्मत नहीं जुटा पा रहा था। बीच में 17वीं बटालियन। 17वीं बटालियन को घेरे हुए सियेरा लड़ाके। सियेरा लड़ाकों को घेरे हुए फौज। फौज तक कुमुक पहुँचने से रोके हुए चे और उनके लड़ाके।

अगस्त 1 को कमांडर फिदेल की मदद के लिए राजनीतिज्ञ फिदेल जागा। फिदेल ने कान्तिल्लो को सन्देश भिजवाया। फिदेल ने कहा कि उनके कब्जे में 160 से ज्यादा सैनिक हैं। कई गम्भीर रूप से घायल हैं जिन्हें तुरन्त चिकित्सा की जरूरत है। वह इन बन्दियों को सौंपने के लिए तुरन्त बातचीत शुरू करने को तैयार हैं। अपनी डायरी के पन्ने पर लिखकर उन्होंने सन्देशा भिजवाया : 'यह जरूरी है कि बातचीत शुरू की जाए जिससे समस्या का समाधान निकल सके।' कान्तिल्लो इस पत्र के साथ बतिस्ता से मिला। बतिस्ता ने सरकार की ओर से एक वार्ताकार कान्तिल्लो के साथ रवाना किया। आठ अगस्त तक राजनीतिज्ञ फिदेल कान्तिल्लो और बतिस्ता के वार्ताकारों को बातचीत में उलझाए रहे और इस बीच धीरे-धीरे अपने लड़ाकों को घेरे से बाहर खिसकाते रहे। आखिरकार जब आठ अगस्त को वार्ता विफल हो गई तो बतिस्ता और कान्तिल्लो के पास लड़ाई जारी रखने के लिए कोई सामने घेरे में था ही नहीं। कान्तिल्लो की सैन्य चतुराई का फिदेल ने कूटनीतिक चतुराई से माकूल जवाब दे दिया था। बतिस्ता और कान्तिल्लो हाथ मलते रह गए। फौज के मनोबल में जबर्दस्त गिरावट आई। इसने

बतिस्ता के 'ग्रीष्म अभियान' (समर आफेन्सिव) का निर्णायक अन्त कर दिया। फिदेल अब तक राउल को छोड़ सारे कमांडरों को उनकी कमानों के साथ इकट्ठा कर चुके थे। राउल की कमान को दूर होने और वहाँ कार्यवाहियों में व्यस्त होने के चलते नहीं बुलाया गया था। बतिस्ता के ग्रीष्म अभियान का मुकाबला करनेवाले अब 300 से बढ़कर 900 हो चुके थे। बतिस्ता की फौजों ने उन्हें भारी साजो-सामान और हथियारों से लैस कर दिया था। वे छापामार लड़ाकों से छापामार फौज बन चुके थे। फिदेल ने छापामार लड़ाकों को छापामार फौज में विकसित करके नियमित सेना से सफलतापूर्वक मोर्चा लेने की अपनी थीसिस को कामयाब कर दिखाया था। छापामार फौज अब क्यूबा के किसी भी शहर के किसी भी कोने की ओर कूच कर बतिस्ता की फौजों को धूल चटाने का शौर्य, साहस और मनोबल रखती थी। जनरल कान्तिल्लो का फौजी अभियान बुरी तरह हार चुका था मगर कान्तिल्लो और फिदेल के बीच गाहे-बगाहे सम्पर्क बना रहा। आगे इसके महत्त्वपूर्ण नतीजे निकले।

क्रान्ति का निर्णायक विजय-अभियान

बतिस्ता के 'ग्रीष्म अभियान' की समाप्ति के साथ ही ज्यादातर नियमित फौजें अपनी बैरकों को लौट चुकी थीं। फिदेल के निर्णायक विजय-अभियान के लिए मैदान साफ था।

19 अगस्त को फिदेल ने रेडियो रिबाल्डे पर अपने सन्देश में क्यूबा की जनता को यह बताते हुए कि कैसे क्रान्तिकारी लड़ाकों के छोटे से जत्थे के लिए विशाल और शस्त्र-सज्जित बतिस्ता सेना को हरा पाना मुमकिन हुआ, कहा, 'युद्ध में विजय कम से कम हथियार और अधिक से अधिक मनोबल पर निर्भर है।'

21 अगस्त को अपने दो सबसे विश्वस्त और क्रान्ति के महानतम सेनानायकों 'चे' और सियेन्फ्यूगोज की उपस्थिति में फिदेल ने कूच के आदेश पर हस्तखत किया और बतिस्ता के अन्त पर मुहर लगा दी। चे की कमान में 140 और सियेन्फ्यूगोज की कमान में 90 लड़ाकों-अफसरों की तैनाती करते हुए फिदेल ने दोनों को 24 से 30 अगस्त के बीच कूच का निर्देश दिया। उनके जिम्मे महत्त्वपूर्ण कार्यभार था—लाविलास की ओर बढ़ना। सियेरा से करीब 600 मील दूर पूर्व में। वहाँ पहुँचकर चे को एस्काम्ब्रे पहाड़ियों में सक्रिय विभिन्न बागी गुटों को M-26-7 के तहत गोलबन्द करना था और बतिस्ता के खिलाफ तीसरा मोर्चा खोलकर क्यूबा को दो हिस्सों में बाँट देना था। इस बीच सियेन्फ्यूगोज को उत्तरी लाविलास में M-26-7 के तहत गोलबन्दी करते हुए क्यूबा के सुदूर पूर्वी प्रान्त में चौथा मोर्चा खोलना था। बाद में इसमें थोड़ा परिवर्तन करते हुए सियेनफ्यूगोज को सान्ताक्लारा में रुककर चे के साथ जुड़ते हुए आगे बढ़ने का निर्देश दिया गया क्योंकि लड़ाई को एकदम से चारों तरफ फैला देना रणनीतिक दृष्टि से सही नहीं था। इन सुदूर पूर्वी प्रान्तों तक पहुँचने के लिए गुरिल्ला फौजों को कामागुए का विशाल मैदानी इलाका पार करना था। अभियान को अपने गंतव्य तक पहुँचने और हमले के लिए गोलबन्द हो चुकने तक यथासम्भव गुप्त रखना था। खुले, सपाट, बिना किसी खास हरियालीवाले विशाल मैदानी इलाके की आबोहवा से ग्रामीण पहाड़ी इलाकों-जंगलों में गतिविधियाँ चला रहे लड़ाके अभ्यस्त नहीं थे। कामागुए में M-26-7 आन्दोलन भी मजबूत नहीं था। कामागुए क्यूबा का अपेक्षाकृत समृद्ध इलाका था जहाँ फिदेल के पक्ष में अभी व्यापक जनाधार नहीं था।

कामागुए में बागी फौज की अक्सर बतिस्ता की स्थल और नभ सेना से झड़पें होतीं। कामागुए पहुँचते ही चे और सियेन्फ्यूगोज की कमानों को अलग हो जाना पड़ा और वे लाविलास पहुँचने पर ही फिर से मिल सकीं। बतिस्ता सेना की कार्यवाहियों के चलते आगे बढ़ने की गति धीमी थी। कई-कई दिन भूखे-प्यासे रास्ता साफ होने का इंतजार करना

पड़ता। सेना के 'रोड ब्लाक' हमलों की आशंका से अक्सर अनजान, दुर्गम रास्तों को अपनाना पड़ता। कामागुए रूरल गार्ड रेजीमेंट के कमांडर कर्नल सुआरेज ने चे को निशाना बनाया हुआ था। चे के पास उसकी हर चाल का जवाब था। एक बार ऐसी ही लुका-छिपी और आपा-धापी में चे की कमान जगह छोड़ते समय एक स्लीपिंग बैग भूल गई जिसमें कमान के सारे साथियों के नामों की सूची थी। कुछ दिन बाद वे लोग एक दिन हवाना रेडियो स्टेशन सुन रहे थे। अचानक रेडियो पर सेनाध्यक्ष जनरल ताबरनिल्ला द्वारा एक महत्त्वपूर्ण सन्देश प्रसारित किए जाने की खबर आई। ताबरनिल्ला की आवाज सुनाई दी। उसने घोषित किया कि सेना ने गुरिल्ला बागियों की पूरी कमान का सफाया कर दिया है और इसको प्रमाणित करने के लिए उसके पास मारे गए सारे बागियों के नाम हैं—उसने चे की कमान के हर सदस्य का नाम पढ़ना शुरू किया। चे के साथी रेडियो पर अपनी मौत की खबर का मजा ले रहे थे।

12 अक्टूबर को कर्नल सुआरेज के अन्तिम 'ब्लॉकेड' से एक समर्थक द्वारा समय से मिली सूचना के आधार पर निपटते हुए चे अपनी पूरी कमान के साथ जेरिबोनिको नदी पार करके लाविलास प्रान्त की सीमा में दाखिल हो गए। 15 अक्टूबर तक चे इस्काम्ब्रे पहाड़ियों में पहुँचकर कमान सँभाल चुके थे। एक बार फिर चे की असाधारण प्रतिभा, धैर्य और कार्यनीति कामयाब रही।

चे के इस्काम्ब्रे की कमान सँभालने के चंद रोज पहले ही सियेन्फ्यूगोज भी उत्तरी लाविलास में दाखिल हो चुके थे। जब पूरी फौज और सरकारी मशीनरी चे को अपनी नाक का सवाल बनाए हुए थी, सियेन्फ्यूगोज इसका फायदा उठाते हुए बिना शोर-शराबे और नुकसान के गंतव्य तक पहुँच गए। 14 अक्टूबर को फिदेल ने सियेन्फ्यूगोज को लिखा : 'मेरे पास शब्द नहीं हैं कि मैं तुम्हारे और तुम्हारे साथियों के प्रति अपनी खुशी, गर्व और प्रशंसा को अभिव्यक्त कर सकूँ। तुमने जो कर दिखाया है वह क्यूबा और महानतम सैन्य अभियानों के इतिहास में तुम्हारा अमिट नाम अंकित कर देने के लिए काफी है। अगले आदेश तक अब आगे कूच मत करो। लाविलास में चे का इंतजार करो और उसके साथ मिलकर अभियान आगे बढ़ाओ। वहाँ की राजनीतिक क्रान्तिकारी परिस्थितियाँ जटिल हैं और प्रान्त में परिस्थितियों के मजबूती से अपने पक्ष में कर लेने तक मदद के लिए तुम्हारा वहाँ होना जरूरी है।'

इस तरह एक ओर चे और सियेन्फ्यूगोज लाविलास में तीसरे मोर्चे को खड़ा करने में लगे थे और दूसरी ओर फिदेल और राउल ओरियन्ट पर अपनी पकड़ मजबूत कर रहे थे। अक्टूबर के मध्य तक उनकी कमानों में 2000 लड़ाके हो चुके थे। फिदेल की रणनीति ओरियन्ट और लाविलास की राजधानियों पर पहले कब्जा करने की थी। ओरियन्ट में सेन्टियागो और लाविलास में सान्ताक्लारा। इस तरह क्यूबा का पूरा पश्चिमी आधा हिस्सा विद्रोहियों के कब्जे में आ जाता। तीसरे मोर्चे के जिम्मे सान्ताक्लारा फतह का कार्यभार था और फिदेल और राउल पर सेन्टियागो और उसकी मोन्काडा सैनिक छावनी कब्जे का। इन अभियानों से हासिल हथियारों से किसानों को हथियारबन्द कर लड़ाकों के रूप में शामिल करते हुए विद्रोह का सैलाब कामागुए की ओर बढ़ चलता। क्यूबा के पश्चिमी आधे हिस्सा पर कब्जा हो जाने के बाद पिनार डेलरियो प्रान्त में चौथा मोर्चा खोला जाता।

सान्ताक्लारा कब्जे के लिए चे और सियेन्फ्यूगोज की कमानों में मिलाकर 1000 लड़ाके दिसम्बर के शुरुआती दिनों तक जुट चुके थे। अभियान की सम्मिलित कमान चे टके जिम्मे थी। सान्ताक्लारा राजधानी चारों तरफ शहरों से घिरी थी। चे ने चारों शहरों पर एक साथ हमले की योजना बनाई। सियेन्फ्यूगोज को अपने लड़ाकों के साथ शहर के उत्तरी तरफ से और चे को दक्षिण से हमला बोलना था। साथ ही उत्तर की तरफ हवाना और पश्चिम की तरफ कामागुए से आ सकने वाली कुमुक के रास्तों को भी रोकना था। राजधानी की मदद का रास्ता पूरी तरह काट देने और उसके चारों तरफ के शहरों और उनकी सैनिक छावनियों पर कब्जे के बाद सान्ताक्लारा पर कब्जे के लिए रास्ता खुल जाता।

सान्ताक्लारा की लड़ाई 14 दिसम्बर को शुरू हुई। चे की कमान ने सान्ताक्लारा के दक्षिण-पूर्व स्थित शहर कोमेंटो पर हमला किया। 17 को कोमेंटो छावनी पर बिना किसी खास प्रतिरोध के कब्जा करने के बाद वहाँ नियन्त्रण के लिए छोटी सी टुकड़ी छोड़ विद्रोही अगले दिन रामीडियोज शहर कब्जे पर निकल गए। इधर उत्तर की ओर सियेन्फ्यूगोज भी धावा मारते यागुआजे शहर तक पहुँच गए! यागुआजे सेना छावनी में 250 जवान कैप्टन एबोन ली की कमान में थे। सान्ताक्लारा से मदद के लिए कुमुक आने की उम्मीद में ली ने जमकर प्रतिरोध किया और कई बार विद्रोहियों को पीछे धकेला। लग रहा था कि ली न तो कब्जे में आएगा और न ही समर्पण करेगा। खीझकर सियेन्फ्यूगोज ने घरेलू टैंक तैयार किया। एक ट्रैक्टर को लोहे की चादरों से ढँक .50 केलिबर मशीन लगाकर एक बार फिर हमला किया मगर नतीजा नहीं निकला। अन्ततः 30 दिसम्बर को सान्ताक्लारा से मदद की उम्मीद से निराश और सारा गोला-बारूद खत्म हो जाने के चलते ली ने अपने सैनिकों के साथ समर्पण कर दिया। सियेन्फ्यूगोज क्रान्ति के महानतम शूरवीर और आदर्श योद्धाओं में से थे। उन्होंने पूरे सम्मान के साथ ली का समर्पण स्वीकार करते हुए उसे अपने हथियार रखने की अनुमति दी।

27 दिसम्बर को केबारियन और सियेफूगो तटवर्ती शहरों पर कब्जा कर चुकने के बाद अब चे सान्ताक्लारा पर निर्णायक हमले की योजना बना रहे थे। 30 को सियेन्फ्यूगोज द्वारा यागुआजो पर कब्जे के बाद सान्ताक्लारा फतह का रास्ता साफ था। 31 की सुबह होते ही चे और सियेन्फ्यूगोज की सम्मिलित कमान सान्ताक्लारा को चारों ओर से घेरकर बढ़ने लगी और दोपहर तक मैदान मारा जा चुका था। गिरे मनोबल वाले घबराए सैनिकों और पुलिस ने बगैर किसी खास प्रतिरोध के हथियार डाल दिए।

ओरियन्ट प्रान्त में फिदेल अपनी कमान नं. 1 के साथ रास्ते के छोटे-मोटे शहर फतह करते सेन्टियागो की तरफ बढ़ रहे थे। अभियान के लिए लड़ाकों की कोई समस्या नहीं थी। हालत यह थी कि हथियारों के बन्दोबस्त के चलते अक्सर पचास किसानों में से महज एक लिया जा पाता। ज्यादातर हथियार सरकारी फौजों से ही हासिल किए जा रहे थे। रास्ते के शहरों की सेना छावनियों पर कब्जे का मतलब भारी मात्रा में हथियार मिलना और हथियारों का मतलब किसान लड़कों का अभियान में शामिल होते जाना। 23 से 26 दिसम्बर के बीच इस अभियान में विद्रोही सेना के छब्बीस शहीद और करीब पचास घायल हुए। सेना के 600 से ज्यादा हताहत हुए। 30 दिसम्बर को करीब 20 दिन की घेरेबन्दी

के बाद माको शहर पर कब्जा कर लिया गया। इसी के साथ सेन्टियागो पहुँचने और उसके कब्जे के अभियान के लिए रास्ता साफ था।

दिसम्बर 1958 बीतते-बीतते फिदेल के लड़ाके करीब-करीब समूचे ओरियन्ट और लाविलास प्रान्त के साथ ही कामागुए के भी बड़े हिस्से को अपने कब्जे में ले चुके थे।

उधर हवाना में सत्ता-पलट के एक और प्रहसन की तैयारी चल रही थी। हर बीतते दिन के साथ बतिस्ता और उसके नजदीकी सहयोगियों का मनोबल रसातल की ओर जा रहा था। इसका फायदा उठाने के लिए सेना प्रमुख जनरल ताबरनिल्ला बतिस्ता को हटाकर उसकी जगह मिलिट्री या फिर नागरिक जुन्ता बैठाने की फिराक में था। ताबरनिल्ला ने इसके लिए क्यूबा में अमेरिका के राजदूत अर्ल स्मिथ से सम्पर्क किया। वहाँ से कोई ठोस आश्वासन नहीं मिलने पर उसने सेना के और जनरलों को टटोलना शुरू किया। तय हुआ कि जनरल कान्तिल्लो एक बार फिर कास्त्रो के साथ बातचीत करके बतिस्ता की जगह जुन्ता सरकार की सम्भावना टटोलें।

जनरल कान्तिल्लो फिदेल के साथ सम्पर्क बनाए हुए था। कान्तिल्लो उन गिने-चुने मिलिट्री अकादमी ग्रेजुएट सैन्य अधिकारियों में था जिन्हें 10 मार्च, 52 के सैन्य तख्तापलट में बतिस्ता ने सेना में बनाए रखा था। कुल मिलाकर कान्तिल्लो बतिस्ता के अन्य रक्त-पिपासु-ठग-पिशाचों में से नहीं था। बतिस्ता के आखिरी 'ग्रीष्म अभियान' की शुरुआत में भी जिसका वह कमांडर था, कान्तिल्लो ने फिदेल को जानकारी देते हुए हथियार डालने का सुझाव दिया था। फिदेल ने बहुत शालीन और गर्वीला जवाब दिया था : 'अगर बतिस्ता हम विद्रोहियों के अन्तिम साँस तक लड़े जाने वाले जबर्दस्त प्रतिरोध का सामना कर लेगा और हमें हराने में कामयाब हो सकेगा तो हम क्यूबा के इतिहास का वह शानदार पन्ना लिखेंगे जिसे एक दिन हमलावर सैनिकों के बच्चे पढ़ेंगे और हम पर गर्व करेंगे।' अभियान के निर्णायक दौर में फिदेल ने भी कई बार फौज के स्थानीय कमांडरों के जरिए कान्तिल्लो को हथियार डालने के लिए सन्देश भिजवाया था जो फिदेल की कार्यनीतिक युद्ध-शैली और दबाव डालने का तरीका था।

कान्तिल्लो से एक पुराने खंडहरनुमा गन्ना फार्म 'दि ओरियन्ट' में पामा सोरियानो के पास मिलना तय हुआ। कान्तिल्लो अकेले हेलीकॉप्टर से उतरा। बतिस्ता और सेना की हार कुबूल करते हुए उसने बतिस्ता को अपदस्थ करने की योजना रखी। फिदेल ने योजना को सिरे से नकार दिया। बतिस्ता को भागने देने या किसी भी तरह की जुन्ता को बैठाने का कोई सवाल ही नहीं था। फिदेल ने कान्तिल्लो को अपना प्रस्ताव दिया : क्रान्ति के पक्ष में वह विद्रोही सेना का साथ दे और बतिस्ता के खिलाफ संयुक्त कार्यवाही पर सेना को विद्रोहियों के साथ मिलकर उनके नियन्त्रण-निर्देशन में उतारे। इसकी शुरुआत सेन्टियागो सेना छावनी से हो और नागरिक-सैन्य अभियान को फिर हवाना की तरफ बढ़ाया जाए। फिदेल ने यह भी साफ कर दिया कि सेना को जन-विद्रोह का बिना शर्त समर्थन करना होगा, उसके मातहत चलना होगा और क्रान्तिकारी संगठनों द्वारा तय किए जाने वाले राष्ट्रपति और अन्य फैसलों को पूरी तरह मानना होगा। कान्तिल्लो क्यूबा की पूर्वी कमान का सर्वोच्च कमांडर था। उसने कहा : 'मंजूर है।' फिदेल ने कहा, अगर ऐसा हो जाता है तो 24 घंटों के अन्दर बतिस्ता सत्ता से

बाहर होगा। कान्तिल्लो हवाना अपने अन्य साथी सैन्य अधिकारियों से बातचीत के लिए जाना चाहता था। फिदेल ने कान्तिल्लो को तीन शर्तों के साथ जाने की इजाजत दी। न तो बतिस्ता और न ही उसका साथ देनेवाले किसी व्यक्ति को देश छोड़ने दिया जाएगा। अमेरिकी दूतावास से कोई सम्पर्क नहीं किया जाएगा। हवाना में किसी तरह के तख्तापलट की कोशिश नहीं की जाएगी। कान्तिल्लो हवाना पहुँचकर गद्दारी करते हुए बतिस्ता के साथ हो लिया। फिदेल ने कान्तिल्लो को 31 दिसम्बर तक का समय दिया था। उस दिन तक कोई खबर नहीं मिलने पर विद्रोही सेना सेन्टियागो कब्जे के लिए कूच कर जाएगी।

31 दिसम्बर को सान्ताक्लारा पतन की खबर मिलने के बाद देर शाम बतिस्ता ने कान्तिल्लो को बुलाया और अपने गद्दी छोड़ने की योजना बताई। बतिस्ता चंद घंटों में क्यूबा छोड़ देगा। कान्तिल्लो सेना प्रमुख के रूप में सेना की कमान सँभाल लेगा। बतिस्ता की जगह एक नागरिक जुन्ता का गठन हो जाएगा जिसकी अध्यक्षता सुप्रीम कोर्ट के वरिष्ठ न्यायाधीश करेंगे। कान्तिल्लो ने तुरन्त सहमति दी। यह देश के साथ एक कायर गद्दारी थी। कान्तिल्लो ने तीनों शर्तों को तोड़ दिया। बतिस्ता के साथ नववर्ष का जश्न मनाने के बाद खुद हवाई अड्डे पर उसको देश से विदा दी। हवाना में तख्तापलट की कोशिशों को खुलकर हवा दी। तुरन्त अमेरिकी दूतावास से सम्पर्क बनाया।

1 जनवरी, 1959 दो बजकर दस मिनट सुबह। बतिस्ता जितनी दौलत बटोर सकता था, समेटकर अपने परिवार के सदस्यों और विश्वस्त 'बातीस्तियानोज' के साथ जिन्हें अच्छी तरह से मालूम था कि क्यूबा में उनके लिए कोई माफी नहीं है, DC-4 विमान पर सवार होकर डोमिनिकन रिपब्लिक के अपने दोस्त धूर्त हत्यारे तानाशाह ट्रुजिल्लो की शरण में निकल गया। क्यूबा के इतिहास के सबसे क्रूर-रक्तरंजित अध्याय पर हमेशा के लिए पर्दा गिर गया।

हवाना विजय

हवाना में तख्तापलट कोशिशें जारी थीं। कान्तिल्लो ने जब सुप्रीम कोर्ट के वयोवृद्ध न्यायाधीश कार्लोस मैनुएल पियेड्रा को बताया कि वह अब क्यूबा के राष्ट्रपति हैं, अवाक् पियेड्रा ने कहा—'आगे क्या करना है, जनरल?' कान्तिल्लो, पियेड्रा और कुछ घाघ लोग स्थिति की समीक्षा करके सरकार गठन की कोशिशों के लिए हवाना में जुटे। एक के बाद एक सेना का ढाँचा चरमराता हुआ विद्रोहियों के साथ मिलता जा रहा था और बूढ़े-घाघ-थके लोग बकवास में मशगूल थे। कान्तिल्लो ने उन्हें पियेड्रा के पक्ष में सुप्रीम कोर्ट से अनुमोदन लेने का सुझाव दिया।

सुप्रीम कोर्ट ने साफ कर दिया कि बतिस्ता का इस्तीफा एक विजयी जन-विद्रोह का नतीजा है और संविधान के अनुसार केवल विद्रोही ही अपनी सरकार गठित कर सकते हैं। पियेड्रा ने अपने न्यायिक सहयोगियों के समर्थन के अभाव में राष्ट्रपति बनने से इनकार कर दिया। कान्तिल्लो द्वारा सरकार के गठन में असफल रहने की खबर हवाना में फैलने लगी। लोग सड़कों पर हुजूम बनाकर निकलने और सरकारी भवनों, पुलिस थानों पर हमला और कब्जा करने लगे।

विद्रोही संचार मुख्यालय 'रेडियो रिबाल्डे' फिदेल की कमान नं. 1 के साथ ही चलता था। इस समय रेडियो रिबाल्डे 120 वाट कोलिन्स 32-V-2 ट्रांसमीटर और टेपरिकार्डर के साथ पामा सोरियानो में था जहाँ फिदेल और उनके साथी सेन्टियागो कूच की योजना बना रहे थे। रेडियो रिबाल्डे का जिम्मा कार्लोस फ्रांकुई के पास था। 1 जनवरी, 59 की सुबह बतिस्ता के क्यूबा छोड़कर भाग जाने की खबर सुनते ही फ्रांकुई ट्रांसमीटर कक्ष में हवाना के साथियों से सम्पर्क के लिए भागे। हवाना में M-26-7 के एक नेता विसेन्ते बायेज ने पुष्टि की कि बतिस्ता भाग चुका है और कान्तिल्लो जुन्ता गठन की कोशिश में लगा है। M-26-7 के लोगों ने हवाना में रेडियो और टीवी स्टेशनों पर कब्जा कर लिया है जहाँ से छोटे-छोटे भाषण, ताजा घटनाक्रम की खबरें और राष्ट्रगान लगातार प्रसारित हो रहे हैं।

फिदेल ग्रामीण इलाके की तरफ थे–इस पूरे घटनाक्रम से अनजान। एक उथली नदी को पैदल पार करते हुए पामासोरियानो पहुँचते ही भीड़ ने नारे लगाते हुए यह खबर दी। सुनते ही फिदेल चिल्लाये : 'वही हुआ जिसका डर था, क्रान्ति को परे धकेलने के लिए एक और सैन्य तख्तापलट।' कमर तक भीगे फिदेल जीप से तुरन्त रेडियो रिबाल्डे कक्ष की ओर भागे। कक्ष में सिर्फ फ्रांकुई और टेक्नीशियन को छोड़कर सभी लोगों को बाहर कर फिदेल ने अपना सन्देश ब्रॉडकास्ट करने और उसे लगातार दुहराते रहने को कहा। उपलब्ध उपकरणों से ऐसा सम्भव नहीं था। पहले रिकॉर्ड करना होगा फिर ब्रॉडकास्ट किया जा सकेगा। जल्दी-जल्दी फिदेल ने अपनी नोटबुक के पन्ने पर कुछ लाइनें घसीटीं। वह अपनी फौज के साथ हवाना से अभी 600 मील दूर थे और हवाना के यही दो चार दिन क्रान्ति की सफलता का फैसला करनेवाले थे। एक बार 'सुधारवादी जनरलों' या 'पुराने घाघ राजनीतिज्ञों' की सरकार बन जाने पर समूचे विद्रोह को भुलाते देर नहीं लगेगी। मगर फिदेल के पास दो अचूक-अमोघ शक्तियाँ थीं। लड़ाकू फौज जो विजय के लिए आखिरी साँस तक मरने-मारने पर उतारू थी। दूसरे पारम्परिक सेना और पुराने राजनीतिज्ञों को नजरअन्दाज करते हुए अपना काम अंजाम देने के लिए रेडियो रिबाल्डे के जरिए जनता से सीधे संवाद। फिदेल इसके जरिए क्यूबा में अब तक नहीं देखा-सुना गया जन-उभार ला सकते थे। इसे ध्यान में रखकर फिदेल ने जीवन की सबसे महत्त्वपूर्ण रिकॉर्डिंग करवानी शुरू की। पूरे क्यूबा में लोग देर से घोषणा सुन रहे थे कि जल्दी ही फिदेल रेडियो रिबाल्डे से अपना सन्देश देनेवाले हैं। सारे क्यूबा में लोग रेडियो रिबाल्डे ट्यून करके कान लगाए हुए थे। नौ बजे सुबह दिल की धड़कनें रोक देनेवाली खबर आई–'अब क्यूबा की क्रान्ति के सर्वोच्च नेता डॉ. फिदेल कास्त्रो रूज महत्त्वपूर्ण घोषणा के लिए रेडियो रिबाल्डे माइक्रोफोन पर हैं।'

फिदेल की गूँजती-गरजती-इतिहास बदलती हुई आवाज क्यूबा की जनता के कानों से होती हुई दिलों में उतरने लगी–'राजधानी से चाहे जो खबर हो, हमारे लड़ाके कहीं भी, किसी भी कीमत पर युद्ध विराम नहीं करेंगे...हमारे लड़ाके युद्ध के सभी मोर्चों पर अपनी कार्यवाहियाँ बिना रुके जारी रखेंगे। माफी केवल सेना की उन्हीं टुकड़ियों को दी जाएगी जो समर्पण करना चाहती हैं...जनता लगातार रेडियो रिबाल्डे का प्रसारण सुनती रहे और निर्देश मिलते ही प्रतिक्रान्तिकारी सत्ता-पलट की किसी भी कोशिश को आम राष्ट्रीय हड़ताल के जरिए मटियामेट कर देने के लिए हर कार्यस्थल पर पूरी तैयारी और चौकसी

रखे...' फिदेल हाथ की पर्ची को झटकते हुए आवेश से चिल्लाये : 'क्रान्ति और जनता की पीठ में छुरा घोंपकर एक और सेना तख्तापलट, कभी नहीं! इसका नतीजा सिर्फ जंग के और लम्बा खिंचने में निकलेगा...जनता की जीत पर डाका, कभी नहीं। किसी को भ्रमित या गुमराह होने की जरूरत नहीं है। जनता और विद्रोही सेना को पहले से कहीं ज्यादा मजबूती के साथ जमे रहना है जिससे विजय, जिसके लिए इस कदर खून से कीमत चुकाई गई है, हाथ से न फिसले...क्रान्ति-हाँ, हाँ, हाँ। सेना तख्तापलट, नहीं कभी नहीं।'

तमाम ब्रॉडकास्टरों ने रेडियो संकेतों से एक दूसरे को जोड़ते हुए इस भाषण को टेप करके तुरन्त प्रसारित करना शुरू कर दिया। क्यूबा के हर नागरिक--बच्चे, बूढ़े, जवान ने इसे सुना। भाषण का वही असर पड़ा जो फिदेल चाहते थे। सारा क्यूबा फिदेल के साथ था।

पूरे क्यूबा में सरकारी सेना अपनी बैरकों में दुबकी पड़ी थी। उसमें न तो लड़ने की हिम्मत थी और न यह पता था कि किसके लिए लड़ना है।

बतिस्ता के भागने की खबर पाते ही खुखरी लिए हजारों किसान विद्रोहियों के साथ जुटने लगे। ज्यादातर छावनियों ने अपनी बैरकों के चेक पोस्ट पर विद्रोही कमांडर की परछाईं देखते ही हथियार डालने शुरू कर दिए। पहली की दोपहर तक चे ने रेडियो रिबाल्डे से सान्ताक्लारा पर अपने कब्जे की पुष्टि कर दी। जब्त सरकारी हथियारों से विद्रोहियों ने किसान जनता को हथियारबन्द करना शुरू कर दिया। हवाना में जनरलों की किसी भी हिमाकत का मुँहतोड़ जवाब देने के लिए विद्रोही लड़ाके और आक्रोशित जनता पूरी तरह तैयार थी।

फिदेल तेजी से सेन्टियागो मोन्काडा बैरक की तरफ बढ़े जा रहे थे। आखिर वह घड़ी आ ही पहुँची। 26 जुलाई, 1953 के पाँच साल पाँच महीने पाँच दिन बाद। इन साढ़े पाँच सालों में दो साल जेल, डेढ़ साल तैयारी के लिए देश से बाहर और दो साल एक महीने तक बिना रुके-बिना थके-बिना डिगे संघर्ष। सेन्टियागो में हवाना की खबरें लगातार पहुँच रही थीं। शहर सेना के नियन्त्रण में था और लड़ाई तय लग रही थी। विद्रोही सेना के साथ सेन्टियागो की प्रवेश-सीमा पर पहुँचते ही फिदेल ने सेन्टियागो गैरीसन को सन्देश भिजवाया : सेना के पास 6 बजे शाम तक समर्पण का समय है। उसके बाद विद्रोही सेना अपने बूते शहर को कब्जे में ले लेगी। एक बार हमला हो जाने पर समर्पण तक युद्ध-विराम नहीं होगा। गैरीसन कमांडर कर्नल रेगो रूबिडो फिदेल से मिलने पहुँचा। यह स्वीकार करके कि ताजा घटनाक्रम और जन-उभार के आक्रोश को देखते हुए अब आगे किसी खून-खराबे का मतलब नहीं रह गया है, कर्नल रेगो फिदेल और उनकी विद्रोही सेना को बिना किसी प्रतिरोध के सेन्टियागो में घुसने देने पर राजी हो गया। सेन्टियागो गैरीसन के सैनिकों और अफसरों के मनोबल और उनकी निष्ठा को क्रान्ति के साथ जोड़ने के लिहाज से एक साहसी निर्णय लेते हुए फिदेल ने रेगो रूबिडो को सेन्टियागो में संयुक्त क्रान्तिकारी सेना का कमांडर-इन-चीफ नियुक्त कर दिया। 2 जनवरी, 1959 को सेन्टियागो फिदेल का था। फिदेल ने जब राउल को रेगो रूबिडो को कमांडर-इन-चीफ बनाने की बात बताई, उन्होंने अनुशासित सिपाही की तरह स्वीकार किया : 'फिदेल बेहतर समझते हैं कि वह क्या कर रहे हैं।'

2 जनवरी, 59, 1.30 बजे सुबह। फिदेल ने उमड़ी पड़ रही भीड़ के सामने उसी मोन्काडा किले से पहला सार्वजनिक भाषण दिया जहाँ 5 साल 5 महीने पहले M-26-7 का जन्म हुआ था। फिदेल ने पितृभूमि से किया अपना वादा पूरा कर दिखाया। फिदेल ने शुरुआत 200 से की थी। ये घटकर 70 रह गए थे। ग्रान्मा से उतरते समय बयासी थे। सियेरा पहुँचने में बारह रह गए। इन बारह ने 25 महीनों में 80,000 की पेशेवर सेना को धूल चटा दी। इन बारह ने 25 महीनों में समूचा क्यूबा अपने साथ जोड़ लिया—बतिस्ता को छोड़कर। वह क्यूबा का कभी था ही नहीं। भावनाओं की ठाठें मारती तरंगों के बीच मोन्काडा किले से फिदेल अपनी क्रान्ति-यात्रा याद कर रहे थे। उनकी एक ओर क्यूबा के नए राष्ट्रपति मैनुएल उरुशिया और दूसरी ओर सेन्टियागो के आर्क बिशप एनरिक् पेरेज सेरेन्ते खड़े थे। वह सेरेन्ते जिन्होंने मोन्काडा हमले के बाद पकड़े गए विद्रोहियों की जाने बचाने में यादगार भूमिका निभाई थी। सेन्टियागो डे क्यूबा और ओरियन्ट को राउल के हवाले करके फिदेल ने हवाना की ओर अपना 'लांग मार्च' 2 जनवरी से शुरू किया। उरुशिया को पहले ही हवाना पहुँचकर सरकार बनाने के लिए रवाना कर दिया गया। चे और सियेन्फ्यूगोज हवाना पहुँचकर राजधानी को अपने नियन्त्रण-निर्देशन में व्यवस्थित करने में लग गए थे। फिदेल क्रान्तिकारी सेना के सर्वमान्य सर्वोच्च प्रतीक, और प्रतिनिधि के रूप में पूरे रास्ते जनता से संवाद करते और क्रान्ति के आगामी कार्यभारों के लिए उनका अविचल समर्थन सहयोग सुनिश्चित करते इत्मीनान से हवाना बढ़ रहे थे। फिदेल अच्छी तरह समझते थे कि क्यूबा के तमाम शहरों से गुजरता हुआ क्रान्ति का विजयी कारवाँ पूरे क्यूबा को क्रान्तिकारी ऊर्जा-उत्साह और उमंग से भर देगा। फिदेल जहाँ से भी गुजरते समुद्र की तरह हिलोरें लेता जन सैलाब स्वागत को उमड़ पड़ता। बूढ़ी महिलाएँ बलाएँ लेतीं और आशीर्वाद देतीं। नौजवान युवक-युवतियों में फिदेल के पास पहुँचने, उन्हें छूने की होड़ मच जाती। फिदेल का कद जीवन से-इतिहास से बड़ा हो गया था। अतीत के सारे 'काडिल्लो' महानतम योद्धा पीछे छूट गए थे। फिदेल 'अल जाफे मैक्सिमो'—दि मैक्सिम लीडर—सर्वोच्च नेता बन चुके थे।

इस बीच कान्तिल्लो ने एक अन्तिम हताश कोशिश की। उसे अच्छी तरह पता था कि सेना को गोलबन्द करने की उसकी अपनी कोशिशों का कोई नतीजा नहीं निकलेगा। उसे किसी ऐसे आदमी की तलाश थी जिसकी बतिस्ता-विरोधी, बेदाग छवि हो। बहुत सोचने के बाद कान्तिल्लो इस नतीजे पर पहुँचा कि कर्नल रामोन बर्क्यूइन से उपयुक्त कोई नहीं हो सकता। रामोन बतिस्ता के खिलाफ विद्रोह के आरोप में आइसिल ऑफ पाइन्स में सजा भुगत रहा था।

रेडियो रिबाल्डो के जरिए फ्रांकुई और उनके साथी पूरे क्यूबा से क्रान्तिकारियों के साथ सम्पर्क में थे। फ्रांकुई इस अनुभव के बारे में बताते हैं : 'तमाम वेवलेंथ पर रेडियो से सुनाई पड़ने वाली आवाजों में से एक खुद को 'कोलम्बिया रिबाल्डे' बता रही थी। पता ये चला कि वे M-26-7 के नेता अर्मान्डो हार्ट और मारियो हिडाल्गो थे जो आइसिल ऑफ पाइन्स जेल से छूटकर 'कैम्प कोलम्बिया' (हवाना में सेना मुख्यालय) में थे। मैंने हिडाल्गो से कहा कि कान्तिल्लो देशद्रोही गद्दार है। हिडाल्गो ने जवाब दिया 'कान्तिल्लो यहीं मेरी बगल में बैठा है। मैंने सोचा, अब तो हिडाल्गो जान से गया। कैम्प कोलम्बिया में 20,000 सैनिक और मुश्किल से बीस क्रान्तिकारी थे।'

1 जनवरी की देर शाम तक कर्नल रामोन बर्क्यूइन आइसिल ऑफ पाइन्स से रिहा होकर कैम्प कोलम्बिया पहुँच चुका था। अपने आखिरी तुरुप के रूप में कान्तिल्लो ने रामोन को क्यूबा की सेना बल्कि क्यूबा की बागडोर सौंप दी। कान्तिल्लो की सोच से आखिर रामोन था तो उन्हीं में एक सो उसके जरिए कास्त्रो की जीत को परे धकेला जा सकता था।

अगली सुबह दो जनवरी को कैम्प कोलम्बिया के क्रान्तिकारियों ने रेडियो के जरिए फ्रांकुई से सम्पर्क किया और रामोन बर्क्युइन से बात कराई। फ्रांकुई ने फिदेल का बर्क्युइन के लिए निर्देश सुनाया जिसके मुताबिक कैम्प कोलम्बिया को सियेन्फ्यूगोज की कमान में सौंपा जाना था जो उसी दिन शाम तक पहुँच जाने वाले थे। बर्क्यूइन कान्तिल्लो की चालों से थोड़ा डगमगा रहा था। मगर हारी हुई बाजी का बोझ ढोने की उसकी हिम्मत नहीं थी। उसने कैम्प की कमान उसी वक्त रेडियो पर ही फ्रांकुई को सौंपे जाने की पेशकश की। अचम्भित फ्रांकुई ने कहा कि उनके लिए 600 मील दूर से रेडियो पर कमान लेना सम्भव नहीं है और वह केमिलो सियेन्फ्यूगोज का इंतजार करे।

बर्क्यूइन ने, जो 1955 के आखीर में बतिस्ता के खिलाफ असफल तख्तापलट 'कान्सपिरेसी ऑफ प्योर', का नेता था, कान्तिल्लो की मिलजुल कर विद्रोही सेनाओं का मुकाबला किए जाने की पेशकश का जवाब उसे उसी वक्त गिरफ्तार करके दिया। थोड़ी ही देर बाद हवाना रेडियो पर अपना वक्तव्य देते हुए उसने घोषणा की कि वह 26 जुलाई आन्दोलन को सरकार सौंपने के साथ ही क्यूबा की सेना को फिदेल द्वारा नियुक्त नए चीफ ऑफ स्टाफ केमिलो सियेन्फ्यूगोज की कमान में सौंप रहा है। क्यूबा 2 जनवरी की शाम तक फिदेल के साथियों की मजबूत पकड़ में था। सियेन्फ्यूगोज और उनके 700 लड़ाकों की कमान ने पूरे कैम्प कोलम्बिया को अपने नियन्त्रण में ले लिया था। चे ने अपनी कमान के साथ हवाना की दूसरी प्रमुख सैनिक छावनी ला कबाना पर नियन्त्रण स्थापित कर लिया था। पूरे देश में जबर्दस्त हड़ताल जारी थी। सारा काम-काज ठप था। शहरों में हर जगह जबर्दस्त जन-उभार था। लोग पुलिस थानों, सरकारी भवनों पर कब्जा करते हुए आजादी का जश्न मना रहे थे।

उधर फिदेल का सेन्टियागो से हवाना तक 600 मील का अभियान उमंग के साथ बढ़ रहा था। यात्रा में 6 दिन लगे। रास्ते में हर छावनी अपने साजो-सामान के साथ क्रान्ति के साथ जुड़ती जा रही थी। हर जगह लोग फिदेल और विजयी सेना के स्वागत में इंतजार कर रहे होते। फिदेल अपनी विजयी सेना के साथ 8 जनवरी, 1959 को हवाना में दाखिल हुए। अभी भी हड़ताल चल रही थी हालाँकि अब उसकी कोई जरूरत नहीं रह गई थी। अब वह जनता के जश्न का हिस्सा बन गई थी। पहले दिन से ही सारे पुलिस थाने M-26-7 नेताओं के नियन्त्रण में थे।

अपने साथी लड़ाके योद्धाओं से घिरे फिदेल को हवाना में देखते ही जनता के भावनात्मक आवेग और उमंग का पारावार न था। हर घर हर भवन पर फिदेल और क्रान्ति का स्वागत करते हुए झंडे-बैनर लटक रहे थे। हर तरफ राष्ट्रगान और M-26-7 का प्रचार गान-युद्धगीत बज रहा था।

फिदेल का कारवाँ राष्ट्रपति भवन पर राष्ट्रपति उरिशिया के प्रति सम्मान व्यक्त करने के लिए रुका। फिदेल ने राष्ट्रपति भवन की बालकनी से हजारों लोगों का

अभिवादन किया जो उन्हें देखने और सुनने के लिए राष्ट्रपति भवन को चारों ओर से घेरे हुए थे।

फिदेल ने छोटा मगर बेहद भावुक भाषण दिया। अपना दाहिना हाथ उठाकर और आवाज बिल्कुल नीची करके फिदेल ने अपना वक्तव्य पूरा किया। सामने विशाल जन सैलाब मानो थम सा गया। अनोखे भावुक अन्दाज और आवाज से क्यूबा के नागरिकों से फिदेल ने आगे बढ़ने के लिए रास्ता देने की अपील की। फिदेल ने कहा कि वह दुनिया को दिखा देना चाहते हैं कि हम क्यूबाई कितने अनुशासित हैं। जैसे ही फिदेल राष्ट्रपति भवन से बाहर निकले, जन-समूह मानो किसी सम्मोहन में बँधा अपने 'लिडेर मैक्सिमो' के लिए रास्ता बनाता गया। आमतौर पर भावावेश में बह जाने वाली और अनुशासन की परवाह न करने वाली क्यूबाई जनता का यह अभूतपूर्व नजारा था।

राष्ट्रपति भवन से फिदेल कैम्प कोलम्बिया गए जहाँ उन्हें राष्ट्र के नाम टीवी और रेडियो पर सन्देश प्रसारित करना था। कैम्प कोलम्बिया पहुँचकर फिदेल ने राष्ट्र के नाम क्रान्ति और आगे के कार्यभारों का सन्देश देना शुरू किया जो करीब 6 घंटे अनवरत चला और पूरा क्यूबा ध्यान लगाकर सुनता रहा। फिदेल ने क्यूबा और क्रान्ति के एक नए दौर में प्रवेश करने की चर्चा की। फिदेल ने व्यक्तिवाद, व्यक्तिपूजा और वैयक्तिक महत्त्वाकांक्षाओं का जबर्दस्त विरोध किया जो क्रान्ति के लिए खतरा बन सकती थीं। फिदेल ने जनता से कभी भी तानाशाही बर्दाश्त न करने का आह्वान किया। भाषण के अन्त में भीड़ में से लोगों ने शान्ति के प्रतीक सफेद कबूतर हवा में उड़ाये। उनमें से एक कबूतर आकर फिदेल के कंधों पर बैठ गया। पूरी भीड़ में शान्ति छा गई। न जाने कितना पवित्र रक्त बह चुकने के बाद, दशकों से आतंक-अत्याचार-अन्याय से चीत्कार करती जनता को शान्ति मिली थी। फिदेल उस शान्ति के प्रतीक, महानायक थे। फिदेल द्वारा नायकवाद की तीखी आलोचना के बावजूद क्यूबा की जनता के दिलों में 'महानायक' घर बना चुका था।

गुरिल्ला युद्ध-शैली : दृष्टि, नैतिकता और अनुशासन

क्यूबा की क्रान्ति के सन्दर्भ में शुरू से ही फिदेल की राय स्पष्ट थी। बतिस्ता की आधुनिकतम हथियारों से लैस अमेरिकी युद्ध विशेषज्ञों की देख-रेख में प्रशिक्षित, नौसेना और वायुसेना के बैकअप के साथ 80,000 की पेशेवर सेना और पुलिस बल को सीधे पारम्परिक युद्ध के जरिए मात देना असम्भव था। तुलनात्मक रूप से बेहद कम तादाद और न्यूनतम हथियारों के साथ छापामार अनियमित युद्ध-शैली के जरिए ही ऐसी ताकत का मुकाबला किया जा सकता था। फिदेल गुरिल्ला युद्ध के ऐतिहासिक अनुभवों से सबक लेते हुए क्यूबा क्रान्ति की ओर से इसमें निर्णायक योगदान देना चाहते थे। वह गुरिल्ला युद्ध की छोटी-छोटी झड़पों से सत्ता को सिर्फ हैरान-परेशान-थकाना नहीं चाहते थे। वह छोटी-छोटी झड़पों और जीतों से शुरुआत करते हुए, स्थानीय जनता के साथ इस दर्जे की एकता विकसित करना चाहते थे जिससे गुरिल्ला दस्ता अपने विकास-क्रम में गुरिल्ला सेना के रूप में विकसित हो सके। एक ऐसी गुरिल्ला सेना जो अपने से बहुत बड़ी दुश्मन सेना को युद्ध की किसी भी शैली, गुरिल्ला और परम्परागत, दोनों में मात दे सके।

गुरिल्ला युद्ध-शैली के बारे में फिदेल कहते हैं कि युद्ध अन्ततः सामरिक कार्यनीति और राजनीतिक रणनीति दोनों के समन्वय से जीता जा सका। सामरिक कार्यनीति या गुरिल्ला शैली मूलतः तेज गतिशीलता की युद्ध-शैली थी–झपट कर हमला करो और पीछे हट जाओ, दुश्मन को अचंभित करो, बार-बार हमला करो। यह 'वार ऑफ इमेजिनेशन' था। दुश्मन की हर चाल को पहले से भाँप लेना। दुश्मन को बराबर भ्रम में डाले रखना। उसे अपनी हरकतों से वही करने पर मजबूर कर देना जो हम चाहते हैं। हमेशा उकसाते रहना–'आर्ट ऑफ प्रोवोकेशन'। कहीं एक जगह टिककर पोजीशन लेकर हमले का मौका न देना। घात लगाने के नए-नए तरीके निकालना, ऐसी-ऐसी जगहों और वक्त पर हमला करना जिसकी दुश्मन को बिल्कुल भी उम्मीद न हो।

गुरिल्ला युद्ध-शैली का दूसरा बड़ा तत्व मनोवैज्ञानिक युद्ध था। इसके तहत प्रचार-प्रसार-प्रोपेगैंडा के हर मुमकिन तरीके का भरपूर इस्तेमाल करते हुए दुश्मन और दुनिया के सामने ऐसी तस्वीर पेश करना कि वे वास्तविक से कहीं बड़ी और प्रभावी ताकत नजर आएँ। अपने आधार-आम जनता के बीच अपने उद्देश्यों और लक्ष्य को इतने प्रभावी ढंग से फैलाना कि क्रान्तिकारियों के उद्देश्य और लक्ष्य आम जनता के उद्देश्य और लक्ष्य बन जाएँ और जनता को इनके हासिल किए जा सकने पर यकीन होने लगे। फिदेल और उनके साथियों ने यह काम बखूबी अंजाम दिया 'हिस्ट्री विल एब्जाल्व मी' से लेकर, पर्चों

पैम्फलेट, मैथ्यूज जैसे नामी पत्रकारों से साक्षात्कार, 'अल क्यूबानो लिबरे' अखबार और सबसे बढ़कर रेडियो रिबाल्डे के जरिए।

गुरिल्ला शैली से आर्थिक युद्ध लड़ते हुए रेल और सड़क परिवहन सबोटाज से लेकर गन्ने की खड़ी फसलों को जलाने तक सत्ता की आर्थिक रीढ़ तोड़ने की कार्यवाहियाँ की गईं।

गुरिल्ला युद्ध की निर्णायक परिणति सही समय पर राष्ट्रव्यापी क्रान्तिकारी आम हड़ताल और समूची जनता का विप्लवी जन-उभार था।

फिदेल कहते हैं कि अनियमित युद्ध के बारे में सोचने-समझने की पहली प्रेरणा उन्हें अर्नेस्ट हेमिंग्वे के उपन्यास 'फार हूम दि बेल टॉल्स' से मिली जिसे उन्होंने छात्र-जीवन में तीन बार पढ़ा। यह किताब एक परम्परागत सेना के पिछवाड़े पनप रहे संघर्ष की दास्तान को बहुत खूबसूरत तरीके से बयान करती है। दूर-दराज के उपेक्षित इलाकों का जीवन, गुरिल्ला जत्थे का कठिन-कठोर संघर्ष, कैसे वे दुश्मन के कब्जे के इलाके में कार्यवाहियाँ कर सकते हैं–इन सारी बातों का इतना स्पष्ट सहजता और प्रभावी बयान मानो हम खुद उन सारी प्रक्रियाओं-तकलीफों संघर्षों से गुजर रहे हों। इस किताब ने गुरिल्ला जीवन को राजनीतिक-सामरिक दृष्टि से सोचने-समझने की दृष्टि दी। फिदेल कहते हैं कि इस जीवन को हमने सियेरा मायेस्त्रा में जिया। यह किताब मानो फिदेल की जिन्दगी का हिस्सा बन गई। बार-बार इसके पन्ने पलटते। तब भी जब वह खुद एक सफलतम अनुभवी गुरिल्ला योद्धा बन चुके थे।

फिदेल के लिए गुरिल्ला युद्ध में नैतिकता मूलभूत मुद्दा था। गुरिल्ला युद्ध-शैली को कभी भी उन्होंने आतंकी कार्यवाहियों या व्यक्ति-हत्या (असेसिनेशन) की ओर नहीं मुड़ने दिया। फिदेल जोर देकर कहते हैं कि वे लोग बतिस्ता की कभी भी हत्या कर सकते थे, उसका सुरक्षा घेरा कभी इतना मजबूत नहीं रहा कि उसे वे जब चाहते न भेद पाते। मगर हत्या से लक्ष्य नहीं मिलने वाला था। किसी भी समस्या का समाधान नहीं निकलने वाला था। सत्ता मृत बतिस्ता को किसी दूसरे घाघ और खूँखार तानाशाह से बदल देती और बतिस्ता जनता के लिए, कम से कम उसके एक हिस्से के लिए शहीद बन जाता। हत्या और आतंक कभी क्रान्ति के सहचर नहीं हो सकते। इसी तरह फिदेल ने संगठन या क्रान्ति की जरूरतों के लिए कभी बैंकों को लूटने का रास्ता नहीं अपनाया। यह केवल नैतिकता का नहीं बल्कि राजनीति की व्यावहारिक समझदारी का भी मामला था। क्यूबा में मध्यवर्ग बुर्जुआजी की जड़ें काफी गहरी थीं। बैंकों को लूटकर क्रान्तिकारी क्यूबाई जनता के एक बड़े हिस्से को खुद से अलग कर लेते। इसलिए कोई भी कदम उठाने के पहले गुरिल्ला क्रान्तिकारी को ध्यान रखना होगा कि उसका कदम किसकी मदद करेगा, क्रान्ति की या दुश्मन की। नैतिकता आदर्श बघारने का मसला नहीं है। अगर आप नैतिकता पर ईमानदारी से अमल करते हैं तो इसके नतीजे निकलते हैं। अगर आप आतंक, जोर-जबरदस्ती, लूट पाट को अपनी जरूरतों को पूरा करने का रास्ता बनाते हैं तो आप उन लोगों की नफरत, विरोध और असहयोग मोल लेंगे जिनकी संघर्ष में सफलता के लिए आप को सबसे ज्यादा जरूरत है।

क्रान्ति-अभियान के समूचे दौर में नैतिकता के इन नियमों का कड़ाई से पालन किया जाता था। सियेरा मायेस्त्रा में अभी लड़ाकों की तादाद मुश्किल से 150 तक पहुँची थी।

विद्रोही दल के साथ रसद आदि के लिहाज से सम्पर्क और सहयोग करनेवाले एक गुट द्वारा स्थानीय जनता के साथ लूट-पाट की खबर मिली। आरोपियों का ट्रायल हुआ और बात सही पाई गई। ऐसी घटनाओं के प्रति तनिक भी ढिलाई पूरे अभियान को नष्ट कर सकती थी। आरोपियों को मौत की सजा दी गई। युद्धकाल में, उन परिस्थितियों में इसके सिवा कोई चारा नहीं था। यह घटना एक नजीर बन गई और पूरे अभियान में फिर कभी ऐसी कोई वारदात नहीं हुई।

दृष्टि

फिदेल और उनके लड़ाकों के पास समूचे संघर्ष अभियान के प्रति स्पष्ट और एकीकृत समझदारी थी। दूरगामी लक्ष्य–बतिस्ता और उसकी सत्ता-व्यवस्था को हटा कर, एक स्वतंत्र, खुदमुख्तार जन-पक्षधर सामाजिक-राजनीतिक व्यवस्था की ओर कदम बढ़ाना। तात्कालिक लक्ष्य इस दूरगामी लक्ष्य की पूर्ति के लिए समय और परिस्थितियों की जरूरत के मुताबिक तय करके लागू किए जाते रहे। ग्रान्मा से उतरने के बाद की परिस्थिति में, जब पूर्व-निर्धारित कार्ययोजना पर अमल की सम्भावना नहीं रही तो फिदेल और नेतृत्वकारी साथियों ने आगे की लड़ाई सियेरा मायेस्त्रा की पहाड़ियों से गुरिल्ला झड़पों के जरिए शुरू की। चे ने इस गुरिल्ला युद्ध-शैली की तीन सर्वाधिक महत्त्वपूर्ण कार्यनीतियों को चिन्हित करके उन पर अमल किया–खुद को बचाए रखना (सर्वाइविंग), मजबूत करना (स्ट्रेंथेनिंग) और फैल जाना (इस्केलेटिंग)। वे जानते थे कि शुरुआती दौर में अपने साथियों को बचाए रखकर ही आगे इस अभियान को मजबूत करते हुए बढ़ाया जा सकता है। फिदेल की गुरिल्ला दृष्टि प्रारम्भ से ही स्पष्ट थी। 'ग्रान्मा' मोटर बोट पर अपने साथियों से आनेवाले संघर्ष की चर्चा करते हुए उन्होंने साफ किया था : '...हम जब तक जरूरी नहीं हो, हमला नहीं करेंगे। हमारी लड़ाई सैनिकों के खिलाफ नहीं है। सैनिक भी एक इनसान है। हम उसे बगैर जरूरत नहीं मार सकते। अगर हम हमला करेंगे, हम उन्हें अपनी मौजूदगी को जानने का मौका देंगे। हम इस कदर गोलीबारी करेंगे कि उन्हें हमारी ताकत का अहसास हो जाए, वे समझ लें कि बचकर निकलने की कोई सूरत नहीं है। उन्हें समर्पण करने का और शायद अपने साथ शामिल होने का भी मौका देंगे। हमारी जरूरत उनके हथियार हैं, उनकी जानें नहीं।' युद्ध की यह दृष्टि लड़ाई के समूचे दौर में बिना किसी विचलन के बनी रही। फिदेल सैनिकों की दशा और मनोदशा, दोनों से अच्छी तरह वाकिफ थे। बतिस्ता के तख्तापलट–10 मार्च, 1952– से पहले ही वे सेना में सैनिकों की दयनीय हालत और अमानवीय शोषण का न सिर्फ अखबारों, पर्चों के जरिए खुलासा करते रहे थे बल्कि इसको लेकर उन्होंने न्यायालय में मुकदमा भी दायर किया था। बतिस्ता ने सैनिकों की इसी स्थिति और असन्तोष का फायदा तख्तापलट के लिए उठाया था। मगर तख्तापलट के बाद भी आम सैनिक की हालत में कोई सुधार नहीं हुआ था। इसे फिदेल ने अपने 'हिस्ट्री विल एब्जाल्व मी' में रेखांकित किया था और मोन्काडा विद्रोहियों के खिलाफ सेना के पैशाचिक प्रतिशोध के सन्दर्भ में भी उन्होंने बतिस्ता के मुट्ठी-भर दरिन्दों द्वारा सेना के दामन को निर्दोषों के खून से दागदार करने, सैनिक की तलवार को जल्लाद के गँड़ासे में बदल देने का सवाल

उठाया था न कि समूची सेना की मुखालफत की थी। स्वाभाविक था, इस समझदारी और दृष्टि ने अभियान के लिए सैनिकों से हथियार हासिल करने, न कि उनकी बेवजह जान लेने की कार्यनीति अख्तियार की। पहली लड़ाई से ही इस कार्यनीति पर अमल शुरू कर दिया गया था। सैनिकों को समर्पण करने के लिए कहा गया। आर्मी पोस्ट पर कब्जे के बाद हालाँकि गुरिल्ला दल से कोई घायल नहीं हुआ था मगर घायल सैनिकों की पूरी देख-रेख, चिकित्सा की गई। बावजूद इसके कि गुरिल्ला दल के लिए दवाइयाँ बेहद मूल्यवान थीं। आगे भी हमेशा गुरिल्ला दल के चिकित्सक 'चे', जनरल स्टाफ और अन्य साथी दोनों पक्षों से घायलों की तीमारदारी में दुश्मन पक्ष के घायलों की पहले देख-रेख करते। सैनिकों के साथ व्यवहार की कार्यनीति का एक और महत्त्वपूर्ण पहलू गुरिल्ला दल द्वारा बन्दी सैनिकों के साथ किसी भी तरह का दुर्व्यवहार नहीं किया जाना था। समूचे दौर में ऐसा एक भी वाकया नहीं जब गुरिल्ला दल ने किसी सैनिक को किसी भी प्रकार की शारीरिक या मानसिक यातना दी हो, दुर्व्यवहार किया हो या एक भी अपशब्द कहा हो। यह कार्यनीति फिदेल मोन्काडा हमले के साथ ही अमल में ले आए थे। सैनिकों के साथ किसी भी तरह का दुर्व्यवहार न करने और घायलों की देख-रेख करने का जबर्दस्त मनोवैज्ञानिक प्रभाव गुरिल्ला लड़ाकों के पक्ष में पड़ा। खुद कान्तिल्लो ने बतिस्ता को अपनी रिपोर्ट में स्वीकार किया था कि उसके सैनिक गुरिल्ला दल को समर्पण कर देने या उनके द्वारा बन्दी बना लिए जाने पर अपनी सारी मुसीबतों का अन्त मान लेते थे और हमेशा इसके पहले मौके की फिराक में रहते थे। युद्ध-व्यवहार की यह क्रान्तिकारी नैतिकता 'पूँजीवादी सभ्य युद्ध नैतिकता' के बिल्कुल विपरीत है। पूँजीवादी सभ्य युद्ध नैतिकता विश्वयुद्ध काल और उसके बाद से लगातार युद्धबन्दियों और सन्देह की बिना पर पकड़े गए निरीह नागरिकों के खिलाफ यातनाओं के नए-नए तरीके ईजाद करती रही है। आधुनिक पूँजीवादी सभ्यता के पहरेदार अमेरिका द्वारा अफगानिस्तान, इराक और तमाम जगहों पर युद्ध बन्दियों के खिलाफ बर्बर शारीरिक-मानसिक यहाँ तक कि यौन यातनाओं के लिए क्यूबा से जबरन कब्जियाए गुआन्तनामो समेत अपने तमाम अड्डों पर चलाये जा रहे 'यातना जेलों' और यहाँ तक कि विरोधी पक्ष के मृत सैनिकों-लड़ाकों के शवों पर पेशाब करने की कार्यनीति की 'सभ्यता के मानदंडों' को इस क्रान्तिकारी नैतिकता के मानदंडों के परिप्रेक्ष्य में देखे-समझे जाने की जरूरत है। सैनिकों के प्रति फिदेल के विश्वास की इससे बड़ी मिसाल क्या होगी कि क्रान्ति के निर्णायक दौर में, जब शायद यह सबसे जोखिम भरा काम था, फिदेल ने न केवल क्यूबाई सैनिकों को खुले दिल से लड़ाकों के साथ शामिल होने का मौका दिया बल्कि 1 जनवरी, 1959 को जब कान्तिल्लो अपनी सेना को फिदेलिस्ता क्रान्ति के खिलाफ गोलबन्द करने की आखिरी कोशिशों में लगा था, फिदेल ने क्यूबा में हवाना के बाद दूसरी सबसे बड़ी सैनिक छावनी सेन्टियागो-मोन्काडा में सेना और गुरिल्ला लड़ाकों की संयुक्त कमान का कमांडर समर्पणकारी सेना के ही कमांडर को नियुक्त किया।

समूचे गुरिल्ला दौर की दूसरी सर्वाधिक महत्त्वपूर्ण दृष्टि और समझदारी स्थानीय आम जनता का समर्थन हासिल करने की थी। फिदेल ने इस बारे में भी अपना नज़रिया 'ग्रान्मा' पर ही स्पष्ट कर दिया था। 'जनता हमें खिलायेगी। जनता हमारी सप्लाई

लाइन, हमारी पहरेदार, हमारी आँख-कान और हमारी सेना में योद्धा बनेगी। वे जानते हैं, हम कौन हैं और क्यों लड़ रहे हैं। वे हमारी तरफ से लड़ेंगे। अगर हम उनके हाथों में थमाने के लिए हथियारों का बन्दोबस्त कर सकें, तो सियेरा के हजारों किसान हमारे साथ शामिल हो लेंगे।'

स्थानीय किसान जनता के प्रति यह अविचल विश्वास गुरिल्ला व्यवहार का नीतिगत तत्त्व था। जनता के बीच फिदेल की लोकप्रियता पहले से ही थी। 'हिस्ट्री विल एब्जाल्व मी' से समूचा क्यूबा परिचित हो चुका था और इसके जरिए जनता के हित में क्रान्ति के जनवादी कार्यभार एक नई उम्मीद जगा रहे थे। फिदेल की इन कार्यभारों के प्रति हमेशा प्रतिबद्धता बनी रही, भले ही सियेरा मेनिफेस्टो आदि के जरिए क्रान्ति के पक्ष में विभिन्न प्रतिरोधी ताकतों को M-26-7 के नेतृत्व में गोलबन्द करने की कोशिश में किन्हीं बिन्दुओं पर कार्यनीतिक रूप से कम या ज्यादा बल दिया गया हो। बटाईदार किसानों, खेतिहर मजदूरों, लीज पर खेती करनेवाले किसानों को जमीनों का मालिकाना, क्यूबा के औद्योगीकरण के जरिए श्रम-शक्ति के लिए रोजगार प्रबन्धन, जनता के स्वास्थ्य और शिक्षा के मुद्दे हमेशा क्रान्ति की प्राथमिकता में बने रहे।

स्थानीय जनता को अपने पक्ष में लाने का सबसे कारगर रास्ता जनता के प्रति गुरिल्ला और बतिस्ता सेना के व्यवहारों का जमीन-आसमान का अन्तर था। गुरिल्ला सेना ने जनता से हासिल हर जरूरत के सामान की एक-एक पाई अदा की, पैसे उस समय न होने या सम्पर्क नहीं हो पाने की सूरत में बाकायदा पर्ची लिखकर छोड़ी जाती कि भुगतान कब और कहाँ से लिया जा सकता है। क्रान्ति जब सफल हुई कहीं, किसी दुकानदार, किसी किसान का एक पैसा बकाया नहीं था। फिदेल M-26-7 शहरी आन्दोलन के जरिए आनेवाले धन से लड़ाकों के लिए हथियारों का जबर्दस्त दबाव होने के बावजूद, एक बड़ा हिस्सा हमेशा इस तरह की जरूरतों के भुगतान के लिए रखते थे।

इसके अलावा, जनता का दिल जीतने के लिए फिदेल के पास एक और अमोघ अस्त्र था–'चे'। चे का असाधारण मानवीय व्यवहार, जनता के साथ घुल-मिल जाने, जनता के सुख-दुःख के साथ आत्मीय रिश्ता बना लेने की उनकी अद्‌भुत क्षमता के चमत्कृत कर देनेवाले परिणाम निकले। चे ने अनपढ़ किसानों और उनके बच्चों को लिखना-पढ़ना सिखाया, बीमारों की चिकित्सा की, उनके ऑपरेशन किए, दवाइयाँ दी–उन इलाकों में जहाँ लोगों ने इसके पहले कभी डॉक्टर नहीं देखा था। गुरिल्ला दल स्थानीय जनता के परिवार, उनके बच्चों-बूढ़ों-महिलाओं का हमेशा आदर करता था। जरूरत पर अपने सीमित साधनों के बावजूद सहायता के लिए तत्पर रहता था। उनकी फसलों, उनके जानवरों की देख-रेख करता था। फिदेल गर्व से कहते हैं 'और किस तरीके से आप जंग जीत सकते हैं?' अक्टूबर 1957 से ही चे ने चौथी कमान बनाकर गुरिल्ला दल के लिए आधार कैम्पों की स्थापना करके बेकरी, स्कूल, चिकित्सालय, यहाँ तक कि हाइड्रालिक पावर स्टेशन और क्रान्ति के मुखपत्र का प्रकाशन भी शुरू किया। चे की इस सांगठनिक क्षमता का फायदा क्रान्ति और जनता दोनों को बगैर भेदभाव के मिलता था।

दुश्मन के सैनिकों और जनता, दोनों का दिल जीत लेने के बाद फिदेल और उनके साथियों को अपना लक्ष्य हासिल कर लेने से कौन रोक सकता था?

अनुशासन और केन्द्रीयता

गुरिल्ला सफलता का दूसरा महत्त्वपूर्ण कारक संगठन का कठोर अनुशासन और केन्द्रीयता थी। हर गुरिल्ला लड़ाके को कठोरतम प्रशिक्षण के दौर से गुजरना होता था। न सिर्फ सैन्य प्रशिक्षण, बल्कि सांगठनिक-राजनीतिक समझदारी और अनुशासन से गुरिल्ला जवान को पूरी तरह लैस किया जाता था। संगठन में किसी तरह की व्यक्तिवादी महत्त्वाकांक्षा की कोई जगह नहीं थी। सब कुछ क्रान्ति और संगठन के लिए और उसी के मातहत था। गुरिल्ला दल का कोई भी ऑफिसर, फिदेल समेत, आम गुरिल्ला लड़ाके को मिलने वाले राशन या अन्य सुविधाओं से एक रत्ती भी ज्यादा का उपयोग नहीं कर सकता था। गुरिल्ला दल किसी भी जरूरत या मजबूरी में जनता की सम्पत्ति या सम्मान पर हाथ नहीं डाल सकता था। हथियार सबसे मूल्यवान चीज थी। अगर किसी लड़ाके का झड़प से लौटते समय हथियार मोर्चे पर छूट गया तो उसे निहत्थे लौटकर हथियार वापस लाना होता था। गद्दारी और मुखबिरी की एकमात्र सजा मौत थी। दल में औरतों-मर्दों के बीच सम्बन्ध बनाने पर पाबन्दी थी। केवल ऐसे मामलों में जिनमें दोनों साथी प्रेम करते हों और क्रान्ति के बाद विवाह के लिए राजी हो, दल-नायक की अनुमति से साथ रह सकते थे।

कामागुए में M-26-7 के नेता आगस्टिन होम द्वारा बगैर आन्दोलन के नेताओं और गुरिल्ला दल से विचार-विमर्श और अनुमति के अपने संसाधनों से अपने जत्थे के लिए हथियारों का बन्दोबस्त कर लिए जाने पर फिदेल ने कड़ाई से निर्देश किया : 'एक ही संगठन में दो तरह की योजनाएँ नहीं चल सकतीं, कुछ सदस्य के बतौर और दूसरी निजी मामले के बतौर।...संगठन के किसी भी सदस्य को और नेता को तो बिल्कुल भी नहीं, निजी तौर-तरीकों का कोई कदम उठाने और उसे इस आधार पर जायज ठहराने की, कि इसका बन्दोबस्त वह निजी साधनों से कर रहा है, इजाजत हरगिज नहीं दी जा सकती। अगर योजना आप को अच्छी लगती है, संगठन को प्रस्ताव करें। अगर संगठन सहमत होता है, वह इस पर अमल करने का बन्दोबस्त करेगा।'

फिदेल ने संगठन के अन्दर वित्तीय अनुशासन की कड़ी व्यवस्था की थी और प्लाटून कमांडरों से लेकर मोर्चा कमांडरों तक सभी को अपनी-अपनी आमदनी और खर्चे की रिपोर्ट नियमित और समय से प्रस्तुत करते रहने की हिदायत थी।

खुद पर केन्द्रित रहने की पेटी बुर्जुआ आदत के खिलाफ फिदेल ने सब कुछ समूचे क्रान्तिकारी अभियान की जरूरत के लिहाज से किए जाने का अनुशासन लागू किया।

युद्ध के अन्तिम दिनों में कामागुए की एक कमान का नेतृत्व व्यवसायी-जमींदार ह्यूबर मातो को दिया गया था। फिदेल ने उसकी अन्य यूनिटों की जरूरतों की अनदेखी करते हुए अपनी यूनिट के लिए हथियार हासिल करने की कोशिशों की कड़ी आलोचना की। मातो ने फिदेल को जवाब दिया : 'विश्वास करें, आज मुझे सियेरा आने का अफसोस हो रहा है। एक ऐसे समय में जब सबसे जरूरी चीज क्यूबा का भविष्य है, मैं आप की ओर से अपमान का कड़वा घूँट अपना एक बलिदान समझ कर बर्दाश्त कर रहा हूँ। फिदेल ने जवाब दिया, 'उन्हें कभी भी संघर्ष के साथ जुड़ने का अफसोस नहीं हुआ, परिस्थितियाँ और रुकावटें चाहे जितनी विषम और भयावह रही हों। क्रान्तिकारी सेना के कमांडर

बुर्जुआ सेना के उस प्रतिमान को पूरी तरह से नकारते हैं जहाँ हर कोई अपने जत्थों के लिए सबसे बेहतर और सबसे ज्यादा हड़प लेना चाहता है, बगैर इस बात की तनिक भी परवाह किए कि विजय सबकी दक्षता, क्षमता और प्रयासों को मिलाकर ही हासिल की जा सकती है।'

स्वाभाविक है, गुरिल्ला संगठन के इस कठोर अनुशासन ने, जिसे सारे गुरिल्ला साथियों ने औपचारिक रूप से नहीं बल्कि शारीरिक-मानसिक और भावनात्मक स्तर पर आत्मसात किया था, मुट्ठी-भर गुरिल्ला लड़ाकों के जत्थे को एक अपराजेय, विशाल गुरिल्ला सेना में बदल दिया जो बतिस्ता सेना की ताकत से कामयाबी के साथ मोर्चा ले सकी।

क्यूबा की क्रान्ति में मजदूर वर्ग की भूमिका

आम तौर पर क्यूबा की क्रान्ति के समूचे दौर में क्यूबाई मजदूर वर्ग की भूमिका को नजरअन्दाज कर दिया जाता है। इसमें दो राय नहीं कि उस समय क्यूबा में मजदूर वर्ग का नेतृत्व पूरी तरह से भ्रष्ट, प्रतिक्रियावादी, बतिस्ता की दलाल नौकरशाही के कब्जे में था। इसका सीधा असर खासकर राजधानी हवाना में क्रान्ति के प्रति मजदूर वर्ग की निष्क्रियता में दिखाई दिया। नीचे के कैडर और कतारों में अपने शोषण और बतिस्ता तानाशाही के खिलाफ असन्तोष और गुस्से के बावजूद नेतृत्व के पूरी तरह मालिकों और बतिस्ता का हिमायती होने के चलते वे किसी तरह की प्रतिरोध कार्यवाही में उतर पाने की स्थिति में नहीं थे। मगर हवाना से बाहर, खासकर ओरियन्ट और गुआन्तनामो में प्रतिक्रियावादी और दलाल शीर्ष नेतृत्व की परवाह न करते हुए मजदूरों की तात्कालिक मुद्दों और क्रान्ति, दोनों के पक्ष में महत्त्वपूर्ण कार्यवाहियाँ स्थानीय कैडरों की अगुवाई और गोलबन्दी में अंजाम दी गईं।

1950 की शुरुआत से ही क्यूबा की जनता और खासकर मजदूर वर्ग दोहरी मार झेल रहा था। देश पर अमेरिकी शह और समर्थन से बतिस्ता और उसका लुटेरा गुट संसाधनों की खुली लूट और भ्रष्टाचार के साथ 'कम्युनिस्टों के शिकार' का मेकार्थीवाद और शीतयुद्धकालीन दमन-अभियान चला रहा था। क्यूबा की अर्थव्यवस्था जबर्दस्त संकट के दौर में थी। एकल फसल (चीनी) अर्थव्यवस्था होने और चीनी उद्योग लगभग पूरी तरह अमेरिकी बहुराष्ट्रिक कम्पनियों के कब्जे में होने के चलते सत्ता और मालिक ऐसे रास्ते की तलाश में थे, जिससे क्यूबा के संगठित और जुझारू आर्थिक-राजनीतिक समझदारी वाले ट्रेड यूनियन आन्दोलन की कमर तोड़ी जा सके। यह वह ट्रेड यूनियन आन्दोलन था जिसने 1953 में मकाडो की भ्रष्ट तानाशाही को उखाड़ फेंका था। इन्टरनेशनल बैंक फार रीकन्सट्रक्शन एंड डेवलपमेंट (आई बी आर डी) ने क्यूबा की अर्थव्यवस्था पर फ्रैंसिस ट्रुसल्लो रिपोर्ट (1951) में अपनी पारम्परिक लफ्फाजियों की चाशनी में लपेटकर 'प्रबन्धन और मजदूरों के बीच सहयोग और बेहतर रिश्तों' के लिए मजदूरों के निष्कासन और छँटनी की जटिल प्रक्रिया को आसान, तेज और सस्ती बनाने की सिफारिशें करते हुए मजदूरों द्वारा मालिकों के लागत घटाने के उपायों-मशीनीकरण और मजदूरों को निकाले जाने का प्रतिरोध करने की कड़ी आलोचना के साथ ही क्यूबा के उद्योगों में जरूरत से कहीं ज्यादा मजदूरों को काम पर रखे जाने की प्रवृत्ति 'फीदर बेडिंग' पर गहरी चिन्ता जताई थी।

1950 के शुरुआती दौर तक क्यूबा के संगठित यूनियन मजदूरों की ताकत लातिनी अमेरिका में सबसे ज्यादा थी। मगर सबसे बड़ा और महत्त्वपूर्ण राष्ट्रीय ट्रेड यूनियन

संगठन कन्फेडरेशन ऑफ ट्राबाजाडोरेज डे क्यूबा (सी टी सी) पूरी तरह नौकरशाहाना तौर-तरीकों से मालिकों और सरकार की खुली दलाली करते हुए चलाया जा रहा था। ज्यादातर मसले ट्रेड यूनियन कार्यवाहियों या सामूहिक सौदेबाजी के बजाय श्रम मंत्रालय की दखलन्दाजी से हल कराये जाते थे। सी टी सी के जनरल सेक्रेटरी यूसेबियो मुजाल ने गुंडागर्दी और सरकारी संरक्षण के जरिए 1948 से कम्युनिस्ट नेतृत्व को हटाकर यूनियन पर कब्जा कर लिया था।

1952 के बतिस्ता सैन्य तख्तापलट के बाद से मुजाल अपनी मुजालिस्ता ट्रेड यूनियन नौकरशाही के जरिए बतिस्ता का इतना भरोसेमन्द दलाल बन चुका था कि क्यूबा की जनता और मजदूरों के बीच बतिस्ता के बाद दूसरा सबसे नफरत और गुस्से से देखा जाने वाला इनसान मुजाल था।

बतिस्ता का सैन्य तख्तापलट क्यूबा की अर्थव्यवस्था में ट्रेड यूनियन ताकत को कब्जे में कर मजदूर वर्ग पर अंकुश लगाने और ट्रुसल्लो रिपोर्ट को लागू करने के लिए भी कारगर था।

1953 में चीनी की कीमतों में आई अन्तर्राष्ट्रीय गिरावट के दबाव से निपटने के लिए 1954 में क्यूबा के पूर्वी हिस्से की एकाधिकारी रेलवे कम्पनी अमेरिकी 'फेराकारिलेस कन्सोलिडाडोज' ने 1550 मजदूरों की छँटनी और 20% वेतन कटौती की घोषणा की। यह मजदूर वर्ग के बतिस्ता के खिलाफ गोलबन्द होने की दिशा में निर्णायक मोड़ था। कैडरों और कतारों द्वारा पूरी ताकत से प्रतिरोध करने के बावजूद शीर्ष नेतृत्व की दलाली और बतिस्ता के नृशंस दमनकारी रवैये के चलते वे नाकामयाब रहे। दिसम्बर 1954 और फरवरी 1955 की दो जुझारू हड़तालों ने सरकार को कदम पीछे खींचने पर मजबूर कर दिया था। मगर फिर मई के अन्त तक 8% वेतन कटौती, जबरिया रिटायरमेंट, सामूहिक सौदेबाजी समझौतों को रद्द करने, काम के घंटे बढ़ाने और सेवा शर्तों-सुविधाओं में कटौती की घोषणा हो गई। 48 घंटों के अन्दर गुआन्तनामो में दस हजार से ज्यादा रेल मजदूरों ने हड़ताल करते हुए पूरा परिवहन ठप्प कर दिया। राज्य की दमनकारी मशीनरी पूरी ताकत के साथ मजदूरों पर टूट पड़ी। सी टी सी नेतृत्व ने शुरुआत में ही हड़ताल का विरोध करते हुए इससे पल्ला झाड़ लिया था।

दमन का जवाब हड़ताली मजदूरों ने कामागुए, गुआन्तनामो, मोरोन, नुएविता और सेन्टियागो शहरों में जबर्दस्त आम हड़ताल से दिया। सेना द्वारा बन्दूक की नोक पर सिगनल स्टाफ को ट्रेन चलाने के लिए मजबूर करने पर हड़ताली मजदूरों और स्थानीय जनता के परिवारों से महिलाएँ धरने-पिकेटिंग पर बैठ गईं और स्थानीय सालिडरटी कमेटियाँ बनाने में बढ़-चढ़कर योगदान करने लगीं। बतिस्ता की सेना और पुलिस ने घरों के दरवाजे तोड़कर हड़ताली मजदूरों, रिटायर्ड मजदूरों और उनके परिवारों पर कहर ढाना शुरू किया। सीटीसी नेतृत्व ने हड़ताली मजदूरों को विश्वास में लिए बगैर छोटी मोटी रियायतों के एवज में बतिस्ता से समझौता कर लिया और 8% वेतन कटौती, 600 छँटनी के साथ ही हड़ताल न करने के समझौते पर दस्तखत कर दिए। अब हड़ताल को गैरकानूनी करार देते हुए आतंक और दमन का रास्ता और भी आसान था। इस गद्दारी से, आखिरकार हड़ताल टूट गई। तमाम अगुआ हड़ताली नेता निकाल दिए गए।

इस कड़वे अनुभव ने गुआन्तनामो के जुझारू रेल मजदूरों को इस नतीजे पर पहुँचाया कि बतिस्ता सरकार के रहते वे अपने कोई अधिकार नहीं हासिल कर सकते और न मुजाल के रहते ट्रेड यूनियन में उनकी कोई सुनवाई होनेवाली है। कानूनी प्रतिरोध के किसी भी रास्ते की सीमाएँ पूरी तरह उजागर हो चुकी थीं।

ये वे परिस्थितियाँ थी जिनके बीच M-26-7 के जुझारू नेता फ्रैंक पाइस ने गुआन्तनामो में सितम्बर 1955 में संगठन के विस्तार की नीयत से रेलवे मजदूरों से सम्पर्क साधा। असफल हड़ताल के दो जुझारू रेल मजदूर नेताओं-ओक्टावियो लुइट और 'निकोटोरेस ने गुआन्तनामो में M-26-7 का क्रान्तिकारी संगठन खड़ा करने की बागडोर सँभाली।

क्यूबा के बुर्जुआ सत्ताधारी वर्ग और अमेरिकी साम्राज्यवादी हितों की साँठ-गाँठ के खुले खेल के खिलाफ अगुआ मजदूरों और मध्यमवर्गीय नौजवानों ने क्यूबा के सामाजिक-राजनीतिक-आर्थिक परिदृश्य को क्यूबाई राष्ट्रवाद और वर्गीय नजरिए से देखना-समझना शुरू कर दिया था। क्यूबा में उस समय तक क्रान्ति के समाजवादी परिप्रेक्ष्य से परिवर्तन की कोशिश करनेवाला कोई संगठन नहीं था। क्यूबा की कम्युनिस्ट पार्टी 'पार्टीडो सोसलिस्ता पापुलर' (पीएसपी) पूरी तरह स्तालिनवादी सोच पर चल रही थी। वे स्थितियों को अपरिपक्व बताते हुए किसी भी तरह के क्रान्तिकारी प्रतिरोध के खिलाफ थे। पी.एस.पी. ने 1930 से 33 तक चीनी उद्योग मजदूरों में अपनी जोरदार पकड़ बनाते हुए क्यूबा के ट्रेड यूनियन आन्दोलन में अपनी पहचान और साख बनाई थी। मगर अब पी एस पी को किसी भी तरह की हथियारबन्द कार्यवाहियों से परहेज था। वे क्रान्ति की द्विस्तरीय स्तालिनवादी अवधारणा के तहत 'बुर्जुआ-जनवादी' क्रान्ति की दिशा में विपक्षी दलों को कानूनी रास्ते से बतिस्ता को हटाने के लिए एक पापुलर मोर्चे 'फ्रेन्टे दमोक्रातिको नेसियानल' की वकालत कर रहे थे। तमाम घोर कम्युनिस्ट विरोधी राजनीतिक दलों ने इस पर कोई कान नहीं दिया।

फिदेल के मोन्काडा हमले के बाद बतिस्ता द्वारा चलाये गए दमन अभियान में पी.एस.पी. को काफी फजीहत झेलनी पड़ी। फिदेल के आन्दोलन से पी.एस.पी. नेतृत्व का कोई रिश्ता न होने के बावजूद, बड़े पैमाने पर गिरफ्तारियाँ, यातना, मुखपत्र जब्ती और सीटीसी से कम्युनिस्ट तत्वों का सफाया झेलना पड़ा था। बावजूद इसके पीएसपी नेतृत्व की सोच और दिशा में बदलाव नहीं आया।

ऐसी हालत में पीएसपी की निचली कतारों और मजदूरों का फिदेल के M-26-7 की ओर आकर्षित होना स्वाभाविक था जो बतिस्ता तानाशाही को उखाड़ फेंकने और क्यूबा में जनतंत्र, सामाजिक न्याय और आर्थिक आत्मनिर्भरता के लिए हथियारबन्द क्रान्ति के साथ आम राष्ट्रव्यापी हड़ताल का रास्ता अख्तियार किए हुए थी। खासकर गुआन्तनामो के जुझारू नौजवानों और मजदूरों को उनके 1955 के अपने अनुभवों की रोशनी में यह दिशा कारगर लगी।

क्यूबाई ट्रेड यूनियन आन्दोलन में सबसे जुझारू तबका चीनी मजदूरों का था। 1933 की मकाडो तानाशाही को उखाड़ फेंकने वाली हड़ताल में उन्होंने सोवियतों और हथियारबन्द मिलिशिया का गठन किया था। सेवायोजन की प्रकृति सीजनल होने के चलते उनकी सदस्यता काम के सीजन के हिसाब से घटती-बढ़ती रहती थी। मगर इसी बात ने उन्हें

ट्रेड यूनियन की बहुतेरी नौकरशाहाना प्रवृत्तियों से बचा रखा था। ज्यादातर गन्ना मजदूर स्थानीय समुदायों में सामूहिक रूप से रहते थे। सामुदायिक सहयोग और एकता का फायदा उन्हें अपने संघर्षों के दौरान मिलता था। अपनी माँगों पर जोर देने का उनका एक आजमाया हुआ परम्परागत जुझारू तरीका गन्ने के खेतों को आग के हवाले कर देना था। एकल फसल (चीनी) वाली अर्थव्यवस्था वाले देश क्यूबा में स्वाभाविक रूप से राष्ट्रीय ट्रेड यूनियन आन्दोलन में उनकी महत्त्वपूर्ण नेतृत्वकारी स्थिति थी।

1955 के अन्त में अपनी हड़ताल पर बतिस्ता के अभूतपूर्व दमनकारी हमलों का जवाब चीनी मजदूरों ने रोडब्लॉक्स खड़े करके, गन्ने के खेतों को जलाकर, शहर के टाउनहाल और दूसरी सार्वजनिक इमारतों पर कब्जा करके दिया। इन कार्यवाहियों में सैकड़ों मजदूर मारे गए, घायल हुए और गिरफ्तार हुए। इसने मजदूरों में इस धारणा को और पुख्ता किया कि उनकी समस्याओं-तकलीफों के समाधान का कोई सुधारवादी रास्ता नहीं बचा है। इस तरह गुआन्तनामो के ट्रेड यूनियन आन्दोलन के दो सबसे जुझारू और महत्त्वपूर्ण तबके 'रेल और चीनी मजदूर' एक ही नतीजे पर पहुँचे।

M-26-7 की पहल और निर्देशन में जुझारू मजदूरों के भूमिगत सेल बनने लगे। हर सेल में परस्पर समन्वय, सबोटाज, अर्थ-प्रबन्धन, प्रोपेगेंडा और हड़ताल आदि सामूहिक कार्यवाहियों के लिए अलग-अलग जिम्मेदारी होती। हर सदस्य अपने-अपने हिस्से की जिम्मेदारियों के लिए दस और सदस्य गोलबन्द करता। उनकी 'सिंडिकलिस्मो बेलिगेन्ते' अवधारणा के अनुसार सामूहिक कार्यवाहियों को 'सबोटाज' कार्यवाहियों के जरिए मजबूती दी जाती। इसी के तहत हड़तालों के दौरान टेलीफोन कार्मचारी लाइनें काटते, चीनी मजदूर गन्ने के खेत जलाते या फिर रेल कर्मचारी पटरियाँ उखाड़ते।

मजदूरों को ट्रेड यूनियन नौकरशाही के चंगुल से मुक्त करने की दृष्टि से M-26-7 ने मजदूरों के रोजमर्रा के आम सवालों पर छोटी-छोटी यहाँ तक कि 10-5 मिनट की हड़तालों का भी सिलसिला (कैट्सकाल स्ट्राइक्स) शुरू किया। अपनी जुझारू नीतियों और कार्यवाहियों के बल पर जल्दी ही संगठन गुआन्तनामो की अन्य ट्रेड यूनियनों या काम के केन्द्रों में पैठ बनाने लगा। विशेष रूप से गुआन्तनामो बे के अमेरिकी नौसैनिक अड्डे पर काम करनेवाले मजदूरों-कामगारों में वे अपनी पकड़ बनाने में कामयाब रहे।

दिसम्बर 56 के अन्त में फिदेल के अपने लड़ाकों के साथ ग्रान्मा से उतरने के साथ सेन्टियागो में सशस्त्र जन-उभार की कार्यवाहियों-पुलिस-सेना चौकियों पर कब्जे की जिम्मेदारी फ्रैंक पाइस के कंधों पर थी। इसके लिहाज से पाइस ने गुआन्तनामो में M-26-7 के साथियों को निर्देश दिया कि वे अपने यहाँ से किसी भी तरह की सैन्य मदद, कुमुक सेन्टियागो न पहुँचने दें।

गुआन्तनामो में M-26-7 ने इस काम को शानदार रेलवे हड़ताल कराकर बखूबी अंजाम दिया जिसके चलते क्यूबा के समूचे पूर्वी हिस्से में रेल परिचालन पाँच दिनों तक ठप्प रहा। हड़ताल का इस दृष्टि से विशेष महत्त्व है कि यह मजदूरों द्वारा अपनी किसी माँग के लिए नहीं बल्कि पूरी तरह से सेन्टियागो के साथियों के समर्थन में की गई थी। गुआन्तनामो शहर में भी दो-तीन दिनों तक अभूतपूर्व बन्दी रही। चीनी मिलों की पुलिस-सेना चौकियों पर हमला करके उनके हथियार छीने गए।

गुआन्तनामो हड़ताल की शानदार सफलता के बाद, निकोटोरेस को, जिसे बतिस्ता की सेना और पुलिस भूखे भेड़ियों की तरह सूँघती फिर रही थी, M-26-7 की ओर से समूचे क्यूबा में 'वर्कप्लेस सेल' बनाने की जिम्मेदारी दी गई और गुआन्तनामो संगठन का नेतृत्व गुस्तावो फ्रागा को मिला।

अमेरिकी नौसैनिक अड्डे के मजदूरों के बीच M-26-7 का अच्छा प्रभाव था। यह प्रभाव मजदूरों की सीधी कार्यवाहियों में नहीं बल्कि सियेरा मायेस्त्रा के विद्रोहियों के लिए धन, रसद, पेट्रोल आदि का बन्दोबस्त करने के काम आता था। इन्हीं गतिविधियों के दौरान संगठन ने कुछेक आम अमेरिकी नाविकों में भी क्यूबा के प्रति सहानुभूति जगाते हुए हथियारों की आपूर्ति का जुगाड़ बना लिया। हथियार रेल ड्राइवरों द्वारा गुप्त रूप से सियेरा विद्रोहियों के लिए गन्तव्य तक पहुँचाए जाते थे।

फ्रागा न सिर्फ गुआन्तनामो में M-26-7 की गतिविधियों का संचालन और देख-रेख कर रहा था बल्कि वह खुद भी शहर में एक गेराज लेकर M-26-7 के लिए बम की भूमिगत फैक्ट्री चला रहा था। फ्रैंक पाइस की हत्या के विरोध में अगस्त 57 की हड़ताल के दौरान बम बनाते समय दुर्घटनावश हुए विस्फोट में फ्रागा की मृत्यु हो गई। फ्रैंक पाइस की हत्या के विरोध में सेन्टियागो और गुआन्तनामो की हड़तालें बतिस्ता शासन की अब तक की सबसे जुझारू हड़तालें थीं।

हड़ताल की सफलता से उत्साहित M-26-7 ने फिदेल पर सियारा कार्यवाहियों के समर्थन में राष्ट्रव्यापी हड़ताल के लिए जोर दिया। 9 अप्रैल, 58 को राष्ट्रव्यापी हड़ताल तय कर दी गई। हड़ताल पूरी तरह असफल रही। असफलता के मुख्य कारण हड़ताल को भूमिगत कार्यवाही की तर्ज पर गुप्त रखते हुए अंजाम देने की कार्यनीति और आम मजदूरों को इसके महत्त्व के प्रति जागरूक करते हुए हड़ताल के साथ जोड़ लेने की कोशिशों का पूरी तरह अभाव था। ट्रेड यूनियन का मुजालिस्ता नेतृत्व खुलकर हड़ताल के विरोध में था। उसके लोगों ने प्रमुख हड़ताली नेताओं कैडरों के नाम पते मालिकों, पुलिस और सेना को मुहैया कराये। बतिस्ता के खिलाफ निर्णायक लड़ाई छेड़ने की 12 मार्च सियेरा घोषणा से पहले ही सचेत होकर बतिस्ता ने तमाम संवैधानिक अधिकारों पर पाबन्दी लगाते हुए पुलिस और सेना को किसी भी सम्भावित कार्यवाही से निपटने के लिए तैयार रखा था। नतीजे में हड़ताल शुरू होते ही राज्य की दमनकारी मशीनरी, सरकार समर्थक हथियार बन्द गुंडों के ग्रुप 'टाइगर्स' के साथ मजदूरों और जनता पर टूट पड़ी। हत्या और यातना के तांडव तले हड़ताल ने दम तोड़ दिया।

हड़ताल की समीक्षा करते हुए M-26-7 की शहरी नेशनल डाइरेक्टोरेट और सियेरा आन्दोलन की 3 मई 58 को सियेरा बैठक में M-26-7 की शहरी गतिविधियों को सियेरा आन्दोलन के प्रत्यक्ष नियन्त्रण में लाने के साथ ही M-26-7 के मजदूर विंग को फ्रेन्टे आब्रेरो नेसियानल (FON) के रूप में पुनर्गठित करते हुए इसकी कमान निकोटोरेस को दी गई।

निकोटोरेस ने FON का घोषणा-पत्र जारी करके 9 अप्रैल हड़ताल की विफलता की जिम्मेदारी खुद पर लेते हुए गुरिल्ला संघर्ष के निर्णायक मुकाम पर आम राष्ट्रीय हड़ताल के महत्त्व को नए सिरे से रेखांकित किया जो मजदूरों के अपने वर्गीय अधिकारों और क्यूबा को बतिस्ता तानाशाही के चंगुल से आजाद कराने के लिए अपरिहार्य थी। इस दिशा में

तैयारी के लिए मेनिफेस्टो में निको ने मजदूरों की आर्थिक और राजनीतिक माँगों का चार्टर पेश किया। 1958 की अन्तिम छमाही में लगातार जोर पकड़ते और निर्णायक मुकाम की ओर बढ़ते सियेरा आन्दोलन के लिए निको की सांगठनिक क्षमता और लगन ने शहरी M-26-7 की ओर से लगातार अर्थ-प्रबन्धन की व्यवस्था बनाए रखते हुए FON की सदस्यता में तेजी से इजाफा किया जो साल के अन्त तक 15000 के आसपास पहुँच चुकी थी।

नवम्बर 1958 में निकोटोरेस ने कम्युनिस्ट पार्टी पीएसपी के जनसंगठन 'कामेटी नेसियानल डे डिफेन्सा डे ला डिमांडाज आब्रेराज' (सी एन डी डी ओ) को FON को साथ मिलाते हुए 'फ्रेन्टे आब्रेरो नेसियानल युनिडो' (FONU) बना लिया। इस नई गोलबन्दी के तहत 20% वेतन-वृद्धि, मशीनीकरण और मजदूरों की छँटनी के तमाम उपायों का विरोध, रंग-भेद का खात्मा, महिलाओं, बच्चों, बेरोजगारों के लिए सामाजिक सुरक्षा के विशेष प्रविधान, विद्वेषपूर्ण कार्यवाहियों में निकाले गए मजदूरों की बहाली, ट्रेड यूनियन आजादी, जबरिया चेक-आफ का खात्मा और 1940 संविधान की बहाली की माँगें मजदूरों के लिए खास महत्त्व रखती थीं क्योंकि इस संविधान में ऐसे तमाम श्रमिक अधिकारों के प्रावधान थे, जिन्हें बतिस्ता तानाशाही ने पूरी तरह खत्म कर दिया था।

गुआन्तनामो के पास सियेरा क्रिस्टल पहाड़ियों में निकोटोरेस ने FONU की ओर से कामगार प्रतिनिधियों की कांग्रेस का आयोजन किया जिसमें 12 सूत्री चार्टर का अनुमोदन करने के साथ ही मजदूर आन्दोलन और सी.टी.सी. को मुजालिस्ता चंगुल से पूरी तरह आजाद करने का एलान हुआ। केमिलो सियेन्फ्यूगोज द्वारा आजाद कराये जा चुके क्षेत्र में 20-21 दिसम्बर 1958 को आयोजित चीनी कामगारों के पहले राष्ट्रीय सम्मेलन में भी इसका अनुमोदन किया गया।

1958 के अन्तिम महीने ट्रेड यूनियन की औद्योगिक गतिविधियों के लिहाज से शान्तिपूर्ण थे। सियेरा आन्दोलन की क्रान्तिकारी अग्रगति को देखते हुए यह अनावश्यक रूप से बिखरी हुई कार्यवाहियों की बजाय ठोस सांगठनिक तैयारियों का समय था जिससे निर्णायक घड़ी में आह्वान होते ही पूरी ताकत से आम राष्ट्रीय हड़ताल को सफल बनाया जा सके। अलावा इसके, ट्रेड यूनियन आन्दोलन से नौजवान लड़ाकू तत्वों का सियेरा आन्दोलन से जुड़ने का क्रम लगातार बना रहा।

1 जनवरी, 1959 को बतिस्ता के देश छोड़कर भाग जाने और उसके बाद सेना और प्रतिक्रियावादी राजनीतिक तत्वों द्वारा M-26-7 को पृष्ठभूमि में कर तख्तापलट की सम्भावना भाँप फिदेल ने गुरिल्ला सेनापतियों को अपनी कमानों के साथ तेजी से हवाना की ओर कूच का निर्देश दिया और क्यूबा, खासकर हवाना की जनता और कामगारों से आम हड़ताल का आह्वान किया। हवाना की आम हड़ताल में फिदेल और उनके क्रान्तिकारी साथियों के पक्ष में उमड़े जन-उभार ने सेना और राजनीतिज्ञों की तख्तापलट की सारी सम्भावना खारिज कर दी। बदनाम मुजालिस्ता नौकरशाही समेत तमाम प्रतिक्रियावादी तत्व जिन्हें क्रान्ति में अपनी माफी की कोई सूरत नहीं दिखाई दे रही थी, देश छोड़कर भागने लगे।

इस तरह मुजालिस्ता दलाल ट्रेड यूनियन नौकरशाही की जकड़न के बावजूद क्यूबा के कामगारों ने परिस्थितियों की सीमाओं में क्यूबा की क्रान्ति के लिए महत्त्वपूर्ण योगदान किया।

क्यूबा क्रान्ति की दिशा : किसानों और मध्यवर्ग की भूमिका

क्यूबा की सफल क्रान्ति के आधी सदी से ज्यादा गुजर चुकने के बाद भी फिदेल के क्रान्तिकारी आन्दोलन की दिशा और क्रान्ति में किसानों और मध्यवर्ग की भूमिका को लेकर बहसें जारी हैं।

क्रान्ति की सफलता के बारे में खुद फिदेल का मानना है कि यह किसान क्रान्ति की विजय थी जिसमें उनकी भूमिका अगुआ दस्ते (वेनगार्ड) की थी जो पूरी तरह से किसान वर्गीय चेतना के बहाव में था।

क्रान्ति की दिशा पर चे कहते हैं : "सबसे बढ़कर गुरिल्ला लड़ाका एक खेतिहर क्रान्तिकारी (अग्रेरियन रिवोल्यूशनरी) है। वह उस विशाल किसान समुदाय की आकांक्षाओं को प्रतिफलित करता है जो मालिकाना चाहती है–जमीनों का, उपज के साधनों का, चौपायों का (लाइवस्टाक), उन सबका जिनकी कामना वह वर्षों से करते आ रहे हैं, जिन पर उनका जीवन निर्भर है और जिनके साथ वह अपनी अन्तिम साँसें भी लेना चाहेंगे।"

क्यूबा क्रान्ति की दिशा को समझने की कोशिशों की शुरुआत इस क्रान्ति के द्रष्टा, विचारक, सिद्धान्तकार, संगठक, रणनीतिकार और महानतम योद्धा फिदेल के नजरिए से करनी होगी।

फिदेल क्रान्ति को अवधारित करने से लेकर विजयी बनाने तक के समूचे दौर में और यहाँ तक कि उसके बाद भी काफी दिनों तक कम्युनिस्ट पार्टी के सदस्य नहीं रहे। हालाँकि क्रान्ति के कई नेतृत्वकारी योद्धा चे, राउल, केमिलो, रामिरो, सेलिया, हेदी और कई कमांडेंट और M-26-7 के नेतृत्वकारी साथी कम्युनिस्ट थे।

फिदेल के क्रान्तिकारी मन-मिजाज के बनने में उनके बचपन के परिवेश, व्यवहार की नैतिकता और आदर्श की पारिवारिक सीख के साथ-साथ क्यूबा और समूचे लातिनी अमेरिका के मुक्ति-संघर्षों और उनके महानायकों का जबर्दस्त प्रभाव था। किसी एक व्यक्तित्व ने, जिसने फिदेल को सबसे गहराई से प्रभावित किया, वह थे जोसमार्ती। फिदेल खुद कहते हैं कि सबसे पहले वह मार्तीवादी बने और हमेशा मार्तीवादी रहेंगे। विश्वविद्यालयी जीवन से फिदेल की राजनीतिक दीक्षा शुरू हुई। इसके लिए भी वह कम्युनिस्ट पार्टी से नहीं बल्कि चिबास की ऑर्थोडाक्स पार्टी से जुड़े और यह जुड़ाव काफी लम्बे समय तक M-26-7 आन्दोलन की औपचारिक स्थापना तक गहराई से बना रहा। विश्वविद्यालयी जीवन में फिदेल ने अपने मार्तीवाद को मार्क्स, ऐंगेल्स, लेनिन के विचारों, केयो कन्फाइट्स व बोगोटाजो जैसे अन्तर्राष्ट्रीयता के जुझारू व्यवहारों और लातिनी अमेरिकी छात्र संगठन बनाने आदि के प्रयासों से समृद्ध किया। बतिस्ता तानाशाही

के खिलाफ अपने जीवन की राजनीतिक यात्रा शुरू करते समय फिदेल एक मार्तीवादी-मार्क्सवादी-लेनिनवादी थे। मगर उन्होंने कभी खुद को कम्युनिस्ट नहीं कहा। फिदेल के मार्क्सवाद-लेनिनवाद पर मार्तीवाद का हमेशा प्रभाव रहा।

क्यूबा क्रान्ति के समूचे दौर में (1953 से 1958 तक) फिदेल के तमाम मेनिफेस्टो गें विचारों की एकरूपता और तारतम्य है। वह अपने आन्दोलन को क्यूबा का एकमात्र बतिस्ता-विरोधी संगठन नहीं कहते। वह क्यूबा के 1940 के संविधान की बहाली की बात करते हैं। वह स्वतंत्र जनतांत्रिक, निष्पक्ष चुनाव की बात करते हैं। वह भूमि-सुधारों, औद्योगीकरण, स्वतंत्र विदेशनीति, शिक्षा, रोजगार, स्वास्थ्य की बात करते हैं। वह क्यूबा में समाजवादी क्रान्ति की बात नहीं करते।

संगठन के पहले सैद्धान्तिक दस्तावेज के रूप में मोन्काडा बैरक कब्जे के तुरन्त बाद के लिए बनाए गए रेडियो सन्देश में वह घोषणा करते हैं : 'क्रान्ति क्यूबा को विकास और आर्थिक समृद्धि के रास्ते पर ले चलने का अपना दृढ़ संकल्प घोषित करती है जो इसकी उर्वर भूमि, इसकी भौगोलिक अवस्थिति, कृषि की विविधता और औद्योगीकरण के विकास की गारंटी करे...क्रान्ति श्रमिकों के प्रति अपने सम्मान का इजहार करती है...व्यवस्थित और समयबद्ध योजना के तहत आर्थिक और औद्योगिक प्रगति पर आधारित सम्पूर्ण और सुनिश्चित सामाजिक न्याय की स्थापना का एलान करती है। क्रान्ति मार्ती के आदर्शों को स्वीकार करती है और उन्हें अपना आधार मानती है...। क्रान्ति अपना सम्पूर्ण और अविचल सम्मान संविधान के प्रति व्यक्त करती है जो देश की जनता को 1940 में दिया गया था।'

'हिस्ट्री विल एब्जाल्व मी' में प्रतिपादित पाँच क्रान्तिकारी कानून और अन्य कार्यभार भी फिदेल की क्यूबाई समाज के प्रति अपनी समझदारी पर आधारित हैं और खेती, शिक्षा, आवास, स्वास्थ्य और औद्योगीकरण के जरिए सामाजिक दशाओं में क्रान्तिकारी जन-पक्षधर परिवर्तन और समृद्धि पर केन्द्रित हैं। अन्य लातिनी अमेरिकी देशों की आततायी सत्ताओं के सताये विरोधियों का क्यूबा में दिल खोल कर स्वागत किए जाने की भावना भी मार्ती और बोलिवार के आदर्शों की संगति में है।

10 मार्च, 1952 बतिस्ता सैन्य तख्तापलट के खिलाफ अभियान अपनी नीतियों और कार्यक्रमों में नेतृत्वकारी वर्ग और समर्थकों की सामाजिक अवस्थिति और राजनीतिक समझदारी के अनुरूप था। फिदेल के इस अभियान का नेतृत्व ज्यादातर शहरी मध्य वर्ग और उच्चमध्य वर्ग के शिक्षित नौजवानों का था। अभियान की कतारों में निम्नमध्यवर्ग और मजदूर वर्ग की भी खासी हिस्सेदारी थी। मोन्काडा अभियान के ज्यादातर सदस्य विश्वविद्यालय के छात्र, शिक्षित बेरोजगार नौजवान, फैक्ट्री मजदूर, निजी रोजगार-पेशे से जुड़े नौजवान-चिकित्सक, फोटोग्राफर, छोटे-मोटे दुकानदार थे। दो-एक को छोड़कर सभी 20 से 30 साल के अन्दर के नौजवान थे। क्यूबा की आबादी करीब आधी शहरी और आधी ग्रामीण थी। आबादी में मध्यवर्ग का हिस्सा काफी बड़ा था–लगभग एक चौथाई। दशकों से क्यूबा में लूट और भ्रष्टाचार के राज और आर्थिक हितों के अमेरिकी साम्राज्यवादी चंगुल में होने के चलते संस्थाबद्ध हो चुके आर्थिक गतिरोध ने मध्यवर्ग की प्रगति और समृद्धि का रास्ता अवरुद्ध कर रखा था। स्वाभाविक रूप से इस वर्ग का सबसे जागरूक

और संवेदनशील तबका–विश्वविद्यालय का शिक्षित नौजवान–अमेरिकी साम्राज्यवाद और उसके तानाशाह प्रतिनिधि बतिस्ता के रहते क्यूबा में अपना भविष्य नहीं देख रहा था। फिदेल की अगुवाई में संगठित हो रहे इस प्रतिरोध आन्दोलन को जल्दी ही समझ में आने लगा कि क्यूबा की तमाम स्थापित राजनीतिक ताकतों में से कोई भी बतिस्ता तानाशाही का ईमानदार और कारगर प्रतिरोध करनेवाला नहीं है। उलटे इनमें से ज्यादातर बतिस्ता के साथ सत्ता की साझेदारी में लगे थे। लिहाजा आन्दोलन ने अपनी सामाजिक चेतना और राजनीतिक समझदारी के आधार पर बतिस्ता के खिलाफ हथियारबन्द प्रतिरोध और आम जन हड़ताल की लाइन चुनी। प्रतिरोध की यह लाइन आन्दोलन की पहली कार्यवाही मोन्काडा हमले से लेकर क्रान्ति की विजय तक बनी रही। मोन्काडा बैरक कब्जे के तुरन्त बाद सेन्टियागो की जनता से जबर्दस्त आम हड़ताल में उतर पड़ने के आह्वान की असफल योजना पाँच साल पाँच महीने पाँच दिन बाद बतिस्ता के देश छोड़कर भाग जाने और समूचे क्यूबा में आम राष्ट्रीय हड़ताल की अभूतपूर्व सफलता के साथ पूरी हुई।

इन पाँच साल और पाँच महीनों पाँच दिनों में आन्दोलन की क्रान्तिकारी चेतना और सैद्धान्तिक प्रस्थापनाओं में भी क्रान्तिकारी परिवर्तन आए। निश्चित रूप से आन्दोलन के शुरुआती दौर में ग्रामीण अंचल और ग्रामीण जनता की सक्रिय भूमिका की दृष्टि नहीं थी। मुख्य जोर शहरी, सचेत, मध्यवर्गीय नौजवानों द्वारा हथियारबन्द गुरिल्ला संघर्ष और महानगरीय आम जन हड़तालों पर था। मोन्काडा बैरक पर हमले से लेकर ग्रान्मा से उतरकर सेन्टियागो विद्रोह तक की योजनाओं में ग्रामीण अंचल की भूमिका हथियारबन्द हमलों के असफल रहने की स्थिति में सियेरा मायेस्त्रा की पहाड़ियों में पनाह लेकर छापामार संघर्ष को आगे बढ़ाने तक सीमित थी।

परिस्थितियों ने दोनों ही बार हथियारबन्द हमलों को धक्का पहुँचाया। मगर दोनों ही बार हथियारबन्द हमलों की विफलता ने क्रान्ति की अन्तिम विजय की दिशा में निर्णायक योगदान किया। मोन्काडा हमले की विफलता के बाद जंगलों की राह पकड़ने की कोशिश में फिदेल और उनके साथियों के पकड़े जाने पर आन्दोलन के सामने बतिस्ता के झूठ, दुष्प्रचार और बर्बरता के मुकाबले क्यूबाई समाज और दुनिया के सामने अपनी सही पहचान पेश करने की चुनौती थी। इस चुनौती ने फिदेल को अपनी समूची सैद्धान्तिक, रणनीतिक, कार्यनीतिक, समझदारी को आन्दोलन की दृष्टि, नीतियों, लक्ष्य और कार्यक्रमों में ढालकर क्रान्ति के मेनिफेस्टो 'हिस्ट्री विल एब्जाल्व मी' के रूप में पेश करने का मौका दिया। 'हिस्ट्री विल एब्जाल्व मी' ने क्रान्ति के एक व्यापक आयाम को जन्म दिया जिसका नाम है : M-26-7 आन्दोलन। इसने विभिन्न राजनीतिक दलों के नौजवान ईमानदार तत्वों को इस आन्दोलन के समर्थन, सहयोग और भागीदारी में एकजुट किया। मोन्काडा हमले की विफलता क्रान्ति की सफलता की सीढ़ी बनी। इसने आन्दोलन को पहचान, विस्तार और ताकत दी।

'ग्रान्मा' से उतरकर सेन्टियागो पर कब्जे की कोशिश की विफलता ने आन्दोलन की दिशा को एक नया और निर्णायक मोड़ दिया। सेन्टियागो पर फ्रैंक पाइस के शहरी M-26-7 के विद्रोही आन्दोलन की मदद से कब्जे के बाद क्यूबा के अन्य महानगरों पर कब्जे और व्यापक आम हड़ताल के साथ समन्वित करने की योजना ग्रान्मा पहुँचने में देर और उतरते

ही बतिस्ता सेना के हमलों के चलते अंजाम नहीं दी जा सकी। 82 में से महज 18 जीवित बचे क्रान्तिकारियों को सियेरा मायेस्त्रा की पहाड़ियों में गुरिल्ला संघर्ष को बचाने, टिकाने और फैलाने की गरज से शरण लेनी पड़ी।

पहली बार यहाँ क्रान्तिकारियों और ग्रामीण किसान जनता का एक दूसरे से सम्पर्क हुआ। बतिस्ता की सेना, खासकर रूरल गार्ड के अमानवीय अत्याचारों और लूट से त्रस्त ग्रामीण जनता अपनी पहाड़ियों में हथियारबन्द लोगों की घुसपैठ से स्वाभाविक रूप से सशंकित और सहमी थी। इधर गुरिल्ला दल में भी, खासकर स्थानीय गाइड की गद्दारी के चलते लगनेवाले धक्कों की पृष्ठभूमि में स्थानीय जनता के प्रति अविश्वास की भावना थी। चे कहते हैं, 'शुरुआती दौर में हर किसान मुखबिर और गद्दार नजर आता था।'

परस्पर अविश्वास और आशंका के इस दौर में गुरिल्ला आन्दोलन को पहाड़ों में टिकाए रखने का महत्त्वपूर्ण काम फ्रैंक पाइस के नेतृत्व में शहरी M-26-7 ने बखूबी निभाया जहाँ से हथियारों, पैसे, रसद और लड़ाकों की समय-समय पर आमद सुनिश्चित की जाती रही। ऐसे भी मौके आए जब फ्रैंक पाइस ने एक बार में पचास से ज्यादा लड़ाकों को शहर से भेजा। इसके अलावा एक और महत्त्वपूर्ण काम शहरी M-26-7 की मदद से हुआ। मैथ्यूज और उसके बाद भी कई महत्त्वपूर्ण पत्रकारों के साथ साक्षात्कार का बन्दोबस्त करके बतिस्ता द्वारा मृत घोषित किए जा चुके फिदेल, उनके साथियों और उनके गुरिल्ला संघर्ष को क्यूबा और दुनिया के सामने लाया गया। आगे चलकर लड़ाकों और हथियारों की ज्यादातर आपूर्ति सियेरा आन्दोलन को अपने संसाधनों से, ग्रामीण किसान जनता से लड़ाके और बतिस्ता की सेना से हथियार छीनकर मिलने लगी। मगर पैसे और दवाओं जैसी महत्त्वपूर्ण आपूर्ति की ज्यादातर जरूरत क्रान्ति के अन्तिम दौर तक शहर का M-26-7 पूरा करता रहा। इसके साथ ही शहर का M-26-7 आम हड़ताल के लिए व्यापक जनाधार बनाने और सांगठनिक तैयारियों में भी लगा रहा, हालाँकि फ्रैंक पाइस की हत्या के बाद इस दिशा में व्यवस्थित और योजनाबद्ध प्रयासों को धक्का लगा।

शहरी M-26-7 के इस तमाम समर्थन और सहयोग के बावजूद, सियेरा आन्दोलन का सियेरा मायेस्त्रा पहाड़ियों में 'बचना, टिकना और फैलना' तब तक मुमकिन नहीं था जब तक कि आन्दोलन और स्थानीय जनता 'ग्रामीण-किसान' के स्वार्थ एकाकार नहीं हो जाते।

स्थानीय किसान जनता की आशंकाओं को दूर करने का काम फिदेल की गुरिल्ला अनुशासन, नैतिकता, लेन-देन की ईमानदारी और खासकर चे की पहल से लिए गए जन हितकारी कार्यक्रमों शिक्षा, स्वास्थ्य आदि ने किया। चे के शब्दो में 'किसानों के, जिन्हें बतिस्ता की सैनिक यूनिटों के हाथों अकथनीय अत्याचार झेलने होते थे, हमारे प्रति रवैये में धीरे-धीरे बदलाव आने लगा। (बतिस्ता के सैनिकों से) बचने के लिए हमारे गुरिल्ला दस्तों में शामिल होने के लिए वे दौड़े आने लगे। इस तरह हमारी रैंक और फाइल में शहर के लोगों की जगह किसानों की तादाद बढ़ने लगी,' इस क्रम में आगे चलकर 'गुरिल्ला और किसान एकाकार हो गए...इस हद तक कि हम सब किसान समुदाय का हिस्सा बन गए।'

किसान समुदाय के बीच इस कदर एकाकार होकर रहते हुए गुरिल्ला क्रान्तिकारियों को उनकी जरूरतों को 'आत्मीयता से अनुभव' करने और उनकी सबसे मुख्य माँग

'भूमि-सुधार' की अहमियत को समझने का मौका मिला। क्रान्तिकारियों ने भूमि-सुधार की माँग को अपना मुख्य नारा बनाया। इस बहस ने सदियों से दमित-शोषित किसान जनता को गोलबन्द होकर इसे हासिल करने के लिए आगे आने को प्रेरित किया। चे कहते हैं, 'यहाँ से क्रान्ति का पहला महान सामाजिक कार्यभार निर्धारित हुआ और यह आगे चलकर हमारे आन्दोलन का मुख्य नारा (बैनर) और अग्रध्वज (स्पीयरहेड) बन गया।'

गुरिल्ला और किसानों के इस परस्पर सम्पर्क के दूरगामी सैद्धान्तिक परिणाम हुए। इस सम्पर्क ने क्रान्तिकारियों को नई सोच, नई दृष्टि दी। क्यूबाई समाज के सबसे बड़े और सबसे दमित तबके की तकलीफों को समझने और उसकी आकांक्षाओं और सपनों के साथ क्रान्ति की आकांक्षाओं और सपनों को एकाकार कर लेने का अवसर दिया। गुरिल्ला युद्ध के इन अनुभवों की रोशनी में चे कहते हैं, 'युद्ध ने हममें क्रान्ति का बीजारोपण किया, इस तरह से हमारी क्रान्ति का जन्म हुआ। इस तरह से उसके नारे बनने लगे और इस तरह धीरे-धीरे, घटनाओं की आँच में अपने विचारों को ढालने के जरिए हमने सैद्धान्तिक नतीजे निकालने शुरू किए।'

सियेरा आन्दोलन के किसान सम्पर्क से विकसित कुछ सैद्धान्तिक समझदारियों के सूत्र इस प्रकार हैं-

"अविकसित लातिनी अमेरिका में सशस्त्र संघर्ष का क्षेत्र आधारभूत रूप से ग्रामीण अंचल ही होना चाहिए।"–(चे)

'किसान समुदाय वह वर्ग है जिसे उन बर्बर दशाओं के कारण, जिनमें उसे अब तक रखा गया है, क्रान्ति और क्रान्तिकारी बुद्धिजीवियों के राजनीतिक नेतृत्व की जरूरत है क्योंकि इनके बिना वे अपने से संघर्ष में जूझ पड़ने और विजय हासिल करने में कामयाब नहीं हो सकेंगे।'–(फिदेल)

"किसान सेना, गाँवों से निकलकर शहरों को जीत लेगी।"–(चे)

इस तरह क्रान्ति के उभार के महत्त्वपूर्ण दौर में क्रान्तिकारी नेतृत्व वर्ग इस निर्णायक प्रस्थापना पर पहुँचा कि क्यूबा की क्रान्ति की सफलता की एकमात्र दिशा किसान-केन्द्रित होने पर निर्भर करती है। क्यूबा की उस समय की सामाजिक वर्ग-संरचना में लगभग 2 लाख किसान परिवार थे जिनमें से करीब 1,50,000 परिवार अत्यन्त निर्धन और मुश्किल से दो चार बीघे जमीनों के मालिक या बटाईदार खेतिहर थे। इस विशाल ग्रामीण आबादी के अतिरिक्त क्यूबा के ग्रामीण अंचलों में करीब 6 लाख ग्रामीण मजदूर थे जिनमें से आधे गन्ने की कटाई करनेवाले मजदूर थे जिन्हें साल में फसल कटने के समय ही मजदूरी मिल पाती थी। स्वाभाविक रूप से इस विशाल ग्रामीण आबादी के हितों की उपेक्षा करके क्यूबा में किसी सच्ची क्रान्ति की गुंजाइश नहीं थी।

इसका आशय यह बिल्कुल भी नहीं है कि क्यूबा की क्रान्ति में अन्य वर्गों, विशेषकर शहरी मध्यवर्ग और मजदूर वर्ग की भूमिका को कम करके आँका जाए अथवा क्यूबा की क्रान्ति को केवल किसान समुदाय की चेतना के उभार और उस उभार को गुरिल्ला क्रान्तिकारियों द्वारा नेतृत्व प्रदान किए जाने के परिणाम के रूप में देखा जाए।

क्रान्ति की सफलता मुख्य रूप से इस बात पर निर्भर करती है कि क्रान्ति की भागीदार ताकतें अपनी-अपनी वर्गीय सोच और आकांक्षाओं के दायरे से निकलकर खुद

को क्रान्ति की समग्र सोच और आकांक्षाओं के साथ कितना एकाकार कर पाती हैं। क्रान्ति की समग्र सोच और आकांक्षा समाज के बहुसंख्यक और सबसे दमित तबके पर ही केन्द्रित हो सकती हैं। क्यूबा में समाज का बहुसंख्यक और सबसे दमित तबका किसान समुदाय था।

फिदेल ने क्यूबा क्रान्ति के अभियान का आरम्भ अपने मध्यवर्गीय शिक्षित नौजवान साथियों के साथ मार्तीवादी भावनात्मक आवेग और मार्क्सवादी-लेनिनवादी समझदारी के साथ किया था। अभियान के नेतृत्वकारी वर्ग ने, जिनमें मोंकाडिस्ता और ग्रान्मा लड़ाके और बाद में सियेरा अभियान के प्रारम्भ से जुड़े साथी थे, सियेरा की जमीनी सच्चाइयों के सम्पर्क में आने पर अपनी वर्गीय स्थितियों से बाहर निकलकर क्रान्ति की मुख्य शक्ति, किसानों की चेतना के साथ जुड़ते हुए सशस्त्र संघर्ष का नेतृत्व किया।

शहरी M-26-7 की परिस्थितियों और सियेरा की परिस्थितियों में व्यापक अन्तर था। सियेरा आन्दोलन की माँग कठिन-कठोर जीवन, कठोरतम परिस्थितियों में संघर्ष की क्षमता, एकीकृत सोच और कठोरतम अनुशासन की थी। इन कठोर परिस्थितियों ने नेतृत्व वर्ग की एकीकृत समझारी के विकसित होने में महत्त्वपूर्ण योगदान किया।

शहरी M-26-7 का कार्यभार शहर में क्रान्तिकारी विद्रोह संचालित करना न होकर क्रान्ति के पक्ष में माहौल, जनाधार, समर्थन और संसाधन जुटाने का था। शहर के स्तर पर सीधी कार्यवाहियों का अंजाम उन परिस्थितियों में असफलता और दमन था। शहरी M-26-7 को एक ओर तो सियरा आन्दोलन के लिए पैसों और अन्य संसाधनों के साथ-साथ विशेषकर प्रारम्भिक दौर में लड़ाकों का भी बन्दोबस्त करना था और दूसरी ओर शहर में ऐसी तैयारी भी करनी थी जिससे उपयुक्त समय पर हथियारबन्द संघर्ष के ग्रामीण अंचल से निकलकर शहरों की ओर कूच करने पर उसे क्रान्तिकारी आम जन-हड़ताल से समन्वित किया जा सके। स्वाभाविक रूप से शहर के इस अभियान का दायरा व्यापक और ढीला था जिसमें अलग-अलग सोच समझदारी के साथ भी लोगों के समर्थन और सहयोग के लिए जुड़ने की गुंजाइश थी। ऑर्थोडाक्स, पी.एस.पी. और दूसरी पार्टियों से जुड़े हुए लोग भी इसमें अपनी सोच-समझदारी के साथ शामिल थे। सियेरा आन्दोलन की तरह शहर M-26-7 के लिए अपनी वर्गीय स्थिति, सोच या समझदारी से बाहर निकलने की मजबूरी नहीं थी। यद्यपि इसकी जरूरत और अपेक्षा थी। फ्रैंक पाइस के नेतृत्व में शहरी आन्दोलन इस जरूरत और अपेक्षा की ओर बढ़ता दिखाई दे रहा था परन्तु पाइस की निर्मम हत्या के बाद इस सांगठनिक कमी की भरपायी नहीं की जा सकी।

सियेरा आन्दोलन सत्ता से निर्णायक टकराव के दौर में प्रवेश कर रहा था। बतिस्ता का अन्त और क्रान्ति की जीत लोगों को दिखाई देने लगी थी। चे के अनुसार क्रान्ति का वह दौर आ चुका था जिसमें विजय सिर्फ फिदेल की ही नहीं, किसी की भी आँखों से देखी जा सकती थी। जाहिर था मध्यवर्ग और यहाँ तक कि धनिक, जमींदार वर्ग से भी लोग आन्दोलन के साथ जुड़ने लगे थे। इनमें से बहुत से लोगों की प्रतिबद्धता क्रान्ति से ज्यादा क्रान्ति के बाद अपनी 'हैसियत' बनाने की थी। ये क्रान्ति से अपनी-अपनी वर्गीय स्थितियों के मुताबिक उम्मीदें लगा रहे थे। ये वे लोग थे जो मौका देख क्रान्ति का समूचा कल

अपनी झोली में लपक लेने की फिराक में थे। इस प्रकार की अवसरवादी, बहती गंगा में हाथ धोने वाली प्रवृत्तियों को क्रान्ति के बाद निराशा हाथ लगनी ही थी।

इस तरह क्यूबा की विशिष्ट परिस्थितियों में, फिदेल की विशिष्ट मार्तीवादी क्रान्ति कुछ नौजवानों के सपनों से शुरू होकर अकल्पनीय त्याग, बलिदान और संघर्ष के पहाड़ों को पार करती हुई क्यूबा की लाखों-लाख गरीब किसान आबादी की ताकत के बूते किसान क्रान्ति का झंडा बुलन्द किए क्यूबा की राजधानी हवाना तक पहुँच गई। क्रान्ति की इस महान यात्रा में क्यूबा के मध्यवर्ग ने तो भरपूर साथ और सहयोग दिया ही, क्यूबा के मजदूर वर्ग ने भी अपने ऊपर थोपे गए बतिस्तापरस्त दलाल ट्रेड यूनियन नेतृत्व के बावजूद सराहनीय भूमिका निभाई।

बतिस्ता के देश छोड़ने और फिदेल के हवाना पहुँचने के साथ क्रान्ति का एक चरण पूरा हुआ। आगे क्यूबाई समाज के नव-निर्माण की क्रान्ति का नया दौर था। नए दौर में कठिनाइयाँ कम नहीं होनेवाली थीं। अवसरवादी, प्रतिक्रियावादी हताश ताकतें मौके की तलाश में थीं। अपने इरादों में नाकामयाब अमेरिकी साम्राज्यवाद के गुरूर को जबर्दस्त ठेस लगी थी। अपनी सीमा से बमुश्किल 90 मील दूरी पर क्रान्ति की सफलता से अमेरिकी अहं तिलमिला उठा था। हर तरह के हथकंडों से अवसरवादी, प्रतिक्रियावादी ताकतों को मदद देकर गृहयुद्ध के हालात बनाने, पड़ोसी दलाल तानाशाहों की भाड़े की सेनाओं से हमले कराने, खुद हमले करने, अन्तर्राष्ट्रीय समुदाय पर अपनी दादागिरी के बल पर गलाघोंटू आर्थिक नाकेबन्दी लगाने और सी.आई.ए. और भाड़े के हत्यारों के जरिए फिदेल की हत्या की कोशिशों से क्रान्ति की शिशुकाल में ही हत्या कर देने की चालें चली जाने लगीं। क्यूबा की क्रान्ति को इन सबका जवाब देना था, इन सबका मुकाबला करते हुए बढ़ना था। अमेरिकी साम्राज्यवाद की ये हमलावर नीतियाँ क्यूबाई समाज के नव-निर्माण की क्रान्ति को पूँजीवादी व्यवस्था की बंदिशें तोड़कर समाजवाद का रास्ता चुनने के लिए मजबूर करनेवाली थीं।

खंड V

नये क्यूबा की ओर

मेरे पास है

मैं खुद को देखता और सोचता हूँ
मैं, जिसके पास कल तक कुछ भी नहीं था,
और आज जिसके पास सब कुछ है
कल पर नजर डालता, खुद से पूछता हूँ
ऐसा कैसे मुमकिन हुआ?
मेरे पास, अब देखो तो,
देश में कहीं भी घूमने की मस्ती है
जो कुछ हमारे देश में है, उसका मालिकाना
और यह देखते हुए कि कल तक मेरे पास कुछ नहीं था
कह सकता हूँ ये खेत,
कह सकता हूँ ये पहाड़,
कह सकता हूँ ये शहर
कह सकता हूँ ये सेनाएँ
हमेशा-हमेशा के लिए मेरी, तुम्हारी–हमारी हैं,
साथ ही, सूरज की किरणों, सितारों और फूलों का
असीम मुग्धकारी सौन्दर्य भी।
मेरे पास अब देखो तो,
कहीं भी आने-जाने की मस्ती है
मैं-एक किसान-कामगार-आमजन
अपनी मर्जी से कहीं भी आ-जा सकता हूँ
अब देखो तो, जैसे
किसी बैंक में बेखौफ मैनेजर से बात कर सकता हूँ
अंग्रेजी में नहीं–'हुजूर' कहकर नहीं

बल्कि 'याराने' से जैसे हम अपनी स्पेनी में बोलते हैं।
मेरे पास, अब देखो तो,
काली चमड़ी की वजह से मुझे कोई नहीं रोक सकता
किसी डांस हाल या बार के दरवाजे पर
या किसी होटल के कालीन पर चहलकदमी करने से
कोई मुझ पर चिल्लाने की हिमाकत नहीं कर सकता
कि मेरे लिए कोई जगह नहीं है
एक छोटा सा कमरा, जहाँ मैं आराम कर सकूँ—घड़ी भर।

अब देखो तो,
मेरे देश में ऐसी कोई पुलिस नहीं
जो मुझे पकड़कर जेल के सींखचों में फेंक दे,
मुझे मेरी जमीन, मेरे काम, मेरे वजूद से बेदखल कर दे,
मुझे बीच सड़क पर ला पटके।

अब देखो तो,
मेरे पास अपनी जमीन, अपना आसमान, अपना समन्दर है
कोई कन्ट्री क्लब-रईसजादों का लिजलिजा जीवन नहीं
टेनिस, अय्याशी बेड़ा भी नहीं—
हाँ सागर तट से सागर तट तक, लहरों से लहरों तक विस्तीर्ण
विशाल, विस्मयकारी, खुला, नीला, जनतांत्रिक,
मुख्तसर कहूँ, तो समन्दर है।

अब देखो तो,
मैं पढ़ना सीख गया हूँ,
गिनती गिनना और लिखना भी सीख गया हूँ
साथ ही सोचना और हँसना भी
मेरे पास, हाँ मेरे पास
काम करने, और जो भी मुझे चाहिए
उसे कमाने की आजादी है।
अब देखो तो,
मेरे पास वह सब कुछ है, जो मेरे पास होना था।

निकोलस गुइलेन

शुरुआती झटके

सियेरा मेनिफेस्टो की घोषणा के अनुरूप मैनुएल उरुशिया क्यूबा के राष्ट्रपति बने। फिदेल अपना सारा ध्यान क्रान्ति के आगे के कार्यभारों को पूरा करने, विद्रोही सेना को क्यूबा की रक्षा में सक्षम राष्ट्रीय सेना के रूप में विकसित और सुसंगठित करने, क्रान्ति के कार्यभारों को अंजाम देने के लिए क्रान्तिकारी कानूनों को बनाने और लागू कराने, और मोन्काडा कार्यक्रमों पर अमल कराने में लगाना चाहते थे। क्रान्ति की सफलता को लेकर फिदेल की व्यक्तिगत महत्त्वाकांक्षा नहीं थी। राष्ट्रपति उरुशिया और M-26-7 आन्दोलन ने मिलकर कैबिनेट चुनी। जोसमिरो कार्डोना को प्रधानमंत्री चुना गया। M-26-7 आन्दोलन का नेतृत्व भानमती का कुनबा था, जिसमें उच्चमध्य वर्ग, यहाँ तक कि दक्षिणपंथी भी–जो क्रान्ति की सफलता के निर्णायक चरण में आन्दोलन के साथ जुड़े थे–से लेकर वामपंथी तक शामिल थे। इनमें से बहुतों के चाल-चलन और समझदारी को लेकर चे नाराज थे। ऐसे तत्वों को लेकर शुरुआत से ही हर कदम पर खींचातानी चल रही थी। चे मोन्काडा और सियेरा मेनिफेस्टो की भावनाओं के अनुरूप जल्दी से जल्दी भूमि-सुधारों पर अमल किए जाने के पक्ष में। वहीं सरकार में शामिल कई लोग इसका विरोध कर रहे थे और इसके बजाय हल्के-फुल्के सुधारों, क्षतिपूर्ति और मुआवजे की बातें चला रहे थे। चे आन्दोलन की सभी क्रान्तिकारी ताकतों को गोलबन्द किए जाने के हिमायती थे। सरकार में ऐसे तत्वों की कमी नहीं थी जो कम्युनिस्टों को फूटी आँखों भी नहीं देखना चाहते थे। कम्युनिस्टों के खिलाफ दुष्प्रचार और सफाये का जहर द्वितीय विश्वयुद्धकाल से लगातार अखबार, प्रेस, रेडियो संचार के तमाम माध्यमों, सरकारी ऐजेंसियों और मिशनरियों के जरिए क्यूबा में घोला जा रहा था। चे कम्युनिस्टों के खिलाफ ऐसे क़िसी भी पूर्वग्रह के विरोधी थे। कम्युनिस्ट पार्टी के फिदेलिस्ता आन्दोलन को लेकर सैद्धान्तिक लाइन सम्बन्धी मतभेद के बावजूद दोनों के बीच सम्पर्क-सम्बन्ध बने रहे थे। खासकर कम्युनिस्ट कतारों और ट्रेड यूनियन कार्यकर्ताओं ने M-26-7 में उल्लेखनीय भागीदारी निभाई थी। मोन्काडा हमले के बाद चले बतिस्ता के दमन अभियान में बहुत से कम्युनिस्ट नेताओं को हत्या, यातना और जेल झेलनी पड़ी था, बावजूद इस तथ्य के कि उनका इस हमले से कोई लेना-देना नहीं था। उस समय कम्युनिस्ट पार्टी के नेता ब्लास रोका ने क्यूबा में पार्टी विरोधी अभियान के कठिन दौर में पार्टी को टिकाये रखने का उल्लेखनीय योगदान किया था। ब्लास रोका के कुछ समय के लिए देश छोड़कर चले जाने के बाद पार्टी का नियन्त्रण अनिबेल एस्केलान्ते के हाथों में था। क्रान्ति की विजय के समय पार्टी की कमान उसी के हाथों में थी।

एस्केलान्ते एक तेज-तर्रार, ईमानदार और बुद्धिमान संगठक था। मगर उसकी सबसे बड़ी कमजोरी अविश्वास और हर चीज को कम्युनिस्ट पार्टी के लिहाज से छान-तराश कर पेश करने की थी। लम्बे अरसे से चल रहे कम्युनिस्ट विरोधी दुष्प्रचार, और राजनीतिक दुराव के चलते कम्युनिस्ट पार्टी की घेट्टो मानसिकता और हठ, आशंका, मीन-मेख की कार्यनीतिक आदत बन चुकी थी। वे अपनी ये कार्यनीतियाँ M-26-7 के अन्दर भी लागू करने की कोशिशें कर रहे थे। फिदेल का मानना था कि ये अविचारित, अनावश्यक और गलत तौर-तरीके उन लोगों द्वारा अपनाए जा रहे थे जो निश्चित रूप से ईमानदार, आत्मबलिदानी, क्रान्तिकारी और साम्राज्यवाद-विरोधी थे मगर अपनी पुरानी आदत से लाचार थे।

शुरुआती उठा-पटक के बीच 7 फरवरी, 1959 को 1940 के संविधान की बहाली की गई और 9 फरवरी को चे गुएवारा को क्यूबा की नागरिकता प्रदान की गई। सरकार में बुर्जुआ और दक्षिणपन्थी विचारों के बढ़ते विरोध और जनता के बीच फिदेलिस्ता क्रान्तिकारी कार्यक्रमों की लोकप्रियता से हताश होकर 13 फरवरी को मिरोकार्डोना ने प्रधानमंत्री पद से इस्तीफा दे दिया। 16 फरवरी को फिदेल को क्यूबा के प्रधानमंत्री का उत्तरदायित्व सौंपा गया। मार्च में फिदेल ने क्यूबा में किसी भी तरह के रंगभेद के खात्मे और न्यूनतम मजदूरी पाने वाले मजदूरों के हितों की रक्षा के लिए उपाय किए जाने की घोषणा की। अप्रैल में क्यूबा में तमाम केसिनो और जुआ अड्डे बन्द करा दिए गए और सभी निजी-आरक्षित समुद्र तटों को आम जनता के लिए खोल दिया गया।

15 से 27 अप्रैल के बीच 'एसोसियेशन ऑफ न्यूजपेपर एडीटर्स' के निमन्त्रण पर फिदेल ने संयुक्त राज्य अमेरिका का दौरा किया जहाँ उनकी उपराष्ट्रपति निक्सन के साथ तीन घंटे तक बातचीत हुई। बातचीत के बाद राष्ट्रपति को भेजे अपने नोट में निक्सन ने निष्कर्ष निकाला कि फिदेल कास्त्रो या तो कम्यूनिज्म के बारे में एकदम ही मूर्ख (Naive) है या फिर एकदम घाघ कम्युनिस्ट।

8 मई को क्यूबा-विरोधी दुष्प्रचार का जवाब देते हुए फिदेल ने कहा, 'यह क्रान्ति न तो पूँजीवादी है, न ही कम्युनिस्ट। हमारी क्रान्ति की अपनी विचारधारा, अपनी जड़ें हैं जो पूरी तरह से क्यूबाई और लातिन अमेरिकी हैं। क्यों हमारी क्रान्ति पर वह होने का ठप्पा लगाया जा रहा है जो हम नहीं हैं?'

17 मई को सियेरा मायेस्त्रा की पहाड़ियों में कैम्प ला प्लाटा में पहला कृषि सुधार कानून लागू किया गया। क्रान्तिकारी सरकार का यह कदम एक स्वतंत्र और खुदमुख्तार क्यूबा की दिशा में निर्णायक कदम था। यह वह मोड़ था जहाँ से अमेरिकी सरकार ने क्यूबा की क्रान्ति को किसी भी तरीके और किसी भी कीमत पर नष्ट करने की मुहिम शुरू करने का फैसला लिया। हालाँकि कृषि सुधार के जो प्रावधान फर्स्ट अग्रेरियन रिफार्म लॉ में किए गए थे वे पूँजीवादी उत्पादन सम्बन्धों के अन्तर्गत रहते हुए (जो उस समय क्यूबा में विद्यमान थे) सामाजिक-आर्थिक विकास और प्रगति की दिशा में थे।

सुधार कानून लागू करने का प्रमुख कारण यह था कि क्यूबा की प्रमुख भौतिक सम्पदा, उसका उपजाऊ भूभाग गैर-क्यूबाइयों के कब्जे में था। यह कब्जा 1898 में क्यूबा पर अमेरिकी कब्जे के साथ शुरू हुआ था और अमेरिकी चीनी और पशुपालन

बहुराष्ट्रिक कम्पनियों के जरिए लगातार जारी था। इस अभियान में क्यूबा के शक्तिशाली भू-माफिया गुटों ने भी बढ़-चढ़कर हिस्सा लिया जिन्होंने ज्यादातर सरकारी जमीनें हड़प लीं। स्थिति यह हो गई कि मुश्किल से 1.5% भूस्वामियों के कब्जे में क्यूबा की कुल खेती योग्य जमीन का 46% था।

सुधार कानूनों की दूसरी प्रमुख वजह गरीब खेतिहर किसानों की दयनीय जीवन-दशा थी। करीब 1.5 लाख खेतिहर किसान परिवार बँटाईदार, लीज पर जमीन लेकर खेती करनेवाले, सिकमी किसान थे जिनके पास अपनी कोई जमीन नहीं थी। इसके अलावा करीब 2 लाख परिवार ग्रामीण मजदूरों के थे जो कभी-कभार मिल जाने वाली दिहाड़ी मजदूरी पर गुजारा कर रहे थे।

इन कानूनों के जरिए वैयक्तिक जोतों की हदबन्दी लागू की गई। कोई भी अकेला व्यक्ति 402 हेक्टेयर से ज्यादा का मालिक नहीं हो सकता था हालाँकि इसके कुछ अपवाद भी स्वीकार किए गए थे। छोटी और मँझोली जोतों को जोतने-बोने वाले किसानों को उनकी जोत की जमीनों का मालिकाना दिया गया। सरकार अतिरिक्त जमीनों का मालिकाना खुद नहीं लेगी बल्कि उन पर सहकारी खेती और बड़े खेतिहर उद्यमों को बढ़ावा दिया जाएगा जिनमें बड़े पैमाने पर उत्पादन की तकनीकें व्यवहार में लाई जा सकें। हालाँकि अभी भी इस कानून के जरिए ग्रामीण बुर्जुआ के एक बड़े हिस्से को छोड़ दिया गया था जिसके पास अभी लगभग 1.7 लाख हेक्टेयर जमीन थी। मगर यह कानून क्यूबा की कृषि-भूमि पर अमेरिकी और क्यूबाई भू-माफिया गुटों के कब्जे के खिलाफ बड़ा कदम था।

राष्ट्रपति उरुशिया और फिदेल के बीच मदभेद गहरे होते जा रहे थे। उरुशिया को क्रान्तिकारी सरकार का हर प्रगतिशील कदम नागवार और कम्युनिस्ट प्रायोजित दिखाई दे रहा था। फिदेल के अनुसार उरुशिया अपनी महत्त्वाकांक्षाओं पर लगाम लगाने, पद के अनुरूप गरिमा बरतने और साझा हित के प्रति समर्पण दिखाने के बजाय क्यूबा को अपनी जागीर, 'बनाना रिपब्लिक' समझने की ओर बढ़ रहा था। 17 जुलाई को हवाना के अखबार 'रिवोल्यूशन' में बैनर हेड लाइन छपी–'कास्त्रो का इस्तीफा।' सारा देश अवाक् था। लोग सड़कों पर निकलकर इस्तीफा वापस लेने के लिए नारे लगाने लगे। फिदेल ने टेलीविजन पर आकर अपने इस्तीफे की घोषणा करते हुए उरुशिया व उसके समर्थक गुट की चालों का खुलासा किया जो क्रान्ति को पटरी से उतारने पर आमादा थे। जनता ने उरुशिया का इस्तीफा माँगते हुए राष्ट्रपति भवन को घेर लिया। उरुशिया ने वेनेजुएला दूतावास में भागकर शरण ली और अपना इस्तीफा भिजवा दिया। क्रान्तिकारी कैबिनेट ने इस्तीफा स्वीकार करते हुए आस्वाल्डो डोर्टिकोस तोराडो को राष्ट्रपति चुना।

21 अक्टूबर को अमेरिका के दो जहाजों ने हवाना पर गोलीबारी करके दो नागरिकों की हत्या और दर्जनों को घायल कर दिया। भूतपूर्व क्यूबा हवाई सेना प्रमुख पेड्रो लुई डियाज ने इसकी जिम्मेदारी ली।

26 अक्टूबर को फिदेल ने क्रान्ति की हिफाजत के लिए मजदूरों और किसानों को शामिल करके 'नेशनल रिवोल्यूशनरी मिलिशिया' का गठन किया और हुंकार भरी–'क्रान्ति डिगनेवाली नहीं है।'

28 अक्टूबर को ह्यूबर मातो की प्रतिक्रान्तिवादी साजिश को ध्वस्त करके लौटते समय क्रान्ति के महानतम योद्धाओं में से एक केमिलो सियेन्फ्यूगोज की हवाई दुर्घटना में मृत्यु हो गई।

अक्टूबर के आखिर में अमेरिकी राष्ट्रपति आइश्नहावर ने सी.आई.ए. को क्यूबा के खिलाफ साजिशों को अंजाम देने के इजाजतनामे पर दस्तखत किए।

दिसम्बर में सी.आई.ए. ने क्यूबा से भागे हुए गद्दारों को भर्ती करके क्यूबा पर हमले और सबोटाज के लिए पेरामिलीट्री ट्रेनिंग का अभियान शुरू किया।

इस तरह क्रान्ति का पहला वर्ष 1959 नई उथल-पुथल और नई चुनौतियों के बीच नए क्यूबाई समाज की रचना की डगर पर आगे बढ़ा।

प्रतिक्रान्ति की साजिशें : ट्रूजिल्लो षड्यंत्र

रफाईल लियोनिडाज ट्रूजिल्लो डोमिनिकन गणराज्य से 1924 में अमेरिकी कब्जे के हटने के बाद सैन्य तख्तापलट और 'जनतांत्रिक चुनाव' के प्रहसन से बर्बर तानाशाही, दमन और कत्लेआम के बल पर समूचे डोमिनिक रिपब्लिक को अपनी जागीर बना चुका था। ट्रूजिल्लो पूरे करेबियाई क्षेत्र में अमेरिकी साम्राज्यवाद का सबसे विश्वस्त पिट्ठू और पालतू लठैत था। फिदेल ने छात्र जीवन में अपने राजनीतिक अभियान का प्रारम्भ ट्रूजिल्लो के खिलाफ केयो कन्फाइट्स अभियान से किया था। आधी-अधूरी गोलबन्दी और पूरी तरह गलत रणनीति के चलते अभियान डोमिनिक रिपब्लिक पहुँच पाने के पहले ही असफल हो गया था। क्यूबा की नौसेना में ट्रूजिल्लो के खरीदे हुए एडमिरल ने समुद्र में ही अभियान दल की नौकाओं को घेरकर गिरफ्तार कर लिया था।

क्यूबा की क्रान्ति के दिनों में रणनीतिक दृष्टि से महत्त्वपूर्ण लाविलास प्रान्त में 'सेकेंड नेशनल फ्रन्ट ऑफ दि एस्काम्ब्रे' नाम से एस्काम्ब्रे पहाड़ियों में 'अथेंटिको' पार्टी के डाइरेक्टेरियो रिवोल्युसनारियो गुट ने गुतेरा मेनायो की अगुवाई में 1957 के अन्त तक एक अलग मोर्चा खोल लिया था। मोर्चे का असली मकसद फिदेल और उनके लड़ाकों को सियेरा पहाड़ियों से क्यूबा के मध्यवर्ती भाग की तरफ बढ़ने से रोकना था। मोर्चे के कैम्प पर बैनर लगा था–'नो कम्युनिस्टस् एलाउड'। सी.आई.ए. को शुरू से ही इसकी जानकारी थी। मामला उनके मन मुताबिक था। बतिस्ता के गद्दी छोड़ने पर ऐसी ताकतें अमेरिकी हितों के काम आ सकती थीं। मोर्चे में सी.आई.ए. ने महत्त्वपूर्ण पदों पर अपने गुप्तचर बैठा दिए थे जिनमें विलियम अलेक्जेंडर मार्गन और जॉन स्पिरिटो मुख्य थे। मार्गन मोर्चे में कैप्टन के रूप में शामिल हुआ था। खुद अमेरिकी दूतावास की वाशिंगटन को भेजी रिपोर्ट के मुताबिक मोर्चा स्थानीय किसानों के साथ लूट-पाट करनेवाले बटमार गिरोह से ज्यादा कुछ नहीं था। बावजूद इसके अमेरिका में इस मोर्चे के पक्ष में बढ़ा-चढ़ाकर मीडिया प्रचार चलाया जा रहा था।

दिसम्बर 1958 तक क्रान्ति अपने निर्णायक दौर में पहुँच चुकी थी। फिदेल और राउल की कमानों का ओरियन्ट पर नियन्त्रण हो चुका था और वे सेन्टियागो डे क्यूबा पर कब्जे के लिए बढ़ रहे थे। इधर चे और केमिलो ने एस्क्राम्बे और उत्तरी लाविलास पहुँचकर क्रान्तिकारी कब्जे की कार्यवाहियाँ शुरू कर दी थीं। क्यूबा के तमाम बड़े शहरों में M-26-7, पी.एस.पी. और डाइरेक्टोरियो रिवोल्युसनारियो का गठबन्धन 'डेमोक्रेटिक रिवोल्यूसनरी फ्रंट' (एफ आर डी) मजदूर-नागरिक हड़तालों और सबोटाज कार्यवाहियों की गोलबन्दी कर रहा था। मुक्ति की घड़ी नजदीक आ चली थी।

क्यूबा में लगातार मजबूत होती जा रही क्रान्तिकारी परिस्थितियों से डोमिनिकन तानाशाह ट्रुजिल्लो की चिन्ता बढ़ती जा रही थी। उसे क्यूबा की 'क्रान्ति का छुतहा ताप' समूचे करेबियन में फैल जाने का डर सताने लगा। ट्रुजिल्लो ने इसके जवाब में पूरे करेबिया के लिए एक 'भाड़े की सेना' तैयार करने की योजना बनाई। अमेरिकी शह, समर्थन और मदद से बनने वाली भाड़े की सेना न केवल क्यूबा से क्रान्ति का सफाया करेगी बल्कि पूरे करेबिया-लातिनी अमेरिका में ऐसी किसी कोशिश से निपटने के भी काम आ सकती थी। क्यूबा में बतिस्ता की गद्दी भले ही चली जाती मगर उसकी जगह लेने के लिए 'दलाल राजनीतिज्ञों' की कमी नहीं थी।

मगर तब तक बहुत देर हो चुकी थी। ट्रुजिल्लो 31 दिसम्बर, 58 की रात को नए साल का जश्न मनाता हुआ समूचे क्षेत्र में 'कम्युनिस्ट विरोध का अगुआ ध्वजवाहक' और अमेरिका की आँखों का तारा बनने की अपनी 'शानदार योजना' को अन्तिम रूप दे ही रहा था कि बतिस्ता अपने कुनबे, करीबियों और सेना के विश्वस्त जनरलों के साथ उसके दरवाजे पर शरण की गुहार लगाता आ पहुँचा। ट्रुजिल्लो ने बतिस्ता की आवभगत की और अपनी योजना में जरूरी फेरबदल करने में जुट गया। बतिस्ता के सेना-प्रमुखों के साथ उसने क्यूबा की सेना के तीनों विंग्स से हजारों सैनिकों-अधिकारियों और पुलिस बल को प्रतिक्रान्ति के लिए गोलबन्द करने और इसके साथ उसकी 'करेबियाई भाड़े की फौज' जिसमें डोमिनिकन सेना से करीब 25,000 सैनिक शामिल होते, मिलकर संयुक्त कार्यवाही के जरिए क्यूबा की क्रान्ति को ध्वस्त करने की योजना पर विचार किया। जनवरी से मार्च के बीच पूरे करेबिया से दसियों लाख डॉलर खर्च करके हजारों भाड़े के सैनिकों को भर्ती कर डोमिनिक गणराज्य प्रशिक्षण के लिए भेजा गया जिसमें कई सौ बतिस्ता के पुराने सैनिक शामिल थे।

अमेरिकी प्रशासन, खासकर उपराष्ट्रपति निक्सन ने मामले में रुचि लेते हुए एक वरिष्ठ सी.आई.ए. अधिकारी को ट्रुजिल्लो से बात करने और क्यूबा के खिलाफ उसकी योजना का आकलन करने के लिए डोमिनिक रिपब्लिक की राजधानी सान्तोडोमिन्गो भेजा। इस आदमी ने डोमिनिक खुफिया प्रमुख जॉन आबेज गार्सिया को क्यूबा में प्रतिक्रान्तिकारी तत्वों की तलाश करके इस अभियान में शामिल करने का सुझाव दिया। एस्काम्ब्रे में विलियम अलेक्जेंडर मार्गन तब तक कमांडेंट बन चुका था और वहाँ के प्रमुख सैन्य अधिकारियों में से एक था।

इधर फ्लोरिडा भागकर गए बतिस्ता के सैन्य अधिकारियों ने भी गोलबन्द होना शुरू किया। जल्दी ही इस गोलबन्दी में पुराने घाघ राजनीतिज्ञों, पूँजीपतियों, नवधनाढ्यों और क्यूबा से पलायित छद्म क्रान्तिकारियों की जमात जुड़ने लगी। उन्होंने अपने इस गठबन्धन को जोसमार्ती की कविता के नाम पर 'व्हाइट रोज' का नाम दिया। जोसमार्ती की परम्परा और आदर्श ये लोग 'सैम चाचा' की गोद में बैठकर 'निभा' रहे थे। स्वाभाविक था, यह गठबन्धन तुरन्त 'ट्रुजिल्लो महायोजना' के साथ जुट गया। ट्रुजिल्लो ने इसमें क्यूबा के घर भेदी गद्दारों का काम लायक 'फिफ्थ कालम' और उसके अपने 'भाड़े की सेना' के लिए धन और साजो-सामान की मदद की भरपूर सम्भावनाएँ देखीं।

1959 की शुरुआत में ही विद्रोही डोमिनिकनों और कुछ क्यूबाई समर्थकों का जत्था डोमिनिक रिपब्लिक के क्विज्क्यूयेना तट पर उतरा। अमेरिकी दूतावास ने ट्रुजिल्लो की

जानकारी में क्यूबा के खिलाफ बहाना बनाए जाने की नीयत से इसे शह दी थी। अभियान को लेकर ट्रुजिल्लो ने समूचे लातिन अमेरिका में हाय-तौबा मचाना शुरू कर दिया और वाशिंगटन और तमाम लातिनी अमेरिकी राजधानियों में क्यूबा के खिलाफ 'क्रान्ति के निर्यात' का आरोप लगाते हुए डोमिनिक रिपब्लिक के आन्तरिक मामलों में उसकी दखलन्दाजी के जवाब में संयुक्त कार्यवाही के लिए ओ.ए.एस. (ऑर्गनाइजेशन ऑफ अमेरिकन स्टेट्स) की बैठक बुलाने को अपने राजनयिक भेजे।

सी.आई.ए. ने बतिस्ता के साथ 'करेबियाई भाड़े की सेना' को क्षेत्र की दादागिरी के लिए पुलिस बल के रूप में विकसित करने और क्यूबा में अपने आदमी भेजकर गद्दारों को एकजुट करने की योजना को अन्तिम रूप दिया जिससे दुनिया को यह बताया जा सके कि खुद क्यूबा के अन्दर क्रान्ति के खिलाफ जबर्दस्त असन्तोष उभर रहा है। मार्गन पहले से ही इस काम को एस्काम्ब्रे क्षेत्र में अंजाम दे रहा था। सी.आई.ए. का दूसरा आदमी स्पिरिटो क्रान्तिकारी सेना के एक सार्जेन्ट की हत्या करने के बाद फरार हो चुका था। ट्रुजिल्लो और बतिस्ता के दूत माफिया फ्रेड नेल्लो ने मार्गन से सम्पर्क किया। एक मिलियन डॉलर के बदले 'सेकेंड फ्रन्ट' को प्रतिक्रान्ति के लिए तैयार करने और 'फिदेल कास्त्रो को सत्ता से बेदखल करने' का सौदा हुआ। आधा अग्रिम और बाकी आधा काम हो जाने पर।

15 अगस्त को मार्गन डोमिनिकन काउन्सुल, हथियार डीलरों और प्रतिक्रान्तिकारी 'व्हाइट रोज' से सम्पर्क करने मियामी पहुँचा। वहाँ उसे ट्रुजिल्लो की योजना समझाई गई और क्यूबा के अन्दर जन-उभार या गृहयुद्ध जैसी स्थिति लाने पर जोर दिया गया जिससे सेकेंड फ्रंट और व्हाइट रोज की संयुक्त कमान में हमलों के लिए आधार तैयार हो सके। बातचीत योजना से ज्यादा अपने-अपने सौदों और कीमतों पर केन्द्रित रही। वापस लौटकर 'सेकेंड फ्रन्ट' से योजना की चर्चा करने के बाद मार्गन फिर से मियामी यह बताने गया कि मेनायो और फ्रंट के दूसरे नेता अमेरिका से इस योजना पर समर्थन की गारंटी मिलने पर ही सहमत हो सकते हैं। गारंटी मिलने में देर नहीं लगी।

मार्गन की बार-बार मियामी यात्राओं ने क्रान्तिकारी सेना के गुप्तचर विभाग 'जी-2' को सशंकित किया और छानबीन शुरू हुई। प्रतिक्रान्तिकारी घेरे के अन्दर जी-2 ने पैठ बना ली। फिदेल और क्रान्तिकारी कमान ने इस मामले में 'सैम चाचा', बतिस्ता और ट्रुजिल्लो से एक साथ निपटने की गरज से प्रतिक्रान्तिकारियों को अभी और खेलने का मौका देने का फैसला किया। जी-2 को मुस्तैदी से पूरे घटनाक्रम पर नजर रखने और गद्दारों में और गहरी पैठ बनाने के लिए कहा गया।

इस बीच षड्यन्त्रकारियों को इसकी भनक लगी और उन्होंने दुतरफा खेल कर बाजी हर हाल में अपने पक्ष में रखने की चाल चली। मेनोयो ने फिदेल को मामले की आधी-अधूरी जानकारी देते हुए कहा कि वह गद्दारों के लिए जाल बिछा रहा था और भाड़े के लड़ाकों के एस्काम्ब्रे में उतरते ही क्रान्ति के पक्ष में कार्यवाही करता। फिदेल ने, जो अब तक पूरी योजना से वाकिफ हो चुके थे, मेनोयो को इसे जारी रखने पर हामी भरी। साथ ही इस खेल को अंजाम तक पहुँचाने के लिए क्रान्तिकारी सेना को सतर्क करते हुए जरूरी तैयारियों को भी अन्तिम रूप दिया जाने लगा।

गियामी में ट्रुजिल्लो का दामाद रूबिरोसो, वेनेजुएला के अपदस्थ तानाशाह मार्कोस जिमेनेज द्वारा दी गई दो लाख डॉलर की रकम से अभियान के लिए हथियारों की खरीदारी कर रहा था। जिमिनेज ने 'भाड़े की फौज' के बल पर अपनी वापसी की आशा में यह रकम दी थी।

क्रान्तिकारी नेतृत्व को जुलाई के मध्य तक पूरी साजिश और उसके साजिशकर्ताओं का पता चल चुका था। साजिश की योजना में सेकेंड एस्काम्ब्रे फ्रंट और सेना में बचे रह गए बतिस्ता-समर्थक सैनिकों द्वारा जिनमें से ज्यादातर प्रशिक्षक और तकनीशियन थे, सेना के अन्दर भीतरघात करके टैंकों, भारी तोपखानों जैसे भारी हथियारों को कब्जे में लेना तथा क्रान्तिकारी वायुसेना के जहाजों को नष्ट करना या उड़ने की स्थिति में न रहने देना शामिल था जिससे ट्रुजिल्लो के भेजे गए लड़ाकू विमान भारी बमबारी करके 3,000 भाड़े के लड़ाकों की फौज के तटीय जमीनी कार्यवाही का रास्ता साफ कर सकें। इन भाड़े के टट्टुओं को दक्षिणी लाविलास के अल इंगलिस समुद्र तट पर उतरना था। इसी के साथ हवाना और प्रान्तीय राजधानियों में भारी पैमाने पर तोड़-फोड़, लूट-पाट, आगजनी और हत्याओं को अंजाम दिया जाना था जिससे दुनिया के सामने क्यूबा में अराजकता और गृहयुद्ध की तस्वीर पेश करते हुए क्यूबन-डोमिनिकन संघर्ष और क्यूबा में मानवाधिकार हनन के नाम पर चिली में ओएएस की बैठक बुलाकर अमेरिकी नेतृत्व में क्यूबा पर हमले को वैधता प्रदान की जा सके।

इस बीच जुलाई की शुरुआत में ट्रुजिल्लो का एक और प्रतिनिधि स्पेनी पादरी रिकार्डो वेलाज्को हवाना में साजिश की अन्तिम तैयारियों का जायजा लेने के लिए आया। हवाई अड्डे से उतरने के बाद उसने करीब एक महीने तक विभिन्न साजिशकर्ताओं से सघन सम्पर्क किया। अन्तरिम सरकार के राष्ट्रपति, उपराष्ट्रपति, प्रधानमंत्री और मंत्रिमंडल के सहयोगियों के नाम तय किए गए। मार्गन और अन्य साजिशकर्ताओं ने पूरी तरह सन्तुष्ट होकर वेलाज्को को विदा किया। इस पूरी अवधि में जिस कार से वेलाज्को घूम-घूमकर साजिश की तैयारियों को अन्तिम रूप दे रहा था उसका ड्राइवर जी-2 था।

साजिश के भंडाफोड़ की पूरी तैयारियाँ हो चुकी थीं। जी-2 के लोग मार्गन और ट्रुजिल्लो के विश्वस्तों में पैठ बना चुके थे। मेनोयो ने वक्त की नजाकत भाँपते हुए क्रान्तिकारियों की मदद में अपनी भलाई देखी और उगल दिया कि मार्गन कब हथियारों की खेप के साथ आइसिल ऑफ पाइन्स पहुँच रहा है। साजिशकर्ताओं और देश के अन्दर के गद्दारों की गुपचुप गिरफ्तारियाँ शुरू कर दी गईं। खराब मौसम के चलते मार्गन तय जगह पर न उतरकर आठ अगस्त को हवानाखाड़ी के छोटे से तटबन्ध पर उतरा। उतरते ही फिदेल और उनकी क्रान्तिकारी कमान ने उसे धर-दबोचा और हथियारों का पूरा जखीरा कब्जे में ले लिया। चालीस 30 केलिबर मशीनगनें, दर्जनों राइफलें और असंख्य गोली-बारूद। भाड़े की फौज अगले 72 घंटों में पहुँचनेवाली थी। कमांडर केमिलो और अन्य क्रान्तिकारी कमांडरों की कमान ने त्रिनिदाद के निकट अल इंगलिस तट की पूरी नाकेबन्दी कर दी। आसपास के घरों में विद्रोह के लिए सिग्नल का इंतजार कर रहे करीब एक हजार गद्दार पकड़े गए। अगले दिन सुबह सोलेडाड चीनी मिल पर बगावत की कोशिश करते हुए 24 हथियारबन्द बतिस्ता-समर्थक गिरफ्तार कर लिए गए।

साजिशकर्ताओं के एस्काम्ब्रे मुख्यालय में रेडियो ट्रांसमीटर पर कब्जा करके वहाँ से ट्रुजिल्लो को योजना के मुताबिक काम पूरा हो जाने की खबर भिजवाई गई। डोमिनिकन वायुसेना के जहाजों ने पैराशूटों के जरिए कई खेप हथियार और अन्य साजो-सामान गिराए जो क्रान्तिकारियों के हाथ लगे। इसी बीच 9 अगस्त को साजिश में बढ़-चढ़कर हिस्सा ले रहे अमेरिकी दूतावास के दो लोगों को गिरफ्तार किया गया। इन गिरफ्तारियों की भनक अन्तर्राष्ट्रीय प्रेस एजेंसियों को अपने तरीकों से लग गई और अखबारों में गिरफ्तारियों की खबरें आने लगीं। ट्रुजिल्लो के कान खड़े हुए और उसने रेडियो पर साजिशकर्ताओं से इस बाबत सम्पर्क किया। रेडियो क्रान्तिकारियों के कब्जे में था। उन्होंने ट्रुजिल्लो को बताया कि ये खबरें सरकार द्वारा अपनी नाकामयाबी छिपाने के लिए प्रायोजित की गई हैं और ट्रुजिल्लो खुद 'अमरीकन मार्गन' से इस बाबत बात कर सकता है। फिदेल ने 'अमरीकन मार्गन' कोड 3JK का स्वांग करते हुए ट्रुजिल्लो कोड KJB को सूचित किया कि त्रिनिदाद पूरी तरह साजिशकर्ताओं के कब्जे में है और हवाई जहाज से फौरन साजो-सामान भेजा जाए। इस समय तक क्रान्तिकारी सेना त्रिनिदाद को पूरी तरह अपने कब्जे में लेकर ऑपरेशन एरिया को सील कर चुकी थी और नागरिकों को जानकारी देते हुए पूरे इलाके की बिजली बन्द की जा चुकी थी।

अगले दिन हवाई पट्टी पर ट्रुजिल्लो का व्यक्तिगत दूत पादरी वेलाज्को जहाज से उतरा। पट्टी के आसपास क्रान्तिकारी सेना का हुजूम किसानों का भेस धरे फैला हुआ था। चारों तरफ सैनिक भयानक लड़ाई का दृश्य बनाए औंधे पड़े थे। वेलाज्को के उतरते ही 'किसानों' की भीड़ ने नारा लगाना शुरू किया--'ट्रुजिल्लो जिन्दाबाद! फिदेल मुर्दाबाद।' गद्गद् वेलाज्को आश्वस्त होकर मदद भिजवाने का बन्दोबस्त करने के लिए लौटा।

13 अगस्त को साजिशकर्ताओं के रेडियो से फिदेल ने 'सेकेंड फ्रंट' को सान्ताक्लारा कब्जे के लिए कूच का आदेश दिया। खबर सुनकर ट्रुजिल्लो इतना खुश हो गया कि उसने सोचा कि अब सेकेंड फ्रंट अपने बूते लाविलास कब्जा कर ही लेगा। भाड़े की फौज को न भेजकर क्यों न लाखों डॉलर बचा लिया जाए। लिहाजा उसने सिर्फ हथियारों-साजो-सामान की मदद पर हामी भरी। क्रान्तिकारी कमान ने अब इस नाटक के अन्त का फैसला किया। 13 अगस्त को हवाईपट्टी पर एक विमान C-47 उतरा। विमान से ट्रुजिल्लो का विशेष प्रतिनिधि लुई डेल जिमेनेज जो हवाना के पुराने मेयर का बेटा और बतिस्ता का खास आदमी था, अपने दल के साथ उतरा। उसके साथ बतिस्ता का एक और खासमखास राबर्टो मार्टिन पेरेज रोड्रिग्ज भी था जो अपने बाप के साथ 1 जनवरी, 59 को बतिस्ता के साथ भागा था। दल में और भी कई सारे भगोड़े थे जिनमें से कुछ को यहीं रुक जाना था और इन दोनों को वापस लौटना था। लुई डेल और मेनोयो गहरे दोस्त रह चुके थे और एक दूसरे के गले लगे। लुई डेल ने एक नक्शा फैलाकर उन जगहों को चिन्हित किया जहाँ डोमिनिक वायुसेना बमबारी करेगी। फिर कार्यवाही के पहले दौर के लिए भाड़े के फौजियों की जरूरत की बाबत पूछताछ की। विमान का चालक दल वही था जो हवाना से बतिस्ता को भगाकर ले गया था।

फिदेल, केमिलो और दूसरे कमांडरों के साथ हवाईपट्टी के पास ही छिपकर पोजीशन लिए हुए थे। क्रान्तिकारी सेना के जवान साजिशकर्ताओं के भेस में हवाई जहाज

से हथियार और संचार-उपकरणों को उतारने में लगे थे। उन्हें सिग्नल मिलते ही कार्यवाही करते हुए गिरफ्तारियों को अंजाम देना था। हवाई पट्टी से मुख्य भवन की ओर जाते समय अचानक क्रान्तिकारी सेना को लगा कि कार्यवाही का संकेत हो गया है और इसी समय विमान के चालक दल को भी कुछ गड़बड़ लगी। दोनों तरफ से गोलीबारी शुरू हो गई जो करीब 10-15 मिनट तक चली। क्रान्तिकारियों की ओर से दो जवान और साजिशकर्ताओं की ओर से भी दो लोग मारे गए। बाकी सारे साजिशकर्ता साजिश के पूरे ब्लूप्रिंट के साथ गिरफ्तार कर लिए गए। लुई डेल गोलीबारी शुरू होते ही बेहोश हो गया। प्रतिक्रान्ति की पहली कोशिश पूरी तरह मटियामेट कर दी गई।

यह 13 अगस्त था। फिदेल का 33वाँ जन्मदिन। जन्मदिन पर ट्रुजिल्लो के तोहफे का फिदेल ने माकूल रिटर्न गिफ्ट कर दिया था। अमेरिका प्रायोजित पहली प्रतिक्रान्ति ध्वस्त की जा चुकी थी।

मार्टिन पेरेज गिरफ्तारी के बाद अपनी सजा काटकर 29 मई, 1987 को रिहा हुआ और अमेरिका चला गया। सी.आई.ए. के क्यूबन अमेरिकन नेशनल फाउंडेशन (CANF) में शामिल होकर क्यूबा के अन्दर हवाई हमलों, बम विस्फोटों और न जाने कितनी बार फिदेल की हत्या की कोशिशों को अंजाम दिया। आगे चलकर उसने अपना खुद का क्यूबन अमेरिकन आतंकी माफिया संगठन बनाया और अब अमेरिका में रिपब्लिकनों का स्टार प्रचारक और फाइनेन्सर है। यह पूछे जाने पर कि फिदेल और अन्य क्यूबाई नेताओं की हत्या की कोशिश में निर्दोष लोगों के मारे जाने पर उसे कोई अफसोस नहीं होता, उसने जवाब दिया था : 'अगर पोप भी मारा जाता है तो मुझे फर्क नहीं पड़ता।' उधर हमेशा की तरह मेनोयो और मार्गन एक बार फिर अपनी प्रतिबद्धताएँ बदलकर सी.आई.ए. के साथ हो लिए और एस्काम्ब्रे पहाड़ियों में प्रतिक्रान्तिकारी जत्थों को खड़ा करने में दुबारा जुट गए जिसके जरिए सी.आई.ए. की अगली तख्तापलट योजनाओं में मदद पहुँचाई जा सके। मार्गन को नवम्बर 1960 में गिरफ्तार कर लिया गया और मेनोयो अमेरिका फरार हो गया अपने नए मालिकों की सेवा करने और 'भविष्य की सरकार' में हिस्सेदारी के सपने देखने के लिए।

साम्राज्यवादी हमले : डर्टी वार-1

ऑपरेशन 40

अपनी नाक के नीचे, अमेरिकी सीमाओं से महज 90 मील दूर क्यूबा को साम्राज्यवादी चंगुल से आजाद होकर एक स्वतंत्र खुदमुख्तार राष्ट्र के तौर पर आम जनता की आकांक्षाओं को पूरा करने की दिशा में बढ़ते देखकर अमेरिका तिलमिला उठा था। क्यूबाई क्रान्ति को अपने इशारों पर नहीं नचा पाने की हताशा अमेरिकी साम्राज्यवाद की आक्रामकता को उग्रतर करती जा रही थी।

अमेरिकी उपराष्ट्रपति निक्सन की अध्यक्षता में अमेरिका की राष्ट्रीय सुरक्षा परिषद (एन.एस.सी.) ने क्यूबा से निपटने के लिए एक विशेष दल का गठन किया जिसमें एडमिरल आर्ली बर्क, स्टेट डिपार्टमेंट से लिविंगस्टन मर्चेन्ट, राष्ट्रीय सुरक्षा सलाहकार गार्डेन ग्रे और सी.आई.ए. चीफ एलन डलेस शामिल थे। सी.आई.ए. में 'ऑपरेशन 40' नाम से टास्क फोर्स गठित की गई जिसे 'क्यूबा के मसले से निपटने के लिए आवश्यक सुझाव' और योजना प्रस्तुत करनी थी। जार्ज बुश (सीनियर) और टेक्सास आयलकिंग जैक किश्टन के जिम्मे अभियान का अर्थ प्रबन्धन था। मनोवैज्ञानिक युद्ध, राजनयिक, कूटनीतिक, आर्थिक युद्ध, भाड़े के लड़ाकों के जरिए हमला, क्यूबा के अन्दर तोड़-फोड़, हत्या और बगावत-सभी हथकंडों को आजमाया जाना था। इन सारी कार्यवाहियों को आधार और अन्तर्राष्ट्रीय वैधता का मुखौटा अमेरिका में शरण लिए क्यूबाई भगोड़ों के 'वैकल्पिक राजनीतिक संगठन' प्रदान करेंगे। इस अभियान में क्यूबा के प्रमुख क्रान्तिकारी नेताओं, खासकर फिदेल कास्त्रो की हत्या का एजेंडा सर्वोच्च प्राथमिकता पर था। इसकी शुरुआत क्रान्ति की सफलता के तुरन्त बाद से हो चुकी थी। 2 फरवरी, 1959 को अमेरिकी नागरिक एलेन मेयर फिदेल की हत्या की कोशिश में गिरफ्तार हो चुका था। जुलाई, 59 में सी.आई.ए. ने एक साल के अन्दर फिदेल की हत्या को अंजाम देने की योजना पर काम शुरू कर दिया था। अगस्त, 1959 में ट्रुजिल्लो के माध्यम से प्रतिक्रान्ति की कोशिश नाकाम हो चुकी थी। 11 से 21 अक्टूबर के बीच अमेरिकी सेना के जहाजों ने तीन बार बमबारी करके पिनारडेलरियो और कामागुए की चीनी मिलों को नष्ट कर दिया था। अमेरिका के दबाव से ब्रिटेन ने क्यूबा को हवाई जहाज बेचने से मना कर दिया। 21 अक्टूबर को हवाना पर अमेरिकी हवाई हमले में 2 नागरिक मारे गए और पचास घायल हुए। 12 जनवरी, 1960 को अमेरिकी बमवर्षक विमानों ने तेलशोधक कारखानों और गन्ने के खेतों पर बम बरसाये। 7 फरवरी को कामागुए में गन्ने के खेतों और चीनी मिलों पर बमबारी हुई। 18 फरवरी को मातांजा में चीनी मिल पर बमबारी करते अमेरिकी

विमान को क्यूबा ने मार गिराया जिसमें पाइलट राबर्ट एलिस फास्ट की मौत हो गई। 23 को फिर से लाविलास और मातंगा प्रान्तों में भीषण अमेरिकी हवाई हमले हुए। क्यूबा सरकार की ओर से 29 फरवरी को अमेरिकी हवाई हमले बन्द करके शान्तिवार्ता के प्रस्ताव को अमेरिकी गृहमंत्री (सेक्रेटरी ऑफ स्टेट्स) जॉन फास्टर डलेस ने (जो युनाइटेड फ्रूट कं. का स्टाकहोल्डर और पुराना विधि सलाहकार था और कम्पनी की जमीनें क्यूबा में कृषि सुधार कानून के अन्तर्गत मुआवजा देकर अधिगृहीत की जा चुकी थीं) शान्तिवार्ता से साफ इनकार कर दिया।

चारों तरफ से समुद्र से घिरे होने के कारण जमीनी रास्ते से क्यूबा की सीमाओं में हमला या घुसपैठ करने की कोई सूरत नहीं थी। वायु और जलमार्गों से ही किसी भी कार्यवाही को अंजाम दिया जा सकता था। 4 मार्च को हवाना बन्दरगाह पर फ्रांसीसी जलयान 'ला कूबरे' को, जिस पर बेल्जियम से लीज पर मँगाए गए हथियार-गोला-बारूद लदे थे सी.आई.ए. ने विस्फोट करके उड़ा दिया। कम से कम 100 मजदूर जो सामान बन्दरगाह पर उतार रहे थे, मारे गए और दो सौ से ज्यादा घायल हुए। 8 मार्च को पिनारडेलरियो में फिर बम बरसाकर गन्ने के खेत जला दिए गए।

अमेरिका का क्यूबा की क्रान्ति के खिलाफ यह अघोषित युद्ध शुरू से ही चल रहा था। 17 मार्च, 1960 को राष्ट्रपति आइजनहावर ने 'कास्त्रो सरकार के खिलाफ गुप्त हमलावर कार्यवाहियों की योजना-ऑपरेशन 40' पर अनुमोदन की मुहर लगा दी। योजना के तहत क्यूबा पर हमले और तख्तापलट के लिए भाड़े की लड़ाकू फौज का गठन, क्यूबा की पूरी आर्थिक नाकेबन्दी, क्यूबा के साथ चीनी करार का खात्मा, क्यूबा को तेल आपूर्ति पर रोक, क्यूबा में कार्यरत अमेरिकी कम्पनियों द्वारा क्यूबा सरकार से पूर्ण असहयोग, क्यूबा को अन्तर्राष्ट्रीय स्तर पर कहीं से भी हथियार या सैन्य साजो-सामान नहीं मिल पाने का दबाव और क्यूबा के अन्दर आतंकी कार्यवाहियों के नेटवर्क का जबर्दस्त विस्तार शामिल था।

ऑपरेशन 40 को आगे बढ़ाने के लिए गद्दी की आस लगाए तमाम निर्वासित प्रतिक्रियावादी क्यूबाई राजनीतिज्ञों का संगठन खड़ा किया गया। संगठन में बतिस्ता ग्रुप, प्रियो सोकारा जमात और क्रान्ति के बाद भागे नए राजनीतिज्ञ, सभी शामिल थे। इस फोरम की अध्यक्षता 1952 में बतिस्ता के तख्तापलट के बाद फ्लोरिडा भागे मैनुएल अन्तोनियो लोरेडो को सौंपी गई। भाड़े के लड़ाकों की सेना को प्रशिक्षित करने की कमान बतिस्ता सेना के कर्नल एडुआर्डोमार्टिन को मिली। मैनुएल आर्टाइम को सी.आई.ए. ने अपना खुद का गुट क्यूबा के अन्दर और बाहर खड़ा करने की हिदायत दी जिसके लिए धन और साजो-सामान सी.आई.ए. मुहैया कराएगी। इस तरह 'अन्तर्राष्ट्रीय कम्युनिस्ट विरोधी ब्रिगेड' का गठन हुआ।

19 मई, 1960 से 'रेडियोस्वान' ने क्यूबा-विरोधी 'संचार हमले' का अभियान शुरू किया। रेडियो स्वान अटलांटिक में स्वान द्वीप पर छद्म पहचान से सी.आई.ए. संचालित रेडियो था।

फ्लोरिडा के पास एक छोटे से द्वीप पर 'भाड़े की सेना' के रंगरूटों का आना जून से शुरू हुआ। पहले जत्थे में ज्यादातर बतिस्ता के सिपाही थे। ग्वाटेमाला में सी.आई.ए.

अपने अलग प्रशिक्षण कैम्प चला रही थी। 1300 प्रशिक्षित घुसपैठियों को पाँच-पाँच के जत्थों में क्यूबा में प्रवेश करके फैल जाना था और तोड़-फोड़ बगावत की आतंकी कार्यवाहियों का संचालन करना था। इनमें से महज 35 घुस पाये जिनमें से बीस पकड़े गए।

इसी बीच क्यूबा में अमेरिकी दूतावास के दो अधिकारियों को उनकी प्रतिक्रान्तिकारी साजिशकर्ताओं के साथ मिलीभगत के चलते 'अवांछनीय' घोषित करते हुए क्यूबा छोड़ने का निर्देश दिया गया। इनमें से एक विलिमय फ्रायडर्मेन के पास से नाजी झंडा और साहित्य बरामद हुआ था और उसने नाजीवाद समर्थक होना कबूल किया था। अमेरिका ने इसे लेकर खूब हो-हल्ला मचाया।

5 जून को मैनुएल आर्टाइम ने कोस्टारिका में अपना संगठन 'मूवमेंट फार रिकवरी ऑफ रिवोल्यूशन' (एमआरआर) बनाया। 22 जून को सी.आई.ए. ने 'निर्वासन में जिम्मेदार विरोध' के लिए 'डेमोक्रेटिक रिवोल्यूशनरी फ्रंट' तैयार कराया जो इन गतिविधियों की जवाबदेही लेते हुए अमेरिका की अपनी जवाबदेही से बचने का वैध आधार बन सके।

जुलाई की शुरुआत में सी.आई.ए. की वैज्ञानिक शाखा ने 'एलएसडी' मादक द्रव्य से एक ऐसा तत्व खोज निकाला जिसके जरिए पीड़ित को 'विभ्रम के दौरे' (हाल्यूनेशन) और बेहोशी आ जाए। फिदेल के नियमित टीवी प्रसारण कार्यक्रमों के दौरान इस पदार्थ को किसी तरह फिदेल द्वारा लिए जानेवाले खाद्य या पेय पदार्थों में मिलाने की योजना बनाई गई जिससे दुनिया के सामने टीवी पर फिदेल को बक-बक करते लड़खड़ा कर बेहोश होते दिखाया जा सके और उनको पागल-सनकी बता कर सत्ता से हटाने का रास्ता साफ हो सके। बदकिस्मती से सी.आई.ए. को इस काम की हिम्मत जुटा पाने वाला कोई गद्दार नहीं मिला।

क्रान्ति पर इस चौतरफा हमले का प्रभावी मुकाबला करने के लिए फिदेल ने समूची क्यूबाई जनता को क्रान्ति की रक्षा में लामबन्द करने का फैसला लिया। नेशनल रिवोल्यूशनरी मिलिशिया दस्ते और क्रान्ति रक्षा कमेटियाँ बनाई गईं। इनके साथ क्यूबाई महिला फेडरेशन, एसोसियेशन ऑफ यंग रिबेल्स और तमाम अन्य ऊर्जावान जुझारू नौजवान संगठनों ने मिलकर क्यूबा से प्रतिक्रान्ति के सफाये की कमान सँभाली। फिदेल कहते हैं कि क्यूबा अकेला ऐसा क्रान्तिकारी राष्ट्र है जिसने 'डर्टी वार' जैसे साम्राज्यवादी हथियार को, जिसके खिलाफ तीसरी दुनिया के देशों के लिए लड़ पाना इतना महँगा और विनाशकारी साबित हुआ है, पूरी सफलता के साथ मात दी है।

हथियारबन्द प्रतिक्रान्तिकारी दस्ते 'अल्फा 66', 'ओमेगा 7' और तमाम भाड़े के डकैत समूह क्यूबा में मानो चौतरफा युद्ध छेड़े हुए थे। लूट-पाट, आगजनी, हत्या, खेतों में आग लगा देना, मिलों, सार्वजनिक भवनों, होटलों पर हमले। फसलों, जानवरों और यहाँ तक कि नागरिकों के खिलाफ सी.आई.ए. प्रायोजित रासायनिक युद्ध चल रहा था। षड्यन्त्रकारी छिपकर घात लगाने की छापामार नीति पर काम कर रहे थे। कभी इनकी सीधे हमला करने की हिम्मत नहीं हुई। फिदेल के अनुसार इस तरह की आन्तरिक उथल-पुथल की स्थितियों का मुकाबला करने और अन्तर्राष्ट्रीय मिशन के अभियानों में क्रान्तिकारी लड़ाकों का स्वेच्छा से शामिल होना अनिवार्य शर्त है। इन मामलों में अगर

आप किताबों में किसी बँधे-बँधाये फॉर्मूले की तलाश करने लगेंगे तो आप कहीं के नहीं रहेंगे। सम्पूर्ण जनता को क्रान्ति की रक्षा में लामबन्द करना क्यूबाई क्रान्ति की अपनी विशिष्ट पहचान है।

चालीस हजार क्रान्तिकारी युवा मिलिशिया ने प्रतिक्रान्ति के गढ़ एस्काम्ब्रे को चौतरफा घेरकर नाकेबन्दी कर दी। पूरी मिलिशिया को चार भागों में बाँटकर कार्यवाही शुरू की गई। हर इलाके की सफाई के लिए एक स्क्वाड्रन लगाई गई। घुसपैठिए स्थानीय जनता के बीच, उनके घरों में छुपे बैठे थे। फिदेल कहते हैं कि इस तरह की छापामार लड़ाई जनता के 10% या महज 5% समर्थन से भी चलाई जा सकती थी। ये शातिर प्रतिक्रान्तिकारी छिपने, भेस बदलने में उस्ताद थे और हमेशा क्रान्तिकारी सेना से सीधी भिड़न्त से बचते थे। इसलिए पूरे इलाके को घेरकर एक-एक घर की तलाशी लेते हुए प्रतिक्रान्तिकारियों को गिरफ्तार किया गया। इसी कार्यनीति पर आम तौर से अमल करते हुए क्यूबा के अन्य प्रमुख शहरों से भी प्रतिक्रान्तिकारी तत्वों का सफाया किया गया। घुसपैठियों के जरिए गृहयुद्ध छेड़ने की साजिशों को विराम 1965 में लगा जब जुआन अलबर्टो घुसपैठिया गुट को 4 जुलाई, 1965 को गिरफ्तार कर लिया गया और बचे-खुचे भगोड़े घुसपैठिये भी अगले कुछ महीनों में गिरफ्तार कर लिए गए। 1959 से 1965 तक चले अमेरिकी साम्राज्यवाद द्वारा प्रायोजित डर्टी वार में 299 घुसपैठिये जत्थों के लगभग 4,000 घुसपैठियों ने शिरकत की थी। इस युद्ध पर विजय पाने में सेना, क्रान्तिकारी मिलिशिया और नागरिकों को मिलाकर करीब 550 लोग शहीद हुए और एक-एक पैसे के लिए जूझती क्यूबाई अर्थव्यवस्था को इस पर लगभग दस करोड़ पीसो (क्यूबाई मुद्रा) खर्च करने पड़े।

बे ऑफ पिग्स हमला

क्यूबा को अप्रैल 1960 में भनक लगी कि अमेरिका ग्वाटेमाला में क्यूबा पर हमले के लिए लड़ाकों को प्रशिक्षण दे रहा है। ग्वाटेमाला में जेकोबो आर्बेन्ज की निर्वाचित सरकार का जून 1954 में तख्तापलट करके सी.आई.ए. अपने दलाल को सत्ता पर बैठा चुकी थी। ग्वाटेमाला ने अपनी जमीन का क्यूबा-विरोधी गतिविधियों में इस्तेमाल किए जाने के आरोपों से इनकार करते हुए क्यूबा से अपने राजनयिक रिश्ते तोड़ लिए।

7 अक्टूबर, 1960 को क्यूबा के विदेशमंत्री राउल रोवा गार्सिया ने संयुक्त राष्ट्र को सूचित किया कि सी.आई.ए. ग्वाटेमाला में प्रतिक्रान्तिकारियों की फौज क्यूबा पर हमले के लिए तैयार कर रहा है। अमेरिका ने इसका तीखा प्रतिवाद किया। संयुक्त राष्ट्र ने भी शिकायत पर ध्यान नहीं दिया। 8 से 10 अक्टूबर के बीच अमेरिकी सेना के जहाजों से एस्काम्ब्रे में हथियार गिराये गए जिसे क्रान्तिकारी सेना ने अपने कब्जे में लेते हुए सौ से ज्यादा प्रतिक्रान्तिकारी घुसपैठियों-गद्दारों को गिरफ्तार किया। 19 अक्टूबर को अमेरिका ने क्यूबा के खिलाफ व्यापारिक आर्थिक नाकेबन्दी करते हुए खाद्य व दवा के अतिरिक्त अन्य किसी भी व्यापार पर रोक लगा दी।

4 नवम्बर को जॉन फिट्जेराल्ड केनेडी अमेरिका के 35वें राष्ट्रपति निर्वाचित हुए। नवम्बर 18 को सी.आई.ए. चीफ एलेन डलेस ने नवनिर्वाचित राष्ट्रपति (जो अभी पदासीन

नहीं हुए थे) को क्यूबा-विरोधी कार्यक्रमों की (जो काफी आगे बढ़ चुके थे) जानकारी दी। इसके अन्तर्गत क्यूबा पर हमला करने के लिए भाड़े की फौज तैयार करना, क्यूबा के तट पर फौज को उतारना, अन्तरिम सरकार का गठन, अन्तरिम सरकार द्वारा क्षेत्र के अन्य जनतांत्रिक देशों से मदद की गुहार और तब अमेरिका द्वारा अपनी नौसेना 'मेरीन' को कम्युनिस्ट बोझ तले कराह रही क्यूबाई जनता को आजाद कराने के लिए भेजा जाना शामिल था।

13 नवम्बर को करीब आधी ग्वाटेमाली सेना ने मिगुएल फुएन्ते की सरकार के खिलाफ विद्रोह कर दिया। सैनिक अपने देश की जमीन को क्यूबा पर हमले के लिए इस्तेमाल किए जाने के खिलाफ थे। ग्वाटेमाला की सरकार ने इस विद्रोह को दबाने के लिए अमेरिका से गुहार लगाई। अमेरिकी लड़ाकू जहाजों ने जिनके चालक सी.आई.ए. प्रशिक्षित क्यूबाई भगोड़े थे, विद्रोही सैनिक ठिकानों पर जबर्दस्त बमबारी की। राष्ट्रपति आइजनहावर ने इस घटना पर पर्दा डालने के लिए अमेरिकी नौसेना को क्यूबा द्वारा सम्भावित हमले के खिलाफ निकारागुआ और ग्वाटेमाला की 'सुरक्षा घेरेबन्दी' का आदेश जारी किया।

प्रशिक्षण मुख्यालय पर अमेरिकी सेना के कर्नल जैक हॉकिन्स और उसके 'ग्रीन बेरेट' दस्ते ने प्रतिक्रान्तिकारी भगोड़ों और विभिन्न लातिनी अमेरिकी देशों से जुटाये गए भाड़े के रंगरूटों को 'प्रभावी सेना ब्रिगेड' बनाने का जिम्मा लिया। इस हमलावर जत्थे को 'ब्रिगेड 2506' का नाम दिया गया। मुख्य प्रशिक्षकों में विलियम 'रिप' राबर्ट्सन और ग्रेस्टन लिन्च थे जो वास्तविक हमले के कमांडर बने और आगे भी विभिन्न क्यूबा-विरोधी अभियानों में शामिल होते रहे।

3 जनवरी, 1961 को अमेरिका ने क्यूबा के साथ अपने सारे राजनयिक-काउन्सलर सम्बन्ध तोड़ लिए। 20 जनवरी, 1961 को जॉन एफ. केनेडी ने राष्ट्रपति पद की शपथ ली।

फरवरी 1961 में सी.आई.ए. ने फिदेल की हत्या की और कई नाकाम कोशिशें की। फिदेल की पसन्दीदा सिगार में 'बुटोलिज्म' जहर मिला दिया गया जिसका धुआँ जान लेने के लिए काफी था। संयोग से फिदेल ने वह सिगार नहीं पी। इसके बाद सी.आई.ए. के कर्नल शेफील्ड एडवार्ड ने इसी जहर के कैप्सूल अपने माफिया सम्पर्क रोजेली को दिए मगर कामयाबी इस बार भी नहीं मिल सकी।

इस बीच क्यूबा में आतंकी कार्यवाहियों की बाढ़ सी आ गई थी। 7-9 जनवरी के बीच पिनारडेल रियो और एस्काम्ब्रे में हथियार गिराये गए। 14 को हवाना के तम्बाकू गोदाम को जलाकर राख कर दिया गया। 11 मार्च को हवाना का बिजलीघर तबाह कर दिया गया। दो दिन बाद सेन्टियागो डे क्यूबा बन्दरगाह के तेलशोधक कारखाने पर हमला हुआ।

तीन अप्रैल को अमेरिकी स्टेट डिपार्टमेंट ने श्वेतपत्र जारी करके क्यूबा को सोवियत संघ का दुम-छल्ला बनना छोड़कर सोवियत संघ से सारे रिश्ते तोड़ लेने का निर्देश दिया जिसके बाद क्यूबा की 'स्वतंत्र' सरकार को अमेरिका से मदद मिल सकती है। ऐसा न करने पर अमेरिका की नजर में क्यूबा अमेरिकी देशों में सच्ची और खुदमुख्तार (ऑथेंटिक

एंड आटोनॉमस) प्रजातंत्रों के लिए साफ और विद्यमान खतरा (क्लीयर एंड प्रेजेन्ट डैंजर) माना जाएगा। जाहिर है, क्यूबा ने अमेरिका की निर्देशात्मक सलाह नहीं मानी।

सात अप्रैल को न्यूयॉर्क टाइम्स ने खबर छापी कि ग्वाटेमाला, फ्लोरिडा और लुसियानिया में 'विशेषज्ञ' पैरामिलिट्री दस्तों को क्यूबा पर हमले के लिए प्रशिक्षित कर रहे हैं।

आक्रमण के लिए फौज के बेस कैम्प की जगह तय की गई। सी.आई.ए. ने अपने पुराने भरोसेमन्द दलाल निकारागुआ के तानाशाह अनास्तासियो सोमाजा की मदद ली। निकारागुआ के अटलांटिक तट पर पुएर्टोकाबेजो को आधार कैम्प बनाने के लिए चुना गया। आधार कैम्प को 'टाइड' और हवाई पट्टी को 'हैप्पी वैली' नाम मिला। भगोड़े क्यूबाइयों के, जिनमें ज्यादातर बतिस्ताई थे, दस्ते तैयार होने लगे। 'निर्वासन में रह रहे राजनेताओं' के बार-बार कैम्प में दौरे होने लगे जिससे क्रान्ति के बाद नई सरकार की दौड़ में उनकी प्रतिस्पर्धी दावेदारी फलती-फूलती रहे।

दिसम्बर 1960 के मध्य में ही ग्वाटेमाला कैम्प के चुनिन्दा 84 लोगों का एक दस्ता पनामा नहर क्षेत्र के 'फोर्ट गुलिक' में पहुँचकर गुप्त रूप से एक ऐसी सक्षम यूनिट बनने की तैयारी कर रहा था जो हर हाल में 'बिग्रेड 2506' के क्यूबा में उतर जाने की गारंटी करे। इस दस्ते को हर तरह का पेशेवर प्रशिक्षण दिया–गया-हथियार, बारूद, सुरंगें, छापामार लड़ाई के दाँव-पेंच, गुप्त सूचना-संचार, प्रचार-प्रोपेगेंडा, मनोवैज्ञानिक युद्ध, गुप्तचरी-मुखबिरी, शहरी और ग्रामीण आतंकी संगठन, यातना और छानबीन सब कुछ सिखाने की कोशिश की गई। इस दस्ते को छोटे-छोटे गुटों में बँटकर काम करना था जिससे उनके अन्दर जी-2 के घुसने का खतरा न रहे। सी.आई.ए. को अपनी योजना की सफलता के लिए आन्तरिक प्रतिक्रान्तिकारी कार्यवाहियों पर भरोसा था। उन्हें क्यूबा की जनता की क्षमता और क्रान्ति के प्रति उसके भरोसे का अन्दाजा नहीं था। समूचे क्यूबा ने वर्दी पहन, हथियारबन्द होकर महज कुछ घंटों में क्यूबा के अन्दर के गद्दारों और आतंकियों की सफाई कर दी। उधर सी.आई.ए. प्लान का एक और महत्त्वपूर्ण कार्यभार बार-बार नाकामयाब हो रहा था। फिदेल की हत्या की उनकी हर कोशिश नाकामयाब हो रही थी। इस बार भी वे अप्रैल की शुरुआत में नेशनल सेविंग्स एंड हाउसिंग इन्स्टीट्यूट की बैठक में बम विस्फोट के जरिए फिदेल को मारने में नाकामयाब रहे। क्यूबा में योजना के सूत्रधार हम्बर्टो सोरीमार्टिन और एक धनी जमींदार अल्बर्टो फर्नान्डेज थे।

एस्काम्ब्रे पहाड़ियों में घुसपैठियों के खिलाफ निर्णायक जंग चल रही थी। फिदेल दुश्मन की इस क्षेत्र को प्रतिक्रान्ति का आधार इलाका बनाने की रणनीति का सफाया करने पर तुले थे। 1960 के अन्त से इस अभियान 'ला लिम्पिया डेल एस्काम्ब्रे' (एस्काम्ब्रे की सफाई) को शुरू करते हुए क्रान्तिकारी सेना के साथ देश-भर से दसियों हजार स्वयंसेवक मिलिशिया ने मिलकर एक-एक घर से प्रतिक्रान्तिकारी गद्दारों का सफाया किया। जनवरी-फरवरी में हथियारों के विशाल जखीरे जब्त किए गए–तोपें, बजूका, मोर्टार, गोले, मशीनगनें, राइफलें, गोली-बारूद, हथगोले, विस्फोटक, रेडियो, बैटरी, दवाएँ, क्या नहीं पकड़ा गया। हर बार अमेरिकी जहाज पैराशूट से साजो-सामान गिराते और सारा माल क्रान्तिकारी सेना के कब्जे में आता। फिदेल ने 4 मार्च को इस पूरे

अभियान का खुलासा किया। सी.आई.ए. टास्क फोर्स को जबर्दस्त धक्का लगा और उसने पेंटागान से मदद माँगी। अमेरिकी सैन्य अधिकारियों ने हमले की जगह बदलकर मातंजा प्रान्त के दक्षिणी हिस्से में जपाटा पेनिन्सुला के गुमनाम 'बे ऑफ पिग्स' कर दी।

13 मार्च को सोरी मार्टिन और उसका जत्था 'ग्रे टीम' हथियारों और करीब दो टन विस्फोटक के साथ फिदेल की हत्या और विभिन्न प्रति-क्रान्तिकारी गुटों को गोलबन्द करके आतंकी वारदातों का देश-भर में सिलसिला शुरू करने के इरादे से हवाना में घुसा। इस बात से अनजान कि उसकी हर गतिविधि जी-2 की नजर में है। 18 मार्च की रात में जब प्रतिक्रान्तिकारी गुटों की बैठक पूरी गहमा-गहमी में थी, जी-2 ने छापा मारकर गद्दारों को धर दबोचा। योजना, नाम-पते, नक्शे, भारी मात्रा में हथियार और विस्फोटक बरामद किए गए। बड़े पैमाने पर छापेमारी और गिरफ्तारियाँ हुईं। इसी बीच फिदेल को कैपसूल के जरिए जहर देकर हत्या की एक और कोशिश नाकामयाब हुई। प्रधानमंत्री कार्यालय के कर्मचारी जुआनआर्टा कार्डोवा की हिम्मत, जिसे प्रतिक्रान्तिकारियों ने खरीद लिया था, आखिरी मौके पर जवाब दे गई।

अब तक क्रान्तिकारी सरकार को बे ऑफ पिग्स हमले की जानकारी काफी कुछ मिल चुकी थी और फिदेल ने क्रान्तिकारी सेना और मिलिशिया को इसके जवाबी बन्दोबस्त में लगाने की योजना बना ली थी।

अमेरिकी हमला और जवाब

14 अप्रैल 1961 की भोर में अमेरिकी ए-26 बमवर्षक लड़ाकू विमान दस्तों ने, जिन पर क्यूबाई वायुसेना के नकली निशान लगे हुए थे, क्यूबा के तमाम हवाई अड्डों पर जबर्दस्त बमबारी की। यह बमबारी दो दिनों तक चलती रही जिसमें क्यूबा वायुसेना को भारी नुकसान हुआ। क्यूबा के पक्ष में बढ़ते अन्तर्राष्ट्रीय दबाव की आशंका से केनेडी ने बमबारी आगे जारी रखने की सहमति नहीं दी।

16 अप्रैल को आधी रात से कुछ पहले अमेरिकी अगुआ दस्ता बे ऑफ पिग्स के तटबन्धों पर उतरकर हमलावर सेना के उतरने में मदद के लिए 'लैंडिंग लाइट्स' आदि लगाने लगा। मुख्य हमलावर दस्ता 'ब्रिगेड 2,506' में अमेरिका द्वारा प्रशिक्षित, अमेरिकी हथियारों और साजो-सामान से लैस करीब 1,500 क्यूबाई भगोड़े थे। ब्रिगेड की कमान सी.आई.ए. एजेंट ग्रेस्टन लिंच और विलियम राबर्ट्सन के हाथों में थी। दो दिन की बमबारी से क्यूबाई वायुसेना की क्षमता नष्ट कर चुकने के बाद अगला कदम बे ऑफ पिग्स तक जाने वाले दोनों रास्तों को बमबारी से तबाह करना था, जिससे ब्रिगेड 2,506 के मोर्चा बना लेने से पहले क्यूबाई सेना न पहुँच सके। इन हमलों की मदद क्यूबा के अन्दर सी.आई.ए. के मुखबिर और एजेंट करते जिन्हें समूचे क्यूबा में तमाम महत्त्वपूर्ण पुलों और राजमार्गों को विस्फोट से उड़ा देना था। प्रतिक्रान्ति का अन्तिम लक्ष्य अमेरिका द्वारा चुनी हुई नई 'जनतांत्रिक' क्यूबा सरकार का गठन था।

17 अप्रैल की भोर में 'ब्रिगेड 2,506' ने दो-दो सौ लड़ाकों की 6 या 7 बटालियनों में बँटकर बे ऑफ पिग्स के तटबन्धों पर उतरना शुरू किया। इसके ठीक पहले पैराट्रूपर्स की एक बटालियन ने दोनों मुख्य मार्गों पर कब्जे के लिए उतरकर आगे कूच करना शुरू

कर दिया था। बे ऑफ पिग्स समुद्र तट से कुछ मील दूरी पर अमेरिकी जंगी बेड़ा 'यूएसएस एसेक्स' एयरक्राफ्ट कैरियर और नौसेना मरीन लड़ाकों के साथ लंगर डाले तैयार था। अन्तरिम सरकार की ओर से मदद का संकेत मिलते ही इन लड़ाकों को नौसेना और वायुसेना की बमबारी बैक-अप के साथ क्यूबा पर टूट पड़ना था।

15 अप्रैल की बमबारी में शहीद हुए क्यूबा वायुसेना के सात जवानों के अन्तिम संस्कार के अवसर पर उन्हें श्रद्धांजलि देते हुए फिदेल ने अमेरिकी आक्रमण के जवाब में 'क्रान्ति के समाजवादी चरित्र' की घोषणा की। कब्रगाह की ओर जाने वाले दोनों रास्तों में खचाखच भरे क्यूबाई युवा मिलिशिया को सम्बोधित करते फिदेल ने कहा, 'यह हमारा वजूद है जिसके लिए वे हमें माफ नहीं कर सकते। यह कटु यथार्थ है कि हम अभी भी यहाँ है, ठीक उनकी नाक के नीचे, और यह कि हमने संयुक्त राज्य के इतने नजदीक पड़ोस में समाजवादी क्रान्ति कर डाली है...यह क्रान्ति दमितों की, दमितों के द्वारा और दमितों के लिए है।' (रिवोल्यूशन ऑफ दि हम्बल, बाई दि हम्बल एंड फार दि हम्बल)।

फिदेल जब 16 अप्रैल को शहीदों की अन्तिम विदाई में क्यूबा के समाजवाद का संकल्प घोषित कर रहे थे, गद्दारों की 'ब्रिगेड 2506' अमेरिकी नौसेना के युद्ध बेड़े के साये में करेबियन समुद्र को चीरती आगे बढ़ रही थी। गद्दारों की यह फौज ग्वाटेमाला के कैम्प से निकारागुआ के पुएर्टो काबेजा लाई गई थी जहाँ निकारागुआ के तानाशाह अनस्तासियो सोमाजा के थुलथुल और पागल बेटे लुई सोमाजा ने इन गद्दारों को रवाना करते हुए उनसे 'कास्त्रो की दाढ़ी का कम से कम एक बाल' स्मृति-चिन्ह के रूप में लाने को कहा था।

17 अप्रैल को करीब 1.30 बजे सुबह प्रतिक्रान्तिकारी फौज के अगुआ दस्ते की दो बटालियनें प्लायागिरों और एक प्लायालागो पर मुश्किल से उतर सकी। मूँगे की घनी चट्टानें भी उनका रास्ता रोक रही थीं। दो छोटे युद्धपोत क्यूबा समुद्रतट से महज 80 गज दूर इन चट्टानों से टकराकर डूब रहे थे। इन पर सवार लड़ाके तो किसी तरह बच गए मगर भारी तोपखाने, गोला-बारूद जहाज के साथ ही डूब गए।

करीब तीन बजे सुबह स्थानीय क्रान्तिरक्षा कमेटी के एक सदस्य की नजर समुद्र तट से थोड़ी दूर लंगर डाले अमेरिकी युद्धपोत बेड़े पर पड़ी। बीस मिनट के अन्दर समूची क्यूबा सरकार ने इस हमले का जवाब देना शुरू कर दिया। राष्ट्र को इस हमले की जानकारी देते हुए जनमिलिशिया को सेना के साथ मोर्चे पर रवाना किया गया। अमेरिकी बमबारी में क्यूबा वायुसेना की क्षमता नष्ट हुई थी, हौसला नहीं। चंद घंटों के अन्दर गिने-चुने बचे जहाजों से साहसी क्यूबाई वायुसैनिकों ने अमेरिकी जहाजों को पस्त करते हुए अमेरिकी बेड़े पर बमबारी करके उनके कमांड जहाज 'मारोया' और आपूर्ति जहाज 'ह्यूस्टन' को डुबो दिया। देश-भर में क्यूबाई पुलिस और मिलिशिया ने छापे मारकर सी.आई.ए. दलालों को एक भी विस्फोट कर सकने से पहले धर दबोचा। बे ऑफ पिग्स के दोनों मुख्य मार्गों पर उतरने वाली पैराट्रूपर्स बटालियन और बे ऑफ पिग्स के विभिन्न तटबन्धों पर उतरने वाली हमलावर बटालियनों को कदम-कदम पर क्यूबाई सेना के स्थानीय कैम्पों के जवानों, पुलिस और जन-मिलिशिया की जानलेवा चुनौती का सामना करना पड़ रहा था।

ठीक हमले के दिन अमेरिका के सेक्रेटरी ऑफ स्टेट डीन रस्क ने प्रेस कान्फ्रेंस बुला कर कहा, 'अमेरिकी जनता को यह जानने का हक है कि क्या हम क्यूबा में हस्तक्षेप कर रहे हैं या भविष्य में ऐसा कोई इरादा है? सवाल का जवाब है-नहीं।' संयुक्त राष्ट्र में अमेरिकी राजदूत स्टीवेंसन ने, जिसे बार-बार झूठ बोलने के लिए मजबूर किया गया था, अपनी कतार से बाहर आकर सार्वजनिक रूप से अमेरिका से क्यूबा पर हमला बन्द करने के लिए कहा। हमले पर प्रतिक्रिया देते हुए संयुक्त राष्ट्र में सोवियत राजदूत जोरिन ने घोषणा की, 'आज क्यूबा अकेला नहीं है। उसके सबसे विश्वस्त मित्रों में सोवियत संघ मौजूद है।'

18 अप्रैल को केनेडी को खुश्चेव का खत मिला। खुश्चेव ने लिखा था कि यह किसी से छिपा नहीं है कि क्यूबा पर हमला करनेवाले जत्थे अमेरिका ने प्रशिक्षित करके अपने हथियारों के साथ भेजे हैं और क्यूबा पर अमेरिकी वायुसेना बम गिरा रही है। सोवियत संघ की स्थिति स्पष्ट है। सोवियत संघ हथियारबन्द हमले से निपटने के लिए क्यूबा सरकार और जनता को हर सम्भव मदद करेगा। अभी भी अमेरिका चाहे तो अपने हाथ खींचकर क्यूबा में अपने हस्तक्षेप को महायुद्ध में बदलने से रोक सकता है।

केनेडी ने अमेरिकी वायुसेना द्वारा आगे बमबारी की इजाजत नहीं दी और क्यूबा में ब्रिगेड 20506 अब महज अपने भरोसे इंच-इंच जमीन पर जिन्दगी और मौत की लड़ाई लड़ रही थी। आसन्न हार के पलों में भी केनेडी अमेरिका का हमले में हाथ होने से इनकार करते रहे। आखिरकार केनेडी ने दो दिनों के बाद 19 को अमेरिकी वायुसेना को मदद के लिए निर्देश दिया। मगर तब तक मदद लेने वाला कोई मैदान में था ही नहीं। चार अमेरिकी पायलट मारे गए। ये विमान जन-मिलिशिया के उन लोगों ने मार गिराये थे जिन्हें महज चन्द महीने पहले गन्ना उगाने के सिवाय कुछ नहीं आता था।

फिदेल ने निर्णायक जवाबी हमला रात में किया जिससे हमलावरों को अमेरिकी नौसैनिकों की मदद न मिल सके। समुद्र तट की ओर बढ़ते हुए रास्ते में 105 मि.मी. तोपों के साथ टैंकरोधी बैरियर मोर्चेबन्दी की सूचना मिली। फिदेल ने उस समय उपलब्ध तीन टी-34 सोवियत टैंकों के कमांडरों को हर पाँच मिनट के अन्तर पर पूरी गति के साथ अँधेरे में बैरियर की ओर बढ़ने का निर्देश दिया। फिदेल बैरियर के जवाब में 122 मि.मी. तोपों के साथ भारी टैंक हमला करना चाहते थे मगर वे अभी रास्ते में ही थे। फिदेल खुद सबसे पहले एक टैंक में बैठे जो टैंक न होकर SAV-100 सेल्फप्रोपेल्ड 100 मि.मी. तोप वाली बख्तरबन्द गाड़ी थी। यह बख्तरबन्द गाड़ी भी सारे दिन मोर्चा लेती रही थी और उस समय मुश्किल से उसमें चार-पाँच गोले बचे होंगे। फिदेल पूरी तेजी से सीधे टैंकरोधी बैरियर में घुस गए। बैरियर छितराकर बिखर गया और एक गोली तक जवाब में नहीं चली।

अगले दिन 19 तारीख को दोपहर 2.30 बजे ब्रिगेड 2,506 के कमांडर ने टूटती आवाज में अपना आखिरी रेडियो सन्देश अमेरिका को भेजा : 'हमारे पास लड़ने के लिए कुछ नहीं बचा है, आखिर तुम लोग (अमेरिकी) हमारे साथ, हमारे लोगों के साथ, हमारे देश के साथ ऐसा कैसे कर सकते हो?' उसी दिन शाम छः बजते-बजते क्रान्तिकारी सेना और मिलिशिया ने पूरा मैदान जीत लिया था। हर मोर्चे पर हजारों नौजवान क्यूबाइयों ने

अपनी जान की बाजी लगाकर क्रान्ति की रक्षा की थी और 150 से ज्यादा नौजवान शहीद हुए थे। दुश्मनों की ओर से करीब दो सौ लोग मारे गए और बाकी लगभग 1,200 बन्दी बना लिए गए। इन बन्दियों में वे भगोड़े क्यूबाई भी थे जो क्रान्ति से पहले क्यूबा में 9,14,859 एकड़ जमीन, 70 कारखानों, पाँच खदानों, दो बैंकों और दस चीनी मिलों के मालिक हुआ करते थे।

बन्दियों को तुरन्त लारियों में भरकर हवाना पहुँचाने की व्यवस्था की गई। इतनी घमासान लड़ाई, इतनी बड़ी साजिश और अपने 150 साथियों को अपनी आँखों के सामने शहीद होते देखने के बावजूद क्यूबाई सेना की ओर से कोई बदसलूकी या पूरे बन्दीकाल में कोई बदसलूकी, कोई यातना नहीं दी गई। बड़ी-बड़ी 18 चक्कों की लारियों में युद्धबन्दी हवाना भेजे जा रहे थे। उनमें से एक लारी में असावधानीवश दम घुटने से कुछ कैदियों की मौत हो गई थी।

फिदेल ने अमेरिका के सामने इन युद्धबन्दियों की रिहाई के लिए हर्जाने की शर्त रखी। हर युद्धबन्दी के लिए एक लाख डॉलर का हर्जाना। बातचीत एक अमेरिकी वकील जेम्स डोलोवान के जरिए हो रही थी। सी.आई.ए. इस अवसर पर भी अपना असली चरित्र दिखाने से बाज नहीं आई। सी.आई.ए. ने डोनोवान के जरिए फिदेल को एक तैराकी सूट उपहार में भेजा जिसे रासायनिक जहर और बैक्टीरिया से 'ट्रीट' किया गया था जो फिदेल की जान ले सके। यह साजिश डोनोवान की जानकारी में नहीं थी। उसने एक शुभचिन्तक के तौर पर वह तोहफा दिया था।

ज्यादातर युद्धबन्दी क्रान्ति के युद्ध अपराधी थे जो अमेरिका फरार हो गए थे। ब्रिगेड के ज्यादातर अधिकारी बतिस्ता की सेना के थे। हमलावरों में बहुत सारे क्यूबा के भूतपूर्व भू-स्वामियों और धनाढ्य परिवारों के साहबजादे थे। बावजूद इसके फिदेल ने उन सबको पूरी देखभाल से रखा और सभी को अमेरिका लौटाने के लिए तैयार थे। आखिरकार हर्जाने पर सहमति बनी। 2 मिलियन डॉलर का नकद हर्जाना कनाडा से मुर्गीपालन जेनेटिक्स शोध के लिए उपकरण मँगाने में निवेश किया गया। 50 मिलियन डॉलर दवाओं और बाल आहार के रूप में मिले जिसकी अमेरिका ने मनमानी कीमत लगाई। कैदियों के साथ न सिर्फ कोई दुर्व्यवहार नहीं हुआ था बल्कि ज्यादातर अपने साथ किए गए व्यवहार से अचम्भित थे और वापस जाने तक उनके साथ एक नजदीकी जैसी बन चुकी थी। यहाँ तक कि वापस जाते समय उनमें से कइयों ने बिना किसी दबाव के अपनी इच्छा से और सार्वजनिक रूप से हमले की सच्चाई बयान की। फिदेल कहते हैं कि क्रान्ति के शुरुआती वर्षों में क्यूबा के खिलाफ अमेरिकी प्रशासन की विभिन्न आपराधिक आतंकी कार्यवाहियों-हत्या, आगजनी, विस्फोट आदि के हजारों बन्दी अपराधियों को न्यूयॉर्क के आर्कबिशप कार्डिनल जॉन 'ओ' कोनार के साथ वापस किया गया था। अमेरिका में इन सारे 'विरोधियों' (डिसीडेन्ट्स) का नायकों की तरह स्वागत हुआ। उन्हें धन, पद और सुविधाओं से नवाजा गया। इनमें से बहुत से अपने पुराने धंधे की ओर लौट आए—आतंकी गुट बनाने, आतंक के प्रशिक्षण देने, तमाम तरह के झूठे दुष्प्रचार चलाने में जुट गए।

केनेडी ने निक्सन और आइजनहावर द्वारा अनुमोदित सी.आई.ए. और पेंटागान की योजना को उनके इस झूठ पर यकीन करते हुए सहमति दी थी कि क्यूबा की जनता

फिदेल से निजात पाने को उबल रही है। केनेडी हमले के दौरान झूठ पर झूठ बोलते रहे और हमले की मदद को लेकर असमंजस में रहे। आखिरकार जब उन्होंने वायुसेना मदद की हामी भरी तब तक महज 72 से भी कम घंटों के अन्दर युद्ध का निपटारा हो चुका था। युद्ध के मोर्चे पर कोई हमलावर बचा ही नहीं जिसकी मदद की जा सके। यह अमेरिकी साम्राज्यवाद के लिए बेहद अपमानजनक कड़वा घूँट था।

प्रतिक्रिया में केनेडी ने आर्थिक नाकेबन्दी, भाड़े के हमलावरों, घुसपैठियों और डर्टीवार की झड़ी लगा दी। इसके साथ लातिनी अमेरिकी देशों में क्यूबा क्रान्ति की 'छूत' फैलने से रोकने के लिए क्यूबा के 'कृषि सुधार' के जवाब में एक महत्त्वाकांक्षी पहल 'प्रगति के लिए गठबन्धन' (एलायन्स फार प्रोग्रेस) बनाकर 20 बिलियन डॉलर की रकम लातिनी अमेरिका के आवास, वित्तीय सुधार, शिक्षा, स्वास्थ्य आदि के नाम पर बाँटी। लातिनी अमेरिका के बहुत से शासकों ने जहाँ तक बन पड़ा इस रकम को अपनी निजी लूट के खजानों में डकार लिया और 'प्रगति के लिए गठबन्धन' लातिनी अमेरिका के हालात में कोई सुधार न ला सका।

साम्राज्यवादी हमले : डर्टी वार-2

ऑपरेशन मोंगूज

बे ऑफ पिग्स की शर्मनाक हार के कारणों की छानबीन का राष्ट्रपति केनेडी ने जनरल मैक्सवेल टेलर को जिम्मा दिया। जनरल मैक्सवेल ने 13 जून 61 को अपनी रिपोर्ट प्रस्तुत की, जिसमें हार का ठीकरा सी.आई.ए. के सर पर फोड़ा गया था। अगले कुछ महीनों में सी.आई.ए. के उच्चस्तरीय हलकों में व्यापक फेरबदल हुआ।

क्यूबा के खिलाफ प्रतिशोध की आग में जलते हुए केनेडी ने प्रच्छन्न आतंकी कार्यवाहियों को बदली हुई परिस्थितियों में नए सिरे से समन्वित-संयोजित किए जाने का फैसला लिया। क्यूबा के लिए गठित विशेष कार्यबल को 'स्पेशल ग्रुप (अगमेंटेड) 5412' के रूप में पुनर्गठित किया गया। इसके नियमित सदस्यों–स्टेट डिपार्टमेंट से मेक्जार्ज बंडी और अलेक्सिस जॉनसन, रक्षा विभाग से रोजवेल किर्कपैट्रिक, सी.आई.ए. से जॉन मैक्नेन और सेना से जनरल लोगान लेमिन्जर के अलावा अटार्नी जनरल राबर्ट केनेडी और जनरल मैक्सवेल टेलर को भी शामिल किया गया। गृहमंत्री (सेक्रेटरी ऑफ स्टेट) डीनरस्क और रक्षामंत्री मैक्नमारा भी जरूरत के मुताबिक बैठकों में शामिल होते। जनरल मैक्सवेल टेलर को ग्रुप का मुखिया बनाया गया। जनरल टेलर ने फिदेल कास्त्रो के खिलाफ राजनीतिक, सामरिक, आर्थिक और प्रोपेगेंडा कार्यवाहियों के लिए नई दिशानीति बनाए जाने को राष्ट्रपति से सिफारिश की।

नवम्बर 1961 में केनेडी ने जनरल एडवर्ड लांसडेल और अपने सहायक रिचर्ड गुडविन को क्यूबा से कम्युनिस्ट शासन उखाड़ फेंकने को 'क्यूबा की मदद' के लिए जरूरी कार्यवाहियों की गुप्त योजना तैयार करने को कहा। लांसडेल ने अटार्नी जनरल राबर्ट केनेडी के साथ मिलकर संकेत नाम 'ऑपरेशन मोंगूज' से एक विस्तृत योजना तैयार की जिसे क्यूबा के अन्दर गृहयुद्ध के हालात पैदा करने के लिहाज से बार-बार संशोधित-परिष्कृत किया गया। योजना में क्यूबा के अन्दर तोड़-फोड़ की आतंकी कार्यवाहियाँ, प्रतिक्रान्तिकारियों-गद्दारों के हथियारबन्द गिरोह खड़े करना और उन्हें हर तरह की मदद मुहैया कराना, महत्त्वपूर्ण राजनेताओं की हत्या और प्रचार-प्रोपेगेंडा गतिविधियाँ शामिल थीं। आर्थिक नाकेबन्दी इन कार्यवाहियों के साथ-साथ चलती रहनी थी जिससे क्यूबाई अर्थव्यवस्था और उत्पादन-क्षमता को पूरी तरह ध्वस्त किया जा सके। इसके चलते जनता में असन्तोष और क्रान्तिकारी नेतृत्व के अन्दर मतभेद बढ़ेगा। यह स्थिति अन्ततः क्यूबा की जनता या कम से कम क्यूबा की जनता के एक बड़े हिस्से के विद्रोह में फूट पड़ेगी। यह विद्रोह क्यूबा में अमेरिकी सेना के सीधे हस्तक्षेप का आधार बनेगा।

राबर्ट केनेडी को इस अभियान का प्रभावी कमांडर बनाया गया। सी.आई.ए. ने ऑपरेशन मोंगूज के लिए अपने विभागीय 'टास्क फोर्स W' की कमान विलियम हार्वी को दी। विलियम हार्वी सी.आई.ए. में ZR/RIFLE विंग का मुखिया था जिसके जिम्मे अमेरिका को मुश्किल में डालनेवाले विदेशी राजनेताओं की हत्या का कार्यभार था। टास्क फोर्स W को एसजीए के निर्देशन में काम करना था। टास्क फोर्स W ने इस अभियान के लिए सी.आई.ए. मुख्यालय और मियामी वर्क स्टेशन पर 400 लोग लगाए। SGA ने अपनी पहली कार्य योजना 18 जून. 62 को राष्ट्रपति को सौंपी जिस पर अगले दिन अटार्नी जनरल राबर्ट केनेडी के कार्यालय में निर्णायक बैठक हुई। अमेरिकी सिनेट कमेटी की रिपोर्ट के अनुसार बैठक कार्यवृत्त की अन्तिम लाइने थीं : 'निष्कर्षः कास्त्रो को उखाड़ फेंकना मुमकिन है।...अमेरिकी सरकार के लिए क्यूबा समस्या का समाधान आज सर्वोच्च प्राथमिकता है। समय, धन-जनबल-कुछ भी उठा नहीं रखा जाना चाहिए। कल राष्ट्रपति ने जता दिया है कि अन्तिम अध्याय अभी नहीं लिखा गया है--इस काम को किया जाना है और इसे किया जाएगा।'

18 जनवरी, 62 की जनरल लासडेल की कार्ययोजना में विभिन्न एजेंसियों के जिम्मे 32 सूत्री कार्यभार थे। इनमें 'क्यूबा के लोकप्रिय जनान्दोलन को सहयोग देने के लिए अमेरिका सेना के इस्तेमाल' की दृष्टि से गुप्तचरी-मुखबिरी से लेकर सैन्य योजना तैयार करने और क्यूबा के अन्दर विध्वंसक कार्यवाहियों की व्यावहारिक समयबद्ध कार्ययोजना शामिल थी। इन कार्ययोजनाओं में रासायनिक युद्ध, विभिन्न संस्थाओं के अन्दर घुसपैठ, गुप्तचरों और हथियारों की बड़े पैमाने पर तस्करी शामिल थी।

एस.जी.ए. ने इस 32 सूत्री कार्ययोजना को स्वीकार करते हुए ऑपरेशन मोंगूज के लिए 20 फरवरी को एक 'सिक्स फेज शेड्यूल' निर्धारित किया जिसकी निर्णायक परिणति अक्टूबर, 1962 में क्यूबा में 'खुली बगावत और कम्युनिस्ट शासन को उखाड़ फेंकने' में होनी थी। 'प्रतिरोध दौर' के एक खास कार्यक्रम के अन्तर्गत 'शासन की कतारों पर, इसके महत्त्वपूर्ण नेताओं समेत हमले' शामिल थे। लांसडेल की इस योजना में '...यह कार्यवाही ऑपरेशन का खास निशाना (स्पेशल टारगेट) होना चाहिए। पुलिस और जी-2 के लोगों के खिलाफ कार्यवाही के लिए भर्ती के मामले में 'गैंगस्टर तत्व' सबसे बेहतरीन प्रभावी सम्भावना साबित हो सकते हैं।'

इस बीच अमेरिका के निर्देश पर क्यूबा को ऑर्गनाइजेशन ऑफ अमेरिकाज ओ.ए.एस. से निकाला जा चुका था और 7 फरवरी से क्यूबा के खिलाफ अमेरिकी आर्थिक नाकेबन्दी 'ब्लॉकेड' लागू हो चुकी थी। 20 फरवरी को अमेरिका ने नाटो को निर्देश दिया कि क्यूबा को ओएएस से निकाले जा चुकने के परिप्रेक्ष्य में नाटो और उसके सभी सहयोगी राष्ट्र 'स्वैच्छिक रूप से' क्यूबा को किसी भी तरह की रणनीतिक आपूर्ति पर प्रतिबन्ध लगाए और सामान्य व्यापार में अधिक से अधिक कटौती करें।

19 अप्रैल को अमेरिका ने उत्तरी तटवर्ती समुद्र में वर्जीनिया से चार्ल्सटन दक्षिणी कोरोलिना तक 'क्विक् किक्' भारी सामरिक युद्धाभ्यास किया जिसमें 83 युद्धपोत, 300 लड़ाकू जहाज और 40,000 सैनिकों ने हिस्सा लिया। 25 जुलाई तक पेंटागन के घुसपैठिए 11 जत्थों में क्यूबा के पिनेरडेलरियो प्रान्त में घुसकर 250 से ज्यादा आतंकी संगठन बना

चुके थे जिनका काम सेना, प्रशासन और महत्त्वपूर्ण ठिकानों से सम्बन्धित जानकारी हासिल करना, जनता को गुमराह करना, गन्ने के खेतों और फसलों को जलाना, मिलों पर हमले करना जैसी आतंकी कार्यवाहियाँ थीं। यह पेंटागन के 'क्यूबा के खिलाफ सैन्य कार्यवाही के लिए सफलतापूर्वक स्थापित आधार क्षमता' का महत्त्वपूर्ण हिस्सा था।

मनोवैज्ञानिक युद्ध की कमान आंतरिक सहयोग विभाग यूएसआईए के पास थी। 1962 के मध्य तक कम से कम दस रेडियो स्टेशन क्यूबा के खिलाफ पूर्णकालिक विषवमन अभियान में लगे हुए थे। समाचार, गानों, धार्मिक सन्देशों, कार्टून, किताबों, डाक्यूमेन्ट्री, सिनेमा आदि तमाम माध्यमों से क्यूबा की जनता को विद्रोह के लिए उकसाने, झूठी अफवाहें फैलाने, क्यूबाई नेताओं, खासकर फिदेल को बदनाम करने की मुहिम चलाई जा रही थी। शार्टवेव रेडियो प्रचार की कमान वायस ऑफ अमेरिका के जिम्मे थी। मीडियम वेव पर यह काम 'रेडियो अमेरिका' के जरिए चलाया जा रहा था जो एक छद्म 'कवर कम्पनी' के नाम से सी.आई.ए. का अपना रेडियो स्टेशन था। टीवी के लिए 'स्ट्राटा विजन' नान से हवाई जहाज से उड़ानें भरते हुए सिगनल भेजा जा रहा था।

जनवरी से अगस्त 62 के बीच क्यूबा के अन्दर 5780 प्रतिक्रान्तिकारी आतंकी कार्यवाहियों को अंजाम दिया गया जिनमें से 718 महत्त्वपूर्ण आर्थिक ठिकानों पर बमविस्फोट, गन्ने के खेत जलाने, महत्त्वपूर्ण खाद्य व आपूर्ति पदार्थों के गोदामों में आग लगाने, क्रान्तिकारी कतारों के अगुवा और समर्थक तत्वों की हत्याएँ करने, व्यापारिक जहाजों पर हमले करने और तटवर्ती होटलों, रेस्टोरेन्ट, पर्यटन-स्थलों पर बम विस्फोट जैसी जघन्य वारदातें शामिल थीं। यह क्यूबा के खिलाफ खुला अघोषित युद्ध था।

आजिज आकर क्यूबा के क्रान्तिकारी प्रशासन ने, जिसकी नजर इन कार्यवाहियों पर थी, जवाबी कार्यवाही शुरू की। घुसपैठिये एजेंटों और उनके खड़ा किए गए भूमिगत आतंकी ढाँचों की धर-पकड़ शुरू हुई। इन गद्दार डकैतों और हत्यारों के खिलाफ अभियान में जन-मिलिशिया के हजारों नौजवान युवक-युवतियाँ शामिल थे। जनवरी से मार्च के बीच लगभग 150 आतंकी मारे गए और सैकड़ों गिरफ्तार हुए। एस्काम्ब्रे पहाड़ियों में, जो प्रतिक्रान्तिकारियों, गद्दारों, आतंकियों का गढ़ बन गया था, कम से कम 98 लड़ाइयाँ लड़ी गईं। जून में 20 आतंकी संगठनों के 'नेशनल डेमोक्रेटिक फ्रंट' का सफाया किया गया। 1962 के पहले छः महीनों में ऑपरेशन मोंगूज की क्यूबा के पहाड़ी अंचलों में भूमिगत आतंकी सेना खड़ी करने की सारी कोशिशें नाकाम हो गईं।

मगर न तो अमेरिका और न ही वहाँ शरण पाये हुए भगोड़े इतनी जल्दी हार मानने वाले थे। विभिन्न छितराये हुए आतंकी गुटों का एक नया संगठन 'एंटी कम्युनिस्ट लिबरेशन फोर्सेज' (एफएएल) तैयार हुआ। जुलाई तक मियामी में रह रहे निर्वासित राजनीतिज्ञों, माफिया और ऑपरेशन मोंगूज के तालमेल से इस संगठन के जरिए क्यूबा में जनविद्रोह खड़ा करने की नई योजना बनी। योजना के अनुसार 100 कमांडो लड़ाकों को हवाना की तमाम महत्त्वपूर्ण लोकेशनों को अपने कब्जे में लेना था और टास्क फोर्स को अगस्त 30 को क्यूबा के तमाम महत्त्वपूर्ण नेताओं की उनके घरों में हत्या कर देनी थी। एक बार फिर क्यूबा के सुरक्षा विभाग ने कार्यवाही की। 29 अगस्त को ज्यादातर प्रमुख षड्यन्त्रकारी, भारी मात्रा में हथियारों और सैन्य साजो-सामान के साथ पकड़े गए।

गद्दारों ने फिर से अपना नाम बदल लिया। नए संगठन का नाम था 'एंटी कम्युनिस्ट सिविक रेजिस्टेन्स।' अभियान में गुआन्तनामो अमेरिकी नौसैनिक अड्डे के गुप्तचर और सी.आई.ए. पूरी तरह मददगार थे।

इन तमाम हमलों और साजिशों के खिलाफ क्यूबा की ओर से विरोध की हर आवाज वैश्विक पैमाने पर अन्तर्राष्ट्रीय मीडिया एकाधिकारी समूहों द्वारा चलाए जा रहे दुष्प्रचार अभियानों के जरिए दबाई जा रही थी।

क्यूबा के खिलाफ ऑपरेशन मोंगूज के लिए सी.आई.ए. के मियामी वर्क स्टेशन JM/WAVE का सालाना बजट 100 मिलियन डॉलर था। दक्षिणी मियामी में अमेरिकी नौसेना के खाली किए जा चुके रिचमंड नेवल एयर स्टेशन पर 'जेनिथ टेक्निकल इंटरप्राइजेज' का बोर्ड लगाकर 400 अमेरिकी अधिकारी और 3000 से ज्यादा क्यूबाई एजेंट और गद्दार इस अभियान के लिए दिन-रात एक किए हुए थे। इनके कारनामों के लिए व्यावसायिक मुखौटों के तौर पर कम से कम 55 नकली कम्पनियाँ और कॉरपोरेशन पंजीकृत कराए गए थे। इनमें बाजार सर्वे, ट्रेवल एजेंसी, मरम्मत और सर्विसिंग, फिशिंग, हथियार डीलर, रीयल इस्टेट एजेंसी जैसी न जाने कितनी छद्म कम्पनियाँ थीं। प्रचार-प्रोपेगेंडा के लिए 'रेडियो स्वान' की प्रमोटर कम्पनी 'जिब्राल्टर स्टीमशिप कॉरपोरेशन' सी.आई.ए. का ही एक उपक्रम थी जो सितम्बर 61 में ही न्यूयॉर्क से अपना मुख्यालय मियामी ला चुकी थी। कम्पनी ने अपना नया अस्तित्व नाम दिया 'वेनगार्ड सर्विस कॉरपोरेशन।' इसी के साथ रेडियो स्वान भी हवा में गुम हो गया और अपने नए अवतार 'वेनगार्ड रेडियो अमेरिका' या 'रेडियो अमेरिका' के रूप में क्यूबा-विरोधी जहर उगलने में लग गया। वक्त-जरूरत के मुताबिक पुरानी शराब नई बोतलों में बदलती रहती थी।

सी.आई.ए. ने क्यूबा के अन्दर गद्दारों की भर्ती और प्रशिक्षण का नेटवर्क बना लिया। सावधानीपूर्वक चयनित क्षेत्रों में जहाँ सामाजिक-सांस्कृतिक चेतना अपेक्षाकृत कमजोर थी और पुराने प्रतिक्रियावादी राजनीतिक तत्वों का प्रभाव अभी विद्यमान था, राजनीतिक एजेंटों की घुसपैठ कराई जाती। ये एजेंट उस क्षेत्र में अपने डिप्टी एजेंटों की तलाश और भर्ती करते। ऐसे उप एजेंटों के 'क्रेडेंशियल' मियामी से अनुमोदित हो जाने के बाद ये फ्लोरिडा ट्रेनिंग कैम्पों में ट्रेनर के प्रशिक्षण के लिए भेजे जाते। सी.आई.ए. से हथियारों, विस्फोटकों और तमाम सैन्य साजो-सामान के साथ विशेषज्ञ प्रशिक्षक पिनेरडेल रियो, लाविलास और ओरियन्ट में आतंकी प्रशिक्षण शिविर चला रहे थे। सारी तैयारी पूरी हो चली थी।

संकेत मिलते ही इन गद्दार आतंकियों को क्यूबा में जगह-जगह आतंकी कार्यवाहियाँ करते हुए जन-विद्रोह का नजारा पेश करना था जिससे प्रत्यक्ष अमेरिकी सैन्य कार्यवाही का रास्ता साफ हो जाता। इसके लिए सी.आई.ए. एजेंट एस्तेवाँ मार्क्वेज नोवो उर्फ 'प्लेसिडो' ने मध्य 1962 तक यूनाइटेड वेस्टर्न फ्रन्ट खड़ा करके करीब-करीब इस योजना को सफलतापूर्वक अंजाम दे दिया था। संगठन का मुख्यालय पिनेरडेलरियो और शाखाएँ हवाना और मातन्जा में थीं। एक हजार से ज्यादा सब-एजेंट हथियारों-विस्फोटकों से लैस भूमिगत ढाँचों में तैयार थे। इस संगठन को पूरी तरह समाप्त करने में क्रान्तिकारी प्रशासन को 1964 तक जूझना पड़ा।

इसी बीच एक असाधारण राजनीतिक घटनाक्रम ने समूची दुनिया को तीसरे विश्वयुद्ध के मुहाने पर ला खड़ा किया। यह घटना सोवियत संघ द्वारा क्यूबा में अक्टूबर 62 में मिसाइलें लगाए जाने की थी। चरम तनाव के विस्फोटक और नाटकीय दौर में ऑपरेशन मोंगूज की सैन्य हस्तक्षेप की योजना खटाई में पड़ गई। 1963 में अमेरिका ने ऑपरेशन मोंगूज को आधिकारिक तौर पर समाप्त कर दिया। मगर इसका मतलब क्यूबा में अस्थिरता फैलाने और तख्तापलट की अमेरिकी कोशिशों का अन्त नहीं था। अगले चरण का प्रमुख कार्यभार असन्तुष्ट तत्वों की खोज करके क्यूबा के अन्दर एक प्रभावी राजनीतिक विरोध गोलबन्द करने का था जिससे दुनिया को यह बताया-दिखाया जा सके कि खुद क्यूबा के अन्दर जबर्दस्त राजनीतिक-सामाजिक असन्तोष और विरोध तेजी से पनप रहा है ताकि इसे सैन्य हस्तक्षेप का आधार बनाया जाता। 1963 की शुरुआत से ही फिदेल की हत्या की कोशिशें तेज कर दी गईं। बहरहाल अब तक की गई हत्या की कोशिशों, आतंकी कार्यवाहियों, तोड़-फोड़, घुसपैठ, दुष्प्रचार, आर्थिक नाकेबन्दी, मनोवैज्ञानिक युद्ध, रासायनिक युद्ध, उकसावेबाजी और हमले की एक और कोशिश ऑपरेशन मोंगूज को क्यूबा की क्रान्ति हर मौके पर ध्वस्त करती रही।

साम्राज्यवाद के आर्थिक हमले : आर्थिक नाकेबन्दी

बे ऑफ पिग्स की शर्मनाक हार से तिलमिलाये साम्राज्यवाद ने क्यूबा की क्रान्ति पर चौतरफा हमला बोल दिया। हमले का सबसे कारगर मोर्चा क्यूबा की अर्थव्यवस्था को बरबाद करना था। जब जनता भूखों मरने लगेगी तब खुद ही क्रान्ति को उखाड़ फेंकेगी।

क्रान्ति के खिलाफ अमेरिकी आर्थिक हमला कोई नया नहीं था। 1959 की शुरुआत से ही अमेरिकी प्रशासन और क्यूबा की अर्थव्यवस्था पर काबिज अमेरिकी बहुराष्ट्रिक कम्पनियाँ नवोदित क्रान्ति के लिए कदम-कदम पर रोड़े अटका रहे थे। 1959 में विद्युतीकरण नेटवर्क के लिए क्रेडिट रद्द करना, 1960 में तेलशोधक कम्पनियों द्वारा सोवियत तेल शोधन से इनकार करना, अमेरिकी तेल आपूर्ति पर पाबन्दी लगाना, क्यूबा से सारे चीनी करार रद्द करना, और फिर किसी भी क्यूबाई उत्पाद की खरीद से इनकार करना इसके कुछ उदाहरण थे। मगर बे ऑफ पिग्स के बाद अमेरिका निर्णायक और मारक आर्थिक हमले की सूरत ढूँढ़ रहा था।

सबसे पहले क्यूबा को ऑर्गनाइजेशन ऑफ अमेरिकन स्टेट्स–ओएएस से बहिष्कृत कराया गया। इसके बाद केनेडी ने क्यूबा के खिलाफ आर्थिक परमाणु बम के रूप में 3 फरवरी, 1962 को एक्ज्यीक्यूटिव आदेश सं. 3,447 जारी किया जिसके मुताबिक 7 फरवरी रात बारह बजकर एक मिनट से अमेरिका और क्यूबा के बीच किसी भी तरह के व्यापार पर पूरी तरह पाबन्दी लगा दी गई।

अन्तर्राष्ट्रीय नैतिकता की परवाह करने का तो खैर कोई सवाल ही नहीं था, कानूनन भी ऐसी आर्थिक नाकेबन्दी नहीं लगाई जा सकती थी। आर्थिक नाकेबन्दी एक युद्धकालीन कदम था जिसे खुद अमेरिकी कानूनों के मुताबिक शान्तिकाल में इस्तेमाल नहीं किया जा सकता था। अन्तर्राष्ट्रीय कानून का भी कोई प्रावधान शान्तिकाल की आर्थिक नाकेबन्दी को जायज नहीं ठहरा सकता था। 1909 की लंदन अन्तर्राष्ट्रीय नौसेना कांफ्रेंस के फैसले के बाद से नाकेबन्दी (ब्लॉकेड) युद्ध कार्यवाही मानी जाती है जिसका इस्तेमाल दुश्मन युद्धरत देश ही कर सकते हैं। अमेरिका क्यूबा के खिलाफ 'घोषित युद्ध' चलाने की स्थिति में नहीं था।

इसलिए प्रशासनिक आदेश 3447 में धूर्तता और कायरतापूर्ण शब्दावली 'एम्बार्गो ऑन आल ट्रेड विथ क्यूबा' का नाम दिया गया। एम्बार्गो या अवरोध एक अस्थायी कार्यवाही है जो किसी बकायेदार या अनुबंध तोड़नेवाले पर की जाती है या फिर दो देशों के बीच अस्थायी रूप से किसी व्यापार विशेष पर रोक लगाने के लिए की जाती है। मगर इस प्रशासनिक आदेश की सच्चाई बिल्कुल अलग थी। पिछले पचास सालों से, आधी

शताब्दी से ज्यादा समय से अमेरिका न सिर्फ अपने कद के दबदबे से, जो दुनिया की सबसे ताकतवर आर्थिक और सामरिक महाशक्ति है, पड़ोस के नन्हे से देश क्यूबा को आर्थिक बेड़ियों से जकड़कर तोड़ देना चाहता है बल्कि अपने अन्तर्राष्ट्रीय कद और रुतबे की दादागिरी से ज्यादातर देशों को भी क्यूबा के साथ बेहतर आर्थिक-राजनयिक सम्बन्ध बनाने से रोके हुए है। बहुत कंजूसी से किए गए अनुमानों के मुताबिक भी अमेरिकी आर्थिक नाकेबन्दी का यह हमला क्यूबा को 60 बिलियन डॉलर से ज्यादा की चोट पहुँचा चुका है।

प्रसासनिक आदेश 3,447 के मुताबिक :

1. 'मैं, जॉन एफ केनेडी, संयुक्त राज्य अमेरिका का राष्ट्रपति'-
2. 'एतद्वारा फरवरी 7, 1962 इस्टर्न स्टैंडर्ड टाइम्स 12.01 पूर्वान्ह से क्यूबाई मूल के सभी सामानों और क्यूबा से या उसके माध्यम से किए गए सभी निर्यातित सामानों का संयुक्त राज्य में आयात प्रतिबन्धित करता हूँ...।'
3. 'और इसके आगे, मैं एतद्वारा सेक्रेटरी ऑफ कामर्स को निर्देशित करता हूँ कि वह निर्यात नियन्त्रण कानून 1949 संशोधित (50 USC) के अनुसार संयुक्त राज्य से क्यूबा को सभी निर्यातों पर प्रतिबन्ध जारी रखें...।'

केनेडी का यह 3 फरवरी, 1962 का आर्थिक हमला, क्यूबा के खिलाफ सम्पूर्ण आर्थिक नाकेबन्दी का अन्तिम हमला नहीं था। जैसे-जैसे क्यूबा इस हमले को चुनौती देता हुआ, आगे बढ़ता रहा इस आर्थिक नाकेबन्दी को और क्रूर, कठोर और अनैतिक बनाया जाता रहा। अमेरिकी प्रशासन पर 'नव दक्षिण' के कब्जे के बाद 1992 के टोरिसिल्ली (क्यूबाई जनतंत्र) कानून और सोवियत संघ के बिखराव के बाद हेल्मस् बर्टन कानून 1996 के जरिए इस अमेरिकी गैर-कनूनी 'शिकंजे' को कसने का काम किया जाता रहा।

फरवरी 1962 के इस अभूतपूर्व संकट से निपटने के लिए क्यूबा की क्रान्तिकारी सरकार ने कानून सं. 1015 के जरिए पूरे देश में राशनिंग व्यवस्था लागू की।

क्रान्तिकारी सरकार के कृषि सुधार कार्यक्रमों और बड़े पैमाने पर देश-भर में ढाँचागत नागरिक सुविधाओं–आवास, परिवहन, विद्युत, संचार और शिक्षा के विकास के लिए चलाए जा रहे अभियान के चलते रोजगार और जीवनयापन के अवसरों में जबर्दस्त इजाफा हुआ था। लाखों क्यूबाइयों की क्रय-क्षमता में वृद्धि हुई और उनमें जागरूक उपभोक्ताओं की तरह बेहतर उपभोक्ता सामानों, बेहतर भोजन, स्वास्थ्य और शिक्षा की आकांक्षाएँ विकसित हुईं। उपभोक्ता उत्पादों की बढ़ती हुई माँग से चन्द धनिकों के लिए 'अपार उपलब्धि का पूँजीवादी मायाजाल' जल्दी ही टूट गया और शुरुआती चन्द महीनों में ही खाद्य और अन्य उपभोक्ता सामग्रियों की आपूर्ति पर जबर्दस्त दबाव बनने लगा था।

सदियों से चली आ रही क्यूबा की अविकसित, औपनिवेशिक परनिर्भर अर्थव्यवस्था के चलते क्यूबा की नाभिनाल अमेरिका से होनेवाले आयात व्यापार पर अपनी रोजमर्रा की जरूरतों, खाद्य-आपूर्ति, परिवहन उद्योग और तमाम अन्य नागरिक सुविधाओं के लिए जुड़ी हुई थी। साम्राज्यवादी लूट की चरम अभिव्यक्ति के रूप में क्यूबा में थोक भंडारण की व्यवस्था नहीं थी। आपूर्ति अमेरिका से सीधे खुदरा व्यापारियों को होती थी।

अपने ऐतिहासिक काल-क्रम से क्यूबा की कृषि औपनिवेशिक हितों के अनुरूप एक फसली उत्पादन की थी। अर्थव्यवस्था की रीढ़ चीनी का उत्पादन था। स्वाभाविक रूप से कृषियोग्य भूमि का बहुत बड़ा भूभाग गन्ना बागानों के रूप में था। क्यूबाई अर्थव्यवस्था की चीनी निर्यात निर्भरता अमेरिका द्वारा चीनी आयात रद्द कर दिए जाने के बावजूद खत्म नहीं हुई थी। अमेरिका की जगह अब सोवियत संघ चीनी खरीद रहा था। इस एक-पक्षीय कृषि अर्थव्यवस्था का आलम यह था कि क्रान्ति से ठीक पहले तक क्यूबा अपनी जरूरत के अनाज का 60%, सब्जियों का 37%, दालों का 41%, खाद्य तेल और चिकनाई का 84%, मांसाहार का 69%, तैयार फलों का 80% और बिस्कुट-टॉफी आदि का 83% आयात के जरिए पूरा करता था। इन जरूरतों की कीमत चुकाने के लिए क्यूबा मुख्यतः चीनी और कुछ हद तक निकिल और तम्बाकू के निर्यात पर निर्भर था। अमेरिका द्वारा दो सौ सालों से चले आ रहे अपने व्यापारिक मार्ग बन्द कर दिए जाने और उसकी अन्तर्राष्ट्रीय दादागिरी के चलते इस व्यापार का कोई वैकल्पिक पूँजीवादी बाजार हासिल कर पाना फिलहाल मुमकिन नहीं था। क्रान्ति ने सोवियत संघ और अन्य समाजवादी देशों से क्यूबा के लिए जरूरी खाद्य सामानों की आपूर्ति के जरिए क्यूबाई जनता की आधारभूत जरूरतों को पूरा किया जाना सुनिश्चित किया।

इन कठिन परिस्थितियों में, जब क्यूबा के नागरिकों की आधारभूत जरूरतों, खासकर खाद्य-पदार्थों का जबर्दस्त संकट था और जिस तरह से क्यूबा को अमेरिका द्वारा 'डर्टी वार' में घसीटकर उसके सीमित आर्थिक संसाधनों को बर्बाद कराया जा रहा था, क्यूबा के सामने खाद्य-पदार्थों की राशनिंग के सिवा कोई चारा नहीं था। यह मजबूरी से ज्यादा राजनीतिक सिद्धान्त और संकल्प का भी मसला था। सियेरा मायेस्त्रा की पहाड़ियों में ही जीवन-निर्वाह के नियम निर्धारित हो चुके, कोई भी आधिकारी सामान्य लड़ाके को मिलने वाली रसद से ज्यादा नहीं ले सकता था। जो कुछ भी था उसे बराबर बाँटकर उपयोग करना होगा। इसलिए जो भी उपलब्ध है, चाहे थोड़ा या अपार, सब में बँटेगा, कोई छूटेगा नहीं। यह माँग और आपूर्ति का पूँजीवादी सिद्धान्त नहीं बल्कि सबके लिए सामाजिक न्याय सुनिश्चित करने का सिद्धान्त था। यह सुनिश्चित करने का व्यवहार था कि समाज में आर्थिक वैषम्य और उससे जुड़ी विसंगतियों को नहीं पनपने दिया जाएगा।

बाद के वर्षों में जब अमेरिकी आर्थिक नाकेबन्दी चलती रहने के बावजूद, क्रान्ति क्यूबाई समाज-निर्माण और आर्थिक सुदृढ़ीकरण के कार्यभार को आगे बढ़ाने की स्थिति में हुई, सीमित बाजार के नए प्रयोग किए गए, उपभोक्ता सामग्रियों-कंज्यूमर ड्यूरेबल्स की उपलब्धि और विविधता बढ़ी तब भी राशनिंग की व्यवस्था जारी रखी गई। राशनिंग क्यूबा के सभी परिवारों के लिए एक तरह से सामाजिक गारंटी, सरकार द्वारा न्यूनतम कीमतों पर आधारभूत खाद्य-पदार्थों की अपेक्षित मात्रा की उपलब्धि की गारंटी थी। बाजार की उठा पटक, महँगाई की मार से सुरक्षित स्थिर निर्धारित कीमतों एक तरह से आम मेहनतकश जनता और किसान समुदाय की वास्तविक आय में अपरोक्ष वृद्धि का जरिया था।

इस बात को लेकर परस्पर विरोधी राय बन ही सकती है कि क्यूबा में पचास वर्षों से ज्यादा समय तक, अभी भी राशनिंग व्यवस्था लागू रखने का औचित्य है या नहीं। इस राशनिंग व्यवस्था के चलते उत्पादकता और आर्थिक दक्षता पर पड़नेवाले प्रभावों पर भी

बहस हो सकती है। मगर इन सवालों के जवाब ढूँढ़ते समय हमें अर्थशास्त्र के पन्नों से बाहर निकलना होगा। आर्थिक मॉडलों और सिद्धान्तों के पांडित्य से निकलकर क्यूबा की ठोस-विशिष्ट स्थितियों की कसौटी पर इन सवालों को परखना होगा, एक नन्हा सा, निहायत निर्धन, साधनविहीन, सदियों से शोषित देश जिसके खिलाफ दुनिया की सबसे बड़ी आर्थिक ताकत ने नाकेबन्दी कर रखी हो, जिसके खिलाफ दुनिया की सबसे बड़ी सामरिक ताकत ने अघोषित युद्ध का हर मोर्चा खोल रखा हो, जिसके खिलाफ दुनिया की राजनीति के सबसे बड़े माफिया ने अन्तर्राष्ट्रीय बिरादरी से अलगाव की मुहिम छेड़ रखी हो, वह देश अपने नागरिकों के सिर्फ भौतिक अस्तित्व ही नहीं, उनके स्वाभिमान को भी जिन्दा रखने के लिए, उन्हें एक गौरवशाली राष्ट्र के रूप में संगठित रखने के लिए देश के सभी उपलब्ध साधनों-संसाधनों-सामानों के अधिकतम सम्भव समतामूलक वितरण और उपभोग के अलावा कौन सा दूसरा रास्ता अपना सकता है?

इसलिए 12 मार्च, 1962 से शुरू हुई क्यूबा के खिलाफ विदेशी नाकेबन्दी और अस्तित्व के संकट के बादल जब तक मँडराते रहेंगे, विषम परिस्थितियों से जूझने के लिए राशनिंग व्यवस्था भौतिक और नैतिक हथियार की भूमिका निभाती रहेगी। 90 के दशकों के विषम आर्थिक संकट, टोरिसिल्ली और हेल्म्स् बर्टन कानूनों के हमलों और समाजवादी खेमे के बिखराव के बाद 'शान्तिकाल के खास-कठिन दौर' में हर बार यह व्यवस्था अपनी जिम्मेदारियों पर खरी उतरी है।

क्रान्ति के साथ भीतरघात : ह्यूबर मातो

17 मई, 1959 में प्रथम कृषि सुधार कानून के खिलाफ अमेरिकी साम्राज्यवाद और वहाँ शरण पाये हुए क्यूबाई भगोड़ों ने ही तीखी प्रतिक्रिया नहीं दी थी, इस कानून के खिलाफ क्यूबा के अन्दर भी एक नए तरह का विरोध लामबन्द हो रहा था। उच्च और मध्यवर्ग के तबकों, बहुराष्ट्रिकों और कैथोलिक चर्च के साथ क्रान्ति की कतारों के भगोड़े जुटने लगे। ये वे भगोड़े थे जो क्रान्ति के विजयकाल में सत्ता में भागीदारी की उम्मीद से शामिल हुए थे।

इस आन्तरिक विरोधी गुटबन्दी की कमान कैथोलिक चर्च के पास थी। जल्दी ही इस गुट को अमेरिकी प्रशासन से हवा मिलने लगी। उपराष्ट्रपति निक्सन ने पेप्सी, एस्सो, स्टैंडर्ड आयल, यूनाइटेड फ्रूट कं. के शीर्ष अधिकारियों और मियामी माफिया की बैठक क्यूबा की सरकार को उखाड़ फेंकने की गरज से गठबन्धन तैयार करने के लिए बुलाई। बदले में ये तत्व आगामी चुनावों में निक्सन की राष्ट्रपति पद की उम्मीदवारी में मदद करते। विलानुएवा कैथोलिक युनिवर्सिटी के प्रोफेसर जोस इग्नासियो रास्को की अगुवाई में 'सोशल क्रिश्चियन पार्टी' गठित की गई। रास्को ने 1957 में भी एक छोटा सा दल 'रेडिकल लिबरल पार्टी' 'बतिस्ता के विकल्प' के बतौर बनाया था। पार्टी को क्यूबा में विरोधियों के साथ मिलकर 'वैध विरोध' खड़ा करने और ऐसे सामाजिक-राजनीतिक हालात पैदा करने की जिम्मेदारी दी गई जिससे क्रान्तिकारी सरकार को अपनी दिशा बदलने के लिए मजबूर किया जा सके। क्यूबा के अन्दर ये कोशिशें हम्बार्टो सोरी मार्टिन, ह्यूबर मातो बेनिज और मैनुएल आर्टइम बुएसा की अगुवाई में चलनी थीं।

ह्यूबर मातो 1958 की शुरुआत में क्रान्तिकारी सेना के कोस्टारिका से M-26-7 द्वारा हासिल किए गए हथियारों की सियेरा मायेस्त्रा में आपूर्ति-अभियानों में शामिल हुआ था। क्रान्ति की विजय के समय 1958 के अन्तिम दिनों में वह क्रान्तिकारी सेना का 'मेजर' और कालम 9 'एन्तोनियो गुतेरा' कमान का कमांडर था। क्रान्ति की विजय के बाद उसे कामागुए प्रान्त का सैन्य कमांडर नियुक्त किया गया। कमांडर बनते ही उसने कामागुए के चीनी और पशुधन एकाधिकारी गुटों के साथ मिलकर अपनी राजनीतिक महत्त्वाकांक्षा को आगे बढ़ाना शुरू कर दिया। प्रथम कृषि सुधार कानून के बाद ये लोग क्रान्ति के खिलाफ सघन दुष्प्रचार चलाने लगे कि क्रान्ति पर 'कम्युनिस्ट तत्वों' का कब्जा हो गया है। अपनी वैयक्तिक राजनीतिक महत्त्वाकांक्षा, अहंकार, गुटबन्दी, षड्यन्त्र, जोड़-तोड़ की क्षमता और घोर कम्युनिस्ट विरोध के चलते ह्यूबर मातो क्रान्ति की कतारों के अन्दर क्रान्ति का सबसे कट्टर भीतरघाती दुश्मन और 'भूस्वामी-बुर्जुआ-चर्च गुट' का स्वाभाविक राजनीतिक नेता बन गया।

हम्बर्टो सोरी मार्टिन भी सियेरा मायेस्त्रा में क्रान्तिकारी सेना का कमांडर और पहली सरकार में कृषि मंत्री था जिसके जिम्मे मोन्काडा कार्यक्रम के आधार पर कृषि सुधारों को अंजाम देने का कार्यभार था। मगर वह अमेरिकी दूतावास के 'कृषि विकास कार्यक्रम-प्वाइंट IV' से ज्यादा सहमत था जिसके अनुसार क्यूबा में जमीन मालिकाने के साथ छेड़छाड़ करने की जरूरत नहीं थी सिवाय कतिपय घोर बतिस्ता समर्थकों को उनकी जमीनों से बेदखल करने के, जिससे बगैर दूसरों को नुकसान पहुँचाए कुछ गरीब किसानों की भी मदद हो सके। मार्टिन ने विभिन्न प्रान्तों में कृषि विकास के डाइरेक्टरों के रूप में अपने आदमियों की महत्त्वपूर्ण पदों पर तैनाती कर ली थी। इनमें से एक मंजानिल्लो में मैनुएल आर्टाइम बुएसा था। बुएसा ने रास्को के साथ मिलकर रेडिकल लिबरल पार्टी बनाई थी और क्रान्ति की निर्णायक विजय के बमुश्किल 72 घंटे पहले क्रान्तिकारी कतार में शामिल हुआ था। घोर कम्युनिस्ट विरोधी बुएसा ने जिसका मशहूर जुमला था 'कम्यूनिज्मो? पाराक्वे?' (कम्युनिस्ट? किसलिए?), 1959 के शुरुआती दिनों में क्रान्तिकारी आन्दोलन के अन्दर विरोध और विभाजन की कोशिशों में बढ़कर हिस्सा लिया। हम्बर्टो सोरी प्रथम कृषि सुधार कानून लागू होने पर इस्तीफा देकर षड्यन्त्र में शामिल हो गया।

इन षड्यन्त्रकारियों ने क्यूबा के उत्तरी भाग मंजानिल्लो में आर्टाइम की कमान से विद्रोह की शुरुआत करने की योजना बनाई। इधर हवाना में प्रतिक्रान्तिकारी बुर्जुआ गुटों का कम्युनिस्ट विरोधी दुष्प्रचार, खासकर चे और राउल को लेकर रंग लाने लगा। हजारों भगोड़े क्यूबाई जो देश छोड़कर भागे थे और क्रान्ति की जीत पर समाज और सत्ता में अपनी पुरानी हैसियत हासिल कर लेने की गरज से लौट आए थे, फिर से अपने पुराने ठिकाने अमेरिका की ओर लौटने लगे। प्रतिक्रियावादी भगोडों और आन्तरिक प्रतिक्रान्तिकारी साजिशों के ताल मेल और सहयोग का काम पूरी मुस्तैदी से सी.आई.ए. कर रही थी। सम्मिलित योजना के अन्तर्गत कामागुए रेजीमेंट को बगावत में उतारने की जिम्मेदारी ह्यूबर मातो की थी। अमेरिका को अपने तौर-तरीको से चेतावनी देनी थी कि क्यूबा में वर्तमान सरकार को अमेरिका का कोई सहयोग नहीं मिलेगा और अमेरिकी सहयोग के बिना क्यूबा की जनता भूखों मर जाएगी। अब तक क्यूबा का वायुसेना प्रमुख पेड्रो लुई भाग चुका था और पुराने दोस्त फ्रैंक स्ट्रटजी के साथ मियामी में प्रतिक्रान्तिकारी लम्पट लड़ाकों का संगठन खड़ा करने में जुट गया था।

19 अक्टूबर, 1959 को कामागुए की क्रान्तिकारी सेना के कमांडर के रूप में खुलेआम इस्तीफा देते हुए ह्यूबर मातो ने अपना इस्तीफा फिदेल को भिजवाया। भेजने से पहले इस्तीफे का पूरे कामागुए में प्रचार किया गया। उसने इस्तीफे में अपने को पूरी तरह से पाक-साफ बताते हुए कहा कि उरुशिया और दूसरों को निकाले जाने से यह साफ हो चुका है कि जो कोई भी फिदेल के सामने कम्युनिस्टों को लेकर सवाल उठाने की हिम्मत करेगा, उसका यही हश्र होना है, इसलिए खुद ही अलग हो जाना अच्छा है। हकीकत में वह अलग होने के लिए इस्तीफा नहीं दे रहा था। कामागुए कमान में उसने बहुत सारे चापलूस सेना अधिकारियों के रूप में जमा कर लिए थे। उन सबका सामूहिक इस्तीफा होना था। सामूहिक प्रेस रिलीज और एक स्थानीय राजनीतिज्ञ फासिनो मिरो के माध्यम से मीडिया में अभियान चलता कि ह्यूबर मातो और उसके साथियों जैसे ईमानदार

क्रान्तिकारियों के इस्तीफे का मतलब क्रान्ति का अपनी राह से भटकना है और देश का कम्युनिस्ट अराजकता की ओर जाना है। जन-विद्रोह के लिए दो-चार स्थानीय छात्र नेताओं को भी मिला लिया गया था। मातो की योजना के मुताबिक तैयारी पूरी थी और उसने सही समय पर अपने इस्तीफा-बम का धमाका किया था।

मगर मातो ने क्यूबा और खासकर कामागुए की जनता को समझने में भूल कर दी। जनता के क्रान्ति के प्रति अविचल समर्थन को वह अपना व्यक्तिगत समर्थन मानकर चल रहा था।

मातो ने जब इस्तीफा दिया उस समय हवाना में दुनिया-भर की 2000 से ज्यादा टूरिस्ट एजेंसियों के प्रतिनिधियों का सम्मेलन चल रहा था। क्यूबा की आर्थिक समृद्धि की दिशा में पर्यटन उद्योग में अभूतपूर्व उभार लाने के लिए यह बेहद महत्त्वपूर्ण कदम था जिसके जरिए न केवल लाखों डॉलर प्रतिवर्ष की विदेशी मुद्रा आय बल्कि क्यूबा के लाखों नागरिकों के लिए रोजगार की व्यवस्था हो सकती थी। मगर मातो ने इस अवसर को क्यूबा की क्रान्ति को बदनाम करने के लिए, क्यूबा को लेकर दुनिया-भर में आशंकाएँ फैलाने के अवसर के रूप में चुना। यह कायरतापूर्ण देशद्रोह था। इसका तुरन्त समाधान जरूरी था।

प्रतिक्रान्तिकारी षड्यन्त्र के क्रान्तिकारी जवाब की कार्यवाही शुरू की गई। फिदेल ने कामागुए में नेशनल इन्स्टीच्यूट ऑफ एग्रीकल्चरल रिफॉर्म (आइ.एन.आर.ए.) के मुखिया केप्टन जार्ज एनरिक् मेडोजा को वहाँ के पुलिस बल की मदद से टेलीग्राफ, हवाई अड्डे, संचार माध्यमों को अपने नियन्त्रण में लेते हुए रणनीतिक महत्त्व की जगहों पर अविलम्ब मोर्चेबन्दी का निर्देश दिया। साथ ही क्रान्तिकारी सेना के चीफ कमांडर केमिलो सियेन्फ्यूगो को तुरन्त कामागुए जाकर ह्यूबर मातो की गिरफ्तारी और बागी फौज का समर्पण कराने को कहा।

कमांडर केमिलो सियेन्फ्यूगो द्वारा 21 अक्टूबर से शुरू किया गया यह अभियान न सिर्फ एक असाधारण गुरिल्ला कमांडर बल्कि क्रान्ति के एक असाधारण राजनीतिक नेता के रूप में भी उनकी जुझारू क्षमता, साहस और साफ सोच का चमत्कृत कर देनेवाला उदाहरण है।

केमिलो जिस साहस और तेजी से धड़धड़ाते हुए बागी कैम्प में ह्यूबर मातो के पास जा पहुँचे उसने बागियों के हौसले पस्त कर दिए। मातो के साथ लम्बा विमर्श चलाते हुए केमिलो ने उसके हर सवाल का जवाब दिया। मातो द्वारा क्रान्ति की वैचारिक दिशा और 'फिदेल इस क्रान्ति को कहाँ तक ले जाएँगे', इस पर सवाल उठाये जाने के सन्दर्भ में केमिलो ने जवाब दिया, 'यह कहने की कोई दरकार नहीं है कि फिदेल क्रान्ति को कहाँ तक ले जाना चाहते हैं। यह क्रान्ति जहाँ तक जा सकेगी, जाएगी। यह क्रान्ति अपनी मंजिल तक जाएगी। जैसा कि युद्ध के दिनों में था, क्रान्ति के सामने भी दो ही विकल्प हैं–विजय या मृत्यु। अगर तुम मुझसे पूछते हो कि मैं कहाँ तक जाऊँगा, मेरा जवाब यही होगा कि मैं क्रान्ति के साथ आखिरी दम तक रहूँगा। हम सच्चा सामाजिक न्याय लाने जा रहे हैं। हम किसानों और कामगारों को उनकी उस दुर्दशा से निजात दिलाने जा रहे हैं जो उन ताकतों की कारस्तानियों का नतीजा थीं जिनकी निष्ठा आज प्रतिक्रान्तिकारियों के साथ है।'

केमिलो ने बगैर किसी खून-खराबे के ह्यूबर मातो और उसकी प्रतिक्रान्तिकारी जमात का समर्पण करा लिया। जनता के बीच इस षड्यन्त्र का खुलासा करते हुए उनकी सारी आशंकाओं को दूर किया। कुछ घंटों बाद फिदेल खुद कामागुए पहुँचे और चौराहे पर विशाल जनसभा को सम्बोधित करते हुए गद्दारों के कारनामों का खुलासा किया कि किस तरह ये तत्व जनता और क्रान्तिकारियों के अकल्पनीय बलिदान को बेचकर क्यूबा के लिए गुलामी, भूख और आतंक खरीदने की तैयारी कर रहे थे।

21 अक्टूबर को ही पेड्रो लुइस डियाज और फ्रैंक स्ट्रट्ज़ी ने सी.आई.ए. के जहाजों से हवाना पर पर्चों की बरसात करते हुए जनता से क्रान्ति के विरोध में उठ खड़े होने का आह्वान किया। दो दिन बाद मैगुएल आर्टाइम बुएसा ने फिदेल को अपने इस्तीफे का खुला खत भेजते हुए फिदेल पर 'अन्तर्राष्ट्रीय कम्यूनिज्म' के सामने घुटने टेक देने का इल्जाम लगाया। आर्टाइम अमेरिकी दूतावास के सी.एन.आर.ए. प्रभारी की मदद से आइ.एल.आर.ए. की लाखों पीसो की भारी रकम लेकर फरार हो गया।

केमिलो कामागुए में सब कुछ पुनर्व्यवस्थित करते हुए अपनी कार्यवाहियों की प्रगति से राजधानी मुख्यालय को अवगत कराने बार-बार हवाना और कामागुए यात्राएँ कर रहे थे। केमिलो ने 26 अक्टूबर, 1959 को राष्ट्रपति भवन के टेरेस से अपना अन्तिम भाषण दिया था। अपने भाषण में क्यूबा की जनता का आभार व्यक्त करते हुए केमिलो ने कहा : 'आपकी आज की उपस्थिति गवाह है कि जनता और क्रान्ति किसी भी धूर्तता, कायरता या गद्दारी से विचलित नहीं हो सकती। इस बात से कोई फर्क नहीं पड़ता कि अमेरिकी प्रशासन की ताकत से समर्थित युद्ध अपराधियों द्वारा उड़ाये जा रहे जहाज हमारे ऊपर मँडरा रहे थे क्योंकि यहाँ जनता न तो गद्दारों द्वारा भ्रमित होनेवाली है और न ही भाड़े के लठैतों के जहाजों से डरनेवाली है, ठीक उसी तरह जैसे क्रान्तिकारी सेना को अपने अभियान के दौर में बतिस्ता के जहाजों से कोई डर नहीं लगता था।'

'क्रान्ति के दुश्मनों को इस मुगालते में नहीं रहना चाहिए कि हमारे बढ़ते कदम रुक जाएँगे, क्यूबा के बढ़ते कदम रुक जाएँगे। वे जो जहाज भेजते हैं और वे जो जहाज उड़ाते हैं, उन्हें इस मुगालते में नहीं रहना चाहिए कि हम अपने घुटने टेक देंगे और सर झुका लेंगे। हम अपने सर सिर्फ और सिर्फ एक बार झुकाएँगे, जिस दिन हम क्यूबा की धरती के अन्दर वहाँ पहुँचेंगे जिसकी हिफाजत बीस हजार क्यूबाई (क्रान्ति के दौर में शहीद क्रान्तिकारी और नागरिक) कर रहे होंगे और हम उनसे गर्व से कहेंगे–'भाइयों और बहनों, क्रान्ति मुकम्मल कर ली गई है', आप का बलिदान, आप का खून हमने व्यर्थ नहीं होने दिया है।'

28 अक्टूबर, 1959 को कामागुए से हवाना लौटते हुए केमिलो का जहाज तूफान में दुर्घटनाग्रस्त हो गया। केमिलो सियेन्फ्यूगो 'युद्ध के हजार मोर्चों का कमांडर' जिसने चे के साथ मिलकर दूसरे 'इंडिपेंडेंस वार' के दौर के महानतम सेनापति एन्तोनियो मकाओ के 'पूर्व से पश्चिम सैन्य विजय-अभियान' को दुहराया था, जिसे चे 'सर्वश्रेष्ठ गुरिल्ला' कहते थे, प्रतिक्रान्ति के खिलाफ युद्ध की बलिवेदी पर शहीद हो गया। केमिलो जिसके चेहरे पर हमेशा एक दमकती हुई मुस्कराहट खिली रहती थी, जिसने अपने कमांडर बनाए जाने पर फिदेल को लिखा था, 'मेरे लिए तुम्हारे विश्वास के साथ गद्दारी करने से कहीं

ज्यादा आसान अपनी साँसें लेना बन्द कर लेना होगा', जिससे फिदेल ने 8 जनवरी, 1959 को राष्ट्र के नाम पहला सन्देश देते समय बीच में रुककर अर्थपूर्ण ढंग से पूछा था, 'क्यों मैं ठीक जा रहा हूँ न?' क्रान्ति का वह श्रेष्ठतम कमांडर क्रान्ति की रक्षा में शहीद हो गया।

ह्यूबर मातो की गद्दारी से निपटने में क्यूबा की क्रान्ति को यह भारी कीमत अदा करनी पड़ी। मातो की गिरफ्तारी के बाद मुकदमा चला, सजा हुई। सजा काटने के बाद मातो प्रतिक्रान्तिकारियों के अमेरिकी अभयारण्य मियामी चला गया और नब्बे पार की उम्र में क्यूबाई प्रतिक्रान्ति का प्रतीक बना अपने दिन बहुरने के इंतजार में है।

कम्युनिस्ट पार्टी ऑफ क्यूबा की स्थापना : एक निर्णायक कदम

पुराने दिनों की कम्युनिस्ट पार्टी

रूस की अक्टूबर क्रान्ति ने दुनिया के मुक्ति-संघर्षों, विशेषकर तीसरी दुनिया में औपनिवेशिक साम्राज्यवाद के विरुद्ध चल रहे संघर्षों पर चमत्कारी प्रभाव डाला था और तमाम देशों में कम्युनिस्ट पार्टी की स्थापना हुई थी। क्यूबा इससे अछूता नहीं था। अगस्त 1925 में जुझारू छात्र नेता जूलियो अन्तोनियो मेला, क्यूबा के द्वितीय स्वाधीनता संग्राम के महानायक जोसमार्ती के विश्वसनीय सहयोगी कार्लोस बालिनो और कुछ साल पहले पोलैंड से क्यूबा आ कर बसे फेबियो ग्रोबार्ट ने क्यूबा में कम्युनिस्ट पार्टी की स्थापना की। भूमिगत रहते हुए पार्टी ने जल्दी ही अपना संगठित ढाँचा खड़ा कर लिया और 1930 के दशक में ट्रेड यूनियन आन्दोलन पर नेतृत्वकारी पकड़ बना ली। क्यूबा की ट्रेड यूनियनें लातिनी अमेरिका की सबसे प्रभावशाली ट्रेड यूनियन थी।

12 अगस्त, 1933 की मकाडो तानाशाही का राष्ट्रीय आम हड़ताल और जन-उभार के जरिए पतन हुआ और अन्तरिम क्रान्तिकारी सरकार ने शासन सँभाला। 4 सितम्बर, 1933 को फुलगेन्शियो बतिस्ता के 'सार्जेन्ट विद्रोह' ने अन्तरिम सरकार का तख्तापलट दिया और ग्राउसान मार्टिन के राष्ट्रपतित्व में अथेंटिको पार्टी की सरकार बनी। फुलगेन्शियो बतिस्ता सेना प्रमुख बना और 14 जनवरी, 1934 को उसने ग्राउसान मार्टिन सरकार का भी तख्तापलट करके पहले अपने कठपुतली राष्ट्रपतियों और फिर खुद राष्ट्रपति बनकर क्यूबा पर अपनी लम्बी तानाशाही थोपी। लम्बे-चौड़े वायदों और क्रान्तिकारी लफ्फाजियों के साथ शुरू हुई बतिस्ता तानाशाही हर बीतते दिन के साथ लूट, आतंक, अत्याचार, भ्रष्टाचार और अमेरिकापरस्ती की निकृष्टतम दलाल तानाशाही में पतित होती चली गई।

बतिस्ता और उसकी शासन-व्यवस्था के साथ क्यूबा की कम्युनिस्ट पार्टी के लम्बे अरसे तक, फिदेलिस्ता क्रान्ति की सफलता के चन्द महीने पहले तक घनिष्ठ और अनेक अवसरों पर सरकार में भागीदारी के स्तर तक सम्बन्ध थे। इन सम्बन्धों के मूल में क्यूबा की अपनी विशिष्ट राजनीतिक सामाजिक परिस्थितियाँ और सोच न होकर कम्युनिस्ट आन्दोलन की अन्तर्राष्ट्रीयता का 'सोवियत प्रभाव' था। 1934 के अन्त में मास्को में लातिनी अमेरिकी कम्युनिस्ट नेताओं की बैठक में विभिन्न लातिनी अमेरिकी देशों के कम्युनिस्ट आन्दोलन व संगठन की कार्यनीति तय हुई। क्यूबा में कम्युनिस्ट पार्टी का जुड़वाँ जन संगठन बनाकर उसके माध्यम से बतिस्ता के साथ सहयोग की नीति बनी।

इस तरह 'यूनियन रिवोल्यूसियोनारिया' पार्टी का गठन और बतिस्ता के साथ दोस्ती का लम्बा दौर शुरू हुआ। 1938 में क्यूबन कम्युनिस्ट पार्टी के मुखपत्र 'होए' (HOY) के प्रकाशन की अनुमति मिल गई। होए का सम्पादन एनिबेल इस्केलांते कर रहे थे। कम्युनिस्ट पार्टी के सेक्रेटरी जनरल ब्लास रोका और एक अन्य महत्त्वपूर्ण कम्युनिस्ट नेता जोआक्विन आर्डोकी के साथ बतिस्ता की मुलाकात हुई। 'बतिस्ता को जनतंत्र का रक्षक' बताते हुए पार्टी की 'कर्नल बतिस्ता के प्रति सकारात्मक रुख' की नीति बनी। बतिस्ता ने भी दोस्ती निभाते हुए पार्टी को 24 सितम्बर, 1938 को मान्यता प्रदान कर दी। 'कोमिन्टर्न' ने क्यूबा की कम्युनिस्ट पार्टी को 'बतिस्ता की नीतियों का खुलकर साथ' देने को निर्देशित किया। 1940 में बतिस्ता सेना प्रमुख पद से इस्तीफा देकर निर्वाचित राष्ट्रपति बना। कम्युनिस्ट पार्टी सरकार में शामिल हुई। कम्युनिस्ट नेता कार्लोस रफाइल रोड्रिग्ज और जुआन मेरिनेल्लो बतिस्ता के विश्वस्त मंत्रिमंडलीय सहयोगी बने। 1944 के अगले राष्ट्रपति चुनाव में जनता ने बतिस्ता-कम्युनिस्ट गठबन्धन को नकारते हुए ग्राउसान मार्टिन और उसकी अथेंटिके पार्टी को क्यूबा की बागडोर सौंपी। तब तक बतिस्ता क्यूबाई जनता की गाढ़ी कमाई के कम से कम बीस मिलियन डॉलर अपने विदेशी खातों में जमा कर चुका था। बावजूद इसके कम्युनिस्टों की नजर में बतिस्ता अभी भी 'जनता का आदर्श नायक' और 'क्यूबा की राष्ट्रीय राजनीति का महानतम व्यक्तित्व' था।

यह वह समय था जब फिदेल 1945 में हवाना विश्वविद्यालय में दाखिल हुए। ग्राउसान मार्टिन सरकार पूरी तरह अराजकता और भ्रष्टाचार के दक्षिणपंथी दलदल में डूब चुकी थी। फिदेल ने 'अथेंटिको' पार्टी से अलग होकर तेज-तर्रार, जुझारू और निर्भीक युवा नेता चिबास द्वारा बनाई गई ऑर्थोडाक्स पार्टी से अपनी राजनीतिक यात्रा की शुरुआत की। चिबास के व्यक्तित्व का फिदेल पर गहरा सकारात्मक प्रभाव पड़ा। 1947 तक 21 वर्ष की आयु में फिदेल की हवाना की राजनीति में एक जुझारू नौजवान, चिबास के समर्थक और छात्र-आन्दोलन के तेज-तर्रार नेता की छवि बन चुकी थी।

अप्रैल 1948 में कोलम्बिया की राजधानी बोगोटा में फिदेल और कई सारे लातिनी अमेरिकी छात्र नेता अमेरिका की अगुवाई में हो रही 9वीं इन्टर-अमेरिकन कांफ्रेंस के विरोध और लातिनी अमेरिकी छात्र कांग्रेस के आयोजन के लिए जुटे थे। कोलम्बिया के लोकप्रिय प्रगतिशील जननेता जार्ज गैतां की हत्या की प्रतिक्रिया में हुए आकस्मिक जन विस्फोट 'बोगोटाजो' से फिदेल को सशस्त्र जन-विद्रोह और उसकी नेतृत्वकारी भागीदारी का पहला अनुभव हुआ। कोलम्बिया में क्यूबा के राजदूत गुलेर्मो की मदद से फिदेल और क्यूबाई छात्र प्रतिनिधिमंडल के और लड़कों के क्यूबा पहुँचने पर नौजवानों, छात्रों ने उनका नायकों की तरह स्वागत किया। मगर क्यूबा कम्युनिस्ट पार्टी ने फिदेल की 'बोगोटाजो' में भागीदारी को 'दुस्साहसवाद और अराजकता' की कार्यवाही बताते हुए कटु आलोचना की। छात्र प्रतिनिधिमंडल में कम्युनिस्ट पार्टी का सदस्य अल्फ्रेडो गुयेवारा भी था जो पार्टी लाइन पर अमल करते हुए पूरे 'बोगोटाजो' के दौरान अपने कमरे से बाहर नहीं निकला।

1951 में चिबास की आत्महत्या से क्यूबा की विरोधी राजनीति में शून्यता सी आ गई थी। 1952 के अगले चुनाव में फिदेल चिबास की ऑर्थोडाक्स पार्टी की ओर से क्यूबा की

संसद के लिए उम्मीदवार थे। तभी फुलगेन्शियो बतिस्ता एक बार फिर सैन्य तख्तापलट करके राष्ट्रपति बन बैठा। अपदस्थ राष्ट्रपति कार्लोस प्रियो सोकारा जितनी सरकारी रकम बटोर सकता था, बटोरकर क्यूबाई भगोड़ों के स्वर्ग अमेरिका पलायित हो गया।

नई परिस्थितियों में बतिस्ता के प्रति अपनी नीति को लेकर कम्युनिस्ट पार्टी असमंजस में थी। द्वितीय विश्वयुद्ध के तुरन्त बाद पूँजीवादी जगत में कम्युनिस्टों और उनके नाम पर जनता के तमाम प्रगतिशील हिस्सों, बुद्धिजीवियों, ट्रेड यूनियन नेताओं, छात्रों यहाँ तक कि निरीह नागरिकों के भी 'शिकार' का विश्वव्यापी अभियान चल रहा था। अमेरिका और उसका 'मेकार्थीवाद' इस शीतयुद्धकालीन अभियान का नेता था। क्यूबा में भी ग्राउसान मार्टिन और सोकारा के भ्रष्ट और निकम्मे शासनकालों में कम्युनिस्ट नेताओं और उनके समर्थकों की खोज-खोजकर बर्बरतापूर्वक हत्या की जा रही थी। फिदेल कम्युनिस्ट पार्टी की बतिस्ता नीति के सन्दर्भ में कहते हैं कि क्रान्तिकारी पार्टी कार्यनीतिक समायोजन-संयोजन जरूर कर सकती है मगर इसके नाम पर रणनीतिक भूलें हरगिज नहीं की जा सकतीं।

1952 तक क्यूबा के राजनीतिक परिदृश्य में कम्युनिस्ट पार्टी अप्रासंगिक सी हो चली थी। क्यूबा की ट्रेड यूनियनों पर भी उसका वर्चस्व समाप्त हो चुका था। हालाँकि ट्रेड यूनियन की निचली कतारों-कैडरों के बीच पार्टी का प्रभाव था। क्यूबा की सबसे ताकतवर ट्रेड यूनियन कन्फेडरेशन 'सीटीसी' का नेतृत्व, जिसे खुद कम्युनिस्ट पार्टी ने बतिस्ता के साथ सहयोग के दौर में बनाया था, अब यूसेबियो मुजाल और उसकी मुजालिस्ता ट्रेड यूनियन नौकरशाही के हाथों में था। कभी गुआन्तनामो में कम्युनिस्ट रहा मुजाल अब पूरी तरह बतिस्ता का दलाल, लठैत और खूंखार कम्युनिस्ट विरोधी था। इस बार बतिस्ता ने सत्ता में आने के बाद कम्युनिस्ट पार्टी को प्रतिबन्धित करते हुए सोवियत संघ के साथ अपने सारे रिश्ते तोड़ लिए। मगर उसने कम्युनिस्ट पार्टी के मुखपत्र 'होए' को प्रतिबन्धित नहीं किया।

फिदेल ने 1952 के मध्य से बतिस्ता को हटाने के लिए हथियारबन्द कार्यवाही और आम हड़ताल की समन्वयकारी रणनीति के आधार पर गोलबन्दी शुरू कर दी थी। इस गोलबन्दी के केन्द्रीय नेताओं में फिदेल और ऑर्थोडाक्स पार्टी के भरोसे के साथियों के साथ कम्युनिस्टों के रूप में राउल और दो-एक गिने चुने नौजवान थे। 26 जुलाई 1953 मोन्काडा हमले की विफलता के बाद बतिस्ता के बर्बर दमन अभियान में फिदेल के साथियों के साथ-साथ बहुत से कम्युनिस्ट नेताओं और समर्थकों को भी हत्या, यातना और जेल का शिकार बनना पड़ा। इसके बावजूद, कम्युनिस्ट नेतृत्व मोन्काडा अभियान और फिदेल की पूरी रणनीति को मार्क्सवाद-लेनिनवाद के विपरीत करार देते हुए इस कार्यवाही को 'बुर्जुआ राजनीतिक गुटों की खास अराजक विशेषता'–'दुस्साहसवाद' और 'व्यर्थ व नपुंसक बेनतीजा कार्यवाही'–साबित करने पर तुला था। यह कम्युनिस्ट पार्टी का बतिस्ता प्रेम नहीं बल्कि सोवियत अन्तर्राष्ट्रीयता के दबाव की मजबूरी थी। फिदेल ने अपने उस समय के घनिष्ठ मित्र कान्टे अगुयेरो को (जो बाद में प्रतिक्रियावादी जमात में शामिल हो गया) जेल से लिखा था, कम्युनिस्ट पार्टी को 'अराजकता के आरोप अथवा क्रान्ति को लेकर बेनतीजा और असामयिक सैद्धान्तिक बहसों-लफ्फाजियों में उलझने के बजाय

सरकार के बर्बर अपराधों की, जिनमें पिछले ग्यारह सालों में हुई हत्याओं से भी ज्यादा महज इन चार दिनों में हत्याएँ हुईं, भर्त्सना और विरोध करना चाहिए था।'

मैक्सिको में क्रान्ति की तैयारियों के दौरान फिदेल की बतिस्ता के खिलाफ 'क्रान्ति ही एकमात्र विकल्प है' के आह्वान का ऑर्थोडाक्स नौजवानों ने खुलकर साथ दिया। 1955 के मध्य तक ऑर्थोडाक्स के बतिस्ता विरोधी आन्दोलन का 26 जुलाई आन्दोलन के साथ विलय हो चुका था। कम्युनिस्ट नेतृत्व अभी भी अपनी पुरानी लाइन पर कायम था और उसने फिदेल को परिस्थितियों के परिपक्व न होने के आधार पर किसी क्रान्तिकारी हथियारबन्द कार्यवाही में नहीं उतरने की सलाह दी। व्यवहार के धरातल पर खुद कम्युनिस्ट पार्टी और ट्रेड यूनियन से भी नौजवान कैडर 26 जुलाई आन्दोलन की ओर आकर्षित होने लगे थे।

फिदेल मैक्सिको में अपने प्रवास के दौरान अभियान के लिए आवश्यक संसाधन और समर्थन जुटाने की गरज से अमेरिका में विभिन्न जगहों के दौरे कर रहे थे। बतिस्ता ने कास्त्रो के खिलाफ कम्युनिस्ट पार्टी के साथ साजिश करके पासपोर्ट हासिल करने का आरोप लगाकर अमेरिका को भड़काया। फिदेल ने जवाब देते हुए कहा था, 'बतिस्ता किस नैतिकता के आधार पर कम्युनिज्म की बात कर सकता है जब वह खुद 1940 के चुनावों में कम्युनिस्ट पार्टी की ओर से राष्ट्रपति पद के लिए उम्मीदवार था। उसके प्रचार पोस्टर हँसिया-हथौड़े के प्रतीकों से सजे रहते थे। ब्लास रोका और लजारो पेना के साथ उसके न जाने कितने फोटोग्राफ हैं।...और आज भी आधे दर्जन से ज्यादा उसके मंत्री और भरोसे के सहयोगी कम्युनिस्ट पार्टी के कद्दावर सदस्य रहे हैं।'

फिदेल के सियेरा मायेस्त्रा अभियान के दौरान, खासकर शुरुआती संकटपूर्ण परिस्थितियों में शहरी 26 जुलाई आन्दोलन से धन, साजो-सामान और रंगरूटों की भरपूर मदद मिली। फ्रैंक पाइस के नेतृत्व में शहरी 26 जुलाई आन्दोलन भी सियेरा लड़ाकों की मदद के साथ-साथ शहर में विद्रोही कार्यवाहियों की ओर बढ़ रहा था जिसका बतिस्ता की ओर से क्रूर दमन, हत्या और यातनाओं से जवाब दिया जा रहा था। फिर भी कम्युनिस्ट शीर्ष नेतृत्व अभी भी अपनी पुरानी लाइन पर डटा था। हर्बर्ट मैथ्यूज द्वारा फिदेल के सनसनी खेज इन्टरव्यू की प्रतिक्रिया में कम्युनिस्ट पार्टी ने खुले तौर पर 'फिदेल कास्त्रो की कार्यनीतियों और योजनाओं से मूल असहमति' की घोषणा की। जब फिदेल और उनके साथी सियेरा पहाड़ियों में अपनी जान की बाजी लगा रहे थे और 13 मार्च, 57 डाइरेक्टोरियो रिवोल्यूसनारियो के इस्चेवेरिया के नेतृत्व में राष्ट्रपति भवन पर हमले के बाद (जिसमें बतिस्ता संयोगवश बाल-बाल बचा था) छात्र और नौजवान हवाना की सड़कों पर बेरहमी से कत्ल किए जा रहे थे, कम्युनिस्ट नेता जुआन मेरिनेल्लो ने हर्बर्ट मैथ्यूज को लिखा कि क्यूबा की परिस्थितियों में 'व्यापक जन-विद्रोह की जरूरत नहीं है' और 26 जुलाई आन्दोलन 'गलत कार्यनीति अपना रहा है, इसलिए हम लोग उसकी कार्यनीतियों का अनुमोदन नहीं करते।'

क्यूबा की परिस्थितियों में कम्युनिस्ट पार्टी की भूमिका को लेकर खुद 'चे' ने, जो एक सच्चे कम्युनिस्ट क्रान्तिकारी थे, 1958 में लिखा था कि क्यूबा कम्युनिस्ट पार्टी और विद्रोहियों के बीच परस्पर अविश्वास विद्यमान है, पार्टी ने मूलतः छापामार युद्ध की भूमिका

को गम्भीरता के साथ नहीं समझा है और पार्टी ऐसे कैडरों को तैयार कर पाने में पूरी तरह असफल रही है जो मशीनगन लेकर युद्ध के मैदान में जूझ सकें। 26 जुलाई आन्दोलन में 'चे' और राउल के साथ कुछ गिने-चुने कम्युनिस्ट ही शामिल थे।

बहरहाल, फिदेलिस्ता क्रान्ति के निर्णायक दौर में, जब क्रान्ति की विजय सुनिश्चित हो चली थी, कम्युनिस्ट पार्टी ने फिदेल के साथ सहयोग का रुख लेना शुरू किया। सियेरा आन्दोलन से जुड़ने वाली पहली कम्युनिस्ट कतारों में जोस रामिरेज क्रुज थे जिन्होंने 1958 में युद्ध के मोर्चे पर संघर्षरत किसानों की कांग्रेस आयोजित करके उनकी राजनीतिक गोलबन्दी की शुरुआत की थी। जून 1958 से कम्युनिस्ट नेता कार्लोस रफाइल रोड्रिग्ज (जो कभी बतिस्ता मंत्रिमंडल में शामिल थे) सियेरा क्रान्तिकारियों के साथ जुड़े। दिसम्बर 1958 में, क्रान्ति की सफलता से महज एक महीने पहले कम्युनिस्ट पार्टी ने आधिकारिक तौर पर फिदेलिस्ता क्रान्ति का समर्थन करते हुए नई क्रान्तिकारी सरकार के लिए कार्यभारों और योजनाओं के सुझावों की झड़ी लगा दी।

क्रान्ति की सफलता के बाद क्रान्तिकारी सरकार में फिदेल ने खुले दिल से उन तमाम राजनीतिक धाराओं को सम्मिलित किया जो बतिस्ता-विरोधी संघर्ष में किसी भी स्तर पर सक्रिय रहे थे। इनमें दक्षिणपंथी बुर्जुआ तत्वों से लेकर कम्युनिस्ट पार्टी तक शामिल थी। सत्ता को लेकर फिदेल की व्यक्तिगत राजनीतिक महत्त्वाकांक्षाएँ नहीं थीं। उनके सामने एक और महत्त्वपूर्ण क्रान्ति–नए क्यूबाई समाज के निर्माण का लक्ष्य था। राष्ट्रपति मैनुएल उरुशिया, प्रधानमंत्री जोस कार्डोना और प्रतिक्रियावादी दक्षिणपंथी बुर्जुआ गुट, जो क्यूबा में अमेरिका के सहयोग और समर्थन से 'साम्राज्यवादी जनतंत्र' के अपने खुशहाल दिन लाना चाहता था, जल्दी ही अलग-थलग पड़ गया। मुश्किलें कम्युनिस्ट पार्टी के साथ सामंजस्य बनाने में भी कम नहीं थीं। क्रान्ति जब विजयी हुई, 1959 में एनिबेल एस्केलांते कम्युनिस्ट पार्टी के सर्वेसर्वा थे। एस्केलान्ते एक प्रतिभावान, ईमानदार बेहतरीन संगठक थे। मगर एस्केलान्ते और कई पुराने कम्युनिस्ट नेताओं में किसी भी बात को सन्देह से देखने, उसे अपनी पार्टी लाइन के हिसाब से तोड़ने-मरोड़ने की कोशिश करने की संकीर्ण घेट्टोवादी प्रवृत्ति गहरे जड़ जमाई हुई थी। यह वह संकीर्णतावादी पुरानी कार्यनीति, हठ, शंका और बन्द घेट्टो मानसिकता थी जो लम्बे कम्युनिस्टविरोधी विषवमन, अलगाव, नफरत और दमन के दौर के चलते कम्युनिस्ट आन्दोलन में पनपी थी। पुराने कम्युनिस्ट इसी मानसिकता और आदत के साथ क्यूबाई समाज के नवनिर्माण की प्रक्रिया में सम्मिलित हुए थे और उन्होंने अपनी इन कार्यनीतियों को 26 जुलाई आन्दोलन के साथियों और नीतियों के साथ भी लागू करने की कोशिशें करनी शुरू की। इसके चलते कई बार अप्रिय परिस्थितियाँ और जटिलताएँ पैदा हुईं। फिदेल ने क्रान्ति की दिशा और नीतियों के साथ समझौता नहीं करते हुए इन प्रवृत्तियों के खिलाफ़ संघर्ष करने के साथ क्रान्तिकारी अभियान की एकजुटता बनाए रखने की नीति पर अमल किया। उनकी नजर में इस तरह के गलत और अवांछित तौर तरीके वे लोग अपना रहे थे जिनका व्यक्तिगत स्वार्थ नहीं था और जो निसन्देह साम्राज्यवाद-विरोधी क्रान्तिकारी थे। इस खींचतान को लेकर 26 जुलाई आन्दोलन के मुखपत्र 'रिवोल्यूसियों' ने अपने 14 सितम्बर, 1959 के सम्पादकीय में लिखा : 'जहाँ तक किसी के कम्युनिस्ट होने का सवाल है, किसी को कोई

आपत्ति नहीं हो सकती अगर वह सही मायनों में और बिना किसी जटिलता के कम्युनिस्ट है क्योंकि कम्युनिज्म सच्चाइयों की पड़ताल और समझने के कई रास्तों में से एक है। मगर एक ऐसी कम्युनिस्ट पार्टी में होना जो कोमिन्टर्न से नियंत्रित-निर्देशित होती हो, बिल्कुल अलग बात है, क्योंकि तब इसका मतलब किसी महाशक्ति के हितों और जरूरतों के मुताबिक ढाली गई मार्क्सवाद की उस किस्म से है जिसका अंध-विश्वास है कि वही पूरी धरती पर समाजवाद की स्थापना कर सकती है।'

जब फिदेल ने 1961 में अपने मार्क्सवादी-लेनिनवादी होने की बात कही तो वह किसी अन्तर्राष्ट्रीय मठ के मार्क्सवाद-लेनिनवाद की बात नहीं बल्कि क्यूबा की अपनी विशिष्ट परिस्थितियों, जरूरतों और क्यूबाई समाज के नवनिर्माण के हथियार के अनुरूप मार्क्सवाद-लेनिनवाद के सार्वभौम सिद्धान्तों को यथार्थ की ठोस जमीन पर लागू करने की बात कर रहे थे। फिदेल साफ तौर पर कहते हैं कि सबसे पहले वह मार्तीवादी बने और जीवन के अन्त तक मार्तीवादी रहेंगे। फिदेल का मार्क्सवाद-लेनिनवाद मार्तीवादी-मार्क्सवाद-लेनिनवाद है जो स्वतंत्र-खुदमुख्तार राष्ट्रवाद और सच्ची समानता पर आधारित अन्तर्राष्ट्रीयता की बुनियाद पर खड़ा है।

26 जुलाई आन्दोलन की वर्षगाँठ पर 1961 में, 26 जुलाई आन्दोलन, ब्लास रोका की पापुलर सोशलिस्ट पार्टी (क्यूबा की कम्युनिस्ट पार्टी का नाम) और 13 मार्च रिवोल्यूशनरी डाइरेक्टोरेट को मिलाकर 'दि इन्टिग्रेटेड रिवोल्यूशनरी ऑर्गनाइजेशन' ओ आर आई की स्थापना हुई और पी एस पी के एनिबेल एस्केलान्ते को सेक्रेटरी जनरल चुना गया। आगे चलकर ओ आर आई का पुनर्गठन 'पार्टीडो युनिडो डे ला रिवोल्यूसियो सोशलिस्ता' पीयूआरएस के रूप में हुआ था।

ओ आर आई के गठन के बाद भी पुराने नेतृत्वकारी कम्युनिस्टों की पुरानी आदतों में बदलाव नहीं आया। वे 'मास्कोमठ' से निर्देशित-नियन्त्रित होते रहे। फिदेल को ओ आर आई के अन्दर संकीर्णता और गुटबन्दी के सफाये के लिए कदम उठाना पड़ा। ओ आर आई सेक्रेटेरियट के पुनर्गठन में ब्लास रोका के अलावा किसी 'पुराने कम्युनिस्ट' को जगह नहीं मिली। 27 मार्च, 1962 को फिदेल ने कहा, 'कुछ लोग' सोचते हैं कि किसी फर्म, सहकारी संस्था को चलाने या फिर राज्य मशीनरी में किसी भी महत्त्वपूर्ण पद पर काम करने के काबिल सिर्फ पुरानी कम्युनिस्ट पार्टी के सदस्य हैं...हमारे देश में यह बीमारी बहुत आगे तक नहीं जा सकती क्योंकि हम दब्बू समर्पण का रास्ता नहीं अपनाते, हमें आसानी से पालतू नहीं बनाया जा सकता।' एनिबेल एस्केलान्ते का क्यूबा से अस्थायी निर्वासन हुआ। मुश्किलों के बावजूद फिदेल ने संगठन की एकता को बनाए रखा। उन बहुत ही विषम और मुश्किल परिस्थितियों में धैर्य और भावनाओं पर नियंत्रण रखते हुए एकता सुनिश्चित की गई। दुनिया और समाज को बदलने वालों के लिए व्यवहार की विनम्रता और एकजुटता जरूरी शर्त है।

मार्च 1957 में बतिस्ता पर राष्ट्रपति भवन हमले के बाद चले दमन में पुलिस ने छात्र-नेताओं और समर्थकों की खोज-खोजकर बेरहमी से हत्याएँ की थीं। क्रान्ति के बाद इन शहीदों में से एक की विधवा ने उस समय डाइरेक्टोरियो रिवोल्यूसनारियो के सदस्य मारकोस रोड्रिग्ज पर मुखबिरी का आरोप लगाया। मारकोस द्वारा बतिस्ता पुलिस को

दिए गए ठिकाने के पते 'हम्बोल्ट सेवन स्ट्रीट' के नाम पर इस छानबीन और ट्रायल को 'हम्बोल्ट सेवन अपराध' का नाम दिया गया। जेल में बन्द उस जमाने के कुख्यात हवाना पुलिस चीफ वेन्चुरा के दो बॉडीगार्डों से पूछताछ करने पर उनके बताए हुलिए के मुताबिक सन्देह मारकोस पर जा रहा था। तभी कम्युनिस्ट नेताओं के आदेश पर उन दोनों गार्डों की हत्या हो गई और मारकोज रोड्रिग्ज को रिहा कर दिया गया। कोर्ट में सुनवाई के दौरान मारकोस ने खुद के कम्युनिस्ट होने और अपराध में शामिल होने की बात कबूल की। कोर्ट ने उसे दोषी पाते हुए मौत की सजा सुनाई। इस मामले को लेकर फैल रही अफवाहों को देखते हुए फिदेल ने इसके ट्रायल के दस्तावेज सार्वजनिक करने और पूरे मामले की नए सिरे से सुनवाई के निर्देश दिए। सुनवाई के दौरान अभियोजन की ओर से रोड्रिग्ज द्वारा जोआक्विन आर्डोकी को लिखा गया खत प्रस्तुत किया गया। आर्डोकी 'पुराने कम्युनिस्ट' और उस समय सेना के क्वार्टर मास्टर जनरल और उप-रक्षामंत्री थे। पत्र में रोड्रिग्ज ने आर्डोकी को याद दिलाया था कि उसे 'पार्टी' द्वारा डाइरेक्टोरियो रिवोल्यूसनारियो में काम करने के जरिए सूचनाएँ एकत्रित करने की जिम्मेदारी दी गई थी। रोड्रिग्ज ने आर्डोकी को यह भी याद दिलाया कि अपनी पहली गिरफ्तारी (1959) में उसने अपने को बेगुनाह घोषित करने की अनुमति माँगी थी जिस पर आर्डोकी ने मामले के 'ज्यादा बड़ी छानबीन की ओर मुड़ जाने के अंदेशे से मनाकर दिया था। रोड्रिग्ज ने कार्यवाही के दौरान यह बात भी कबूली कि उसने अपना अपराध आर्डोकी की पत्नी इडिथ गार्सिया बुचाका के सामने कबूला था। इडिथ गार्सिया भी पुरानी कम्युनिस्ट और उस समय संस्कृति मंत्री थी। 'पुराने कम्युनिस्टों' के रोड्रिग्ज की पिछली गिरफ्तारी से रिहाई में भी हाथ होने के सबूत मिले। एक बार फिर फिदेल ने व्यापक एकता के परिप्रेक्ष्य में इस मामले का निपटारा कराया। रोड्रिग्ज की मौत की सजा बहाल रखी गई। आठ महीने बाद आर्डोकी और उसकी पत्नी इडिथ गार्सिया को उनकी सार्वजनिक जिम्मेदारियों और पदों से मुक्त कर दिया गया।

क्यूबा की कम्युनिस्ट पार्टी (पी सी सी) का गठन

3 अक्टूबर, 1965 क्यूबा में क्रान्तिकारी ताकतों की एकता का महत्त्वपूर्ण दिन था। उस दिन हवाना के चेपलिन थियेटर (बाद में जिसका नाम कार्ल मार्क्स थियेटर पड़ा) यूनाइटेड पार्टी ऑफ दि सोसलिस्ट रिवोल्यूशन 'पी यू आर एस' के देश-भर के पार्टी सेलों के सचिवों की बैठक एकीकृत पार्टी निर्माण की दिशा में नेतृत्व द्वारा किए जा रहे प्रयासों और पिछले कुछ दिनों में शीर्ष नेतृत्वकारी स्तर पर बनी सहमतियों पर विचार-विमर्श और अनुमोदन के लिए हुई।

इसके पहले 1 अक्टूबर को नेतृत्वकारी केन्द्रीय कमेटी का गठन हो चुका था। उसी दिन पोलित ब्यूरो का भी चयन हुआ था। फिदेल प्रथम सचिव और राउल द्वितीय सचिव बनाए गए थे।

यह संगठनात्मक कार्यवाही ओ आर आई इकाइयों में चल रही संकीर्ण गुटबन्दी की प्रवृत्तियों के आमूल-चूल शुद्धिकरण की मार्च 1962 से चल रही प्रक्रिया की निर्णायक परिणति थी। नए एकीकृत राजनीतिक संगठन के लिए क्यूबा के श्रेष्ठतम क्रान्तिकारी

तत्वों का उनके जुझारूपन, वैचारिक दृढ़ता और व्यवहार की श्रेष्ठता के आधार पर चयन किया गया था।

फिदेल ने इस अवसर पर कहा था : 'अब हम एक एकल संगठन, एक सुसंगत सुदृढ़ नेतृत्व की कमान में काम करेंगे। क्रान्ति को निर्देशित करने के लिए पार्टी की जरूरत पर मार्ती और लेनिन के महान विचार आज कहीं अधिक प्रासंगिक हैं। इसकी विचारधारा उदारवाद अथवा बुर्जुआ की बिल्कुल नहीं हो सकती बल्कि उस क्रान्तिकारी सामाजिक वर्ग की होगी जिसे इतिहास ने खुद मानवता की मुक्ति के संघर्षों की सबसे अगली नेतृत्वकारी कतार में ला खड़ा किया है-मजदूर वर्ग : मार्क्सवाद-लेनिनवाद।'

फिदेल क्यूबा में मार्क्सवाद-लेनिनवाद की जड़ों के बारे में कहते हैं : 'यह विचारधारा 19वीं शताब्दी में क्यूबा की आजादी के संघर्ष में कुर्बानी देनेवाले महान 'माम्बी' योद्धाओं की आकांक्षाओं से ऐतिहासिक रूप से सम्बद्ध है। एकमात्र फर्क यह आया है कि आज देश का दुश्मन अमेरिकी साम्राज्यवाद है और इसके सामाजिक दुश्मन, गुलामी के आज के पैरोकार-विदेशी बहुराष्ट्रिक एकाधिकारी, भूस्वामी और बुर्जुआ हैं। यह विचारधारा हमारे राष्ट्रीय संघर्ष को विश्व के क्रान्तिकारी आन्दोलन के साथ जोड़ती है जो हम सब की राष्ट्रीय और सामाजिक मुक्ति की अनिवार्य शर्त है।'

तीन अक्टूबर की बैठक में पार्टी का नाम प्रस्ताव करते हुए फिदेल ने आग्रह के साथ कहा, हमारी पार्टी का ऐसा नाम होना चाहिए जिसमें क्यूबा की समूची जनता की समग्र एकता सन्निहित हो, और वह क्यूबा की क्रान्ति के अन्तिम लक्ष्य को भी अभिव्यक्त करती हो। इसलिए इसे 'कम्युनिस्ट पार्टी ऑफ क्यूबा' का नाम दिया जाए। समूची बैठक ने हर्ष-ध्वनि और तालियों के साथ प्रस्ताव का समर्थन किया। इस तरह क्यूबा की अपनी विशिष्टताओं वाली कम्युनिस्ट पार्टी का गठन हुआ जिसने आगे के दिनों में भीषण संकट और दबावों के दौर में भी दृढ़तापूर्वक अपनी स्वतंत्र व राष्ट्रहित में निर्णय ले सकने की प्रतिबद्धता पर दाग नहीं लगने दिया।

कम्युनिस्ट पार्टी ऑफ क्यूबा के गठन की प्रक्रिया में सबसे भावुक पल वह था जब 'चे' की अनुपस्थिति को सन्दर्भित करते हुए फिदेल ने कहा : 'हमारी केन्द्रीय कमेटी में एक ऐसी शख्सियत शामिल नहीं है जिसके पास इसमें शामिल होने की सर्वश्रेष्ठ योग्यता, क्षमता और गुण हैं मगर फिर भी उसका नाम हमारी केन्द्रीय कमेटी के घोषित सदस्यों में नहीं है।'

पिछले कई महीनों से 'चे' की सार्वजनिक जीवन से अचानक गुमशुदगी को लेकर अन्तर्राष्ट्रीय मीडिया में तमाम तरह की अटकलों, अफवाहों और आरोपों का बाजार गर्म था। 'चे' को निकाल बाहर 'पर्ज' कर दिया गया है, 'चे' गम्भीर रूप से बीमार हैं, 'चे' के फिदेल के साथ गहरे मतभेद हैं, और भी न जाने कितने तरह के ऊल-जलूल दुष्प्रचार। फिदेल ने तमाम साम्राज्यवादी अफवाहों और दुष्प्रचारों को तार-तार करते हुए, रुँधे हुए गले से 'चे' का 'फिदेल' नाम से सम्बोधित पत्र पढ़ा जो उन्हें 1 अप्रैल को मिला था। उन्होंने 'चे' के 'अन्तर्राष्ट्रीय मिशन' की सुरक्षा और गोपनीयता के कारणों से अब तक पत्र को सार्वजनिक नहीं किया था। जब फिदेल 3 अक्टूबर, 1965 को चैपलिन थियेटर में यह पत्र पढ़ रहे थे, 'चे' सुदूर अफ्रीका के कांगो (किन्शासा) में कई महीनों से क्यूबाई लड़ाकों

के जत्थे का नेतृत्व करते हुए अमेरिकी साम्राज्यवादी दलाल मोसे तोशांबे के शासन के खिलाफ वहाँ की जनता के मुक्ति-संघर्ष में क्रान्तिकारी योगदान कर रहे थे।

'चे' ने अपने बेहद भावुक पत्र में फिदेल के साथ पुरानी यादें ताजा करते हुए लिखा : 'मैं महसूस करता हूँ कि मैंने अपने कर्तव्यों का वह हिस्सा पूरा कर लिया है जो मुझे क्यूबा की क्रान्ति के साथ बाँधे हुए था, और अब मैं तुमसे, साथियों से और तुम्हारी जनता से, जो अब मेरी है, विदा लेता हूँ...दुनिया के दूसरे देश मुझे अपने विनम्र प्रयासों के लिए आवाज दे रहे हैं। मैं वह कर सकता हूँ जो तुम्हारे लिए मुमकिन नहीं है क्योंकि तुम्हारे पास क्यूबा के मुखिया की जिम्मेदारी है, और समय आ गया है कि अब हम एक दूसरे से विदा लें...मैं नई रणभूमि में वह विश्वास लेकर जा रहा हूँ जो तुमने मुझे सिखाया है, अपने लोगों की क्रान्तिकारी चेतना लेकर, सबसे पवित्र कार्यभार को पूरा करने की भावना लेकर जा रहा हूँ–साम्राज्यवाद के खिलाफ संघर्ष चाहे वह जहाँ कहीं भी हो...अगर मेरी आखिरी साँसें किसी और आसमान के नीचे टूटती हैं, मेरे अन्तिम क्षणों की सोच में भी यहाँ के लोग और खासकर तुम रहोगे। मैं शुक्रगुजार हूँ तुम्हारी सीखों का, तुम्हारे उदाहरण का और मैं कोशिश करूँगा कि मैं अपने कार्यभारों के अन्तिम परिणाम तक अविचलित रह सकूँ...।'

इस तरह क्यूबा में क्रान्ति की राजनीतिक एकजुटता और आन्तरिक सुदृढ़ीकरण की प्रक्रिया में कम्युनिस्ट पार्टी ऑफ क्यूबा का जन्म अन्तर्राष्ट्रीय एकजुटता और भाइचारे की वैचारिकी और व्यवहार के साथ भी अविच्छिन्न रूप से जुड़ा हुआ था।

पार्टी निर्माण के साथ ही शुद्धीकरण और सुदृढ़ीकरण की प्रक्रिया का अन्त नहीं हो गया। किसी भी संगठन के सुदीर्घ जीवन और लक्ष्य प्राप्ति के लिए इन प्रक्रियाओं की निरन्तरता जरूरी शर्त होती है।

पार्टी की स्थापना के साथ दोनों पुराने मुखपत्र 'होए' और 'रिवोल्यूशन' बन्द करके नया पार्टी मुखपत्र क्यूबा क्रान्ति अभियान के प्रतीक 'ग्रान्मा' नाम से शुरू किया गया।

1966 में रोलांडो क्यूबेला को फिदेल की हत्या की साजिश के लिए 25 वर्ष की कैद हुई। उसी साल एफिगेनियो आमेजीरास, हवाना पुलिस चीफ और रक्षा उपमंत्री को 'नैतिक उल्लंघनों' के लिए केन्द्रीय कमेटी से हटाया गया। 1967 में ओरियन्ट प्रान्त के पुराने कम्युनिस्ट नेता अर्मान्डो अकीस्ता को उसकी 'व्यक्तिगत ज्यादतियों' के चलते हटाना पड़ा।

एनिबल एस्केलान्ते 1964 में क्यूबा लौट आया था और उसे कुछ छोटी-मोटी जिम्मेदारियाँ दी गई थीं। एस्केलान्ते जल्दी ही अपनी पुरानी गुटबन्दी की हरकतों पर उतर आया और जोस माता, रामोन काल्लिनेज जैसे पुराने कम्युनिस्ट नेताओं को लेकर बैठकों का सिलसिला शुरू हो गया। जनवरी 1968 से एक बार फिर शुद्धीकरण अभियान चला। केन्द्रीय कमेटी और अन्य महत्त्वपूर्ण जिम्मेदारियों से इस तरह के तत्वों को हटाया गया। एस्केलान्ते को 15 वर्ष की सजा हुई। आन्तरिक सुरक्षा विभाग के प्रभारी उपमंत्री मैगुएल पिनीरो लोसाडा को एस्केलान्ते की केजीबी एजेंट के साथ गुप्त बैठकों का पता चला था जिसकी जानकारी उन्होंने तुरन्त राउल कास्त्रो को दी जो एस्केलान्ते मामले की सुनवाई कर रहे थे। तमाम सोवियत दबावों को दरकिनार करते हुए राउल ने एस्केलान्ते मामले का निपटारा किया और सोवियत संघ को चेतावनी दी कि, 'यहाँ किसी सोवियत

कर्मचारी को, चाहे वह राजनयिक हो या न हो, क्यूबा के आन्तरिक मामलों में दखलन्दाजी करते पाना तकलीफदेह होगा।' यह वह दौर था जब क्यूबा अपने आर्थिक अस्तित्व के लिए सोवियत संघ पर गम्भीर रूप से निर्भर था। बावजूद इसके क्यूबा के मार्तीवादी-मार्क्सवाद-लेनिनवाद ने 'आधिकारिक मास्को लाइन' का दबाव कभी कबूल नहीं किया।

1984 में एक बार फिर वैचारिक सुदृढ़ीकरण की जरूरत पड़ी। पार्टी के विचारधारा सचिव पेरेज हेरेरो को हटाना पड़ा। 1991 में फिदेल ने क्यूबा के लिए किसी 'पेरस्त्रोइका' या 'ग्लासनोस्त' नुस्खे को दृढ़तापूर्वक नकारते हुए पार्टी की अपनी विशिष्ट वैचारिक-व्यावहारिक दिशा और प्रतिबद्धता को बनाए रखा। अक्टूबर 1997 में पार्टी केन्द्रीय कमेटी का आकार छोटा करके पुनर्गठित करते हुए पार्टी के मुख्य कार्यभार की दिशा उन वैचारिक दृढ़ताओं की ओर केन्द्रित की गई जिससे कम्युनिस्ट पार्टी ऑफ क्यूबा का हश्र सोवियत खेमे के कम्युनिज्म जैसा न हो।

साम्राज्यवादी हमले का एक और रूप : प्रवास और पलायन संकट

द्वितीय विश्वयुद्ध से अमेरिका विश्व की आर्थिक औद्योगिक और सामाजिक महाशक्ति बनकर उभरा। मीडिया-सिनेमा, टीवी, रेडियो, प्रेस ने अमेरिका की छवि एक ऐसे उदारमना राष्ट्र की पेश की जो न सिर्फ भौतिक सुख-समृद्धि का स्वर्ग था बल्कि जिसके दरवाजे सारी दुनिया के लिए खुले थे। तेजी से उभरती और विस्तार लेती अमेरिकी अर्थव्यवस्था को दुनिया की बेहतरीन प्रतिभा और अपने फोर्डिस्ट औद्योगीकरण के लिए सस्ते श्रम-ब्लूकालर मजदूरों की दरकार थी। लिहाजा अमेरिका के दरवाजे सारी दुनिया की श्रेष्ठतम प्रतिभाओं–वैज्ञानिकों, इंजीनियरों, डॉक्टरों, शिक्षकों, तकनीशियनों, बुद्धिजीवियों के लिए खुले थे। औद्योगिक मजदूरों और निचले स्तर की सामाजिक-नागरिक सेवाओं की जरूरत अमेरिका अपने पिछवाड़े के लातिनी अमेरिकी देशों से पूरी कर लेता था। इन देशों से गरीबों-फटेहालों की फौज आम तौर पर गैरकानूनी तरीकों और रास्तों से, अपनी जान पर खेल कर अमेरिका की सीमा में दाखिल होती थी। समाज के इन दो तबकों–शीर्ष प्रतिभा और सबसे वंचित गरीब के अलावा दुनिया का आम आदमी, खासकर मध्यवर्ग सिनेमा, टीवी, अखबारों और किताबों में अमेरिका को देख-सुन कर लार तो टपका सकता था मगर वहाँ जाने के लिए न तो उसके पास साधन थे, न गैरकानूनी रास्ता अपनाने की हिम्मत और न ही अमेरिका को इन लोगों की जरूरत थी।

जनवरी 1959 क्रान्ति के पहले भी क्यूबा से लोग अमेरिका बसने के लिए आर्थिक कारणों-प्रलोभनों से जाते ही रहते थे। आम तौर पर क्यूबाइयों को स्वीकार करने में अमेरिकी नीति अनुदार थी। 1958 में अमेरिका में क्यूबाइयों की संख्या, जिनमें पुराने प्रवासियों के वंशज भी शामिल थे, लगभग 1,25,000 थी।

क्रान्ति के बाद अमेरिका ने अपनी आव्रजन नीतियों को क्यूबा के खिलाफ प्रतिक्रान्तिकारी दबाव और हमले के बतौर ढालना और लागू करना शुरू किया। बतिस्ता के जमाने के सारे प्रतिक्रियावादियों, हत्यारों और अपराधियों को अमेरिका ने अपने यहाँ खुली शरण दी। वेन्चुरा, मासफेरर, काल्विनो जैसे सैकड़ों हत्यारों का जो हजारों क्यूबाइयों की नृशंस हत्याओं के गुनाहगार थे, अमेरिका में जोरदार स्वागत हुआ। बतिस्ता के सारे गुर्गों, राजनीतिज्ञों, नौकरशाहों को, जिन्होंने क्यूबा और क्यूबा की जनता की गाढ़ी कमाई लूटी थी, अमेरिका ने सर आँखों पर बिठाया। क्यूबा के सारे बड़े जमींदारों,

भूस्वामियों, पूँजीपतियों, व्यापारियों और तमाम डॉक्टरों, इंजीनियरों, वास्तुविदों, अर्थशास्त्रियों, लेखाकारों, तकनीशियनों, शिक्षकों, कलाकारों, बुद्धिजीवियों के लिए अपने दरवाजे पूरी तरह से खोल दिए। क्रान्ति के समय क्यूबा में डॉक्टरों की कुल संख्या 6,000 के आसपास थी। इनमें से 3,000 से ज्यादा अमेरिका पलायित हो गए। न सिर्फ विशेषज्ञ, बल्कि उत्पादन-प्रक्रिया के तमाम दक्ष श्रमिकों और तकनीशियनों का भी पलायन कराकर अमेरिका ने क्यूबा में प्रगति और नवनिर्माण की सारी सम्भावनाएँ समाप्त कर देने की चाल चली। 1959 से 1962 के बीच करीब दो लाख सत्तर हजार क्यूबाई अमेरिका को पलायित हुए। इनमें से ज्यादातर बिना वैध कागजात के भागे थे। अमेरिका ने 1961 में क्यूबा से सारे राजनयिक सम्बन्ध तोड़ लिए जिसके बाद वैध गमनागमन की सूरत नहीं थी। इस तरह अमेरिका में प्रवासी 'क्यूबाइ डिसिडेन्टो' की वह जमात तैयार हुई जिनमें से अधिकांश अपने बीबी-बच्चों को क्यूबा में ही छोड़ गैरकानूनी ढंग से इस उम्मीद से पलायित हुए थे कि क्रान्ति चन्द दिनों की मेहमान है, पुराने दिन लौटेंगे और उसके साथ वे भी अपना खोया राज-पाट हासिल करने क्यूबा लौट आएँगे। नहीं भी लौट पाये तो अमेरिका में पाँव जमा लेने के बाद बीबी-बच्चों को बुला लेंगे। इस तरह अमेरिका ने लाखों क्यूबाई परिवारों को एक दूसरे से अलग कर दिया।

अक्टूबर 1962 से अमेरिका ने अपनी आव्रजन नीति और भी कड़ी कर दी। मकसद वही पुराना था। क्यूबा से काम के आदमी उसे मिल चुके थे। परिवार अलग-थलग हो चुके थे। अपने प्रियजनों से अलग रहने को मजबूर ये परिवार क्यूबा में सामाजिक असन्तोष और प्रतिक्रियावादी उभार के बहुत काम आ सकते थे। इसके अलावा, अब भी क्यूबा से अमेरिका जाने के लिए लाखों लोग पासपोर्ट लिए इंतजार कर रहे थे। इनमें से ज्यादातर लम्पट, अराजक तत्व थे जिनकी अमेरिका को जरूरत नहीं थी और अमेरिका नहीं जा पाने के चलते ये क्यूबा के अन्दर प्रतिक्रान्तिकारी अराजक कार्यवाहियों और अस्थिरता फैलाने की अमेरिकी योजनाओं में मददगार हो सकते थे।

पहला पलायन-संकट अक्टूबर 1965 में आया। अक्टूबर 1962 से क्यूबा और अमेरिका (फ्लोरिडा) के बीच आवागमन का रास्ता बन्द था। गैरकानूनी पलायन क्यूबा के लिए समस्या के साथ-साथ अमेरिका की क्रान्तिविरोधी प्रचार मुहिम का हिस्सा बनता जा रहा था। अभी तक अधिकांशतः पैसे वाले क्यूबा छोड़कर गए थे। इन पलायित लोगों द्वारा गैरकानूनी ढंग से अपने परिवार के लोगों को अमेरिका बुलाने की कोशिशों में परिवारजनों के लिए जान और दुर्घटनाओं का जोखिम था। फिदेल ने घोषित किया कि खतरा उठाने की जरूरत नहीं है। क्यूबा से किसी के भी जाने पर प्रतिबन्ध नहीं है। प्रवासी क्यूबाई यहाँ से अपने परिजनों को ले जा सकते हैं।

इसके लिए वारादेरो के पास कामारियो का पोर्ट खास तौर से तैयार किया गया जहाँ से क्यूबा और मियामी के बीच नौकाओं का आवागमन सुविधापूर्वक हो सके। करीब एक लाख क्यूबाई इस व्यवस्था के तहत क्यूबा छोड़कर गए। गैरकानूनी ढंग से पलायन पर अस्थायी रूप से काबू पाया गया। फिदेल बताते हैं कि पहले से पलायित क्यूबाइयों के परिवारजनों के साथ-साथ इस पलायन में ऐसे भी काफी सारे लोग थे

जो ऐसी वेतन-सुविधाओं के लालच में गए जिन्हें आर्थिक नाकेबन्दी और चौतरफा हमलों से जूझते हुए क्यूबा दे सकने की स्थिति में नहीं था। साम्राज्यवाद क्यूबा के मुकाबले बीस गुना से ज्यादा वेतन और भौतिक सुख-सुविधाओं का लालच दे रहा था। क्यूबा अपनी सामाजिक पुनर्संरचना के उस प्रारम्भिक दौर में था जब राष्ट्रभक्ति और समाजवादी चेतना की जागरूकता पूरी तरह मजबूत नहीं हुई थी। मध्यमवर्गीय आबादी में पुराने पूँजीवादी समाज की विकृतियों, अमेरिकी दुष्प्रचार और प्रोपेगैंडा का असर था। यह अमेरिका की ओर से डर्टीवार, बे ऑफ पिग्स, अक्टूबर मिसाइल संकट जैसे हमलों का दौर था। जल्दी ही क्यूबा ने अपने राष्ट्रीय शिक्षा अभियान के जरिए शिक्षा को, विश्वविद्यालयी उच्च और तकनीकी शिक्षा को भी, क्यूबा के दूर-दराज इलाकों, हर म्युनिसिपल्टी तक पहुँचाया और जनता के अन्दर जबर्दस्त क्रान्तिकारी नैतिकता और राष्ट्रीय जागरूकता लाते हुए प्रतिभा पलायन की समस्या पर काफी हद तक काबू पा लिया।

अमेरिका पलायन की खुली आवाजाही अनन्तकाल तक जारी नहीं रखी जा सकती थी। अमेरिका ने भी इस बढ़ती हुई भीड़ में अब अपनी जरूरत के लायक लोग न देखकर पाबन्दियाँ लादनी शुरू कर दीं। एक बार फिर गैरकानूनी मानव तस्करी का सिलसिला शुरू हो गया। नवम्बर 1966 में अमेरिका ने क्यूबन एडजेस्टमेंट एक्ट लागू किया। यह कानून गैरकानूनी मानव तस्करी का कानूनी अमेरिकी रास्ता था। कोई अपराधी, लम्पट, असामाजिक तत्व जिसे कानूनन आवेदन करने पर अमेरिका कभी वीजा नहीं देता, अगर गैरकानूनी तरीके से अमेरिका की सीमा में दाखिल हो जाए और पहुँचते ही घोषित कर दे कि वह क्यूबा का नागरिक है, वहाँ से भागकर आया है और अमेरिका में शरण चाहता है, अमेरिका में उसका हीरो की तरह स्वागत होता, पलक झपकते ही अपराधी को जनतंत्र का रक्षक बना दिया जाता और उसके लिए रोजी-रोजगार, आवास, पैसा सब कुछ अमेरिका में हाजिर था। क्यूबा में हजारों प्रतिक्रान्तिकारी अपराधी अमेरिकी उकसावे और संसाधनों के जरिए तोड़-फोड़-आतंकी कार्यवाहियों के अपराध में गिरफ्तार होकर सजा काटने के बाद छूट चुके थे। वे अपने परिवारों के साथ मियामी (अमेरिका) जाने के लिए लालायित थे। क्यूबा सरकार की ओर से इसकी अनुमति थी मगर अमेरिका उन्हें स्वीकार करने के लिए तैयार नहीं था। क्यूबा में ऐसे हजारों परिवार थे जो अमेरिका जाकर बस गए अपने सम्बन्धियों के पास जाने के लिए अमेरिकी वीजा का बरसों से इंतजार कर रहे थे। हालाँकि क्यूबा में 1970 के दशक से प्रतिभा का पलायन समस्या नहीं रह गई थी मगर फिर भी गिने-चुने लोग आर्थिक कारणों से अमेरिका जाने वाले मिल ही जाते थे। अलावा इसके भारी तादाद में अपराधी और लम्पट तत्व क्यूबा में अब अपनी जगह नहीं देख भागने की फिराक में थे।

1973 से अमेरिका ने आव्रजन नीति को क्यूबा के खिलाफ एक कारगर हथियार के रूप में असन्तोष और उकसावेबाजी को भड़काने के लिए इस्तेमाल करना शुरू कर दिया। अमेरिका साल में मुश्किल से हजार-आठ सौ वीजा जारी करता और बाकियों को गैरकानूनी माध्यमों से अमेरिका में प्रवेश करने और क्यूबन एडजस्टमेंट

एक्ट का सहारा लेने को प्रोत्साहित करता जिससे क्यूबा के खिलाफ अपराधियों को जनतंत्र के सिपाही बनाकर दुष्प्रचार युद्ध चलाया जा सके।

इन अमेरिकी नीतियों के चलते क्यूबा में दूसरा बड़ा आव्रजन-पलायन संकट 1 अप्रैल, 1980 से शुरू हुआ। कुछ अराजक लम्पट एक बस लेकर हवाना में पेरू दूतावास का दरवाजा तोड़ते हुए अन्दर घुस गए जिसमें दूतावास के एक क्यूबाई गार्ड पेड्रो ओरिज काब्रेरा की हत्या हो गई। बजाय इसके कि पेरू दूतावास हमलावर अपराधियों को निकाल बाहर करता, उसने उन्हें शरण दी और हत्यारों को क्यूबा सरकार के हवाले करने से इनकार कर दिया। पेरू दूतावास के प्रभारी (चार्ज डे अफेयर्स) ने घोषणा करवा दी कि जो भी दूतावास में आना चाहता है, उसका स्वागत है। क्यूबा सरकार ने पेरू दूतावास से अपने गार्ड हटा लिए। अगले चन्द दिनों में दूतावास हजारों अराजक लम्पटों से भर गया जिनके कारनामों की रोकथाम करनेवाला कोई नहीं था। पेरू अमेरिका के इशारों पर क्यूबा के अन्दर अस्थिरता फैलाने के लिए अराजकता और पलायन को प्रश्रय देता रहता था। पेरू दूतावास के जरिए पलायन करनेवालों का पहला जत्था कोस्टारिका और अगला जत्था लीमा गया था जहाँ सालों से वे लोग पार्कों के अन्दर तम्बू गाड़कर रह रहे थे और उनकी सुध लेने वाला कोई नहीं था। इसलिए स्वाभाविक रूप से कोई भी पलायन करनेवाला तीसरी दुनिया के किसी देश में जाने का इच्छुक नहीं था और सभी की टकटकी अमेरिका की ओर लगी रहती थी।

18 अप्रैल को क्यूबा ने घोषित कर दिया कि क्यूबा छोड़कर जो भी अमेरिका जाना चाहे, खुशी से और बिना कोई खतरा मोल लिए सुरक्षित ढंग से जा सकता है। मियामी के क्यूबाई अमेरिकन प्रवासी अपनी नावें मेरियल बन्दरगाह पर भेजकर वहाँ से लोगों को ले जा सकते हैं। क्यूबा से पलायन का यह अभियान 21 अप्रैल को शुरू हुआ और मई के अन्त तक करीब 1,25,000 क्यूबाई अमेरिका गए। इसके बाद मेरियल बन्दरगाह इन कार्यवाहियों के लिए बन्द कर दिया गया। एक बार फिर अमेरिकी क्यूबन एडजस्टमेंट एक्ट के जरिए गैरकानूनी आव्रजन का धंधा पुराने ढर्रे पर आ गया। अमेरिका बमुश्किल हजार वीजा साल में जारी करता और चार-पाँच हजार लोग गैरकानूनी ढंग से जान पर खेलकर अमेरिका में एडजस्टमेंट एक्ट का फायदा उठाने पहुँचते।

तीसरा बड़ा आव्रजन-पलायन संकट 1994 में घटित हुआ। कोजीमार बन्दरगाह पर एक स्पीडबोट दिन-दहाड़े मियामी से आई, क्यूबा से लोगों को उठाया और चलती बनी। जाती हुई बोट पर क्यूबाई तटरक्षकों की ओर से गोली चलाई गई मगर कोई हताहत नहीं हुआ। एक दूसरी घटना में तट की ओर पलायन की नीयत से आती हुई एक भरी ट्रैक्टर ट्राली एक तटरक्षक को कुचलती हुई आगे बढ़ गई। इन सब घटनाओं को देखते हुए क्यूबा ने अपने तटरक्षकों को सवारी लेकर जाती नावों के खिलाफ किसी तरह की कार्यवाही न करने का निर्देश दिया।

13 जुलाई को बन्दरगाह पर बँधी हुई नौकाओं में से एक नौका को कुछ अराजक तत्व कब्जा करके उस पर सवार हो मियामी की तरफ चल दिए। ये नौकाएँ जहाजों

से सामान बन्दरगाह तक चढ़ाने-उतारने के काम आती थी। लम्बी सवारी यात्राओं के लिए ये बिल्कुल भी उपयुक्त नहीं थीं और न ही इनमें आपातस्थिति से बचाव के कोई साधन होते थे। नाव को जबरन कब्जा कर ले जाते देखकर आसपास के नाविक उत्तेजित हो गए और दो नावों ने उसे पकड़ लाने के लिए पीछा करना शुरू किया। तब तक पहली नाव बन्दरगाह से निकल चुकी थी। रात का समय था और किसी तटरक्षक को इस घटना की खबर किए बगैर दोनों नावें भी पीछा करने के लिए निकल पड़ीं। तटरक्षकों को करीब एक घंटे के बाद इसकी खबर लगी और तुरन्त तटरक्षक नौकाएँ पीछा करने वाली नावों को लौटा लाने के लिए चल पड़ीं।

इस समय तक पीछा करने वाली दोनों नावें भागती हुई नाव तक पहुँच चुकी थीं और उसे घेरकर वापस तट की ओर ले चलने की कोशिश कर रही थीं। दोनों नावों ने भागती हुई नाव के आगे-पीछे होकर उसे बीच में ले लिया था। इसी गहमा-गहमी में पीछे वाली नाव के, जिसके अगले सिरे पर धातु की प्लेट मढ़ी हुई थी, तेज लहरों के चलते टकरा जाने से बीच वाली नाव में दरार पड़ गई। नाव पर सवार साठ लोगों में कुछ तो धक्के से पानी में गिर पड़े और बाकी जान बचाने के लिए कूद पड़े। पीछा करने वाली दोनों नावों को मिलाकर मुश्किल से तीन-चार नाविक थे और आपातस्थिति से निपटने के लिए उनके पास कोई साधन भी नहीं था। फिर भी पानी में कूदकर वे लोग दो-चार लोगों की जान बचाने में कामयाब हो सके। एक डर यह भी था कि कहीं ज्यादा लोग मिलकर उन्हें भी नाव समेत बन्धक बनाकर मियामी न चल दें।

तब तक तटरक्षक पेट्रोलबोट भी पहुँच गई जिसके पास बचाव के जरूरी सामान मौजूद थे। करीब तीस लोग इस कार्यवाही में बचा लिए गए। बाकी के तीस डूब गए। घटना पूरी तरह आकस्मिक थी और इसमें क्यूबा का कतई कोई हाथ नहीं था। मगर इसको लेकर अमेरिका ने पूरी दुनिया में जबर्दस्त हो-हल्ला मचाया और क्यूबा को बदनाम करने की भरपूर कोशिश की।

इस बारे में फिदेल बताते हैं कि पलायन में बड़ा हिस्सा उन लोगों का था जो आर्थिक कारणों से क्यूबा छोड़ना चाहते थे, जिन्हें उपभोक्ता समाज की चकाचौंध ने सम्मोहित कर लिया था। समूची दुनिया से अमेरिका की ओर पलायन का जबर्दस्त दबाव है। अल्जीरिया, मोरक्को-अफ्रीका के हर देश से भारी जोखिम उठाकर लोग अमेरिका पहुँचना चाहते हैं-मैक्सिको और मध्य अमेरिका से भी यही हाल है। पिछले बीस सालों में दस लाख से ज्यादा लोग डोमिनिकन रिपब्लिक से डोमनिका और पुएरटेरिको के बीच के खतरनाक मोना पैसेज के रास्ते गैरकानूनी ढंग से अमेरिका में दाखिल हुए। क्यूबा से गैर कानूनी तरीके से अमेरिका जाने के लिए एडजस्टमेंट एक्ट स्थायी प्रेरक बना हुआ है। इस गैरकानूनी रास्ते के अलावा कानूनी तरीके से पासपोर्ट वीजा के जरिए बेहतरीन प्रतिभाओं को लुभाने की प्रतिभाचोरी भी चलती ही रहती है। गैरकानूनी रास्ते से मुश्किल से 6-8 सवारियों वाली नावों में पचीसों लोग सवार होकर खतरनाक समुद्री रास्तों पर निकल पड़ते हैं। दूसरी ओर अमेरिका ने अपनी आर्थिक नाकेबन्दी के साथ-साथ अमेरिकी नागरिकों को भी क्यूबा आने से

प्रतिबन्धित कर रखा है। क्यूबा आने या नाकेबन्दी की किसी भी धारा के उल्लंघन के जुर्म में दस साल की सजा हो सकती है। बिना अनुमति के क्यूबा जाने के लिए हर उल्लंघन पर ढाई लाख डॉलर तक का जुर्माना लग सकता है। कम्पनियों-कॉरपोरेशनों के लिए यह जुर्माना दस लाख डॉलर का है। इसके अलावा पचपन हजार डॉलर हर उल्लंघन का प्रशासनिक जुर्माना अलग से। दुनिया में जनतंत्र के स्वयंभू ठेकेदारों को जनता के बीच आपसी दोस्ती और भाइचारे से सबसे ज्यादा डर लगता है। यह डर उनके भ्रम जाल के टूटने का, क्यूबा के शैतान होने के मिथक के चकनाचूर हो जाने का है।

तीसरे विश्वयुद्ध के मुहाने पर दुनिया : अक्टूबर मिसाइल संकट

शीतयुद्धकाल की सबसे संकटपूर्ण घड़ी क्यूबा में सोवियत संघ द्वारा मिसाइलों की तैनाती और इसकी अमेरिकी प्रतिक्रिया थी। गम्भीरतम अन्तर्राष्ट्रीय तनाव के उन चन्द दिनों में सारी दुनिया की साँसें जैसे थम सी गई थीं। किसी भी पल तीसरा विश्वयुद्ध और वह भी परमाणु युद्ध छिड़ सकता था।

बे ऑफ पिग्स हमले से यह बिल्कुल साफ हो चुका था कि अमेरिका किसी भी हद तक जाकर क्यूबा के खिलाफ कार्यवाही कर सकता है। बची-खुची शंका ऑपरेशन मोंगूज से खत्म हो चुकी थी। स्वाभाविक था कि क्यूबा अपने बचाव की तैयारियों में समूची क्यूबाई जनता को लामबन्द करने के साथ आधुनिक हथियारों और अन्तर्राष्ट्रीय समर्थन के लिए अपनी एकमात्र मित्र शक्ति सोवियत संघ द्वारा सहायता की पेशकश पर हामी भरता। अब तक अमेरिकी दबाव और हमलों की हर कोशिश से निपटने में सोवियत संघ ने मदद की थी। चाहे वह अमेरिका द्वारा चीनी आयात कोटा रद्द करना हो, व्यापार रद करना हो, तेल आपूर्ति रद करना हो, सोवियत संघ ने वैकल्पिक आर्थिक-व्यापारिक मदद की थी। पारम्परिक हथियारों और तकनीक की आपूर्ति का सबसे भरोसेमन्द स्रोत भी सोवियत संघ था।

सोवियत संघ के लिए समाजवादी क्यूबा की मदद करना समाजवादी बिरादराना रिश्तों और सिद्धान्तों के मामले के साथ ही शीतयुद्धकालीन तनाव के दौर में अमेरिका के खिलाफ रणनीतिक और कूटनीतिक राजनय का भी मामला था। अमेरिकी महाद्वीप में, अमेरिका की नाक के नीचे, अमेरिका के चंगुल से आजाद होकर क्यूबा का एक मजबूत समाजवादी देश के रूप में उभरना सोवियत संघ के लिए रणनीतिक दृष्टि से बहुत महत्त्वपूर्ण था। प्रतिद्वन्द्वी महाशक्ति अमेरिका के खिलाफ अन्तर्राष्ट्रीय शक्ति-सन्तुलन में बहुत काम आ सकता था। ख्रुश्चेव के लगातार दावों के बावजूद कि अमेरिका और नाटो गठबन्धन के मुकाबले सोवियत संघ परमाणु रणनीतिक बराबरी हासिल कर चुका है, यह हकीकत नहीं थी। तुर्की और इटली के परमाणु मिसाइल अड्डों के चलते अमेरिका इस मामले में निश्चित बढ़त पर था।

ख्रुश्चेव के शातिर दिमाग में बात सूझी कि अगर 42 इंटरमीडियेट रेंज मिसाइलें परमाणु अस्त्रों से लैस क्यूबा में लगा दी जाएँ तो सोवियत खेमे के पक्ष में रणनीतिक शक्ति-सन्तुलन हासिल करने की दिशा में यह निर्णायक कदम साबित हो सकता है।

ख्रुश्चेव ने इसी इरादे से उज्बेकिस्तान के पार्टी सेक्रेटरी और सोवियत संघ की स्ट्रेटेजिक मिसाइल फोर्स के कमांडर मार्शल सर्जेई बिरुजोव को 29 मई को क्यूबा भेजा। बिरुजोव ने क्यूबाई नेताओं को समझाया कि अमेरिका को क्यूबा के खिलाफ आक्रमण की योजनाओं से विरत रहने पर तभी मजबूर किया जा सकता है जब उसे यह भय हो कि क्यूबा पर हमले का मतलब न सिर्फ पारम्परिक हथियारों से मुकाबला बल्कि सोवियत परमाणु ताकत की चुनौती का भी सामना करना है।

फिदेल कास्त्रो और अन्य क्यूबाई नेता इसके पक्ष में नहीं थे। खासकर फिदेल और राउल के मत में सोवियत संघ द्वारा इस आशय की स्पष्ट घोषणा कि क्यूबा पर हमला सोवियत संघ पर हमला माना जाएगा, अमेरिका को क्यूबा पर हमले की कोशिशों से विरत रखने के लिए पर्याप्त थी। क्यूबा की चिन्ता मिसाइल स्थापना के रणनीतिक खतरों से ज्यादा लातिनी अमेरिकी देशों और पूरी दुनिया के सामने क्यूबा के सोवियत संघ के एक सामरिक अड्डे में बदल जाने की छवि की राजनीतिक कीमत को लेकर थी। क्यूबा की आजाद, जुझारू क्रान्तिकारी राष्ट्र की छवि को पहुँचने वाले नुकसान को लेकर थी। फिदेल इस बात से पूरी तरह आश्वस्त थे कि क्यूबा और क्रान्ति की रक्षा के लिए क्यूबा में मिसाइल तैनाती की दरकार नहीं है। सोवियत संघ की क्यूबा पर हमले को अपने ऊपर हमला मानने की घोषणा इसके लिए काफी है।

अमेरिकी इतिहासकार आर्थर एम. स्लिसिंजर (जू.) ने अपनी किताब 'राबर्ट केनेडी एंड हिज टाइम्स' में इस तथ्य को स्वीकार करते हुए लिखा है : 'निश्चित रूप से कास्त्रो के पास खुद को चारों ओर घिरा महसूस करने के बेहद माकूल आधार थे। अगर डबल एजेंटों ने उन्हें न भी बताया हो कि सी.आई.ए. उनकी हत्या की कोशिशें कर रही है, ऑपरेशन मोंगूज से इस बात में थोड़ा भी शक नहीं रह गया था कि अमेरिकी सरकार उन्हें उखाड़ फेंकने की कोशिश कर रही है। उनके लिए यह बिल्कुल भी गैरवाजिब नहीं था कि वह सोवियत सुरक्षा की मदद लेते। मगर उन्होंने सोवियत मिसाइलों की मदद माँगी थी? सारे विश्वसनीय प्रमाण यही कहते हैं कि उन्होंने ऐसा नहीं किया था। कास्त्रो का मकसद अमेरिकी हमले को रोकने के लिए अमेरिका को यह जता देना था कि क्यूबा पर हमला सोवियत संघ पर हमला माना जाएगा। इसके लिए परमाणु अस्त्रों की दरकार नहीं थी।'

बावजूद क्यूबाई नेताओं की इस स्थिति के, सोवियत प्रतिनिधि मंडल ने दबाव डाला कि अमेरिका ने जिस तरह से क्यूबा की क्रान्ति को अपनी नाक का सवाल बनाया हुआ है, क्यूबा में मीडियम रेंज मिसाइलों की तैनाती के अलावा कोई दूसरा कदम उसे अपने इरादों से पीछे नहीं हटा सकता। फिदेल ने सारा मामला नेशनल डाइरेक्टोरेट में रखा। सारी परिस्थितियों और विकल्पों पर विचार करते हुए अन्ततः सोवियत प्रतिनिधियों को उनके प्रस्ताव पर क्यूबा को सीधे हमले से सुरक्षित रखने और साथ ही विश्वपटल पर सोवियत संघ और समाजवादी खेमे को मजबूती प्रदान करनेवाले कदम के रूप में सहमति दी गई।

समझौते के तहत 42 मीडियम रेंज मिसाइल रॉकेट, पेट्रोल बोट, मिग-2 रेजीमेंट, मोटराइज्ड इन्फेन्ट्री की चार ब्रिगेड और परमाणु अस्त्रों की एक रेजीमेंट की तैनाती क्यूबा में की जानी थी जिसके कमांडर को आपातकालीन परिस्थितियों में मौके की नजाकत के

मुताबिक कार्यवाही के अधिकार थे। रणनीतिक परमाणु हथियारों की देखरेख और संचालन बेहद उच्च व संवेदनशील तकनीक होने के चलते सोवियत संघ की ही सम्पत्ति के रूप में उन्हीं के नियन्त्रण में रहेगा। यह अक्टूबर संकट से करीब पाँच महीने पहले की बात है।

सोवियत संघ ने इस तैनाती से सम्बन्धित सहमति दस्तावेज अनुमोदन के लिए क्यूबा को भिजवाये। फिदेल के मुताबिक दस्तावेज में राजनीतिक दृष्टि से कई खामियाँ थीं। फिदेल ने एक दूसरा दस्तावेज अपने हाथों से लिखकर राउल के साथ मास्को भिजवाया। सोवियत संघ ने दस्तावेज को बिना किसी ना-नुकुर के, बिना कोई कामा-फुलस्टाप बदले स्वीकार कर लिया। तैनाती की तैयारियाँ शुरू हो गईं।

अमेरिका को इसकी भनक लगना मुश्किल नहीं थी। अमेरिका और रूस के बीच इस तैनाती के आक्रामक अथवा बचावी स्वरूप को लेकर कई चक्र बहसें चलीं। खुश्चेव ने केनेडी को भरोसा दिलाया कि यह मामला पूरी तरह से बचाव का है न कि आक्रमण का। शातिर खुश्चेव ने कभी पूरी योजना का खुलासा नहीं किया। केनेडी ने खुश्चेव की बातों का मतलब यह लगाया कि क्यूबा में मीडियम रेंज मिसाइल तैनाती नहीं हो रही है। क्यूबा के नेताओं को बातचीत का यह तरीका ठीक नहीं लगा और फिदेल ने चे को खुश्चेव के पास क्यूबा का पक्ष रखने और यह जोर देने के लिए भेजा कि सहमति दस्तावेज का पूरी तरह खुलासा करते हुए जारी कर दिया जाना जरूरी है जिससे किसी को भी इस बारे में कोई सन्देह-शंका न रहे। मगर शीतयुद्ध की शातिर घात-प्रतिघात की चालों के तहत खुश्चेव ने दस्तावेज का खुलासा नहीं किया जिसका आगे चलकर केनेडी प्रशासन को जबर्दस्त कूटनीतिक लाभ मिला।

1962 की गर्मियों से सोवियत मिसाइलों और तमाम उपकरणों के पहुँचने का सिलसिला शुरू हो गया। मीडियम रेंज मिसाइलों की तैनाती और प्रक्षेपण रैम्प तैयार होने लगे। हालाँकि किसी भी मिसाइल को परमाणु अस्त्रों से लैस नहीं किया गया था। वे सब के सब गोदामों में बन्द थे। इन्टरमीडियेट मिसाइलों की खेप अभी सोवियत संघ से रवाना होकर बीच समुद्र में थी। इसी बीच 14 अक्टूबर को अमेरिकी यू-2 टोही विमान ने क्यूबा के ऊपर उड़ान भरते हुए पिनार डेलरियो प्रान्त में सान क्रिस्टोबल के पास मिसाइल लांच रैम्प की तस्वीरें खींच लीं। वैसे भी अमेरिकी प्रशासन को इस तैनाती की अन्दरूनी जानकारी थी। सोवियत गुप्तचर एजेंसी का कर्नल पेन्कोवोस्की डबल एजेंट था और उसने मिसाइलों के बारे में सारी जानकारी सी.आई.ए. को दे दी थी।

अमेरिकी प्रशासन ने राष्ट्रपति केनेडी को इस जानकारी से 16 अक्टूबर को अवगत कराया। सम्भावित सैन्य कार्यवाही के विभिन्न विकल्पों पर मंथन शुरू हो गया। 19 अक्टूबर को अमेरिका के ज्वाइंट चीफ ऑफ स्टाफ ने मिसाइल तैनाती अड्डों को भारी बमबारी से तबाह करने का सुझाव दिया। अगले दिन 20 अक्टूबर को सेक्रेटरी ऑफ स्टेट राबर्ट मैक्नमारा की सलाह पर क्यूबा की नौसैनिक घेरेबन्दी (क्वारेंटाइनिंग) अन्य राजनयिक-कूटनीतिक और सैन्य उपायों के साथ किए जाने का फैसला लिया गया। 183 जंगी जहाज, जिनमें आठ एयरक्राफ्ट कैरियर और 40,000 नौसैनिक मरीन शामिल थे, इस काम पर लगाए गए। फ्लोरिडा में 579 लड़ाकू जहाज और पाँच सेना डिवीजनें

'एलर्ट' पर रखी गईं। इनमें 2 एयरबोर्ड इलाइट एयर डिवीजनें 82 और 101 शामिल थीं। अभी तक अमेरिकी जनता और दुनिया को इस संकट का खुलासा नहीं हुआ था।

क्यूबा में भी अभी इस तैयारी की जानकारी नहीं थी। मगर 14 अक्टूबर को अमेरिकी टोही विमान की घटना के बाद प्रतिक्रिया की आशंका से तैयारियाँ तेज कर दी गई थीं। 16 अक्टूबर तक कोई लांच रैम्प तैयार नहीं था। 18 तक आठ, 20 तक 13 और 21 अक्टूबर को 20 लांच रैम्प तैयार किए जा चुके थे।

22 अक्टूबर, 1962 को 7 बजे शाम केनेडी ने टीवी पर आकर नाटकीय अन्दाज और आवाज में इस जानकारी का खुलासा किया। सारी दुनिया अवाक् और स्तब्ध रह गई, जब उन्हें पता चला कि वे आसन्न परमाणु युद्ध की घड़ियों में साँसें ले रहे हैं। केनेडी ने मिसाइलों की तुरन्त वापसी न होने पर परमाणु हमले के लिए तैयार रहने की धमकी दी।

क्यूबा में इसकी खबर मिलते ही क्रान्तिकारी सेना और समूचे राष्ट्र को युद्ध के लिए तैयार हो जाने का आह्वान किया गया। 4 लाख लोग बिना किसी शोर-गुल-कोहराम के हथियारों और हौसले से पूरी तरह लैस क्यूबा की रक्षा में तैनात हो गए।

23 को फिदेल ने टी.वी. पर अमेरिकी दादागिरी की जमकर आलोचना की और हमले के दुस्साहस के परिणामों से आगाह करते हुए क्यूबाई जनता के किसी भी खतरे का मुकाबला करने के लिए तैयार होने का एलान किया।

अमेरिकी नौसैनिक घेरेबन्दी 24 अक्टूबर को 2 बजे सुबह से प्रभावी हो गई। उस समय 23 सोवियत जलपोत इन्टरमीडियेट मिसाइलों के साथ क्यूबा के रास्ते में थे जो वापस लौट गए।

25 अक्टूबर को संयुक्त राष्ट्र में इस संकट पर ऐतिहासिक चर्चा हुई। अमेरिका को तब तक पूरी जानकारी मिल चुकी थी और ख्रुश्चेव के सारे झूठों की कलई खुल गई थी। अमेरिकी राजदूत स्टीवेन्सन ने जोरदार तरीके से अपना पक्ष रखा। सोवियत राजदूत बेलेरिन जोरिन ने आरोपों से इनकार किया। जोरिन का वक्तव्य आधा-अधूरा था। उसने कोई तैयारी नहीं की थी। उसने आक्रामक ढंग से अमेरिकी दादागिरी पर हमला नहीं किया, मिसाइल तैनाती के जायज आधारों को प्रभावी ढंग से नहीं रखा और न ही एक सार्वभौम राष्ट्र द्वारा अपनी रक्षा के अधिकारों पर बल दिया।

इस बीच अमेरिकी टोही विमानों की क्यूबा पर उड़ानें लगातार जारी थीं। 26 को तनाव अपने चरम पर था जब अमेरिका की ओर से भारी हवाई हमला लगभग निश्चित जान पड़ रहा था। क्यूबाई और सोवियत लड़ाकों का आत्मबल और हौसला भी चरम पर था। उन्हें क्यूबाई क्षेत्र के अन्दर उड़ान भरने वाले लड़ाकू अमेरिकी जहाजों को मार गिराने का अधिकार था। 27 अक्टूबर को अमेरिकी जहाजों पर क्यूबाई एंटी एयरक्राफ्ट मोर्टार से फायरिंग की गई। इस दिन उत्तरी ओरियन्ट प्रान्त पर उड़ान भरते यू-2 टोही जहाज को सोवियत सैम मिसाइल से मार गिराया गया। पाइलट रूडोल्फ एंडरसन की मौत हो गई। युद्ध अपरिहार्य लगने लगा। क्यूबा में समूची जनता और सोवियत लड़ाके तैयार थे। इस बीच अमेरिका और सोवियत संघ के कूटनीतिक संवादों की गैलरी भी खुली हुई थी। ख्रुश्चेव ने न तो इसमें क्यूबा को शामिल किया और न ही इसके बारे में, इसकी किसी प्रगति के बारे में कोई सूचना दी। ख्रुश्चेव ने अमेरिका को सन्देश भिजवाया कि

अगर वह तुर्की से अपनी मिसाइलें हटाने के लिए तैयार है तो सोवियत संघ क्यूबा से मिसाइल तैनाती हटा लेगा। 28 अक्टूबर को ख्रुश्चेव और केनेडी के बीच सहमति बन गई। केनेडी के क्यूबा पर हमला नहीं करने के आश्वासन के बदले में सोवियत संघ क्यूबा में मिसाइल तैनाती निर्माण कार्य बन्द करने और सारी मिसाइलें वापस लेने को तैयार हो गया। समाजवादी-कामरेडाना रिश्तों पर शक्ति-सन्तुलन का दाँव-पेंच भारी पड़ा। सही मौके पर जब बहुत कुछ हासिल किया जा सकता था, ख्रुश्चेव की हिम्मत जवाब दे गई। क्यूबा को इस पूरे घटनाक्रम से पूरी तरह अलग-थलग रखा गया। फिदेल कहते हैं कि अगर ख्रुश्चेव ने क्यूबा को विश्वास में लेने की ईमानदारी दिखाई होती तो समझौते के तहत बहुत कुछ हासिल किया जा सकता था। 28 अक्टूबर को ही फिदेल ने टेलीविजन पर किसी भी समाधान के लिए पाँच जरूरी शर्तों की घोषणा की थी :

1. क्यूबा के खिलाफ अमेरिका की आर्थिक नाकेबन्दी और दुनिया-भर के देशों पर दबाव देकर क्यूबा के खिलाफ तमाम व्यापारिक-आर्थिक दबाव की कार्यवाहियों का खात्मा,
2. तोड़-फोड़ और अस्थिरता फैलाने की कार्यवाहियों, वायु और जल मार्ग से हथियारों, गोला-बारूद और एजेंटों की सप्लाई, आतंकी गिरोहबन्दी और संचालन, गुप्तचरी, घुसपैठ अमेरिकी जमीन से अथवा उसके सहयोगी देशों से बन्द हो,
3. भाड़े के लड़ाकों द्वारा अमेरिका और पुएरटेरिको के अड्डों से हमलों पर रोक,
4. क्यूबाई वायु और जल क्षेत्र के अमेरिकी जहाजों और युद्धपोतों द्वारा अतिक्रमण पर रोक,
5. गुआन्तनामो नौसैनिक अड्डे से अमेरिकी सेना की वापसी और अमेरिका द्वारा कब्जा किए गए क्यूबाई क्षेत्र को लौटाना।

क्यूबा ने एकतरफा समझौता कार्यवाही को अपने साथ विश्वासघात और अपमान के रूप में लिया। क्यूबा ने इसका जबर्दस्त प्रतिवाद किया और इस घटना से क्यूबा-सोवियत रिश्तों में लम्बे समय तक तल्खी बनी रही। फिदेल ने 31 अक्टूबर को ख्रुश्चेव को लिखा : '...आप को मुझे साबित करना होगा कि मैं गलत हूँ। पहले साबित किए बगैर आप मुझे गलत नहीं बता सकते हैं...बहरहाल आक्रान्ता का मुकाबला करने की हमारे राष्ट्र की इच्छाशक्ति और आत्मबल अविचलित है और शायद पहले से कहीं ज्यादा खुद पर और लड़ने के अपने हौसले पर भरोसा करने की जरूरत महसूस करती है। हम तमाम विपरीत परिस्थितियों के खिलाफ संघर्ष करेंगे, हम अपनी तमाम मुसीबतों से पार पा लेंगे और हम आगे बढ़ते रहेंगे...।'

फिदेल के मुताबिक सभी पाँचों शर्तें आसानी से मनवाई जा सकती थीं। अमेरिका की तरफ से क्यूबा पर हमले की तैयारियाँ फरवरी 62 से ही चल रही थीं। क्यूबा में मिसाइलों का आना जून में शुरू हुआ। सोवियत संघ के साथ समझौते में कुछ भी गैरकानूनी अथवा अनीतिगत नहीं था, खासकर इस बात को देखते हुए कि अमेरिका ने तुर्की और इटली में पहले से ही जुपिटर मिसाइलों की तैनाती कर रखी थी और सोवियत संघ की ओर से इसको लेकर कोई धमकी, कोई आक्रामक कार्यवाही नहीं की जा रही थी। फिदेल के अनुसार यह समझौता ख्रुश्चेव के राजनय की भारी गलती थी। राजनीति की लड़ाई अपना

उच्चनैतिक आधार खोकर, झूठ बोलकर, बहाने गढ़कर या आधा-अधूरा सच बोल कर नहीं लड़ी जा सकती। उस देश की नभ सीमाओं के दुश्मन द्वारा अतिक्रमण की इजाजत कैसे दी जा सकती है, जहाँ आप जमीन से हवा में मार करने वाली मिसाइलें लगाने जा रहे हैं?

फिदेल जोर देकर कहते हैं कि उन्होंने क्यूबा से मिसाइलों के हटाने के लिए कभी सहमति नहीं दी। मगर इसके साथ ही फिदेल ने मिसाइलों को हटाये जाने से रोका भी नहीं। एक तो मिसाइलें क्यूबा की नहीं सोवियत सम्पत्ति थीं। क्यूबा के साथ उनकी खरीद का कोई समझौता नहीं हुआ था। दूसरे, मिसाइलों को जाने से रोकने का मतलब था सोवियत संघ के साथ भी पूरी तरह विरोधपूर्ण चुनौती में उतरना। क्यूबा के लिए एक साथ विश्व की दोनों महाशक्तियों को चुनौती देना बेहद मुश्किल होने के साथ-साथ रणनीतिक-राजनयिक दृष्टि से भी अदूरदर्शी कदम होता।

फिदेल ने अपनी जमीन पर मिसाइल वापसी के काम की अमेरिका, संयुक्त राष्ट्र या किसी भी बाहरी शक्ति द्वारा निगरानी की इजाजत देने से साफ इनकार कर दिया। फिदेल कहते हैं कि शीतयुद्ध की सर्दियों में दो प्रतिद्वन्द्वी महाशक्तियों के प्यार की गर्मी ने अँगड़ाई ली और सोवियत संघ अमेरिका को क्यूबा की जमीन के बजाय बीच समुद्र में मिसाइलों की मुँह दिखाई के लिए राजी हो गया।

अक्टूबर संकट से केनेडी विश्व-मंच पर और भी कद्दावर नेता बनकर उभरे–एक ऐसा नेता जो संकट का बेहतरीन इस्तेमाल कर ले जाने में सक्षम हो। फिदेल कहते हैं कि केनेडी के बारे में राय कायम करते समय उस समय और उन परिस्थितियों को ध्यान में रखना होगा जिनमें हम रह रहे थे, दो विपरीत ध्रुवों की विचारधाराएँ जबर्दस्त टकराव में थीं, पूँजीवाद के प्रतीक, महाबली अमेरिका की धरती से बमुश्किल 90 मील दूर एक ऐसी सरकार अस्तित्व में आ चुकी थी जिसने अपने बूते क्रान्ति की थी और अपने ही दम पर समाजवाद का रास्ता चुना था। फिदेल पूरी मजबूती के साथ इस बात को रखते हैं कि क्रान्ति के लिए सोवियत संघ से न एक पैसा लिया गया था और न एक राइफल। क्यूबा में समाजवाद क्लोनिंग या कृत्रिम गर्भाधान के जरिए नहीं आया था। यह क्यूबा का अपना शौर्य, अपना हौसला, अपना बूता था। बहरहाल केनेडी ने अक्टूबर संकट के बाद समझदारी दिखाई, चीजों को और बिगाड़ने और पेचीदा करने से मना कर दिया। क्यूबा पर टोही जहाजी कार्यवाहियाँ रोक दीं। ऑपरेशन मोंगूज रद्द कर दिया। केनेडी की इस प्रतिक्रिया ने अमेरिका में तमाम क्यूबा-विरोधी तत्वों, मियामी माफिया, दक्षिणपंथी प्रतिक्रियावादी राजनीतिज्ञों के मन में उनके लिए घोर नफरत भर दी। 22 नबम्बर, 1963 को केनेडी की हत्या हो गई। ली हार्वी ओस्वाल्ड पकड़ा गया। उस पर क्यूबा समर्थक होने का इल्जाम लगा। फिदेल कहते हैं कि शुक्र है, क्यूबा ने उसे अपने यहाँ आने की इजाजत नहीं दी थी। क्यूबा ने हत्या की जाँच में पूरा सहयोग किया और अपने स्तर से जो भी जानकारी अमेरिका को चाहिए थी, मुहैया कराई। हो सकता है, ओस्वाल्ड डबल एजेंट रहा हो, वह काफी दिनों तक सोवियत रूस में रहा था, वहाँ की एक महिला से विवाह किया था जिससे अमेरिका आने पर तलाक हो गया। शीतयुद्ध के जमाने में दोनों पक्ष एक दूसरे पर नजर रखने के लिए हर हथकंडा अपनाते थे। सच्चाई जो हो। वैसे किसी भी आदमी के

लिए तेज गतिशील लक्ष्य पर टेलीस्कोपिक राइफल से सेकेंड के अन्तर से तीन बार सटीक निशाना लगा पाना कठिन है। ओस्वाल्ड जब कैदी था, पुलिस की मौजूदगी में, टी.वी. कैमरामैनों और तमाम लोगों के सामने जैकरूबी ने ओस्वाल्ड की हत्या कर दी। ऐसा भी शायद ही और कहीं मुमकिन हो। मगर ऐसा महाबली अमेरिका की सबसे ताकतवर और चाक-चौबन्द सुरक्षा व्यवस्था में हुआ, आश्चर्य है।

1991 में अमेरिका के सेक्रेटरी ऑफ स्टेट जेम्स बेकर और सोवियत राष्ट्रपति गोर्वाचेव के बीच क्यूबा से सोवियत सैनिकों की अन्तिम टोली की वापसी का समझौता हुआ। सोवियत संघ ने अपने अस्तित्व की आखिरी साँसें भी अक्टूबर संकट को बेचकर खरीदीं। इस बार भी क्यूबा को विश्वास में लेने या सूचित तक करने की ज़रूरत नहीं समझी गई।

दिसम्बर 2000 में पुतिन के क्यूबा के गर्मजोशी भरे दौरे के बाद, रूस ने अक्टूबर 2001 में एकतरफा फैसला लेते हुए क्यूबा से 'सेन्टर फार इलेक्ट्रॉनिक सर्विलांस' बन्द करते हुए अपने सभी तकनीशियनों को वापस बुला लिया। यह क्यूबा से मिसाइल संकट के समय के अन्तिम अवशेषों की विदाई थी।

जो भी हो, अक्टूबर संकट के निपट जाने पर 28 अक्टूबर, 1962 को सारी दुनिया ने राहत की साँस ली थी। सात दिनों तक पल-पल परवान चढ़ते परमाणु महाविनाश की आशंका टल गई थी।

खंड VI

क्रान्ति की वैचारिकी

मुझे खूब याद है वह आदमी
कोई दो सदी बीती उसे देखे
यायावर था, मगर न घुड़सवार न रथारोही
हमेशा अपने पाँवों तले मिटाता रहा दूरियाँ
न तलवार से, न हथियार से
कंधे पर फकत एक जाल लिए,
कुल्हाड़ा, हथौड़ा या फिर कोई फावड़ा
कभी अपने लोगों से नहीं झगड़ा।
उसका झगड़ा था पानी से या फिर जमीन से
गेहूँ से कि वे रोटी बन सकें
दीवालों से कि उनमें दरवाजें निकल सकें
रेत से कि उनसे दीवालें बन सकें
या फिर समन्दर से कि वे फल उलीच सकें।

पाब्लो नेरूदा
(द पीपुल)

वक्त मुश्किल है, मेरे साथ चलो
गुजार लेंगे, शान से, मिल-जुलकर
अपने नन्हें, खूबसूरत हाथ दो
साथ उठेंगे, बढ़ेंगे, जूझेंगे
साथ धड़केंगे-साथ चहकेंगे।
हमें एक दूजे की जरूरत है
महज मधुयामिनी के लिए नहीं
हमें हमारे हाथों की जरूरत है

गलीजें मिटाने, आग जलाने के लिए।
तो आओ अपने मुश्किल वक्त को
गुजार दें सारी हदों से पार
तन कर अपने चार हाथों, और चार आँखों से।

पाब्लो नेरूदा

अनुभवों से सबक : सार्वजनिक सैन्य ट्रायल

नई क्रान्ति के समक्ष अनगिनत कार्यभार थे। जनता के साथ किए गए हर वादे को पूरा करना था। समाज और अर्थव्यवस्था को नए सिरे से व्यवस्थित करना था। साम्राज्यवादी दादागिरी, भगोड़ों की साजिश और भीतरघातियों की हरकतों से निपटना था। बतिस्ता के जाने के बाद जनता को मिली आजादी की अति-उत्साही अभिव्यक्तियों को अराजकता में बदलने से रोकना था।

फिदेल ने अपने देश, लातिनी अमेरिका और दुनिया की तमाम क्रान्तियों व मुक्ति आन्दोलन का गहराई से अध्ययन किया था। वह क्रान्ति के दौर में और उसकी सफलता के बाद अराजक लूट-पाट, हिंसा, बदले की कार्यवाहियों के रूप में फूट पड़ते जन-आक्रोश से परिचित थे। 'बोगोटाजो' के दौरान उन्हें इसका प्रत्यक्ष अनुभव हुआ था। फिदेल के मन में विजयी क्रान्ति को इस बदअमनी से बचाने की चिन्ता शुरू से थी। इसी दृष्टि से मोन्काडा कार्यक्रम (हिस्ट्री विल एब्जाल्व मी) के अन्तर्गत उन्होंने व्यक्तिगत द्वेष अथवा बदले की कार्यवाही से परहेज करते हुए क्रान्ति द्वारा दुश्मनों के खिलाफ मुकदमा चलाकर नजीर बन जाने वाली सजा (एक्जेम्पलरी पनिशमेंट) दिए जाने का कार्यभार रखा था। इस पर अमल किए जाने का समय आ गया था।

क्रान्ति की सफलता के निर्णायक दौर में बागी सेना अपने रेडियो स्टेशन रेडियो रिबाल्डे से जनता को संयम बरतने का सन्देश देती रही थी। रेडियो रिबाल्डे महज 1 kw शार्टवेव क्षमता का ट्रांसमीटर था। मगर हर स्थानीय रेडियो स्टेशन उसकी वेवलेंथ पकड़कर आगे रिले कर देता और इस तरह परस्पर सम्पर्कों के जाल से फैलती हुई क्रान्ति की आवाज समूचे क्यूबा में गूँजती। अपने निर्णायक दौर में रेडियो रिबाल्डे क्यूबा में सबसे ज्यादा और सबसे भरोसे के साथ सुना जाने वाला रेडियो स्टेशन था। रेडियो रिबाल्डे बराबर यह सन्देश देता कि क्रान्ति की मंशा यह बिल्कुल नहीं है कि लोग सड़कों पर निकलकर 'लोगों' को घरों से बाहर घसीट लाएँ, द्वेष और बदले की वैयक्तिक कार्यवाहियाँ करें। जनता को धैर्य रखना होगा। क्रान्ति हर गद्दार का पूरा हिसाब, पूरा न्याय करेगी।

विजयी क्रान्ति ने इस वायदे को, जो मोन्काडा कार्यभार का एक अहम हिस्सा था, पूरा करने के लिए क्रान्तिकारी ट्रिब्यूनलों का गठन किया। क्रान्तिकारी ट्रिब्यूनलों ने बतिस्ता के गुर्गों, ठगों, आतताइयों, हत्यारों के खिलाफ सार्वजनिक स्थलों पर खुला मुकदमा चलाया जिनमें हजारों की संख्या में जनता शामिल होती थी। उनमें से कई शातिर अपराधियों को मौत की सजा दी गई। फिदेल कहते हैं कि वह युद्धकाल था और

क्रान्तिकारी कानूनों और मान्यताओं के अधीन न्याय किया जा रहा था। कोर्ट मार्शल के तहत कई मामलों में मौत की सजा अपरिहार्य हो जाती है। सियेरा मायेस्त्रा अभियान के दौर में जब एक गद्दार की मुखबिरी के चलते बागी जत्था तीन बार समाप्त होते-होते बचा, मौत की सजा के अलावा विकल्प नहीं था। एक बार और जब बागी सेना के सहयोगी जत्थे ने किसानों के साथ लूट-पाट की तो यह सजा दी गई। यह जिन्दगी और मौत की स्थितियाँ थीं। जनता के साथ लूट-पाट का मतलब स्थानीय जन-समुदाय को अपना दुश्मन बना लेना था। स्थानीय जन-समुदाय बागी सेना की जीवनरेखा, उसके पहाड़ियों में टिके रह सकने की अनिवार्य शर्त थी। इस बार भी कोर्ट मार्शल द्वारा अपराध की गम्भीरता के अनुरूप मौत की सजा सुनाने में कोई गलती या दिक्कत नहीं थी।

चूक इस पूरे मामले में यह हुई कि सुनवाई और सजा सार्वजनिक स्थलों पर हजारों-हजार जनता की मौजूदगी में की गई। यह तरीका खुद क्रान्ति की न्यायिक अवधारणाओं के खिलाफ था। न्याय के 'स्टेडियम ट्रायल' का तरीका गलत था। चाहे जितना भी शातिर अपराधी हो, जघन्यतम हत्यारा हो, उसे हजारों लोगों के सामने मुकदमा चलाकर मौत के घाट नहीं उतारा जा सकता। यह क्रान्ति की गलती थी जिसे जल्दी ही सुधार लिया गया। यह जनता को क्रान्ति के अति उत्साह की 'अतियों' से बचाने की गरज से क्रान्तिकारी नेतृत्व की ओर से अति-उत्साह में की गई 'अति' थी। जल्दी इस पर रोक लगा दी गई। मगर तब तक निपटाये जा चुके मामलों से अमेरिकी साम्राज्यवाद और उसके मियामी गुर्गों को क्रान्ति के खिलाफ दुष्प्रचार चलाने का नायाब हथियार मिल गया जिसका इस्तेमाल वह अब तक कर रहे हैं।

अनिवार्य सैन्य सेवा

क्रान्ति के शुरुआती सालों में पूरे देश को, समूची जनता को क्रान्ति की रक्षा में गोलबन्द किए जाने की मजबूरी थी। क्रान्ति के सामने भीतर-बाहर हर तरह के खतरे थे–अमेरिकी हमलों का खतरा लगातार बना हुआ था जिससे बार-बार देश को जूझना पड़ा–डर्टी वार, बे ऑफ पिग्स हमला, अक्टूबर मिसाइल संकट और तमाम घुसपैठें, साजिशें, हमले, पलायन। समूचे देश को हथियारबन्द करने का फैसला लिया गया। निर्धारित अवधि के लिए सैन्य सेवा अनिवार्य बना दी गई। सेना में आधुनिक हथियारों-उपकरणों की आमद को देखते हुए शिक्षित नौजवानों की तत्काल दरकार थी। इसे देखते हुए विश्वविद्यालय के छात्रों और ग्रेजुएटों को भी सेना में लेना पड़ा।

क्यूबाई समाज में कुछ तबके ऐसे थे जो सेना में शामिल नहीं होना चाहते थे या फिर सैन्य सेवाओं के लिए उपयुक्त नहीं थे। ऐसे नौजवानों की तादाद कम नहीं थी जो एकदम ही पढ़े-लिखे नहीं थे और न्यूनतम तकनीकी कौशल नहीं होने के चलते सैन्य सेवाओं में उनकी उपयोगिता नहीं थी। कुछ ऐसे धार्मिक समूह थे जिन्हें किसी झंडे या सैन्य कमान में काम करने से एतराज था। इसके अलावा समलैंगिक थे जो समाज से बहिष्कृत जैसी स्थिति में थे। पितृसत्तात्मक समाज में उनको लेकर तीखा दुराव था।

इन तीन श्रेणियों की ऊर्जा का उपयोग करने के लिए और विशेषकर अर्थव्यवस्था के विभिन्न उत्पादन केन्द्रों में श्रम-शक्ति की जबर्दस्त माँग को देखते हुए 'युनिडाडेस

मिलिटारेस डे आयुदा आ ला प्रोदासियो' (उत्पादन सहायता के लिए सैन्य यूनिटें-यू.एम.ए.सी.) का गठन किया गया। ऐसी यूनिटों का देश-भर में गठन हुआ। इन यूनिटों का सबसे ज्यादा उपयोग कृषि क्षेत्र में मदद के लिए हुआ। इसे लेकर साम्राज्यवादी-प्रतिक्रियावादी ताकतों ने खूब हो-हल्ला मचाया और समलैंगिकों पर अत्याचार, उनकी हत्याएँ, उन्हें यातना कैम्प में रखने की मनगढ़न्त कहानियाँ प्रचारित कीं। फिदेल बताते हैं कि सच्चाई सिर्फ इतनी थी कि समाज में समलैंगिकों को लेकर एक किस्म का पूर्वग्रह था। पूरी योजना की समीक्षा की गई। इस तरह की यूनिटें करीब तीन साल तक चलीं थीं।

पूर्ववर्ती योजना की विसंगतियों से सबक लेते हुए क्यूबा की शान–युवा श्रम सेना (यूथलेबर आर्मी) का गठन हुआ। इसके अन्तर्गत नौजवानों को सबसे पहले सैन्य प्रशिक्षण दिया जाता और उसके बाद उन्हें देश के महत्त्वपूर्ण उत्पादन कार्यों–अर्थव्यवस्था और ढाँचागत नव-निर्माण में लगाया जाता–आवास, स्कूल, चिकित्सालय बनाना, रेल निर्माण और मरम्मत और तमाम तरह के जरूरी उत्पादक कार्य। इनका बड़ा हिस्सा कृषि उत्पादन में सहायता के लिए भी लगाया जाता था जहाँ न केवल श्रम की समस्या थी बल्कि कृषि में नई तकनीक और नए विचारों, नई उत्पादन-प्रणालियों से भी किसान जनता को परिचित कराते हुए प्रेरित करने के लिए शिक्षित ऊर्जावान नौजवानों की जबर्दस्त दरकार थी। क्यूबाई समाज के नवनिर्माण में इस युवा श्रम सेना का विस्मयकारी योगदान है। आम जनता के बीच इन नौजवानों को स्वाभाविक व सहज सम्मान व स्वीकार्यता हासिल हुई।

कृषि सुधार : नेशनल इंस्टीच्यूट फॉर एग्रेरियन रिफार्म

प्रथम कृषि सुधार कानून 1959 का एक महत्त्वपूर्ण कदम राष्ट्रीय स्तर पर कृषि में ढाँचागत सुधारों के प्रबन्धन और देख-रेख के लिए राष्ट्रीय संस्था नेशनल इन्स्टीच्यूट फॉर एग्रेरियन रिफार्म–आइ एन आर ए का गठन था। आइ एन आर ए महज जमीनों का ही राष्ट्रीयकरण नहीं कर रहा था, इसके तहत उद्योगों और औद्योगीकरण का विभाग भी गठित किया गया क्योंकि क्यूबा की समूची अर्थव्यवस्था मूलतः कृषि उद्योगों-उद्यमों से जुड़ी थी। फिदेल ने इस उद्योग और औद्योगीकरण विभाग की कमान सँभालने के लिए चे को चुना। चे तब तक किसी प्रशासनिक जिम्मेदारी में न होकर राजनीतिक-सैन्य नेता थे। चे विभिन्न क्रान्तिकारी संगठनों को मिलाकर गठित किए गए नेशनल डाइरेक्टरेट ऑफ रिवोल्यूशनरी ऑर्गनाइजेशन-ओ आर आई के सदस्य थे। उद्योग विभाग से आगे चलकर उद्योग मंत्रालय बनाया गया। क्यूबा का केन्द्रीय बैंक 'बैंको नेसियानल' एकदम खस्ताहाल था। देश छोड़ते समय बैंक पर पूरी तरह झाड़ू लगाते हुए बतिस्ता सारी रकम ले उड़ा था। बैंक की मौद्रिक-माली हालत सुधारने की सूरत नहीं नजर आ रही थी। पहले ही चन्द महीनों में देश में सामानों और मुद्रा दोनों का स्टाक खत्म होने लगा। अभी भी अर्थप्रबन्धन और तमाम उद्योग धंधे एकाधिकारी व्यापारी गुटों और बड़े बुर्जुआ के हाथों में थे जो हर तरह के हथकंडे अपना कर ज्यादा से ज्यादा रकम विदेशों में भेजने की मुहिम में जुटे थे। क्रान्तिकारियों को अर्थ प्रबन्धन में अनुभवहीनता की भारी कीमत चुकानी पड़ रही थी। अमेरिका ने अमेरिकी बैंकों में जमा क्यूबा सरकार की सारी रकम जो खरबों डॉलर में थी, जब्त कर ली थी। इन आर्थिक हालात से निपटने के लिए सचमुच में किसी क्रान्तिकारी की ही दरकार थी। फिदेल को चे की असाधारण प्रतिभा, अनुशासन, क्षमता, ईमानदारी और समझदारी इन हालात से निपटने के लिए सबसे कारगर लगी और चे को 'बैंको नेसियानल' का डाइरेक्टर बना दिया गया। साम्राज्यवादी-प्रतिक्रियावादी खेमे में इसको लेकर एक चुटकुला चल पड़ा–'क्यूबा को 'इकोनामिस्ट' की जरूरत थी, वे समझ बैठे 'कम्युनिस्ट' और पकड़ लाये 'चे'।

फिदेल की नजरों में चे असाधारण कम्युनिस्ट क्रान्तिकारी के साथ ही असाधारण अर्थशास्त्री भी थे। चे की अर्थशास्त्र पर पकड़ अर्थशास्त्री पांडित्य की डिग्री की बदौलत नहीं बल्कि क्यूबा को, क्यूबा की स्थितियों को और क्यूबा की जनता की जरूरतों को पूरी गहराई और सच्चाई के साथ देखने-परखने की अद्भुत क्षमता और देश-दुनिया की आर्थिक-राजनीतिक हलचल पर पैनी नजर के चलते थी।

चे ने अपने काम, उद्योग और औद्योगीकरण विभाग के मुखिया और केन्द्रीय बैंक के डाइरेक्टर-दोनों को बखूबी अंजाम दिया। अपने नए काम में खुद को पूरी तरह से झोंक दिया।

चे ने उद्योग और अर्थप्रबन्धन के बेहतरीन उपायों पर खास ध्यान दिया। विभाग और मंत्रिपरिषद में बहुत सारे लोग उद्योग धंधों के लिए स्ववित्त पोषण (फाइनेन्सियल सेल्फ मैनेजमेंट) की नीति लागू करने की वकालत कर रहे थे, चे ने नियोजित अर्थव्यवस्था और बजटीय वित्त प्रबन्धन को अपनाया।

चे उत्पादन प्रोत्साहन के लिए जरूरत पड़ने पर भौतिक प्रोत्साहनों (मेटीरियल इंसेंटिव्ज़) के खिलाफ नहीं थे मगर इसे वह उत्पादन के मूलभूत इंजन के तौर पर लागू किए जाने के सख्त खिलाफ थे। फिदेल कहते हैं कि इस मामले में चे की आत्म-प्रेरणा की 'नैतिक अपील' अद्‌भुत असरकारी थी जो बहुत कुछ सियेरा पहाड़ियों के कठिन-कठोर क्रान्तिकारी जीवन जैसी थी। चे ने कम्युनिस्ट चेतना, नैतिकता, जागरूकता और आत्म उदाहरण के जरिए नेतृत्व को हमेशा सर्वोच्च स्थान दिया।

चे क्यूबा में स्वैच्छिक श्रम-अभियान के जन्मदाता थे। हर रविवार को चे खुद किसी न किसी उत्पादन केन्द्र पर अपना श्रमदान करने पहुँचते–कभी कृषि, कभी निर्माण, कभी मशीनरी, कभी खदान। चे हर काम में हाथ आजमाते और हमेशा श्रमिक केन्द्रों और संगठनों के साथ आत्मीय रिश्ता बनाए रखते हुए श्रमिक वर्ग की आकांक्षाओं-अपेक्षाओं को समूचे क्यूबाई समाज के नवनिर्माण की ओर दिशाबद्ध करने में प्रेरक भूमिका निभाते।

चे के नेतृत्व में क्यूबा में आर्थिक पुनर्निर्माण की मुहिम धीरे-धीरे रंग लाने लगी। लोगों की जीवन-दशाओं में सुधार नजर आने लगा। रोजगार के अवसर बढ़ने लगे। आवास-शिक्षा-स्वास्थ्य की बुनियादी जरूरतों की आपूर्ति बढ़ने लगी। भोजन में स्वाद और पौष्टिकता धनिकों की रखैल नहीं आम जन की सहचरी बनने लगी। इनके पीछे था चे का अपना उदाहरण, उदात्त विचार और जागरूक चेतना। क्रान्ति की सफलता की गारंटी के ये बुनियादी तत्व थे।

नए समाज की ओर : क्यूबा में कृषि सुधार

1898 में अमेरिका के क्यूबा सैन्य कब्जे और उसके बाद 6 दशकों के तथाकथित स्वतंत्र गणतंत्रीय (रिपब्लिकन) शासन में क्यूबा को अमेरिकी आर्थिक उपनिवेश बना देने की प्रक्रिया निर्बाध गति से चलती रही थी।

1 जनवरी, 1959 को क्यूबा क्रान्ति की विजय के बाद जनता को जब सरकार और समाज बनाने का कार्यभार मिला तो स्थितियाँ सचमुच भयावह थीं। क्यूबा की जमीन, चीनी मिलों, खदानों, तेल रिफाइनरियों, हर तरह के उद्योग-धंधों, खुदरा व्यापार, नागरिक सेवाओं, परिवहन, बैंकिंग और आयात-निर्यात पर विशाल अमेरिकी बहुराष्ट्रिक कम्पनियों और गिने-चुने क्यूबाइयों का कब्जा था जिन्होंने 'रिपब्लिक' के राज में क्यूबा की सारी सरकारी-सार्वजनिक जमीनें हड़प ली थीं। जमीन का 73.3% महज 9.4% बहुराष्ट्रिकों-जमींदारों के पास था। 1.5% भूस्वामियों के पास 46% कृषियोग्य भूमि थी। केवल 15 भूस्वामियों का क्यूबा की सबसे बेहतरीन 18% कृषि-भूमि पर मालिकाना था। क्यूबा की

कृषि और समूची अर्थव्यवस्था गन्ने की खेती और चीनी उद्योग पर आश्रित थी। चीनी, तम्बाकू और कॉफी के अलावा शायद ही कुछ और उगाया जाता था। चीनी उद्योग अमेरिका को निर्यात होनेवाले कोटे पर निर्भर था जिसका मतलब था अन्तर्राष्ट्रीय बाजार दरों से निहायत घटी दरों पर अमेरिका को चीनी की आपूर्ति। क्यूबा अपने भोजन से लेकर हर तरह की जरूरतों के लिए अमेरिका की मार्फत आयात पर निर्भर था।

दूसरी ओर दो लाख से ऊपर खेतिहर परिवार ऐसे थे जिनके पास अपनी एक धुर जमीन नहीं थी और बँटाई पर, लीज पर, सिकमी किरायेदार के बतौर जमींदारों की जमीनों को जोतते-बोते थे। न केवल ये परिवार अपनी मेहनत की फसल का बड़ा हिस्सा जमींदारों को देने के लिए मजबूर थे बल्कि हमेशा इन जमीनों से बेदखली की आशंका और आतंक के साये में जीते थे। इसके अलावा, ग्रामीण इलाके में लाखों की तादाद में खेतिहर मजदूर थे जो दूसरों की जमीन पर दिहाड़ी करते थे। इनमें से बड़ी तादाद गन्ना मजदूरों की थी जिनके जीविकोपार्जन का एकमात्र सहारा कटाई के मौसम में मिलनेवाली चन्द दिनों या महीनों की मजदूरी थी।

इस तरह विजयी क्रान्ति को 150 वर्षों की औपनिवेशिक दासता, अमेरिकी सैन्य हस्तक्षेप और पिछले साठ वर्षों के 'गणतंत्रीय शासन' में अमेरिकी बहुराष्ट्रिकों और चन्द क्यूबाई भूस्वामियों के कब्जे में कराहती भूमि और भूगर्भ सम्पदा, बँटाईदार गरीब खेतिहर परिवारों और भूमिहीन मजदूरों की विशाल संख्या, एकल कृषि निर्भर अर्थव्यवस्था और भोजन, दैनिक उपयोग व औद्योगिक जरूरतों के लिए आयात-निर्भरता विरासत में मिली।

विजयी क्रान्ति ने मोन्काडा मेनिफेस्टो 'हिस्ट्री विल एब्जाल्व मी' में प्रतिपादित क्रान्ति के कार्यभारों पर, इन विरासतों की पृष्ठभूमि में अमल करना शुरू किया। नव-औपनिवेशिक राजनीतिक दासता को संस्थाबद्ध करनेवाली तमाम संस्थाओं का खात्मा, नागरिक अधिकारों की बहाली, सार्वजनिक जीवन और प्रशासन-व्यवस्था से भ्रष्टाचार का खत्मा, बतिस्ता के दलालों, जनता के दुश्मनों और युद्ध अपराधियों पर मुकदमा चलाकर सजा और हड़पी गई जन-सम्पदा की जब्ती। साथ ही बतिस्ता के जमाने में निकाले गए तमाम मजदूरों की बहाली, किराये की दरों में भारी कटौती, किरायेदारों को मालिकाना सुनिश्चित किया गया। नए क्यूबाई समाज से निरक्षरता का नामोनिशान मिटा देने और स्वास्थ्य सेवाओं को क्यूबा के हर नागरिक की पहुँच में लाने का अभियान चला।

क्रान्ति के समक्ष इतने महत्त्वपूर्ण कार्यभार थे, उधर नई सरकार के भानमती के कुनबे को प्रतिक्रियावादी दक्षिणपंथियों से लेकर कम्युनिस्ट पीएसपी तक को मानो मनमानी की छूट मिली हुई थी। बिना किसी सोच-विचार-योजना के राष्ट्रपति उरुशिया एक के बाद एक डिक्री जारी कर रहा था। सारे कसीनो तुरन्त बन्द किए जाने का फरमान जारी हो गया, बगैर उसके हजारों कर्मचारियों की कोई व्यवस्था किए या अर्थव्यवस्था पर इसके नुकसान की भरपाई के लिए कोई योजना बनाए। इसी तरह दस हजार क्लास रूम बनाने की डिक्री जारी हो गई, बिना सोचे कि इसके लिए पैसा कहाँ से आएगा। उरुशिया कम्युनिस्ट विरोधी गुट को पूरी तरह हवा दे रहा था। राष्ट्रपति का रुतबा उसके सर पर चढ़कर बोल रहा था। क्रान्ति के श्रेष्ठतम योद्धाओं में से एक मकावितो को उसकी सुरक्षा गार्ड का प्रमुख बनाया गया था। उरुशिया अपनी बीवी को बाजार कराने के लिए उसे भेजता था।

दूसरी ओर पीएसपी के लोग भी अराजक कार्यवाहियाँ कर रहे थे। उनकी अपनी सांगठनिक पेचीदगियाँ और बन्द सोच, आशंका की समस्याएँ थीं। जहाँ-तहाँ उनके लोगों ने जमीनों पर जबरन कब्जा करके बाँटना शुरू कर दिया।

ऐसे में फिदेल की दोहरी जिम्मेदारी थी। विजयी सेना के कमांडर-इन-चीफ के साथ ही वह उस विजयी आम जनता के भी नायक थे जिसके हाथों में अचानक पहली बार अपनी सत्ता सँभालने का कार्यभार आ पड़ा था। फिदेल को इन संकीर्ण, गुटबाज, अपरिपक्व और यहाँ तक कि प्रतिक्रियावादी तत्वों द्वारा की जा रही गलतियों को तत्काल सुधारना था।

पीएसपी के भूमि कब्जा अभियान पर तुरन्त लगाम लगाने के लिए फिदेल को खुलकर सामने आना पड़ा। उन्होंने साफ किया कि वैयक्तिक तौर-तरीकों से हासिल की गई भूमि पर मालिकाना हरगिज नहीं मिल सकता। केवल क्रान्ति ही अपने निर्धारित कार्यभार को अंजाम देगी। वह सिर्फ और सिर्फ क्रान्ति के साथ हैं और क्रान्ति की रक्षा के लिए वह किसी को भी गोली मारने से नहीं हिचकेंगे।

प्रारम्भ से ही कृषि सुधार क्यूबाई क्रान्ति का सर्वाधिक महत्त्वपूर्ण एजेंडा था। 'हिस्ट्री विल एब्जाल्व मी' से लेकर सियेरा मेनिफेस्टो और सियेरा विद्रोहियों की ओर से जारी तमाम महत्त्वपूर्ण घोषणाओं में 'जोतने वालों को जमीन का मालिकाना' हमेशा महत्त्वपूर्ण मुद्दा रहा। सितम्बर 1958 में सियेरा मायेस्त्रा पहाड़ियों में बागी सेना ने जोस (पेपे) रामिरे की अगुवाई में 'युद्ध के मोर्चे पर किसानों की कांग्रेस' आयोजित की थी। बागी सेना द्वारा अक्टूबर 1958 में घोषित कानून का तीसरा कानून जमीन का मालिकाना जमीन जोतने वाले के पक्ष में घोषित करता है। यह कानून बागी सेना के नियन्त्रण वाले इलाकों में सभी जगह लागू किया गया था।

आजाद क्यूबा में कृषि सुधार का पहला दौर : अग्रेरियन रिफार्म लॉ 1959 और 1963

17 मई, 1959 को सियेरा मायेस्त्रा पहाड़ियों के लाप्लाटा कैम्प में क्रान्तिकारी सरकार द्वारा घोषित पहला कृषि सुधार कानून-1959 (फर्स्ट अग्रेरियन रिफार्म लॉ-1959) क्यूबा की राष्ट्रीय मुक्ति का महत्त्वपूर्ण और निर्णायक कदम था। इसके लागू होते ही अमेरिका ने हर मुमकिन तरीके से क्यूबा की क्रान्तिकारी सरकार को उखाड़ फेंकने की राह पकड़ी। इन अमेरिकी कोशिशों ने क्यूबा की क्रान्ति को समाजवाद की दिशा पकड़ने का रास्ता आसान कर दिया।

17 मई, 1959 कृषि सुधार कानून ने जोत हदबन्दी लागू करते हुए 30 कबेलेरिया (402 हेक्टेयर लगभग 1000 एकड़) से अधिक की व्यक्तिगत जोतों पर पाबन्दी लगाई, बँटाईदार, सिकमी किरायेदार किसानों द्वारा जोती जा रही जमीनों पर उनको मालिकाना दिया, हदबन्दी में ली गई जमीनों का उनकी लगान के अनुपात में मुआवजा दिया और बड़े-बड़े फार्मों को बाँटने के बजाय उन पर सहकारी कृषि की व्यवस्था दी जिससे बड़े पैमाने पर खेती, उपकरणों के उपयोग, उत्पादन तकनीक आदि का आदर्श इस्तेमाल हो सके।

प्रथम कृषि सुधार कानून-1959 के प्रमुख उद्देश्य :

- एकल कृषि निर्भरता समाप्त करके विकास और विविधीकरण के जरिए अधिकतम प्रगति,

- प्राकृतिक व मानवीय संसाधनों का पूर्ण व आदर्श उपयोग,
- कृषि व पशुपालन में विविधीकरण,
- राज्य व वैयक्तिक उद्यम-साधनों के जरिए औद्योगिक विकास में गति,
- कृषि संरचना में सुधार—बड़े फार्मों (लातिफन्दिया) पर रोक,
- शोषण का खात्मा (बँटाईदारी आदि का अन्त), और भू-संसाधनों के आदर्श उपयोग के लिए जमीनों का मालिकाना जोतनेवालों के पक्ष में,
- बड़े फार्मों की वर्तमान उत्पादन व्यवस्था को बदलकर सहकारी कृषि जैसी बेहतर व प्रभावशाली उत्पादन व्यवस्था,
- कानून को लागू करने और इसके अनुरूप आर्थिक-सामाजिक लक्ष्य हासिल करने के लिए राष्ट्रीय कृषि संस्था की स्थापना, और
- राष्ट्रीय ग्रामीण सम्पदा पर किसी भी तरह के भावी विदेशी नियन्त्रण की रोकथाम।

कृषि सुधार के ये उद्देश्य यथास्थिति के विरुद्ध विभिन्न परिवर्तनकामी तबकों-ग्रामीण और शहरी सर्वहारा, किसान, प्रगतिशील ग्रामीण व शहरी बुर्जुआ, मध्यवर्ग आदि के हितों के सामंजस्य को ध्यान में रखकर निर्धारित किए गए थे और इनके जरिए चीनी एकाधिकारी बुर्जुआ, आयात और विदेश व्यापार एकाधिकारी गुटों और कृषि, चीनी, विदेश व्यापार में विदेशी पूँजी के हितों पर चोट की गई थी।

कानून की मुख्य धाराओं के अनुसार :

- बड़े फार्मों (लातिफन्दियों) का खात्मा (वैयक्तिक जोत हदबन्दी 402 हेक्टे. कुछ विशेष स्थितियों में 1340 हेक्टेयर तक),
- एडमिनिस्ट्रेशन केन (मिलों के नाम पर गन्ने के बागान) का खात्मा और ऐसे बागानों की भूमि जब्ती,
- 4.5% वार्षिक ब्याज से 20 वर्षीय बाण्डों के जरिए लगान के आधार पर जब्त जमीनों की क्षतिपूर्ति,
- ग्रामीण सम्पदा में विदेशी मालिकाने पर रोक,
- जमीन जोतनेवालों के मालिकाने के लिए जमीन और लाभार्थियों के अनुसार प्राथमिकताओं का निर्धारण,

कृषि-भूमि की 'न्यूनतम अपेक्षित' सीमा 27 हेक्टेयर निर्धारित की गई (न्यूनतम जोत जिससे एक खेतिहर परिवार का गुजारा हो सके)। बाँटी गई जमीनें वारिसों को हस्तांतरणीय थी परन्तु टुकड़े नहीं किए जा सकते थे।

- हड़पी गई सार्वजनिक जमीनों पर वापस कब्जा,
- कृषि में सहकारिता के अधिकार विशेषकर सहकारी कृषि संस्थाओं को मान्यता। राजकीय भूमि के मामलों में ऐसी संस्थाओं का सम्पूर्ण प्रबन्धन, नेशनल इन्स्टीट्यूट ऑफ अग्रेरियन रिफॉर्म (आइ एन आर ए) द्वारा। वैयक्तिक जमीनों पर सहकारी कृषि प्रयासों को आइ एन आर ए से सहायता व सहयोग,
- कृषि सुधार की प्रशासनिक इकाइयों और सामाजिक-आर्थिक-कृषि सम्बन्धों-गतिविधियों के केन्द्रों के रूप में कृषि विकास क्षेत्रों (एग्रीकल्चरल डेवलपमेंट जोन) की स्थापना,

- कानून लागू करने के लिए आई.एन.आर.ए. तथा इस दिशा में न्यायिक वादों के निपटारे के लिए भूमि ट्रिब्यूनलों का गठन, और
- वन और भूमि संरक्षण।

कृषि सुधार कानून 1959 का क्यूबा की कृषि-संरचना पर व्यापक और दूरगामी प्रभाव पड़ा। कानून लागू होने से पहले क्यूबा की समूची 9.1 मिलियन हेक्टेयर कृषि-भूमि निजी मालिकाने में थी और 43% जमीन 402 हेक्टेयर से अधिक के फार्म और बागान के रूप में थे। कानून ने दस लाख हेक्टेयर से ज्यादा जमीन का 1 लाख से ज्यादा खेतिहर किसानों को मालिकाना दिया जो उन्हें जोत-बो रहे थे। सदियों से पूँजीवादी आर्थिक-सामाजिक-सांस्कृतिक गुलामी की जकड़न ने गरीब खेतिहर की चेतना को इस कदर प्रभावित किया था कि उनमें से बहुत से अपनी जमीनों के मालिकाने का दस्तावेज लेते हुए भी हिचक रहे थे कि जमीन तो भूस्वामी मालिक की है, इसके कागजात वे कैसे ले सकते हैं! इस कानून ने गरीब किसान को जमीन बेदखली, लगान और फसल लूट से हमेशा के लिए आजाद कर दिया। कानून की दिशा और दृष्टि के प्रतीक रूप में पहला मालिकाना गुआन्तनामो की एक गरीब महिला किसान को दिया गया था। इस बड़े पैमाने पर छोटी जोतों के वितरण के अलावा करीब 300 विशाल फार्मों की 25,76,000 हे. जमीन को 'पीपुल्स फार्मों' के नियन्त्रण में लिया गया और 630 सहकारी कृषि फार्मों की स्थापना की गई। कानून लागू होने के दो साल के अन्दर लगभग 28% कृषि-भूमि सरकारी नियन्त्रण और 72% निजी और सहकारी नियन्त्रण में थी। सभी पुराने 622 विशाल गन्ना बागान 622 गन्ना सहकारी समितियों में बदले जा चुके थे तथा 263 विशाल चारागाह (कैटिल रांच) और चावल के बागान पीपुल्स फार्म बनाए जा चुके थे। 596 अमेरिकी गन्ना बागानों की लगभग 1260000 हे. तथा 2533 क्यूबाई भू-स्वामियों की लगभग 909200 हे. जमीन सहकारी समितियों को सौंपी गई थी। कानून को लागू कराने के लिए बनाए गए नेशनल इंस्टीच्यूट ऑफ एग्रेरियन रिफार्म के जरिए न केवल इन कार्यों को अंजाम दिया गया बल्कि इसके माध्यम से बड़े पैमाने पर सार्वजनिक भवनों–स्कूल, अस्पताल, दुकानों, सामुदायिक केन्द्रों, थियेटर, छोटे-बड़े गोदामों का निर्माण कराया गया। सामाजिक-सांस्कृतिक-शिक्षा और स्वास्थ्य सुविधाओं को दूर-दराज के ग्रामीण अंचलों तक विस्तारित करने के साथ ही कृषि के लिए आवश्यक अर्थ-प्रबन्धन, साख, उपकरण, तकनीक का बन्दोबस्त और ग्रामीण इलाकों के विद्युतीकरण का अभियान चलाया गया।

इसी बीच सोवियत रूस के उप प्रधानमंत्री फरवरी 1960 में क्यूबा आए और रूस के साथ महत्त्वपूर्ण व्यापारिक समझौते हुए। क्यूबा से चीनी और अन्य उत्पादों के बदले में कच्चा तेल, गेहूँ, स्टील और मशीनरी उपकरणों की आपूर्ति सुनिश्चित की गई। पाँच सालों में 50 लाख मी.टन चीनी खरीदने और 2.5% ब्याज दर पर 100 मि. डॉलर कर्ज का करार हुआ।

अमेरिका ने भूमि-सुधार कार्यक्रमों और क्यूबा-रूस सहयोग के खिलाफ तीखी प्रतिक्रिया की। जून 1960 में क्यूबा के अन्दर सारी अमेरिकी रिफाइनरियों–एस्सो, सिंक्लेयर, टेक्सको ने सोवियत कच्चे तेल के शोधन से मना कर दिया और क्यूबा को वेनेजुएला से मिलनेवाली तेल की आपूर्ति ठप्प कर दी। मजबूरन क्यूबा को अमेरिकी तेल कम्पनियों का

प्रबन्धन अपने कब्जे में लेना पड़ा। 6 जुलाई को अमेरिकी राष्ट्रपति आइजनहावर ने क्यूबा से 7 लाख टन चीनी खरीदने का करार रद्द कर दिया। चीनी क्यूबा में उत्पादित की जा चुकी थी। क्यूबा ने कानून सं. 851 जारी करके अमेरिकी कम्पनियों का राष्ट्रीयकरण किया और 6 अगस्त को 26 प्रमुख अमेरिकी बिजली, टेलीफोन, चीनी और तेल कम्पनियों का राष्ट्रीयकरण कर दिया गया।

अमेरिकी प्रतिक्रिया से विचलित हुए बगैर क्यूबा ने ग्रामीण क्षेत्र में कृषि सुधार की प्रक्रिया को आगे बढ़ाना जारी रखा। नेशनल असोसियेशन ऑफ स्माल फार्मर्स 'एसोसियेनियो नेसियानल दे एग्रिकल्टोरेस पेक्यूएनोज' (ए एन ए पी) की स्थापना की गई। 67 हेक्टेयर से कम जोतवाले किसान इसके सदस्य हो सकते थे हालाँकि कुछ मामलों में अधिक की भी छूट थी। इसके जरिए छोटे किसानों के लिए सस्ता कर्ज, मशीनरी, बीज, खाद के प्रबन्धन के साथ ही उत्पादों के लिए उचित कीमतों पर बाजार भी सुनिश्चित किया गया। बड़े जमींदारों और भूस्वामियों से अलग गरीब-छोटे किसानों के हित संरक्षण के लिए इसके नाम में 'छोटे किसान' जोड़ा गया था जिसके बारे में फिदेल ने कहा कि यह छोटे किसानों का राष्ट्रीय संगठन है, उन किसानों का जो राष्ट्रीय महत्त्व और कद में बिल्कुल भी छोटे नहीं हैं। इस लिहाज से यह भारी-भरकम लोगों का राष्ट्रीय संगठन है। ए एन ए पी की स्थापना करके क्रान्तिकारी सरकार ने निजी जोतों वाले 'नॉन स्टेट' सेक्टर के छोटे किसानों को अपनी जमीनों और संसाधनों को इकट्ठा करके बड़े पैमाने के उत्पादन व तकनीकी सुविधाओं का लाभ उठाने के लिए अपने समूह 'असोसियेशन' गठित करने को प्रेरित किया।

अक्टूबर 1963 में दूसरा कृषि सुधार कानून 1963 लागू करके वैयक्तिक जोत हदबन्दी की सीमा 402 हे. से घटाकर 67 हे. कर दी गई। इससे क्यूबा की 70% कृषि-भूमि सरकारी नियन्त्रण में आ गई। कानून लागू करने के दो प्रमुख कारण थे। अमेरिकी दादागिरी ने क्यूबा को समाजवाद का रास्ता चुनने के लिए मजबूर कर दिया था। क्यूबा पर अमेरिका के 'बे ऑफ पिग्स' हमले के दौरान ही 16 अप्रैल, 1961 को क्यूबा की क्रान्ति का समाजवादी चरित्र घोषित किया जा चुका था। उस समय समाजवादी उत्पादन व्यवस्था के अन्तर्गत एकीकृत विशाल सार्वजनिक फार्मों के जरिए बड़े पैमाने के उत्पादन का स्तालिनवादी मॉडल चलन में था। अलावा इसके क्यूबा में बचे हुए प्रतिक्रान्तिकारी जिनकी जोतें 402 हे. की सीमा में होने के कारण सुरक्षित थीं, अमेरिकी आतंकी कोशिशों का बढ़-चढ़कर साथ दे रहे थे। अपनी जोतों पर उन्होंने किसी भी तरह की पूँजी लगाना और सिंचाई व उपकरणों की विकसित तकनीकों को लागू करना बन्द कर दिया था। अपने ढोर-डंगर-जानवर मार डाले थे और तमाम तरीकों से उत्पादन को ज्यादा से ज्यादा नुकसान पहुँचाने पर आमादा थे।

प्रथम सुधार कानून 1959 ने केवल विदेशी बहुराष्ट्रिकों और बड़े क्यूबाई भू-स्वामियों पर हाथ डाला था। सुधार कानून 1963 ने मझोले जमींदारों, भू-स्वामियों का भी पत्ता साफ कर दिया। 1963 में क्यूबा की अर्थव्यवस्था की दशा और सोवियत रूस समेत समाजवादी खेमे के देशों के साथ व्यापारिक रिश्तों के विकास की पृष्ठभूमि में आर्थिक विकास की नई उत्पादन रणनीति बड़े पैमाने पर अपनाई गई। कृषि में चीनी के उत्पादन

पर निर्भरता बनी रही और 1970 तक दस मिलियन मीट्रिक टन चीनी उत्पादन का महत्त्वाकांक्षी लक्ष्य तय किया गया। नई रणनीति के क्रियान्वयन में आर्थिक प्रक्रिया और विभिन्न क्रान्तिकारी संगठनों-संस्थाओं की कार्यवाहियों के संयोजन में दिक्कतें आईं और 'दस मिलियन मी. टन चीनी उत्पादन' का महत्त्वाकांक्षी लक्ष्य नहीं हासिल किया जा सका।

कृषि सुधार का दूसरा दौर

1971 से क्रान्तिकारी संगठनों में गति व ऊर्जा लाने तथा देश के औद्योगीकरण की दिशा में प्रयासों का नया दौर शुरू हुआ। कृषि उत्पादन विशाल फार्मों में, मशीनों और उच्च तकनीकी की मदद से केन्द्रित प्रबन्धन के तहत किया जाने लगा। 1990 से शुरू किए गए कृषि सुधारों के तीसरे दौर से पहले गन्ना फार्मों का औसत आकार 10 हजार हेक्टे. और चारागाहों व चावल फार्मों का औसत आकार 20-30 हजार हेक्टेयर था। इन राजकीय फार्मों की विशेषता बड़े पैमाने पर मशीनीकरण, विज्ञान व उच्च तकनीक का इस्तेमाल, रासायनिक खादों और कीटनाशकों का इस्तेमाल, विशेषीकृत उत्पाद (चीनी) और फार्मों का विशाल आकार थी। ग्रामीण क्षेत्र में श्रम-शक्ति की कमी को शहरी क्षेत्रों से बड़े पैमाने पर लोगों को ग्रामीण क्षेत्रो में भेजने के जरिए पूरा किया जाता था। राजकीय क्षेत्र में कुल कृषियोग्य जोत का 82% आ गया था। बड़े पैमाने पर नियोजित कृषि का तकनीक और उपकरण आश्रित मॉडल 'पैमाने की अर्थव्यवस्था' (इकोनॉमी ऑफ स्केल) पर आधारित था न कि 'दक्षता की अर्थव्यवस्था' (इकोनॉमी ऑफ इफिसियेन्सी) पर। समाजवादी देशों के संगठन काउन्सिल फार म्यूचुअल इकोनामिक कोऑपरेशन (कामेकान) के सदस्य के बतौर क्यूबा राज्य समर्थित मशीनीकरण, तकनीक विकास और कृषि रसायनों पर निर्भर वैश्विक कृषि-औद्योगीकरण मुहिम की राह पर था। जल्दी ही कृषि विकास का यह मॉडल वास्तविक उत्पादकता वृद्धि के मामले में पिछड़ने लगा और पर्यावरणीय दृष्टि से भी प्रतिकूल साबित होने लगा। कामेकान के सदस्य के तौर पर यह अपने विशेषीकृत कृषि उत्पादों, चीनी और रसदार फलों के बदले अनाज और अन्य खाद्य-पदार्थ हासिल करता था। 1980 दशक के अन्त तक क्यूबा की कुल कृषि-भूमि का 60% निर्यात उत्पाद में था। घरेलू उपयोग के लिए महज 40% अपर्याप्त था। क्यूबा अपनी कैलोरी का 55%, प्रोटीन का 50% और चिकनाई की 90% जरूरतों के लिए आयात पर निर्भर था। यह स्थिति चिन्ताजनक थी।

सहकारिता आन्दोलन की कोशिशें

17 मई, 1974 की पहले कृषि सुधार कानून की 15वीं वर्षगाँठ पर फिदेल ने निजी जोत वाले किसानों से अपनी 1.5 मिलि. हे. जमीनों को उत्पादन और भू-समाजीकरण के उच्चतम स्वरूपों में संगठित किए जाने का आह्वान किया। इस दिशा में एग्रीकल्चर प्रोडक्शन कोऑपरेटिव (सी.पी.ए.) की स्थापना एक महत्त्वपूर्ण कदम था जिसके तहत छोटे किसान अपनी जमीनों और उत्पादन का लाभ ले सकते थे। यह अभियान 1975 में शुरू हुआ। न केवल इस अभियान के चलते छोटे किसानों को बड़े पैमाने की कृषि

उत्पादकता का फायदा हुआ बल्कि एक साथ रहने से सामुदायिकता की भावना का विकास और इससे जुड़ी सहूलियतें भी हासिल होने लगीं–जैसे, बिजली, नागरिक सुविधाएँ, साफ-सफाई, बेहतर आवास, स्कूल और स्वास्थ्य। सी.पी.ए. के रूप में संगठित जोतों की आमदनी के बँटवारे की सुनियोजित प्रणाली थी। 40% से 50% आय सदस्यों को उनके श्रम के अनुसार वेतन के रूप में दी जाती। 25% से 30% आय सदस्यों द्वारा प्रारंभ में दी गई जमीन और उपकरणों के आधार पर बाँटी जाती। 10% भविष्य की निवेश पूँजी निधि तथा 5% सामुदायिक-सांस्कृतिक सुविधाओं के लिए कोष के रूप में रखा जाता।

1985 तक 1978 सी.पी.ए. समितियाँ बन चुकी थीं जिनमें 63% स्वतंत्र किसान संगठित होकर दस लाख हेक्टे. से अधिक जमीन पर इस मॉडल को लागू कर रहे थे। इन समितियों ने 19,156 वैयक्तिक आवासों का निर्माण किया तथा 882 समितियों को बिजली उपलब्ध हो चुकी थी। 1990 के बाद सुधारों के नए दौर में इन पर जोर कम हुआ।

कोऑपरेटिव ऑफ क्रेडिट एंड सर्विसेज (सी.सी.एस.)

यह सहकारी कृषि के वे संगठन थे जिनमें किसान अपनी जमीनों और संसाधनों का मालिकाना और अपनी जमीनों को खुद से जोतते-बोते और उसके उत्पादन का मालिकाना कायम रखते हुए साख, सिंचाई, कृषि उपकरणों के उपयोग और उत्पादन बिक्री के लिए एक सामूहिक इकाई के रूप में अपनी जमीनों और कृषि-संसाधनों का संगठित उपयोग करते हैं। हालाँकि व्यवस्थित और संस्थाबद्ध रूप से सहकारिता के इस मॉडल का भी व्यवस्थित चलन 1975 से ही हुआ था मगर पिनारडेलरियो प्रान्त के तम्बाकू उत्पादक क्षेत्रों में प्रथम कृषि सुधार कानून 1959 लागू होने और 1961 में ए एन ए पी बनने के बाद से ही ऐसी समितियों का गठन शुरू हो चुका था। सी.सी.एस. समितियों के गठन का मुख्य उद्देश्य उद्यम के लिए साख प्रबन्धन तथा बीज, खाद, रसायन आदि की व्यवस्था सुनिश्चित करना था। जरूरत पड़ने पर ये समितियाँ ट्रैक्टर, ट्रक, सिंचाई के लिए पम्प आदि मशीनरी-उपकरणों की भी व्यवस्था करती थीं। इसके साथ ही ये अपने क्षेत्र में बाँध और गोदाम बनाने जैसी सामूहिक-सामुदायिक परियोजनाओं को भी क्रियान्वयित करती थी। 1993 में कृषि उत्पादन के पुराने मॉडल के ध्वस्त हो जाने के चलते इन समितियों को राजकीय संस्थाओं से सेवाएँ व उपकरण मिल पाना कठिन हो गया। नई स्थितियों में इन समितियों को सामूहिक उपयोग के लिए साधनों व उपकरणों को खरीदने और सामूहिक कृषि कार्यों के लिए नियमित श्रमिक रखने की अनुमति मिली।

छिटपुट स्वतंत्र किसान

क्यूबा में कृषि सुधार के दूसरे दौर में कुल कृषि-भूमि का न केवल बहुत बड़ा भाग राजकीय क्षेत्र के अन्तर्गत था बल्कि ज्यादातर छोटे स्वतंत्र किसानों ने भी अपनी जोतों को सहकारी कृषि के रूप में संगठित कर लिया था। क्यूबा के दो ल्भ्याख से ज्यादा स्वतंत्र किसानों में से बहुत कम ही ऐसे थे जो अभी भी अपनी खुद की जमीन पर अलग से अपने तथा परिवार के श्रम के जरिए उत्पादन करते थे। ऐसे किसानों को सरकारी कृषि विपणन

एजेंसी 'एकोपियो' को अपना उत्पाद बेचना होता था। एकोपियो ऐसे किसानों को कृषि लागत संसाधन (बीज. खाद, रसायन, आदि) का विक्रय करती थी। 1993 के नए कृषि सुधार के समय तक ऐसे छिटपुट स्वतंत्र किसानों की जोत में 9% कृषि-भूमि थी।

कृषि सुधार का तीसरा दौर

क्यूबा की क्रान्ति जब कृषि और अर्थव्यवस्था में आवश्यक सुधारों के उपरोक्त प्रयास कर रही थी, समाजवादी खेमे और सोवियत संघ का अवसान हो गया। क्रान्ति के पहले साल से ही अमेरिकी साम्राज्यवाद द्वारा प्रतिक्रान्ति की हर मुमकिन कोशिशों, क्रूरतम आर्थिक नाकेबन्दी और अपनी दादागिरी के बूते क्यूबा को अन्तर्राष्ट्रीय स्तर पर पूँजीवादी जगत से अलगाव में डाले रखने के चलते क्यूबाई अर्थव्यवस्था की नाभिनाल अब समाजवादी खेमे से जुड़ी थी। 1989 में क्यूबा के 85% व्यापारिक रिश्ते सोवियत संघ और समाजवादी खेमे के अन्य देशों के साथ थे। इन रिश्तों के तहत न केवल क्यूबा अपने उत्पादों का अन्तर्राष्ट्रीय स्तर पर लाभकारी कीमतों पर निर्यात बल्कि सुगमतापूर्वक आवश्यक कृषि व औद्योगिक तकनीक, उपकरण व सुविधाजनक दरों-शर्तों पर कर्ज भी हासिल कर रहा था। समाजवादी खेमे के अन्त के बाद 1989 के मुकाबले 1993 में क्यूबा की क्रय-क्षमता मुश्किल से एक चौथाई रह गई।

समाजवादी खेमे और सोवियत संघ के अवसान के साथ ही अमेरिकी प्रशासन और मियामी के प्रतिक्रान्तिकारी क्यूबाई भगोड़ों की बाँछें खिल गईं। उन्हें लगा, अब क्यूबा का पतन कुछ दिनों या अधिक से अधिक चन्द हफ्तों की बात है। नई प्रवासी सरकार के गठन की कवायदें शुरू हो गईं। क्यूबा की राष्ट्रीयकृत सम्पत्तियों की दावेदारी के (उत्तराधिकार सम्बन्धी) वाद अमेरिकी अदालतों में चलने लगे। अमेरिकी प्रशासन ने भी क्यूबा के साथ आर्थिक रिश्ते रखनेवाले देशों के खिलाफ आर्थिक प्रतिबन्धात्मक कार्यवाही के साथ ही अमेरिकी कम्पनियों की तीसरी दुनिया के देशों में कार्यरत किसी भी 'सबसिडियरी' द्वारा क्यूबा के साथ व्यापार पर प्रतिबन्ध लगा दिया। 1996 में 'हेल्म्स बर्टन एक्ट' के जरिए क्यूबा के खिलाफ चौतरफा अन्तर्राष्ट्रीय आर्थिक नाकेबन्दी और क्यूबा में विदेशी निवेश का हर सम्भव रास्ता बन्द कर देने की कोशिश की गई। दुनिया की किसी भी कम्पनी के खिलाफ, जो क्यूबा से व्यापारिक रिश्ते रखती हो, आर्थिक प्रतिबन्ध लगाने की कवायद की गई। इससे भी आगे जाकर एक्ट ने क्यूबा के खिलाफ प्रतिक्रियावादी-प्रतिक्रान्तिकारी गुटों और कार्यवाहियों का खुला समर्थन करते हुए 'क्रान्ति की हार' के बाद क्यूबा में सरकार और व्यवस्था के स्वरूप के निर्धारण का अपना अधिकार जताया। यह क्यूबा की जनता को भूखों मारकर क्यूबा को हड़प लेने की खुली साजिश थी।

1989 में समाजवादी खेमे के अवसान से उत्पन्न घरेलू परिस्थितियों का मुकाबला करने के लिए 'प्रोग्राम एलिमेंटारियो' (खाद्य कार्यक्रम) के जरिए खाद्य आयात की कमी को घरेलू उत्पादन में वृद्धि से पूरा करने की कोशिशें की गईं। इनका मकसद खाद्य आयात पर निर्भरता कम करना, आत्मनिर्भरता बढ़ाना तथा कैलोरी व प्रोटीन की पर्याप्त आपूर्ति की गारंटी करना था। मगर 1990 के दशक के शुरुआती वर्षों में पुराने मॉडल के आधार, ढाँचे व प्रबन्धन को यथावत बनाए रखने के चलते स्थिति में सुधार नहीं हुआ।

लक्ष्य हासिल नहीं किए जा सके। खेती की जमीनें आवश्यक संसाधनों के अभाव में परती पड़ी रहीं। 1992 में कृषि के लिए उपलब्ध संसाधन (इनपुट) घटकर महज 1/5 रह गए थे। कोढ़ में खाज यह कि उत्पादित अनाज का महज एक तिहाई ही सार्वजनिक उपयोग के लिए उपलब्ध हो पा रहा था। एक तिहाई अनाज खेतों में ही बरबाद हो जाता था और बाकी एक तिहाई की कालाबाजारी हो रही थी। कृषि, क्यूबाई अर्थव्यवस्था का सबसे ज्यादा घाटे और सबसे अधिक सरकारी वित्त पोषित (सब्सिडाइज्ड) क्षेत्र था। कार्यक्रम की असफलता के चलते होनेवाले खाद्य घाटे की पूर्ति आयात से होने की कोई गुंजाइश नहीं थी। राशनकार्ड के जरिए पर्याप्त मात्रा में सुलभता की कोई सूरत नहीं थी। जनता का असन्तोष और कालाबाजारी दोनों उफान पर थे। बिगड़ती स्थितियाँ कृषि में बुनियादी ढाँचागत परिवर्तनों की माँग कर रही थीं। नए कृषि सुधार के दौर के लिए परिस्थितियाँ परिपक्व थीं।

15 सितम्बर, 1993 को क्यूबा की कृषि में नए अध्याय की शुरुआत करते हुए कृषि ढाँचे का नए सिरे से पुनर्संयोजन प्रारम्भ किया गया। 735 राजकीय गन्ना फार्मों और 835 अन्य कृषि उद्यमों का विकेन्द्रीकरण करके बेसिक यूनिट्स ऑफ कोऑपरेटिव प्रोडक्शन (यू.बी.पी.सी.) इकाइयों का गठन हुआ।

डिक्री कानून 142 (सितम्बर 1993) की मुख्य विशेषता राजकीय कृषि-भूमि के बड़े हिस्से को श्रमिक समुदायों (वर्कर्स कलेक्टिव) को लम्बी अवधि के निःशुल्क उपयोग लीज पर आवंटित करने के साथ उन्हें इन जमीनों पर कृषि कार्य के लिए उत्पादन के आधारभूत साधन भी उपलब्ध कराना थी। यूबीपीसी के सदस्य अपनी मर्जी से नेता चुन सकते थे तथा अपनी मर्जी से उत्पादन लाभ का बँटवारा कर सकते थे। मगर उत्पादन-योजना के लिए राजकीय संस्था से विचार-विमर्श और सहमति आवश्यक थी। योजना के प्रमुख उद्देश्य कृषि उत्पादन में उल्लेखनीय वृद्धि, लागत-खर्च में कटौती, कृषि क्षेत्र में श्रम-शक्ति को आकर्षित करना, श्रम-शक्ति का नियमितीकरण करना, ग्रामीण क्षेत्र के जीवन-निर्वाह स्तर को उन्नत करना, आवास व अन्य नागरिक सुविधाओं को मुहैया कराना तथा कृषि की राजकीय सहायता पर निर्भरता को समाप्त करने की ओर कदम बढ़ाना था।

यू.बी.पी.सी. के जरिए राजकीय कृषि फार्मों का प्रभावी विकेन्द्रीकरण हुआ। यू.बी.पी.सी. के फार्मों का औसत आकार 800 से 1000 हे. था। इस प्रयोग के जरिए ग्रामीण क्षेत्रों में एक प्रकार की मिश्रित अर्थव्यवस्था और सीमित बाजार चलन में आया। राजकीय नियन्त्रण की कृषि-भूमि हिस्सेदारी घटकर 24% रह गई जबकि 42% कृषि-भूमि, 90% गन्ना उत्पादन और 60% अन्य कृषि उत्पाद अब यू.बी.पी.सी. के अन्तर्गत थे।

यू.बी.पी.सी. के सदस्य अपने काम की योजना बनाते, उसे अमल में लाते और राज्य द्वारा निर्धारित उत्पाद कोटा राज्य को बेचने के बाद अतिरिक्त उत्पाद बाजार में बेच सकते थे। इस प्रयोग ने कृषि उत्पादन व्यवस्था के सांगठनिक ढाँचों के लोकतंत्रीकरण को बढ़ावा दिया। यू.बी.पी.सी. प्रशासनिक बोर्ड का नियमित चुनाव के जरिए गठन होता था। इस विकेन्द्रीकरण योजना की संगति में देश-भर में कृषि बाजारों की स्थापना की गई जहाँ यू.बी.पी.सी. अपना अतिरिक्त उत्पादन बेच सकती थी।

वर्ष 2004 तक इस योजना में पाँच लाख सदस्य शामिल हो चुके थे जो कृषि उत्पाद में लगी आबादी का 60% था। गन्ना उत्पादन के क्षेत्र में इसका जबर्दस्त असर पड़ा। 1993 के पहले जहाँ महज 16% गन्ना जोतें सहकारिता इकाइयों के अन्तर्गत थीं, 2004 तक यह हिस्सेदारी 91% पहुँच गई।

तीसरे दौर के कृषि-सुधारों में यू.बी.पी.सी. की स्थापना के साथ ही सीमित अर्थों में निजी क्षेत्र को भी विस्तार दिया गया। करीब तीन लाख हे. सरकारी जमीन 2 लाख छोटे किसानों को बाँटी गईं जिन पर खेती करके वे सब्जियाँ, फल आदि उगा सकें और स्थानीय बाजारों के माध्यम से अपनी जरूरतें पूरी कर सकें।

सुधार के तीसरे दौर की एक और महत्त्वपूर्ण उपलब्धि कृषि की मशीनों और रसायन पर निर्भरता को समाप्त करने की दिशा में थी। समाजवादी खेमे के समाप्त होने के साथ ही क्यूबा के लिए कृषि उपकरणों, रासायनिक उर्वरकों और कीटनाशकों का आपूर्ति स्रोत सूख चुका था। अलावा इसके रासायनिक खाद, कीटनाशकों का प्रयोग और मशीनीकरण का धुआँ पर्यावरण के लिए भी चुनौती बनता जा रहा था। इसलिए इस दौर के सुधारों में कृषि उत्पादन की जैविक और घरेलू तकनीकों पर बल दिया गया। किसानों को सदियों से चली आ रही जैविक कृषि संस्कृति के लिए प्रोत्साहित किया गया। ट्रैक्टरों की जगह चार लाख से ज्यादा बैलों और घोड़ों ने ली। रासायनिक उर्वरकों की जगह पशुमल के प्रसंस्करण से तैयार जैविक खाद ने ली। हानिकारक कीटनाशक रसायनों की जगह उत्पाद बदली (क्रॉप रोटेशन) और देसी नुस्खों ने ली और इस तरह क्यूबा का हरितीकरण और पूरी दुनिया में मशहूर पर्यावरणीय कृषि उत्पादन मॉडल (सस्टेनेबुल एग्रीकल्चरल सिस्टम) विकसित हुआ। हर यू.बी.पी.सी. के पास अपना पर्यावरण और तकनीकी विशेषज्ञ होता जो किसानों को पर्यावरणीय उत्पादन के तौर-तरीकों को लागू करने में मदद करता। स्थानीय, क्षेत्रीय व राष्ट्रीय स्तर पर वैज्ञानिक अनुसंधान व प्रसार-प्रयासों के माध्यम से विभिन्न फार्मों और क्षेत्रों के अनुभवों की हिस्सेदारी की जाती। ग्रान्मा कोऑपरेटिव के एक कॉफी उत्पादक ने अपनी फसल को ब्रोकाकीट से बचाने के लिए बुआई से पहले कॉफी बीजों को कई दिन तक पानी में भिगोकर रखा। उसकी फसल सौ फीसदी बच गई। उसकी तकनीक अब पूरे क्यूबा में काफी उत्पादकों के काम आ रही है।

क्यूबा में कृषि सुधार कदम-ब-कदम अड़चनों का सामना करते हुए, अपनी गलतियों से सबक लेते हुए बाहरी मदद के रुक जाने और साम्राज्यवादी हमलों के तीखे होते जाने से विचलित हुए बगैर नए अनुभवों और नई सम्भावनाओं की ओर बढ़ रहा है।

भ्रष्टाचार के विरुद्ध संघर्ष : ओकोवा प्रकरण और मृत्युदंड

नए समाज को बनाने और बचाने की लड़ाई सिर्फ बाहरी दुश्मनों के साथ नहीं थी। इस लड़ाई का सबसे महत्त्वपूर्ण मोर्चा खुद से लड़ने का, जिन पर समाज बनाने और बचाने का दायित्व था उन्हें खुद को सत्ता के मद से दूर रखने का था। ताकत, आखिर ताकत है। ताकत का अपना नशा, अपना गुरूर है। फिदेल कहते हैं कि ताकत मिलने पर व्यक्ति को जिस कठिन और सबसे महत्त्वपूर्ण संघर्ष से जूझना होता है वह खुद के खिलाफ जूझने का, खुद पर काबू रखने की जद्दोजहद का संघर्ष है।

मेजर जनरल अर्नाल्डो ओकोवा सांचेज क्यूबा की क्रान्तिकारी सेना का महत्त्वपूर्ण कमांडर और रक्षा मंत्रालय का प्रभावशाली नेता था। ओकोवा, केमिलो सियेन्फ्यूगोज की कमान का गुरिल्ला योद्धा था जिसने अनेक अन्तर्राष्ट्रीय क्रान्तिकारी अभियानों में हिस्सेदारी की थी और 'हीरो ऑफ रिपब्लिक ऑफ क्यूबा' के सम्मान से नवाजा गया था।

1989 के शुरुआती महीनों में ओकोवा और उसके कुछ अधीनस्थ सहयोगियों पर भ्रष्टाचार और गैरकानूनी गतिविधियों के जरिए धन उगाही और दुरुपयोग के आरोप लगे। इन गतिविधियों की शुरुआत उसके अंगोला अन्तर्राष्ट्रीय मिशन से हुई थी। ओकोवा का विदेश मे एक खाता था जिसमें वह सन्दानिस्ता लड़ाकों द्वारा हथियार खरीदने के लिए दिया गया धन रखता था। ओकोवा ने सन्दानिस्ता लड़ाकों की उनके अपने देश में 'डर्टीवार' का मुकाबला करने में मदद की थी। कुल मिलाकर विदेशी खाते का मामला कुछ पाक-साफ नहीं था। इसके साथ ही अंगोला मिशन के दौरान भी उसकी तरफ से कई सारी अनियमितताएँ दिखाई दे रही थीं।

क्यूबा का आन्तरिक / गृह-मंत्रालय आर्थिक नाकेबन्दी के दौर में उत्पादन के लिए जरूरी उपकरण, मशीनें आदि हासिल करने के लिए कुछ मुखौटा कम्पनियों का 'एम सी' नाम से संचालन करता था। इनके जरिए क्यूबा के तम्बाकू या चीनी जैसे उत्पादों के बदले आवश्यक सामान विदेशों से खरीदा जाता और मुनाफे का इस्तेमाल गृह मंत्रालय अपनी योजनाओं–संचार, परिवहन आदि में करता था। अंगोला में अन्तर्राष्ट्रीय मिशन के दौरान जनरल ओकोवा का सम्पर्क वहाँ 'एम सी' के प्रभारी अन्तोनियो डे ला गार्सिया 'टोनी' और उसके सहयोगियों से हुआ जिसके बाद की गतिविधियाँ काफी संदिग्ध थीं।

ओकोवा के क्यूबा-क्रान्ति में योगदान और उसकी सेना व प्रशासन में महत्त्वपूर्ण जिम्मेदारियों को ध्यान में रखते हुए फिदेल ने रक्षामंत्री राउल को इन सब मामलों पर ओकोवा से बहुत सावधानीपूर्वक बात करके स्थितियाँ और वास्तविकताएँ स्पष्ट कर लेने

को कहा। राउल ने ओकोवा से तीन-चार बार मिलकर बात समझने की कोशिश की मगर ओकोवा कभी भी अपनी स्थिति स्पष्ट नहीं कर सका और हमेशा बात को इधर-उधर उलझा देता। सारे सन्देहों के बावजूद ओकोवा के विरुद्ध किसी प्रतिक्रान्तिकारी राजनीतिक महत्त्वाकांक्षा या गतिविधि की शिकायत नहीं थी।

इसी बीच वारादेरो में कोलम्बिया से हवाई जहाजों की आवाजाही की खबरें मिलने लगीं। फिदेल ने गृहमंत्री अब्रान्ते को एकाध और विश्वसनीय लोगों के साथ जाकर कोलम्बिया के किसी उपयुक्त सम्पर्क के माध्यम से वस्तुस्थिति का पता लगाने वारादेरो भेजा। कोलम्बिया से एम-19 का एक सदस्य नवारोवूल्फ, वारादेरो आया, अब्रान्ते और उसके साथियों के साथ बातचीत हुई और वूल्फ वापस कोलम्बिया लौट गया। अब्रान्ते, गृह मंत्रालय या क्रान्ति से सम्बन्धित छोटी से छोटी बात को भी फिदेल के संज्ञान में लाया करता और उनकी राय जानने की कोशिश करता था। मगर जब कई दिन बीत जाने के बाद भी उसने इस बारे में फिदेल से कोई चर्चा नहीं की तो एक दिन फिदेल ने उससे पूछा कि क्या उसकी नवारोवूल्फ से मुलाकात हुई थी और कुछ महत्त्वपूर्ण बात पता चली? अब्रान्ते ने जवाब दिया कि उसके साथ बातचीत में कुछ भी खास या बताने लायक नहीं था।

ओकोवा को अपनी स्थिति स्पष्ट कर पाने और अनियमितताओं का जवाब दे पाने में असफल रहने के चलते गिरफ्तार करके मामले की छानबीन आगे बढ़ाई गई। ओकोवा के एक अंगरक्षक कैप्टन जार्ज मार्टिनेज के घर की तलाशी के दौरान अचानक कोलम्बिया के मेडालिन शहर के एक होटल का कार्ड मिला। मार्टिनेज से पूछताछ करने पर उसने कबूला कि ओकोवा के आदेश पर वह मेडालिन में पाब्लो इस्कोबार से मिलने गया था। पाब्लो इस्कोबार दुनिया का सबसे खूंखार बदनाम ड्रग माफिया था। जानकारी मिलने पर नेताओं के होश उड़ गए। यह पूरी क्रान्ति को बदनाम कर देनेवाला गम्भीर मामला था और क्रान्ति के दुश्मनों को क्यूबा के अन्तर्राष्ट्रीय ड्रग तस्करी में लिप्त होने का आरोप लगाने में तनिक देर नहीं लगती। मामले की तह तक जाने पर पता चला कि अंगोला में ओकोवा और एम सी के प्रभारी टोनी डेला गार्सिया के साथ साँठगाँठ हुई थी। ओकोवा और टोनी अब्रान्ते के घनिष्ठतम मित्रों में से थे। अब्रान्ते के साथ एक बड़ी समस्या अपने मित्रों का आँख मूँदकर साथ देने की थी और वह मान ही नहीं सकता था कि उसका कोई मित्र कोई गलत काम कर सकता है।

उस दौर में फिदेल की रक्षा मंत्रालय के लोगों के साथ लगभग रोज बैठक और विचार-विमर्श होता था। एक दिन बैठक में जाते समय रक्षा मंत्रालय में फिदेल की नजर स्पेशल फोर्स के एक नौजवान अधिकारी अलेग्जांद्रा नारियो पर पड़ी जिसे अब्रान्ते के साथ नवारोवूल्फ से मिलने भेजा गया था! फिदेल ने नौजवान अधिकारी से नवारोवूल्फ के साथ हुई बातचीत का ब्योरा पूछा। अचम्भित नारियो ने कहा कि क्या उन्हें अब्रान्ते के माध्यम से भेजी गई उसकी रिपोर्ट नहीं मिली है। अपने कम्प्यूटर से उसने रिपोर्ट की प्रतिलिपि निकालकर फिदेल को सौंप दी। फिदेल ने अब्रान्ते को बुलवाकर रिपोर्ट के बारे में जानना चाहा। उसके पास कोई जवाब नहीं था। उसे न तो

रिपोर्ट का कुछ याद था और न ही उसके पास अब रिपोर्ट या उसकी कोई प्रतिलिपि उपलब्ध थी। उस रिपोर्ट में उसके विश्वस्तों, मित्रों और एम सी के लोगों की गद्दारी और ड्रग तस्करी में लिप्त होने की महत्त्वपूर्ण जानकारी थी। मगर वह रिपोर्ट अब्रान्ते के लिए बिल्कुल बकवास थी क्योंकि उसकी नजर में एम सी वाले 'व्यापारिक मामलों' में 'ओलम्पिक चैम्पियन' थे।

रिपोर्ट में साफ तौर पर उल्लेख था कि पाब्लो इस्कोबार के लोगों का टोनी डेला गार्सिया के साथ काफी दिनों से सम्पर्क था। ओकोवा पाब्लो इस्कोबार से सम्पर्क अपने अंगरक्षक मार्टिनेज के जरिए रखता था और उसी के जरिए वारादेरो तक ड्रग तस्करी का इंतजाम करता था। वारादेरो से ड्रग को आगे गन्तव्य तक भेजने का काम टोनी डेला गार्सिया के जिम्मे था।

इस बात के कोई सबूत नहीं मिले कि मामले में शामिल लोगों की इस धंधे से अपने लिए कमाई करने या गबन की कोई मंशा थी। इनका मकसद किसी भी जरिए ज्यादा से ज्यादा कमाई करके आर्थिक नाकेबन्दी से राहत पाने के लिए जरूरी सामानों-उपकरणों की खरीद था। यह और बात थी कि पैसा आने के साथ-साथ इनकी चाल-ढाल, रहन-सहन में फर्क तो आ ही गया था। इनकी फिजूलखर्चियाँ बढ़ गई थीं। ड्रग तस्करी से हासिल किए गए पैसे को ये लोग नकद अपने दोस्तों के घरों में रखते थे जो इस मामले से पूरी तरह अनजान सिर्फ इतना जानकर गौरवान्वित होते थे कि वे क्रान्ति की मदद कर रहे हैं। क्यूबा के एक लेखक साहित्यकार के घर से दो लाख डॉलर बरामद हुए। और लोगों से भी बरामदगी हुई। ड्रग माफिया इस तस्करी के लिए प्रति किलो कोकीन के एक हजार डॉलर दे रहे थे। पाँच सौ किलो की तस्करी करने पर उन्हें पाँच लाख डॉलर मिल जाते जो काफी बड़ी रकम थी। तस्करी के दो रास्ते थे। अपनी जान पर खेलकर हवाई जहाज के पाइलट पेड़ों की ऊँचाई के बराबर उड़ाने भरते और चेतावनियों की परवाह किए बगैर ड्रग के पैकेट समुद्र तट से कुछ मील दूर गिरा देते। बाद में कुछ लोग नावों से जाते और इन्हें उठा लाते। दूसरा रास्ता कोलम्बिया से वारादेरो की उड़ान का था। वहाँ से एम सी के लोग माल उठाकर उन जहाजों के जरिए उन गन्तव्यों को रवाना करवा देते जिनके जरिए तम्बाकू-चीनी आदि के बदले में सामान मँगवाये जा रहे होते। इन तमाम रास्तों से उन लोगों ने तीन-चार मिलियन डॉलर की रकम नकद जमा कर ली थी। फिदेल के अनुसार भले ही वे चोरी नहीं कर रहे थे मगर यह पूरी तरह से गैर-जिम्मेदाराना आपराधिक पागलपन था। इससे पूरी राष्ट्रीय सुरक्षा व्यवस्था और सम्मान को ऐसा खतरा था जिसकी भरपायी होना मुश्किल था। इससे गद्दारों, प्रतिक्रान्तिकारियों और अमेरिकी साम्राज्यवाद को मुँहमाँगी मुराद मिल जाती। ओकोवा के दिमाग में छः टन ड्रग अमेरिका में तस्करी के जरिए पहुँचाने की योजना थी। अपराधियों के विरुद्ध 1989 के केस नं. 1 की सुनवाई शुरू की गई। मामले में उन लोगों को अभियुक्त नहीं बनाया गया था जो इसमें बैंकरों की भूमिका में थे। वे सचमुच मामले की जटिलता से अनजान थे और मुख्य अभियुक्तों की पद और प्रतिष्ठा के चलते इस स्वाभाविक गलतफहमी में थे कि उनकी बात मानकर वह क्रान्ति में अपना नागरिक योगदान कर रहे हैं।

22 जून के अपने सम्पादकीय में क्रान्ति के मुखपत्र 'ग्रान्मा' ने लिखा : 'मादक पदार्थों की अन्तर्राष्ट्रीय तस्करी ने हमें गहरी चोट पहुँचाई है। हम यह भी नहीं कह सकते कि इसके लिए महज बड़े-बड़े ड्रग तस्कर जिम्मेदार हैं। हमारे अपने लोगों ने उनसे सम्पर्क किया और उनके प्रस्ताव को आगे बढ़कर लपक लिया। जो भी हो, हम इस बुराई को जड़ से मिटाकर ही दम लेंगे। इस पूरे गोलार्ध में केवल हम लोग ही हैं जो यह कर सकते हैं और यह कुछ खास मुश्किल भी नहीं होगा। हमारे नागरिक, सीमारक्षक बार्डर पेट्रोल, सशस्त्र सैन्य बल मंत्रालय व गृह मंत्रालय के लड़ाके और हमारे पार्टी सदस्य अब पहले से कहीं ज्यादा सतर्क रहेंगे। इस कड़वे अनुभव के बाद अन्तोनिया डेला गार्सिया जैसे लोगों के लिए कोई नया गुट खड़ा कर पाना या ओकोवा व मार्टिनेज जैसी कोई हरकत कर पाना बहुत मुश्किल होगा।'

मादक पदार्थों की तस्करी के बारे में फिदेल बताते हैं कि इस अपराध के लिए उस समय 150 से ज्यादा विदेशी नागरिक क्यूबा की जेलों में थे। अपनी यूरोप यात्रा में बीच के ठिकाने (स्टाप ओवर) के रूप में हवाना आनेवाले विदेशी अपने साथ ये पदार्थ ले आते थे। इसका मतलब यह नहीं है कि क्यूबा में नशे की बीमारी जड़ से मिट चुकी थी। देश के अन्दर भी इसका छोटा-मोटा बाजार, इसकी थोड़ी-बहुत माँग मौजूद थी। अमेरिका ने कभी भी क्यूबा के साथ मादक पदार्थों की तस्करी रोकने के लिए समझौते पर हस्ताक्षर नहीं किए। 9/11 की घटना के बाद से क्यूबा वर्ष 2003 से लगातार, हर साल अमेरिका के साथ तीन समझौतों-आतंकवाद के खिलाफ संघर्ष, मादक पदार्थों की तस्करी की रोकथाम और आव्रजन सहमति के लिए प्रस्ताव कर रहा है। मगर अमेरिका की रुचि और प्राथमिकता 1959 से ही क्यूबा में 'साम्राज्यवादी जनतंत्र' की तस्करी है। ऐसी हालत में क्यूबा को अपने दम पर ही मादक तस्करी की समस्या से लड़ना है। इस समस्या पर जल्द से जल्द काबू पाना बेहद जरूरी था क्योंकि ड्रग सीधे इनसान के दिमाग पर हमला करता है, उसकी सोचने-समझने की क्षमता को नष्ट करता है, और व्यक्ति के साथ-साथ समाज और राष्ट्र के जीवन के लिए भी खतरा बन जाता है। इसलिए ओकोवा मामले को दृढ़तापूर्वक निपटाया जाना जरूरी था। क्रान्ति में किसी के लिए भी मनमानी करके जवाबदेही से बच निकलने की गुंजाइश नहीं हो सकती। यदि कोई गम्भीर किस्म के नैतिक अथवा अन्य अपराधों में लिप्त पाया जाता है, वह कितना भी प्रतिभावान, योग्य हो, चाहे वह जितने भी ऊँचे पद पर हो, क्यूबा के अन्दर क्रान्ति के सिद्धान्तों और कानूनों का उल्लंघन करके अपनी जिम्मेदारी से नहीं बच सकता।

पूरे मामले की विस्तृत सुनवाई हुई और पूरी प्रक्रिया सजीव टेलीविजन पर सार्वजनिक रूप से दिखाई गई। 'कोर्ट ऑफ आनर' के 47 जनरलों की कार्यवाही से लेकर स्पेशल मिलट्री कोर्ट के समरी ट्रायल और उसके निर्णय के बाद मृत्युदंड की सजा और माफी के विकल्प का प्रयोग करने अथवा नहीं करने को लेकर 31 सदस्यीय सम्पूर्ण मंत्रिपरिषद की बैठक की कार्यवाही तक, सब कुछ, बिना कुछ छिपाये टेलीविजन पर प्रसारित हुआ।

स्पेशल मिलिट्री कोर्ट ने इस कांड के चार मुख्य अपराधियों को मृत्युदंड की सजा सुनाई थी। मंत्रिपरिषद के पास मृत्युदंड से क्षमादान का विशेषाधिकार था। पूरी मंत्रि-

परिषद ने इस मामले पर अपने विशेषाधिकार प्रयोग को लेकर गम्भीर मंथन किया। मंत्रि-परिषद के अध्यक्ष के रूप में फिदेल ने तर्क दिया कि बचाव पक्ष द्वारा किए गए अपराध राष्ट्र को उसकी सबसे संवेदनशील जगहों पर चोट कर रहे हैं–राष्ट्रीय नैतिकता, इसकी प्रतिरोध क्षमता और इसकी अन्तर्राष्ट्रीय साख। इनके अपराध राष्ट्र की पीठ में छुरा भोंकने की कार्यवाही हैं और वह भी उस समय जब राष्ट्र अपने सबसे मुश्किल दौर से गुजर रहा है (सोवियत संघ और समाजवाद के पतन का आसन्न संकट, इसके क्यूबा पर पड़ने वाले प्रभाव और उससे बढ़नेवाली दुश्वारियाँ)।

मृत्युदंड के मामले पर अपनी बात रखते हुए फिदेल ने कहा कि यह सोचना सचमुच मुश्किल और तकलीफदेह है कि इस सब की वजह से और हमारे फैसले के कारण कुछ लोग मरने जा रहे हैं। यह बहुत कठिन, बहुत कटु है इसको लेकर कोई खुश नहीं हो सकता, मगर, सबसे पहले उनके बारे में सोचना जरूरी है जो मारे जा चुके हैं।

फिदेल उनके बारे में सोचते हैं जो एक महान, सुन्दर, साफ-सुथरा नैतिक राष्ट्र बनाने के लिए अपनी जाने निछावर कर चुके हैं, केवल वहीं नहीं जो अभी हालिया क्रान्ति के दिनों में शहीद हुए, बल्कि वे भी जिन्होंने पिछले 120 या उससे भी ज्यादा वर्षों में एक ऐसे राष्ट्र के लिए अपनी जानें गँवाई हैं जिसमें कानून और न्याय की सर्वोच्च सत्ता होगी, जिसमें भ्रष्टाचार नहीं होगा, जिसमें कोई अपनी जिम्मेदारियों से बच नहीं सकेगा, जिसमें बेईमानी नहीं होगी। एक ऐसा रिपब्लिक जिसमें भ्रष्टाचार, गबन या गद्दारी नहीं होगी। वह उनके बारे में सोचते हैं जिन्होंने एक महान, गौरवशाली राष्ट्र के लिए अपनी शहादतें दीं, जिन्होंने दोनों स्वतंत्रता युद्धों में अपनी जानें दीं, और जो इस पूरी सदी में (बीसवीं सदी) अपने देश के लिए अपना खून बहाते रहे हैं, बलिदान देते रहे हैं। उन असंख्य महान देशभक्त शहीदों के बारे में वह सबसे पहले सोचते हैं।

मंत्रिपरिषद ने एक मत से इस मामले में किसी भी अभियुक्त के लिए मृत्युदंड से क्षमादान के विशेषाधिकार का प्रयोग नहीं किए जाने का फैसला लिया। 13 जुलाई 1989 को चारों मुख्य अभियुक्तों–अनील्डो ओकोवा, जार्ज मार्टिनेज, अन्तोनियो डेला गार्सिया और अमाडो पेड्रो को मौत की सजा मिली।

कुछ दिनों बाद गृहमंत्रालय के शीर्षस्थ अधिकारियों के खिलाफ भी, जिन्होंने अपने पद और प्रभाव का दुरुपयोग किया था, गहराई से छानबीन और ट्रायल नं. 2 हुआ। गृहमंत्री जोस अब्रान्ते की भी गिरफ्तारी और सजा हुई। गृह मंत्रालय में व्यापक फेर-बदल और पुनर्गठन हुआ। ट्रायल नं. 2 में किसी को मृत्युदंड नहीं मिला था।

मृत्युदंड के बारे में क्रान्ति की वैचारिकी को स्पष्ट करते हुए फिदेल कहते हैं कि मृत्युदंड के प्रयोग की नौबत उन असाधारण परिस्थितियों में आती है जब क्रान्ति के सामने जीवन-मरण का प्रश्न हो। राजनीतिक आन्दोलन और राष्ट्र-निर्माण के आन्दोलन की रक्षा किसी भी कीमत पर की जानी जरूरी है। क्यूबा में अप्रैल 2000 से मृत्युदंड का कोई मामला नहीं हुआ है। इसका मतलब यह नहीं है कि क्यूबा इसका अब कभी उपयोग नहीं करेगा। क्यूबा ने कभी भी, किसी भी परिस्थिति में बिना ट्रायल-सुनवाई के राजनीतिक कारणों से मृत्युदंड नहीं दिया है जबकि यूरोप में बिना किसी सुनवाई के

दर्जनों राजनीतिक हत्याएँ हुई हैं। क्यूबा कभी भी गैरकानूनी हत्या अथवा यातनाओं का तौर-तरीका नहीं अपनाएगा। क्यूबा में एक भी बाहरी को चाहे वह प्रतिक्रान्तिकारी अराजक कार्यवाहियों–बम-विस्फोट, हत्याओं आदि जघन्य कुकृत्यों में ही क्यों न शामिल रहा हो, मृत्युदंड नहीं दिया गया है। फिदेल के अपने विचार से मृत्युदंड किसी समस्या का समाधान नहीं है और इसका बहुत अल्पकालिक सापेक्षिक प्रभाव ही पड़ता है। समाज में अपराध और उसकी जड़ों को गहराई से जानने-समझने की जरूरत है और कभी भी बदले की भावना से दंड नहीं दिया जाना चाहिए। फिदेल उम्मीद करते हैं कि वह दिन जरूर आएगा जब क्यूबा महज किसी दार्शनिक-नैतिक आधार पर नहीं बल्कि न्याय और सच्चाई के ठोस आधारों पर मृत्युदंड की जरूरत नहीं रह जाने की स्थिति ला पाने में कामयाब होगा।

क्रान्ति की वैचारिकी : रंगभेद के खिलाफ संघर्ष

क्रान्ति के सामने समतामूलक क्यूबाई समाज के नवनिर्माण के लिए अमेरिकी साम्राज्यवाद, प्रतिक्रियावादी बुर्जुआ और आर्थिक विषमता से जूझने की ही चुनौतियाँ नहीं थीं। समाजवादी समाज के नवनिर्माण का एक महत्त्वपूर्ण मोर्चा मूल्यों, विचारों और नैतिकता का था। इसके लिए क्रान्ति को सदियों पुरानी मनोवृत्तियों, पूर्वग्रहों और जड़ताओं से जूझना था। इस दिशा में क्रान्ति ने अश्वेत रंगभेद की विकृत मनोवृत्ति को मिटाने का कार्यभार प्राथमिकता पर लिया।

रंगभेदी पूर्वग्रह की जड़ें सदियों पुरानी थीं। स्पेनियों के 1492 में क्यूबा पहुँचकर उसके औपनिवेशीकरण की प्रक्रिया शुरू करने के समय से क्यूबा की मूल आबादी का सफाया करने के बाद अपने व्यापारिक हितों की पूर्ति के लिए अफ्रीका से अश्वेत गुलामों के व्यापार का बर्बर और निर्मम सिलसिला 1868 तक चला। आजादी की पहली दस वर्षीय लड़ाई की शुरुआत कार्लोस डे सेस्पेडे ने अपने बागान के गुलामों को मुक्त करते हुए की और इसी के साथ क्यूबा की आजादी के लिए अश्वेत आबादी के संघर्ष और बलिदानों का गौरवशाली अध्याय शुरू हुआ। क्यूबा से गुलामी प्रथा के खात्मे की औपचारिक घोषणा 1886 में हुई थी। फिदेल का मानना है कि यह महज नाम की, औपचारिक आजादी थी क्योंकि अश्वेत भले ही गुलाम न कहे जाते हों मगर वे न्यूनतम जीवन-निर्वाह के साधनों-सुविधाओं से वंचित, भयंकर अभाव, दमन, उपेक्षा और तिरस्कार के जीवन के लिए क्रान्ति से पहले तक अभिशप्त थे। ग्रामीण इलाकों में टूटी-फूटी झोंपड़ियों और शहरों में खंडहरनुमा कमरे में समूचा परिवार रहता और समाज की सबसे निचले दर्जे की, सबसे कम पगार की अस्थायी मजदूरी पर गुजर-बसर करता था। शिक्षा, स्वास्थ्य, आवास और सम्मान उसके लिए सपना था। यही वजह थी कि 1959 में क्रान्ति की विजय के बाद इस विकृति को क्यूबाई समाज से जड़ से मिटाने के लिए लगातार प्रयास चले। क्रान्ति ने अश्वेत रंगभेद का मामला केवल नस्ली रंगभेद के रूप में न लेकर समाज में बहुसंख्यक आबादी के खिलाफ सामाजिक-आर्थिक विभेद के वर्गीय मामले के रूप में लिया।

क्यूबा में 19वीं सदी की शुरुआत से ही औपनिवेशिक मुक्ति की लड़ाइयों और इसी के साथ रंगभेद के विरोध का दौर शुरू हो चुका था। इसकी प्रतिक्रिया में औपनिवेशिक-साम्राज्यवादी-प्रतिक्रियावादियों की ओर से अश्वेत आबादी के जनसंहारों का भी बर्बर सिलसिला चला। 1812 में स्पोन्टे और 1844 में ला इस्कालारिया नरसंहार क्यूबा की भयावह क्रूरतम त्रासदियों में है। क्यूबा मुक्ति-संग्राम के सर्वकालिक महानतम योद्धा

जोसमार्ती अश्वेत-मुक्ति के प्रखर पैरोकार थे। दक्षिणपन्थी प्रतिक्रियावादियों द्वारा 'अश्वेतों को खतरा' का हौवा खड़ा किए जाने का जवाब देते हुए मार्ती ने 1868 में कहा, 'प्रजातीय घृणा का अस्तित्व ही नहीं हो सकता क्योंकि प्रजातियों का ही कोई अस्तित्व नहीं है...तब डरने के लिए है क्या?...क्या हम उससे डरें जिसने आजादी से वंचित रहकर क्यूबा में सबसे ज्यादा तकलीफें झेली हैं। वह देश, जिसके लिए उसने अपना न जाने कितना खून बहाया है, उसके लिए वह कभी खतरा बन ही नहीं सकता।...क्रान्ति, जिसने तमाम क्यूबाइयों को एकजुट किया है-बगैर उनके रंग की परवाह किए, चाहे वे उस महाद्वीप से आए हों जहाँ चमड़ी जलने लगती है, या फिर वे हल्के रंग के लोग हों, तमाम क्यूबाइयों के लिए एक ही रहेगी।' मार्ती के संघर्षों के चलते 1886 में गुलामी प्रथा के अन्त की घोषणा हुई और लाखों-लाख अश्वेतों ने माकियो जैसे महानतम सेनानायकों के नेतृत्व में आजादी के संघर्षों, खासकर 1895-98 के निर्णायक संग्राम में बढ़-चढ़कर हिस्सेदारी की।

स्पेनी साम्राज्यवाद के बाद 20वीं सदी से क्यूबा में अमेरिकी साम्राज्यवाद का दौर शुरू हुआ। 1901 के संविधान ने अश्वेतों के खिलाफ विभेदकारी नीतियाँ लागू कीं। 21 वर्ष से ऊपर की आयु के केवल उन्हीं पुरुषों को मताधिकार प्राप्त था जो लिखना-पढ़ना जानते हों या 250 पीसो से अधिक की सम्पदा के स्वामी हों या फिर जिन्होंने आधिकारिक रूप से आजादी की लड़ाई में भाग लिया हो। इसकी प्रतिक्रिया में 1908 में अश्वेत मतदाता 'पार्टी ऑफ कलर' नाम का संगठन बनाकर गोलबन्द होने लगे। पार्टी के घोषणापत्र में कहा गया था, 'आजादी न तो माँगी जाती है न भीख में मिलती है, इसे हासिल करना होता है, और अधिकार यूँ ही कहीं भी बाँटे जाते नहीं मिलते, अधिकारों के लिए लड़ना होता है और अधिकार सबके लिए होते हैं। अगर हम अपने अधिकार माँगते रहेंगे, तो हम इंतजार करते-करते मर जाएँगे, क्योंकि तब तक हम उन्हें समूचा गँवा चुके होंगे।' 1910 में इसकी प्रतिक्रिया में नस्ली आधारों पर राजनीतिक पार्टी बनाने पर पाबन्दी लगी जिसका परिणाम 1912 में नस्ली संघर्ष और सेना द्वारा अश्वेतों के कत्ले-आम में हुआ।

बीसवीं सदी की शुरुआत तक क्यूबाई समाज में प्रजातीय रंगभेद और तिरस्कार संस्थाबद्ध रूप ले चुका था। केवल श्वेतों के लिए सामाजिक क्लब, बार, रेस्तराँ, बीच, सिनेमाघर और नाइट क्लब खुल गए थे जिनमें अश्वेतों या मुलातो आबादी का प्रवेश पूरी तरह प्रतिबन्धित था। यहाँ तक कि हवाना याच्ट क्लब में बतिस्ता को उसके क्यूबा का राष्ट्रपति होने के बावजूद, रंग के आधार पर प्रवेश से रोक दिया गया था।

प्रजातीय रंगभेद आधारित शोषण अर्थव्यवस्था का सबसे दमनकारी और घातक हथियार था। कोई भी ढंग का रोजगार अश्वेतों के लिए नहीं था। उच्च वेतन और दक्षतावाले कामों के लिए कामगारों की कमी स्पेन से लोगों को बुलाकर उन्हें यहाँ के अभिजात सामाजिक-आर्थिक ताने-बाने में जगह देकर पूरी की जाती। समाज और अर्थव्यवस्था के सबसे निकृष्ट, हेय, अकुशल समझे जाने वाले काम अश्वेतों के लिए थे और वे भी उनकी आबादी की तुलना में नितान्त अपर्याप्त थे। असुरक्षा, अपमान और अपर्याप्त रोजगार–क्रान्ति के पहले तक अश्वेतों की यही नियति थी।

अश्वेतों की इस नियति का मूल कारण विषमतामूलक साम्राज्यवादी अर्थव्यवस्था थी जिसका उद्देश्य क्यूबा के अल्पसंख्यक सत्ताधारी बुर्जुआ और विदेशी-बहुराष्ट्रिक हितों की चाकरी करना था। क्रान्ति ने इस मूल कारण पर मर्मान्तक चोट की। क्यूबा से बेरोजगारी का सफाया रंगभेद पर जबर्दस्त प्रहार था क्योंकि रंगभेद की सबसे क्रूर अभिव्यक्ति अश्वेतों को उनकी रोजी के अधिकार से वंचित रखना था। क्रान्ति के ठीक पहले क्यूबा में लगभग 7 लाख बेरोजगार थे और इनमें से अधिकांश अश्वेत थे। इसी तरह जब क्रान्ति ने सबके लिए पहली कक्षा से विश्वविद्यालयी शिक्षा तक निःशुल्क शिक्षा सुनिश्चित की, अश्वेतों के लिए शिक्षित होने और बेहतर जीवन हासिल करने के सारे दरवाजे बिना किसी भेदभाव के खुल गए। यही हाल स्वास्थ्य सुविधाओं का था। अश्वेत, जिसके पास क्रान्ति से पहले न तो स्वस्थ-निरोग जीवन जीने और न ही शान्तिपूर्वक मर पाने की हैसियत थी, अब सभी नागरिकों को समान रूप से उपलब्ध निशुल्क स्वास्थ्य सुविधाओं का उपभोग कर रहा था।

क्रान्ति ने रंग-भेद के खिलाफ शुरू से चौतरफा हमला बोला। क्रान्ति की विजय के मुश्किल से पन्द्रह दिन हुए थे जब एक पत्रकार के रंगभेद पर सवालों का जवाब देते हुए फिदेल ने कहा था : 'अपने क्रान्तिकारी संघर्षों के दौर में हमने सभी रंगों के लोगों का सर्व-सम्पूर्ण भाईचारा और अपनापन देखा है। इस नजरिए से हमारे विचार मार्ती के विचार हैं। हम क्रान्तिकारी या जनवादी हरगिज नहीं हो सकते यदि हम खुद को हर तरह की विभेदकारी मनोवृत्तियों से पूरी तरह मुक्त नहीं कर लेते।'

22 मार्च, 1959 को फिदेल ने प्रजातीय विभेद के खिलाफ अपनी घोषणा में मजदूरों की रैली को सम्बोधित करते हुए कहा था कि तमाम विभेदों में सबसे निकृष्ट क्यूबाई अश्वेत नागरिक को काम देने से इनकार करना है। फिदेल ने कहा : 'उन अधिकारों के लिए, जो किसी को भी एक मनुष्य और समाज का एक सदस्य होने के नाते सुलभ होना चाहिए, कोई कानून बनाने की जरूरत नहीं होनी चाहिए। नितान्त निकृष्ट पूर्वग्रह के खिलाफ कानून बनाने की जरूरत नहीं होनी चाहिए। हमें करना यह चाहिए कि उन तमाम लोगों की जिनमें पुरानी वैमनस्यता, पुराने पूर्वग्रह भरे हुए हैं, जो अन्य क्यूबाइयों के साथ निकृष्टतापूर्ण भेदभाव करते हैं, दुर्व्यवहार करते हैं, इसलिए कि उनकी चमड़ी का रंग गहरा या हल्का है, खुलकर लानत-मलामत की जाए, सरेआम उनकी आलोचना की जाए।'

1960 'हवाना की प्रथम घोषणा' में फिदेल ने कहा, 'पूरी तरह से मनुष्य समझा जाना हर अश्वेत का अधिकार और अपने आर्थिक, राजनीतिक और सामाजिक अधिकारों के लिए संघर्ष उसका कर्तव्य है।'

1962 'हवाना की द्वितीय घोषणा' में फिदेल ने साम्राज्यवाद के गढ़ अमेरिका के अन्दर प्रजातीय रंगभेद का हवाला देते हुए क्यूबा से रंगभेद का अन्त करने की क्रान्ति की प्रतिबद्धता को दुहराया। हवाना में ही अपने 28 सितम्बर 1963 के भाषण में फिदेल ने अमेरिका की कलई खोलते हुए रंगभेद की जड़ों पर प्रहार किया : '...निश्चित रूप से अमेरिकी साम्राज्यवादी दुनिया को मूर्ख बनाने की कोशिश कर रहे हैं। वे आत्मप्रवंचना से भरपूर रवैया अपनाते हुए कहते हैं कि उनके यहाँ ये समस्याएँ हैं मगर वे इनसे लड़ रहे

हैं। हम, जिन्होंने क्रान्ति के अनुभवों को जिया है और अतीत और वर्तमान में फर्क करना जानते हैं, अच्छी तरह समझते हैं कि ये पूर्वग्रह, ये नफरत और ये बुराइयाँ विद्यमान सामाजिक व्यवस्था की उपज हैं, ये सब शोषकों की शोषितों के प्रति नफरत की अभिव्यक्तियाँ हैं और भेड़ियों के उस समाज द्वारा थोपे गए विचार हैं जिसमें आदमी ही आदमी का सबसे निकृष्ट दुश्मन, शोषक और मानवीय गरिमा का हन्ता है। दरअसल वे अच्छी तरह जानते हैं कि प्रजातीय विभेद संयुक्त राज्य से तब तक नहीं मिटेगा जब तक साम्राज्यवाद और पूँजीवाद नहीं समाप्त हो जाता, जब तक आदमी द्वारा आदमी का शोषण नहीं मिट जाता।'

फिदेल के ये वक्तव्य इस भयावह आर्थिक-सामाजिक बुराई के प्रति क्रान्ति के रवैये और उससे संघर्ष की दिशा के द्योतक हैं। क्रान्तिकारी सरकार ने उन तमाम सुविधाओं और सेवाओं को कानूनन अश्वेत समेत हर नागरिक के लिए खोल दिया जिनसे वह अब तक वंचित रखा गया था। अब हर क्लब, रेस्तराँ और हर बीच हर नागरिक के लिए समान रूप से खुला था। उन्हें या तो अश्वेतों को खुले दिल से स्वीकार करना था या फिर अपना बोरिया-बिस्तर समेट लेना था। आवासीय संकुलों में रंगभेद व्यवस्था को बन्द कराया गया। वह हर रोजगार जो अब तक अश्वेतों के लिए बन्द था, अब अश्वेत समेत हर नागरिक के लिए बिना किसी भेदभाव के खुला था। समाज के अन्दर रंगभेद-आधारित सामाजिक खेमेबन्दी को तोड़ने की दिशा में क्रान्ति ने एक और पहल ली। ऐतिहासिक तौर पर 'सामाजिक क्लब' सुविधाओं से बहिष्कृत अश्वेतों ने इसका उत्तर अपने खुद के क्लब गठित करके दिया था। 1969 में राउल कास्त्रो और विल्मा एस्पिन ने 'अश्वेत सामाजिक क्लब' में शिरकत करके इन अलग-अलग क्लबों और संगठनों को समाप्त करने की प्रक्रिया शुरू की।

रंगभेद से लड़ने का एक प्रभावी रास्ता क्रान्ति ने साक्षरता-अभियान के जरिए निकाला। यह अभियान 1961 तक पूरा कर लिया गया था। इसका मूल मकसद क्यूबा से निरक्षरता को मिटाना था। हजारों क्यूबाई नौजवान पूरे क्यूबा के ग्रामीण और शहरी इलाकों में पहुँचकर अपने अग्रजों को लिखना-पढ़ना सिखा रहे थे। साक्षरता के साथ-साथ नई सामाजिक चेतना का भी विकास हो रहा था। समूचे देश में समान आधारों पर अभियान संचालित हो, इसके लिए क्रान्ति की ओर से हर शिक्षक को एक साक्षरता मैनुअल 'अल्फाबेटिकेमोज' दिया गया था। इसके एक खंड में विभिन्न सामाजिक-नैतिक मूल्यों की पूरी शृंखला सीधी, सरल और संक्षिप्त भाषा-शैली में समझाई गई थी। इस खंड का दसवाँ पाठ 'प्रजातीय विभेद' का था जिसमें इस बुराई के पनपने के मूल कारणों और उसे मिटाने की जरूरत को समझाया गया था। इस तरह क्रान्ति ने साक्षरता अभियान के जरिए समूचे क्यूबा को न केवल लिखना-पढ़ना सिखाया बल्कि क्रान्तिकारी जीवन-मूल्यों से भी परिचित कराया।

क्रान्ति ने रंगभेद से संघर्ष के लिए अपना सबसे प्रभावी हथियार शिक्षा को बनाया। शिक्षा का दायरा केवल स्कूली-औपचारिक शिक्षा तक सीमित नहीं था, इसमें विभिन्न जन-संगठनों की बैठकों और कार्यस्थलों पर कामगारों की आलोचना-आत्मालोचना बैठकों में होनेवाले विचार-विमर्श-बहसें शामिल थीं। इसके अलावा कला और संस्कृति के तमाम

रूपों और अभिव्यक्तियों का संयोजन इस प्रकार किया जाता था कि रूप और अन्तर्वस्तु दोनों ही माध्यमों से उनकी रंगभेद-विरोधी दिशा स्पष्ट हो।

क्रान्ति ने औपचारिक शिक्षा के क्षेत्र में विस्मयकारी आमूल-चूल परिवर्तन किए। शिक्षा केवल बच्चों और नौजवानों तक सीमित नहीं थी। क्रान्ति से पहले जहाँ मुश्किल से आधे बच्चे स्कूल का मुँह देख पाते थे, अब हर तीसरा क्यूबाई नागरिक स्कूल में सीखता मिल जाएगा। संसाधनों के अभाव और दबाव के बावजूद क्रान्ति ने कभी शिक्षा के लिए संसाधनों की कमी नहीं होने दी। यह केवल संसाधनों का प्रश्न नहीं था। मूल जोर शिक्षा की अन्तर्वस्तु और सिद्धान्त-व्यवहार की समानता सिखाए जाने वाले मूल्यों को व्यवहार में लागू करने पर था।

बड़ी संख्या में बच्चे और किशोर अपने पारिवारिक परिवेश से अलग 'सर्कुलोज' और स्कूलों में औपचारिक शिक्षा के साथ-साथ अनौपचारिक सामाजिकता सीखते। हर रंग-प्रजाति के शिक्षक और शिक्षार्थी एक साथ उठते-बैठते, पढ़ते और काम करते जिससे उनके दिलो-दिमाग में यह बात पूरी तरह साफ हो जाती कि प्रगति और विकास का चमड़ी के रंग से कोई रिश्ता नहीं है।

औपचारिक शिक्षा-प्रणाली के अलावा क्यूबा के तमाम जन संगठनों-क्रान्तिकारी युवा, महिला, किसान और ट्रेड यूनियन संगठनों में रंगभेद जैसे सामाजिक सवालों पर खुलकर बहसें चलाई जाती हैं और यहाँ भी कथनी और करनी का पूरा समन्वय सुनिश्चित किया जाता है।

क्यूबा में रंगभेद से लड़ने का एक और प्रभावी हथियार कला और संस्कृति को बनाया गया। साहित्य में अश्वेत नायकों की भूमिकाओं पर बल दिया गया। साहित्य में इस यथार्थ को, जिसे पूर्ववर्ती सत्ताधारी रंगभेदी नीतियों ने सचेत रूप से दबाने का लगातार प्रयास किया था, पूरी गहराई से निरूपित किया जाने लगा कि अफ्रीकी संस्कृति के तत्वों की क्यूबाई जीवन के हर क्षेत्र में अमिट छाप है। इस दृष्टिकोण से क्यूबा के इतिहास का नवनिरूपण किया गया।

सांस्कृतिक अभिव्यक्तियों के अन्य तमाम रूपों–कला, फिल्म, नृत्य आदि में भी सचेत रंगभेद विरोधी रुझान रूपात्मक अभिव्यक्तियों, विषयवस्तु, कथानक, स्थिति-निरूपण और प्रस्तुति, प्लाट और पात्रों के जरिए साफ झलकती है। इसके अलावा इन कलात्मक अभिव्यक्तियों में रंगभेद विरोधी शिक्षण और प्रचार का सीधा रास्ता क्रान्तिकारी क्यूबाई समाज की रोजमर्रा जीवन की वास्तविकताओं का चित्रण है जहाँ हर गतिविधि में बिना किसी अपवाद के हर रंग के क्यूबाइयों की सहज और स्वाभाविक भागीदारी होती है। आज क्यूबा के तमाम नाट्य समूहों–कन्जंक्टो फॉकलोरिको नेसियानल और नेशनल बेले ऑफ क्यूबा आदि–में काले, गोरे, मुलातो, एशियाई, सभी क्यूबन कलाकार मिलकर अफ्रीकी और स्पेनिश प्रभाववाले नृत्यों की प्रस्तुति करते हैं। क्यूबा के लोकप्रिय टीवी कार्यक्रम 'पाराबेलार' में भी इसी तरह हर रंग के क्यूबाई अपने राष्ट्रीय (अफ्रीकी-स्पेनी प्रभाववाले) और अन्तर्राष्ट्रीय नृत्यों की प्रस्तुति में एक दूसरे से सहज प्रतिस्पर्धा करते हैं।

साहित्य, संस्कृति और कला की प्रस्तुतियों-अभिव्यक्तियों में क्यूबा के क्रान्तिकारी मुक्ति संघर्षों में अश्वेतों के योगदान को प्रमुखता से रेखांकित किया जा रहा है। क्यूबा का

नव निरूपित इतिहास क्यूबा के महान अश्वेत मुक्ति-नायकों–मेरियाना ग्रिजाले, अन्तोनियो माकियो से लेकर लजारो पेना तक के योगदानों की गाथाओं से भरा पड़ा है। इस दिशा में क्रान्तिकारी सरकार किसी तथ्य को गढ़कर अथवा अतिरंजनापूर्ण तरीके से प्रस्तुत नहीं करती बल्कि उन तथ्यों और योगदानों को स्वाभाविक और सहज रूप से प्रस्तुत करती है जिन्हें सदियों से दबाये-छिपाये रखने का सचेतन प्रयास हो रहा था। इन्हीं अर्थों में फिदेल क्यूबा के इतिहास के पुनर्लेखन-नवनिरूपण की बात करते हैं। इसका परिणाम यह हुआ है कि जीवन-कला और संस्कृति में अफ्रीकी-क्यूबाई प्रभाव को अब शर्म से नहीं गर्व से स्वीकारा जा रहा है। अब माँ-बाप अपने बच्चों को अफ्रीकी रंबा नृत्य करने अथवा योरूबा गीत गाने से रोकते नहीं बल्कि प्रोत्साहित करते हैं।

'अकादमी ऑफ साइन्सेज' के तत्वावधान में 'नेशनल इन्स्टीच्यूट ऑफ एथनोलॉजी एंड फॉकलोर' क्यूबाई नागरिकों को उनकी अफ्रीकी सांस्कृतिक पहचान से परिचित कराने का राष्ट्रीय स्तर पर शैक्षिक अभियान चला रहा है। समाजवादी सरकार सान्तेरिया अथवा अन्य कोई पंथ या धार्मिक परम्परा के तौर-तरीकों की धार्मिक शिक्षा नहीं देती मगर व्यावहारिक धरातल पर अफ्रीकी सान्तेरिया रीति-रिवाजों को बनाए रखने के लिए अनेक सुविधाएँ दी गई हैं। गुयानाबाकोवा संग्रहालय में क्यूबाई रीति रिवाजों के अफ्रीकी योरूबा आधारों को सहेज कर संगृहीत संरक्षित किया गया है जो क्यूबाई जनता की अफ्रीकी सांस्कृतिक पहचान को सहेजकर रखने और प्रोत्साहित करने के सचेतन प्रयासों का हिस्सा है।

क्यूबा का अपनी अफ्रीकी सांस्कृतिक जड़ों पर गर्व क्रान्तिकारी सरकार की अन्तर्राष्ट्रीय नीतियों में खुलकर व्यक्त होता है। क्रान्तिकारी सरकार राष्ट्रवाद की उस किस्म को पोषित-प्रोत्साहित करती है जो साझा इतिहास, संस्कृति, परिस्थितियों और हितों के आधार पर आत्मीयता और गोलबन्दी को प्रजाति या नृवंश के ऊपर तरजीह देता है। आज का क्यूबाई अपनी अफ्रो-क्यूबन विरासत पर गर्व से कहता है : 'हम सभी अफ्रो-क्यूबन हैं–सबसे हल्के रंग से लेकर सबसे गहरे रंग वालों' तक सब के सब–क्यूबा में कोई भी अफ्रीकी संस्कृति के प्रभाव से अछूता नहीं है।'

अंगोला अन्तर्राष्ट्रीय मिशन के समर्थन में 22 दिस. 1975 को क्यूबा में 12 लाख जनता की रैली को सम्बोधित करते हुए फिदेल ने कहा : 'आज अंगोला संघर्ष का केन्द्र-बिन्दु है। साम्राज्यवादी हमें अपने अंगोली भाइयों की मदद करने से रोकना चाहते हैं। हमें इन यांकियों को बताना होगा कि उन्हें हमेशा ध्यान रहे कि हम एक लातिनी-अमेरिकी राष्ट्र होने के साथ-साथ लातिनी-अफ्रीकी राष्ट्र भी हैं।' क्यूबा के लातिन-अफ्रीकी राष्ट्र की अवधारणा को स्पष्ट करते हुए क्रान्ति की महानतम जुझारू महिला योद्धाओं में से एक मेल्बा हर्नान्डेज ने कहा, "निश्चित रूप से, अपनी जड़ों में हम लातिन-अफ्रीकी हैं। हम अफ्रीकी जनता की तकलीफों और बलिदानों के प्रति हरगिज उदासीन नहीं रह सकते, वही अफ्रीकी जो हमारे तटों पर गुलामी की जंजीरों में बाँधकर लाए गए थे। मगर इस बात के अलावा भी एक सार्वभौम सच्चाई यह है कि क्रान्तिकारी जनता के लिए कोई महाद्वीपीय-भौगोलिक सीमाएँ नहीं होतीं। हम लातिनी-अमेरिकी हैं, हम लातिनी-अफ्रीकी हैं। हम अपनी रगों में हमेशा हर उस जनता के रक्त का प्रवाह महसूस करते हैं जो अपनी

मुक्ति के लिए लड़ रही है। क्रान्ति हमें यही समझदारी और चेतना देती है। जैसे, अंगोला के मामले में, हम ने खुद से सवाल किया–अंगोली जनता के इस न्यायपूर्ण संघर्ष को लेकर आज से बीस साल पहले हमारे लोगों की क्या प्रतिक्रिया होती?...सबसे पहले तो उन्हें इससे कोई फर्क नहीं पड़ता क्योंकि तब वे अंगोली जनता या किसी भी दूसरी अफ्रीकी जनता को मनुष्य के रूप में गिनते ही नहीं थे। और इस उदासीन बेपरवाही के बाद उनमें से ज्यादातर ने कहा होता–'वे तो अफ्रीकी अश्वेत हैं–और ऐसा उन्होंने तिरस्कार और नफरत भरे अन्दाज में कहा होता। मगर आज आप देख रहे हैं कि कितनी सुन्दर और उदात्त भावनाएँ इन सत्रह वर्षों में हमारी क्रान्तिकारी प्रक्रिया के जरिए विकसित हुई हैं।"

अफ्रीकी महाद्वीप की मुक्ति में क्यूबा के योगदान से मानो क्यूबाई-अफ्रीकी सम्बन्धों का चक्र पूरा हुआ। फिदेल ने कहा : 'वे जिन्होंने लोगों को गुलाम बनाया और उन्हें अमेरिका भेजा, उन्होंने शायद कभी कल्पना भी नहीं की होगी कि उनमें से एक जनता, जिसने गुलामों को कुबूल किया था, अपने लड़ाकों को अफ्रीका की मुक्ति के लिए भेजेगी।' अफ्रीकी महाद्वीप के मुक्ति-संघर्षों में क्यूबाई योगदान का गौरवशाली अध्याय 1975 में अंगोला से नहीं शुरू हुआ था। यह अपनी आजादी के तुरन्त बाद अल्जीरिया के फ्रांस की दासता से मुक्ति-संघर्षों में FLN की मदद से ही शुरू हो गया था। मोजाम्बीक में 1963 और गुनिया बिसाऊ में 1965 में क्यूबा उनके राष्ट्रीय मुक्ति-संघर्षों का साथी और मददगार था। चे ने कांगो (वर्तमान जायरे) में 1967 का पूरा साल क्यूबाई स्वयंसेवक जुझारू जत्थे के साथ अफ्रीकी राष्ट्रीय मुक्ति आन्दोलनों के लड़ाकों को प्रशिक्षित करने, दिशा-निर्देशित करने और मोर्चों पर कंधे से कंधा मिलाकर लड़ते हुए बिताया था।

क्यूबा के लिए रंगभेद 'अपार्टहीड' महज अकादमिक शब्दावली या लफ्फाजी नहीं थी। मई 1976 में क्यूबा के विदेशमंत्री राउल रोका ने संयुक्त राष्ट्र को सम्बोधित करते हुए कहा था : 'किसी दूसरे शब्द के इतने घृणित और कुत्सित निहितार्थ नहीं हैं जितने अफ्रीकानो शब्द 'अपार्टहीड' के। इसके पोर-पोर से खून और कीच बजबजाती है। इसके सताये शिकारों का खून और उनके हत्यारों की कीच। इस शब्द में सम्पूर्ण मानवीय दशाओं का निषेध निहित है, मनुष्य को महज एक औजार में समेट देने की पूरी प्रक्रिया। श्वेत प्रजाति के वर्चस्व के अधीन मनुष्यों का उनकी चमड़ी के आधार पर विभाजन मनुष्य जाति की मूलभूत एकता पर अब तक का सबसे बर्बर, सबसे घृणित, सबसे पैशाचिक प्रहार है।'

अंगोला और इथोपिया में क्यूबाई योगदान के पक्ष में अमेरिकी पत्रकारों से बात करते हुए सन् 1978 में फिदेल ने क्रान्ति की वैचारिक समझदारी को स्पष्ट किया था : 'यह इस बात का द्योतक नहीं है कि हम कोई बहुत भारी-भरकम देश हैं, हमारा एक छोटा सा देश है। यह इस बात का भी द्योतक नहीं है कि हम कोई सामरिक ताकत हैं। यह इस बात का द्योतक है कि हम एक नैतिक ताकत हैं, एक वैचारिक-भावनात्मक ताकत और यह भी कि हम एक उदारमना, क्रान्तिकारी और उदात्त भावों से भरपूर जनता हैं। इस बात को समझने के लिए आपको जानना होगा कि आज क्यूबा में क्या हो रहा है, क्यूबाई जनता की भावनाएँ क्या हैं? यहाँ जब किसी अन्तर्राष्ट्रीय मिशन के लिए स्वयंसेवकों का आह्वान होता है, लाखो-लाख जनता स्वेच्छा और उत्साह से उमड़ पड़ती है।'

इन तमाम तरीकों से क्यूबा अपनी धरती से रंगभेद की आर्थिक-सामाजिक-वैचारिक और भावनात्मक जड़ों को मिटाने का अनवरत अभियान चला रहा है। क्यूबा ने प्रजातीय रंगभेद के संस्थागत रूपों को मिटाने में अभूतपूर्व सफलता हासिल की है। मगर इसका अर्थ यह बिल्कुल नहीं है कि क्यूबा से रंगभेद का सफाया हो चुका है। अश्वेत होने के आधार पर रोजगार में भेदभाव, अश्वेतों की तुलना में गोरों के लिए शिक्षा, स्वास्थ्य, आवास, मनोरंजन की बेहतर सुविधाएँ, रंग के आधार पर अश्वेतों को निर्णय में भागीदारी की प्रक्रिया में शामिल करने पर रोक जैसे तमाम संस्थागत भेदभाव पूरी तरह समाप्त किए जा चुके हैं। मगर इसके बावजूद रंगभेद की वैयक्तिक अभिव्यक्तियों का अस्तित्व अभी भी देखा जा सकता है। फिदेल कहते हैं कि विज्ञान के निर्विवाद रूप से साबित कर देने के बावजूद कि मनुष्य की बौद्धिक क्षमता सम्पूर्ण मानव-जाति में समान होती है, भेदभाव का अस्तित्व बना हुआ है। आमूल-चूल परिवर्तनकारी सामाजिक क्रान्ति, हर क्षेत्र में सम्पूर्ण वैधानिक समानता, और एक हद तक क्रान्तिकारी शिक्षा द्वारा भेदभाव के ज्यादातर कारकों को दूर कर दिए जाने के बावजूद प्रजातीय रंगभेद गरीबी और ज्ञान के ऐतिहासिक एकाधिकार के वस्तुगत रूपों में विद्यमान है। क्यूबा लगातार भेदभाव के मूल कारणों की पड़ताल-पहचान और उन पर प्रहार कर रहा है। फिदेल उन कारकों की पड़ताल करते हैं कि आखिरकार कोई समाज के हाशिये पर किस तरह धकेल दिया जाता है। ज्ञान और संस्कृति का अपराध के साथ विपरीत रिश्ता है। क्रान्ति पूर्व समाज में अश्वेतों को ज्ञान और संस्कृति से वंचित रखने की सचेतन नीति ने उस समाज में हाशिये की संस्कृति को पैदा किया। इसलिए जरूरत शिक्षा पर आधारित एक नई संस्कृति की थी। यह सामाजिक न्याय और नई राजनीतिक दृष्टि का मामला था। यह दृढ़ वैचारिक और राजनीतिक इच्छाशक्ति का मामला था। क्रान्ति के समूचे दौर में समूची अश्वेत आबादी, समाज के सबसे वंचितों की आबादी ने सबसे मजबूती के साथ क्रान्ति का साथ दिया था। स्वाभाविक रूप से क्रान्ति ने वे तमाम अधिकार और सुविधाएँ इस आबादी के लिए सुनिश्चित किए जिनसे उन्हें अब तक सचेत रूप से वंचित रखा गया था। शिक्षा के भी दरवाजे हर नागरिक के लिए पूरी तरह से खोल दिए गए। जब बच्चों को शिक्षित करने के लिए उन्हें सर्कुलोज और स्कूलों में भेजने का अभियान चलाया गया, अमेरिकी साम्राज्यवादियों और प्रतिक्रियावादियों ने अफवाहें फैलाई कि क्रान्तिकारी सरकार बच्चों को माँ-बाप से छीनकर रूस भेज रही है। अफवाहें यहाँ तक फैलाई गई कि रूस से बच्चों को टिनबन्द मांस में बदलकर क्यूबा भेजा जाएगा। फिदेल मानते हैं कि फासिस्ट गोबेल्स और फ्रेंच मनोवैज्ञानिक गुस्ताव लेबान परम्परा के इन साम्राज्यवादी-प्रतिक्रियावादी हथकंडों के झाँसे में धनिक और मध्यवर्ग के काफी लोग आ गए और हजारों की संख्या में अपने बच्चों को इन लोगों ने गुप-चुप गैरकानूनी तरीकों से अमेरिका भिजवा दिया। इस उम्मीद में कि जल्दी ही क्रान्तिकारी सरकार का पतन हो जाएगा और उन्हें अपने बुर्जुआ विशेषाधिकारों के साथ बच्चे भी वापस मिल जाएँगे। इस तरह हजारों परिवार अपने बच्चों से हमेशा के लिए बिछुड़ गए और वहाँ अमेरिका में ये बच्चे अनाथ, उपेक्षा और अपराध के अँधेरों में गुम हो गए। कोई अश्वेत-गरीब परिवार इन घृणित अफवाहों के झाँसे में नहीं आया और क्रान्ति के प्रति अविचल आस्था के साथ उसने अपने बच्चों को शिक्षा अभियान में शामिल किया।

हाईस्कूल करने के बाद बहुत से किशोरों के लिए जो सैन्य सेवा में गए, क्रान्ति ने एक वर्ष तक निशुल्क बोर्डिंग स्कूल में सघन पाठ्यक्रम की व्यवस्था की जिससे वे विश्वविद्यालयी शिक्षा में प्रवेश की पात्रता प्राप्त कर सकें। इस तरह अश्वेतों-गरीबों को आगे बढ़ने, समाज, राजनीति और अर्थव्यवस्था की मुख्यधारा में शामिल होने और क्रान्तिकारी नवनिर्माण में अपनी महत्त्वपूर्ण भागीदारी का अवसर मिला। ये क्रान्ति के नौजवान थे, इनके परिवार क्रान्तिकारी परिवार थे। अन्तर महज शिक्षा और संस्कृति का था जिसे पाटने का अभियान क्रान्ति ने सर्वोच्च प्राथमिकता के साथ चलाया।

अक्सर सवाल उठाया जाता है कि क्यूबा में उच्च नेतृत्वकारी पदों पर अश्वेतों की संख्या उनकी आबादी की तुलना में बहुत कम है–चाहे वह पार्टी हो, राजनीति हो, अथवा सेना हो। इस बारे में फिदेल कहते हैं कि अभी भी हम उस ऐतिहासिक त्रासदी की फसल काट रहे हैं जब उच्च शिक्षा धनिक श्वेतों की दासी थी। विश्वविद्यालयी उच्च शिक्षा में काफी लम्बे समय तक अश्वेत नौजवानों के कम पहुँच पाने के चलते अभी यह स्थिति दिखाई दे रही है। भेदभाव की सारी सम्भावनाओं के मिट चुकने के चलते क्यूबा में जल्दी ही अश्वेत आबादी बिना किसी रोक-टोक के अपनी योग्यता और क्षमता के बल पर अपना हर मुकाम हासिल कर लेगी।

क्यूबा में अश्वेतों के प्रतिनिधित्व के सवाल पर अमेरिकी समाजशास्त्री-अर्थशास्त्री राबर्ट क्रिसमैन एक महत्त्वपूर्ण मुद्दा उठाते हैं : 'समस्या यह है कि बुर्जुआजी ने हमेशा यही सिखाया है कि ताकत नेतृत्व में है न कि जनता में। इसलिए हम लोग 'नेतृत्व' की तलाश करते हैं, बजाय उस जगह के जहाँ असली ताकत है, वह ताकत जो जनता में निहित है।...हमें माँग यह करनी चाहिए कि सम्पदा की सम्पूर्ण वितरण-व्यवस्था इस तरह से पुनर्संयोजित हो कि हमारे समाज का प्रत्येक मनुष्य सामाजिक और राजनीतिक ताकत का समान हिस्सा हासिल कर सके।...इसलिए हालाँकि क्यूबाइयों के पास कोई अश्वेत राष्ट्रपति नहीं है, मगर मैं निश्चित रूप से महसूस करता हूँ कि क्यूबा में अश्वेत आबादी को अमेरिका की तुलना में कहीं अधिक आजादी, अधिकार और अवसर हासिल हैं, क्योंकि क्यूबा ने रंगभेद के भौतिक आधार से निजात पा ली है।'

क्यूबा ने अन्तर्राष्ट्रीय दिखावे के लिए आलंकारिक रूप से अश्वेतों को उच्च पदों पर बैठाने और व्यापक समाज में रंगभेद की नीति-मनोवृत्ति बनाए रखने के अमेरिकी फार्मूले के बजाय समाज की हर संस्था को हर अश्वेत, हर नागरिक के लिए समान रूप से खोल दिया जिससे वहाँ ऐसा नेतृत्वकारी वर्ग विकसित हो सके जो न केवल दक्ष, सक्षम और प्रभावी हो बल्कि क्यूबाई राष्ट्रीयता के हर रंग का सम्यक प्रतिनिधित्व करे। ऐसा इसलिए सुनिश्चित है क्योंकि सम्पूर्ण क्यूबाई समाज में विश्वविद्यालयी उच्च शिक्षा, मेडिकल कालेजों, स्थानीय विधायी संस्थाओं, जन संगठनों, ट्रेड यूनियन संगठनों में अश्वेतों का प्रतिनिधित्व न केवल लगातार बढ़ रहा है बल्कि कई जगहों पर उनकी संख्या उनकी आबादी (लगभग एक तिहाई) के अनुपात से भी आगे है।

क्यूबा में रंगभेद को लेकर पश्चिमी जगत खासकर अमेरिका द्वारा अक्सर यह आलोचना की जाती है कि वहाँ अश्वेतों की कोई अपनी पहचान या पावर ग्रुप नहीं है। क्यूबा में अश्वेत सचेत रूप से बालों की अफ्रीकी स्टाइल बनाते या अपना अफ्रीकी नाम

रखते नहीं मिलेंगे। इस नजरिए से गुआनी विद्वान बाल्टर रोडनी का कथन महत्त्वपूर्ण है जिन्होंने उत्तरी अमेरिका में 'अश्वेत शक्ति' (ब्लैक पावर) का बहुत गहराई से अध्ययन किया है। उनके शब्दों में : 'क्यूबा पूरे वेस्टइंडीज और इस गोलार्ध में अकेला ऐसा देश है जिसने 'श्वेतशक्ति' की सत्ता को तोड़ा है...श्वेत शक्ति अश्वेतों पर श्वेतों की वह ताकत है जिसमें अश्वेतों की कोई भागीदारी नहीं होती...आज अश्वेत क्यूबाई ठीक उसी तरह के राजनीतिक, आर्थिक और सामाजिक अधिकारों-अवसरों का उपभोग कर रहे हैं जैसे श्वेत क्यूबाई। क्यूबाई मिलिशिया में अपने मूलभूत अधिकारों की अभिव्यक्ति के लिए वे भी हथियारबन्द हैं।...दूसरे शब्दों में क्यूबा से श्वेत शक्ति का अन्त हो चुका है। अश्वेतों ने गुलामी के दिनों में अपने गौरवशाली प्रयासों, स्पेनी उपनिवेशवादियों के खिलाफ संघर्ष और साम्राज्यवाद के खिलाफ क्रान्तिकारी संघर्ष में भागीदारी के जरिए अपनी आबादी के अनुरूप ताकत हासिल कर ली है। अपने अधिकारों को पूरी तरह से हासिल कर लेने के बाद वे अब 'अश्वेत' की श्रेणी को भूलकर केवल क्यूबाई नागरिक, समान सामाजिक साथी और मनुष्य के रूप में सोचने-समझने की स्थिति में आ चुके हैं।'

इस सवाल पर खुद क्यूबाई अश्वेत पूरा जवाब देते हैं। 'ब्लैक पावर ग्रुप' प्रतिरोध समूह होते हैं। यहाँ क्यूबा में हमारे प्रतिरोध के लिए क्या है? क्रान्ति अश्वेतों के लिए है। क्यूबा में कोई 'अश्वेत पहचान समूह' नहीं है क्योंकि उनमें सभी को शामिल करना होगा। आखिरकार क्यूबा में किस परिवार में कहीं न कहीं, कभी न कभी अश्वेत आमेलन नहीं है? अश्वेत पहचान समूह क्यूबा में अश्वेतों को क्या दिला सकता है जो उनके पास नहीं है? अफ्रीकी सांस्कृतिक पहचान की पुनर्प्रतिष्ठा के लिए किसी छोटे समूह की जरूरत नहीं है, पूरा समाज इसे प्रतिष्ठित कर रहा है। जैसे फिदेल ने कहा, हम सब के सब अफ्रीकी-लातिनी लोग हैं। स्वाभाविक रूप से क्यूबा में अश्वेतों को अपनी पहचान के लिए किन्हीं सांकेतिक प्रतीकों की दरकार नहीं है क्योंकि उनके पास वह सब कुछ है जो किसी भी दूसरे क्यूबाई के पास है–निःशुल्क स्वास्थ्य, निःशुल्क शिक्षा, पूर्ण रोजगार, कला-संस्कृति-मनोरंजन-खेलकूद के समान अवसर और भी वह सब कुछ जो क्यूबा की सामाजिक सम्पदा है, उनकी अपनी है। क्रान्तिकारी क्यूबाई समाज की समतामूलक खुलेपन की संस्कृति ने हर रंग-प्रजाति के नौजवानों को बिना किसी भेदभाव के आपस में मिलने-जुलने का आधार दिया है और बहुप्रजातीय विवाहों की संख्या लगातार बढ़ रही है। इसे लेकर भी साम्राज्यवादी-प्रतिक्रियावादियों द्वारा झूठी अफवाहों-दुष्प्रचारों का अभियान चलाया गया कि क्रान्तिकारी सरकार जनता को जबरन विजातीय विवाह के लिए मजबूर कर रही है-गोरों को कालों से या इसके उलट।

अफ्रीकी-क्यूबाई सांस्कृतिक पहचान को मजबूती प्रदान करते हुए क्यूबा की कम्युनिस्ट पार्टी ने 1991 से धार्मिक आस्था रखनेवालों को भी पार्टी सदस्यता दिए जाने का फैसला लिया। इससे अफ्रीकी-क्यूबाइयों के लिए पार्टी सदस्यता के जरिए राजनीतिक-नेतृत्वकारी प्रक्रिया में सीधी भागीदारी का रास्ता खुला।

क्यूबा में रंगभेद की आत्मगत-वैयक्तिक अभिव्यक्तियाँ अभी भी मौजूद हो सकती हैं। ये अभिव्यक्तियाँ पुरानी पीढ़ी में दिख जाती हैं। नई क्यूबाई पीढ़ी के माता-पिता या उनके भी माता-पिता ने अपना जीवन क्रान्ति के चतुर्दिक–क्रान्ति की प्रजातीय, वर्गीय और

लैंगिक एकता की अवधारणाओं और संघर्षों के साथ योगदान या प्रतिक्रिया करते हुए गुजारा है। स्वाभाविक रूप से उनके बीच इन सवालों पर परस्पर विरोधी विचार हो सकते हैं, भेदभाव की विरासत और क्रान्तिकारी समानता के निर्माण के बीच झूलती मनोवृत्तियाँ। विचारों और मनोवृत्तियों की जबर्दस्त जिजीविषा होती है। अपने अस्तित्व के सामाजिक, आर्थिक आधारों-संरचनाओं के ध्वस्त हो चुकने के बाद भी ये काफी अरसे तक बने रह सकते हैं परन्तु अपनी जड़ों से कट चुके, प्राण-शक्ति से वंचित ऐसे विचारों को अन्ततः मरना ही होता है। क्यूबा में यही हो रहा है।

समाजवादी क्रान्ति की उपलब्धियों को कानून, शिक्षा, सामाजिक विमर्श और तमाम उपायों से अपने हर नागरिक के साथ साझा करते हुए क्यूबा अपने समाज के बेहद महत्त्वपूर्ण प्रतिमानों को निर्णायक रूप से बदल रहा है–विभिन्न रंगों-प्रजातियों के बीच परस्पर अन्तर्संबन्धों के प्रतिमान। क्रान्ति ने रंगभेद की जड़ों पर प्रहार करने, उसके आर्थिक-सामाजिक आधारों को मिटाने पर अपना जोर केन्द्रित किया। क्यूबा से रंगभेद के बचे-खुचे अवशेषों का भी मिटना तय है क्योंकि अपने आर्थिक-सामाजिक-सांस्कृतिक आधारों के पूरी तरह मिट जाने के बाद इनके आगे पनपने की गुंजाइश नहीं बची है।

रंगभेद के खिलाफ क्यूबा के क्रान्तिकारी प्रयासों के महत्त्वपूर्ण सबक पूरी मानवता के लिए महत्त्वपूर्ण हैं। जैसा कि फिदेल ने कहा, रंगभेद के खात्मे के लिए न सिर्फ कानूनों बल्कि क्रान्तिकारी प्रक्रिया की जरूरत है। इस सम्पूर्ण क्रान्तिकारी प्रक्रिया में समूची जनता के संकल्पित प्रयासों की जरूरत है। क्यूबा के अनुभव और उपलब्धियों ने यह विश्वास जगाया है कि रंगभेद मिटाकर एक सच्चे समतामूलक-भेदभावरहित समाज की स्थापना मुमकिन है। यह सम्पूर्ण मानवता के लिए गौरवकारी शुभ संकेत है।

क्रान्ति की वैचारिकी : महिला प्रश्न

क्रान्तिकारी सामाजिक नवनिर्माण की एक कठिन चुनौती देश की आधी आबादी यानी महिलाओं को हजारों वर्षों के पितृसत्तात्मक 'मर्दाना' अहंकार, भेदभाव और पूर्वग्रहों के शोषण से आजाद कराकर क्रान्तिकारी निर्माण में बराबर की भागीदारी और क्रान्ति की समस्त उपलब्धियों में उनकी बराबर की हिस्सेदारी सुनिश्चित करना था।

पितृसत्तात्मक समाज में औरत को घर की रानी और न जाने कितने आलंकारिक सम्बोधनों से नवाजा जाता है। व्यवहार में घर की इस रानी के सर पर कांटों का वह ताज होता है जिसमें अपनी खुद की खुशियों, आजादी, सामाजिक-आर्थिक समृद्धि, स्वास्थ्य और अन्ततः जीवन का बलिदान करके शेष सारे परिवार के जीवन को ज्यादा से ज्यादा स्वस्थ, सुखी और समृद्ध बनाने की जिम्मेदारी निहित होती है।

गुलाम, मोन्जा, दासी, खेत मजदूर, अकुशल मजदूर, कठोरतम शारीरिक श्रमसाध्य कामों में जोती गई मजदूर जैसे शोषण के अनगिनत माध्यमों से पिसती हुई औरत अपने हर शोषण का भार दोहरे बोझ के साथ उठाती है–बच्चे जनने, उन्हें पालने, घर के काम काज निपटाने और परिवार सँभालने के निःशुल्क अतिरिक्त बोझ के साथ जो उसे घर की रानी, घर की मालकिन जैसे पदनामों के साथ मिलता है और ज्यादातर मामलों में ये पदनाम घर के मालिकों के 'मर्दाना' अहं और शारीरिक यातनाओं के साथ जुड़े होते हैं।

क्रान्ति से पहले क्यूबा की कुल श्रम-शक्ति में महिलाओं की हिस्सेदारी मुश्किल से 19% थी। वे सबसे निचले और हेय समझे जाने वाले सामाजिक स्तर के रोजगारों में लगाई गई थी, अकुशल श्रमिकों, घरेलू नौकरानियों, या फिर छोटे-मोटे घरेलू काम-धंधों में। गाहे-बगाहे इनकी उपस्थिति निजी सेक्रेटेरियों या शिक्षिकाओं के रूप में भी दिख जाती थी।

फिदेल कहते हैं कि औरतों के खिलाफ भेदभाव से लड़ना सचमुच बहुत मुश्किल था। जब औरतों के अधिकार, उनकी आकांक्षाओं के बारे में बात होती है तो हम पाते हैं कि क्रान्ति के बिना उनके किसी भी अधिकार को हासिल करना मुमकिन नहीं है। औरत जिस दुनिया में रह रही है, अपनी मुक्ति के लिए, अपने अधिकारों के लिए उसे क्रान्तिकारी होना होगा। क्योंकि औरत जो हर राष्ट्र की जनता का मूलभूत हिस्सा है, समाज में दोहरा शोषण झेलती है–एक तो वह श्रमिक के रूप में शोषित है और दूसरे वह औरत के रूप में दमित और उपेक्षित है। फिदेल कहते हैं कि इतिहास ने बार-बार साबित किया है कि शोषित और दमित ही क्रान्तिकारी हो सकते हैं, वे ही क्रान्ति को अंजाम दे सकते हैं।

क्रान्ति ने औरतों के हक में सचेतन और संकल्पित प्रयास किए। क्यूबा से 'अश्वेत रंगभेद' की ही तरह 'महिला भेदभाव' भी कानूनी, सामाजिक, आर्थिक और वैचारिक स्तरों पर मिटाया जा चुका है। क्रान्तिकारी नेतृत्व अपनी तमाम नीतियों और कार्यक्रमों के माध्यम से महिलाओं के लिए तमाम तरह के अवसरों की लगातार वृद्धि सुनिश्चित करता है। खासकर उन तमाम क्षेत्रों में महिलाओं की भागीदारी जहाँ पितृसत्तात्मक मर्दाना समाज में उनके लिए व्यावहारिक-सामाजिक-पारिवारिक निषेध था। फिदेल इसका एक उदाहरण शिक्षा के क्षेत्र से देते हैं। लड़कियों के लिए शिक्षा के दरवाजे पूरी तरह खोल देने के विस्मयकारी परिणाम निकले। विश्वविद्यालयी स्तर पर प्रवेश के मामले में लड़कियों ने लड़कों को कहीं पीछे छोड़ दिया। सेकेंडरी और प्रीयुनिवर्सिटी स्तर पर लड़कियाँ ज्यादा मेहनत और बेहतर ग्रेड हासिल करके विश्वविद्यालय प्रवेश में बाजी मार रही हैं। मेडिकल के क्षेत्र में दाखिले के लिए कोटा निर्धारित करना पड़ा-45% लड़के और 55% लड़कियाँ क्योंकि ऐसा नहीं करने पर लड़कियों की संख्या दो तिहाई से भी ज्यादा हो रही थी। क्रान्ति से पहले मुश्किल से 10% महिलाएँ चिकित्सा के क्षेत्र में थीं। आज मेडिकल समेत तमाम तकनीकी क्षेत्रों में महिलाओं की हिस्सेदारी 65% से भी अधिक है। क्यूबा में, जहाँ क्रान्ति के समय मुश्किल से 6 हजार डॉक्टर थे और उनमें से भी तीन हजार से ज्यादा पहले ही कुछ वर्षों में अमेरिका पलायित हो गए, आज सत्तर हजार से ज्यादा चिकित्सक हैं और लगभग चालीस हजार घरेलू और विदेशी छात्र मेडिकल और पैरामेडिकल शिक्षा ले रहे हैं। क्यूबा अपने हजारों चिकित्सकों और पैरामेडिकल चिकित्साकर्मियों की सेवा दुनिया-भर के न जाने कितने देशों में उपलब्ध करा रहा है। इनमें महिलाएँ भारी तादाद में शामिल हैं।

क्रान्ति ने महिलाओं को सामाजिक जीवन के हर क्षेत्र में बिना किसी भेदभाव के शामिल किया है–राष्ट्रीय जीवन के उस सम्पूर्ण विशाल परिप्रेक्ष्य और परिधि में जिसमें वह जन्म लेती है, जीती है और आगे बढ़ती है–महिला को बिना हिचक, खुले दिल से शामिल किया है। क्यूबा की सैन्य सेवाओं में महिलाओं की कंधे से कंधा मिलाकर भागीदारी है। क्रान्ति के दिनों में महिलाओं के जुझारू योगदान की चर्चा करते हुए फिदेल कहते हैं कि उन्होंने खुद सियेरा पहाड़ियों में महिला लड़ाकू दस्ते 'मेरियानाज' का गठन किया था और महिलाओं ने साबित कर दिखाया था कि मोर्चे पर सैनिक के रूप में लड़ाइयों में भी वे उतनी ही दक्ष और निपुण हो सकती हैं जितना कोई अन्य पुरुष सैनिक। बतिस्ता के अन्तिम आक्रामक अभियान को पराजित करने के बाद क्रान्तिकारी अभियान के निर्णायक दौर में जब कुछ सैनिकों ने सवाल उठाया कि औरतों को मशीनगन जैसा भारी हथियार कैसे दिया जा सकता है, फिदेल ने जवाब दिया था–'तुम जानना चाहते हो क्यों? क्योंकि वे तुमसे बेहतर सैनिक हैं।'

फिदेल कहते हैं कि क्यूबा से 'औरत' (वुमनहुड) की बुर्जुआ अवधारणा तेजी से खत्म हो रही है। 'औरत' पर लगे लांछन, उसकी जंजीरें, उसके साथ हर कदम पर बंदिशें और भेदभाव तेजी से मिट रहे हैं। आज क्यूबा अपने गोलार्ध में सबसे कम 'मर्दाना' (मेचिंस्टा) देश है। मर्दानापन (मेचिस्मो) पूँजीवादी समाजों में औरतों पर उपभोग वस्तु की तरह दावेदारी के लिए बनाई और फैलाई गई अवधारणा है। इसकी

जड़ बहुत गहरी हैं। क्रान्ति को इस मर्दाना अवधारणा से लड़ने के लिए कानून बनाने पड़े और पुरुषों के लिए परिवार में पत्नी के साथ घर के कामकाज, भोजन पकाने, बच्चे पालने आदि तमाम कामों में साझेदारी का दायित्व सुनिश्चित करना पड़ा। क्रान्ति समाज के अन्दर औरतों के प्रति पूर्वग्रह की जगह निरन्तर एक ऐसी नई चेतना विकसित कर रही है जिसमें औरत के गुणों का मूल्यांकन उसकी सामाजिक हिस्सेदारी और योगदान के आधार पर होता है और ऐसे तमाम क्षेत्र हैं जहाँ औरत अभूतपूर्व-विस्मयकारी प्रतिभा और क्षमता प्रदर्शित कर रही है। क्रान्ति ने औरत को उसकी घरेलू जेल से मुक्त करके उन परिस्थितियों को विकसित किया है जिससे उत्पादकता में महिलाओं की ज्यादा से ज्यादा भागीदारी हो सके, ऐसी भागीदारी जिससे औरत और क्रान्ति दोनों की प्रगति सुनिश्चित हो। इस दिशा में क्रान्ति ने शिक्षा के मोर्चे पर भगीरथ प्रयत्न किए। शिक्षा को एक कार्यक्रम नहीं बल्कि एक विशाल, व्यापक क्रान्तिकारी जन-आन्दोलन के रूप में विकसित किया गया। शिशु कक्षा से लेकर विश्वविद्यालयी शिक्षा, तकनीकी शिक्षण-प्रशिक्षण और सम्पूर्ण राष्ट्रीय साक्षरता के जरिए क्यूबा ऐसी सक्षम नौजवान पीढ़ी, जिसमें महिलाओं की बढ़-चढ़कर हिस्सेदारी है, तैयार कर रहा है जो क्रान्ति की अवधारणाओं को आत्मसात करते हुए, क्रान्ति की समस्त उपलब्धियों और विरासत को सुरक्षित-संरक्षित रखते हुए क्रान्तिकारी समाजवादी समाज के निर्माण के कार्यभार को गर्व के साथ अपने कंधों पर ले सके। शिक्षा के जरिए क्रान्ति में महिलाओं के योगदान का एक उदाहरण देते हुए फिदेल बताते हैं कि अपने शुरुआती दौर में ही क्रान्ति ने ओरियन्ट प्रान्त की दस हजार किसान किशोरियों को हवाना ला कर शिक्षित-प्रशिक्षित करने की योजना ली। इस योजना के क्रियान्वयन का जिम्मा महिला फेडरेशन का था। उनके पास तमाम बोर्डिंग हाउसों और रिहायशी स्कूलों में शिक्षा प्राप्त कर रहे बच्चों का भी जिम्मा था। कार्यकर्ताओं का घोर अभाव था। हवाना में 1,100 किशोरियों का स्कूल चल रहा था जहाँ वे शिक्षिका बनने का प्रशिक्षण ले रही थीं। यह स्कूल 1961 के राष्ट्रीय साक्षरता अभियान की युवा स्वयंसेविकाओं का एक जत्था चला रहा था जिसकी प्रभारी उत्साही युवा शिक्षाविद एलेना गिल थीं। राष्ट्रीय साक्षरता अभियान की शुरुआत एलेना ने 300 महिलाओं को प्रशिक्षित करके की थी। इन युवा स्वयंसेविकाओं ने पहाड़ी इलाकों में जाकर रात्रिकालीन पाठशालाओं के जरिए घरेलू नौकरानियों के रूप में काम कर रही लड़कियों को पढ़ाने के लिए स्वेच्छा से सहमति दी थी। इस तरह से पहली रात्रिकालीन पाठशालाओं की शुरुआत हुई। फिर 300 और युवा स्वयंसेविकाओं को प्रशिक्षित किया गया। ऐलेना इन 600 शिक्षिकाओं को लेकर अब प्रशिक्षण संस्थान चला रही थी जहाँ 1100 लड़कियों को प्रशिक्षण दिया जा रहा था। इनमें से 300 लड़कियाँ विशेष पाठ्यक्रमों के लिए प्रशिक्षित की जा रही थीं। एलेना ने इन लड़कियों के साथ मिलकर दस हजार किसान किशोरियों को शिक्षित करने के लिए स्कूल चलाने की जिम्मेदारी ली और सफलतापूर्वक निर्वाह किया। यह सचमुच में एक अद्‌भुत दृश्य था कि उन सड़कों पर और उन हवेलियों में जहाँ कभी करोड़पति रहा करते थे, किसान किशोरियों के जत्थे स्कूल यूनिफार्मों में खिलखिलाते एक जगह से दूसरी जगह आजादी से आवाजाही करते दिख रहे थे और अपने प्रशिक्षण संस्थान के यूनिफॉर्म वाली

छात्राएँ जिनमें कई उन किशोरियों से भी कम आयु की लगती थीं, उन जत्थों का नेतृत्व कर रही थीं, उन्हें शिक्षित कर रही थीं। इस तरह वे अपनी पढ़ाई और काम साथ-साथ कर रही थीं।

यह केवल एक उदाहरण है जिस तरह से क्रान्तिकारी सरकार ने महिलाओं की मुकम्मल बराबरी सुनिश्चित करने के लिए शिक्षा, स्वास्थ्य, रोजगार और तमाम अन्य परियोजनाओं-कार्यक्रमों के जरिए राष्ट्र के सामाजिक-आर्थिक जीवन के साथ अभिन्न रूप से जुड़ने और समस्त उपलब्धियों का पूरा लाभ लेने को प्रेरित-प्रोत्साहित किया।

इस सचेतन प्रक्रिया के चलते 1970 से 1990 के बीच महिला श्रम-शक्ति में 22.4% की वृद्धि हुई जबकि इसी अवधि में पुरुष श्रम-शक्ति केवल 4.2% बढ़ी थी। 1990 में कुल श्रम-शक्ति में महिलाओं की हिस्सेदारी 38.9% की थी जो सदी के अन्त तक 43.6% हो चुकी थी। सार्वजनिक क्षेत्र में 14 लाख 17 हजार से ज्यादा महिलाएँ काम कर रहीं थीं।

शान्तिकाल के विशेषकाल के कठिन दौर में भी क्यूबा की अर्थव्यवस्था में महिलाओं की भागीदारी बढ़ती रही। पेशेवर विशेषज्ञों (फ्रोफेशनल) और मध्यम-स्तर के तकनीशियनों का 60.1% महिलाएँ हैं। पाँच लाख से ज्यादा महिलाएँ अत्यन्त कुशल तकनीकी और पेशेवर विशेषज्ञों के रूप में कार्यरत हैं।

आज जब कि दुनिया में दरिद्रता के महिलाकरण का भयावह दौर है और वैश्विक स्तर पर हर दस गरीबों में से सात महिलाएँ हैं, क्यूबा में तकनीकी और पेशेवर दक्षता वाली श्रम-शक्ति के महिलाकरण का दौर है। विज्ञान और उच्च तकनीकी क्षेत्र में महिलाओं की भागीदारी लगभग 50% है।

70 फीसदी से ज्यादा बैंककर्मी महिलाएँ हैं। संयुक्त उपक्रमों की श्रम-शक्ति में महिलाओं की भागीदारी 44% से अधिक है। जहाँ भी महिलाएँ हैं, अपनी प्रतिभा, कुशलता, योग्यता और पूरे उत्साह के साथ राष्ट्रीय-सामाजिक-आर्थिक पुनर्निर्माण की मुहिम में अपना अभूतपूर्व योगदान कर रही हैं। चिकित्सा के क्षेत्र में भी महिलाओं का योगदान 50% से कहीं अधिक है। प्राथमिक स्वास्थ्य केन्द्रों से लेकर सुपर स्पेशलिटी क्लीनिकों, अस्पतालों और अनुसंधान केन्द्रों में अनेक प्रमुख पदों और विशेषज्ञों के रूप में श्रेष्ठतम बेहतर, स्वास्थ्य की वैयक्तिक-सामाजिक जीवन-दशाएँ सुनिश्चित कर रही हैं। तमाम अन्तर्राष्ट्रीय स्वास्थ्य मिशनों में मानवता के प्रति अपना अमूल्य योगदान कर रहे क्यूबाई चिकित्सा दस्तों और शिक्षा-विशेषज्ञों-स्वयंसेवकों में भी अधिकांश महिलाएँ हैं।

विशेषकाल से निपटने के लिए क्रान्तिकारी सरकार द्वारा लिए गए आर्थिक सुधार और पुनर्निर्माण निर्णयों के तहत स्वरोजगार अवसरों का अनुमोदन किए जाने के चलते लगभग पचास हजार महिलाएँ अपनी आजीविका स्वयं अर्जित कर रही हैं। इनमें आधे से ज्यादा घरेलू गृहणियाँ थीं। जहाँ दुनिया के ज्यादातर देशों में महिलाओं का भूमि-सम्पदा से विस्थापन हो रहा है, अपने आर्थिक सुधार और पुनर्निर्माण कार्यक्रमों के अन्तर्गत 1993 से चलाई जा रही कृषि उत्पादकता सुधार और विकेन्द्रीकरण नीतियों के जरिए क्यूबा में हजारों महिलाओं को राष्ट्रीय स्वामित्व की जमीनों का

उपयोगपरक मालिकाना दिया गया है जहाँ वे तम्बाकू, कॉफी, कोक जैसी नकद फसलों और सब्जियों का उत्पादन कर रही हैं। ऐसे ज्यादातर कृषिफार्म दूर-दराज के पहाड़ी इलाकों में हैं जहाँ की स्थानीय आबादी के लिए अपने भोजन और आय अर्जन की उपलब्धि में वृद्धि के अधिकाधिक अवसर मिल रहे हैं।

कृषि कार्यों में महिला श्रम-शक्ति की भागीदारी विशेषकाल में तेजी से बढ़ी है और लगभग एक लाख महिलाओं को इसका लाभ मिला है। तम्बाकू और कॉफी की औद्योगिक प्रोसेसिंग के क्षेत्र में महिलाओं के लिए हजारों की संख्या में रोजगार के अवसर बढ़े हैं।

चीनी उत्पादन में भी कृषि और उद्योग दोनों ही क्षेत्रों में महिला रोजगार के अवसर बढ़े हैं। चीनी उद्योग में केन हार्वेस्टर चालकों, केनकटर, चीनी प्रसंस्करण प्रबन्धकों, गुणवत्ता विशेषज्ञों, अर्थशास्त्रियों आदि तमाम पदों जिन पर अब तक केवल पुरुषों का वर्चस्व था, उनमें अब लगभग एक तिहाई पदों पर महिलाएँ अपना योगदान दे रही हैं। महिलाएँ एग्रो-इंडस्ट्रीयल चीनी प्रतिष्ठानों के प्रशासनिक और तकनीकी अधिकारियों, चीनी मिल प्रशासकों-प्रबन्धकों और इस फसल के बहुविधि औद्योगिक उपयोग की महत्त्वपूर्ण अनुसंधान परियोजनाओं के वैज्ञानिकों अनुसंधानकर्ताओं के रूप में भी महत्त्वपूर्ण योगदान कर रही हैं।

इन उपलब्धियों का यह अर्थ नहीं है कि क्यूबा में शान्तिकाल के विशेषकाल के भयावह प्रभावों से महिलाएँ अछूती रहीं। उलटे 1990 के दशक की शुरुआत से ही विशेषकाल महिलाओं और उनके परिवार के लिए सामाजिक-आर्थिक तकलीफों, अभाव, असुरक्षा और चिन्ता का अकल्पनीय दौर था। सोवियत संघ-समाजवादी खेमे के अवसान और अमेरिकी दक्षिणपन्थी-प्रतिक्रियावादी आक्रामकता की दोहरी मार घर-परिवार का ताना-बाना तहस-नहस करने पर उतारू थी। परिवहन के साधनों की समस्या ने बहुतःसी औरतों को दूरवर्ती जगहों पर अपना काम छोड़कर घर के आसपास काम-धंधा ढूँढ़ने के लिए मजबूर किया। विशेषकाल में संसाधनों के अभाव का गहरा प्रभाव घरेलू काम-काज में मददगार सुविधाओं की कटौती, दिन में चलनेवाली शिशु देख-रेख सुविधाओं, लांड्री सुविधाओं आदि पर पड़ा। इन सबका असर महिलाओं के स्वास्थ्य पर हुआ। विशेषकाल की सारी तकलीफों, सारे दबावों-अभावों का महिलाओं ने क्रान्ति के प्रति अपनी निष्ठा को अविचल रखते हुए सामना किया और अपने परिवार के लिए आवश्यक भोजन, बच्चों को साफ-सुथरे यूनिफॉर्म में स्कूल भेजने का हर मुमकिन बन्दोबस्त किया। कच्चे माल, तेल या बिजली की कमी के चलते उद्योगों, मिलों, प्रतिष्ठानों के बन्द होने का बहादुरी से सामना करते हुए महिलाओं ने उन कठिन दिनों में छिट-पुट अस्थायी काम-काज खोजकर घर-परिवार चलाया। स्वाभाविक रूप से जब आर्थिक पुनर्बहाली और सुधार की प्रक्रिया ने रफ्तार पकड़ी, क्रान्ति ने महिलाओं का इसका भरपूर लाभ और अवसर उपलब्ध कराना सुनिश्चित किया।

महिलाओं के लिए सभी समस्याओं का अभी भी पूरा समाधान नहीं हो पाया है। खासकर दिन में शिशु देखभाल के लिए अपेक्षित संख्या में नए केन्द्रों को संसाधनों के अभाव में नहीं खोल पाने और निजी देखभाल सेवाओं के महँगी होने के चलते

माताओं के लिए अपने शिशुओं की देखभाल और रोजगार दोनों को संयोजित कर पाने में कठिनाइयाँ बनी हुई हैं। इस समस्या के अनौपचारिक निदान का रास्ता अपनाते हुए शिक्षा-मंत्रालय और क्यूबाई महिला फेडरेशन द्वारा सामुदायिक स्तर पर गृहणियों और सेवानिवृत्त महिलाओं को शिशु देखभाल और शिक्षण के लिए प्रशिक्षित करने का अभियान चलाया गया।

विशेषकाल में रोजमर्रा जीवन की विषम तकलीफों के महिलाओं पर पड़नेवाले दुष्प्रभावों ने क्यूबा में पुरुषों की संवेदनशीलता को झकझोरने का काम किया और उनकी रोजमर्रा के घरेलू काम में सहयोग की प्रवृत्ति बढ़ी। बच्चे की बीमारी में देखभाल की जरूरत पड़ने पर पत्नी के अधिक आय अर्जित करनेवाले रोजगार में लगे होने की स्थिति में पति ने घर पर रहकर देखभाल करना शुरू किया। इसके जरिए पति-पत्नी की 'मर्दाना' रूढ़ियों के टूटने और पारिवारिक सम्बन्धों के प्रगाढ़ होने में मदद मिली। हालाँकि अभी भी यह नहीं कहा जा सकता कि समाज में पति-पत्नी के सम्बन्ध पूरी तरह बराबरी पर आ चुके हैं। यह गैरबराबरी समाज में महिलाओं के योगदान के अनुपात में नहीं घटी है। इस बात के बावजूद कि महिलाओं का पारिवारिक आय में प्रभावी योगदान लगातार बढ़ा है।

महिलाओं के सन्दर्भ में विशेषकाल ने एक ऐसी सामाजिक बुराई के दुबारा उभरने की स्थितियाँ पैदा कीं जिसे लेकर विदेशी मीडिया द्वारा बढ़-चढ़कर हमला बोला जा रहा है और जो खुद क्रान्ति और क्यूबाई समाज के लिए चिन्ता का सबब है। आर्थिक सुधार और पुनर्निर्माण के दौर में विदेशी मुद्रा के अकाल से निपटने के लिए लिए गए निर्णयों में एक प्रमुख निर्णय क्यूबा में पर्यटन उद्योग को प्राथमिकता के साथ विकसित करना था। आर्थिक सुधारों की प्रक्रिया, विशेषकर पर्यटन उद्योग ने क्रान्ति द्वारा सामाजिक न्याय, नैतिकता और चेतना के प्रसार के जरिए समाप्त की जा चुकी वेश्यावृत्ति की बुराई को क्यूबाई समाज में फिर से उभारा। इस सामाजिक बुराई, जिसकी जड़ें लगभग मानवता जितनी ही पुरानी हैं, के लिए आर्थिक उत्प्रेरकों को नकारा नहीं जा सकता मगर इस समस्या की लैंगिक अवधारणाओं-दैहिक सुख के साधन के रूप में स्त्री को समझने की 'मर्दाना' मनोवृत्ति और कई बार स्त्री द्वारा भी खुद को इसी रूप में स्वीकार करने और भौतिक साधनों, जीवन-सुविधाओं को सब कुछ मान लेने के पूँजीवादी मूल्यों की विकृतियों का विश्लेषण इससे निजात पाने के लिए जरूरी है। क्यूबा में वेश्यावृत्ति की वापसी कठिन परिश्रम, सामाजिक और पारिवारिक जिम्मेदारियों से बचते हुए आसानी से धन कमा लेने के रास्तों की खोज का नतीजा है। जाहिर है क्रान्ति के सामने इस समस्या के भौतिक समाधान के साथ-साथ अवधारणात्मक-मूल्यपरक समाधान भी निकालने का कार्यभार है।

महिलाओं के सन्दर्भ में एक और महत्त्वपूर्ण प्रश्न क्यूबा की अर्थव्यवस्था में महिलाओं की बहुतायत और निर्णायक भागीदारी के बावजूद शीर्ष प्रशासनिक, राजनीतिक और विधायी क्षेत्रों में उनकी आबादी के अनुरूप प्रतिनिधित्व का नहीं दिखना है। हालाँकि क्यूबा मंत्रिमंडल में कई महत्त्वपूर्ण विभागों जैसे घरेलू व्यापार, विदेशी निवेश, विज्ञान और प्रौद्योगिकी, पर्यावरण आदि का नेतृत्व महिलाओं के पास है, उनकी

कम्युनिस्ट पार्टी की केन्द्रीय कमेटी और पालित ब्यूरो में भागीदारी है और राष्ट्रीय संसद (नेशनल असेम्बली) में लगभग 30% महिलाएँ हैं मगर क्यूबाई महिला फेडरेशन का मानना है कि अभी भी स्थिति में सुधार की काफी कुछ गुंजाइश है। अभी भी महिलाओं की इन क्षेत्रों में योग्यता, प्रतिभा और क्षमता का भरपूर लाभ नहीं उठाया जा रहा है। बात यह नहीं है कि महिलाओं ने इन क्षेत्रों में अपनी खुद की भागीदारी सीमित रखी है, बल्कि घर और बाहर दोनों ही जिम्मेदारियों का दोहरा भार उनके नेतृत्वकारी शीर्ष पदों तक पहुँच पाने में काफी हद तक बाधक है।

महिला सवालों के प्रति अपनी विशेष संवेदनशीलता के बारे में फिदेल कहते हैं कि महिलाओं को लेकर उनके अन्दर हमेशा से एक आत्मीय एकजुटता की भावना रही है क्योंकि शुरू से ही उन्होंने देखा और महसूस किया है कि उस समाज में महिलाएँ किस कदर भेदभाव और उपेक्षा झेलती रही थीं। फिदेल के व्यक्तित्व पर उनकी माँ की विशेषताओं का जबर्दस्त प्रभाव है जिसे उन्होंने परिवार के हर सदस्य की हर छोटी-बड़ी जरूरतों का हमेशा ध्यान रखते और इसके लिए कड़ी मेहनत करते देखा था। क्रान्ति के दिनों में भी फिदेल ने महिला कामरेडों को क्रान्ति की हर जरूरत के लिए जान लड़ाते, अकल्पनीय यातनाएँ सहते और युद्ध के मोर्चों पर बढ़-चढ़कर भागीदारी करते पाया था। स्वाभाविक रूप से फिदेल महिलाओं को पूँजीवादी समाज में उपेक्षा और उत्पीड़न की सबसे ज्यादा शिकार और क्रान्तिकारी सामाजिक नवनिर्माण की मुहिम में सबसे भरोसेमन्द साथियों के रूप में देखते थे और इसीलिए क्रान्ति ने औरत की हर बेड़ियों को काटकर उसे खुद के और पूरे समाज के आगे बढ़ने में बहुमूल्य योगदान के लिए मुक्त करने का कार्यभार प्राथमिकता पर लिया।

शिशु के विकास में माँ की ममता और व्यक्तित्व का भरपूर लाभ मिल सके, इस के लिए क्रान्ति ने कामकाजी महिलाओं के लिए एक साल के अवकाश की व्यवस्था की जिससे शिशु अपनी माँ के दूध और ममता से वंचित न रहे। यह बच्चों की शिक्षा और विकास की अनौपचारिक पद्धतियों में से एक था। इसी तरह महिलाओं को शिक्षित और आत्मनिर्भर बनाने की मुहिम के पीछे एक उद्‌देश्य यह भी था कि एकल परिवारों में बच्चों की बेहतर देखभाल हो सके। यदि माँ शिक्षित और आत्मनिर्भर है तो एकल परिवार के टूटने की दशा में भी बच्चे की देख-रेख के भौतिक और मनोवैज्ञानिक नकारात्मक प्रभावों को कम करने में काफी हद तक मदद मिलती है।

फिदेल पूरे विश्वास और गर्व के साथ कहते हैं कि क्यूबा जल्दी ही उस मुकाम पर पहुँच जाएगा जहाँ महिलाएँ परिवार और समाज की समृद्धि और कल्याण के लिए अपेक्षित सर्वोच्च सम्भव पेशेवर, तकनीकी और वैचारिक विशेषज्ञता के स्तरों को हासिल कर लेंगी और अपनी खुद की अदम्य इच्छाशक्ति और कठोर परिश्रम की बदौलत समाज का निर्णायक और महानतम गौरवशाली अंग बन जाएँगी।

फिदेल का कहना है कि महिलाओं के अभूतपूर्व योगदान के जरिए क्रान्ति विशेषकाल की हर कठिनाइयों से निजात पाते हुए जल्दी ही अपनी अग्रगति हासिल कर लेगी। क्रान्ति हर कठिनाई के लिए हर जरूरी त्याग और बलिदान देते हुए विजय पा लेगी और साम्राज्यवादी कभी भी अपने मंसूबों में कामयाब नहीं हो सकेंगे। क्यूबा में कोई पराजित

नहीं हो सकता, यहाँ रणभूमि में घायल हो सकते हैं, शहीद हो सकते हैं, मगर पराजित नहीं। अगर अमेरिकी साम्राज्यवाद कभी अपनी ताकत और संसाधनों के नशे में चूर इस देश को नष्ट कर देने पर चढ़ आए, तो अधिक से अधिक वे यही कहने की स्थिति में होंगे कि 'हमने नष्ट कर दिया' मगर वे यह कभी नहीं कह पाएँगे कि 'हमने जीत लिया।' फिदेल कहते हैं कि हम सब जानते हैं कि यह खतरा हम पर हमेशा से मँडराता रहा है, और हम यह भी जानते हैं कि अभी भी हमारा एक पूरा महाद्वीप और हमारी एक समूची दुनिया अस्तित्व में है। हम महज क्यूबाई नहीं हैं, हम लातिनी-अमेरिकी हैं, हम लातिनी अफ्रीकी हैं, हम इनसे भी कहीं बढ़कर मनुष्य हैं जो इस महान धरती पर निवास करते हैं। सबसे महत्त्वपूर्ण मनुष्य जाति की विजय है। हम जानते हैं कि साम्राज्यवाद का मुकाबला करने के जरिए, अमेरिकी साम्राज्यवाद का दृढ़ प्रतिरोध करने के जरिए हम मानव जाति के मूलभूत अधिकारों की रक्षा की लड़ाई लड़ रहे हैं। यह सोच, यह विश्वास, यह गौरव हर क्यूबाई का है। इस सोच, इस विश्वास, इस गर्व के जन्म लेने और विकसित होने में क्यूबा की आधी आबादी, क्यूबा की औरतों का सबसे ज्यादा योगदान है।

क्रान्ति की वैचारिकी : धर्म और नैतिकता

फिदेल का व्यक्तित्व आदर्श जीवन-मूल्यों और नैतिकता के प्रभाव में विकसित हुआ था। फिदेल की माँ आस्थावान धार्मिक महिला थीं जिनकी धार्मिक आस्थाओं में कट्टरपन, आडम्बर या जड़ता नहीं थी। अपनी माँ की सीखों और व्यवहारों के जरिए फिदेल ने धर्म की अवधारणा को सबके प्रति समभाव रखने, सबका खयाल रखने और वैयक्तिक-पारिवारिक-सामाजिक जीवन में शुचिता, सहिष्णुता और नैतिकता के रूप में देखा-समझा था। आगे चलकर जब उन्होंने जोसमार्ती को पढ़ा और गुना, नैतिक और आदर्श जीवन-मूल्यों के प्रति उनका विश्वास और गहरा और परिपक्व हुआ। इन जीवन मूल्यों ने फिदेल को समाज में गैरबराबरी, अभाव और अन्याय के विरुद्ध सवाल उठाना, समाज के वंचित तबकों के साथ जुड़ना और उनके लिए लड़ना सिखाया। विश्वविद्यालयी जीवन से मार्क्सवाद-लेनिनवाद का रास्ता पकड़ने पर भी आदर्श और नैतिक जीवन मूल्य उन्हें कभी मार्क्सवाद-लेनिनवाद की विसंगति या विरोध में नहीं लगे। धार्मिक सहिष्णुता और मार्तीवादी नैतिकता का फिदेल के मार्क्सवाद-लेनिनवाद के साथ रिश्ता हमेशा बना रहा।

धर्म के सन्दर्भ में फिदेल कहते हैं कि नए टेस्टामेंट में ईसा मसीह की शिक्षाओं के सूत्र पकड़कर आप एक आमूल-चूल परिवर्तनकारी समाजवादी कार्यक्रम (रेडिकल सोशलिस्ट प्रोग्राम) तक पहुँच सकते हैं–चाहे आप आस्तिक हों या नास्तिक। खासकर 'सरमन ऑन दि माउन्ट' में ईसा मसीह की मछुआरों को दी गई शिक्षाओं के हवाले से फिदेल कहते हैं कि वह भी क्यूबा में ऐसा ही कुछ करना चाहते हैं–रोटियों और मछलियों को इफरात में बनाना और सबमें समान रूप से बाँटना। धनिक यूपोलियन चार घंटे श्रम करनेवाले को भी उतना ही देता था जितना 8 घंटा श्रम करनेवाले को। फिदेल कहते हैं यह समाजवादी नहीं बल्कि साम्यवादी अवधारणा और कार्यक्रम है। जरूरत पड़ने पर ईसा मसीह को भी हिंसा का प्रयोग करना पड़ा था जब उन्होंने सूदखोरों को मन्दिर से निकाल बाहर किया था। आगे चलकर ईसाई धर्म में ऐसी धाराएँ पनपने लगीं जिनका ईसाइयत से कोई रिश्ता नहीं था, वे धनिकों की पक्षधर होती गईं।

वेनेजुएला के राष्ट्रपति ह्यूगो चावेज से फिदेल ने कहा था कि अपनी प्रतिबद्धताओं और लक्ष्यों के आधार पर 'धर्म के दृष्टिकोण से नहीं' बल्कि 'सामाजिक दृष्टिकोण से', वह खुद को 'क्रिश्चियन घोषित करते हैं।' फिदेल का मानना है कि क्रिश्चियेनिटी बर्बरता के युग में वह पहली सैद्धान्तिक अवधारणा थी जिससे मानवीय मूल्यों वाले लोगों की जमात बनी। ईसाई दार्शनिकता द्वारा दुनिया को दिए गए नैतिक मूल्यों और सामाजिक न्याय की अवधारणा को समझने के लिए धार्मिक अर्थों में क्रिश्चियन होना जरूरी नहीं है।

फिदेल कहते हैं कि निःसन्देह वह समाजवादी, मार्क्सवादी-लेनिनवादी हैं और हमेशा रहेंगे। निश्चित रूप से सबसे पहले वह मार्तीवादी हैं जो उनका पहला राजनीतिक दर्शन था। 1953 मोन्काडा हमले तक फिदेल समाजवाद के बारे में काफी कुछ पढ़-समझ चुके थे, उनके मार्तीवादी विचार परिपक्व हो चुके थे और वह क्रान्तिकारी समाजवादी समझदारी हासिल कर चुके थे जो उनकी स्थायी और अविचलित समझदारी बनी और परिस्थितियों के अनुरूप परिपक्व होती गई।

धार्मिक आस्थावानों-आस्तिकों को पार्टी कतारों में शामिल करने, उन्हें पार्टी सदस्यता देने के सवाल पर फिदेल कहते हैं कि क्रान्तिकारी कतारों में काफी संख्या में कैथोलिक मतावलम्बी थे। उनकी राजनीतिक समझदारी के आधार पर क्रान्तिकारी सरकार उनको पूरा सम्मान देती थी और उनकी बातों-सुझावों-विचारों पर ध्यान देती थी। मगर उनके लिए पार्टी सदस्यता उपलब्ध नहीं थी। पार्टी के अनुसार यह परस्पर विरोधी वफादारियों का मामला था। हालाँकि फिदेल कहते हैं कि व्यक्तिगत रूप से उनका विचार भिन्न था। 1971 में उन्होंने पार्टी के सामने आस्थावानों और गैर-आस्थावानों अर्थात् आस्तिकों और मार्क्सवादियों के बीच क्रान्ति के पक्ष में एकता का विचार रखा। उनके अनुसार ईसाइयत और क्रान्ति के बीच वैमनस्यकारी अन्तर्विरोध नहीं था। 'लिबरेशन थियोलोजी' को माननेवाले ज्यादातर चर्चों का इस पर सकारात्मक रुख था। फिदेल भाषणों में भी अपने गोलार्ध में क्रान्तिकारी परिवर्तनों के लिए मार्क्सवादियों और ईसाइयों की एकजुटता की जरूरत का आह्वान करते थे। इसी दृष्टिकोण से फिदेल ने इस अवधारणा को पार्टी स्तर पर लागू करने का सुझाव दिया था मगर पार्टी में इसे स्वीकार नहीं किया गया। फिदेल कहते हैं कि अक्सर लोग पुराने विचारों के मोहपाश से मुक्त नहीं हो पाते।

कैथोलिक स्कूलों के राष्ट्रीयकरण के सवाल पर फिदेल कहते हैं कि क्रान्ति ने सम्पूर्ण शिक्षा व्यवस्था का राष्ट्रीयकरण किया था न कि किसी धार्मिक विद्वेष से महज कैथोलिक स्कूलों का। पूरे समाज में, समाज के हर सदस्य के लिए एक जैसी समान शिक्षा नीति-शिक्षा का अधिकार और साधन-सुविधाएँ क्रान्ति की सर्वाधिक महत्त्वपूर्ण दृष्टियों और नीतियों में से थीं। क्यूबा की क्रान्ति एक सम्पूर्ण, आमूल-चूल परिवर्तनकारी क्रान्ति थी। क्रान्तिकारी संघर्षों और परवर्ती क्रान्तिकारी सामाजिक-आर्थिक पुनर्निर्माण के दौर में कभी किसी पुजारी-पादरी को मृत्युदंड नहीं दिया गया। पूँजीवादी साम्राज्यवादी-विस्तारवादी आक्रमणों का इतिहास ऐसी घटनाओं से भरा पड़ा है जहाँ विजेता ईसाई सेना ने विजित राष्ट्र के पादरियों का कत्लेआम किया और यहाँ तक कि एक मतावलम्बी पादरी समूह ने दूसरे मतावलम्बी पादरियों की हत्या की और करवाई। क्यूबा में क्रान्ति काल और पुनर्निर्माण काल में ज्यादातर चर्चों-पादरियों के क्रान्तिविरोधी-बुर्जुआपोषक रवैये के बावजूद क्रान्ति ने कभी कोई प्रतिक्रियात्मक-दमनात्मक रवैया नहीं अपनाया। साम्राज्यवादी अमेरिकी सरकार ने क्यूबा की क्रान्ति पर धर्म-विरोधी क्रान्ति का लेबल चस्पाँ करते हुए निकृष्टतम अफवाहों-दुष्प्रचारों का अभियान चलाया। 'ऑपरेशन पीटरपैन' के जरिए दुष्प्रचार किया गया कि क्रान्ति बच्चों को उनके माँ-बाप से छीनने जा रही है, सिर्फ छीनने ही नहीं जा रही है बल्कि इन बच्चों को रूस भेजा जाएगा, जहाँ इन्हें मारकर, इनका मांस टिनबन्द डब्बों में वापस क्यूबा भेजा जाएगा। इन दुष्प्रचारों के प्रभाव

में 14,000 से ज्यादा बच्चे चोरी-छिपे अमेरिका भेज दिए गए। इस निकृष्ट-घृणित अभियान में, अफवाहें फैलाने और बच्चों की तस्करी में क्यूबा के अनेक क्रान्तिविरोधी कैथोलिक पादरियों ने मियामी के कैथोलिक पादरियों का पूरा साथ दिया। यह अभिभावकों की भावनाओं, विशेषकर मातृत्व की भावना के साथ खेला गया जघन्य खेल था। बच्चों के प्रति सुरक्षा की भावना और आशंकाओं को भड़काकर हजारों परिवारों के माँ-बाप और बच्चों को एक दूसरे से अलग कर दिया गया। इनमें सबसे ज्यादा तादाद धनिकों की थी और बहुत से मध्यमवर्गीय परिवार भी इस खतरनाक खेल में फँसकर अपने बच्चों को गँवा बैठे। काफी सारे माँ-बाप सिर्फ अपने बच्चों को चोरी-छिपे अमेरिका इस उम्मीद से भेजकर क्यूबा में रुक गए कि जल्दी ही क्रान्ति का पतन हो जाएगा और अमेरिकी देव-दूत आकर उनके बच्चों को वापस करने के साथ-साथ क्रान्ति द्वारा छीने गए उनके अधिकारों-सुविधाओं की ब्याज समेत बहाली कर देंगे। एक भी गरीब ने अपने बच्चे की अमेरिका तस्करी नहीं कराई। उनका क्रान्ति पर विश्वास अडिग था।

क्रान्ति की धर्म के प्रति सहिष्णुता की अद्‌भुत अभिव्यक्ति 22 जनवरी, 1998 से पोप जॉन पाल द्वितीय की पाँच दिवसीय क्यूबा यात्रा के दौरान हुई। क्यूबा के समूचे इतिहास में, पाँच सौ साल पहले 'कॉन्क्विस्टाडोरों' द्वारा इस द्वीप पर कब्जा करके स्थानीय आबादी के कत्लेआम और जबरन ईसाई धर्म परिवर्तन से लेकर अब तक किसी भी ईसाई धर्म गुरु 'पोप' की क्यूबा यात्रा नहीं हुई थी। गुजरी पुरानी सदियों में ऐसा अस्वाभाविक भी नहीं था क्योंकि कैथोलिक चर्च के पोप अथवा अन्य धर्मगुरु शायद ही कभी रोम से बाहर की यात्रा करते थे। जॉन पाल द्वितीय के पोप बनने के साथ वेटिकन नीतियों में महत्त्वपूर्ण परिवर्तन हुए। पोप जान पाल द्वितीय ने वेटिकन की नीतियों और कार्यशैली में व्यापक गतिशीलता लाने के साथ अपने 'न्यू इवेन्जेलिज्म' की धारणा के प्रचार-प्रसार के लिए दर्जनों देशों की यात्राएँ कीं और दुनिया की तमाम प्रमुख घटनाओं-समस्याओं पर चर्च के विचार दुनिया के सामने रखे।

नवनिर्वाचित पोप ने 1978 में पुयेब्ला (मैक्सिको) बिशप सम्मेलन के लिए अपनी पहली विदेश यात्रा की थी। उसी समय फिदेल ने उन्हें क्यूबा आने या कम से कम अपनी यात्रा के दौरान क्यूबा होते हुए अपनी सुविधा के अनुसार जाने या लौटने का निमन्त्रण दिया था मगर ऐसा उस समय सम्भव नहीं हो सका।

क्यूबा में चर्च प्रतिनिधियों और क्रान्तिकारी सरकार के बीच क्रान्ति की विजय के बाद से चले आ रहे तल्ख सम्बन्धों में 1990 के दशक से पूर्वी यूरोपीय समाजवादी देशों के अवसान के बाद से और भी खटास आ गई और पोप यात्रा की सम्भावनाएँ धूमिल हो गईं। वेटिकन और क्यूबा के बीच सौहार्दपूर्ण औपचारिक-आधिकारिक रिश्तों और क्यूबाई जनता के बहुत सारे मुद्‌दों पर पोप जॉन पाल द्वितीय के विचारों और व्यक्तित्व के प्रति सम्मान के बावजूद क्यूबा लातिनी-अमेरिका के उन गिने-चुने देशों में शुमार रहा जहाँ पोप की अब तक यात्रा नहीं हुई थी।

जड़ता की बर्फ नवम्बर 1996 में पिघली जब 'होली सी' पर फिदेल और पोप की पहली आधिकारिक सौहार्दपूर्ण शिखर वार्ता हुई। फिदेल खाद्यान्न पर विश्व शिखर सम्मेलन (वर्ल्ड समिट ऑन फूड) में शिरकत करने रोम गए थे। फिदेल ने एक बार फिर

पोप से क्यूबा आने का निमन्त्रण दुहराया जिसे पोप ने स्वीकार करते हुए जितनी जल्दी सम्भव हुआ, इसे पूरा करने का आश्वासन दिया।

21 जनवरी, 1998 को हवाना के जोसमार्ती हवाई अड्डे पर उतरकर पोप जॉन पाल द्वितीय ने क्यूबा की धरती को चूमा और इसी के साथ पाँच सौ सालों में पोप की पहली पाँच दिवसीय क्यूबा यात्रा शुरू हुई। इस ऐतिहासिक यात्रा का अन्तर्राष्ट्रीय महत्त्व था और इसके जरिए दुनिया के सामने क्यूबाई जनता की सांस्कृतिक परिपक्वता, सांगठनिक योग्यता, मेहमाननवाजी, सहिष्णुता और अनुशासन की मिसाल पेश हुई।

वेटिकन और हवाना के बीच गर्मजोशी से भरपूर सम्बन्धों और दोनों पक्षों द्वारा इस महत्त्वपूर्ण यात्रा को पूरी तरह सफल और निरापद बनाने की सदिच्छा और कोशिशों के बावजूद इस यात्रा में विघ्न डालकर क्यूबा को अन्तर्राष्ट्रीय बिरादरी के सामने बेइज्जत करने की गरज से क्यूबा के चिरशत्रु अमेरिकी साम्राज्यवाद और अन्तर्राष्ट्रीय मीडिया के प्रतिक्रियावादी हिस्सों ने हर तरह के हथकंडों का इस्तेमाल किया। पोप जॉन पाल द्वितीय की इस यात्रा में, जो पूरी तरह धार्मिक 'पास्टोरल' थी, राजनीति और विचारधारा घुसेड़ने की कोशिशें की गईं। जोर-शोर से प्रचार किया गया कि पोप की क्यूबा में उपस्थिति वह दैवीय बिजली है जो क्यूबा के समाजवाद पर कड़ककर टूट पड़ेगी और क्रान्ति को जलाकर राख कर देगी।

इन सब दुष्प्रचारों और दुष्प्रयासों ने पोप यात्रा को क्यूबा के लिए और भी कठिन चुनौती बना दिया था। क्यूबा ने इसे पूरी शालीनता और दृढ़ इच्छाशक्ति के साथ पूरा करके दिखाया और 'पवित्र पिता' की क्यूबा यात्रा को हर सम्भव स्तर पर गर्मजोशी भरे आतिथ्य के साथ निरापद और सफल बनाया।

इस यात्रा के लिए चर्च ने क्यूबा में अपने आस्थावानों-आस्तिकों की गोलबन्दी की थी। इसके साथ ही क्रान्तिकारी सरकार ने तमाम अन्य हजारों क्यूबाइयों का भी पोप के कार्यक्रमों में उत्साहपूर्वक भागीदारी के लिए आह्वान किया। हवाई अड्डे से लेकर राजधानी तक की बीस किलोमीटर की यात्रा, सान्ताक्लारा, कामागुए, सेन्टियागो डे क्यूबा और हवाना के 'जोसमार्ती रिवोल्यूशन प्लाजा' में पोप की प्रार्थना सभाएँ (मासेज), 'दर्द की दुनिया' (वर्ल्ड ऑफ ग्रीफ) और 'संस्कृति की दुनिया' (वर्ल्ड ऑफ कल्चर) के साथ उनकी सभाएँ, धर्मगुरुओं के साथ उनके सम्पर्कों और जब भी वह सड़कों पर निकलते क्यूबा की जनता झूमकर उनका स्वागत करती, अपना सम्मान और आतिथ्य प्रदर्शित करती। पोप की सम्पूर्ण यात्रा में, हर मुकाम पर क्यूबा की जनता ने पोप के प्रति एक आध्यात्मिक नेता के के रूप में अपना स्नेह और सम्मान व्यक्त किया जिनके बहुत से महत्त्वपूर्ण विचारों के साथ उनकी सहमति थी और जिनके उन विचारों को भी उन्होंने धैर्य और सम्मान के साथ सुना जिनसे वे सहमत नहीं थे।

पोप के हर कार्यक्रम, हर भाषण, हर वक्तव्य को क्यूबा टीवी और मीडिया ने सम्पूर्ण रूप से प्रमुखता के साथ प्रसारित किया।

इस सम्पूर्ण यात्रा का एक अद्भुत पक्ष यह था कि इस पूरे अभियान में, पूरे कार्यक्रम में क्यूबाई जनता ने अविस्मरणीय आत्म-अनुशासन का परिचय दिया। पूरी यात्रा में कहीं भी 'व्यवस्था' के लिए सशस्त्र पुलिस का बन्दोबस्त नहीं किया गया था।

जनता हर कार्यक्रम में स्व-व्यवस्थित थी। एक भी अप्रिय घटना, अशान्ति अथवा विरोध प्रदर्शन नहीं हुआ।

25 जनवरी, 1998 को फिदेल और कृतज्ञ क्यूबा राष्ट्र ने 'परम पवित्र पोप जॉन पाल द्वितीय' को जोसमार्ती हवाई अड्डे पर भावभीनी विदाई दी। अपने विदाई सम्बोधन में फिदेल ने कहा : 'योर होलिनेस, मुझे विश्वास है, हम दोनों ने दुनिया के सामने एक बेहतरीन उदाहरण प्रस्तुत किया है, आप ने यहाँ पधारकर, जिसे कुछ लोग साम्यवाद का अन्तिम गढ़ कहते हैं और हम लोगों ने उस धार्मिक नेता का आत्मीय सत्कार करके जिसे यूरोप में साम्यवाद के ध्वंस का श्रेय दिया जाता है।'...

अमेरिकी साम्राज्यवाद की आलोचना करते हुए फिदेल ने कहा : 'योर होलिनेस, इतिहास की अब तक की सबसे ताकतवर हस्ती का सामना कर रहा क्यूबा एक तरह का नया डेविड है, बल्कि उससे भी हजारों गुना छोटा और जो बाइबिल के जमाने जैसी दुश्वारियों का सामना करते हुए परमाणु युग के दैत्याकार गोलिएथ के खिलाफ जिन्दा रहने की जद्दोजहद कर रहा है। वह गोलिएथ जो हमारी प्रगति और विकास के हर रास्ते को रोकने और बीमारी और भूख के जरिए हमें घुटने टेकने पर मजबूर करने की कोशिशें कर रहा है।...योर होलिनेस, न जाने कितनी बार मैंने अपने देश और अपने लोगों के खिलाफ झूठे, कुत्सित लांछनों को पढ़ा और सुना है। यह सब उनकी उपज है जो सोने के अलावा किसी भगवान को नहीं पूजते। मुझे हमेशा प्राचीन रोम के ईसाइयों की याद आती है जिन्हें बुरी तरह लांछित-अपमानित किया गया था और इसे मैंने आप के आगमन वाले दिन भी महसूस किया है। और मैं इस सच्चाई को भी याद करता हूँ कि इतिहास के समूचे दौर में, लांछन अक्सर जनता के खिलाफ जघन्यतम अपराधों को जायज ठहराने के लिए इस्तेमाल किए जाते रहे हैं।...'

एक नई समतामूलक, खुशहाल दुनिया की कामना करते हुए फिदेल ने कहा : 'क्यूबा भय करना नहीं जानता, झूठ से नफरत करता है, सम्मान के साथ दूसरों को सुनता है, विचारों में विश्वास करता है, अपने सिद्धान्तों की अविचल रहकर रक्षा करता है और उसके पास दुनिया से छिपाने के लिए कुछ भी नहीं है।

'मैं भाव-विह्वल हूँ उन प्रयासों से जो आप 'योर होलिनेस' ने एक ऐसी दुनिया बनाने के लिए किए हैं जो ज्यादा न्यायसंगत हो। राज्यों का अस्तित्व समाप्त हो जाएगा और उनकी जनता अन्ततः मिलकर एक सम्पूर्ण मानव परिवार का निर्माण करेगी। अगर एकजुटता का वैश्वीकरण (ग्लोबलाइजेशन ऑफ सालिडेरिटी) जिसका आपने आह्वान किया है, पृथ्वी के हर कोने तक पहुँच सके और वस्तुओं की वह उपलब्धता जो मनुष्य अपनी प्रतिभा और श्रम से बना सकता है, इस धरती पर रहनेवाले हर मनुष्य के बीच समतामूलक रूप से बाँटी जा सके, एक ऐसी दुनिया बना पाना मुमकिन हो सकेगा जो सचमुच में सबके लिए हो, भूख और गरीबी से मुक्त हो, दमन और शोषण से मुक्त हो, अपमान और उपेक्षा से मुक्त हो, अन्याय और असमानता से मुक्त हो। जहाँ हर कोई पूरे नैतिक और भौतिक गौरव के साथ, सच्ची आजादी के साथ रह सके–यह होगी ज्यादा न्याय संगत दुनिया।'

अपने आभार सम्बोधन में पोप ने राष्ट्रपति फिदेल और तमाम राष्ट्रीय पदाधिकारियों की उपस्थिति और इस यात्रा में उनके सहयोग के लिए आभार व्यक्त किया जिसमें

'अधिकतम सम्भव लोगों की भागीदारी हुई।' क्यूबा को अलग-थलग किए जाने का विरोध करते हुए पोप ने तमाम राष्ट्रों से सहयोग का आह्वान किया : 'हमारे समय में, कोई राष्ट्र अकेला नहीं रह सकता। इसलिए क्यूबाई राष्ट्र को अन्य देशों के साथ सम्पर्कों-सम्बन्धों से वंचित नहीं रखा जाना चाहिए जो आर्थिक, सामाजिक और सांस्कृतिक विकास के लिए बेहद जरूरी हैं और सबसे बढ़कर जब अलगाव आम जनता को बुरी तरह प्रभावित करता हो। आप में से सबसे कमजोर, निरीह लोगों के जीवन के मूलभूत आधारों–भोजन, स्वास्थ्य और शिक्षा के लिए कठिनाइयाँ-तकलीफें बढ़ाता हो। हर कोई इस दिशा में बदलाव के लिए ठोस कदम उठा सकता है और उठाया जाना चाहिए। आह्वान है तमाम अन्य देशों का, खासकर उनका जो समान क्रिश्चियन विरासत और बोली के साझीदार हैं, अपने प्रयासों को एकजुट करके अवरोधों को दूर करने और एकता और सौहार्द के लाभ पहुँचाने के लिए प्रभावी ढंग से काम करने के लिए जिससे क्यूबाई जनता, जो अपना इतिहास खुद बना रही है, उन तमाम अन्तर्राष्ट्रीय रिश्तों को बना सके जो हमेशा साझा भलाई और कल्याण के लिए कारगर होंगे।...प्रिय क्यूबावासियो, इस प्यारे देश से विदा लेते हुए मैं अपने साथ यहाँ बिताए दिनों की अमिट यादें और आपके देश के भविष्य के प्रति महान विश्वास लेकर जा रहा हूँ।'

इस तरह पोप की क्यूबा यात्रा सही मायनों में ऐतिहासिक थी। एक बार फिर साम्राज्यवादी-प्रतिक्रियावादी मंसूबे नाकामयाब रहे। पोप की यात्रा पूरी तरह सफल और निरापद रही और इसी के साथ क्रान्ति भी। इस यात्रा का क्यूबा के जन-जीवन–आस्थावानों और नागरिकों–दोनों पर गहरा और सकारात्मक प्रभाव पड़ा। इस यात्रा ने एक बेहतर भविष्य, ज्यादा न्यायसंगत दुनिया के लिए सार्वजनीन संघर्षों और साम्राज्यवादी ताकतों द्वारा क्यूबा को चंगुल में लेकर कुचलने की कोशिशों के खिलाफ अपने अलगाव को तोड़ने की क्यूबा की कोशिशों की सकारात्मक सम्भावनामय दृष्टि दुनिया के सामने रखी। पोप द्वारा दुनिया से 'एकता के वैश्वीकरण' का आह्वान और क्यूबा और दुनिया से एक दूसरे के लिए अपने दरवाजों को खोलने का आग्रह क्यूबा की न्याय और समतामूलक नीतियों के प्रति उनके सकारात्मक दृष्टिकोण का द्योतक थीं।

एक क्रान्तिकारी समाजवादी-साम्यवादी राष्ट्र के तौर पर क्यूबा का धर्म के प्रति सकारात्मक और सहिष्णु रुख क्यूबाई क्रान्ति की अपनी खास विशिष्टता है।

क्रान्ति की वैचारिकी : त्रुटियों का परिमार्जन

क्यूबाई क्रान्ति समाजवादी समाज के निर्माण की जरूरतों के अनुरूप नीतियाँ तय करके आवश्यक कार्यनीतिक निर्णय लेकर लागू करती है। सामाजिक-आर्थिक-वैचारिक पुनर्निर्माण की प्रक्रिया पर क्रान्तिकारी सरकार पैनी नजर रखती है। इस पूरी प्रक्रिया में किसी भी स्तर पर, नीतिगत निर्णयों से लेकर क्रियान्वयन तक, किसी भी प्रकार की त्रुटि अथवा भूल को चिन्हित करते हुए आवश्यक सुधार के कदम उठाना फिदेल और क्यूबाई क्रान्ति की खास विशिष्टता और कठिनतम अवरोधों के बावजूद क्रान्ति के आगे बढ़ते रहने का मूलमंत्र है। क्यूबाई क्रान्ति इन अर्थों में सोवियत क्रान्ति अथवा पूर्वी यूरोपीय देशों से तात्विक रूप से अलग है जिसने शीतयुद्ध के बाद की एकःध्रुवीय दुनिया में खुद को और समाजवाद को बचाकर रखा है। अपने आधार, आम जनता, से उत्तरोत्तर अलगाव के चलते सोवियत क्रान्ति और पूर्वी यूरोप का समाजवादी नेतृत्व हमेशा शीर्ष स्तर पर निर्णय लेकर उन्हें लागू करवाता रहा। नीचे की आवाज से बेखबर नेतृत्व नीतियों और व्यवहार की गलतियों की ईमानदार आलोचना-आत्मालोचना नहीं कर सका और अपने निर्णयों को पत्थर की लकीर मान उन्हें किसी भी कीमत पर लागू करने और करते रहने के आत्मघाती रास्ते पर चलता रहा। इस आत्मघाती रास्ते और बाहरी कारकों ने मिलकर अन्ततः धरती के उस गोलार्ध से समाजवाद का अन्त कर दिया।

1970 के दशक के अन्तिम वर्षों से ही क्यूबा के मौद्रिक और व्यापार-सन्तुलन में गिरावट नजर आने लगी थी। इसके कई कारण थे। क्यूबा को उन आपूर्तियों के अलावा जो उसे सोवियत संघ और समाजवादी देशों से उपलब्ध थीं, शेष जरूरतों को अन्तर्राष्ट्रीय पूँजीवादी बाजार से पूरा करना था जहाँ की व्यापारिक शर्तें और स्थितियाँ क्यूबा के लिए नितान्त प्रतिकूल थीं। विश्व-बाजार में क्यूबा के प्रमुख निर्यात, चीनी, की कीमत लगातार घट रही थी और प्रमुख आयात, तेल की कीमत आसमान छू रही थी। डॉलर लगातार कमजोर हो रहा था जिसका मतलब था अपनी जरूरत का सामान खरीदने के लिए क्यूबा को ज्यादा विदेशी मुद्रा, डॉलर, की दरकार थी। समस्या के केवल बाह्य कारक ही नहीं थे। क्यूबाई समाज में भी कई विसंगतियाँ और गलत प्रवृत्तियाँ सर उठाने लगी थीं। इनके लिए 1975 में पहली पार्टी कांग्रेस द्वारा आर्थिक-सामाजिक पुनर्निर्माण के लिए अपनाया गया अतिकेन्द्रित राजकीय आर्थिक विकास और प्रबन्धन का सोवियत मॉडल और उसके क्रियान्वयन में होनेवाली त्रुटियाँ जिम्मेदार थीं।

आर्थिक-सामाजिक विकास के सोवियत संघ-पूर्वी यूरोपीय समाजवादी मॉडल में प्रारम्भ से ही अतिकेन्द्रण की नीतिगत समस्याएँ मौजूद थीं जिनका नकारात्मक प्रभाव खुद इन देशों के विकास की गति के धीमे पड़ते जाने के रूप में पड़ रहा था। इन देशों द्वारा भूलों से सबक न लेने और अपनी उपलब्धियों के बढ़-चढ़कर बखान की नीति के चलते क्यूबा में भी इसी मॉडल को लागू किया गया। अलावा इसके पूँजीवादी जगत से पूरी तरह अलगाव में डाले गए क्यूबा के लिए अपने एकमात्र मददगार सोवियत समाजवाद पर अपनी आर्थिक-औद्योगिक-तकनीकी निर्भरता के अलावा कोई रास्ता नहीं था।

विकास मॉडल के पुराने अथवा अकुशल होने के अतिरिक्त भी कई कठिनाइयाँ इस मॉडल के लागू किए जाने को लेकर भी थीं। इस मॉडल को अव्यवस्थित और आधे-अधूरे ढंग से लागू करने और उसके व्यावहारिक क्रियान्वयन पर अपेक्षित नियन्त्रण नहीं रखने की थी।

तमाम आर्थिक-औद्योगिक प्रतिष्ठानों की गतिविधियों के संचालन के लिए यह मान लिया गया कि आर्थिक गुणा-गणित, आय और लाभ अर्जन क्षमता का हिसाब-किताब लगाकर आर्थिक-औद्योगिक कार्यनीतियों को बनाया और लागू किया जाए तो ये प्रतिष्ठान अपनी रफ्तार पकड़ लेंगे। इस सोच की प्रमुख समस्या इसके नितान्त औपचारिक होने और राजनीतिक-विचारधारात्मक पक्ष पर प्रबन्धन पक्ष को तरजीह देने की थी। इसके चलते सम्बन्धित विभागों-प्रतिष्ठानों को अपनी इकाइयाँ अपने ढंग से चलाने की छूट मिल गई। इससे गैरजिम्मेदारी और परिणामवाद का रास्ता बना।

इन समस्याओं की अभिव्यक्ति विभिन्न रूपों में हो रही थी। राजकीय कृषि सहकारी प्रतिष्ठान भूमि के आदर्श और उत्पादक उपयोग तथा उत्पादकता का अधिकतम लाभ जनता तक पहुँचाने के बजाय हस्तशिल्प और निर्यात उत्पादों पर ज्यादा बल देने लगे जिससे उन्हें ज्यादा लाभ मिले। औद्योगिक इकाइयाँ-कम्पनियाँ उत्पादकता वृद्धि पर ध्यान न देते हुए अधिक से अधिक बोनस बाँटने में रुचि दिखाने लगीं। निर्माण उद्योग में परियोजनाओं को शुरू करने अथवा पूरी करने का मापदंड उनकी सामाजिक आवश्यकता न होकर वित्तीय लाभ हो गया। पुराने कामों को अधूरा छोड़ अधिक आय अर्जन वाली परियोजनाएँ प्राथमिकता में आ गईं। इसका असर आवासीय, अस्पताल, पोलीक्लीनिक, शिशु देखभाल केन्द्र और वृद्ध-निवास जैसी आवश्यक सामाजिक परियोजनाओं पर पड़ने लगा।

19 अप्रैल, 1986 को इन प्रवृत्तियों-मनोवृत्तियों की कठोर आलोचना करते हुए फिदेल ने इनके परिमार्जन की प्रभावी रणनीति तैयार की–क्यूबा के अपनी खुद की क्रान्ति के अनुभव और परम्पराओं की ओर लौटने, राष्ट्रीय वास्तविकताओं-सकारात्मक-नकारात्मक दोनों पर पूरा ध्यान देने और समाजवाद-मार्क्सवाद-लेनिनवाद की क्यूबा की अपनी मौलिक, सृजनात्मक व्याख्या को नया आवेग और दृढ़ता प्रदान किए जाने की रणनीति। त्रुटि-परिमार्जन की इस प्रक्रिया की प्रमुख विशेषता समस्या के लक्षणों की ऊपरी रोकथाम करने के बजाय समस्या के मूल कारणों की तलाश और उन्हें जड़ से मिटाने की कोशिश थी। फिदेल ने कहा, 'परिमार्जन (रेक्टिफिकेशन) का मतलब पुरानी समस्याओं के लिए नए हल तलाशना है।'

फिदेल ने जोर दिया कि कदाचारों और गलत व्यवहारों पर पहले से कहीं अधिक सतर्क और सचेत रहना होगा। समस्याएँ जो अभी सामने हैं और समस्याएँ जो भविष्य में सर उठाएँगी, उन सबसे लड़ने के लिए ज्यादा प्रभावी ढंग से, ज्यादा दृढ़ता के साथ प्रयास करना होगा। इनमें से कई सारी समस्याएँ हमारी खुद की उपज हैं और हमें ही उन्हें समय रहते दुरुस्त करना होगा। हमारे समाज में ऐसे लोग हैं जो ईमानदारी से मेहनत करके कमाई गई रकम से ज्यादा उस रकम को तरजीह देने लगे हैं जो गलत तरीकों, गैरकानूनी या अर्धकानूनी तरीकों, यहाँ तक कि चोरी के जरिए–राष्ट्रीय सम्पदा, समाज की सम्पदा की चोरी के जरिए कमाई गई हो।

फिदेल ने औद्योगिक प्रतिष्ठानों-कम्पनियों की कार्यप्रणाली पर प्रहार करते हुए कहा कि बहुत से प्रतिष्ठानों-कम्पनियों के कर्ता-धर्ता भी मानो पूँजीवादी उद्यमी बनने लगे हैं। वह पहला सवाल जो किसी भी समाजवादी क्रान्तिकारी, कम्युनिस्ट कार्यकर्ता को खुद से करना चाहिए, वह यह नहीं है कि उसकी इकाई या कम्पनी मुनाफा कमा रही है या नहीं, बल्कि यह है कि देश को इससे फायदा हो रहा है या नहीं। जहाँ कहीं भी ऐसे तथाकथित उद्यमी हैं जिनकी देश से ज्यादा अपने प्रतिष्ठान में रुचि है वे शब्द के हर अर्थ में पूँजीवादी हैं। आर्थिक प्रबन्धन और नियोजन की व्यवस्था इसलिए नहीं बनाई गई थी कि क्यूबा में पूँजीवाद का खेल खेला जा सके। कुछ लोग शर्मनाक ढंग से ऐसा ही कर रहे हैं। इसे तुरन्त बन्द होना होगा। कुछ लोग ऐसे भी हैं जो अपने प्रतिष्ठानों-इकाइयों की लाभप्रदता उत्पादकता से नहीं बल्कि दाम बढ़ाकर, जरूरी चीजों के दाम आसमान पर पहुँचाकर बढ़ाना चाहते हैं और इसके जरिए मनमाना बोनस बाँटना चाहते हैं।

हर कठिनाइयों, संघर्षों में जनता को साथ लेकर चलने की प्रतिबद्धता को दुहराते हुए फिदेल ने कहा : 'हम भ्रम के शिकार नहीं हो सकते। क्या यहाँ कोई भी लोगों की, जनता की नजरों से छिपकर उलटी-सीधी हिमाकतें कर सकता है? मैं जोर देकर दुहरा रहा हूँ कि हमें दोषियों के खिलाफ जनता को उतारने पर मजबूर न किया जाए। बेहतर हो, ऐसे लोग ऐसी हरकतें खुद से बन्द कर दें, क्योंकि हमारे पास पार्टी है, युवा संगठन है, जन संगठन है। करना यह है कि हम सब एक व्यवस्थित, गम्भीर और संकल्पित संघर्ष में लग जाएँ, पूरे आवेग के साथ-ऊपर से नीचे तक और नीचे से ऊपर तक जोर लगाते हुए।...

'...क्रान्ति निश्चित रूप से आगे बढ़ी है, इसने महान प्रगति और उपलब्धियाँ हासिल की हैं, मगर जो लोग सोचते हैं कि नई पीढ़ी के सामने 'बे ऑफ पिग्स' अथवा उससे भी पहले की पीढ़ी के बराबर अथवा ज्यादा कार्यभार नहीं है, वे गम्भीर गलती कर रहे हैं। हमारी लड़ाई लम्बी और बहुत कठिन है।'

इस तरह क्यूबा ने अपनी त्रुटियों के परिमार्जन का अभियान स्वतः और स्वाभाविक रूप से चलाया और यह कोई अकेला अवसर नहीं था। जब भी गलतियों को लक्षित किया गया, उनके सटीक और क्रान्तिकारी परिमार्जन का अभियान चला। क्यूबाई क्रान्ति की परिमार्जन प्रक्रिया 1980 के दशक के मध्य से सोवियत संघ और अन्य समाजवादी देशों से, खासकर ग्लासनोस्त और पेरेस्त्रोइका से बिल्कुल अलग थी।

'शिकागो ब्यायज' के पूँजीवादी नुस्खे को लागू करके अपना अन्त कर लेने की सोवियत समाजवादी खेमे की आत्महंता कोशिशों के उलट क्यूबा के हर परिमार्जन-प्रयास का मूल उद्देश्य क्रान्ति के इतिहास, अनुभव, उपलब्धियों और विचारों की दृढ़तापूर्वक रक्षा करते हुए समाजवाद को परिपक्व और विकसित करना है। यही कारण है कि सोवियत समाजवादी खेमे के अवसान और शान्तिकाल के विशेषकाल के कठिन दौर में भी क्यूबाई क्रान्ति चुनौतियों का साहस और संकल्प के साथ सामना करते हुए आगे बढ़ने में कामयाब रही है।

क्रान्ति की वैचारिकी : विचारों का संघर्ष

क्रान्तिकारी संघर्ष का सबसे निर्णायक रणक्षेत्र विचारों का है। क्यूबा में 'विचारों का संघर्ष' (बैटल ऑफ आइडियाज) कब शुरू हुआ? इसके बहुत सारे जवाब हो सकते हैं। यह लड़ाई 19वीं सदी में क्यूबा की राष्ट्रीय आजादी की पहली सुगबुगाहट के साथ शुरू हुई। यह लड़ाई 10 अक्टूबर, 1868 को शुरू हुई जब कार्लोस डे सेस्पेडे ने अपने बागान के गुलामों को आजाद करके क्यूबा के प्रथम दसवर्षीय महासंग्राम का बिगुल बजाया। यह लड़ाई क्यूबा की आजादी के संघर्ष में 'अनेक्सेसनिस्ट' और 'ऑटोनामिस्ट' धाराओं के खिलाफ मार्ती के समझौताहीन संघर्ष के साथ शुरू हुई। यह लड़ाई मकाडो तानाशाही के खिलाफ क्रान्तिकारी जन-आन्दोलन और हड़तालों के साथ शुरू हुई। यह लड़ाई फिदेल और उनके साथियों द्वारा मोन्काडा बैरक पर हमले के साथ शुरू हुई। या फिर यह लड़ाई साम्राज्यवादी-प्रतिक्रियावाद के खिलाफ 1 जनवरी, 1959 से लगातार बिना रुके-बिना थके-बिना झुके अभी भी लड़ी जा रही है। ये सभी सही जवाब हैं जो संघर्षों के अलग-अलग दौरों और स्थितियों में दिए गए और दिए जा रहे हैं।

सदियों से क्यूबा एक खुदमुख्तार राष्ट्र के रूप में पनपने और अपनी आजादी, न्याय, समानता और एकजुटता के लिए संघर्ष करता रहा है और इसके लिए वैचारिक संघर्षों में भी जूझता रहा है।

क्यूबा के लिए आज के सन्दर्भों में 'विचारों के संघर्ष' का 1990 के दशक के उत्तरार्ध से विशिष्ट सन्दर्भ और महत्त्व है। तात्विक रूप से यह अवधारणा इस तथ्य को उजागर करती है कि क्यूबा के ऐतिहासिक चिरशत्रु के खिलाफ सबसे महत्त्वपूर्ण और निर्णायक लड़ाइयाँ विचारों के क्षेत्र में लड़ी और जीती जानी हैं। इसके साथ ही 'विचारों के संघर्ष' का वर्तमान सन्दर्भ क्यूबाई समाज द्वारा अपने अस्तित्व की रक्षा के लिए खुद से विकसित की गई रणनीति का द्योतक है।

विचारों के संघर्ष का मूल यह है कि अमेरिकी साम्राज्यवाद की दक्षिणपन्थी सामरिक आक्रामकता की नीति में बदलाव नहीं आने के चलते क्यूबा के लिए हमेशा सशस्त्र आत्मरक्षा के लिए मुस्तैद रहने की जरूरत के बावजूद किसी भी परिस्थिति में निर्णायक ताकत भौतिक, सामरिक या आर्थिक न होकर विचारधारात्मक रहेगी। इस बारे में फिदेल ने कहा : 'गहनतम प्रतिबद्धता और क्या किया जाना है, इसकी स्पष्ट समझदारी से बढ़कर ताकतवर कोई हथियार नहीं है। क्यूबाई जनता खुद को इस किस्म के हथियार से लगातार बेहतर ढंग से लैस करते रहना जारी रखेगी। एक ऐसा हथियार जिसके लिए

भारी-भरकम रकम की नहीं बल्कि मूल्यों और न्यायसंगत विचारों को गढ़ने और प्रसारित करने की क्षमता की दरकार है।'

सोवियत-पूर्वीयूरोपीय समाजवाद के ध्वंस के चलते दुनिया-भर में जनवादी और प्रगतिशील आन्दोलनों के अन्दर हताशा, अनिश्चय और संशय का जबर्दस्त धक्का लगा। इससे साम्राज्यवाद को और भी उद्दंड होने और पूरी दुनिया में अपनी आक्रामक दादागिरी तेज करने का अवसर मिला।

इन विपरीत परिस्थितियों में क्यूबा द्वारा लड़ी जा रही विचारों की लड़ाई इस बात का प्रतीक है कि क्यूबाई क्रान्ति 1959 से घात लगाए साम्राज्यवाद के तकनीकी-आर्थिक अहंकार और अधिनायकवाद की परवाह न करते हुए अपने शत्रुओं के खिलाफ वैचारिक आक्रामकता के रास्ते पर है। यह लड़ाई विश्व-मंच पर क्यूबा के अपना स्वतंत्र रुख रखने और उद्दंड दादागिरी के खिलाफ दृढ़तापूर्वक खड़े रहने का द्योतक है जो क्यूबा के साथ-साथ सम्पूर्ण मानवता के भी हित में है।

1980 के उत्तरार्ध से ही अमेरिका द्वारा क्यूबा के खिलाफ घुसपैठ, तोड़-फोड़ और सांस्कृतिक-वैचारिक हमलों का सघन अभियान चलाया जा रहा है। रीगन के 'नव दक्षिण' प्रशासन के जमाने से ही क्यूबा के खिलाफ मीडिया का एक हथियार के रूप में इस्तेमाल किया जा रहा है! बाद के प्रशासनिक अमलों ने भी इसी नीति पर चलते हुए क्यूबा के अन्दर 'पीढ़ियों के टकराव' की कामना करते हुए, खासकर सोवियत-पूर्वी यूरोपीय समाजवाद के अन्त के बाद 'ट्रैक टू' और 'पीपुल टू पीपुल' नीतियों की तर्ज पर जोरदार मनोवैज्ञानिक हमला बोला। क्यूबा का विचारों का संघर्ष इस अमेरिकी आक्रामकता के उभार के खिलाफ बचाव नहीं बल्कि वैचारिक आक्रामकता है जिसमें आधुनिक कम्युनिकेशन तकनीकों के साथ तमाम जरूरी संसाधनों और ऊर्जा का आदर्श उपयोग शामिल है।

'विचारों के संघर्ष' की वर्तमान अवधारणा मियामी क्यूबाई-अमेरिकन माफिया द्वारा अपहृत छः वर्षीय क्यूबाई बालक एलियान को उनके चंगुल से मुक्त कराकर पिता की देख-रेख में वापस क्यूबा लाने के लगभग सात माह लम्बे राष्ट्रीय जन-अभियान के दौर में विकसित हुई।

अमेरिकी दुष्प्रचार और 'क्यूबा एडजेस्टमेंट एक्ट' के दिवास्वप्नों के झाँसे में हजारों क्यूबाई अपनी जान पर खेलकर गैरकानूनी रास्तों से, पुरानी असुरक्षित नौकाओं में लद कर मियामी के लिए निकल पड़ते। इनमें से बहुत कम ही जीवित अमेरिकी तट पर पहुँच पाते। अपने दोस्त के बहकावे में आकर छः वर्षीय एलियान गोन्जालेज की माँ अपने पति को बिना बताये बच्चे के साथ अमेरिका के लिए निकल पड़ी। 14 लोगों के उस जत्थे में, जो एक असुरक्षित-पुरानी नौका पर सवार होकर चल पड़े थे, केवल तीन जीवित बचे। आमतौर पर यह घटना भी क्यूबा एडजेस्टमेंट एक्ट की तमाम त्रासदियों की कहानी में शुमार होकर खो जाती, मगर मौत की उस काली रात के आतंक में, समुद्र की लहरों पर डूबती-उतराती अपनी अन्तिम साँसें छोड़ने से पहले एलियान की माँ ने अपने बेटे को एक ट्यूब से बाँध दिया था! एलियान इस ट्यूब पर उतराता हुआ 25 नवम्बर, 1999 को जिन्दा बचा लिया गया। मियामी पहुँचने पर एलियान के रूप में प्रतिक्रियावादी और दक्षिणपन्थी तत्वों को क्यूबा के खिलाफ दुष्प्रचार का नायाब हथियार मिल गया। वापस

अपने पिता के पास भेजने के बजाय मानवीय नैतिकता के सारे तकाजे तोड़कर बच्चे को एक ऐसी राजनीतिक कठपुतली के रूप में इस्तेमाल किया गया जो दिन-रात टीवी और मीडिया की चकाचौंध में, ल्लीना रोस-लेटिनेज जैसी महिला साँसदों द्वारा अमेरिकी झंडे में लपेट कर दुनिया के सामने अमेरिकी विजय की ट्राफी के बतौर पेश किया जा रहा था। अबोध बच्चे से अमेरिकी नागरिकता के दस्तावेजों पर दस्तखत कराये जा रहे थे, क्यूबा से पिता अथवा अन्य किसी भी रिश्तेदार का फोन आने पर उसे प्रताड़ना मिलती और क्यूबा के किसी भी रिश्तेदार से मिलने नहीं दिया जाता।

एलियन के पिता जुआन मिगुएल गोंजालेज बारादेरो के टूरिस्ट रिसार्ट के कर्मचारी थे जिन पर अपने अबोध बेटे के विछोह का पहाड़ टूट पड़ा था। फिदेल ने जुआन मिगुएल से भेंट करके पूछा कि क्या वह अपने बेटे को वापस पाने और उसकी संरक्षा-लालन-पालन के अपने कानूनी और नैतिक अधिकार की रक्षा के लिए लड़ने को तैयार है? स्नेही पिता और देशभक्त क्यूबाई का जवाब था, 'हर कीमत पर हाँ।'

और यहाँ से शुरू हुआ सम्पूर्ण क्यूबाई जनता का अब तक का सबसे महत्त्वपूर्ण, भावपूर्ण कानूनी-राजनीतिक और वैचारिक अभियान। पहली रैली हवाना में अमेरिकी हित विभाग (अमेरिकन इन्टरेस्ट सेक्शन) के सामने हजारों छात्रों की थी। अमेरिकी हित विभाग की जगह विरोध-प्रदर्शनों की स्थायी जगह में तब्दील हो गई और लाखों की संख्या में क्यूबाई पुरुषों और महिलाओं ने सभाओं, मार्चों, विरोध प्रदर्शनों और तमाम अन्य तरीकों से हर अमेरिकी अमानवीय दादागिरी का विरोध करते हुए अपहृत अबोध एलियान की वापसी की माँग की। शिक्षकों, बुद्धिजीवियों, मनोवैज्ञानिकों, साहित्यकारों, कलाकारों ने टीवी कार्यक्रमों के जरिए दुनिया के सामने अपहरणकर्ताओं की अमानवीयता के अबोध एलियान पर पड़नेवाले भयावह प्रभावों का पर्दाफाश किया। इसके जरिए टीवी पर 'राउंड टेबुल विचार विमर्शों' का सिलसिला शुरू हुआ।

5 जनवरी, 2000 को अमेरिकी इमिग्रेशन एंड न्यूट्रलाइजेशन सर्विस ने जुआन मिगुएल की अपने बच्चे को पाने के अधिकार को स्वीकार किया और इसके बाद से एलियान को अपहरणकर्ताओं के चंगुल से आजाद कराने की लम्बी-जटिल कानूनी लड़ाई शुरू हुई। 6 अप्रैल को जुआन अपने बेटे को लेने वाशिंगटन पहुँचा। 16 दिन बाद फेडरल रेस्क्यू ऑपरेशन के जरिए एलियान को छुड़ाया जा सका और अन्ततः बाप-बेटे का मिलन हुआ। परन्तु इसके बाद भी जुआन को अपने बेटे के साथ वापस लौटने की अनुमति में दो महीने से ज्यादा लगे। आखिरकार अमेरिकी सुप्रीम कोर्ट ने 26 जून को जुआन के पक्ष में बेटे के साथ वापस लौटने का निर्णय सुनाया। 29 जून, 2000 को इस अद्भुत-अविस्मरणीय गाथा का पटाक्षेप हुआ जब हवाना के जोसमार्ती हवाई अड्डे पर जुआन अपने बेटे को सीने से लगाए उतरा और इंतजार में आँखें बिछाये उसके सम्बन्धियों के साथ हजारों क्यूबाई बच्चों और उनके अभिभावकों ने राष्ट्रगीत गाते हुए पिता-पुत्र का स्वागत किया।

एलियान की मुक्तिगाथा ने क्यूबा में एक नई चेतना का आगाज किया। यह वह घटना थी जिसने सम्पूर्ण क्यूबाई जनता को, समूचे राष्ट्र को एक लम्बे, जटिल और दूरगामी संघर्ष के लिए तैयार किया--पैशाचिक क्यूबन एडजेस्टमेंट एक्ट को मिटाने, क्यूबा

के खिलाफ अमानवीय और गैरकानूनी आर्थिक नाकेबन्दी को हटाने और क्यूबा की संप्रभुता, उसके गौरव के खिलाफ हर साजिश, हर हथकंडे को मिटाने का संघर्ष। फिदेल ने 19 फरवरी, 2000 को बारागुआ के ऐतिहासिक स्थल पर जहाँ 1878 में क्यूबा की आजादी की घोषणा हुई थी, लाखों की संख्या में जुटी क्यूबाई जनता के साथ क्रान्ति के इस नए संघर्ष की शपथ लेते हुए कहा : 'सम्पूर्ण राष्ट्र जनगोलबन्दियों, मोर्चों और ओपेन फोरम के विशाल राष्ट्रीय मंच में तब्दील हो गया है। पेशेवर विशेषज्ञ, गैर-पेशेवर कलाकार और वक्ता राउंड टेबुल कार्यक्रमों में राजनीति, शिक्षा और राष्ट्रीय-अन्तर्राष्ट्रीय संस्कृति के आज के सर्वाधिक प्रासंगिक सवालों पर विचार-विमर्श, बहसें चला रहे हैं। क्यूबा खुद को खोज रहा है, अपने भूगोल, अपने इतिहास, अपनी घरेलू मेधा, अपने बच्चों, नौजवानों, शिक्षकों, चिकित्सकों को गढ़ रहा है। दुनिया के सबसे ताकतवर देश के खिलाफ पिछले चालीस वर्षों के गौरवशाली संघर्षों में क्यूबा ने अकल्पनीय तकलीफें झेलते हुए मानवता को जिन्दा और सुरक्षित रखा है। क्यूबा आज खुद में पहले से कहीं ज्यादा विश्वास करता है और आज की दुनिया में अपनी छोटी सी ही सही, मगर बेहद महत्त्वपूर्ण भूमिका को बखूबी समझता है। हमारे अपराजेय हथियार हमारे क्रान्तिकारी, मानवीय और सार्वजनीन विचार हैं। इन विचारों पर परमाणु बम, सामरिक तकनीकी और सैन्य शक्ति, मास मीडिया के एकाधिकार और साम्राजी ताकतों की राजनीतिक-आर्थिक शक्तियों का कोई असर नहीं पड़ता। हम एक ऐसी दुनिया में रह रहे हैं जो दिनो-दिन बढ़ते शोषण के बोझ से दबी जा रही है, मगर बावजूद इसके यह दिनों-दिन अपने भय से मुक्त होती हुई सर्वशक्तिशाली बौद्धिक हथियारों से लैस होकर बागी और बेपरवाह भी होती जा रही है।'

एलियान-मुक्ति के सन्दर्भ में उभरी वैचारिक आक्रामकता जारी रखने का निर्णय लेते हुए फिदेल ने कहा : 'अपहृत बालक को आजाद कराने और अपने देश के अधिकारों की रक्षा के लिए ऐतिहासिक संघर्ष के इस दौर में विकसित ओपेन फोरम जारी रहेंगे। विचारों का यह संघर्ष, चट्टानी क्रान्तिकारी चेतना का यह निर्माण और सुदृढ़ीकरण, ज्ञान, सांस्कृतिक श्रेष्ठता और नैतिक एकजुटता के उच्चतम सम्भव स्तर तक पहुँचने का यह संघर्ष कभी नहीं रुकेगा। जब तक अन्याय का अस्तित्व है और साम्राज्यवादी व्यवस्था जिन्दा है, हमारी लड़ाई जारी रहेगी। जब साम्राज्यवाद का अस्तित्व मिट जाएगा, हम एक बेहतर एकजुट और मानवीय दुनिया के लिए संघर्ष करना जारी रखेंगे। यह लड़ाई हजारों तौर-तरीकों और कार्यनीतियों को अपनाते हुए जारी रहेगी। हमारे लोग हमेशा तैयार रहेंगे, उनके विचार हमेशा सुने और गुने जाएँगे और उनकी ताकत, उनकी ऊर्जा निर्णायक घड़ी के लिए हमेशा पूरी तरह तैयार, चाक-चौबन्द मिलेगी।'

प्रारम्भिक चरण से ही विचारों के संघर्ष की अवधारणा को ओपेन फोरम और टेलीविजन पर प्रसारित किए जाने वाले राउंड टेबुल विचार-विमर्श-बहसों आदि ठोस व्यावहारिक कार्यक्रमों के जरिए लागू किया गया था। हर नया कार्यक्रम व्यापक जन-भागीदारी, विशेषकर युवा भागीदारी का क्षेत्र व्यापक करता और आगे कार्यवाहियों और नई परियोजनाओं की माँग करता। इस व्यापक जन-युवा भागीदारी की प्रक्रिया ने बहुत सारे महत्त्वपूर्ण सामाजिक मुद्दों–अपराध, स्कूल ड्रापिंग, बेरोजगारी आदि को चिन्हित करने, उनके कारणों की पड़ताल करने और निदान के प्रशासनिक-सामाजिक उपाय

सुझाने का मार्ग प्रशस्त किया। इसके साथ ही इस प्रक्रिया के जरिए सामाजिक न्याय का स्तर उन्नत करने, व्यापक सार्वजनीन संस्कृति को विकसित करने और समाज के अन्दर नई स्थितियों के अनुरूप नई शैक्षिक-सांस्कृतिक परियोजनाओं की जरूरत पर बल दिया गया। समाजवाद के विकास की इस नई अवधारणा और दिशा ने बेहतर वैयक्तिक-सामाजिक जीवन-दशाओं और इनके लिए सामाजिक नीतियों की भूमिका की नई समझदारी का विकास किया।

'विचारों का संघर्ष' जनता की आधारभूत भौतिक जरूरतों को प्राथमिकता के साथ पूरा करने के कार्यभार को नजरअन्दाज नहीं करता। विशेषकाल के जमाने से ही अधिकांश बुनियादी जरूरतें–आवास, परिवहन, आम उपभोक्ता सामानों का संकट बना हुआ है। विचारों के संघर्ष के जरिए क्यूबाई जनता अपने भौतिक संकटों से घबराने, निराश होने अथवा अराजक स्थिति में पहुँच जाने की बजाय अपनी इफरात मानवीय पूँजी और न्यूनतम आर्थिक संसाधनों के आदर्श संयोजनों के जरिए तमाम तकलीफों से निजात पाने का रास्ता निकाल रही है।

31 मार्च, 2001 को हवाना ओपेन फोरम में फिदेल ने कहा : 'यूरोप से समाजवाद के अवसान और सोवियत संघ के ध्वंस से दुनिया-भर में प्रगतिशील विचारों और सामाजिक परिवर्तन की न्यायसंगत आकांक्षा को जबर्दस्त धक्का लगा था। वाम कतारों में हताशा, संशय, मनोबल गिरने के साथ कई नामचीन लोगों ने अपने पाले बदल लिए। शीतयुद्ध की समाप्ति के बाद एकमात्र बच गई महाशक्ति ने जब पूरी धरती पर अपने उद्‌दंड वर्चस्व का अभियान तेज किया तो बहुतों को उम्मीद हो चली कि क्यूबाई क्रान्ति बस चन्द दिनों, हफ्तों या ज्यादा से ज्यादा महीनों की मेहमान है। मगर क्यूबा के गौरवशाली प्रतिरोध ने समूची दुनिया को दिखा दिया कि दैत्याकार साम्राज्यवादी महाशक्ति से महज चन्द मील दूर इस छोटे से द्वीप द्वारा गौरव और संकल्प के साथ हिफाजत किए जाने वाले न्यायसंगत विचारों को कभी कुचला नहीं जा सकता...हम कभी उन सिद्धान्तों से मुँह नहीं मोड़ेंगे जो हमने अपने समूचे राष्ट्र के लिए न्याय हासिल करने और शोषण का अन्त करने के लिए संघर्षों में अपनाए हैं। हम मानवता के इतिहास और उन महान विचारकों से हमेशा प्रेरणा लेते रहेंगे जिन्होंने हमें बताया है कि सच्चा, समतामूलक मानवीय समाज रचने का एकमात्र रास्ता उत्पादन और सम्पदा वितरण की समाजवादी व्यवस्था है–मार्क्स, एंजेल्स और फिर लेनिन। बहुतेरे विश्वासघातियों और भगोड़ों की तरह हम उनका नाम न भूले हैं और न कभी भूलेंगे।'

'विचारों का संघर्ष' (बैटल ऑफ आइडियाज) क्यूबाई क्रान्ति और समाजवादी निर्माण के लिए फिदेल का विशिष्टतम योगदान है। सक्रिय राजनीतिक-प्रशासनिक जिम्मेदारियों से मुक्त होने के बाद भी फिदेल क्यूबा और दुनिया की महत्त्वपूर्ण घटनाओं पर पैनी नजर रखे हुए विचारों का संघर्ष चला रहे हैं–अपने सुदीर्घ क्रान्तिकारी जीवन के बहुमूल्य अनुभवों पर संस्मरण लिखते हुए, तमाम वैश्विक राजनीतिक घटनाक्रमों पर बेबाक राय रखते हुए और समाजवादी नवनिर्माण और क्रान्ति के रास्ते में किसी भी तरह के विचलन की निर्बाध आलोचना करते हुए उनका 'विचारों का संघर्ष' जारी है।

'स्पेशल पीरियड' : शान्तिकाल का आपातकाल

क्रान्ति की सफलता के समय क्यूबा की अर्थव्यवस्था लगभग पूरी तरह अमेरिका पर निर्भर थी। चीनी और निकल निर्यात के बदले क्यूबा अपनी रोजमर्रा और औद्योगिक जरूरतों के सामान और सामरिक-रक्षा उपकरण अमेरिका से आयात करता था। जैसे ही क्रान्ति ने आम जनता, सामाजिक न्याय और समतामूलक वितरण की दिशा में कदम उठाना शुरू किया, अमेरिका ने क्यूबा के खिलाफ आर्थिक, राजनीतिक, कूटनीतिक हमलों के साथ गैरकानूनी घुसपैठ और आतंकी कार्यवाहियों का चौतरफा हमला बोल दिया। 1962 से अमेरिका ने क्यूबा पर आर्थिक प्रतिबन्धों की जबर्दस्त नाकेबन्दी करते हुए न केवल अमेरिका और क्यूबा के बीच किसी भी तरह के व्यापार को प्रतिबन्धित कर दिया बल्कि अपने अन्तर्राष्ट्रीय दबदबे और दादागिरी का इस्तेमाल करते हुए पूँजीवादी दुनिया के ज्यादातर देशों को भी क्यूबा के साथ किसी तरह का व्यापारिक रिश्ता रखने से रोक दिया। अनैतिक, अमानवीय, गैरकानूनी नीतियों के जरिए क्यूबा में भूखों मरने के हालात पैदा करके क्रान्तिकारी सरकार के खिलाफ जनता को बगावत के लिए उकसाने और फिर इसे बहाना बनाकर सीधे हस्तक्षेप से प्रतिक्रान्तिकारी सत्ता-स्थापना की योजना थी। ऐसी सरकार बनाने के लिए क्यूबा से अमेरिका पलायित और देश के अन्दर भी बचे रह गए प्रतिक्रान्तिकारी दलालों की कमी नहीं थी।

अमेरिका का मंसूबा कभी कामयाब नहीं हो सका। अमेरिका के साथ रिश्तों के टूटने पर क्यूबा को सोवियत रूस और समाजवादी जगत के देशों के जरिए क्यूबा की आर्थिक-औद्योगिक-सामरिक जरूरतों और व्यापारिक रिश्तों की भरपाई होने लगी। अमेरिकी दादागिरी के चलते पूँजीवादी दुनिया और बाजार से बहिष्कृत क्यूबाई क्रान्ति अपने पहले तीन दशकों में सोवियत संघ और पूर्वी यूरोपीय समाजवादी समूह 'काउन्सिल ऑफ म्यूचुअल इकोनॉमिक असिस्टेन्स' (CMEA) पर अपनी अर्थव्यवस्था, उद्योग, तकनीक और सामरिक जरूरतों के लिए पूरी तरह निर्भर होती गई। सोवियत संघ क्यूबा के लिए फायदेमन्द दरों पर क्यूबाई निर्यात विशेषकर चीनी खरीदता और क्यूबा को अन्तर्राष्ट्रीय बाजार की तुलना में सस्ती दरों पर तमाम तरह के उत्पाद–पेट्रोलियम, खाद्यसामग्री, स्पेयर पार्ट्स, उपकरण, औद्योगिक मशीनरी, उर्वरक आदि बेचता। साथ ही क्यूबा को सस्ते ब्याज और सुविधाजनक शर्तों पर उदार ऋण उपलब्ध था जिनसे जरूरत की अन्य सामग्रियाँ विश्व-बाजार से खरीदी जा सकती थीं। क्यूबा सोवियत संघ से 63% खाद्य सामग्री, 80% मशीनरी और औद्योगिक उपकरण तथा 90% ऊर्जा जरूरतों के लिए तेल का आयात करता था। क्यूबा के सम्पूर्ण व्यापार में 85% सोवियत संघ और समाजवादी

जगत के देशों की भागीदारी थी। क्यूबा के अपने व्यापारिक जलपोत विदेश-व्यापारिक जरूरतों का महज 15-20% ढुलाई कर पाते थे। शेष सारी ढुलाई समाजवादी खेमे के व्यापारिक जहाज सस्ती दरों पर करते और इसके लिए नकद भुगतान की बजाय ज्यादातर कीमत क्यूबा को ऋण के रूप में जोड़ दी जाती।

1980 के दशक से अन्तर्राष्ट्रीय शक्ति-सन्तुलन की पेचीदगियों और खुद के आन्तरिक अन्तर्विरोधों के दबाव का असर सोवियत संघ और समाजवादी खेमे पर दिखने लगा था। अमेरिकी राजनय में दक्षिणपंथी राजनीति के आक्रामक उभार और सोवियत सत्ता-प्रतिष्ठान के अन्दरूनी समीकरणों की पेचीदगी के चलते सोवियत संघ की अन्तर्राष्ट्रीय भूमिका और दबदबा सीमित होने लगा था।

रीगन प्रशासन की क्यूबा के खिलाफ घोर प्रतिक्रियावादी-आक्रामक नीतियों के परिप्रेक्ष्य में फिदेल ने क्यूबा के रक्षामंत्री जनरल राउल कास्त्रो को सोवियत संघ के साथ सामरिक सम्बन्धों के सुदृढ़ीकरण के लिए सितम्बर 1981 में मास्को भेजा था। जनवरी 1981 में रीगन के राष्ट्रपति बनने के साथ ही क्यूबा के खिलाफ नए आक्रामक तेवर के साथ चौतरफा हमले हो रहे थे। इस आक्रामकता को एक नए दस्तावेज 'ए न्यू इन्टर-अमेरिकन पालिसी फॉर दि डेकेड ऑफ दि एट्टीज' में सूत्रबद्ध किया गया था जिसे 'सान्ताफे दस्तावेज' के नाम से भी जाना जाता है। इस दस्तावेज के मुताबिक अमेरिका के खिलाफ सोवियत संघ क्यूबा को अपना अड्डा बनाकर वार कर रहा था। इसलिए क्यूबा के खिलाफ तमाम जवाबी अभियान चलाये जाने थे जिनमें प्रतिक्रान्तिकारी प्रचार अभियान के लिए 'रेडियो मार्ती' और 'टीवी मार्ती' की स्थापना से लेकर, मियामी माफिया, सी.आई.ए. और भाड़े के आतंकियों के जरिए कार्यवाहियों और इनके सफल न होने पर प्रत्यक्ष सैन्य हस्तक्षेप तक की योजना शामिल थी।

इस पृष्ठभूमि में राउल कास्त्रो और सोवियत संघ के राष्ट्रपति लियोनिद ब्रेजनेव की मुलाकात 15 सितम्बर, 1981 को मास्को में हुई। क्यूबा के लिए इस मुलाकात का उद्देश्य शीर्षस्थ सोवियत नेताओं को परिस्थिति से अवगत कराते हुए सोवियत संघ और क्यूबा के बीच ऐसे कूटनीतिक-राजनीतिक समझौतों-कार्यवाहियों की जरूरत पर बल देना था जो रीगन प्रशासन को अपनी आक्रामक प्रतिक्रान्तिकारी कार्यवाहियों से विरत रखने के लिए प्रभावी हो सकें। राउल ने सुझाव दिया कि सोवियत संघ की ओर से अमेरिका को एक आधिकारिक विज्ञप्ति पर्याप्त होगी कि क्यूबा पर हमला सोवियत संघ पर हमला माना जाएगा और अमेरिका को 1962 के मिसाइल संकट के समय क्यूबा पर हमला नहीं करने की वचनबद्धता से पीछे हटने की इजाजत नहीं दी जाएगी।

क्यूबा के इस सुझाव पर ब्रेजनेव की साफ और सपाट प्रतिक्रिया थी कि क्यूबा के खिलाफ अमेरिकी हमले की स्थिति में सोवियत संघ 11,000 कि.मी. दूर क्यूबा में नहीं लड़ सकता है। सोवियत संघ ने अमेरिका को किसी तरह की चेतावनी और यहाँ तक कि केनेडी की अनाक्रमण की वचनबद्धता की याद दिलाने से भी इनकार कर दिया।

सोवियत नीति का यह बदलाव सोवियत महाशक्ति के आन्तरिक अन्तर्विरोधों, जड़ता और क्षरण का द्योतक था। यह इस बात का भी संकेत था कि जिस तरह क्यूबा ने अकेले

दम पर सफल क्रान्ति के जरिए आजादी हासिल की है उसी तरह उसे अपने अकेले बूते ही क्रान्ति और आजादी की हिफाजत भी करनी होगी।

इन हालात में फिदेल ने 'युद्धकाल के विशेषकाल' की अवधारणा रखी। क्यूबा में एक नई सामरिक रणनीति ने जन्म लिया–'सम्पूर्ण जनता का युद्ध' (वार ऑफ एन्टायर पीपुल)। इस अवधारणा के अन्तर्गत सम्पूर्ण राष्ट्र, समूची क्यूबाई जनता–स्त्री-पुरुष सब क्यूबा की रक्षा में लामबन्द हुए जिससे हमले की स्थिति में समूचा क्यूबा एक रणभूमि बन सके। क्यूबाई जनता के इस हौसले के आगे अमेरिकी दक्षिणपंथ और मियामी प्रतिक्रान्तिकारी प्रत्यक्ष हमले की हिम्मत नहीं जुटा सके।

क्यूबा में 'विशेषकाल' (स्पेशल पीरियड) के एक नए सन्दर्भ ने लगभग दस वर्ष बाद 1990 के दशक की शुरुआत से जन्म लिया। इस बार 'युद्धकाल का विशेषकाल' न होकर 'शान्तिकाल के विशेषकाल' की परिस्थितियाँ थीं।

1980 दशक के अन्तिम वर्षों से सोवियत संघ में आर्थिक-राजनीतिक और वैचारिक संकट गहराने लगा था। सुधार के नाम पर गोर्बाचेव की 'पेरेस्त्रोइका' और 'ग्लासनोस्त' नीति तेजी से सोवियत संघ को मार्क्सवादी-लेनिनवादी सिद्धान्तों से परे, समाजवादी ढाँचों के ध्वंस, अमेरिका के साथ बेहतर सम्बन्ध और पूँजीवादी बाजार में जगह तलाशने की ओर ले जा रही थी। राजनीतिक-भौगोलिक-वैचारिक बिखराव का यह रास्ता महज अन्तर्राष्ट्रीय पूँजीवाद, विशेषकर आक्रामक अमेरिकी दक्षिणपन्थ के दबाव का ही नतीजा नहीं था। पेरेस्त्रोइका और ग्लासनोस्त ने घोर समाजवाद-विरोधी तत्वों को उभारने के साथ ही उन तमाम बुराइयों को भी खुलकर सामने आने का मौका दिया जो सोवियत समाज-राजनीति और संगठन में स्तालिन के समय से ही चली आ रही थी। आर्थिक पुनर्निर्माण और आधुनिकीकरण के प्रयासों, अन्तरिक्ष विजय जैसी विस्मयकारी वैज्ञानिक सफलताओं और सामरिक महाशक्ति का दर्जा हासिल कर लेने के बावजूद सोवियत संघ राजनीति और संगठन की कमियों को कभी दूर नहीं कर सका। सोवियत कम्युनिस्ट पार्टी संगठन और नेतृत्व लगातार अपने आधार, आम सोवियत जनता, से कटता जा रहा था। बहुसंख्यक सोवियत जनता की समाजवाद में गहरी आस्था थी मगर सोवियत नेतृत्व उन्हें यह भरोसा दिला पाने में कभी कामयाब नहीं रहा कि उनकी नीतियों में आम जनता की भावनाएँ और विचार प्रतिबिम्बित हो रहे हैं। दूसरी तरफ, पूर्वी यूरोप के समाजवादी देशों में भी कभी नेतृत्व और जनता का गहरा रिश्ता नहीं बन सका और न ही समाजवाद अपनी जड़ें आम जनता के बीच जमा पाया। वहाँ का समाजवाद द्वितीय विश्वयुद्ध के अन्त पर सोवियत लाल सेना और रूजवेल्ट-स्तालिन-चर्चिल के याल्ता समझौते की उपज था।

स्वाभाविक रूप से सोवियत रूस में हो रहे परिवर्तनों ने समूचे पूर्वी यूरोप में नई सामाजिक ताकतों को उभारने का काम किया और एक के बाद एक समाजवादी खेमे के देश सोवियत संघ और वारसा सन्धि से अलग होने लगे। 1991 के उत्तरार्ध में, खासकर गोर्बाचेव के खिलाफ तख्तापलट के विफल प्रयास के बाद की घटनाओं ने सोवियत संघ को पूरी तरह विखंडित करते हुए पृथ्वी के उस गोलार्ध से कम्युनिस्ट पराभव की प्रक्रिया पूरी कर दी।

क्यूबा में आनेवाले संकट की आहट फिदेल काफी पहले से महसूस कर रहे थे। जुलाई 1989 में ही फिदेल ने क्यूबा के नेतृत्व और जनता को समाजवादी खेमे के अस्तित्व में नहीं रह जाने और यहाँ तक कि खुद सोवियत संघ के भी बिखर जाने की सम्भावना से आगाह किया था। अक्टूबर 1990 में उन्होंने शान्तिकाल की विशेष परिस्थितियों से निपटने के लिए कार्य-दिशानीति तैयार कर ली थी। 1 जनवरी, 1992 को, फिदेल ने क्यूबा की राष्ट्रीय संसद (नेशनल असेम्बली ऑफ पीपुल्स पावर) को बताया कि 1992 विशेषकाल की शुरुआत है—इसका पहला साल है।

समाजवादी खेमे और सोवियत बिखराव का क्यूबा पर भयावह प्रभाव पड़ा। 1991 के अन्त में गोर्बाचेव ने क्यूबा में लगभग 3,000 सैनिकों के अन्तिम प्रशिक्षण दस्ते की वापसी की एकतरफा घोषणा की। इन सैनिकों की उपस्थिति का महज सांकेतिक महत्त्व था मगर इस एकतरफा घोषणा के निहितार्थ कहीं गहरे थे। अब क्यूबा को सोवियत संघ से किसी भी तरह की उम्मीद नहीं रखनी थी। 1992 में रूस ने क्यूबा को सामरिक साजो-सामान और प्रशिक्षण कार्यक्रमों में कटौती का निर्णय लेते हुए सूचित किया कि भविष्य में होनेवाली सैन्य उपकरणों और हथियारों की सभी आपूर्ति व्यावसायिक आधारों पर ही की जाएगी। यह क्यूबा की सैन्य क्षमता के लिए बड़ा आघात था।

मगर असली संकट पूर्ववर्ती समाजवादी खेमे और सोवियत संघ के साथ आर्थिक-व्यापारिक सम्बन्धों का खात्मा था जिसने क्यूबा के सामने क्रान्ति और जनता के अस्तित्व और पिछले तीस वर्षों की सामाजिक-आर्थिक-जन कल्याणकारी उपलब्धियों को बचाए रखने का संकट ला खड़ा किया। दशकों से समाजवादी खेमे के साथ बेहद सुविधाजनक शर्तों पर सारा व्यापारिक कार-बार चलाते रहने के बाद अचानक अब क्यूबा के लिए कोई व्यापारिक भागीदार नहीं था। तीस साल बाद एक बार फिर उसे अपना सम्पूर्ण व्यावसायिक पुनर्संयोजन करना था। इस बार एक-ध्रुवीय दुनिया के पूँजीवादी बाजार में ही अपने साझीदार तलाशने के अलावा कोई रास्ता नहीं था। विश्व-बाजार से कोई सम्बन्ध न बनने देने के लिए अमेरिकी दादागिरी और साजिशें चरम पर थीं।

समाजवादी खेमे के साथ क्यूबा का व्यापार लगभग समाप्त हो चुका था जो उसके कुल व्यापारिक कारोबार का 85% था। भूतपूर्व सोवियत संघ के साथ व्यापार 90% से ज्यादा घटकर 1989 में 8.7 बिलियन डॉलर से 1993 में महज 750 मिलियन रह गया। पूर्वी यूरोप के देशों के साथ व्यापार नहीं के बराबर रह गया। सोवियत तेल आपूर्ति जो क्यूबा की ऊर्जा जरूरतों का 90% पूरा करती थी 1989 में 13 मिलियन टन से घटकर 1992 में 1.8 मिलियन रह गई। उर्वरक आपूर्ति 80% घटकर 1.3 मिलि. टन से 25,000 टन पर सिमट गई। पशु आहार 70% घटकर 1.6 मिलि. टन से 45,000 टन रह गया।

क्यूबा की सम्पूर्ण आर्थिक क्षमता-उसकी क्रय शक्ति मुश्किल से एक चौथाई रह गई—1989 में 8,139 मिलि. पीसो से घटकर 1993 में महज 2,000 मिलियन। विश्व-बाजार से खरीदारी के लिए वित्त प्रबन्धन-ऋण का समूचा स्रोत सूख चुका था। सकल राष्ट्रीय उत्पाद 1990 से 1993 के बीच 35% घट गया। क्यूबा के पास बेचने के लिए केवल चीनी और निकिल जैसे कृषि और खनिज कच्चे माल थे और खरीदने के लिए

देश और जनता के जीवन की सारी जरूरतें। मगर न तो क्यूबा को कोई सामान बेचनेवाला था न क्यूबा के पास खरीदने की क्षमता। बाजार भी मानो क्यूबा के खिलाफ साजिश कर रहा था। अन्तर्राष्ट्रीय बाजार में चीनी की कीमत घट और तेल की कीमत लगातार बढ़ रही थी।

आँकड़ों के इस भयावह मकड़जाल से कहीं ज्यादा त्रासद पक्ष संकट का मानवीय पहलू था। 1989 तक भोजन, स्वास्थ्य, परिवहन, ऊर्जा की विश्वस्तरीय बेहतरीन सुविधाओं का लाभ ले रही क्यूबाई जनता के सामने खाद्यान्न, विटामिन, दवाओं, परिवहन, ऊर्जा का विकराल और हर दिन गहराता संकट था। क्यूबा का जन-जीवन अभाव के उस दुश्चक्र में आ चुका था जहाँ आपूर्ति का कोई रास्ता नहीं था और रोजमर्रा की छोटी से छोटी जरूरतों के लिए भी भारी जद्दोजहद करनी पड़ रही थी। कपड़े, साबुन-तेल, दवाइयाँ, स्पेयर पार्ट, तमाम चीजों का स्टाक तेजी से घट रहा था। जिन चीजों की 1989 में इफरात उपलब्धता थी वे अब बहुत मुश्किल से मिल पा रही थीं और जिनकी उपलब्धता सीमित थी, वे गायब हो चुकी थीं। महीने की राशनिंग आपूर्ति बमुश्किल 15 दिन की जरूरतें पूरी कर पा रही थी। 300 से ज्यादा जरूरी दवाएँ गायब थीं। सारी आवासीय परियोजनाएँ बन्द हो चली थीं और मौजूद मकानों की मरम्मत और देख-रेख का साधन नहीं था।

तेल की कमी के चलते औद्योगिक इकाइयाँ और मिलें बन्द हो रही थीं जिनसे उत्पादन में कमी और उपभोक्ता वस्तुओं का अभाव बढ़ता जा रहा था। तेल, स्पेयर पार्ट और कच्चे माल के अभाव में आधी से ज्यादा इकाइयाँ बन्द पड़ी थीं। मिल बन्दी, उत्पादन कटौती, परिवहन कठिनाइयों के चलते 20% से ज्यादा आबादी के विस्थापन का संकट था। ट्रैक्टरों, हार्वेस्टरों, ट्रकों की जगह पशु-शक्ति से काम चलाना पड़ रहा था। पशु आहार के अभाव में मांस और अंडे का उत्पादन घट रहा था। उर्वरक, कीटनाशक और ऊर्जा के अभाव में कृषि उत्पादकता घट रही थी। ऊर्जा के अभाव में परिवहन सेवाएँ और विद्युत आपूर्ति भी बुरी तरह प्रभावित थी। बसों के स्थान पर जन परिवहन के लिए लगभग 70 लाख साइकिलें वितरित की गईं। प्रकृति ने भी इस विकराल संकट में अपना योगदान किया। मार्च 1993 की सर्दियों में आए तूफान ने समूचे क्यूबा को तबाह कर दिया। एक बिलियन डॉलर से ज्यादा सम्पदा का नुकसान हुआ और एक लाख पचास हजार से ज्यादा लोग बेघर-बार हो गए। क्यूबा के अभूतपूर्व संकट की ये घड़ियाँ क्यूबा के चिर शत्रुओं के लिए मुँहमाँगी मुराद थीं। तीन दशकों से भी ज्यादा समय तक क्यूबा को भूखों मारकर घुटने टेकने पर मजबूर करने की हर चाल में नाकामयाब अमेरिकी प्रशासन और मियामी के क्यूबाई-अमेरिकी माफिया प्रतिक्रियावादियों को लगा कि इस नाजुक मौके पर निर्णायक चोट क्यूबा बर्दाश्त नहीं कर पाएगा। फिदेल सरकार का पतन अब महज चन्द दिनों की बात है। मियामी और वाशिंगटन में जश्न का माहौल था। मियामी में वैकल्पिक सरकार बनाने की तैयारियाँ होने लगीं।

अमेरिकी प्रशासन ने क्यूबा के खिलाफ आर्थिक-व्यापारिक प्रतिबन्धों को और घातक बनाने के साथ क्यूबा के अन्दर आतंक और अस्थिरता फैलाने के लिए बढ़-चढ़कर कदम उठाने शुरू किए। अप्रैल 1992 में राष्ट्रपति जार्ज बुश सीनियर ने प्रशासनिक आदेश जारी

करके क्यूबा के साथ व्यापार करनेवाले जहाजों के अमेरिकी बन्दरगाहों पर आने पर पाबन्दी लगा दी जिससे क्यूबा को कहीं से भी व्यापारिक जहाजी सेवाएँ न मिल सकें। इसी आदेश के जरिए क्यूबाई-अमेरिकी नागरिकों द्वारा क्यूबा में अपने परिवारों को मानवीय सहायता–कपड़े, दवाएँ आदि भेजने की सीमा घटा दी गई।

अक्टूबर 1992 में बुश प्रशासन और अमेरिकी कांग्रेस ने 'टोरिसेल्ली बिल' (क्यूबा डेमोक्रेसी कानून) पारित किया जिसके जरिए अमेरिकी राष्ट्रपति को उन तमाम देशों के खिलाफ आर्थिक प्रतिबन्ध और दबाव के उपाय लागू करने का अधिकार मिल गया जिनके क्यूबा के साथ आर्थिक-व्यापारिक रिश्ते हों। इसके साथ ही इस कानून के जरिए तीसरे देशों में अमेरिकी कम्पनियों की किसी भी सहायक कम्पनी (सब्सिडियरी) को क्यूबा में किसी भी प्रकार का निवेश करने अथवा व्यापारिक सम्बन्ध रखने से प्रतिबन्धित कर दिया गया। पूर्वी यूरोपीय देशों से व्यापारिक रिश्तों के टूटने के बाद तीसरे देशों की इन कम्पनियों के साथ क्यूबा का कारोबार 1992 तक तीन गुना बढ़कर 705 मिलि. डॉलर वार्षिक से ज्यादा का हो चुका था और इस व्यापार का 90% से ज्यादा हिस्सा खाद्य-पदार्थों, दवाओं और कृषि सम्बन्धित मूलभूत जीवनरक्षक आपूर्तियों का था। टोरिसेल्ली कानून ने इस पर पूरा प्रतिबन्ध लगा दिया। इसी कानून का एक और प्रावधान था कि ऐसा कोई भी जहाज जिसका क्यूबा के साथ व्यापार में प्रयोग हुआ हो अपनी क्यूबा यात्रा के अगले छः महीनों तक अमेरिकी बन्दरगाह पर रुकने अथवा किसी भी सेवा का इस्तेमाल नहीं कर सकता है। यह क्यूबा की अन्तर्राष्ट्रीय व्यापार क्षमता पर बड़ी चोट थी। क्यूबा के अपने व्यापारिक जहाज महज 20% ढुलाई कर सकते थे, शेष ढुलाई करने के लिए पुराने समाजवादी खेमे के देशों के जहाजों ने साफ इनकार कर दिया जब तक कि पूरी ढुलाई जिसमें ढुलाई भाड़े के साथ-साथ इस कानून के चलते जहाजों को होनेवाले व्यापारिक नुकसान की भरपाई भी शामिल थी, का नकद भुगतान न हो जाए। इसकी कीमत लाखों डॉलर में थी। इस कानून से अमेरिकी राष्ट्रपति को ऐसे किसी भी देश के खिलाफ, जो क्यूबा को किसी भी तरह की सहायता मुहैया करा रहा हो अमेरिकी आर्थिक सहायता, ऋण सुविधा और मुक्त व्यापारिक समझौतों को प्रतिबन्धित करने का अधिकार मिल गया। क्यूबाई जनता को भूख और बीमारी से मारने के ये तमाम उपाय करने के साथ ही इस कानून ने अमेरिकी प्रशासन को एक और अति महत्त्वपूर्ण मोर्चे पर हमले के अपरिमित अधिकार दिए। 'ट्रैकटू' नीति के तहत क्यूबा के खिलाफ दुष्प्रचार-झूठी सूचनाओं-अफवाहों और वैचारिक हमलों का जबर्दस्त अभियान। अमेरिका में रह रहे क्यूबा-विरोधियों, माफिया गुटों और पुराने राजनीतिज्ञों को क्यूबा के अन्दर तोड़-फोड़-आतंकी कार्यवाहियों, विस्फोटों, फसलों पर रासायनिक हमलों, सी.आई.ए. एजेंटों और भाड़े के आतंकियों की घुसपैठ, क्यूबाई जल और वायु सीमा के उल्लंघन और दुष्प्रचार की खुली छूट और शह मिलने लगी। रेडियो और टीवी से लगातार क्यूबा के खिलाफ झूठी खबरें, समाजवाद के अन्त का बढ़-चढ़कर प्रचार और अनर्गल-झूठी कहानियों के जरिए क्यूबाई जनता का मनोबल तोड़ने और उसे विद्रोह के लिए उकसाने की कोशिशें होने लगीं। क्यूबा से लोगों को गैरकानूनी तौर-तरीकों से खासकर जहाजों, नावों पर कब्जा करके पलायित होने के लिए प्रोत्साहित किया जाने लगा।

इन उपायों के अलावा अमेरिकी प्रशासन क्यूबा के लिए मदद और विदेशी मुद्रा कमाई के किसी भी मुमकिन स्रोत पर चोट पहुँचाने के तमाम प्रशासनिक उपाय भी कर रहा था। नवम्बर 1992 से अमेरिका से क्यूबा-भ्रमण अथवा अपने परिवारजनों से मिलने के लिए यात्राओं पर प्रतिबन्ध कड़े कर दिए गए। ऐसी यात्राओं पर किए जा सकने वाले खर्च की सीमा घटा दी गई। यात्रा में साथ ले जाए जा सकने वाले सामानों की भार-सीमा घटा दी गई और अतिरिक्त शुल्क देकर अतिरिक्त भार प्रतिबन्धित कर दिया गया जिससे क्यूबा में भेजे जा सकने वाली उपभोक्ता सामग्रियों पर रोक लगाई जा सके।

दिन, महीने और साल बीतने लगे और इन तमाम उपायों के बावजूद अमेरिकी प्रशासन और मियामी में बसे क्यूबाई भगोड़ों की उम्मीदें पूरी नहीं हुईं। समूचा क्यूबा अपनी क्रान्ति, अपनी आजादी और अपनी उपलब्धियों की रक्षा के लिए एकताबद्ध होकर, हर तरह की कठिनाइयों को झेलता फिदेल कास्त्रो के नेतृत्व में मुस्तैद था। एक बार फिर अमेरिकी प्रशासन और मियामी प्रतिक्रियावादियों ने मिलकर हमला बोला। इस हमले का नाम था 'हेल्मस्-बर्टन कानून'। इस कानून पर राष्ट्रपति क्लिंटन ने 24 फरवरी, 1996 को हस्ताक्षर किए। इसी दिन क्यूबा ने मियामी माफिया के एक संगठन 'ब्रदर्स ऑफ रेस्क्यू' भाड़े के हत्यारों के दो छोटे जहाजों को, जो कई दिनों से लगातार क्यूबाई वायुसीमा में घुसपैठ करके हवाना और आसपास बमबारी करने के साथ पर्चे गिराकर जनता को विद्रोह के लिए उकसाने की कार्यवाही कर रहे थे, मार गिराया था। यह बिल क्लिंटन के पास 20 अगस्त, 1994 से पड़ा था जिसे वह अतिवादी और अनावश्यक होने के आधार पर टालते रहे थे। प्रशासन के दक्षिणपंथी धड़े ने इस घटना को आधार बनाकर क्लिंटन को दस्तखत के लिए मजबूर कर दिया।

कानून का मकसद किसी भी विदेशी स्रोत से क्यूबा को कोई भी आर्थिक-वित्तीय मदद और आपूर्ति पर पूरी तरह रोक लगाना तथा क्यूबा के साथ कारोबारी रिश्ते रखनेवाली कम्पनियों को प्रतिबन्धित करना था। इसके अलावा हेल्मस्-बर्टन कानून क्यूबा में प्रतिक्रान्तिकारी गुटों की गतिविधियों के समर्थन को कानूनी मान्यता देता है और क्यूबा में क्रान्ति की पराजय के बाद वहाँ की राजनीति और समाज के स्वरूप निर्धारण का अमेरिका को अधिकार देता है। संक्षेप में हेल्मस्-बर्टन कानून क्यूबा की जनता को भूखों तड़पाकर समर्पण के लिए मजबूर करने और क्यूबा का अमेरिका में विलय कर लेने की कार्य योजना थी।

इस दौर के बाहरी कारकों और उत्प्रेरकों–समाजवादी खेमे का अवसान और अमेरिकी दक्षिणपन्थ-मियामी प्रतिक्रान्तिकारियों के आक्रामक गठजोड़ के अलावा क्यूबा संकट और 'विशेषकाल' के लिए आन्तरिक कारण भी जिम्मेदार थे। ये आन्तरिक कारण क्यूबा में समाजवाद के निर्माण में खासकर 1976 से अपनाए गए राज्य अतिकेन्द्रित विकास मॉडल की सीमाएँ और विसंगतियाँ थीं। 1980 दशक के मध्यकाल से ही इस मॉडल की सीमाएँ दिखने लगी थीं। 1990 का दशक आते-आते सोवियत संघ और पूर्वी यूरोपीय देशों से समाजवाद के सफाये ने इनके साथ मिलकर क्यूबा को अब तक के सबसे विषम संकट के दौर में ढकेल दिया।

क्यूबा के लिए 'विशेषकाल' का यह दौर महज आर्थिक संकट का मसला नहीं था, यह समाजवाद की अवधारणा को सही मायनों में आत्मसात करने के साथ मूल्यों और

नैतिकता के संकट का भी मसला था। यह क्यूबाई समाज के पुनःरूपान्तरण का मसला था। इसीलिए 'विशेषकाल' की नीतियों और कार्ययोजनाओं का दायरा भी महज आर्थिक क्षेत्र तक सीमित नहीं था। इन नीतियों और कार्ययोजनाओं का मुख्य आधार राजनीतिक और वैचारिक धरातल पर सृजनशील गतिशीलता को सुनिश्चित करने पर बल देना था– विशेषकर आम नागरिकों, कामगारों में क्रान्ति और उसकी उपलब्धियों के प्रति अविचल विश्वास, इसकी रक्षा के लिए हर कुर्बानी देने की दृढ़ इच्छा-शक्ति, संकल्प और क्षमता को नया आयाम देना। संकट से निपटने की नीतियाँ और कार्य-योजनाएँ सम्पूर्ण जनता के आत्मगौरव, राष्ट्रभक्ति, संघर्षशीलता और अदम्य समाजवादी चेतना पर आधारित थीं। यह सम्पूर्ण जनता का युद्ध था।

क्यूबा ने अपने संकट के समाधान का यही रास्ता क्यों चुना? जब सोवियत संघ पेरेस्त्रोइका और ग्लासनोस्त पर सवार होकर समाजवादी चोला उतार फेंकते हुए पूँजीवाद के सामने समर्पण कर रहा था, जब एक के बाद एक पूर्वी यूरोपीय समाजवादी देश पूँजीवाद की गोद में बैठते जा रहे थे, जब पूँजीवाद दुनिया से समाजवाद, इतिहास और विचारधारा के अन्त का ढिंढोरा पीट रहा था, जब क्यूबा का साथ देनेवाला एक भी देश-दुनिया के नक्शे पर नहीं दिख रहा था तब भी क्यूबा अकेला, अपने दम पर, अस्तित्व के संकट को झेलते हुए अपने गौरव, समाजवाद के गौरव की रक्षा में क्यों जी-जान लड़ा रहा था जबकि उसके सामने भी पूँजीवाद के सामने घुटने टेककर, नतमस्तक होकर संकट से निकलने का रास्ता खुला था? कारण स्पष्ट है। क्यूबाई क्रान्ति, सोवियत क्रान्ति की तरह न तो अपनी जड़ों, आम जनता, से अलग हुई और न ही पूर्वी यूरोपीय देशों की तरह किसी समझौते अथवा विदेशी सेना के बल पर थोपी गई थी। क्यूबा में 1 जनवरी, 1959 को हुई सफल क्रान्ति और इसी के साथ शुरू हुई सामाजिक नवनिर्माण की समाजवादी प्रक्रिया 19वीं सदी के प्रारम्भ से ही वहाँ नागरिक आजादी और राजनीतिक स्वतंत्रता के लिए चल रहे अनथक संघर्षों की चरम परिणति थी। क्यूबा की समाजवादी क्रान्ति अपनी पूर्ववर्ती ऐतिहासिक प्रक्रिया, मार्तीवादी संघर्ष के तारतम्य और संगति में थी। क्रान्ति के बाद इसकी रक्षा और क्यूबाई समाज के नवनिर्माण के हर प्रयास में फिदेल ने क्यूबा की समूची जनता को शामिल किया। क्रान्ति की हर उपलब्धि को पूरे समाज में सामाजिक न्याय के आदर्शों के अनुरूप वितरित किया। फिदेल ने सियेरा पहाड़ियों के गुरिल्ला जीवन की नीति को हमेशा याद रखा, अभाव में जो भी उपलब्ध है, उसे सैनिक-अधिकारी सभी समान रूप से उपभोग करेंगे। अगर अभाव है तो वह सबके लिए, अगर प्रचुरता है तो वह भी सभी के लिए। समाजवादी नवनिर्माण के उन प्रारम्भिक वर्षों में, जब अमेरिकी प्रशासन और प्रतिक्रियावादी ताकतें हर हथकंडा अपनाकर क्यूबा में तोड़-फोड़-आतंक और अस्थिरता फैलाने और आम जनता को क्रान्तिकारी सरकार के खिलाफ बगावत के लिए उकसाने की कोशिशें कर रही थीं, फिदेल ने क्यूबा की जनता पर अविचल भरोसा करते हुए लाखों क्यूबाई आम नागरिकों के हाथों में हथियार थमाया और उन्हें लामबन्द करके प्रतिक्रान्तिकारी तत्वों का सफाया किया। 1980 के दशक की शुरुआत में, जब सोवियत संघ ने क्यूबा के लिए अमेरिका से टकराने का जोखिम लेने से साफ इनकार कर दिया, फिदेल ने समूचे क्यूबा को आजादी और समाजवाद की रक्षा में लामबन्द किया और इसे युद्धकाल का

विशेषकाल कहा। हर कदम पर क्यूबा की जनता ने क्रान्ति को, क्रान्ति की उपलब्धियों को, समाजवाद को अपनी खुद की रचना, अपनी खुद की उपलब्धि माना क्योंकि सामाजिक नवनिर्माण के हर प्रयास में उनकी भागीदारी थी। स्वाभाविक था कि 1990 के दशक के प्रारम्भ से शान्तिकाल के इस विषम संकट से निपटने के लिए 'विशेषकाल' नीतियाँ भी 'सम्पूर्ण जनता के युद्ध' के आदर्श, नैतिकता और आत्मबलिदान के अपराजेय आधार पर बनाई गईं और समूचे राष्ट्र का एकजुट होकर संकट से निपटने का आह्वान किया गया।

1991 में क्यूबा की कम्युनिस्ट पार्टी की चौथी कांग्रेस ने स्थितियों की समीक्षा करते हुए राष्ट्र, क्रान्ति और समाजवाद की रक्षा की सर्वोपरि जरूरत को रेखांकित किया जो सम्पूर्ण क्यूबाई जनता की महानतम रचनाएँ थीं और जिनके लिए अकल्पनीय त्याग, बलिदान और संघर्ष किया गया था। इसे ध्यान में रखते हुए कांग्रेस ने संविधान और पार्टी बाइलॉज में आवश्यक सुधार और संशोधनों के प्रावधान किए। कांग्रेस ने संकट से निपटने और इससे बाहर आने के लिए रणनीति की भी आधारशिला रखी।

इस रणनीति में वे तमाम उपाय शामिल किए गए जिनसे आर्थिक दक्षता, प्रतिस्पर्धी क्षमता और आन्तरिक अर्थव्यवस्था में आवश्यक सुधार लाये जा सकें, आन्तरिक ऋण की स्थिति सुधारी जा सके, क्यूबाई अर्थव्यवस्था को अन्तर्राष्ट्रीय अर्थव्यवस्था के साथ नए सिरे से संयोजित किया जा सके, देश में विदेशी निवेश को प्रोत्साहित किया जा सके और क्यूबा के राजकीय उपक्रमों को सक्षम और दक्ष बनाया जा सके। आर्थिक सुधारों और परिवर्तनों को बहुत व्यवस्थित और चरणबद्ध तरीके से लागू किया जाना था। मौद्रिक-व्यापारिक प्रोत्साहन तथा पूँजीवादी प्रबन्धन की किसी भी प्रक्रिया को नियन्त्रित तरीके से सावधानीपूर्वक लागू करना था जिससे क्यूबाई अर्थव्यवस्था का ह्रास रोका जा सके और घरेलू अर्थव्यवस्था को फिर से गतिशील करके संकट से बाहर निकलने की शुरुआत की जा सके। ऐसे किसी भी प्रयास का सर्वोच्च मापदंड सामाजिक न्याय और क्रान्ति की उपलब्धियों के मूल तत्वों को सुरक्षित रखना था।

इस रणनीति के तहत अपनाए गए उपायों में विशाल राजकीय कृषि उपक्रमों को नई किस्म के छोटे-छोटे सहकारी उपक्रमों में विकेन्द्रित करना, सरकारी मशीनरी को दुरुस्त और पुनर्संयोजित करना, विदेशी पूँजी निवेश को प्रोत्साहित करना, नकद मुद्रा की दृष्टि से पर्यटन उद्योग को तेजी से विकसित करना और स्वरोजगार की सम्भावनाओं को विकसित करना, आदि शामिल थे। इन उपायों के जरिए कुछ हद तक पूँजीवादी-बाजार नीतियों को जगह दी गई जिससे विश्व-बाजार में हिस्सेदारी और पुनर्संयोजन किया जा सके। परन्तु ऐसे किसी भी उपाय अथवा सुधार पर क्रान्तिकारी सरकार की पूरी नजर व नियन्त्रण था जिससे क्रान्ति और समाजवाद के मूल तत्वों से कोई समझौता न हो और आम जनता के हित में कल्याणकारी योजनाओं-कार्यक्रमों पर आँच न आने पाए। संकट की विषमतम घड़ियों में भी कोई अस्पताल या स्कूल बन्द नहीं किया गया, किसी नागरिक सेवा में कटौती नहीं की गई और पेंशन व अन्य सुविधाएँ बहाल रखी गईं।

अस्तित्व के संकट से जूझते क्यूबा के लिए विश्व-बाजार में जगह बनाने की दृष्टि से पूँजीवादी रियायतों के उपाय मजबूरी थे। स्वाभाविक रूप से पूँजीवादी रियायतों के साथ

इनसे जुड़े खतरे भी थे। विश्व-बाजार में क्यूबा की भागीदारी निहायत प्रतिकूल और गैरबराबरी की स्थितियों में होती थी। क्यूबाई अर्थव्यवस्था की क्रयशक्ति का आधार कच्चा माल और सेवाएँ थीं तथा बदले में उसे तमाम तरह के उपभोक्ता, औद्योगिक उत्पादों, मशीनरी और तकनीक की जरूरत थी।

आर्थिक सुधार के उपायों ने क्यूबाई समाज में वैषम्य और अन्तर्विरोधों को जन्म दिया। डॉलर की मान्यता के साथ विषमता बढ़ी। मुश्किल से चौथाई जनता के पास किसी न किसी तरह डॉलर हासिल करने का जरिया था-चाहे वह अमेरिका में रह रहे क्यूबाई-अमेरिकनों द्वारा भेजा गया हो, संयुक्त उपक्रमों में काम करके कमाया गया हो या फिर पर्यटन उद्योग के जरिए हासिल किया गया हो और जिसके पास डॉलर था, उसके लिए बेहतर जीवन सुविधाएँ उपलब्ध थीं। क्यूबा के कृषि व खाद्य उत्पादों का अच्छा-खासा हिस्सा पर्यटन उद्योग को जा रहा था जिसकी आम जनता को जरूरत थी। पर्यटन उद्योग से जुड़े लोग डॉलर के बदले ढेर सारी 'पीसोमुद्रा' खरीदकर अपनी जरूरत की चीजें बाजार से हासिल कर सकते थे। एक टैक्सी ड्राइवर, होटल का दरबान या पर्यटकों को कमरा किराये पर देनेवाला एक दिन में जितना कमा लेता उतना एक निर्माण उद्योग कामगार, शिक्षक या डॉक्टर का महीने भर का वेतन था। इस आर्थिक विषमता ने कालाबाजारी और 'लुकार्ला'–उलटे-सीधे गैरकानूनी रास्तों से अतिरिक्त कमाई को जन्म दिया। पर्यटन के साथ वेश्यावृत्ति और अपराध की घटनाएँ भी नजर आने लगीं। एक बड़ा वैचारिक खतरा संकट से निपटने की सामूहिक चेतना की व्यक्तिगत समाधान निकालने की प्रवृत्ति के उभार का भी था।

फिदेल शुरू से ही राष्ट्र को इन रियायतों के राजनीतिक-सामाजिक खतरों के प्रति आगाह करते रहे थे और इन रियायतों के क्रियान्वयन पर नजर रखे हुए थे। सन् 2003 से क्रान्तिकारी सरकार ने इन रियायतों के चलते उभर रहे खतरों के सन्दर्भ में आवश्यक पुनर्संयोजन किया। मुक्त डॉलर की जगह परिवर्तनीय मुद्रा CUC लागू की गई जिस पर कड़ा राजकीय नियन्त्रण रखा गया, विदेश व्यापार को फिर से राजकीय नियन्त्रण के दायरे में लाया गया, स्वरोजगार और निजी व्यापार की रियायतों को सीमित किया गया और इसके साथ विदेशी निवेश और संयुक्त उपक्रमों के नियम भी आम जनता-मजदूरों के हित में कठोर किए गए।

1992 और 1993 के पहले दो वर्षों में आर्थिक संकट की विषमता के प्रभावों को यथासम्भव कम किए जाने के आवश्यक उपाय लागू किए जा चुके थे। अब एक सम्पूर्ण और समेकित कार्ययोजना बनाने और लागू करने का समय था जिसके जरिए वित्तीय संकट और घाटे के बजट पर काबू पाया जा सके। यह आर्थिक पुनर्संरचना के जरिए आर्थिक पुनर्निर्माण की केन्द्रित रणनीति का समय था।

इसके लिए विभिन्न विभागों द्वारा तैयार की गई कार्य योजना दिसम्बर 1993 में राष्ट्रीय संसद के समक्ष प्रस्तुत की गई। उन कठिन परिस्थितियों में तत्काल कदम उठाये जाने के दबाव के बावजूद फिदेल ने संसद को जल्दबाजी के खतरों से आगाह करते हुए सभी प्रस्तावों और कार्ययोजनाओं पर मजदूर वर्ग और आम जनता के व्यापक हिस्सों के साथ गहन विचार-विमर्श की जरूरत पर जोर दिया जिससे इन जटिल परिस्थितियों में

किसी जड़ अथवा तकनीकी समाधान की घातक प्रवृत्ति से बचा जा सके। फिदेल का स्पष्ट मत था कि व्यापक जनता की समझदारी और समर्थन के बिना और ठोस-निर्भीक बहसों के जरिए आम समझदारी और सहमति पर पहुँचे बिना संकट का दूरगामी और प्रभावी हल निकाल पाना सम्भव नहीं है। इस प्रक्रिया के जरिए समूचा क्यूबा अपने तीन दशकों के क्रान्तिकारी-सामाजिक अनुभवों का इस्तेमाल संकट से पार पाने के लिए कर सकता था। यह क्यूबा और दूसरे देशों के बीच बुनियादी फर्क था। क्यूबा में अन्तर्राष्ट्रीय वित्तीय संस्थाओं की दलाल-घुटनाटेकू सत्ताशाही नहीं थी जो आम जनता पर पड़नेवाले प्रभावों की परवाह किए बगैर विनाशकारी आर्थिक ढाँचागत पुनर्संयोजनों को संकट के हल के नाम पर देश पर थोप देती।

वर्ष 1994 में क्यूबा में भागीदारी जनतंत्र का अनूठा प्रयोग हुआ–कार्यस्थल संसदें (वर्कप्लेस पार्लियामेन्ट्स)। अगले 45 दिनों में करीब 85000 कार्यस्थल संसदों को आयोजित किया गया जिनमें तीस लाख से ज्यादा कामगारों ने हिस्सेदारी की। ये संसदें केवल कामगारों तक ही सीमित नहीं थीं, इनमें छात्रों, किसानों, बुद्धिजीवियों और रक्षा प्रतिष्ठानों के सदस्यों की भी बढ़-चढ़कर हिस्सेदारी थी। इन संसदों में हर स्तर पर तमाम श्रमिक नेताओं, जिनसे फिदेल ने इस अभियान में पूरी ताकत से कूद पड़ने का आह्वान किया था, राष्ट्रीय संसद के प्रतिनिधियों, राजनीतिक-सामाजिक जन-संगठनों और स्थानीय सरकारी कर्मचारियों की भागीदारी थी। इस अनुभव के बारे में क्यूबा की केन्द्रीय ट्रेड यूनियन क्यूबन वर्कर्स फेडरेशन (सीटीसी) के शीर्ष नेतृत्व के अनुसार : 'समूचा राष्ट्र मानो एक व्यापक-विशाल राजनीति और अर्थशास्त्र की पाठशाला में तब्दील हो गया था और हर कोई सीख रहा था। मगर सबसे महत्त्वपूर्ण चीज जो हम लोगों ने सीखी वह यह थी कि अभी भी जमीनी स्तर पर अर्थशास्त्र के क्षेत्र में कितना कुछ सीखने, समझने और सुधारने के लिए बाकी है।'

इन संसदों में समूची सरकारी कार्ययोजना पर बहस-विश्लेषण हुआ और सुधार के तमाम सुझाव दिए गए। यह महज फर्ज अदायगी नहीं थी। अगर मजदूरों और जनता ने किसी प्रस्तावित उपाय का अनुमोदन नहीं किया तो उसे लागू नहीं किया गया। जैसे वेतन से सामाजिक सुरक्षा बचत के रूप में एक प्रतिशत अंशदान का प्रस्ताव अनुमोदित नहीं होने के आधार पर लागू नहीं हुआ। इन संसदों की एक और अनूठी विशेषता थी। इनकी चर्चा का दायरा महज राष्ट्रीय संसद के प्रस्तावों तक नहीं था। चर्चा का केन्द्र-बिन्दु राष्ट्रीय संकट की पृष्ठभूमि में विशिष्ट और क्षेत्रीय कमियों-कमजोरियों को चिन्हित करने और उनका समाधान खोजना था। इसके चलते स्थानीय समस्याओं को हल करने और स्थानीय स्तर पर संकट के प्रभावों को कम करने के लिए समयबद्ध रणनीतियाँ बनाई और लागू की जा सकीं। इन संसदों के माध्यम से समूचा क्यूबा न केवल समस्या के समाधान में भागीदार हुआ बल्कि समाधान के तमाम स्थानीय अवरोधों की भी पहचान और रोकथाम करने में कामयाब हो सका।

इन संसदों के जरिए क्यूबाई कामगारों और जनता का संयुक्त और स्पष्ट अभिमत व्यक्त हुआ, क्यूबा में क्रान्ति की दो महानतम उपलब्धियों–शिक्षा और स्वास्थ्य को यथावत निःशुल्क और सर्वसुलभ बनाए रखा जाना चाहिए। इन क्रान्तिकारी उपलब्धियों की हर

हालत में हिफाजत की जानी चाहिए। क्रान्तिकारी सरकार ने आर्थिक संकट की विषमतम घड़ियों में भी इन उपलब्धियों में कटौती नहीं की।

इन संसदों के जरिए क्यूबाई समाज के पुनःरूपान्तरण प्रक्रिया की शुरुआत हुई। जनता को संकट के समय अपनी भावनाओं को अभिव्यक्त करने, बहस चलाने और अपनी असहमतियों को खुलकर व्यक्त करने का अवसर मिला। गिरती हुई जीवनयापन सुविधाओं ने क्यूबा में अभिव्यक्ति की स्वतंत्रता के विस्तार का काम किया।

क्यूबा में दो दशकों से ज्यादा समय से चल रहे गम्भीर आर्थिक कठिनाइयों, असन्तोष और यहाँ तक कि मूल्यों के संकट के दौर में भी राजनीतिक अस्थिरता की कोई गम्भीर समस्या नहीं आई। ऐसा इसलिए हर्गिज नहीं है कि क्यूबा जन-असन्तोष से निपटने के लिए किसी प्रकार की दमनकारी नीति अपनाता है। क्यूबाई राजनीति अपने नागरिकों के लिए हिंसा अथवा दमन की नीति पर नहीं चलती। क्यूबा में आज तक किसी भी जन-प्रदर्शन के लिए पुलिस बल का प्रयोग नहीं किया गया। क्यूबा की यह नीति दुनिया के उन तमाम 'महान जनतांत्रिक राष्ट्रों–खासकर वैश्विक जनतंत्र के स्वघोषित रक्षक अमेरिका' की नीतियों से बिल्कुल उलट है जो जन-असहमति के किसी भी प्रदर्शन, किसी भी अभिव्यक्ति को कुचलने-दबाने के लिए पुलिस ही नहीं सेना तक का उपयोग करने से नहीं हिचकते।

क्यूबा के संकट-समाधान में जन-भागीदारी की प्रक्रिया के परिणामस्वरूप 1990 और 2000 के दशकों में यह राजनीतिक समझदारी बनी जो ज्यादा विकेन्द्रित व्यवस्था की माँग करती है–ऐसी व्यवस्था जिसमें गैर-राजकीय क्षेत्र और कारकों के लिए ज्यादा गुंजाइश-ज्यादा जगह हो। ऐसी व्यवस्था जो नौकरशाही पर लगाम कस सके और आर्थिक विकास के उन तमाम जरूरी उपायों को अपना सके जिनसे कम से कम 1989 के स्तर की जीवन दशाएँ-सुविधाएँ आम जनता को फिर से सुलभ हों। जीवन-सुविधाओं का वह स्तर समाजवाद की देन था और उस समाजवादी मॉडल के जरिए हासिल किया गया था जिसकी समाज को अब और आगे ले चलने की क्षमता चुकने लगी थी। ऐसा सिर्फ सोवियत संघ और समाजवादी खेमे के अवसान के कारण ही नहीं, बल्कि अपनी आन्तरिक जड़ताओं के चलते भी था। क्यूबा में विकसित हुई संकटकाल की राजनीतिक समझदारी पुराने मॉडल के चुक जाने के चलते उपजी समस्याओं का समाधान निकालने और नई परिस्थितियों के अनुरूप समाजवादी नवनिर्माण का उपयुक्त मॉडल विकसित करने की दिशा में ताकत के प्रयोग से बचने, खासकर नागरिक असन्तोष और असहमति की अभिव्यक्तियों के खिलाफ हर्गिज बल प्रयोग नहीं करने की नीति पर दृढ़तापूर्वक अमल करती है।

जन-भागीदारी की प्रक्रिया से यह भी आम राष्ट्रीय सहमति बनी कि समस्या का एकदम से, रातो-रात समाधान नहीं निकल सकता। समाधान क्रमिक और चरणबद्ध रूप से मगर बिना कोई देर किए निकालना है जिससे राष्ट्र के आगे बढ़ने की गति अवरुद्ध न हो, जिससे समाज के पुनर्निर्माण और उन तमाम परिस्थितियों को पुनर्संयोजित करने की प्रक्रिया बाधित न हो जिनके जरिए क्यूबा की जनता सम्मानजनक आजीविका हासिल कर सके, अपनी जरूरत का हर समान आसानी से हासिल कर सके और अपने हर असन्तोष

हर असहमति को खुलकर व्यक्त कर सके। इसके लिए क्रान्तिकारी सरकार ने असहमतियों, विभिन्न विचारों और सरकारी नीतियों की आलोचना और बहस को प्रोत्साहित किया। वर्तमान वैश्विक परिदृश्य में शायद ही ऐसा कोई दूसरा उदाहरण हो जहाँ की सरकार पुनर्संयोजन नीतियों-आर्थिक पुनर्निर्माण के मॉडल की नीतियों को लागू करने के पहले उन्हें लाखो-लाख जनता के बहस-मुबाहिसे-सुझावों और असहमतियों के लिए प्रस्तुत करती हो और सुझावों और असहमतियों का पूरा सम्मान करते हुए प्रस्तावित नीतियों को संशोधित करने के बाद लागू करती हो। यह वह प्रक्रिया है जिसके जरिए आम जनता क्रान्तिकारी सामाजिक पुनर्निर्माण के तत्वों को आत्मसात करती है और पुनर्निर्माण की प्रक्रिया से सीधे तौर पर जुड़ती है। यह सच्ची जन-भागीदारी और क्रान्तिकारी जनतंत्र की प्रक्रिया है।

आर्थिक-सामाजिक पुनर्निर्माण के लिए अपनाए जाने वाले उपायों को लेकर दो तरह की प्रवृत्तियाँ नजर आईं। सकारात्मक प्रतिरोध अथवा उदासीनता की प्रवृत्ति उन लोगों में देखी गई जिनके लिए पुनर्निर्माण की प्रक्रिया में सक्रिय भागीदारी अथवा उससे तत्काल लाभ हासिल करने की सम्भावनाएँ सीमित हैं। इनमें वे लोग हैं जो अपनी आयु के चलते नए काम के अवसरों अथवा स्वरोजगार के अवसरों का लाभ उठा पाने की स्थिति में नहीं हैं और वे लोग जिन्हें गरीबी रेखा से नीचे की श्रेणी में रखा जा सकता है। ऐसे लोगों की संख्या आबादी के बीस प्रतिशत के लगभग है। सुधार-प्रक्रिया में भागीदारी से वंचित यह तबका स्वाभाविक रूप से परिवर्तनों को उत्साह या अपेक्षा से नहीं देख पाता क्योंकि ये परिवर्तन उसके लिए अपने 80 दशक के अन्तिम वर्षों के समृद्ध जीवन-स्तर और सुविधाओं को वापस हासिल करने का जरिया नहीं बन पाते। इसके लिए आर्थिक-सामाजिक पुनर्निर्माण की सामाजिक नीतियों और कार्ययोजनाओं में इस प्रकार की व्यवस्था सुनिश्चित किए जाने पर जोर दिया गया जो नए मॉडल की आर्थिक प्रगति के लाभों को इस वंचित अथवा सुधार-प्रक्रिया से कटी हुई आबादी को भी मुहैया करा सके। यह सकारात्मक प्रतिरोध के सकारात्मक निदान की नीति है।

आर्थिक-सामाजिक पुनर्निर्माण प्रक्रिया के नकारात्मक खतरों को चिन्हित करते हुए फिदेल ने 17 नवम्बर, 2005 को हवाना विश्वविद्यालय में दिए गए भाषण में क्रान्ति के खुद से ध्वस्त हो जाने के आन्तरिक खतरे से आगाह किया था और इसकी मूल समस्याओं के रूप में नौकरशाही, भ्रष्टाचार और नव-धनिकों को चिन्हित किया था।

नौकरशाही क्रान्तिकारी पुनर्निर्माण के लिए एक जटिल और नकारात्मक प्रतिरोध है। नौकरशाही सुधार की नई नीतियों का खुलकर, भाषणों-वक्तव्यों के जरिए या फिर कोई वैकल्पिक दस्तावेज लाकर विरोध नहीं करती, यह अपना प्रतिरोध स्वीकृत नीतियों, कार्य-योजनाओं को लागू करने में अन्यमनस्कता, ढिलाई, विलम्ब और ढुलमुलपन के जरिए अभिव्यक्त करती है। यह परिवर्तन के प्रति संशय की पुरानी मनोवृत्ति, मानसिक जड़ता और थकी हुई कार्यशैली है जिसके चलते नौकरशाही ढाँचा नए मॉडल, नई नीतियों, नियमों, कार्ययोजनाओं को लागू करने में अवरोध खड़े करता है।

जिस तरह परिवर्तन रातो-रात, अचानक नहीं लाया जा सकता, उसी तरह पुरानी मनोवृत्ति और कार्यशैली भी अचानक नहीं समाप्त की जा सकती। यह मनोवृत्ति और

कार्यशैली बाजार की छोटी से छोटी अभिव्यक्ति को निजी सम्पदा के छोटे से छोटे स्वरूप को पूँजीवाद के उभार के रूप में देखती है। यह मनोवृत्ति दशकों से उस पुराने मॉडल को लागू करती रही है जिसमें नई आर्थिक शक्तियों अथवा बाजार के लिए कोई गुंजाइश नहीं थी। समाजवाद का मतलब पूर्णतया राज्य-नियन्त्रित-संचालित केन्द्रीय अर्थतंत्र था और ऐसा लम्बे समय तक चलता रहा था। क्यूबा के सामने इस मनोवृत्ति से लड़ने और बदलने की चुनौती है।

तमाम खतरों और चुनौतियों का सामना करते हुए क्यूबा की सरकार न केवल आर्थिक पुनर्निर्माण की नई संस्थाओं-सहकारी संस्थाओं, स्वरोजगार, सीमित बाजार, पर्यटन आदि को कानूनी मान्यता दे रही है बल्कि इनसे जुड़े लोगों को क्यूबाई समाज में समाजवादी परिवार के अपने सदस्यों की वैधता और आत्मीयता भी सुनिश्चित कर रही है। वे लोग जो स्वरोजगार में मेहनत कर रहे हैं, जो सहकारी संस्थानों के सदस्यों के रूप में उत्पादन बढ़ाने में दिन-रात एक कर रहे हैं, जो छोटे-मोटे निजी उद्यमों में काम कर रहे हैं, उनमें से कोई भी पूँजीवाद का ध्वजवाहक नहीं है, वे सब समाजवाद, क्रान्ति की उपलब्धियों, गौरव और आजादी को बचाने, टिकाने और बढ़ाने की कोशिशों का हिस्सा हैं।

इस तरह क्यूबा अपने शान्तिकाल के विशेषकाल में कदम-ब-कदम आगे बढ़ रहा है। इस पूरे अनुभव का सार यही है कि समाजवादी क्रान्ति एक सतत, कठिन और जटिल जन-प्रक्रिया है जिसका कोई शॉर्टकट नहीं है।

मुक्तिकामी जन-संघर्षों में सहयोग : लातिनी अमेरिका और अफ्रीका

समूचे लातिनी अमेरिका की आपसी एकता और भाईचारे को फिदेल क्यूबा क्रान्ति के स्थायित्व के साथ ही नव उदारीकरण की साम्राज्यवादी दादागिरी से क्षेत्र की जनता को मुक्त कराते हुए विश्व-रंगमंच पर एकजुट, स्वतंत्र और मजबूत पहचान के साथ वैश्विक विकास और प्रगति में उपमहाद्वीप की भूमिका और योगदान की जरूरी शर्त मानते हैं।

इस दृष्टि से फिदेल की प्राथमिकता लातिनी अमेरिकी देशों के राजनीतिक-सामाजिक घटनाक्रम पर नजर रखते हुए क्षेत्र में मानवीय प्रगति के सूचकांकों–विशेषकर शिक्षा और स्वास्थ्य की प्रगति के लिए क्यूबा के योगदान की रही है।

लातिनी अमेरिका में तेजी से विकसित होती हुई साम्राज्यवाद और नव-उदारवाद-विरोधी जनचेतना के साथ दलाल तानाशाहियों को जन-संघर्षों और चुनाव के तालमेल के जरिए हटाकर नई सम्भावनाओं और उम्मीदों के साथ नए राजनीतिक नेतृत्व के उभरने को लेकर फिदेल बेहद उत्साहित हैं। इन तमाम परिवर्तनों अथवा परिवर्तन की कोशिशों में सदियों से दमित लातिनी अमेरिकी मूल 'इंडियन' आबादी के उभार को फिदेल इस दौर की सबसे सकारात्मक और महत्त्वपूर्ण परिघटना मानते हैं।

इस नजरिए से मैक्सिको में सब कमांडेंट मारकोस और उनके नेतृत्व में जन-संघर्षों की चर्चा करते हुए फिदेल कहते हैं कि मारकोस निस्सन्देह नए विचारों और ऊर्जा से भरपूर उत्साही, ईमानदार और प्रतिभासम्पन्न नेता हैं। मारकोस अपने देश की मूल आबादी के सवालों को लेकर संघर्ष चला रहे हैं। फिदेल उन विषम और क्रूर परिस्थितियों से अच्छी तरह वाकिफ हैं जिनमें लातिनी अमेरिकी क्षेत्र की मूल आबादी सदियों से रहने के लिए मजबूर रही है। वह बोलीविया, इक्वाडोर, पेरू और तमाम जगहों के अपने अनुभवों के आधार पर क्षेत्र की मुक्तिकामी दमित जनता और उसके संघर्षों के साथ गहरी राजनीतिक, मानवीय और क्रान्तिकारी आत्मीयता रखते हैं। यह आबादी सदियों से कत्लेआम और राजनीतिक आर्थिक-सामाजिक अत्याचारों की त्रासदी से गुजरती रही है। अब उनमें नई जागरूकता और जुझारूपन उभर रहा है। सबकमांडेंट मारकोस और मैक्सिको की जनता द्वारा, जो मारकोस के संघर्षों की कमांडेंट है, लड़ी जा रही लड़ाई इसी जागरूकता और जुझारूपन का प्रतीक है।

लातिनी अमेरिकी क्षेत्र की मूल आबादी के नेतृत्व की जागृति, उनकी संघर्ष के प्रति ईमानदारी और गम्भीरता पेरू, इक्वाडोर, बोलीविया, मैक्सिको, हर जगह नजर आ रही

है। इक्वाडोर में स्थानीय इंडियन आबादी के राजनीतिक-सामाजिक संगठनों-कन्फेडरेशन ऑफ इंडिजिनस नेशनलिटीज और 'पाच्कुटिक' (हमारी भूमि) का नेतृत्व अपनी बेहतर राजनीतिक-सामाजिक समझदारी और गम्भीरता के साथ जनता के सवालों को उठा रहा है। आनेवाले दिनों के लिए ये तमाम आन्दोलन नई सम्भावनाएँ जगाते हैं।

बोलीविया

लातिनी अमेरिकी मुक्ति-संग्राम के महानायक और लातिनी अमेरिकी एकता के सपनों के जन्मदाता सिमोन बोलिवार–'लिबरेटर'–के नाम पर बसा बोलीविया अपने प्राकृतिक संसाधनों में क्षेत्र का सबसे धनी मगर मानवीय विकास में सबसे निर्धन देश है। दस लाख वर्ग कि.मी. में फैले इस सघन पहाड़ी क्षेत्र की लगभग 90 लाख की आबादी की दुर्दशा बयान करते हुए बोलीवियाई कवि-उपन्यासकार जेमी सांचेंज ने लिखा है :

कुछ मत कहो, अगर तुम्हारे पास कुछ न हो खाने को, सिवाय कूड़े के।
कुछ मत कहो, अगर कूड़े सी सड़ जाती है तुम्हारी जिन्दगी।
अगर वे काट-काट फेंक दें तुम्हारे पैर, आग में झोंक दें तुम्हारे हाथ
कट जाए तुम्हारी जबान, टुकड़े हो जाए तुम्हारी रीढ़
न मिल सके चैन तुम्हारी अस्तित्वहीन आत्मा को, किसी भी बात से,
कुछ मत कहो।
कुछ मत कहो, अगर तुम्हें पीना पड़े जहर,
तुम्हारी अंतड़ियाँ मुँह से बाहर निकल पड़ें, तब भी।
बाल नोंच लिए जायें तुम्हारे, खून छलक आये तुम्हारी आँखों से
कुछ मत कहो।
अगर तुम्हे अच्छा लगे, मत अच्छा लगने दो
अगर तुम गिरने लगो, खुद को मत गिरने दो
अगर तुम मरने लगो, खुद को मत मरने दो
अगर तुम उदास होने लगो, खुद को उदास मत होने दो,
एक शब्द भी मत कहो...

वंचितों की हताशा ने आक्रोश में लामबन्द होना शुरू किया। अक्टूबर 2003 से देश के ऊर्जा-संसाधनों को वाशिंगटन के दलाल राष्ट्रपति गोंजालो सांचेज डे लोजाडा द्वारा निजी हाथों में सौंपे जाने के विरोध से शुरू हुआ आइमारा स्थानीय जन-समुदाय का विद्रोह सत्ता के दमन की ताकत से काबू में नहीं आ सका। 17 अक्टूबर के जन-प्रतिरोध उभार ने बोलीवियाई राजधानी लापाज को अपनी गिरफ्त में ले लिया। इस जन-उभार की महत्त्वपूर्ण विशेषता प्रदर्शनकारियों की विशाल स्थानीय आइमारा आबादी थी। आन्दोलन के जुझारू तेवरों ने राष्ट्रपति सांचेज लोजाडा को सत्ता से बाहर कर दिया।

इवो मोरालेस इस आन्दोलन के सबसे कद्दावर और स्वीकार्य नेता के रूप में उभरे। आन्दोलन के एक हफ्ते बाद इवो मोरालेस ने मैक्सिको शहर में वाम बुद्धिजीवियों और कार्यकर्ताओं के सम्मेलन में आन्दोलन की जानकारी देते हुए पूँजीवाद के गरीबों-वंचितों-दमितों की अनदेखी, साम्राज्यवादी शातिर बर्बरता, उसके स्थानीय मनसबदारों द्वारा

नीतिगत विरोध की हर आवाज को दमन के बल पर कुचलने की कोशिशों को विस्तार से बताया और बहुसंख्यक जनता की आकांक्षाओं को पूरी कर सकने वाली नई संस्थाओं की जरूरत पर जोर दिया।

दो साल बाद दिसम्बर 2005 के राष्ट्रीय आम चुनावों में इवो मोरालेस और उनके सहयोगी, प्रखर मार्क्सवादी बुद्धिजीवी अल्वारो गार्सिया लिनेरा बोलीविया के राष्ट्रपति और उपराष्ट्रपति चुने गए। मोरालेस की पार्टी मूवमेंट टुवर्ड सोशलिज्म (एम ए एस) को चेम्बर ऑफ डेपुटीज (संसद) में स्पष्ट बहुमत हासिल हुआ।

राष्ट्रपति निर्वाचित होने के बाद, शपथ लेने से भी पहले 30 दिसम्बर, 2005 को मोरालेस ने क्यूबा यात्रा करके क्यूबाई और बोलीवियाई जनता के बीच ऐतिहासिक भाइचारे और एकजुटता को रेखांकित किया। इवो मोरालेस अपनी जनता के लिए नए भविष्य और नई उम्मीदों का प्रतिनिधित्व करते हैं। वह क्षेत्र की जड़ और जन-विरोधी राजनीतिक शासन-व्यवस्था के खिलाफ जनता की अपनी असली आजादी हासिल करने की उभरती आकांक्षाओं के प्रतीक बनकर उभरे हैं। मोरालेस के निर्वाचन ने साम्राज्यवादी हलकों और अमेरिकी दादागिरी की दुनिया में हलचल मचा दी। वाशिंगटन पहले की तरह निश्चिन्त होकर दलालों और तानाशाहों के भरोसे साम्राज्यवाद टिकाये रह पाने की स्थिति में नहीं रह गया है।

बोलीविया की जनता के लिए बेहतर जीवन-दशाओं को सुनिश्चित करने की दिशा में क्यूबा और बोलीविया ने महत्त्वपूर्ण सहयोग समझौते किए। क्यूबा ने शिशु मृत्युदर कम करने, जीवन प्रत्याशा बढ़ाने, स्वास्थ्य दशाओं में सुधार करने और अशिक्षा निवारण जैसे महत्त्वपूर्ण मानवीय प्रगति लक्ष्यों की दिशा में बोलीविया के लिए खुले दिल से योगदान किया।

लातिनी अमेरिका के राजनीतिक परिदृश्य की बदलती बयार का एक दूरगामी परिणाम अमेरिका की क्यूबा को लातिनी अमेरिकी क्षेत्र में अलग-थलग किए रहने की मुहिम पर पड़ा और लातिनी अमेरिकी देशों की अमेरिकी प्रभाव और दादागिरी से अलग अपनी खुदमुख्तार एकता की सम्भावनाएँ बलवती हुईं।

वेनेजुएला

लातिनी अमेरिकी देशों के जिस राजनेता के साथ फिदेल का राजनीतिक सैद्धान्तिक समझदारी के साथ-साथ सबसे घनिष्ठ आत्मीय और भावनात्मक लगाव है, वह है वेनेजुएला के राष्ट्रपति ह्यूगो चावेज। चावेज, जो फिदेल की बीमारी और ऑपरेशन के दौरान बराबर साथ रहे, फिदेल के लिए कहते हैं : 'सारी दुनिया के सामने इस व्यक्ति को पिता कहते हुए मुझे गर्व है।'

वेनेजुएला लम्बे अर्से से नव-उदारवादी एजेंडे की प्रयोगशाला बना हुआ था। डेमोक्रेटिक एक्शन (एडी) पार्टी की सरकार कार्लोस सान्द्रोज पेरेज के दूसरे कार्यकाल (1989-93) में 4.5 बिलियन डॉलर आइ.एम.एफ. कर्ज की एवज में 'स्ट्रक्चरल एडजस्टमेंट' (ढाँचागत समायोजन) नुस्खे के तहत वेनेजुएला की सम्पदा दोनों हाथों से बहुराष्ट्रिकों को लुटा रही थी। देश में गरीबी दर 38.5% और सालाना महँगाई दर 40.3% से ऊपर थी।

27 फरवरी, 1989 वेनेजुएला के इतिहास के करवट लेने की शुरुआत का दिन था। मिरांडा प्रान्त के छोटे से कस्बाई शहर गारेनास की सड़कों पर एडी सरकार की ज्यादतियों के खिलाफ जन-आक्रोश फूट पड़ा। यह उन लोगों के आक्रोश की स्वतःस्फूर्त सामूहिक अभिव्यक्ति थी जिन्हें सत्ता बेकार, बेमतलब, अस्तित्वहीन कीड़ों-मकोड़ों में शुमार करती थी। उन्हें इस बात का अन्दाजा नहीं था कि इन कीड़ों-मकोड़ों की सामूहिक ताकत कितनी दूर तक जा सकती है। 48 घंटों के अन्दर पूरे वेनेजुएला में राष्ट्रीय जन-उभार का रूप ले चुका 'काराकाजो' पूँजीवाद के नव-उदारवादी अवतार के खिलाफ आम जनता और गरीबों का पहला प्रभावी जन-उभार था। वह अवतार जो 'प्रगति', ट्रिकिल डाउन, आधुनिकीकरण, वैश्वीकरण और सुधार की क्रान्ति जैसे जुमलों से आम जनता के साथ अपने 'क्रूरतम विश्वासघात' की 'शो केसिंग' कर रहा था।

कुछ ही घंटों के अन्दर गारेनास की सड़कों पर जन-आक्रोश का जलजला बढ़ता हुआ राजधानी काराकास को अपने आगोश में ले चुका था। कारीकुआवो, लागुआरा, माराके, वेलेन्सिया, बीक्यूसियेतो, गुयाना, मेरिडा, माराकाइबो–तमाम जगहों की जनता सड़कों पर थी।

सत्ता के मद में राष्ट्रपति पेरेज ने जनता की आवाज सुनने की बजाय जनता को गोलियों की आवाज सुनाने का फैसला लिया। 28 फरवरी को आपातकाल लागू हो गया, संविधान मुल्तवी हो गया, सारे नागरिक अधिकार रद्द हो गए। दमन की कार्यवाहियों में तीन हजार से ज्यादा नागरिकों की जानें गईं जिनमें न जाने कितनी महिलाएँ और बच्चे थे। जो जहाँ, जैसा था, अपने झोंपड़ों के दरवाजों पर, सड़क के किनारे, वहीं गोली मार दी गई। साम्राज्यवादी सभ्यता और नैतिकता के ठेकेदारों को इस पर कोई आपत्ति नहीं थी। उनके लिए यह महज 'सुधारों के विरोध में दंगा करते हुए चन्द अराजक तत्वों से कानून और व्यवस्था के निपटने' का मामला था।

पेरेज ने दमन से स्वतःस्फूर्त आक्रोश को तो दबा दिया मगर इसी के साथ वेनेजुएला में नव-उदारवाद की कब्र के खुदने का सिलसिला भी शुरू हो गया।

एकमात्र संस्था जो अभी तक वेनेजुएला के सत्ता गुट की पूरी जकड़बन्दी में नहीं आ पाई थी, वह थी सेना। सत्तर के दशक के अन्त से ही सेना और वायुसेना में रेडिकल बोलिवारिल समूहों का बनना शुरू हो गया था। इनमें ज्यादातर नौजवान सेना अधिकारियों के साथ कुछ गिने-चुने पुराने अधिकारी भी थे जो साठ के दशक में भूमिगत संगठन ARMA 'रिवोल्यूशनरी एक्शन ऑफ एक्टिव सोल्जर्स' से जुड़े थे। 1978 में ऐसे ही एक वरिष्ठ वायुसेना अधिकारी स्क्वाड्रन लीडर विलियम इजारा काल्डेरा ने लेफ्टिनेन्ट लुइस रेइस और ह्यूगो चावेज को साथ लेकर इन रेडिकल समूहों की शुरुआत की थी। अपने विकास-क्रम में इन समूहों ने आगे चलकर नागरिक समूहों से भी सम्पर्क रखना शुरू किया था।

'काराकोजो' के दमन में हुए जनता के अमानवीय नरसंहार के खिलाफ इन समूहों की गुपचुप बैठकों का सिलसिला शुरू हुआ। बहस में सबसे बढ़-चढ़कर भाग लेनेवालों में नौजवान आर्मी ऑफिसर कर्नल ह्यूगो चावेज था जिस पर सिमोन बोलिवार 'दि लिबरेटर' के व्यक्तित्व, कृतित्व और रचनाओं का जबर्दस्त प्रभाव था।

सरकार को इसकी भनक लगी और उसने इसमें शामिल सेना अधिकारियों की रैंक की जानकारी हासिल की। जब राष्ट्रपति पेरेज को बताया गया कि इसमें ज्यादातर 'मेजर' हैं तो पेरेज ने पूरे मामले को यूँ ही टाल दिया। बाद में रेइस ने 'हाई कमांड' द्वारा उनके आन्दोलन को नहीं दबा पाने की चर्चा करते हुए बताया कि 'बड़े सेना कमांडर सेना प्रमुख की दावेदारियों और सत्ता-प्रतिष्ठान से नजदीकियों की खींचतान में उलझे रहते थे' और उन्होंने सोचा था कि 'ये उतावले नौजवान प्रोमोशन पाने के बाद सब कुछ भूल जाएँगे।'

चावेज की 1992 में तख्तापलट की कोशिश सफल नहीं रही। राजनीतिक रूप से तख्तापलट का यह प्रयास व्यापक जन-उभार खड़ा कर पाने में नाकाम रहा जो इसका घोषित लक्ष्य था। असाधारण बहादुरी और ईमानदारी का परिचय देते हुए चावेज ने टेलीविजन पर जाकर इस प्रयास और इसकी विफलता में अपनी व्यक्तिगत जिम्मेदारी स्वीकार की। एक ऐसी व्यवस्था में जहाँ सत्ताधारी वर्ग सारा कुछ करने के बाद भी किसी चीज की जिम्मेदारी नहीं लेता, इस असाधारण बहादुरी और ईमानदारी का वेनेजुएला की जनता पर गहरा असर पड़ा। चावेज और उनके साथी विद्रोहियों को जेल हुई। मगर उनके हौसले बुलन्दी पर थे। चावेज और उनके साथियों की बढ़ती लोकप्रियता से सत्ता उन्हें ज्यादा दिनों तक जेल की चारदीवारी में नहीं रख सकी और डेढ़ साल बाद वे रिहा कर दिए गए।

फिदेल हवाना से इस पूरे घटनाक्रम को बारीकी से परख रहे थे। 1994 में जेल से छूटने के कुछ ही दिनों बाद चावेज को हवाना विश्वविद्यालय के 'ग्रेट हाल' में बोलिवार पर व्याख्यान देने का निमन्त्रण मिला। हवाना हवाई अड्डे पर उतरते ही चावेज फिदेल को इंतजार करते पाकर अवाक् थे। यह लातिन अमेरिका की दो क्रान्तिकारी पीढ़ियों के प्रतिनिधियों की पहली मुलाकात थी। फिदेल चावेज की अपने गुरुतर कार्यभार को पूरा कर सकने की क्षमता और प्रतिभा को देखना-परखना चाहते थे।

फिदेल चावेज को लातिनी अमेरिका का वह 'नया इंडियन' कहते हैं जो खुद को थोड़ा काला, थोड़ा गोरा और थोड़ा इंडियन मिश्रण कहता है जिसका मतलब है वह वेनेजुएला के इन तीनों रक्त-समूहों के सर्वश्रेष्ठ गुणों और प्रतिभा का प्रतिनिधि है।

हवाना के अपने पहले सम्बोधन में चावेज ने कहा कि इतिहास के दो महानतम सिमोनों–सिमोन बोलिवार और सिमोन रोड्रिग्ज–ने उन्हें सिखाया है कि दूसरों के स्वार्थ की सेवा मत करो, अपनी खुद की राजनीतिक-आर्थिक क्रान्ति को अंजाम दो और तमाम साम्राज्यों के मुकाबिल इस महाद्वीप को एकजुट करो। फिदेल चावेज के व्यक्तित्व से प्रभावित हुए। फिदेल की एक साहसी, शिक्षित, प्रतिभावान, प्रगतिशील और सच्चे अर्थों में बोलिवारियन नौजवान की खोज पूरी हुई।

वेनेजुएलन सेना की बगावत की कोशिश ने सत्ता-प्रतिष्ठान की चूलें हिला दी थीं। साल-भर के अन्दर खुद पेरेज की पार्टी ने उसे स्वेच्छा से त्यागपत्र न देने पर महाभियोग के जरिए हटाने का अल्टिमेटम दिया। पार्टी ने उस पर भ्रष्टाचार के आरोप लगाए थे। पेरेज की सहयोगिनी सिसिलिया मातोन व्यापारिक एकाधिकारी गुटों से 'डील' के लिए उसकी मुख्य मध्यस्थ थी। इस तरह से दोनों ही पक्ष देश की लूट में दावत उड़ा रहे थे। अन्ततः पेरेज मई 1993 में हटा दिया गया और 77 साल के बूढ़े रफाइल कालडेरा को

17 दलों की सरकार सँभालने की जिम्मेदारी मिली। जनता की नजरों में यह नपुंसकों की जमात थी और मुश्किल से एक महीना बीतते अर्थव्यवस्था बुरी तरह चरमराने लगी। बैंकिंग व्यवस्था को ध्वस्त होने से बचाने के नाम पर सकल राष्ट्रीय आय (जीडीपी) का 12% लगभग 6 बिलियन डॉलर लुटा दिया गया। पूरी सत्ता की जमात देश की पूँजी अपने विदेशी खातों में जमा कराने में जुट गई थी। गरीबी का प्रतिशत 67% पहुँच गया। यह वह स्थिति थी जिसे चावेज ने अपने हवाना सम्बोधन में राजनीतिक गैंगरीन की संज्ञा देते हुए याद दिलाया था : 'बोलिवार ने कहा था राजनीतिक गैंगरीन का इलाज दर्द-निवारक गोलियों से नहीं किया जा सकता। और आज वेनेजुएला पूरी तरह से अन्दर तक गैंगरीन से सड़ रहा है।...कोई रास्ता नहीं है जिससे व्यवस्था खुद से कोई इलाज कर सके...साठ प्रतिशत वेनेजुएली गरीबी की विषमतम परिस्थितियों में जी रहे हैं। यह अविश्वसनीय मगर सत्य है : बीस सालों में वेनेजुएला के 2 हजार मिलियन डॉलर से ऊपर हवा में उड़ गए। राष्ट्रपति कास्त्रो ने मुझसे पूछा, 'तो कहाँ है यह रकम? लगभग हर उस आदमी के विदेशी बैंक खातों में जो इन बीस सालों में कभी भी वेनेजुएला की सत्ता में रहा है, चाहे नागरिक हो या सैनिक दोनों ने अपनी जेबें भरीं और सत्ता की ताकत ने उन्हें महफूज रखा।'

यह चावेज के राजनीतिक विजय-अभियान की पृष्ठभूमि थी। चावेज ने अपने राष्ट्रपति चुनाव अभियान में जनता के सामने 'बोलिवारियन क्रान्ति' का लक्ष्य रखा जो देश से भ्रष्टाचार और द्वि-दलीय शासन द्वारा बारी-बारी गद्दारी और लूट का खात्मा कर सके। चावेज ने आमूल-चूल राजनीतिक-सामाजिक सुधारों का एजेंडा पेश करते हुए भूमि पुनर्वितरण और नए संविधान के जरिए राजनीतिक और आम जन-जीवन में 'क्लीन स्वीप' का आह्वान किया।

चावेज के खिलाफ पूरा सत्ता-प्रतिष्ठान, बिना किसी अपवाद के पूरा का पूरा मीडिया और राजनीतिक पार्टियाँ एकजुट थीं जो चर्च और वाशिंगटन के बैक-अप और बक-अप से लैस वेनेजुएला पर हुकूमत को अपना देवदत्त अधिकार मान बैठी थी।

दिसम्बर 1998 में बोलिवारियन चावेज 56% मतों के साथ राष्ट्रपति पद पर विजयी हुए। अगले साल अपार जनसमर्थन के साथ नया संविधान बना और लागू हुआ। सन् 2000 में चावेज 6 वर्षों के लिए पुनर्निर्वाचित हुए, इस बार 59% मतों के साथ।

विजयी बोलिवारियन उत्साह और सतर्कता के साथ कदम बढ़ा रहे थे। चावेज का कहना था कि हम बीसवीं सदी में नहीं हैं। नया दौर सर्वहारा क्रान्तियों के विजय-अभियान का नहीं 'समाजवाद के पुनर्विचार' की प्रक्रिया के प्रारम्भ का दौर है।

पूरी तरह से ध्वस्त अर्थव्यवस्था की आपात रोकथाम करने के बाद चावेज ने आम जनता और गरीबों की जीवन-दशा में सुधार के कामों को प्राथमिकता पर लिया। लाखों गरीबों को शिक्षा और बेहतर स्वास्थ्य का लाभ मिलना शुरू हुआ। उधर प्रतिक्रियावादियों ने भी अपनी कोशिशों को परवान चढ़ाना शुरू कर दिया था। चावेज के राष्ट्रपति काल के दूसरे साल तक देश से करीब आठ बिलियन डॉलर का पूँजी पलायन हो चुका था। अमेरिकापरस्त सेना के शीर्ष सैन्य कमांडरों, चेम्बर ऑफ कामर्स और एडी व COPEI पार्टियों का भीतरखाते गठबन्धन तख्तापलट के जरिए चावेज को हटाने के लिए बन चुका

था। चावेज की विदेश नीति से वाशिंगटन तमतमाया हुआ था। चावेज ने क्यूबा के साथ बेहतर और प्रगाढ़ सम्बन्ध बनाते हुए क्यूबा को आर्थिक नाकेबन्दी और अलगाव से लड़ने में महत्त्वपूर्ण मदद देना शुरू कर दी थी। चावेज इराक के बहिष्कार से इनकार करते हुए अमेरिकी प्रतिबन्धों की दादागिरी पर खुलकर हमला बोल रहे थे। वेनेजुएला ने 9/11 हमले की घोर भर्त्सना करने के साथ-साथ अफगानिस्तान पर हमले का भी खुलकर विरोध किया और सिमोन बोलिवार की फेडरेशन ऑफ साउथ अमेरिकन स्टेट्स के आह्वान को पुनर्जीवन दिया–इस बार स्पेन के नहीं बल्कि अमेरिका के मुकाबिल। स्वाभाविक रूप से तख्तापलट की कोशिशें भी तेज हो गईं। पहली कोशिश अप्रैल, 2002 में हुई। इसकी तैयारियाँ काफी पहले से चल रही थीं। योजना के तहत विरोध प्रदर्शन आयोजित करके तोड़-फोड़ शुरू कराना और इसे बहाना बनाकर सैन्य तख्तापलट को अंजाम देना था। अपने सफल तख्तापलट से मदान्ध और इसके चन्द घंटों के जीवन से अनजान एडमिरल कार्लोस मोलिना ने तख्तापलट वाले दिन 11 अप्रैल, 2002 को ही टेलीविजन पर बखान किया था : 'राष्ट्रपति चावेज को हटाया जाना एक साल से योजना में था और कुछ हलकों में तो उससे भी पहले से।' तख्तापलट से दो महीने पहले सी.आई.ए. ने अमेरिकी सिनेट कमेटी को पूरे विश्वास से भरोसा दिलाया था कि अगर चावेज अपना ढर्रा नहीं बदलते तो अपना कार्यकाल भी पूरा नहीं करेंगे। तख्तापलट के बाद चावेज को जहाँ बन्दी रखा गया था वहाँ से थोड़ी ही दूर पर वेनेजुएली समुद्री सीमा में बिना इजाजत के तीन अमेरिकी युद्धपोत लंगर डाले खड़े थे। तख्तापलट का नागरिक मोहरा, सेना द्वारा समर्थित राष्ट्रपति पेड्रो कारमोना एस्तांजा, एक भ्रष्ट पूँजीपति, अपने नए चमचमाते सिल्क सूट पर हाथ फिराता हुआ टेलीविजन पर अवतरित हुआ और एक झटके में संसद भंग, संविधान मुल्तवी, सुप्रीम कोर्ट बन्द और सारे प्रान्तों के चुने हुए गवर्नरों को बर्खास्त कर दिया।

इस तख्तापलट के बारे में फिदेल बताते हैं कि 11 अप्रैल, 2002 को तख्तापलट वाले दिन दोपहर में वेनेजुएली टेलीविजन पर सरकार विरोधी प्रदर्शन का सजीव प्रसारण चल रहा था। प्रदर्शनकारियों ने उग्र रूप ले लिया और तोड़-फोड़, आगजनी, लूट-पाट करते वे मिराफ्लोर (वेनेजुएली राष्ट्रपति आवास) की ओर बढ़ रहे थे। भारी उकसावेबाजियों और शोर-शराबे के बीच प्रसारण बन्द हो गया। उसी समय, दोपहर के पहले से ही फिदेल वेनेजुएली राष्ट्रपति से फोन पर सम्पर्क करने की लगातार कोशिश कर रहे थे। आधी रात 12.38 पर 12 अप्रैल को चावेज लाइन पर आए और सारी स्थिति बताई। चावेज मिराफ्लोर में फँसे हुए थे, उनका मिलिट्री गार्ड हटा लिया गया था, टेलीविजन लाइन काटी जा चुकी थी, मुकाबले के लिए फिलहाल कोई सैन्यबल सम्पर्क में नहीं था। चावेज स्थितियों की समीक्षा और अगली कार्यवाही के पशोपेश में थे। चावेज के पास जनरल राउल बाडुएल की विश्वासपात्र कमान, पेराट्रूपर्स, आर्मर्ड डिविजन और अन्य विश्वासपात्र टुकड़ियों से सम्पर्क का कोई जरिया नहीं रह गया था।

फिदेल ने चावेज को परिस्थितियों का ठंडे दिमाग से शान्तिपूर्वक मुकाबला करने, सम्मानजनक समझौतों की शर्तें तैयार करने, अपने समर्थकों और विश्वासपात्र सहयोगियों की जान बचाने की कोशिश करने और साथ ही खुद को भी बलिदान न होने देने की

जरूरत पर जोर दिया। चावेज ने जवाब में कहा कि यहाँ सारे लोग उसके साथ मरने को तैयार हैं। फिदेल ने फिर चावेज को अपने लोगों के प्रति उनकी जिम्मेदारी और खुद का बलिदान देने से बचने की जरूरत के प्रति आगाह किया। फिदेल के दिमाग में चिली के राष्ट्रपति अलेन्दे की 11 सितम्बर, 1973 को सी.आई.ए. द्वारा प्रायोजित हत्या और चावेज की 12 अप्रैल, 2002 की परिस्थितियों पर मंथन चल रहा था। अलेन्दे के समर्थन में एक भी सैनिक नहीं था। चावेज के साथ ज्यादातर सैनिक और अधिकारी, खासकर नौजवान थे। फिदेल ने चावेज को हिदायत दी कि इस्तीफा किसी कीमत पर नहीं देना है। फिदेल ने क्यूबा और वेनेजुएला के राजनायिक सम्पर्कों के जरिए हवाना से दो जहाजों में क्यूबा के विदेशमंत्री और समर्थक देशों के जितने राजनयिक हो सकें, वेनेजुएला की राजधानी काराकास भेजकर चावेज को निकाल लाने की कोशिश का भरोसा दिलाया और चावेज को जल्दबाजी या भावना में कोई कदम न उठाने के लिए राजी कराया।

जोस विसेन्ट रांगेल रक्षामंत्री के रूप में उस समय चावेज के साथ थे। रांगेल ने बाद में बताया कि फिदेल से बातचीत भारी खून-खराबे, संघर्ष और बलिदान को रोकने में निर्णायक साबित हुई। फिदेल की सलाह ने हम लोगों को परिस्थितियों के धुँधलके से बाहर स्पष्टता और समझदारी से सोचने का रास्ता दिया। इससे हम लोगों को मदद मिली।

उन परिस्थितियों में तीन विकल्प थे। पहला, चावेज मिराफ्लेर में जो भी विश्वासपात्र सैन्यबल था उसके साथ मोर्चेबन्दी करके अन्तिम साँस तक प्रतिरोध करते। दूसरा, मिराफ्लोर से बाहर आकर जनता के बीच राष्ट्रीय स्तर पर प्रतिरोध की कोशिश जो उन परिस्थितियों में नामुमकिन थी। तीसरा, बिना इस्तीफा दिए हुए देश छोड़ना जिससे अगले माकूल अवसर पर जन-समर्थन के साथ वापसी की जा सके। फिदेल ने तीसरे सुझाव पर अमल करने को कहा। जनता सेना की बहुसंख्यक विश्वासपात्र ताकतों के साथ चावेज के वापस लौटने की गारंटी करेगी। फिदेल की खुद की भी सोच और अनुमान से कहीं जल्दी महज चन्द घंटों के अन्दर यह ऐतिहासिक नजारा पेश होनेवाला था।

मिराफ्लोर में तख्तापलट करके कारमोना को राष्ट्रपति नामित करने के बाद एक जनरल राष्ट्रपति भवन से निकला और बाहर खड़े राष्ट्रपति गार्ड से कहा कि नए राष्ट्रपति पधारने वाले हैं और जैसे ही उनका आगमन हो, परम्परा के अनुसार राष्ट्रधुन बजाई जाए। सैनिकों ने आदेश मानने से इनकार कर दिया। नाफरमानी से तमतमाया हुआ जनरल एक नौजवान तुरहीवादक 18 साल के सिपाही की ओर मुड़ा और नए राष्ट्रपति को देखते ही बजाने का हुक्म दिया। सिपाही ने कहा : 'माफ करें! आप किस राष्ट्रपति की बात कर रहे हैं। हम तो एक ही राष्ट्रपति को जानते हैं–ह्यूगो चावेज'। आग-बबूला जनरल ने नाचीज सिपाही को चुपचाप हुक्म की तामील के लिए कहा। नौजवान सिपाही ने अपनी तुरही जनरल के हाथों में थमाते हुए जबाव दिया : 'आप तुरही बजाने के लिए बहुत व्यग्र जान पड़ते हैं। ये रही। लीजिये और खुद ही इत्मीनान से बजाइए।' यह चावेज की लोकप्रियता की मिसाल थी। यह चावेज के अगले चन्द घंटों में लौटने की गारंटी थी।

फिदेल ने हवाना में तमाम देशों के राजदूतों को बुलाया और क्यूबाई विदेशमंत्री फेलिप पेरेज के साथ दो जहाजों में शान्तिपूर्ण ढंग से चावेज को हवाना ले आने का सुझाव दिया, अगर तख्तापलट के नेता चावेज को देश छोड़ने की इजाजत दें तो।

मगर तख्तापलट के मदमस्त जनरलों और नागरिक दलालों की मंशा कुछ और ही थी। जनरलों ने इस फार्मूले पर विचार करने से साफ मना कर दिया और कहा कि चावेज का कोर्ट मार्शल किया जाना है।

चावेज ने अपनी पैराट्रूपर्स की वर्दी पहनी और विश्वासपात्र सहायक जीसस सुआरेज के साथ तख्तापलट के कमांड मुख्यालय फोर्ट तियुना पहुँच गए। फिदेल ने जब करीब दो घंटे बाद फोन किया तब तक चावेज गिरफ्तार किए जा चुके थे और उनसे सम्पर्क का कोई जरिया नहीं रह गया था। टेलीविजन पर जोर-शोर से चावेज के इस्तीफे की झूठी खबर चावेज के समर्थकों और समूचे राष्ट्र को गुमराह करने के लिए लगातार प्रसारित की जा रही थी।

घंटों बाद किसी तरह चावेज को 12 अप्रैल को दिन में अपनी बेटी को फोन से सम्पर्क करने का मौका मिला। बेटी मारिया गैब्रियेला को बताया कि उन्होंने इस्तीफा नहीं दिया है और वह अभी भी वेनेजुएला के 'कैद राष्ट्रपति' हैं। चावेज ने गेब्रियेला को यह खबर फिदेल तक पहुँचाने के लिए कहा ताकि सारी दुनिया यह बात जान सके।

गैब्रियेला ने करीब 10.02 रात में फिदेल को फोन पर सारी बात बताई। फिदेल ने पूछा, क्या तुम यह बात दुनिया को बता सकती हो। बेटी ने तुरन्त जवाब दिया, 'अपने पिता के लिए मैं कुछ भी करने को तैयार हूँ।' फिदेल ने तुरन्त टीवी कार्यक्रम 'मीरा रेडोन्डा' (राउंड टेबुल) के होस्ट रैंडी अलन्सो को फोन करके हाथ में टेप रिकार्ड तैयार रखकर मारिया गैब्रियेला से उसके दिए मोबाइल नम्बर पर सम्पर्क का निर्देश दिया। इस समय रात के करीब ग्यारह बज रहे थे। मारिया गैब्रियेला की आवाज और उसके वक्तव्य का तर्जुमा क्यूबा के राष्ट्रीय टेलीविजन पर 12.40 से लगातार प्रसारित होना शुरू हो गया। उसी के साथ क्यूबा में जितने भी अन्तर्राष्ट्रीय टी.वी. एजेंसियों के प्रतिनिधि थे उन्हें टेप की प्रतियाँ उपलब्ध करा दी गईं। सी.एन.एन. पर तख्तापलट के सूत्रधारों के जरिए प्राप्त समाचार प्रसारित हो रहे थे। सी.एन.एन. के हवाना प्रतिनिधि ने तुरन्त टीवी प्रसारण केन्द्र को मारिया के स्पष्टीकरण की जानकारी दी। इस तरह पूरे वेनेजुएला और दुनिया को चावेज के इस्तीफा नहीं देने की सच्चाई का पता चला।

उसी रात 11.15 बजे मारिया ने फोन करके फिदेल को बताया कि 'वे लोग मेरे पिता को हेलीकॉप्टर से उठा ले गए हैं, कोई नहीं जानता, कहाँ।' एक बार फिर वेनेजुएला और दुनिया को यह बात मालूम चल गई।

अगले दिन 13 को जबर्दस्त गहमागहमी थी। दस बजे से पहले मारिया ने फिदेल को फोन किया कि चावेज के माता-पिता उनसे बात करना चाहते हैं-तभी फिदेल को एक अन्तर्राष्ट्रीय समाचार एजेंसी के केबल से पता चला कि चावेज को वेनेजुएला के उत्तरी तट पर आरागुआ के एक नौसैनिक अड्डे तुरियानो ले जाया गया है। मारिया ने यह भी बताया कि जनरल लुकास जो सैन्य बलों के इन्स्पेक्टर जनरल थे, बात करना चाहते हैं और अपना सार्वजनिक वक्तव्य देना चाहते हैं। फिदेल ने पहले चावेज के माता-पिता से बात की। सबरान्ते के मेयर भी फोन लाइन पर आए। सबरान्ते में चावेज का जन्म हुआ था। मेयर ने जानकारी दी कि वहाँ सभी सैनिक टुकड़ियाँ चावेज की वफादार हैं। जनरल लुकास ने बताया कि वेनेजुएला की पैराशूट ब्रिगेड, बख्तरबन्द

डिवीजन और F-16 लड़ाकू विमान दस्ते चावेज के पक्ष में कार्यवाही के लिए पूरी तरह से तैयार हैं। फिदेल ने सैनिकों को सैनिकों के खिलाफ उतारने से बचते हुए समाधान की सम्भावनाएँ तलाशे जाने पर जोर दिया। तभी फोन लाइन कट गई और दुबारा सम्पर्क नहीं हो सका।

चन्द मिनटों बाद मारिया का फोन आया कि पैराशूट ब्रिगेड के प्रमुख जनरल बाडुएल लाइन पर हैं और उनके जरिए माराके की वफादार फौजों की कमान पूरे वेनेजुएला और दुनिया को अपना वक्तव्य देना चाहती हैं। फिदेल ने बाडुएल से स्थितियों को लेकर दो-चार सवाल किए और उन्हें चावेज की वापसी का इत्मीनान हो गया। सेना की ओर से राष्ट्रीय सुरक्षा और संरक्षा (सिक्योरिटी एंड डिफेन्स) की राष्ट्रीय परिषद के स्थायी सचिव मेजर जनरल जूलियो गार्सिया मोन्टाया ने वक्तव्य दिया। मोन्टाया का वक्तव्य बुद्धिमत्तापूर्ण और स्थिति के बिल्कुल अनुरूप था। मोन्टाया ने कहा : 'वेनेजुएला की सशस्त्र सेनाएँ संविधान के प्रति वफादार है।' सारी बात तत्काल प्रसारित कराई जा रही थी। रेण्डी के हाथों में मोबाइल फोन और टेपरेकार्डर तैयार रखते हुए फिदेल खुद लगातार जैसे मीडिया संवाददाता की भूमिका में थे, घटनाक्रम के पल-पल बदलते समाचारों और वक्तव्यों को हासिल करना और उसे वेनेजुएला और समूची दुनिया तक पहुँचाना। फिदेल तख्तापलट के खिलाफ वेनेजुएला की बोलिवारी जनता और सेना के अपराजेय अभियान के गवाह थे। स्थितियाँ लगातार अनुकूल होती जा रही थीं। तख्तापलटने वालों के लिए कोई गुंजाइश नहीं बची थी। मगर अभी भी उनके पास तुरुप का पत्ता था। तख्तापलट के जनरलों, सत्ता-प्रतिष्ठान के एकाधिकारी गुटों और साम्राज्यवादी ताकत के कब्जे में अभी भी चावेज थे।

आम जनता का महासमुद्र पहाड़ों, दूर-दराज इलाकों से अपनी झुग्गी-झोंपड़ियों से निकलकर काराकास की हर सड़क-गली से पूरे आक्रोश और तेवर के साथ 13 अप्रैल की शाम चार बजते-बजते 'चंद घंटों के राष्ट्रपति–कारमोना दि ब्रीफ' को बेदखल करने मिराफ्लोर और चावेज को वहाँ वापस पहुँचाने के लिए तख्तापलट कमांड मुख्यालय की ओर बढ़ने लगा था। सेना और पुलिस चौकियाँ, छावनियाँ खाली होती जा रही थीं। सैनिक और सिपाही, नौजवान अधिकारियों समेत अपनी बैरकों से हथियारों समेत निकलकर जनता के साथ मिलते जा रहे थे।

फिदेल ने वेनेजुएला में क्यूबा के राजदूत सांचेज से सम्पर्क करके तख्तापलट के कमांडर जनरल वाज्क्वेज वेलस्को से उसकी बातचीत हो सकने की सम्भावना के बारे में पूछा। सांचेज ने कहा कि शायद ऐसा मुमकिन है। फिदेल ने सांचेज को तुरन्त वेलास्को से सम्पर्क करके यह कहने का निर्देश दिया कि वह फिदेल की ओर से उससे बात कर रहे हैं। वेनेजुएला में अगर तुरन्त स्थितियाँ नहीं सँभाली गईं तो खून की नदियाँ बहने लगेंगी। सिर्फ और सिर्फ एक आदमी ही इस स्थिति को सँभाल सकता है–ह्यूगो चावेज। स्थिति को बेकाबू हो जाने से बचाने के लिए चावेज को तुरन्त आजाद किया जाना जरूरी है। वेलास्को फोन पर आया। उसने चावेज को अपने कब्जे में होने की बात मानी मगर छोड़ने से इनकार कर दिया। लगातार जोर दिए जाने पर गुस्से से झल्लाकर उसने फोन पटक दिया।

फिदेल ने फोन करके मारिया को वेलास्को से चावेज के बारे में हुई बातचीत बताते हुए जनरल बाडुएल से फिर से बात कराने को कहा। शाम के चार बजकर उनचास मिनट हुए थे। फिदेल ने विस्तार से वेलास्को से हुई बातचीत का ब्योरा देते हुए जनरल बाडुएल से वेलास्को को चावेज को अपने कब्जे में रखने के गम्भीर परिणामों से अपने तरीके से अवगत करा देने का सुझाव दिया। बाडुएल उस समय चावेज को छुड़ाने के लिए हेलीकॉप्टर और दस्तों का बन्दोबस्त कर रहे थे।

13 को बारह बजे रात तक समूचा काराकास जनता और वफादार सेनाओं के नियन्त्रण में आ चुका था। 'चन्द घंटों का कारमोना' किसी तरह दुम दबाकर जान बचाते मिराफ्लोर से निकल भागा था। पूरे राष्ट्रपति भवन और हर रणनीतिक ठिकाने पर राष्ट्रपति गार्ड ने मोर्चा सँभाल लिया था। रांगेल, जो इस पूरे घटनाक्रम में चट्टान की तरह अडिग रहते हुए चावेज के पक्ष में था, अपने रक्षा मंत्रालय में आगे का कदम उठाने के लिए लौट आया था। कारमोना के भागने के बाद वफादारों की तरफ से अस्थायी रूप से चावेज की अनुपस्थिति में राष्ट्रपति का कार्यभार देखने की जिम्मेदारी काबेलो को दी गई थी। फिदेल ने तुरन्त काबेलो से वेलास्को को बिना कोई देर किए चावेज को मुक्त करने, अन्यथा इसके गम्भीर परिणाम भुगतने का आदेश देने के लिए कहा।

उधर तख्तापलट कमांड मुख्यालय फोर्ट तियुना में तख्तापलट के षड्यन्त्रकारी अब तक चावेज को स्थितियों की कोई भनक न लगने देकर इस्तीफे के लिए लगातार दबाव बना रहे थे और वह दृढ़तापूर्वक इनकार कर रहे थे। सत्ता-प्रतिष्ठान के एक जाने-पहचाने पूँजीपति का निजी जहाज इस्तीफा देते ही किसी और देश में किसी और के हाथों में चावेज को सौंपने के लिए उड़ जाने के लिए तैयार खड़ा था।

काराकास में, वेनेजुएली जनता का महासमुद्र चावेज की तुरन्त वापसी के नारे लगाता हुआ हजारों सैनिकों और वफादार अधिकारियों के साथ कुछ भी कर गुजरने पर आमादा था। जनरल जॉर्ज लुइस गार्सिया कार्नेरो ने फोर्टतियुना को घेरे हुए जनसमुद्र के बीच एक टैंक के ऊपर खड़े होकर एलान किया कि वेनेजुएला की सशस्त्र सेनाएँ तख्तापलट के जरिए आई सरकार के प्राधिकार को मानने से इनकार करती हैं। कारमोना को राष्ट्रपति मानने से इनकार करती हैं। सेना अपनी आखिरी साँस तक चावेज को वापस सत्ता में लाने के लिए लड़ने जा रही है।

13 को दोपहर तक 'चन्द घंटों का कारमोना' मिराफ्लोर से निकलकर फोर्ट तियुना पहुँच चुका था। फोर्ट तियुना में तख्तापलट के सूत्रधार जिस अधिकारी को भी कोई निर्देश देते वह मानने से इनकार कर देता। शाम सात बजे तक कारमोना के साथ-साथ तख्तापलट के सारे जनरल और एडमिरल गिरफ्तार किए जा चुके थे। माराके से हेलीकॉप्टर दस्ता राष्ट्रपति चावेज को लाने के लिए चल चुका था। 14 की सुबह दो बजे के आसपास चावेज के ला आर्चिल्ला से, जहाँ वह बन्दी बनाकर रखे गए थे, हेलीकॉप्टर से मिराफ्लोर की तरफ चल चुकने की खबर आ चुकी थी। फोर्ट तियुना को घेरे हुए जनता को जब यह खबर मिली तो लगभग एक लाख वेनेजुएलियों का हुजूम अपने राष्ट्रपति की अगवानी के लिए मिराफ्लोर की ओर चल पड़ा। जनता को मात देने की साम्राज्यवादी कोशिश नाकाम हो चुकी थी।

अमेरिकापोषित तख्तापलट चन्द घंटों के अन्दर औंधे मुँह धराशायी हो चुका था। चावेज ने तख्तापलट के किसी भी गुनाहगार के खिलाफ कार्यवाही नहीं की।

तख्तापलट के सूत्रधार अपनी असफलता को महज कार्यनीतिक गलतियों का परिणाम मानते हुए जल्दी ही चावेज को सत्ता से हटाने की अगली कोशिशों में जुट गए। तेल श्रमिक ट्रेड यूनियन की भ्रष्ट नौकरशाही के साथ मिलकर नई योजना बनी। तेल ट्रेड यूनियन ने अन्य मध्यवर्गीय पेशागत ट्रेड यूनियनों–शिक्षक, डॉक्टर, इंजीनियर आदि के साथ मिलकर पूरे काराकास में हड़ताल और तालाबन्दियों के जरिए बोलिवारी सरकार को गिराने की योजना बनाई। फिदेल के दिमाग में एक बार फिर से इस कोशिश को लेकर 1972-73 में सल्वाडोर अलेन्दे के खिलाफ चिली ट्रेड यूनियन हड़ताल की याद ताजा हो गई। चिली की हड़ताल अलेन्दे की हत्या से पहले हुई थी। काराकास की हड़ताल तख्तापलट की असफलता की भरपाई के लिए हो रही थी। साजिश करनेवालों को पूरी उम्मीद थी कि तेल और तमाम दूसरी जरूरी चीजों (खासकर बीयर) का उत्पादन ठप करके और फिर सारे स्कूल-अस्पताल बन्द करके वे पूरे देश में इस कदर कोहराम मचवा देंगे कि चावेज के पास इस्तीफा देने या कम से कम जल्दी नए चुनाव कराने के अलावा कोई विकल्प नहीं बचेगा। अगले चुनाव में वे अपनी जीत को लेकर पूरी तरह आश्वस्त थे। उनकी योजना शुरुआती असन्तोष और अव्यवस्था उभार पाने में कुछ हद तक कामयाब रही। मगर एक बार फिर अपार जन-समर्थन और क्यूबा के सामयिक सहयोग ने उनकी कोशिशों का सत्यानाश कर दिया। एक बार और अगस्त 2004 में चावेज को हटाने की कोशिश हुई। दो बार गैरकानूनी-असंवैधानिक तख्तापलट की कोशिशों में नाकाम रहने के बाद इस बार चावेज के लागू किए संविधान का इस्तेमाल किया गया, वह संविधान जिसकी चावेज के विरोधी लगातार आलोचना करते रहे थे। संविधान में निर्वाचित राष्ट्रपति की वापसी का प्रावधान था। किसी 'पूँजीवादी सभ्य और लोकतांत्रिक व्यवस्था' ने अपनी जनता को यह अधिकार नहीं दिया है जो बोलिवारी सरकार ने अपनी जनता को बिना माँगे दिया। लाखों फर्जी हस्ताक्षरों के साथ राष्ट्रपति को हटाए जाने के लिए जनमत-संग्रह का पत्रक दिया गया। चावेज ने आवेदन को स्वीकार करते हुए जनमत-संग्रह कराए जाने की घोषणा की। जनमत-संग्रह की पूर्व संध्या पर प्रखर मार्क्सवादी लेखक तारिक् अली के साथ तख्तापलट के अनुभवों की चर्चा करते हुए चावेज ने कहा कि वह हड़ताल को लेकर ज्यादा चिन्तित थे (सैन्य तख्तापलट की तुलना में) क्योंकि इस बार केवल उनके अपने जीवन पर खतरे का मामला न होकर वेनेजुएला की गरीब जनता पर खतरे का सवाल था, जिसके समर्थन पर वह पूरी तरह से निर्भर थे। विरोधी खुले आम चुनौती दे रहे थे कि अगर झुग्गी-झोंपड़ी-गरीब बस्तियों के छोकरों को बीयर नहीं मिलेगी तो ये बेरोजगार गुस्सैल छोकरे चावेज के खिलाफ विद्रोह कर देंगे। वेनेजुएला की जनता अब तक सत्ताधारियों द्वारा जनता के नाम पर की गई तमाम कारस्तानियों की भारी कीमत चुकाती रही है। चावेज के आत्मबल और साहस को बनाए रखने में दो बातों ने निर्णायक भूमिका अदा की। पहली बात ग्रामीण अंचलों से उन्हें मिलनेवाला बेपनाह समर्थन था। चावेज कहते हैं कि उनके दिलो-दिमाग में उन दिनों की अमिट छवि है। उन विषम परिस्थितियों में, जब

हड़ताल के टूटने के आसार नहीं नजर आ रहे थे, उनका मन मिराफ्लोर में बैठे-बैठे उचाट हो गया। उन्होंने केवल एक अंगरक्षक और दो कामरेडों के साथ पहाड़ियों पर झोंपड़-बस्तियों में लोगों से मिलने और खुली हवा में साँस लेने का फैसला किया। वहाँ मिले समर्थन से चावेज हतप्रभ रह गए। एक महिला उनके पास आई और बोली, 'चावेज मेरे साथ आओ, मैं तुम्हें कुछ दिखाना चाहती हूँ।' चावेज उसके छोटे से टुटहे झोंपड़े में गए। अन्दर उसका पति और बच्चे हांडी में उबलते सूप के पकने का इंतजार कर रहे थे। महिला ने चावेज से कहा, 'देखो मैं पकाने के लिए क्या जला रही हूँ, अपने पलंग की पीठ। कल मैं इसके पाए जलाऊँगी, फिर टेबुल, कुर्सियाँ और दरवाजे। हम जिन्दा रहेंगे। घबराना मत। बस तुम डटे रहना।' झोंपड़े से बाहर निकलने पर बस्ती के छोकरों ने घेर लिया। हाथ मिलाने लगे और बोले 'हम बीयर के बिना गुजारा कर लेंगे। तुम इन हरामजादों की ऐसी की तैसी करने में कोई कसर मत छोड़ना।' लोग बेहद गुस्से में थे और अच्छी तरह जानते थे कि इस सब के लिए कौन जिम्मेदार है। इसी तरह की खबरें पूरे वेनेजुएला से थीं। इस हड़ताल के जरिए मध्यवर्ग ने अपने दावों पर खुद कुल्हाड़ी मार ली थी।

चावेज कहते हैं कि हमारी क्रान्ति के लिए हड़ताल की असफलता को सुनिश्चित करना जरूरी था। इसके लिए हमारी तरफ से जबर्दस्त जवाबी कार्यवाही की दरकार थी। मगर कैसे? चावेज ने अपने सबसे भरोसे के मित्र और कामरेड फिदेल से बात की। उन्हें याद था कि सैन्य तख्तापलट के उन दुर्दिनों में फिदेल की सलाह सबसे काम आई थी, 'कोई काम जल्दबाजी में नहीं करना, इस महाद्वीप को अब किसी और अलेन्दे त्रासदी की दरकार नहीं है। बहुत सावधानी से, सोच-समझकर आगे बढ़ना।'

इस बार क्यूबा के कामरेडों ने अपने सारे दरवाजे मदद के लिए खोल दिए। पन्द्रह दिन के अन्दर दस हजार क्यूबाई डॉक्टर, फील्ड अस्पतालों और दवाइयों के साथ वेनेजुएला के कोने-कोने में पहुँच गए। चौबीस घंटे के अन्दर अपनी फील्ड क्लीनिक तैयार करके उन्होंने चिकित्सा और देखभाल शुरू कर दी। वेनेजुएला में स्वास्थ्य सेवाएँ धनिकों की बपौती थीं और पहाड़ों पर झोंपड़-बस्तियों से आम जनता को मीलों चलकर किसी डॉक्टर के पास पहुँचना होता था। अब डॉक्टर खुद उनके दरवाजे पर उनकी देखभाल कर रहे थे। विरोधी और हड़ताली आगबबूला थे। उन्होंने फैलाना शुरू किया कि डॉक्टरों के भेस में क्यूबा से आतंकी मँगाए गए हैं जो तोड़-फोड़ और हत्याओं के जरिए आन्दोलन पर हमला करेंगे। अपनी बातों से खुद विरोधी अपने समर्थकों की नजरों से नीचे उतरने लगे। वेनेजुएली डॉक्टरों ने इन फील्ड क्लीनिकों से भेजे जाने वाले मरीजों को अपने अस्पतालों में भर्ती करने से इनकार कर दिया। चावेज ने तुरन्त वेनेजुएला के सारे मिलिट्री अस्पतालों को क्लीनिकों से रेफर मरीजों को भर्ती करने की हिदायत दी। चावेज की जवाबी कार्यनीति पूरी तरह सफल रही। इसी तरह क्यूबा और दूसरे लातिनी अमेरिकी देशों से आए हजारों शिक्षकों ने वैकल्पिक स्कूल चलाना शुरू किया जिससे हड़ताली स्कूलों की भरपाई हो सके।

चावेज कहते हैं कि तख्तापलट और हड़ताल दोनों ही काफी कड़वे अनुभव थे मगर इनसे क्रान्ति को बहुत कुछ सीखने को मिला। दुश्मनों की तुलना में क्रान्ति ने ज्यादा

सीखा, ज्यादा हासिल किया और ज्यादा मजबूत हुई। अब इस बार विरोधियों की ओर से जनमत-संग्रह का हमला था।

जनमत-संग्रह में करीब 60% वोट पड़े। इनमें चावेज को 58% और विरोधियों को 42% मत मिले। जनमत-संग्रह की जीत न सिर्फ वेनेजुएला बल्कि समूचे लातिन अमेरिका में धनिकों के खिलाफ गरीबों की जीत के रूप में देखी गई। चावेज ने जनता पर पूरा भरोसा करते हुए खुद को जनता के हवाले कर दिया था और जनता ने चावेज के पक्ष में अपने भरोसे का झूमकर इजहार किया। अमेरिका के भूतपूर्व राष्ट्रपति जिमी कार्टर अपने लोकतंत्र निगरानी एनजीओ के साथ जनमत-संग्रह के पूरे दौर पर सतर्क निगरानी रखे हुए थे। जिमी कार्टर ने कहा, 'यह मेरे जीवन का अब तक का देखा-सुना सबसे साफ-सुथरा निष्पक्ष चुनाव था।' अपनी इस साफगोई के लिए कार्टर चावेज विरोधियों की नजर में इस कदर खलनायक बन गए कि काराकास के एक धनाढ्य इलाके के रेस्तराँ में उन पर थूका तक गया।

इस तरह बोलिवारी क्रान्ति तमाम कठिनाइयों का सामना करते हुए न सिर्फ वेनेजुएला के गरीबों की जिन्दगी बदल रही है, उन्हें उनकी खुद की सरकार होने के मतलब बता रही है, उनके लिए शिक्षा, स्वास्थ्य, भूमि वितरण और जीवन की तमाम बेहतरी का बन्दोबस्त कर रही है बल्कि पहली बार बोलिवार के सपने–लातिन अमेरिका के अपने खुद के, किसी भी साम्राज्यवादी प्रभाव से मुक्त दक्षिण अमेरिकी महासंघ की दिशा में आगे कदम बढ़ा रही है। पहली बार लातिन अमेरिका की ओर से 'वाशिंगटन कन्सेन्सस' और 'क्षेत्र में अमेरिकी साम्राज्यवादी दादागिरी' को प्रभावी चुनौती देने की दिशा में पहल हो रही है। इस दिशा में चावेज शुरू से ही सक्रिय थे और, दिसम्बर 2001 करेबियाई राष्ट्र प्रमुखों के तीसरे सम्मेलन में उन्होंने 'आल्बा'–ए.एल.बी.ए. बोलिवारियन आल्टरनेटिव फॉर दि अमेरिकाज–का प्रस्ताव रखा था। बोलिवारी क्रान्ति के तख्तापलट की विरोधी कोशिशों से पार पाने के बाद दिसम्बर 2004 में इस दिशा में पहली ठोस पहल वेनेजुएला और क्यूबा के बीच इस संगठन के संस्थापक सदस्यों के रूप में प्रोटोकाल पर हस्ताक्षर से हुई। इवो मोरालेस के राष्ट्रपति बनने के बाद बोलीविया, डेनियल आर्टेगा की विजय के बाद निकारागुआ और जनवरी 2008 में डोमिनिका इसमें शामिल हुए। इन स्थायी सदस्यों के अलावा लातिनी अमेरिका के तमाम देश अमेरिकी साम्राज्यवादी दबाव के हथकंडों के बावजूद इसमें 'आब्जर्वर' राष्ट्रों की हैसियत से जुड़ने लगे और विभिन्न द्विपक्षीय अथवा बहुपक्षीय सहयोग के समझौतों के जरिए शिक्षा, स्वास्थ्य, ऊर्जा, संचार, परिवहन, आवास, खाद्य और जैसे आधारभूत क्षेत्रों में परस्पर सहयोग का लाभ उठाने लगे। 28-29 अप्रैल को पाँचवीं आल्बा शिखर बैठक में स्थायी देशों के अलावा हैती, इक्वाडोर, डोमिनिका, 'सेंटकिट्स और नेविस', 'सेंट विन्सेन्ट और ग्रेनेडाइन्स' और उरुग्वे ने हिस्सेदारी की।

चावेज की नई स्वतंत्र राजनीतिक दावेदारियों ने प्रथम विश्व के महत्त्वपूर्ण फोरमों पर भी इस नई एकजुटता की जीतें दर्ज करने का सिलसिला शुरू कर दिया। 2007 में वेनेजुएला ने ओरिनिको बेसिन के तमाम बड़े नए तेल भंडारों का राष्ट्रीयकरण किया जो अभी तक विदेशी पूँजी के नियंत्रण में थे। ज्यादातर कम्पनियों ने राष्ट्रीयकरण प्राधिकार

PDVSA की शर्तों को स्वीकार कर लिया। मगर अमेरिकी महा-बहुराष्ट्रिक एक्सान (EXXON) PDVSA को ब्रिटेन की अदालत में घसीट ले गई और 12,000 मिलियन डॉलर का हर्जाना अपने पक्ष में जीत लिया। वेनेजुएला ने अपील की और मार्च 2008 में फैसला उसके हक में हुआ। इसी तरह जून 2008 में ब्राजील ने डब्लूटीओ में अमेरिका के खिलाफ एक लम्बी और महत्त्वपूर्ण लड़ाई जीती जब डब्लूटीओ ने वाशिंगटन द्वारा कपास उत्पादन पर सब्सिडी को गलत ठहराया जिससे ब्राजील को करीब 1,000 मिलियन डॉलर का सालाना नुकसान हो रहा था।

इस उभरती क्षेत्रीय एकता और स्वतंत्र दावेदारी को नुकसान पहुँचाने के लिए अपने तमाम साम्राज्यवादी हथकंडों के साथ वाशिंगटन ने 'फूट डालो' का मूल साम्राज्यवादी नुस्खा अपनाते हुए 2006 में कांनफिलार (CONFILAR) इन्टरनेशनल कन्फेडरेशन फार रीजनल लिबर्टी एंड ऑटोनामी खड़ा किया।

'फूट डालो' की साम्राज्यवादी कोशिशों को धता बताते हुए लातिनी अमेरिकी एकता की कोशिशें अपनी मंजिलें सफलता के साथ पूरी कर रही हैं। इस दिशा में आल्बा के बाद दूसरा बड़ा कदम 2008 में यूनियन ऑफ साउथ अमेरिकन नेशन्स 'यूनासुर' (UNASUR) की स्थापना दक्षिण अमेरिकी राष्ट्रों के आपसी विवादों के निपटारे और उनकी संगठित पहचान की प्रतिनिधि संस्था के रूप में हुई।

दो सौ साल पहले दक्षिण अमेरिकी मुक्ति-संघर्षों के महानायक, वेनेजुएला के सिमोन बोलिवार 'दि लिबरेटर' ने दक्षिणी अमेरिकी एकता और 'पैट्रियाग्रांडे' लातिन अमेरिका का सपना देखा था। बोलिवार की जन्मभूमि वेनेजुएला ने मुक्तिदाता के स्वप्न की विरासत को हकीकत में बदलने का कर्ज उतारने की दिशा में 2-3 दिसम्बर, 2011 को काराकास में पहला सफल प्रयास किया। लातिनी अमेरिकी एकता का अभियान आल्बा और युनासुर की मंजिल तय करता हुआ पूरे क्षेत्र के 33 राष्ट्रों के संस्थापना शिखर सम्मेलन में कम्यूनिटी ऑफ लातिन अमेरिका एंड करेबियन स्टेट्स 'सेलाक' CELAC के गठन तक पहुँच गया।

क्यूबा के राष्ट्रपति राउल कास्त्रो ने इस कदम को लातिन अमेरिका की बहुप्रतीक्षित और पिछले 100 वर्षों की सबसे महत्त्वपूर्ण घटना बताया। 33 सदस्य राष्ट्रों के साथ 'केलाक' विश्व का सबसे बड़ा क्षेत्रीय संगठन बन गया है। यह संगठन लातिन अमेरिका के 'अमेरिका का पिछवाड़ा' ठप्पे से मुक्त होकर विश्व रंगमंच पर अपनी स्वतंत्र दावेदारी और वाशिंगटन के 'ऑर्गनाइजेशन ऑफ अमेरिकन स्टेट्स' की दादागिरी के अन्त का चार्टर है।

'केलाक' देशों की संयुक्त जीडीपी इसे दुनिया का तीसरा सबसे बड़ा आर्थिक ब्लाक बनाती है। यह ब्लाक दुनिया का सबसे बड़ा तेल रिजर्व भंडार, सबसे बड़ा खाद्य उत्पादक और तीसरा ऊर्जा उत्पादक है।

अमेरिकी दादागिरी को दरकिनार करते हुए इस संगठन ने न केवल अमेरिका और कनाडा को शामिल नहीं किया बल्कि क्यूबा को, जिसे अमेरिका ने पचास वर्षों से अपनी दादागिरी के चलते ओएएस से बाहर कर रखा था, इस संगठन में नेतृत्वकारी भूमिकाएँ सौंपीं। वेनेजुएला, क्यूबा और चिली को संगठन के उद्देश्यों और परियोजनाओं को

विकसित करने की संयुक्त जिम्मेदारी सौंपी गई है। चिली वर्ष 2012 और क्यूबा 2013 के शिखर सम्मेलनों को आयोजित करेगा।

काराकास घोषणा-पत्र संगठन के सदस्यों द्वारा साझा हित के विभिन्न महत्त्वपूर्ण मुद्दों पर 'लातिन अमेरिका और करेबिया की एकजुट आवाज' बनने की अपनी प्रतिबद्धता को अभिव्यक्त करता है। संगठन की कार्यनीति के प्रस्ताव, जिसे चिली और वेनेजुएला ने मिलकर बनाया है, विभिन्न बहुपक्षीय आर्थिक-राजनीतिक फोरमों और अन्तर्राष्ट्रीय, सहयोग-समझदारी के तमाम मंचों पर लातिनी अमेरिकी और करेबियाई एजेंडे को आगे बढ़ाने की दिशा में साझा रणनीति और समझदारी बनाने के लिए परस्पर सहयोग और तालमेल का आह्वान करते हैं।

संगठन के लिए पिछले दो सालों से मंत्रिपरिषद स्तरीय वार्ताओं और विभिन्न माध्यमों से तैयारियाँ चल रही थीं। नतीजे में संस्थापना सम्मेलन के एक्शन प्लान में ऊर्जा सहयोग, भूख और अशिक्षा उन्मूलन, परस्पर क्षेत्रीय व्यापार सहयोग के साथ-साथ महत्त्वपूर्ण मानवीय एवं पर्यावरणीय चुनौतियों का मुकाबला करने की दिशा में आगे बढ़ने के फैसले लिए गए हैं।

लातिनी अमेरिकी एकता और खुदमुख्तारी का यह उद्घोष पूँजीवादी साम्राज्यवाद के गढ़ों अमेरिका और यूरोप के भयावह आर्थिक वित्तीय संकट के दौर में साम्राज्यवादी खेमे के मुखिया अमेरिका की चौधराहट को खुली चुनौती है। इससे ओएएस में वाशिंगटन की दादागिरी, क्यूबा को अलगाव में रखने की कोशिश, बोलिवारी क्रान्ति के पिंक टाइड का उभार रोकने की कवायद और वाशिंगटन कन्सेन्सस को आगे बढ़ाने की कोशिशों को भारी धक्का लगा है। वेनेजुएला में, जो कभी अमेरिका का सबसे 'वफादार' हुआ करता था, बोलिवारी क्रान्ति को किसी भी कीमत पर नष्ट करने की लगातार हो रही कोशिशों और कॉरपोरेट मीडिया द्वारा क्षेत्र में वेनेजुएला के खिलाफ 'कास्त्रो कम्युनिज्म' और 'लातिनी अमेरिकी समाजों के क्यूबाईकरण' के दुष्प्रचारों का जवाब संगठन ने अपने संस्थापना सम्मेलन का ऐतिहासिक दायित्व वेनेजुएला को सौंपकर दिया। संस्थापना सम्मेलन को जुलाई में ही आयोजित होना था मगर चावेज के कैंसर के इलाज के चलते इसे टालना पड़ा। चावेज का कैंसर को मात देकर अपनी जिम्मेदारियों को पूरी तरह सँभाल लेना भी अमेरिका की वेनेजुएला में तख्तापलट और अस्थिरता की कोशिशों को एक बड़ा धक्का है। अमेरिका को अक्टूबर 2012 के वेनेजुएली राष्ट्रपति चुनावों में चावेज के खिलाफ बीस मिलियन डॉलर का बजट खर्च करने के बावजूद कोई ढंग का संयुक्त विरोधी दावेदार नहीं मिला और एक बार फिर वेनेजुएली जनता ने चावेज को राष्ट्रपति चुनकर साम्राज्यवादी-दलाल ताकतों को मुँहतोड़ जवाब दिया है।

फिदेल बताते हैं कि 1998 में पोप जॉन पॉल द्वितीय ने अपनी क्यूबा यात्रा के दौरान 'एकजुटता के वैश्वीकरण' (ग्लोबलाइजेशन ऑफ सॉलिडेरिटी) का आह्वान किया था। एकजुटता का यह आह्वान महज किसी एक देश के नागरिकों के बीच नहीं बल्कि सम्पूर्ण भूमंडल पर उस एकजुटता का आह्वान था जिसके बल पर एक ऐसी दुनिया बनाई जा सके जो सचमुच की आजादी, समानता और न्याय के सिद्धान्तों पर आगे बढ़ने में विश्वास रखती हो। फिदेल कहते हैं कि इस बात को समझने की उन लोगों को सबसे ज्यादा

जरूरत है जो बेशुमार दौलत लुटाते हुए, धरती के प्राकृतिक संसाधनों का मनमाना विदोहन और विनाश कर रहे हैं और धरती के बाशिन्दों को, मानव प्रजाति को अन्त की ओर धकेलने पर तुले हैं। दुनिया पर 2005 में विदेशी कर्जों का बोझ करीब 2.6 ट्रिलियन डॉलर था। तथाकथित 'विकास एजेंसियों और संस्थाओं' द्वारा तीसरी दुनिया को दिया गया कर्ज 53 बिलियन डॉलर का था और महज लातिन अमेरिका द्वारा अपने कुल विदेशी कर्ज पर 350 बिलियन डॉलर का सूद हर साल भरा जा रहा था। लातिन अमेरिका पर विदेशी कर्ज 800 बिलियन डॉलर था। फिदेल का मानना है कि कोई इस कर्ज को नहीं अदा कर सकता। इसने विकास के सारे रास्ते अवरुद्ध कर रखे हैं। लातिन अमेरिका से भूख को कैसे मिटाया जा सकता है जब तक लातिनी अमेरिकी देश अपनी आय का एक चौथाई उस कर्ज का सूद अदा करने में खर्च करते रहेंगे जिसके मूल का दूना अब तक वे भर चुके हैं? इस आर्थिक गुलामी की जकड़बन्दी को लातिन अमेरिका के गले में और कसने के लिए अमेरिका ने 4 और 5 नवम्बर, 2005 को 'फ्री ट्रेड एरिया ऑफ अमेरिकाज' का प्रस्ताव किया था। 4 और 5 नवम्बर, 2005 को डेलप्लाटा में एफटीएए और इसके जन-प्रतिरोध शिखर सम्मेलन दोनों चल रहे थे। 'शार्क और नन्ही सार्डिनो' की एकता के छल एफटीएए के खिलाफ लातिनी अमेरिकी जनता का जन-समुद्र सड़कों पर और राज्याध्यक्षों का शिखर सम्मेलन बन्द दरवाजों के अन्दर। जन-प्रतिरोध का सैलाब इस छल को हमेशा-हमेशा के लिए बहा ले गया। अमेरिका एफटीएए के जरिए लातिनी अमेरिकी देशों की पुरानी तकनीक और प्राकृतिक संसाधनों के उत्पादों का मुकाबला अपनी उन उच्चतम तकनीकों और औद्योगिक उत्पादों से करा रहा था जो स्टील्थ हवाई जहाज बनाते हैं, सारी दुनिया को अपने इशारों पर नचाते हैं और तीसरी दुनिया से महज तीन चीजें चाहते हैं–कच्चा माल, सस्ता श्रम और बाजार। औपनिवेशिक दासता की नई किस्म तैयार की जा रही थी। साम्राज्यवाद लातिन अमेरिका को बिना डकारे चटकर जाना चाहता था।

दूसरी ओर इसके खिलाफ लातिनी जनता के महानतम जन-प्रतिरोध में क्यूबा की ओर से सांस्कृतिक मंत्री आबेल के नेतृत्व में हजारों क्यूबाइयों ने भाग लिया। इस प्रतिरोधी जन-समुद्र की नेतृत्वकारी कतारों में डियागो मारडोना और नोबुल शान्ति पुरस्कार विजेता एडाल्फो पेरेज एस्क्यूवेल जैसे विशिष्ट जन और बुद्धिजीवी शामिल थे। मानो पूरा का पूरा अर्जेन्टीना अपनी धरती पर साम्राज्यवादी कुकर्म का विरोध करने उमड़ पड़ा था। अर्जेन्टीना की अस्मिता और सहिष्णुता को साम्राज्यवादी सरगना बुश ने अपनी हिफाजत के लिए अमेरिका से हजारों अंगरक्षकों और फौजियों को लाकर चुनौती दी थी। अर्जेन्टीना में उस पर भौतिक हमला करनेवाला कोई नहीं था जिसे वह खासकर उकसाना चाह रहा था। वह एक भी टमाटर या सड़े अंडे के सम्मान का हकदार नहीं था। जन-प्रतिरोध उसकी और उसके साम्राज्यवाद की नैतिकता और गैरत को चुनौती दे रहा था। लाखों की तादाद में लोग घंटों बर्फीली बारिश से बेपरवाह स्टेडियम में समाते जा रहे थे। इस जन-प्रतिरोध ने साम्राज्यवाद को कभी न भूलनेवाली नसीहत दी–जनता ही वह महानतम सच्चा राष्ट्र है जिसके पास महानतम विजय की ओर कूच करने और हासिल करने की ताकत है। अगर साम्राज्यवाद लातिन अमेरिका को निगलने की जुर्रत करेगा, लातिन अमेरिका फिर-

फिर अपनी धरती पर जन्म लेकर उठ खड़ा होगा और मुकाबला करेगा। और इतना आसान भी नहीं है निगलना, यह साम्राज्यवाद के बूते का नहीं है। धरती की साढ़े छः अरब की आबादी पर हर स्कूल, हर घर और हर चौराहे पर सैनिकों की बन्दूकों के साथ तैनाती से शासन नहीं किया जा सकता। खुद साम्राज्यवाद के अपने घर से आवाजें उठ रही हैं। जनता के साथ छल की सीमाएँ टूट रही हैं। साम्राज्यवाद के अपने घर में उसकी घरेलू आर्थिक नीतियों, पड़ोसियों के साथ दादागिरी और नाकेबन्दियों, अन्तर्राष्ट्रीय दखलन्दाजियों और हमलों के विरोध के स्वर तेज हो रहे हैं।

यह सही है कि लातिन अमेरिका में आज हो रहे क्रान्तिकारी जन-पक्षधर परिवर्तनों के सफलता की मंजिल तक पहुँच ही जाने की कोई गारंटी नहीं ले सकता। मगर उससे बड़ा सच यह है कि इन परिवर्तनों की असफलता की गारंटी लेने की ताकत भी आज किसी के पास नहीं रह गई है।

विश्व की मुक्तिकामी जनता के संघर्षों में सहयोग : अफ्रीका

अन्तर्राष्ट्रीय स्तर पर दमित जनता के मुक्तिकामी संघर्षों के साथ सहयोग क्यूबा क्रान्ति की नीतिगत प्राथमिकता थी। फिदेल और चे इस अन्तर्राष्ट्रीयता के प्रमुख सूत्रधार और शिल्पी थे।

क्यूबा की क्रान्ति ने लगातार विषम परिस्थितियों से जूझते हुए, हर कदम पर अमेरिकी साम्राज्यवाद से लोहा लेते हुए, संसाधनों के भीषण संकट के बावजूद, यहाँ तक कि समाजवादी खेमे के बिखराव के बाद क्यूबा में शान्तिकाल के आपातकाल 'स्पेशल पीरियड' के दौर में भी अपने इस अन्तर्राष्ट्रीय दायित्व से मुँह नहीं मोड़ा।

1961 में अल्जीरिया की जनता अपनी आजादी की लड़ाई के निर्णायक दौर में थी। क्यूबा ने अल्जीरियाई मुक्तियोद्धाओं के लिए जहाज भरकर हथियार भेजे और उसी जहाज से युद्ध में अनाथ और घायल सौ बच्चों को लाकर उनकी परवरिश की, पढ़ाया-लिखाया। अल्जीरिया जून 1962 में आजाद हुआ। अक्टूबर मिसाइल संकट के घोर तनावपूर्ण दिनों में अल्जीरियाई राष्ट्रपति अहमद बेन बिल्ला वाशिंगटन से सीधे हवाना में क्यूबा के साथ अपनी एकजुटता का इजहार करने पहुँचे थे। 1963 में सहारा रेगिस्तान के पास अल्जीरिया के टिंडिफ इलाके में अमेरिकी हथियारों और साजो-सामान से लैस मोरक्को की सेनाओं ने आक्रमण कर दिया। आक्रमण का मकसद अल्जीरिया के प्राकृतिक संसाधनों, खदानों पर कब्जा करना था।

पहली बार सोवियत टैंकों की एक पूरी बटालियन और भारी तोपखाने के साथ सैकड़ों क्यूबाई सैनिक समुद्र पार करके अपने मित्र राष्ट्र अंगोला की पुकार पर उसकी संप्रभुता और सम्पदा की रक्षा में साथ देने के लिए पहुँचे। क्यूबा का अंगोला और गुइना-बिसाऊ के मुक्ति संघर्षों में सहयोग का सिलसिला 1963 से शुरू हुआ। सहयोग का स्वरूप आजादी के लड़ाकों को युद्ध का प्रशिक्षण और साजो-सामान की मदद था।

पुर्तगाली उपनिवेश गुइना-बिसाऊ अपनी आजादी की लड़ाई 1956 से ही लड़ रहा था। बहादुर जननेता एमिलकार कबराल की अगुवाई में 'अफ्रीकन पार्टी फार इंडिपेंडेंस ऑफ गुइना एंड केपवर्दे' (पी.आई.जी.सी.) मुक्ति-संघर्ष चला रही थी। गुइना ने सितम्बर

1974 में आजादी हासिल की। क्यूबा की ओर से इस मुक्ति-संघर्ष में 600 अन्तर्राष्ट्रीय स्वयंसेवकों ने साथ दिया था। इनमें 70 डॉक्टर भी शामिल थे। जुलाई 75 में केपवर्दे और साओ लोमे व प्रिंसिपल आर्किपेलागो पुर्तगाल से आजाद हुए। इसी साल मोजाम्बीक ने भी समोरा के मोजाम्बीक लिबरेशन फ्रंट (FRELIMO) के नेतृत्व में आजादी हासिल की मगर दक्षिण अफ्रीका की ओर से नवोदित राष्ट्र पर बराबर हमले जारी रहे। यही हाल जिम्बाब्वे का भी था जो रॉबर्ट मुगाबे की अगुवाई में आजाद हुआ था। उस क्षेत्र का अन्तिम पुर्तगाली उपनिवेश पूर्वी तिमोर 1999 में आजाद हुआ। क्यूबा ने दुनिया के दूसरे छोर पर होने, सीमित संसाधनों और असीमित मुसीबतों से घिरे होने के बावजूद अपने अफ्रीकी भाइयों की आजादी में हर मुमकिन मदद की।

चे ने 11 दिसम्बर, 1964 को संयुक्त राष्ट्र महासभा के अपने ऐतिहासिक भाषण में अफ्रीकी देशों के मुक्ति-संघर्षों के पक्ष में खुलकर बोलते हुए अमेरिकी और बेल्जियम आक्रांताओं के कांगो में किए जा रहे अमानवीय बर्बर अत्याचारों के खिलाफ दुनिया के हर मुक्त मनुष्य को बदला लेने के लिए उठ खड़े होने का आह्वान किया। चे ने अपनी पहली अफ्रीका यात्रा में अल्जीरिया, मिस्र, माली, कांगो, गुइना, घाना, दाहोमेता, तंजानिया और कांगोब्राजीविले में मुक्ति-संघर्षों के संघर्षरत महत्त्वपूर्ण नेताओं से सम्पर्क किया था।

24 अप्रैल को क्यूबाई स्वयंसेवक लड़ाकों के साथ चे किबाम्बा में, फिजी के पास, दक्षिण किवू प्रान्त के तंजानीका झील के किनारे उतरे। यह इलाका लारेन्ट-काबिला के गुरिल्लों का था जिन्हें चीन से प्रशिक्षण और मदद मिली थी। 1964 के उत्तरार्ध से दक्षिण अफ्रीका की युद्ध में दक्ष और आधुनिकतम हथियारों से लैस पेशेवर 'गोरी' सैन्य यूनिटों के जबर्दस्त हमलों के चलते यह गुरिल्ला अभियान लाचारी और बिखराव के संकट से गुजर रहा था। 'गोरी' दक्षिण अफ्रीकी सैन्य यूनिटों के साथ बेल्जियम और अमेरिकी सैन्य कमांडरों के नेतृत्व में रोडेशियन, जर्मन और कई देशों के भाड़े के लड़ाके शामिल थे। ब्राजीविले में जोस रिकेट द्वारा मदद के अनुरोध पर जुलाई 65 में 250 और क्यूबाई लड़ाके स्वयंसेवक पहुँचे। इन स्वयंसेवकों की जिम्मेदारी खुद युद्ध में भाग न लेकर स्थानीय लड़ाकों को गुरिल्ला लड़ाई के दाँव-पेंचों से प्रशिक्षित करना था। क्यूबा ने अन्य अफ्रीकी गुरिल्ला जत्थों, खासकर 'अंगोला पॉपुलर लिबरेशन मूवमेंट' की भी इस मामले में मदद की। 1965 से क्यूबा का कांगो, अंगोला, काबिंडा की आजादी की लड़ाइयों में सहयोग ठोस आकार लेने लगा था जिसका स्वरूप मूलतः प्रशिक्षण, प्रशिक्षक और साजो-सामान की मदद तक सीमित था।

अप्रैल 1974 में लिस्बन में 'कारोनेशन बगावत' के बाद पुर्तगाली औपनिवेशिक साम्राज्य का बिखरना शुरू हुआ और 1975 तक कई अफ्रीकी कालोनियों गुइना बिसाऊ, केपवर्दे, साओतोमे और मोजाम्बीक ने आजादी हासिल कर ली। अंगोला अफ्रीका में पुर्तगाल की सबसे बड़ी और सबसे धनी कालोनी थी। अंगोला की आजादी आसन्न जान अमेरिका ने वहाँ की जनता के हितों की लड़ाई लड़ रहे संगठनों को कुचलने और वहाँ कठपुतली शासन खड़ा करने की साजिश रची। इसके लिए अमेरिका ने दक्षिण अफ्रीका के साथ मिलकर पुर्तगाली औपनिवेशिक शासकों द्वारा तैयार किए गए संगठन को प्रशिक्षित और हथियारों से लैस करना शुरू किया जिससे अंगोला को भ्रष्ट मोबुतू और

दक्षिण अफ्रीकी फासीवाद की खुली चारागाह में बदला जा सके। दक्षिण अफ्रीका के सैनिक दस्तों का अंगोला पर लगातार हमला जारी रहा।

इसी दौरान जब अंगोला में मुक्ति-संघर्ष जारी था और क्यूबाई स्वयंसेवक उसमें मदद कर रहे थे, अमेरिका ने गुपचुप तरीके से दक्षिण अफ्रीका को आठ परमाणु हथियार मुहैया करा दिए। इस तरह अब लड़ाई के मोर्चे पर एक तरफ अंगोला और दूसरी तरफ परमाणु ताकत से लैस हमलावर दक्षिण अफ्रीका। अमेरिका मोबुतू को हर मुमकिन मदद कर रहा था। लुमुम्बा की हत्या के बाद मोबुतू ने पश्चिमी यूरोपीय ताकतों द्वारा पोषित हथियारबन्द भाड़े के लड़ाकों के बल पर कांगो में बर्बर कत्लेआम मचा रखा था।

अंगोला की आजादी की लड़ाई के लिए हजारेक लड़ाकों के दस्तों में बाँटकर अभियान संचालित करने की योजना बनाई गई। इन दस्तों को पूरी तरह हथियारों से लैस करके, टैंक, बख्तरबन्द गाड़ियों, विमान-भेदी तोपों के साथ ही मिग-23 लड़ाकू विमानों के जरिए हवाई क्षेत्र को अपने कब्जे में रखने की रणनीति लागू की गई जिससे हमलावर दुश्मन लड़ाके दस्तों पर हवाई हमला न कर सकें।

मध्य अक्टूबर तक स्थिति यह थी कि दक्षिण अफ्रीकी सैन्य कमांडरों और हथियारों के साथ जायरे की सेना और भाड़े के लड़ाकों के जत्थे उत्तरी अंगोला की तरफ से घुसे आ रहे थे और अंगोला की राजधानी लुआंडा के काफी नजदीक तक पहुँच चुके थे। दूसरी तरफ दक्षिण अफ्रीकी सेना की बख्तरबन्द कमानें अंगोला की दक्षिणी सीमा से पूरी तेजी के साथ घुसती हुई राजधानी की ओर बढ़ी आ रही थीं। उत्तर और दक्षिण, दोनों तरफ से आक्रमण करते हुए अंगोला के 11 नवम्बर, 1975 को अपनी आजादी की घोषणा करने से पहले राजधानी लुआंडा पर कब्जा कर लेने की योजना थी। उस समय तक अंगोला में अंगोला पापुलर लिबरेशन मूवमेंट (MPLA) के अध्यक्ष अगोस्तिन्हो नेतो के अनुरोध पर कुछ हफ्ते पहले 480 क्यूबाई प्रशिक्षक और काबिन्डा में स्वयंसेवक लड़ाकों का एक जत्था पहुँच चुका था। नेतो को तमाम अफ्रीकी देशों का समर्थन हासिल था और दुनिया के पैमाने पर उनकी एक स्थापित अंगोली जननेता के रूप में पहचान थी। क्यूबाई दस्ते के पास केवल हल्के-फुल्के हथियार थे। स्थिति की गम्भीरता को देखते हुए उन्हीं सीमित साधनों के साथ क्यूबाई अंगोला की रक्षा की कठिन लड़ाई में जूझ पड़े। यह पहला मौका था जब क्यूबा ने प्रशिक्षण, प्रशिक्षकों और साजो-सामान की मदद से आगे निकलकर अंगोला के मुक्ति-संग्राम में सीधे शिरकत की। पहली बार अंगोला मुक्ति के मोर्चे पर अंगोली और क्यूबाई रक्त एक साथ बहा। इस लड़ाई में क्यूबा के सात लड़ाके मारे गए और आठ घायल हुए। दक्षिण अफ्रीका की कम से कम छः बख्तरबन्द गाड़ियाँ नष्ट कर दी गईं।

परिस्थितियों की नजाकत को देखते हुए क्यूबा ने इस लड़ाई में अपनी हर सम्भव ताकत झोंक देने का फैसला लिया। स्वयंसेवक जन-मिलिशिया के साथ क्यूबा की नियमित क्रान्तिकारी सेना (FAR) के जत्थे हवाई और जल-मार्गों से अंगोला पहुँचने लगे। क्यूबा ने इस अभियान का नाम दिया था–'ऑपरेशन कारोलोता।' यह क्यूबा में पहले गुलाम विद्रोह की याद में था। कारोलोता वह बहादुर लुकुमी गुलाम महिला थी जो मातन्जा के त्रिम्विरातो गन्ना बागान की गुलाम थी और जिसने 1843 में क्यूबा के पहले गुलाम विद्रोह का नेतृत्व करते हुए अपनी शहादत दी थी।

अभियान पूरी तरह सफल रहा। नवम्बर के अन्त तक दोनों तरफ के हमलावरों को पस्त किया जा चुका था। दोनों तरफ से हमलावरों के कब्जे से एक-एक करके शहरों और ठिकानों को वापस लेते हुए उन्हें उत्तर और दक्षिण, दोनों और की सीमाओं से बाहर धकेल दिया गया। अभियान में 36000 क्यूबाई सैनिक तमाम सैन्य साजो-सामान के साथ शामिल हुए थे। अंगोली मिग 17 और मिग-21 को उड़ाते हुए क्यूबाई पाइलटों ने दक्षिण की तरफ से हमलावर दक्षिण अफ्रीकी बख्तरबन्द फौजों को एक हजार कि.मी. से ज्यादा खदेड़ते हुए नामीबिया के साथ लगी हुई अंगोला की सीमा तक धकेल दिया। 27 मार्च, 76 तक आखिरी दक्षिण अफ्रीकी फौजी दस्ते भी अंगोला की सीमाओं से बाहर निकाले जा चुके थे। उत्तर की तरफ भी चन्द हफ्तों के अन्दर मोबुतू के सभी भाड़े के लड़ाके जत्थे सीमा से बाहर जायरे की ओर भगाए जा चुके थे। अंगोली मुक्ति संघर्ष के लिए यह बेहद महत्त्वपूर्ण विजय थी।

फिदेल बताते हैं कि अमेरिकी राष्ट्रपति जेराल्ड फोर्ड, उनके सेक्रेटरी ऑफ स्टेट हेनरी किसिन्जर और सी.आई.ए. सपने में भी नहीं सोच सकते थे कि करेबियन का एक बित्ता भर का देश, जिसका उन लोगों ने जीना मुहाल कर रखा था, हजारों मील दूर पराये महाद्वीप में इस तरह की भूमिका निभा सकता है और वहाँ भी अमेरिकी साम्राज्यवाद की साजिशों को शिकस्त दे सकता है।

इस अभियान में क्यूबा को सोवियत संघ से कोई मदद नहीं मिली थी। क्यूबा इस जीत के बाद दक्षिण अफ्रीका से नामीबिया की आजादी समेत निर्णायक बढ़त हासिल करने के पक्ष में था। मगर ऐसा नहीं करने के लिए सोवियत संघ ने अंगोला और क्यूबा पर दबाव डाला। सोवियत रूस ऐसे किसी भी कदम पर अमेरिका की सम्भावित प्रतिक्रिया को लेकर चिन्तित था। क्यूबा ने अंगोला के लिए सैनिकों और साजो-सामान की मदद अपने दम पर अंगोला मुक्ति आन्दोलन के अनुरोध पर भेजी थी। इसके लिए सोवियत संघ से कोई विचार-विमर्श नहीं हुआ था। आगे चलकर सोवियत संघ ने अंगोली सेना के लिए हथियारों की मदद करने का फैसला किया और पूरे अभियान में क्यूबा के सैन्य साजो-सामान की जरूरत को पूरा किया। यह मदद विजय के लिए निर्णायक थी। क्यूबा की मंशा अंगोला में बहुत दिनों तक टिकने की नहीं थी। क्यूबा की नीति बाहरी दुश्मनों से लड़ने में मदद करने की थी न कि आन्तरिक गृहयुद्ध में शामिल होने की। बहरहाल सोवियत संघ अंगोला मुक्ति आन्दोलन को 'शीर्ष स्तर' से विशेषज्ञ राय और सैन्य साजो-सामान की मदद कर रहा था। सोवियत और क्यूबाई सैन्य रणनीतियों में आधारभूत अन्तर था। सोवियत रणनीति अकादमिक और बड़ी-बड़ी पारम्परिक लड़ाइयों के अनुभवों पर आधारित थी। क्यूबाई रणनीति असमान और अनियमित युद्ध की छापामार लड़ाइयों की थी। शीर्ष स्तर पर रणनीतिक परिप्रेक्ष्य में भारी अन्तर के बावजूद जमीनी मोर्चों पर क्यूबाई और सोवियत कतारों में पूरी तरह तालमेल और बिरादराना सद्भाव था। सारी दिक्कतें और सरदर्द शीर्ष स्तर पर ही थे। इस पूरे मामले पर अंगोली नेतृत्व से बात करने के लिए फिदेल ने अप्रैल 1976 में क्यूबा के रक्षामंत्री राउल को भेजा जिससे अंगोला से क्यूबाई सैनिको की क्रमबद्ध वापसी सुनिश्चित की जा सके।

क्यूबा ने अपने सैनिकों और स्वयंसेवकों की वापसी शुरू कर दी। जैसे ही दक्षिण अफ्रीका ने ऐसा होते देखा, उसकी सेना की तरफ से हैरान-हलकान करने की कार्यवाही शुरू हो गई। सैनिक दस्ते अंगोला की सीमाओं में घुसते, हमला करते और वापस हो लेते। मार्च 1977 में फिदेल खुद अंगोला पहुँचे। उस समय तक एक तिहाई (लगभग 12,000) क्यूबाई वापस लौट चुके थे। अमेरिका और दक्षिण अफ्रीका की अंगोला के खिलाफ मिलीभगत ने क्यूबा को लगभग पन्द्रह वर्षों तक लगातार मदद के लिए मजबूर किया। इन पन्द्रह वर्षों में क्यूबा के तीन लाख से ज्यादा नौजवानों ने इस अभियान में अपनी स्वैच्छिक मदद की पेशकश की। क्यूबा के अन्दर दसियों लाख नागरिकों ने अतिरिक्त मेहनत करके यह सुनिश्चित किया कि अभियान पर गए हुए साथियों के परिवारों को कोई असुविधा न हो। फिदेल के मत में अन्तर्राष्ट्रीय अभियानों को स्वैच्छिक स्वयंसेवकों के बिना पूरा करना सम्भव ही नहीं है।

1978 में दक्षिण अंगोला के कर्सिंगा में दक्षिण अफ्रीकी नरसंहार से बचकर भागे नामीबियाई शरणार्थियों का कैम्प था। दक्षिण अफ्रीकी पेराट्रूपर्स लड़ाकू विमानों के बैक-अप के साथ वहाँ भीषण कत्लेआम मचाए हुए थे। लड़ाकू विमान जबर्दस्त बमबारी करते और फिर दक्षिण अफ्रीकी सैनिक दस्ते निरीह शरणार्थियों पर टूट पड़ते। बच्चों, औरतों और बूढ़ों का बेरहमी से कत्ल करते। वह उस युद्ध के सबसे बर्बर और क्रूर हमलों में से था। क्यूबाई सैनिक यूनिट इन हत्यारों का मुकाबला करने के लिए बढ़ रही थी। हवाई हमले से बचत के लिए कोई बख्तरबन्द साधन नहीं था। बावजूद इन विषम परिस्थितियों के क्यूबाई यूनिट दक्षिण अफ्रीकी हमलावरों को पीछे खदेड़ने और इस नृशंस नरसंहार पर रोक लगाने में कामयाब रही। सैकड़ों घायल, बीमार, अनाथ बच्चे क्यूबा में देखभाल के लिए लाये गए। इन सबको वहाँ बेहतर परवरिश और बेहतर शिक्षा मिली। बहुत से विश्वविद्यालयी शिक्षा तक आगे बढ़े। उन्हीं बच्चों में से एक आगे चलकर स्वतंत्र नामीबिया की ओर से क्यूबा के लिए राजदूत बनी। बहरहाल उस लड़ाई में हत्यारे रंगभेदी दक्षिण अफ्रीकियों को जल्दी पूरी तरह अंगोला से नामीबिया की सीमा पार खदेड़ दिया गया।

1987 के आखिरी महीनों में सोवियत सैन्य विशेषज्ञों की सलाह पर पीपुल्स लिबरेशन आर्म्ड फोर्सेस ऑफ अंगोला (FAPLA) ने अंगोला के दूर दक्षिणी हिस्से के दुर्गम मरुस्थलीय क्षेत्र जाम्बा की ओर भारी तैयारी और साजो-सामान के साथ कूच करना शुरू किया। जाम्बा में युनिटा (UNITA) के नेता साविम्बी के मुख्यालय होने का अंदेशा था। युनिटा गैंग दक्षिण अफ्रीका के इशारे पर समूचे अंगोला में 'डर्टीवार' का आतंकी अभियान चला रहा था। ऐसे हालत में किसी काल्पनिक मुख्यालय की खोज में इतने दूर-दुर्गम इलाके की ओर कूच करने का कोई मतलब नहीं था। जब कभी इस तरह के अलग-थलग अभियान अंगोला की ओर से होते, दक्षिण अफ्रीका को जमीन और हवा के रास्ते से पूरी ताकत से टूट पड़ने और अंगोली दस्तों को भारी नुकसान पहुँचाने का मौका मिल जाता। इसलिए क्यूबा ऐसी किसी कार्यवाही से सहमत नहीं था और उसने अंगोली नेतृत्व को स्पष्ट कर दिया था कि ऐसी किसी भी कार्यवाही में वह क्यूबा से सहयोग की उम्मीद न करें।

सुदूर दुर्गम इलाके में धीरे-धीरे अंगोली सेना को ईंधन और अन्य सामानों-रसद आदि का टोटा पड़ने लगा। आसपास ऐसा कोई सप्लाई बेस नहीं था जहाँ से मदद मिल सके।

युनिटा के आतंकी जत्थे और उनके भेस में दक्षिण अफ्रीकी टुकड़ियों ने इस कमजोरी को जल्दी ही भाँप लिया और पूरी ताकत से अंगोली सेना पर धावे मारने लगीं। आखिरकार कुइतो क्यूनावेले नाम की जगह पर, जो कभी नाटो का वैकल्पिक हवाई अड्डा था, अंगोली सेना अपने चमचमाते सोवियत साजो-सामान के साथ दुश्मनों की घेरेबन्दी में घिर गई। दक्षिण अफ्रीकी सैन्य कमान ने, जिसे पल-पल की जानकारी मिल रही थी, तुरन्त भारी संख्या में फौजी टुकड़ियाँ, दूर तक मार करनेवाले भारी तोपखाने और अन्य सैन्य साजो-सामान मौके पर रवाना कर दिया। दक्षिण अफ्रीकी आश्वस्त थे कि इतनी बड़ी शिकस्त से अंगोला सरकार बच नहीं पाएगी।

उस पूरे इलाके में कोई क्यूबाई सैनिक नहीं था। सैन्य संकट के चरम की इस स्थिति में अंगोली सरकार ने क्यूबा से मदद की गुहार लगाई। क्यूबाई सैनिक उस समय अपनी चरणबद्ध वापसी कर रहे थे और निकटतम क्यूबाई टुकड़ी भी कम से कम दो सौ मील दूर थी। क्यूबा ने अपनी तमाम दिक्कतों और दबावों के बावजूद इस मसले को एकबारगी अन्तिम रूप से निपटा दिए जाने का निर्णय लिया। सैनिक और सैन्य साजो-सामान तुरन्त लामबन्द करके अंगोला के दक्षिणी तट पर पहुँचाए जाने का बन्दोबस्त हुआ जहाँ अंगोला के दक्षिण-पश्चिमी हिस्से से नामीबिया की ओर हमला करने के लिए बढ़ा जा सके। इसी के साथ अंगोला के अन्दर उत्तर की तरफ 800 कि.मी. दूर से एक पूरी क्यूबाई टैंक ब्रिगेड ने करीब सौ कि.मी. तक बारूदी सुरंगों की सफाई करते हुए तेजी से कुइतो क्यूनावेले की तरफ कूच किया जहाँ पीछे हटती अंगोली फौजें इकट्ठा हो रही थीं। हेलीकॉप्टर से टैंक और तोपखानों के कल-पुर्जे, मरम्मत के सामान और टेक्नीशियन पहुँचाए गए जिससे वहाँ बेकार हो चुके टैंकों तोपखानों की मरम्मत करके काम में लाया जा सके। वहाँ पहुँचने पर अंगोली सैनिकों के साजो-सामान का भंडार देखकर क्यूबाई दंग रह गए। क्यूबा ने किसी भी कार्यवाही से पहले दक्षिणी मोर्चे की अंगोली सेना समेत संयुक्त कमान क्यूबा को सौंपे जाने की शर्त रखी। इस तरह अंगोला में दक्षिणी अफ्रीका की रंगभेदी फासिस्ट ताकत के खिलाफ एकजुट संयुक्त कमान तैयार हुई। दक्षिण अफ्रीकी हमलावरों को निर्णायक मात देने और अंगोला की दीर्घकालिक सुरक्षा सुनिश्चित करने के लिए जरूरी था कि सैनिकों और सैन्य साजो-सामान दोनों ही दृष्टियों से इतनी क्षमता हो जो लड़ाकों को इस अभियान को सफलता की मंजिल तक पहुँचाने के लिए हर जरूरी मदद और सुरक्षा प्रदान कर सके। इस लिहाज से अंगोला में क्यूबाई फौजों की संख्या 50,000 करने के साथ ही करीब 1,000 टैंक, 600 से ज्यादा बख्तरबन्द गाड़ियाँ, 1,600 तोपें, मोर्टार रॉकेट और विमानभेदी सुरक्षा कवच का बन्दोबस्त किया गया। इसके साथ ही लड़ाकू जहाजों के जरिए अंगोली वायुक्षेत्र की सुरक्षा और जरूरत पड़ने पर दुश्मन के खिलाफ निर्णायक हमलों का बन्दोबस्त भी सुनिश्चित किया गया।

कुइतो क्यूनावेले उन दिनों सारी दुनिया की उत्सुकता और आशंका का सबब बना हुआ था। क्यूबाई और अंगोली सेना की संयुक्त कमान ने मिलकर ऐसी व्यूह-रचना की जिसमें फँसने के बाद दक्षिण अफ्रीकी फौज को निकलने का मौका नहीं मिला। फिदेल कहते हैं कि इस तरह के मोर्चे जीतने के दो महत्त्वपूर्ण सिद्धान्त थे। एक तो यह कि आप को इतना मजबूत और तैयार रहना होगा कि हार की गुंजाइश न रहे। दूसरे युद्ध का

फैसला बगैर किसी बड़ी लड़ाई के करना होगा। युद्ध को कम से कम जानों के नुकसान पर जीतने का कौशल रखना होगा।

इस तरह कुइतो क्यूनावेले में दक्षिण अफ्रीकी फौजी दस्ते एक-एक कर मिटाए जा रहे थे। दूसरी तरफ दक्षिण-पश्चिम मोर्चे पर 40,000 क्यूबाई, 30,000 अंगोली और 3,000 स्वापो के नामीबियाई छापामार लड़ाके 600 टैंकों और तमाम सैन्य साजो-सामान तथा मिग-23 हवाई बैकअप से लैस दक्षिण अफ्रीकी फौजों को निर्णायक मात देने के लिए नामीबिया की सीमा की ओर बढ़े जा रहे थे। दक्षिणी अंगोला में इस पूरे अभियान की संयुक्त कमान लियोपाल्डो सिन्तास फ्रियास (पोलिटो) के पास थी। पोलिटो वह असाधारण योद्धा जनरल था जिसने पहली बार 16 साल की उम्र में क्यूबा क्रान्ति के गीसा युद्ध मोर्चे पर 20 से 30 नवम्बर, 1958 तक भाग लिया था और उसके बाद क्रान्ति की अन्तिम विजय तक 32 दिनों तक लगातार विभिन्न मोर्चों पर बिना रुके, बिना थके लड़ता रहा था।

23 मार्च, 1988 को कुइतो क्यूनाविले में दक्षिणी अफ्रीका की निर्णायक शिकस्त हुई और अंगोला से बाहरी सामरिक हस्तक्षेप का सफाया हो गया।

उद्दंड दुश्मन को पराजय के अपमान का कड़वा घूँट पीकर वार्ता के टेबुल पर बैठना पड़ा जिसकी परिणति दिसम्बर 1988 में संयुक्त राष्ट्र मुख्यालय में दक्षिण अफ्रीका, अंगोला और क्यूबा के बीच दक्षिण-पश्चिमी अफ्रीका के शान्ति समझौते में हुई। यह वार्ता 4 पक्षीय थी। क्यूबा और अंगोला एक तरफ, दक्षिण अफ्रीका दूसरी तरफ और अमेरिका तीसरी तरफ मध्यस्थ के रूप में। अमेरिका समझौता कार्यवाहियों में निर्णायक और पक्षकार दोनों भूमिकाओं में रहना चाहता था। अमेरिकी वार्ताकार, अफ्रीकी मामलों के अंडरसेक्रेटरी चेस्टर क्रोकर ने क्यूबा को वार्ता में शामिल किए जाने का पुरजोर विरोध किया। मगर उसकी कोई चाल काम नहीं आ सकी और अमेरिका को शान्ति समझौते के पक्षकार के रूप में क्यूबा को कुबूल करना पड़ा। क्यूबा के वार्ता टेबुल पर पहुँचते ही क्रोकर ने कहा था : 'अब वार्ता का रुख हमेशा के लिए बदलने जा रहा है।' क्यूबा के वार्ता टेबुल पर रहते किसी तरह की दादागिरी, ब्लैकमेल, फरेब या झूठ की गुंजाइश नहीं थी। वार्ता परिणामों के मुताबिक अंगोला से क्यूबाई सेना की वापसी चरणबद्ध रूप से निर्धारित शेड्यूल के अनुसार तीन साल में होनी थी। अफ्रीकी महाद्वीप में क्यूबा के अन्तर्राष्ट्रीय सहयोग का मिशन सफलतापूर्वक पूरा हुआ। मई 1991 में क्यूबाई सेना की आखिरी टुकड़ी की वापसी हुई। यह अभियान अफ्रीकी महाद्वीप के लिए अंगोला की आजादी, मार्च 1990 में नामीबिया की आजादी, जिम्बाब्वे की आजादी और अन्ततः दक्षिणी अफ्रीका की रंगभेदी फासिस्ट प्रिटोरियो सफेद सरकार के पतन में क्यूबा की ओर से विनम्र और विजयी अन्तर्राष्ट्रीय योगदान था।

इस अभियान के पन्द्रह वर्षों में 3 लाख नियमित और स्वयंसेवक स्वैच्छिक जन मिलिशिया लड़ाकों और पचास हजार नागरिक स्वयंसेवकों ने क्यूबा की ओर से भागीदारी की। 2085 लड़ाकों और 204 नागरिकों-स्वयंसेवकों ने शहादतें दीं। महान उपनिवेशवाद विरोधी योद्धा एमिक्लार केबराल ने क्यूबाई अभियान के प्रति आभार व्यक्त करते हुए कहा था : 'क्यूबाई लड़ाकों ने हमारे लोगों को मुक्त कराने के लिए अपनी जानें बलिदान की

हैं और हमारी आजादी के लिए अपनी इस सहायता के एवज में जो एकमात्र चीज वह अपने साथ घर ले जा रहे हैं वह उनके उन मृत लड़ाके साथियों की यादें हैं जो आजादी की इस लड़ाई में शहीद हो गए।'

7 दिसम्बर, 1989 को 3 बजे शाम क्यूबा में संकल्प और भावना का अद्भुत नजारा पेश हुआ। यह दिन स्पेन के खिलाफ क्यूबाई स्वतंत्रता संग्राम के महानतम योद्धा जनरल एन्तोनियो माकियो और उनके सहयोगी कैप्टन फ्रांसिस्को गोमेज टोरो की शहादत की 93वीं वर्षगाँठ थी। इस दिन समूचे क्यूबा की 169 म्युनिसिपेल्टियों में अंगोला के 15 वर्षों के अन्तर्राष्ट्रीय अभियान के दौरान शहीद हुए लड़ाकों और नागरिक स्वयंसेवकों की अस्थियों के अंश, क्यूबा की दुनिया की मुक्तिकामी जनता के संघर्षों के साथ अविचलित सहयोग और शौर्य के प्रतीकों की अस्थियाँ जिन्होंने अंगोला, इथोपिया, निकारागुआ, नामीबिया और तमाम अफ्रीकी राष्ट्रों में आजादी के सूर्य की लाली में अपने लहू का रंग घोला था, आजादी के अपने पूर्वज योद्धाओं और साथी लड़ाकों के साथ अनन्त विश्राम के लिए अपनी पितृभूमि में दफनाने ले जाई जा रही थीं।

युद्ध के जारी रहते शहीदों की अस्थियों को क्यूबा ला पाना मुमकिन नहीं था। मगर यह कृतज्ञ राष्ट्र की परम्परा और संस्कृति का समूचे राष्ट्र के गौरव के साथ अविच्छिन्न रूप से जुड़ा न्यूनतम दायित्व था कि वे अपने शहीदों को अपनी पितृभूमि ले आएँ।

अंगोला युद्ध की समाप्ति पर फिदेल ने कहा था : 'अंगोला से हम क्यूबाई केवल कर्तव्यपालन का सन्तोष और अपने शहीद साथियों की अस्थियाँ लेकर लौटेंगे।' दिसम्बर 88 में शान्ति समझौते के साथ यह मौका आया।

हर म्युनिसिपेल्टी ने अपने यहाँ के शहीदों के अनन्त विश्राम के लिए स्मारक तैयार किया। 6 दिसम्बर की रात से ही क्यूबा के राष्ट्रीय ध्वज में लिपटे हुए, शहीद के चित्र के साथ अस्थि अवशेषों के ताबूत सार्वजनिक दर्शन के लिए पहुँचने लगे। हर शहीद का परिवार अपने सम्बन्धियों-शुभेच्छुओं के साथ अपने परम प्रिय को असहनीय दुःखों और उम्मीदों का पहाड़ सा रास्ता पार करके अन्तिम विदाई देने पहुँचा–वह विदाई जिसका शहीद साथी को पराई धरती पर बरसों से इंतजार था। शहीद अब किसी एक परिवार, एक माँ एक पिता के नहीं थे, वह समूचे राष्ट्र के थे।

जब 7 दिसम्बर को अन्तिम विदा यात्रा की घड़ी आई, गार्ड ऑफ ऑनर ने शहीदों के सम्मान में ध्वज उठाए। सड़कों-गलियों के दोनों तरफ स्मारक की अन्तिम सीढ़ी तक समूचा क्यूबा धार-धार बहते आँसुओं से कृतज्ञता और विदा ज्ञापित कर रहा था।

अन्तिम विदाई का केन्द्रीय कार्यक्रम हवाना के अल काकाहुआ में एन्टोनियो माकियो और गोमेज टोरो के स्मारक पर हुआ जहाँ समूचे राष्ट्र की ओर से फिदेल ने अंगोला अभियान के अमर शहीदों के लिए श्रद्धांजलि-सम्बोधन किया।

खंड VII

क्रान्ति की राहों पर

मेरे कर्तव्य मेरे गीतों की लय पर मचलते हैं,
मैं हूँ मैं नहीं हूँ : यही है मेरी नियति।
मेरा वजूद नहीं : अगर मैं उस दर्द के साथ नहीं
जो लोग भुगत रहे हैं : वे मेरे दर्द हैं।
बिना सब के हुए मैं हो ही नहीं सकता
सब, जो दर्द के मारे, सताये और चुप हैं
मैं लोगों का हूँ और उनके लिए ही गाता हूँ
मेरी कविता : गीत और दंड दोनों हैं।
मुझे बताया गया : तुम अँधेरे के कबीले से हो।
शायद, शायद : मगर मैं उजाले को मुखातिब हूँ
मैं रोटी और नमक का आदमी हूँ
मैं तुम्हें किताबों में नहीं मिलूँगा
बल्कि औरतों और मर्दों में :
जिन्होंने मुझे अनन्त सीखें दी हैं।

पाब्लो नेरूदा
(सोइज माइ लाइफ)

पी लो, इस प्याले को फिदेल
जो लबरेज है उम्मीदों से
पीकर जानोगे : तुम्हारी जीत
मेरी मिट्टी की पुरानी शराब है
किसी एक की नहीं, तमाम लोगों की बनाई
अंगूर के एक दाने से नहीं, हजारों लताओं से बनी

बूँद भर नहीं, न जाने कितनी घहराती नदियाँ
एक सेनापति की नहीं, न जाने कितनी रणभूमियों की तपी।
हम तुम्हारे साथ हैं : क्योंकि तुम प्रतीक हो
हमारे दुर्धर्ष संघर्षों के, सामूहिक शौर्य के
अगर क्यूबा लड़खड़ाए, हम सब गिरेंगे
हम उसे सँभालने को आगे बढ़ेंगे।
अगर क्यूबा महमहाता है अपने तमाम फूलों के साथ
उसकी खिलखिलाहट में महमहायेगा हमारा पराग
अगर कभी उन्होंने जुर्रत की क्यूबा को छूने की
जिसे आजाद कराया है तुमने अपने शौर्य से
वे मुकाबिल पाएँगे जन-जन की तनी मुट्ठियाँ
हम फिर निकाल लाएँगे अपने दफन हथियार
उबल पड़ेगा रक्त और शौर्य का सैलाब
अपने प्यारे क्यूबा की रक्षा में।

पाब्लो नेरूदा,
(टू फिदेल कास्त्रो)

चे : अनमोल शहादत

फिदेल और उनकी क्रान्ति की वैचारिकी और व्यवहार के सबसे विश्वसनीय सहयोगी, सबसे आत्मीय साथी और सबसे काबिल कमांडर 'चे' थे। फिदेल और चे की पहली मुलाकात क्रान्ति की तैयारी के लिए फिदेल और उनके 'मोन्काडा साथियों' के स्वनिर्वासित मैक्सिको प्रवास के दौरान जुलाई 1955 में हुई थी। तब फिदेल 29 वर्ष के और चे 27 वर्ष के थे। फिदेल तब मार्क्सवाद-लेनिनवाद की ओर अग्रसर मार्तीवादी क्रान्तिकारी थे। 'चे' उस समय तक एक मार्क्सवादी-लेनिनवादी कम्युनिस्ट क्रान्तिकारी बन चुके थे। डॉक्टरी की पढ़ाई पूरी करने के बाद चे लातिन-अमेरिकी देशों में आम जनता की तकलीफों, साम्राज्यवाद के दलाल दमनकारी सत्ताधारी वर्ग की ज्यादतियों और सम्पूर्ण राजनीतिक-सामाजिक स्थितियों को गहराई से जानने-समझने के साथ वहाँ के जन-संघर्षों की स्थितियों-सम्भावनाओं को भी परखने-अनुभव हासिल करने निकले थे। अपने ग्वाटेमाला प्रवास के दौरान चे को अमेरिकी साम्राज्यवाद की हस्तक्षेपवादी नीतियों का प्रत्यक्ष अनुभव हुआ। वहाँ के जनप्रिय राष्ट्रपति जेकब आर्बेन्ज द्वारा चलाये जा रहे व्यापक भूमि-सुधार कार्यक्रमों और अमेरिकी बहुराष्ट्रीय कम्पनियों के केला बागानों का राष्ट्रीयकरण करके उन्हें किसान जनता में बाँटे जाने की प्रतिक्रिया में अमेरिका ने वहाँ की सेना के साथ मिलकर आर्बेन्ज का तख्तापलट कर दिया। ग्वाटेमाला में ही चे की मुलाकात मोन्काडा अभियान के अन्तोनियो 'निको' लोपाज और अन्य क्यूबाई विद्रोहियों से हुई जो बेयामो बैरक हमले में शरीक थे और अभियान की असफलता के बाद दमन के दौर में ग्वाटेमाला निकल गए थे। चे को मोन्काडा अभियान की अखबारों और छिटपुट सम्पर्कों के जरिए जानकारी थी। 'निको' और साथियों से उन्हें इस अभियान और उसके बाद की पूरी जानकारी मिली। वे उनके साथ मैक्सिको आए जहाँ सबसे पहले उनकी मुलाकात राउल से हुई। फिदेल अपने आने से पहले प्रारम्भिक तैयारियों और सम्पर्क के लिए राउल को मैक्सिको भेज चुके थे।

फिदेल और चे की पहली मुलाकात सारी रात चली। फिदेल ने विस्तार से मोन्काडा अभियान के राजनीतिक दर्शन और वैचारिकी पर बातचीत की। फिदेल कहते हैं कि जनता के लिए, जनता के सवालों पर 'चे' के व्यक्तित्व में बेमिसाल सम्भावनाएँ थीं। उनकी समझदारी, स्वाभाविकता, सहजता, कामरेडाना अपनत्व और आत्मीयता बेमिसाल थी। चे ने फिदेल के अभियान को राष्ट्रीय मुक्ति के लिए साम्राज्यवाद-विरोधी क्रान्ति के रूप में देखा जिसका स्वरूप फिलहाल समाजवादी क्रान्ति का नहीं था। फिदेल ने चे को इस क्रान्तिकारी अभियान के साथ जुड़ने का निमन्त्रण दिया। चे ने केवल एक शर्त रखी–क्यूबा

में क्रान्ति के सफल होने के बाद उन्हें अपने देश अर्जेन्टीना में क्रान्ति के लिए जाने से नहीं रोका जाएगा। फिदेल ने हामी भरी और भोर की किरण निकलने तक चे क्यूबा की आजादी के क्रान्तिकारी अभियान के डॉक्टर थे–एक ऐसा डॉक्टर जो जल्दी ही बिना एक क्षण के लिए भी अपनी इस जिम्मेदारी से मुक्त हुए क्रान्ति का श्रेष्ठतम सेनानायक बना।

इस पहली मुलाकात को याद करते हुए चे ने कहा था : 'मैं फिदेल के साथ सारी रात बात करता रहा। जब तक सूरज निकलता मैं उसके अभियान का डॉक्टर था। दर-असल समूचे लातिनी-अमेरिका के अपने लम्बे दौर के दौरान हासिल अनुभवों के चलते, जिनकी चरम परिणति ग्वाटेमाला में हुई थी, मुझे आततायी के खिलाफ क्रान्ति में शामिल होने के लिए खास आग्रह की जरूरत थी भी नहीं मगर फिदेल ने मुझे एक असाधारण इनसान के रूप में प्रभावित किया। उसने असम्भव कामों को उठाया और पूरा किया। उसका अविचल-असाधारण विश्वास था कि एक बार वह क्यूबा के लिए चल दे, वह वहाँ पहुँच जाएगा, एक बार वह वहाँ पहुँच जाए, वह संघर्ष शुरू कर देगा और एक बार संघर्ष शुरू हो गया तो वह जीत लेगा। मैं उसके इस अद्भुत आशावाद में शरीक था।'

चे के पास सीखने और अपने खुद के व्यवहार-खुद के उदाहरण के जरिए नेतृत्व का अपार कौशल और जीवट था। 'चे' और 'अस्थमा' का साथ अन्तिम दम तक बना रहा मगर कभी चे ने अपनी इस बीमारी को क्रान्तिकारी प्रतिबद्धता और व्यवहार के आड़े नहीं आने दिया। अभियान में शामिल होने से पहले तक चे के पास किसी तरह का सैन्य प्रशिक्षण या अनुभव नहीं था। अभियान के लिए गुरिल्ला रणनीति और हथियार चलाने के प्रशिक्षण का जिम्मा मोरक्को और स्पेनी गृहयुद्ध के तपे हुए जनरल अलबर्टो बेयो को था। चे उनकी हर रात्रि कक्षा में, सिद्धान्त और व्यवहार दोनों में बिना नागा शामिल होते। बेयो का मानना था कि वह उनके सबसे बेहतरीन शागिर्द थे।

आनेवाली कठिन परिस्थितियों के लिए खुद को तैयार करने की जिद में अस्थमा की परवाह न करते हुए चे हर हफ्ते 18,000 फीट ऊँची पूरे साल बर्फ से ढँकी पीकोकेटेपीटल पहाड़ी पर चढ़ाई करने जाया करते। गजब इच्छाशक्ति थी चे की। समूची क्रान्ति के दौर में जब कभी किसी भी कठिन, जोखिम-भरे काम के लिए जरूरत पड़ती, चे सबसे पहले और सबसे आगे हाजिर। कठिन से कठिन काम हो, अचानक टूट पड़ना हो, घात लगाकर हमला करना हो, हथियार छीनना हो, चे जान जोखिम में डालकर तुरन्त निकल पड़ने को तैयार। फिदेल कहते हैं, चे की इस जान की परवाह न करने की जिद के चलते उनको कई बार सख्ती से मना करना पड़ता था।

चे के पास असाधारण दूरदृष्टि थी। अभियान में शामिल होने के दिन ही उन्होंने देख लिया था कि उन्हें अपने देश अर्जेन्टीना के लिए भी क्रान्ति में शामिल होना है। असाधारण इनसान थे चे–संवेदना, संस्कृति और प्रतिभा से भरपूर। भविष्य के उस इनसान की तरह जिसकी रचना के लिए वह आखिरी साँस तक संघर्ष करते रहे।

क्यूबाई क्रान्ति की विजय के बाद क्यूबा के समाजवादी निर्माण की दिशा में महत्त्वपूर्ण जिम्मेदारियाँ निभाने और अनेक अन्तर्राष्ट्रीय मिशनों-मंचों बांडुंग गुटनिरपेक्ष सम्मेलन, संयुक्त राष्ट्र अधिवेशन आदि में क्यूबाई क्रान्ति का प्रतिनिधित्व करने और विश्व समुदाय के बीच क्यूबाई क्रान्ति के पक्ष में विश्वमत तैयार करने के लिए चाउ-एन-लाई,

माओ, नेहरू, नासिर, सुकार्नो जैसे तमाम प्रमुख प्रगतिशील नेताओं-राष्ट्राध्यक्षों से मुलाकातों के बाद 1965 से ही चे अर्जेन्टीना की क्रान्ति में योगदान के लिए रणनीति के बतौर बोलीविया में छापामार संघर्ष खड़ा करने को आतुर थे। फिदेल के आकलन के अनुसार तत्काल बोलीविया में इसके लिए परिस्थितियाँ अनुकूल नहीं थीं और वह चे के वहाँ जाने से पहले कुछ और साथियों को प्रारम्भिक तैयारियों और स्थितियों को बेहतर बनाने की दृष्टि से भेजना चाहते थे।

अपनी बीमारी के चलते चे जानते थे कि अगर उन्होंने ज्यादा इंतजार किया तो शारीरिक स्थितियाँ छापामार लड़ाकू जीवन के लिए उपयुक्त नहीं रह जाएँगी। क्रान्ति की विजय के बाद चे ने अपने अर्जेन्टीनी पत्रकार साथी जॉर्ज रिकार्डो मासेती को, जो सियेरा अभियान का योद्धा था, और जिसने प्रेंसा लातिना, न्यूज एजेंसी का गठन किया था, उत्तरी अर्जेन्टीना में छापामार दस्ता संगठित करने के लिए भेजा था। मासेती इस मिशन में शहीद हो गया। इस घटना का चे को गहरा सदमा लगा था और जीवन भर-हरदिन वह इसका अफसोस करते रहे थे।

फिदेल की नजर में चे क्रान्ति के श्रेष्ठतम रणनीतिक नेता थे और वह उन्हें बोलीविया तभी भेजना चाहते थे जब वहाँ ताकतें ठोस रूप से इस काम के लिए तैयार हो चुकी हों। बोलीविया अभियान का मूल मकसद क्रान्ति को चे की मातृभूमि अर्जेन्टीना ले जाना और वहाँ से समूचे लातिनी अमेरिका में फैलाना था। इस लिहाज से तैयारियों के लिए कुछ और समय की दरकार थी।

यह ध्यान में रखते हुए फिदेल ने चे को एक दूसरे अन्तर्राष्ट्रीय मिशन पर लगाया। अफ्रीका में एक महत्त्वपूर्ण फौजी कार्यभार था। मोसे तोशाम्बे 'मोबुतू' और उसके भाड़े के यूरोपीय लड़ाकों के खिलाफ बेल्जियन कांगो के उत्तरी भाग में चल रहे छापामार आन्दोलन को तत्काल मदद की जरूरत थी। आन्दोलन के नेता गाशो सोमालियो इसके लिए क्यूबा आए थे और तभी से क्यूबा इसमें मदद कर रहा था। यह मदद तंजानिया के जरिए वहाँ के राष्ट्रपति जूलियस न्येरेरे की सहमति से पहुँचाई जा रही थी। फिदेल ने बोलीविया से पहले चे को कांगो जाकर छापामार दस्तों के प्रशिक्षण और नीतिगत नेतृत्व का सुझाव दिया। चे लगभग 150 बेहतरीन प्रशिक्षित क्यूबाई योद्धाओं और हथियारों के साथ अप्रैल 1965 में कांगो पहुँच गए।

अभियान की गोपनीयता के लिहाज से चे की क्यूबा से विदाई पूरी तरह गोपनीय थी। मार्च 1965 में फिदेल को अपना विदाई पत्र लिखकर चे रवाना हो गए। फिदेल ने इसे पूरी तरह गोपनीय रखा और पहली बार क्यूबा कम्युनिस्ट पार्टी की पहली केन्द्रीय कमेटी के गठन के अवसर पर 3 अक्टूबर, 1965 को सार्वजनिक किया। चे के क्यूबा से अचानक गायब हो जाने को लेकर अन्तर्राष्ट्रीय स्तर पर अफवाहों और अटकलों का बाजार गर्म था। साम्राज्यवादी-प्रतिक्रियावादियों ने फिदेल और चे के बीच गम्भीर मतभेद होने, चे को नजरबन्द कर दिए जाने जैसे तमाम अनर्गल-दुष्प्रचारों का अभियान चलाया।

इस बारे में फ्रेई बेट्टो को दिए गए साक्षात्कार में फिदेल ने बताया : 'मैक्सिको में जब वह (चे) इस अभियान में शामिल हुए थे, उन्होंने मुझसे वायदा लिया था कि क्यूबा में क्रान्ति की विजय के बाद मैं उन्हें उनकी गृहभूमि और समूचे लातिन अमेरिका के लिए

संघर्ष करने वापस लौटने दूँगा। अनेक महत्त्वपूर्ण जिम्मेदारियों को निभाते हुए वह क्यूबा में कई साल तक रहे, मगर यह बात हमेशा उनके जेहन में थी। और जब वक्त आ गया, मैंने अपना वायदा पूरा किया। मैंने उन्हें न तो रोका और न ही उनकी वापसी में बाधा पहुँचाई। बल्कि मैंने उस काम में उनकी मदद की जिसे वह अपना कर्तव्य मानते थे। उस समय मैंने यह नहीं सोचा कि ऐसा करने से मेरा नुकसान हो रहा है। मैंने ईमानदारी के साथ अपना वायदा निभाया और जब उन्होंने कहा–'मैं अब क्रान्तिकारी मिशन पर निकलना चाहता हूँ।' मैंने कहा, ठीक है, 'मैं अपने वायदे पर कायम हूँ।'

'सब कुछ पूरे सौहार्द और गर्मजोशी के साथ हुआ था। तथाकथित मतभेदों के बारे में जो भी बातें की गईं, पूरी तरह कुत्सित दुष्प्रचार-बकवास थीं। उनका अपना व्यक्तित्व और नजरिया था। बहुत सारे मुद्दों पर हमारी जोरदार दोस्ताना बहसें होती थीं, मगर सौहार्द, सामंजस्य, संवाद और एकता हमेशा बनी रही, इसलिए कि उनमें भी अनुशासन की जबर्दस्त भावना थी।'

चे ने अपने विदाई पत्र में फिदेल को लिखा था : 'दुनिया के और भी देश मुझे अपने अकिंचन प्रयासों के लिए पुकार रहे हैं। मैं वह कर सकता हूँ जिसकी आपको क्यूबा का राष्ट्राध्यक्ष रहने के चलते इजाजत नहीं है, और विदा लेने का वक्त आ गया है।

'मैं यह जता देना चाहता हूँ कि ऐसा मैं खुशी और गम दोनों के साथ कर रहा हूँ। मैं यहाँ अपने पीछे अपनी पवित्रतम आशाएँ और अपने सबसे प्रिय लोगों को छोड़कर जा रहा हूँ। मैं उन लोगों को छोड़कर जा रहा हूँ जिन्होंने अपने बेटे की तरह मुझे पलकों पर बिठाया। मेरी भावनाएँ इनके विछोह पर रो रही हैं। संघर्ष की नई रणभूमियों में मैं वह विश्वास लेकर जा रहा हूँ जो आपने मुझे सिखाया है, अपने लोगों की क्रान्तिकारी चेतना, सबसे महान और पवित्र कर्तव्य–साम्राज्यवाद जहाँ कहीं भी है उसके खिलाफ संघर्ष को पूरा करने की भावना के साथ जा रहा हूँ।...अगर किसी और जमीन के आसमान के नीचे मेरी अन्तिम विदा की घड़ी आ जाती है, मेरी अन्तिम सोच अपने यही लोग और खासकर आप होंगे। मैं आपकी सीखों, आपके उदाहरण के लिए शुक्रगुजार हूँ...।'

कांगो पहुँचकर चे को सब कुछ नए सिरे से शुरू करना पड़ा। छापामार संघर्षों की तैयारी और प्रशिक्षण को लेकर चे की हमेशा से ही (सियेरा अभियान से ही) पैनी सूक्ष्म दृष्टि और जबर्दस्त अपेक्षा रहती थी और इसके लिए वह साथियों और खुद की कटुतम आलोचना से परहेज नहीं करते थे। इसके पीछे क्रान्ति और क्रान्तिकारियों के प्रति चे का अविचल सम्मान और विश्वास था। अफ्रीका की परिस्थितियाँ सचमुच विकट थीं–तमाम तरह के भाड़े के हत्यारे-प्रतिक्रियावादी वहाँ जमा हो रहे थे-गोरे यूरोपीय, दक्षिण अफ्रीकी, रोडेशियाई, बेल्जियन, यहाँ तक कि सी.आई.ए. प्रशिक्षित और उसके लिए काम कर रहे भगोड़े, क्यूबाई भी। अफ्रीकी संघर्ष की ताकतें इन जटिलताओं के लिए तैयार नहीं थीं। चे उन्हें काम को करने के तमाम मुमकिन तरीकों से लैस करना चाहते थे। कांगोली जबर्दस्त लड़ाके थे मगर युद्ध-शैली, रणनीति से अनजान। चे ने उन्हें युद्ध की संस्कृति से लैस करके दुर्धर्ष सैनिक बना दिया।

चे कांगो में करीब सात महीने तक रहे। फिदेल कहते हैं कि अभियान के लिए स्वयंसेवकों की कोई कमी नहीं थी, मगर वहाँ संघर्ष का कोई भविष्य नहीं दिखाई दे रहा

था–स्थितियाँ बिल्कुल परिपक्व नहीं थीं। इसके चलते फिदेल ने चे को वहाँ से लौटने के लिए कहा। लौटने में चे कुछ दिनों के लिए तन्जानिया, दारेस्सलाम रुके। फिदेल ने चे को एक गोपनीय पत्र भेजकर क्यूबा लौटने को कहा।

गोपनीय ढंग से ही, वेष बदलकर चे जुलाई 1966 में क्यूबा लौटे। क्यूबा में चे को किसी ने नहीं पहचाना। यहाँ तक कि फिदेल ने अपने सहयोगियों को लंच पर 'अपने एक मित्र से मिलवाने' के लिए आमंत्रित किया। कोई चे को नहीं पहचान सका।

बोलीविया अभियान के लिए चे ने करीब 15 विश्वसनीय सहयोगी-साथी चुने। उन्हें पिनारडेलरियो में महीनों प्रशिक्षित-संगठित किया। ये सब सियेरा अभियान या फिर कांगो अभियान के मँजे हुए योद्धा थे जिन्होंने आगे बोलीवियाई संघर्षों में अपने रक्त की अन्तिम बूँद तक चे और क्रान्तिकारी संघर्ष का अविचलित साथ निभाया। पिनार डेलरियो में ही चे की अपनी पत्नी, बच्चों और फिदेल के साथ अन्तिम मुलाकात हुई। फिदेल ने रेगिस देब्रे को पहले से ही सूचना एकत्रित करने और संघर्ष के इलाके की जाँच-पड़ताल करने बोलीविया भेज दिया था।

4 नवम्बर, 1966 को चे अपने साथियों के साथ बोलीविया पहुँचे और गोलबन्दी में जुट गए। वह बोलीवियाई जनता और उसके मिजाज से परिचित थे। उन्होंने स्थानीय कम्पेसिनो समर्थित आधार इलाके से अपनी गतिविधियों की शुरुआत की। नानकाहुआझू के पास के जंगली इलाके में बोलीवियाई छापामार दस्ता 23 मार्च, 1966 से अपनी गतिविधियाँ चला रहा था। पकड़े गए बन्दियों, मुखबिरों के जरिए बोलीवियाई सैन्य सत्ता को मालूम हो चुका था कि चे और उनके लड़ाकू योद्धा इस छापामार दस्ते के साथ हैं। दलाल सत्ता ने इस बात की खबर अमेरिकी प्रशासन और सी.आई.ए. को पहुँचा दिया। अमेरिकी सलाहकार और सी.आई.ए. एजेंट बोलीविया की राजधानी लापाज और गतिविधि इलाके में बोलीवियाई प्रशासन और सेना की चे को जिन्दा या मुर्दा पकड़ने की मुहिम में मदद के लिए पहुँच गए।

9 अक्टूबर, 1967 को अमेरिकी प्रशासन और सी.आई.ए. के निर्देश पर बोलीवियाई सैन्य सत्ता-प्रतिष्ठान द्वारा चे की हत्या के बाद चे की बोलीविया प्रवास की डायरी दुश्मनों के हाथ लगी थी। बोलीविया के राष्ट्रपति रेने बेरिचेन्टोस ने इसकी प्रतियाँ तुरन्त सी.आई.ए., पेन्टागान और अमेरिकी प्रशासन को भिजवाई। डायरी का हर पन्ना बोलीविया में अमेरिकी साम्राज्यवाद, बोलीवियाई दलाल सत्ता-प्रतिष्ठान और सेना के शातिर गठजोड़ की पोल खोल रहा था। स्वाभाविक रूप से इन लोगों द्वारा डायरी प्रकाशित किए जाने का प्रश्न नहीं था। बोलीविया में सी.आई.ए. से सम्पर्क रखनेवाले कुछ पत्रकार भी इस की प्रतियाँ हासिल करने में सफल हुए थे। सी.आई.ए. के दबाव में वे सब भी फिलहाल इसका खुलासा नहीं करने पर राजी हो गए।

अपने तरीकों से डायरी की एक प्रतिलिपि फिदेल के हाथ लगी। डायरी में चे के बोलीविया पहुँचने के दिन 7 नवम्बर, 1966 से अलयूरो दर्रे की अन्तिम लड़ाई के एक दिन पहले 7 अक्टूबर, 1967 तक का ब्योरा था। 8 अक्टूबर, 1967 को लड़ाई में घायल और हथियार के बेकार हो जाने से लाचार चे पकड़े गए और 9 अक्टूबर को नशे में धुत सेना के सार्जेन्ट ने गोलियों से भूनकर उनकी हत्या कर दी थी।

डायरी की प्रामाणिकता और उसके साथ किसी तरह की छेड़छाड़ नहीं होने की पूरी छानबीन कर लेने के बाद 1968 में फिदेल ने इसका क्यूबा से प्रकाशन कराया और साथ ही साथ इसके कई अन्तर्राष्ट्रीय संस्करणों के प्रकाशन की भी व्यवस्था की–फ्रांस में फ्रांकोइस मास्पेरो प्रकाशन समूह, इटली में फेल्ट्रिनेल्ली पब्लिशर्स, एफ.आर.जी. में ट्राइकोन्ट बलार्ग, अमेरिका में रैम्पार्ट पत्रिका, फ्रांस में एक और स्पेनी संस्करण एडिसियोने रूयेडो इबेरिको, चिली में पुन्टो फिनाल पत्रिका, मैक्सिको में एडिटोरियल सिज्लो XXI और भी अनेक संस्करण।

क्यूबाई संस्करण के लिए फिदेल ने चे के साथ अपने अनुभवों के अनमोल खजाने को साझा करते हुए 'एक जरूरी परिचय' (ए नेसेसरी इंट्रोडक्शन) नाम देते हुए महत्त्वपूर्ण और भावपूर्ण भूमिका लिखी जिसके जरिए चे के असाधारण व्यक्तित्व की असाधारण विशेषताओं और बोलीविया अभियान के महत्त्वपूर्ण तथ्यों को रेखांकित किया।

1956-58 के क्यूबा की आजादी के छापामार संघर्षों के जमाने से ही चे की आदत में दिन-भर की महत्त्वपूर्ण घटनाओं और उनके प्रति अपनी प्रतिक्रिया, विचारों की व्यक्तिगत डायरी लिखना शामिल था। पहाड़ियों, तराइयों, सीलन-भरे घने जंगलों के लम्बे मार्चों के उन कठिन दिनों में जब छापामार अपनी पीठ पर साजो-सामान और कंधे पर हथियारों के बोझ से बेहाल कहीं कमर सीधी करने को रुकते, या फिर जब कमान को दिन-भर के थकान और आशंका भरे मार्च के बाद रुककर कैम्प लगाने का आदेश मिलता, चे अपनी छोटी सी नोटबुक निकाल डॉक्टरों वाली पतली, अपठनीय लिखावट में दिन-भर का ब्योरा लिखने जुट जाते।

बोलीवियाई डायरी के सन्दर्भ में हमेशा ध्यान में रखा जाना चाहिए कि छापामार संघर्ष खड़ा करने के शुरुआती दौर की अकल्पनीय कठिनाइयों-साधनों-संसाधनों के अभाव, अनजान इलाका, अनजान आबादी, नौसिखुए कार्यकर्ता-स्वयंसेवकों की खींचतान और अन्तर्द्वन्द्व से लड़ते हुए छापामार दस्ते को गोलबन्द और उसका नेतृत्व करने के लिए अपेक्षित महामानव जैसी शारीरिक-मानसिक क्षमता के दायित्वों से दिन-भर जूझते रहने के बाद विश्राम के चन्द पलों में लिखी गई ये पंक्तियाँ क्रान्तिकारी संघर्ष की अनमोल धरोहर और चे की विस्मयकारी कार्यशैली और इच्छाशक्ति के प्रामाणिक दस्तावेज हैं।

गुरिल्ला ताकत को प्रशिक्षित करके गोलबन्द करने की प्रक्रिया हर प्रशिक्षु की चेतना और गौरव के अनवरत संरक्षण-संवर्धन की माँग करती है। चे अच्छी तरह जानते समझते थे कि कहाँ, कैसे और किस मौके पर क्रान्तिकारी तत्वों की सबसे संवेदनशील नब्ज को पकड़ा जाए। जब मारकोस को कई बार झिड़कने के बाद चे ने चेतावनी दी कि अगर ऐसा ही रहा तो उसे छापामार दस्ते से बाहर किया जा सकता है, मारकोस ने जवाब दिया : 'इसके पहले मुझे गोली मार दी जाए।' आगे चलकर मारकोस ने असाधारण बहादुरी से लड़ते हुए अपनी शहादत दी। इस तरह के तमाम उदाहरण हैं जिनमें चे ने उन साथियों को जिनमें उनका अगाध विश्वास था, उनकी गलतियों के लिए कटु-कठोर झिड़कियाँ दीं और उन लोगों ने समय आने पर असाधारण शौर्य और प्रतिभा का उदाहरण प्रस्तुत किया। चे बेशुमार मानवीय संवेदना और आत्मीयता से लबरेज नेता थे, मगर वह यह भी जानते थे कि अपेक्षाओं को लेकर कठोर होना मजबूरी है और जरूरत पड़ने पर कई बार बेहद

कठोर होना। चे की इस असाधारण विशेषता का और भी महत्त्वपूर्ण पहलू यह था कि अपेक्षाओं को लेकर वह सबसे ज्यादा और हमेशा अपने प्रति कठोर रहा करते थे। छापामार दस्ते के लिए अनुशासन लागू करने का उनका आधार छापामार नैतिक चेतना का विकास और उनके खुद के उदाहरण की महान ताकत थी।

यही वजह है कि चे और उनके द्वारा प्रस्तुत क्रान्तिकारी विचार और व्यवहार की असाधारण मिसालें दिनो-दिन दुनिया में क्रान्ति और युवा शक्ति का प्रतीक बन रही है। उनके विचार, उनका व्यक्तित्व उनका नाम दमितों और शोषितों पर हो रहे अत्याचार-अन्याय के खिलाफ संघर्ष का अग्रध्वज बन रहा है। सारी दुनिया में छात्रों, युवाओं, बुद्धिजीवियों के लिए चे का व्यक्तित्व और कृतित्व प्रेरणा और ऊर्जा का स्रोत बनकर उभर रहा है। खुद अमेरिका में अश्वेत अधिकार आन्दोलनों और प्रगतिशील छात्र आन्दोलनों ने चे को अपनाया है। सारी दुनिया में युद्ध-विरोधी, सत्ता-विरोधी जन-संघर्षों में चे का नाम संघर्ष का प्रतीक बनकर छा रहा है। इतिहास में शायद ही ऐसे और उदाहरण हों जब एक व्यक्ति, एक नाम, एक उदाहरण इतनी तेजी से और इतने आवेग-ऊर्जा के साथ दुनिया में युवा संघर्ष का प्रतीक बन गया हो। ऐसा इसलिए मुमकिन हो सका कि चे, अपने पवित्रतम और नितान्त निस्वार्थ स्वरूप में आज की दुनिया की अन्तर्राष्ट्रीयता-बिरादराना भाइचारे की भावना का प्रतिनिधित्व करते हैं–वह भावना जो कल की दुनिया के लिए भी उतनी ही, बल्कि उससे भी बढ़कर प्रासंगिक रहेगी।

चे ने हमेशा खुद को क्रान्ति का एक सिपाही समझा और अपनी मौत समेत इसके अंजामों की कभी परवाह नहीं की। चे क्रान्तिकारी प्रक्रिया में मौत को सामान्य, सहज सम्भावना के रूप में लेते थे। उन्होंने हमेशा, खासकर अपने अन्तिम दिनों के संवादों-सम्बोधनों में इस बात पर जोर दिया कि उनकी मौत से, लातिनी अमेरिकी क्रान्ति-संघर्षों के महान अभियान में रुकावट नहीं पड़नी चाहिए। 'ट्राइकान्टिनेन्टल' को अपने सन्देश में चे ने कहा था : 'हमारा हर कदम साम्राज्यवाद के खिलाफ युद्धघोष है...जहाँ कहीं भी मौत हमसे आँखें चार कर ले, इसका स्वागत करना चाहिए, अगर हमारा युद्धघोष किसी एक संवेदनशील कान तक भी पहुँचा हो, अगर एक भी और हाथ हमारे हथियारों को सँभालने के लिए आगे आ गया हो...।' चे का शरीर उनके विचारों जैसा दीर्घजीवी नहीं रह सका, मगर चे ने अपने विचारों, अपने व्यक्तित्व, अपने कृतित्व को अपने लहू से सींचकर अमर और अपराजेय बना दिया।

चे की डायरी के सहारे छापामार संघर्षों के बोलीवियाई रास्तों पर सफर करते हुए चे के असाधारण सैन्य संचालन और आशावादिता के पन्ने खुलते चले जाते हैं। अपनी मुट्ठी-भर छापामार टुकड़ी की ताकत से चे कदम-कदम पर अमेरिकी साम्राज्यवाद की सामरिक ताकत और तकनीक से पोषित बोलीवियाई सेना को नाकों चने चबवा रहे थे। बोलीवियाई सत्ता और सेना की हताशा और बिखराव को चिन्हित करते हुए एक जगह चे ने लिखा : 'सरकार तेजी से बिखरती जा रही है। अफसोस, इस मौके पर हमारे पास तुरन्त सौ और लोग नहीं हैं।'

बोलीवियाई क्रान्ति और चे के छापामार संघर्षों की सफलता के रास्ते में साम्राज्यवाद और सत्ता-प्रतिष्ठान के अलावा एक और पहाड़ जैसा अवरोध था। बोलीवियाई संघर्ष की

ताकतों की आपसी कलह जो उस जमाने में लातिनी अमेरिकी कम्युनिस्ट-प्रगतिशील खेमे की आम बात हो चली थी। मारियो मोंजे, जो बोलीविया की कम्युनिस्ट पार्टी का सेक्रेटरी था, चे से छापामार दस्ते और संघर्ष की राजनीतिक-सामरिक कमान खुद को सौंपे जाने की जिद करने लगा। मोंजे के पास गुरिल्ला शैली का न तो कोई अनुभव था और न ही उसने कभी किसी युद्ध में हिस्सेदारी की थी। अपने को कम्युनिस्ट कहने और कम्युनिस्ट पार्टी के सचिव का तमगा लगाने के बावजूद मोंजे उस मूढ़ अराजकता से ग्रस्त था जिससे बोलीविया की आजादी के लिए लड़ रहे जमीनी छापामार लड़ाके न जाने कब की निजात पा चुके थे।

बोलीविया और उसकी ऐतिहासिक मूल राजधानी सक्रे दोनों का नाम देश के प्रथम मुक्तिदाताओं के नाम (सिमोन बोलिवार और अन्तोनियो जोस डे सक्रे) पर रखा गया था। ये दोनों वेनेजुएली थे। और ऐसे देश में, जनता की सच्ची आजादी के लिए संघर्षों के इस जटिल और महत्त्वपूर्ण दौर में, बोलीविया की कम्युनिस्ट पार्टी के सचिव के पास यह दुर्लभ सुनहरा अवसर था कि वह इस काम के लिए एक सच्चे क्रान्तिकारी महानायक की असाधारण राजनीतिक, सांगठनिक और सामरिक प्रतिभा का लाभ उठा सके, एक ऐसा व्यक्ति जिसका लक्ष्य, जिसकी प्रतिभा किसी संकीर्ण और बनावटी सीमा, बोलीविया के भूगोल की मोहताज नहीं थी। मगर इससे ठीक उलट उसने अपने शर्मनाक, अहंकारी, हास्यास्पद और बकवास नेतृत्व की दावेदारी ठोंक दी।

बोलीविया की कम्युनिस्ट पार्टी में रूसी-चीनी रास्तों की दो फाँक होने से काफी पहले से ही चे का पार्टी नेतृत्व और कतारों से सम्पर्क-सम्बन्ध था। यह सम्पर्क-सम्बन्ध दक्षिण अमेरिका में क्रान्तिकारी आन्दोलन विकसित करने के सहयोग के सिलसिले से था। पार्टी की स्वीकृति और सहमति से कई सदस्य चे के साथ विभिन्न अभियानों में काम कर रहे थे। पार्टी में फूट पड़ने के साथ-साथ एक विचित्र स्थिति पैदा हुई। चे के साथ मिलकर काम कर रहे बोलीवियाई कामरेड अलग-अलग गुटों में बँट गए। चे की नजर में बोलीवियाई संघर्ष कोई अलग-थलग घटना नहीं बल्कि उस विशाल-व्यापक क्रान्तिकारी मुक्ति आन्दोलन का हिस्सा था जो जल्दी ही बोलीवियाई सीमाओं से निकलकर समूचे दक्षिण अमेरिका को अपने आगोश में ले लेगा। चे का लक्ष्य किसी भी तरह की संकीर्णता और गुटबन्दी से मुक्त एक ऐसे आन्दोलन को संगठित-संचालित करना था जो हर उस साथी के लिए खुला हो जो बोलीविया की मुक्ति और साम्राज्यवाद की सताई हर लातिनी-अमेरिकी जनता की मुक्ति की लड़ाई लड़ने के लिए तैयार हो।

बहरहाल, छापामार दस्ते के लिए आधार इलाका विकसित करने की प्रारम्भिक तैयारियों के दौरान चे के विश्वसनीय और साहसी बोलीवियाई साथियों में से कई सारे ऐसे लोग थे जो पार्टी विभाजन के समय मोंजे गुट के साथ थे। मोंजे की हकीकत से वाकिफ होने के बावजूद चे ने अपने उन साथियों का मन रखने के लिए, जो मोंजे वाली पार्टी में थे, मोंजे को पहले छापामार शिविर में आमंत्रित किया। उसके बाद चे ने एक जुझारू खदान मजदूर नेता और राजनीतिक कार्यकर्ता मोजेज गुवेरा को आमंत्रित किया। मोजेज विभाजन के बाद मोंजे की पार्टी छोड़कर आस्कर जमोरा के संगठन में शामिल हुआ था मगर वहाँ भी वही हाल देख उस संगठन को भी छोड़ चुका था। चे जमोरा को अच्छी तरह

जानते थे। जमोरा ने बोलीविया में हथियारबन्द संघर्ष खड़ा करने के लिए मदद का वादा किया था मगर जब वायदे पर अमल का समय आया, उसने धूर्त कायरता के साथ हाथ खींच लिया। चे की शहादत के बाद जमोरा चे के खिलाफ सबसे ज्यादा जहर उगलनेवाले 'मार्क्सवादी-लेनिनवादी आलोचकों' की जमात में शामिल हो गया।

मोजेज गुवेरा बिना हिचक के चे अभियान में शामिल हुआ, पूरी ईमानदारी और प्रतिबद्धता से साथ निभाया और अन्ततः क्रान्ति के लिए बहादुरी के साथ लड़ता हुआ शहीद हो गया। बोलीवियाई छापामार दस्ते के वे लड़ाके जो अभी तक मोंजे संगठन के साथ थे वे भी अब पूरी तरह चे के साथ आ गए। इन्ती और कोको पेरेडो की अगुवाई में, जो आगे चलकर गजब के साहसी और बहादुर योद्धा सिद्ध हुए, इन साथियों ने मोंजे का साथ छोड़ा और पूरी तरह चे के साथ हो लिए।

तिलमिलाया मोंजे आन्दोलन के साथ विश्वासघात पर उतर आया। ला पाज में प्रशिक्षित कम्युनिस्ट लड़ाकों का दस्ता चे के आन्दोलन के साथ जुड़ने जा रहा था। मोंजे ने मुखबिरी करते हुए उन्हें पकड़वा दिया।

'चे' के निःस्वार्थ व्यक्तित्व में पद, नेतृत्व या तमगों में किसी प्रकार की रुचि या मोह की कोई जगह नहीं थी। लातिनी अमेरिकी देशों की आर्थिक-राजनीतिक-सामाजिक परिस्थितियों को देखते हुए उनका दृढ़ मत था कि लातिनी-अमेरिकी जनता की मुक्ति के लिए संघर्ष का आधारभूत स्वरूप छापामार युद्धशैली के अलावा और कुछ नहीं हो सकता था। चे इस सवाल पर भी दृढ़ थे कि छापामार संघर्ष के सामरिक-राजनीतिक नेतृत्व को हर हाल में एकीकृत कमान में रहना होगा। वह यह भी जानते थे कि संघर्ष का नेतृत्व खुद छापामार दस्ते द्वारा ही सम्भव है न कि शहरों के आरामदेह दफ्तरों में आसन जमाये 'नौकरशाह कामरेडों' के जरिए। इन सब बातों के चलते चे उस छापामार केन्द्रक दस्ते की कमान छोड़ने के लिए राजी नहीं थे जिसकी दिशा अपने विकास-क्रम में लातिनी-अमेरिकी मुक्ति-संघर्षवाहिनी का व्यापक आयाम लेने की थी। वह ऐसे जटिल, महत्त्वपूर्ण और कठिन अभियान का नेतृत्व अराजक विचारोंवाले किसी कूढ़मगज नौसिखुए को सौंपने के लिए राजी नहीं थे। चे का निश्चित मत था कि ऐसी किसी भी प्रवृत्ति का कड़ाई से शमन होना चाहिए क्योंकि यह प्रतिक्रियावादी, हास्यास्पद और जड़-नपुंसक विचारों का प्रतिनिधित्व करती है।

अन्तर्राष्ट्रीयता के सन्दर्भ में उद्‌गार व्यक्त करते हुए चे ने 'ट्राइकान्टिनेन्टल' को सन्देश में कहा था : 'आइये, एक सच्ची सर्वहारा अन्तर्राष्ट्रीयता विकसित करने की ओर बढ़ें। आइये, अपने उस ध्वज को जिसके तले हम लड़ रहे हैं सम्पूर्ण मानवता की मुक्ति के पवित्र कार्यभार का ध्वज बना दें जिससे वियतनाम, वेनेजुएला, लाओस, गुनिया, कोलम्बिया, बोलीविया...ये कुछेक नाम जो आज हथियारबन्द संघर्षों की रणस्थलियाँ हैं, इनके झंडों तले अपनी जान कुर्बान करना किसी भी लातिनी-अमेरिकी, एशियाई, अफ्रीकी और यहाँ तक कि यूरोपीय के लिए भी समान रूप से गर्व और गौरव से भरपूर आकांक्षा बने।'

अपनी इस व्यापक दूरदृष्टि के चलते चे का विश्वास था कि तमाम लातिनी अमेरिकी देशों से जुझारू लड़ाके बोलीवियाई छापामार दस्ते में शामिल होते जाएँगे और बोलीविया

की छापामार लड़ाई वह स्कूल बन जाएगी जिसमें क्रान्तिकारी अपने आगे के कर्तव्यों और दायित्वों का प्रशिक्षण और अनुभव हासिल करेंगे। इसी नजरिए से चे अपने साथ क्यूबा से सियेरा और कांगो अभियान के चुने हुए योद्धाओं को लाए थे। इन योद्धाओं की क्षमता, साहस, शौर्य और क्रान्तिकारी भावना से चे अच्छी तरह परिचित थे। इनमें से किसी एक ने भी चे के आह्वान पर साथ निभाने में जरा भी हिचक नहीं दिखाई। अन्तिम दम तक किसी एक ने भी चे का साथ नहीं छोड़ा, समर्पण नहीं किया।

पूरे बोलीवियाई अभियान में चे अपने सपनों सरीखे, अविश्वसनीय जुझारूपन, कौशल, संकल्प और अनुकरणीय प्रवृत्ति के साथ जी-जान से जुटे रहे। जहाँ कहीं भी छापामार दस्ता कोई भूल करता, चे तुरन्त दस्ते का ध्यान दिलाते, उसका निदान करते, उसके प्रभावों से दस्ते को आगाह करते और अपनी डायरी में अंकित कर लेते।

चे को अपने अभियान में अविश्वसनीय कठिनाइयों का सामना करना पड़ रहा था। उन परिस्थितियों की याद करते हुए फिदेल कहते हैं : चे और मोंजे का अन्तर्विरोध स्थितियों के अनुकूलन में बाधाएँ पैदा कर रहा था। स्थिति को भाँपते हुए दिसम्बर 66 में फिदेल ने मोंजे को क्यूबा बुलाया और उसके नजदीकियों के जरिए उसे चे की मदद के लिए राजी कराने का प्रयास किया जिस पर उसने अन्त में हामी भी भरी थी। यह कुछ हद तक परिस्थितियों को चतुराई से सँभाल लेने का मामला था। शायद चे मोंजे को बिना दस्ते की कमान सौंपे 'जनरल इन-कमांड' का आलंकारिक तमगा थमाकर स्थिति सँभाल सकते थे। यह कुल मिलाकर मोंजे के महत्त्वाकांक्षी अहं का मामला लगता था, मोंजे में कार्यवाहियों-संघर्षों का नेतृत्व कर सकने जैसा कुछ था ही नहीं। चे क्रान्तिकारी संघर्षों के प्रति किसी भी हद तक वफादार, समर्पित और मुस्तैद थे। उनके शब्दकोष में शायद 'कूटनीति' और 'चालाकी' (डिप्लोमेसी और श्रूडनेस) के शब्द नहीं थे। फिदेल कहते हैं कि खुद हम लोगों के क्रान्तिकारी संघर्ष अभियान में कई मौके आए जब स्थितियों को सँभालने के लिए, लोगों की महत्त्वाकांक्षा को सहलाने के लिए हल्की-फुल्की सहूलियतें देनी पड़ी, एकाध मौकों पर कमान भी देनी पड़ी। कभी-कभी परिस्थितियों से निपटने के लिए सीधे टकराव का रास्ता छोड़ चतुराई से काम निकाल लेने की जरूरत भी आ ही जाती है।

चे जब तक स्थितियों की इस पेचीदगी को भाँपते, एक हादसा हो गया। छापामार शिविर पर बोलीवियाई सेना ने घात लगाकर हमला बोल दिया। यह किसी गद्दार की मुखबिरी थी जिसके चलते दुश्मनों को छापामार शिविर की सटीक लोकेशन का पता चल गया था। इस तरह लड़ाई योजनाबद्ध रूप से शुरू करने के पहले ही शुरू हो गई। पहला आक्रामक हमला शुरू करने से पहले जरूरत अभी प्रशिक्षण और गोलबन्दी की और तैयारी के साथ लड़ाकों की संख्या भी बढ़ाने की थी।

दुश्मन के इस अचानक अप्रत्याशित हमले के चलते मची अफरा-तफरी में छापामार टुकड़ी के एक हिस्से का अलगाव हो गया। मेजर विटालियो एक्यूना नूनेज 'जोआक्विन' की टुकड़ी मुख्य दस्ते से अलग होकर भटक गई। जोआक्विन सियेरा मायेस्त्रा पहाड़ियों में फिदेल और चे के साथ छापामार दस्ते में शामिल होनेवाले पहले किसान दस्ते का योद्धा था जो अब क्रान्तिकारी सेना का मेजर था।

इस भटकी हुई टुकड़ी से सम्पर्क साधने की कोशिशों में महीनों निकल गए और नतीजा नहीं निकला। इसके साथ ही खोज की इन कोशिशों ने चे और उनके दस्ते को कमोबेश एक सीमित इलाके में ही बने रहने के लिए मजबूर किया जिससे दुश्मन के लिए उनको खोज निकालना और पीछा करना आसान हो गया।

इस बीच जोआक्विन और उनकी टुकड़ी पर 31 अगस्त, 1967 को सेना ने घेरकर हमला किया और जोआक्विन समेत समूची टुकड़ी शहीद हो गई। यह क्रान्ति के लिए एक बड़ा आघात था जो पहले ही योद्धाओं की कमी का संकट झेल रही थी। चे को इसकी खबर बहुत बाद में लगी। दुश्मन द्वारा प्रचारित इस खबर को छापामार दस्ते का मनोबल गिराने का दुष्प्रचार मान वे खोज में लगे रहे। संकट और भ्रम की इन कठिन घड़ियों में चे का अस्थमा भी बार-बार हमले कर रहा था। अस्थमा, जिसकी रोकथाम दवाइयों के जरिए आसानी से की जा सकती थी, दवाइयों के अभाव में भयानक रूप ले चुका था। छापामार दस्ते द्वारा शिविर में रखी दवाइयाँ सेना के हमले में उनके कब्जे में आ चुकी थीं और उन परिस्थितियों में शहर से दवाइयाँ मँगा पाने की सम्भावना नहीं थी। बावजूद इन परिस्थितियों के, अपनी फौलादी इच्छाशक्ति के बल पर चे ने अपनी हर शारीरिक दिक्कत का सामना करते हुए एक पल के लिए भी क्रान्तिकारी गतिविधियों अथवा आत्मविश्वास को डिगने नहीं दिया।

चे के दस्ते में कई साथी बुरी तरह घायल और बीमार थे। इसको ध्यान में रखते हुए दिन की रोशनी में और आबादी वाले इलाकों से गुजरना मजबूरी थी। इसके चलते दुश्मनों के लिए छापामार दस्ते की खबर रखना और अपनी घेरेबन्दी कसते जाना आसान होता जा रहा था। सेना से कई बार होनेवाली झड़पों के चलते भी दस्ते में घायलों की संख्या बढ़ती जा रही थी।

फिदेल कहते हैं कि यदि हम घटनाक्रम का करीब से अध्ययन करें तो साफ हो जाएगा कि बावजूद इसके कि उन योद्धाओं की संख्या, जिन पर चे भरोसा कर सकते थे, काफी कम हो चुकी थी, सितम्बर के महीने तक–चे की शहादत से चन्द हफ्ते पहले तक–गुरिल्ला दस्ते के विकसित होने की क्षमता और सम्भावना विद्यमान थी। अभी भी चे के दस्ते में कुछेक बोलीवियाई लड़ाके बचे हुए थे, खासकर इन्ती और कोको पेरेडो, जिनकी संघर्ष और नेतृत्वकारी क्षमता अब तक काफी परिपक्व हो चुकी थी।

ला हिगुएरा में 26 सितम्बर, 1967 को चे के दस्ते पर बोलीवियाई सेना के घात लगाकर किए गए सफल हमले के चलते पैदा हुई परिस्थितियों की काट निकालना मुश्किल हो गया। दिन की रोशनी में किए गए इस हमले में दस्ते के अगुआ दस्ते के तीन साथी शहीद हुए और कई और लड़ाके घायल हुए। छापामार दस्ता एक नजदीकी किसान इलाके की ओर बढ़ रहा था जहाँ के किसानों की राजनीतिक चेतना अपेक्षाकृत अनुकूल थी। दिन की रोशनी में उसी रास्ते से बढ़ना निश्चित रूप से खतरनाक था जिस पर छापामार दस्ता पिछले कई दिनों से चलता आ रहा था। वह भी घनी आबादी वाले इलाके से गुजरना जहाँ के बाशिन्दों से उनका पहली बार सामना हो रहा था। इन परिस्थितियों में यह लगभग निश्चित ही था कि दुश्मन सेना कहीं न कहीं घात लगाएगी ही। इस बात को अच्छी तरह जानने-समझने के बावजूद चे दस्ते में घायलों की गम्भीर

हालत, खासकर दस्ते के डॉक्टर ओक्टावियो पेड्रेजा की हालत को देखते हुए यह खतरा उठाने के लिए मजबूर थे।

इस हमले से एक दिन पहले चे ने अपनी डायरी में दर्ज किया : 'हम पुजियो पहुँच गए। मगर वहाँ वे लोग मिले जिन्होंने एक दिन पहले हम लोगों को नीचे देखा था। इसका मतलब है हम लोगों के आने की सूचना रेडियो बेम्बा (एक मुँह से दूसरे मुँह) के जरिए हम लोगों से पहले पहुँच रही है। खच्चरों के साथ सफर करना खतरनाक होता जा रहा है, हम कोशिश कर रहे हैं कि एल मेडिको (डॉक्टर) के लिए इसे जितना आसान बनाया जा सके, बनाएँ क्योंकि उसकी हालात सचमुच बिगड़ती जा रही है।' अगले दिन दस्ते ने आगे बढ़ना जारी रखा। दोपहर के करीब वे लोग एक खाली गाँव पहुँचे जो कुछ गड़बड़ होने, सेना की टुकड़ी के कहीं आसपास होने की साफ गवाही दे रहा था। फिर भी छापामार दस्ता आगे बढ़ता रहा। अगुवा टुकड़ी का नेतृत्व इन्ती कर रहा था। सेना की टुकड़ी काफी देर से घात लगाए थी। तीन साथी शहीद हो गए। कई और घायल।

कुछ दिनों बाद कई सारे घायलों और लड़ने की स्थिति में बचे रह गए गिने-चुने योद्धाओं के साथ चे का दस्ता एक खतरनाक पथरीले घुमावदार पहाड़ी दर्रे-एलयूरो क्रीक पहुँचा। यहीं चे ने अपनी आखिरी लड़ाई लड़ी। यह एक अद्‌भुत-अविस्मरणीय रोमांचकारी संघर्ष की गाथा है जिसमें मुट्‌ठी-भर लड़ाकों ने साम्राज्यवाद की प्रशिक्षित और आधुनिकतम हथियारों से लैस पूरी पहाड़ी और हर नाके को घेरे हुए सेना का सामना किया। इतिहास में दूसरा उदाहरण ढूँढ़े नहीं मिलेगा जिसमें इतने कम लोगों ने, इतनी कठिन परिस्थितियों में इतनी बड़ी सेना का सामना किया हो। लातिनी अमेरिकी जनता की व्यापक क्रान्तिकारी क्षमता को जगा सकने के उनके अदम्य विश्वास और अविचलित प्रतिबद्धता के साथ उनका खुद के प्रति अपराजेय विश्वास और उनकी पहाड़ जैसी प्रतिबद्धता जिसके साथ वे अपने लक्ष्य की ओर बढ़ रहे थे, क्रान्ति के इन महानतम योद्धाओं, सच्चे क्रान्तिवीरों के शौर्य की वे ऊँचाइयाँ हैं जिन्हें छू पाना किसी भी सच्चे क्रान्तिकारी लड़ाके का सपना और आदर्श है।

एक बार चे ने बोलीविया में गुरिल्ला लड़ाकों से कहा था : 'इस तरह का संघर्ष हमें क्रान्तिकारी बनने का अवसर देता है, मानवीय प्रगति का सर्वोच्च श्रेष्ठतम रूप। यह हमें एक मनुष्य के रूप में भी पूरी तरह विकसित होने का मौका देता है। वे लोग जो इन दोनों स्थितियों में से एक को भी हासिल कर पाने के काबिल न हों, बेहतर हो अभी इसका खुलासा कर दें और संघर्ष से हट जाएँ।'

वे जो चे के साथ अन्तिम दम तक लड़ते रहे, इन दोनों आदर्शतम स्थितियों और सम्मानों के सही हकदार हैं, वे उस सच्चे क्रान्तिकारी और उस पूर्ण इनसान के प्रतीक हैं जिनकी आज दुनिया को अपने क्रान्तिकारी नवनिर्माण के लिए दरकार है।

मुट्‌ठी-भर छापामार लड़ाकों का अपने महाद्वीप की मुक्ति के महानतम और पवित्रतम आदर्श से प्रेरित यह कारनामा हमेशा इस बात की मिसाल और सबसे बड़ा प्रमाण रहेगा कि प्रतिबद्धता, शौर्य और मानवीय महानता क्या कुछ कर सकती है। यह वह आदर्श है, वह उदाहरण है जो हमेशा जनचेतना को जगाता रहेगा और लातिन अमेरिका समेत तमाम दुनिया के जन-संघर्षों को प्रेरणा देता रहेगा। संघर्ष के लिए चे की गर्वीली और

हठीली पुकार शोषितों और दमितों, गरीबों-वंचितों तक पहुँचेगी, जिनके लिए चे ने शहादत दी और करोड़ों हाथ मुक्ति के क्रान्तिध्वज को थामे इस संघर्ष को अपनी मंजिल की ओर ले चलेंगे।

7 अक्टूबर, 1967 को चे ने अपनी डायरी में अन्तिम लाइनें लिखीं। अगले दिन दोपहर एक बजे के करीब जब चे ने उस कठिन सँकरे दुर्गम पथरीले पहाड़ी दर्रे में सेना के घेरे को तोड़कर निकलने के लिए रात होने तक रुकने का निश्चय किया, दुश्मन की भारी भरकम फौज ने उन लोगों को निशाने पर ले लिया। मुट्ठी-भर योद्धाओं ने जो उस दस्ते में बचे रह गए थे बहादुरी के साथ शाम के धुँधलके तक मुकाबला किया। दर्रे की तलहटी में और ऊबड़-खाबड़ पथरीली दरारों की अपनी अलग-अलग पोजीशनों से वे सैनिकों की उस भारी जमात का मुकाबला कर रहे थे जो उन्हें चारों ओर से घेरकर हमला कर रही थी। चे के आसपास की जगहों पर मुकाबला करनेवाला कोई लड़ाका जीवित नहीं बचा था। असमतल, पथरीली चट्टानों के चलते गुरिल्ला लड़ाकों के लिए आपस में नजरों का सम्पर्क रख पाना बहुत मुश्किल और कई पोजीशनों से तो बिल्कुल असम्भव था। दर्रे के दूसरे छोर पर चे से कुछ सौ मीटर की दूरी पर इन्ती के नेतृत्व में मोर्चा सँभाले हुए लड़ाके अँधेरा होने तक मुकाबला करते रहे और अँधेरा होने पर दुश्मन को चकमा देकर निकलने और इकट्ठा होने के लिए पहले से तय जगह पर पहुँचने में कामयाब हो गए।

अपने चारों ओर शहीद योद्धाओं से घिरे चे घायल होने के बावजूद मुकाबला करते रहे। अचानक सनसनाती एक गोली आई और चे की M-2 राइफल की नाल को बरबाद कर गई। चे की पिस्तौल में एक भी गोली नहीं बची थी। अपनी टाँगों के गहरे जख्मों की वजह से चे अपने से चल पाने में लाचार थे हालाँकि जख्म जानलेवा नहीं थे।

इन परिस्थितियों में बोलीवियाई सेना ने चे को जिन्दा पकड़ा। चे पकड़कर पास के एक गाँव ला हिगुएरा लाये गए और वहाँ के एक छोटे से स्कूल में, जिस पर सेना ने कब्जा जमा रखा था, कैद रखे गए। वहाँ चे करीब 24 घंटे तक जिन्दा रहे। आततायियों से एक शब्द भी बोलने से उन्होंने इनकार कर दिया। नशे में धुत सेना के अधिकारी ने जब अनाप-शनाप बकना शुरू किया, चे ने एक जोरदार तमाचा जड़ते हुए उसे चुप करा दिया।

लापाज में राष्ट्रपति बेरियेन्टेस, ओवांडो और शीर्ष सैन्य कमांडरों की बैठक में चे की हत्या किए जाने का निर्णय लिया गया। बोलीवियाई रेंजर और अमेरिकी सेना विशेषज्ञों द्वारा प्रशिक्षित मेजर मिगुएल आयोरोवा और कर्नल आन्द्रे सेलिच ने वारंट ऑफिसर मारियो तेरान को हत्या अंजाम दिए जाने का आदेश दिया। पूरी तरह नशे में धुत तेरान स्कूल के अहाते में घुसा। चे ने, जिन्होंने अभी-अभी उन गोलियों की आवाज सुनी थी जिनसे बोलीवियाई योद्धा विली और एक पेरूवियाई योद्धा चिनो की हत्या की गई थी, अपने हत्यारे को हिचकिचाते देखा तो दृढ़तापूर्वक कहा : 'गोली चलाओ, डरो मत।' हत्यारे की हिम्मत जवाब दे गई और वह लौट गया। एक बार फिर उसके अफसरों ने आदेश दुहराया। इस बार वह आदेश का पालन करने के लिए मशीनगन से गोलियों की बौछार करता हुआ घुसा। आदेश के मुताबिक उसने सारी गोलियाँ कमर से नीचे मारीं। पहले ही प्रेस वक्तव्य जारी किया जा चुका था कि चे की लड़ाई खत्म होने के कुछ ही

देर बाद मौत हो चुकी थी। इसलिए आदेश था कि चे को छाती या सर पर गोली न मारी जाए जिससे जानलेवा घाव ताजा न नजर आएँ। इस अमानवीय क्रूरता ने चे की दर्द की घड़ियों को और लम्बा कर दिया। आखिरकार नशे में धुत एक और सार्जेन्ट ने उनके बाँए हिस्से पर पिस्तौल से गोली मारकर हत्या कर दी। यह सम्पूर्ण अमानवीय क्रूरता, धूर्तता और कायरता चे की उन उदात्त भावनाओं और मानवीय मूल्यों से उतनी ही नृशंस क्रूरता से अलग थीं जिनके चलते चे हमेशा, बिना किसी एक भी अपवाद के, छापामार दस्ते द्वारा बन्दी बनाए गए सेना अधिकारियों और सैनिकों के जीवन के प्रति सम्मान और उदारता बरतते रहे थे। नृशंस, कायर और पिशाच हत्यारों के हाथों चे की जिन्दगी की अन्तिम घड़ियाँ अकल्पनीय रूप से कठिन और दुखदायी रही होंगी मगर चे से बेहतर ऐसी कठिन परीक्षा के लिए तैयारी भी किसी की नहीं हो सकती थी।

चे की शहादत फिदेल के लिए जीवन का बड़ा धक्का, बड़ा आघात था। इस पर विश्वास कर पाना, इसे स्वीकार कर पाना, इससे उबर पाना बहुत मुश्किल था। अपने सबसे प्रिय भरोसेमन्द साथी, मित्र, कामरेड, संघर्षों और विचारों के सहयोद्धा, क्रान्ति के सहनिर्माता, सहरक्षक के नहीं होने की कल्पना भी करना मुश्किल होता है। हमेशा लगता है वह जिन्दा है, बस अभी आएगा, बातें करेगा और काम में लग जाएगा। कुछ लोग, कुछ व्यक्तित्व ऐसे होते हैं जो मर ही नहीं सकते। उनकी उपस्थिति आप के समूचे व्यक्तित्व, समूचे परिवेश के साथ इस कदर घुली-मिली होती है कि आप उनका न होना स्वीकार ही नहीं कर पाते।

फिदेल को बोलीवियाई सेना द्वारा तार से अपने मुख्यालय भेजी गई रिपोर्ट और अन्य सूचनाओं के जरिए खबर मिली कि 8 अक्टूबर, 1967 रविवार को एल यूरो क्रीक पर एक नदी को छापामार लड़ाकों के साथ पार करते हुए चे मारे गए। फिदेल कहते हैं कि रिपोर्ट को देखने के बाद वे सच्चाई को भाँप गए। दुश्मन के पास एक सच्चे क्रान्तिकारी छापामार दस्ते के सफाये की कहानी गढ़ पाने की क्षमता और हिम्मत दोनों ही नहीं थी।

अन्तर्राष्ट्रीय टेलीविजन और रेडियो चैनलों के जरिए क्यूबा में यह खबर फैल चुकी थी, मगर किसी क्यूबाई को इस पर विश्वास नहीं था। वे इसे साम्राज्यवादी प्रतिक्रियावादी दुष्प्रचार का एक और हथकंडा मान रहे थे। आखिरकार फिदेल क्यूबा के राष्ट्रीय टेलीविजन पर आए और अकाट्य प्रामाणिक तथ्यों के साथ खबर की पुष्टि की। चे के मृत शरीर के साथ फोटोग्राफ में सी.आई.ए. एजेंट और कुख्यात आतंकवादी क्यूबाई भगोड़े फेलिक्स रोड्रिग्ज की तस्वीर चे की हत्या में अमेरिकी साम्राज्यवाद के शामिल होने की गवाही दे रही थी। सारा क्यूबा स्तब्ध, अवाक था–अपने उस बेटे के लिए जो उनकी धरती पर नहीं जन्मा था मगर जिसने उन्हें सदियों की गुलामी, अन्याय और अत्याचार से मुक्त कराने के लिए अपनी जान की बाजी लगाई, जिसने उनकी आजादी और गौरव को हर हमले, हर खतरे से सुरक्षित रखने के लिए जान की बाजी लगाई और जिसने मानवता के गौरव, मानवता के आदर्श और मानवता की मुक्ति के लिए अन्ततः अपनी जान निछावर कर दी। हवाना रिवोल्यूशन प्लाजा में लाखों क्यूबाइयों ने एकत्र होकर अपने इस बेटे को, मानवता के अब तक के सबसे काबिल, सबसे होनहार बेटे को मौन, आँसुओं में डूबी विदाई दी।

फिदेल ने क्यूबा से पूछा, 'हम अपने बच्चों को क्या बनाना चाहेंगे'? जवाब एक ही था 'हम उन्हें चे बनाएँगे।' और यह क्रान्ति के दीवानों का क्रान्ति के नौजवानों का ध्येय वाक्य बन गया–'हम चे बनेंगे।'

चे के विचार, उनकी मान्यताएँ, उनके आदर्श, उनकी प्रतिबद्धताएँ, उनका हठीला, अपराजेय गौरव, उनका खतरों से बेखौफ जूझना, उनकी असीम मानवीय संवेदना, उनकी अद्‌भुत सादगी, उनका अनुकरणीय उदाहरण–ये हैं चे। और इनके लिए आज सारी दुनिया का युवा चे का मुरीद है। चे की क्रान्तिकारी दृष्टि और सपने देशों, महाद्वीपों, महासागरों को पार करते हुए समूची दुनिया की दृष्टि और सपने बन रहे हैं। चे लातिन अमेरिका के, समूची दुनिया के शोषितों-दमितों की उम्मीद बनकर उनके लिए लड़ते हुए शहीद हुए। उनकी उम्मीद, उनकी शहादत जीतेगी। उनकी उम्मीद, उनकी शहादत जीत रही है।

एक सच्चे, रचनाशील मार्क्सवादी आलोचक, चिन्तक, सिद्धान्त और व्यवहार के योद्धा के रूप में चे की प्रतिभा उन्हें क्रान्तिकारी विचारकों और योद्धाओं की सबसे अगली पंक्ति में ला खड़ा करती है। क्यूबाई क्रान्ति की विजय में, क्यूबा में समाजवादी नवनिर्माण की मुहिम में, और मानवीय अन्तर्राष्ट्रीयता के मुक्ति-अभियानों में जान की बाजी लगाकर हासिल किए गए उनके अनुभव, उपलब्धियों, कठिनाइयों और भूलों को लेकर उनके बेलाग विचार और भविष्य के कार्यभारों की उनकी दृष्टि-मानवता मुक्ति की क्रान्ति के लिए अनमोल हथियार हैं। मार्क्सवादी चिन्तक, राजनीतिक नेता, अर्थशास्त्री, सैन्य कमांडर, संगठक, प्रशिक्षक, दृष्टिवान लेखक–यह सब कुछ चे के विशाल व्यक्तित्व में समाहित है। फिदेल ने कहा : 'चे के लिए जो कुछ भी लिखा गया और जो कुछ भी लिखा जा सकता है, चे उससे कहीं बढ़कर हैं।'

तीस साल तक बोलीविया में वह जगह जहाँ दुश्मनों द्वारा चे और उनके साथ शहीद हुए साथियों की अस्थियाँ गुप-चुप दफन कर दी गई थीं, गुमनामी के अँधेरों में खोई रहीं। जून 1997 में बोलीवियाई प्रशासन के सहयोग से उस जगह को खोजने और अस्थियों को क्यूबा लाने में कामयाबी मिली। 1997 में कृतज्ञ क्यूबाई जनता अन्ततः अपने उन महानतम साथियों के प्रति सम्मान और श्रद्धांजलि व्यक्त कर सकी। चे और उनके साथ बोलीविया में शहीद हुए साथियों की अस्थियाँ चे के लिए सान्ताक्लारा में बनाए गए स्मारक में दफन की गईं। सान्ताक्लारा-क्यूबा के मध्य भाग का वह प्रान्त, जो क्यूबा मुक्ति के क्रान्तिकारी युद्ध के दौर में चे के महानतम सैन्य विजय-अभियानों की एक प्रमुख रणस्थली थी।

फिदेल कहते हैं, चे की महानतम विरासत उनके आदर्श, मूल्य, उनकी चेतना, श्रेष्ठतम मानवीय मूल्यों के प्रति उनकी गहनतम आस्था और उनका अनुकरणीय उदाहरण है।

फिदेल कहते हैं, चे उनके सम्पूर्ण जीवन काल के पवित्रतम, सबसे असाधारण और सबसे निस्पृह इनसान थे। एक ऐसा इनसान जिसके असंख्य वारिस हैं–दुनिया के वे शोषित-दमित आम जन जिनमें चे के गुणों को आत्मसात करने की योग्यता और क्षमता के बीज मौजूद हैं।

चे का व्यक्तित्व और कृतित्व जोसमार्ती के ध्येयवाक्य का सच्चा वारिस है–'मानवता ही मातृभूमि है'–(होमलैंड इज ह्यूमिनिटी)।

फिदेल : एक जिन्दा क्रान्ति, एक सच्चा जीवन

फिदेल को घटनाओं और उपलब्धियों के दायरे में नहीं परखा जा सकता। दरअसल, फिदेल को किसी भी दायरे में रखकर नहीं परखा जा सकता। फिदेल एक विचार, एक आदर्श, एक सपने का नाम है। मनुष्य और मनुष्यता की असीम सम्भावनाओं का नाम है। विचार, आदर्श, सपने और सम्भावनाएँ सीमाओं के मोहताज नहीं होते। अनगिनत नामों और उपाधियों-क्यूबाई क्रान्ति का कमांडेंट एन जेफे (कमांडर-इन-चीफ), मैक्सिमो लिडेर (महानतम नेता), क्यूबा की आधी सदी का राष्ट्राध्यक्ष, नए क्यूबा का निर्माता, नई दुनिया, नए समाज की उम्मीद, क्यूबा की काउन्सिल ऑफ स्टेट का अध्यक्ष, क्यूबा की कम्युनिस्ट पार्टी का प्रथम सचिव–इन सब सीमाओं से परे केवल एक नाम फिदेल के व्यक्तित्व कृतित्व की मुकम्मल पहचान है–'फिदेल।'

क्यूबा की क्रान्ति के सन्दर्भ में फिदेल का कहना है : 'क्यूबा की क्रान्ति को क्यूबा के नजरिए से देखना-समझना होगा।' फिदेल के जीवन को भी फिदेल के नजरिए से देखना-समझना होगा।

फिदेल के अनुसार उन्होंने अपना सारा जीवन पूरी सहजता और शान्ति से जिया है। अमेरिका या फिर उसके चन्द सहयोगियों द्वारा फिदेल को तानाशाह, क्रूर या सनकी करार दिए जाने को लेकर फिदेल का कहना है कि यह दुनिया में नफरत का जहर फैलाने की साम्राजी मुहिम का हिस्सा है। वे सोचते हैं कि अगर आप लगातार प्रचार करते रहे कि यह आदमी शैतान से भी खतरनाक है, लोग उससे धीरे-धीरे नफरत करने ही लगेंगे।

फिदेल का प्राधिकार (अथारिटी) ऐतिहासिक सन्दर्भों से उन्हें हासिल जनता की शक्ति, जनता के बीच प्रभाव और जनता के सम्मान पर आधारित है जिसका उन्होंने कभी दुरुपयोग नहीं किया–मनमाने निर्णय, आदेश, या डिक्री से कभी सरकार नहीं चलाई। क्यूबा में राष्ट्रपति प्रणाली की सरकार नहीं है। राष्ट्रीय संसद और मंत्रि परिषद है, उसका सामूहिक नेतृत्व है। हर महत्त्वपूर्ण निर्णय सोचने-समझने-विचार-विमर्श-बहस करने के बाद सामूहिक रूप से लिया जाता है। राष्ट्रपति द्वारा मंत्रियों या राजदूतों की नियुक्ति नहीं होती। अगर इसका नाग तानाशाही है तो यह ऐसा सोचनेवालों की समस्या है। किसने अपना सारा जीवन अन्याय के खिलाफ, हर तरह के दमन-शोषण-अत्याचार के खिलाफ, दूसरों के लिए काम करते हुए, दूसरों के लिए लड़ते हुए, लोगों के बीच एकजुटता, सहयोग और अपनत्व को विकसित करते हुए बिताया है? किसने हमेशा मनुष्य की शारीरिक और मानसिक गरिमा की सुरक्षा का ध्यान रखा है? क्यूबा में किसी बन्दी को यातना नहीं दी जाती, किसी की हत्या नहीं होती, कोई 'गायब' नहीं, कोई 'सफाया' नहीं

होता। क्यूबा में कभी आपातकाल नहीं लागू किया गया-कभी किसी विरोध-प्रदर्शन पर एक भी लाठी, आँसू गैस या गोली नहीं चली। इन सबका एक अपवाद भी नहीं मिल सकता। क्यूबा की क्रान्ति जनता की, समूचे राष्ट्र की अपनी क्रान्ति है, उनके अपने खून, अपनी ताकत से हासिल और उनके अपने समर्थन, अपनी कोशिशों और अपनी हिम्मत से रक्षित। तमाम अफ्रीकी, एशियाई, लातिनी अमेरिकी देशों की जनता के अपने अत्याचारी-क्रूर-दलाल शोषकों से मुक्ति की आवाज पर क्यूबा के लाखों नौजवान स्वयंसेवकों ने उनके संघर्षों में साथ दिया, अपना खून बहाया, शहादतें दीं। लातिनी अमेरिका और उससे बाहर भी, तीसरी दुनिया के तमाम देशों में हजारों क्यूबाई डॉक्टर, चिकित्साकर्मी, शिक्षक, कृषि-विशेषज्ञ अपनी सेवाएँ दे रहे हैं। लातिनी अमेरिका और पूरी दुनिया से दसियों हजार छात्र चिकित्सा-विज्ञान की विशेषज्ञ शिक्षा मुफ्त हासिल कर रहे हैं। यदि इन सबका नाम तानाशाही, क्रूरता और सनक है तो यह सोच की समस्या है।

अपने जीवन के बारे में फिदेल का कहना है कि वह हमेशा, खुद को लेकर सबसे कठोर रहते हैं, हमेशा अपनी गलतियाँ निकालते हुए, खुद से लड़ते हुए। उन्हें काम पर यकीन है, दिखावे पर नहीं। आप को हमेशा अपने अन्दर से, अपनी प्रवृत्तियों से लड़ते रहना होता है। उनका मानना है कि यह शिक्षण है, गम्भीर और लगातार चलनेवाला, कभी हार नहीं मानने वाला स्व-शिक्षण जो एक अदने से प्राणी को मनुष्य बनाता है। इनसान की ऊर्जा का स्रोत उसकी शारीरिक क्षमता नहीं, उसका संकल्प, उसकी प्रतिबद्धता है–इसलिए उम्र के साथ ऊर्जा घटती नहीं, ज्यादा उत्साह, ज्यादा प्रतिबद्धता, ज्यादा आवेग लाती है।

फिदेल कभी निराश नहीं होते, कभी हार नहीं मानते, कभी मैदान नहीं छोड़ते। जनता पर उनका अविचल विश्वास है, जनता को लेकर कभी उन्हें निराशा-हताशा नहीं हुई। फिदेल कहते हैं कि पूरे जीवन में विश्वासघात की मुश्किल से दो-चार गिनी-चुनी घटनाओं से उनका सामना हुआ होगा। क्रान्तिकारी संघर्ष और नवनिर्माण अभियान के 90% नेता फिदेल के 26 जुलाई आन्दोलन से रहे हैं। उनमें कोई भी ऐसा नहीं निकला जिसने क्रान्ति से विश्वासघात किया हो। सबके सब अपने अन्तिम दम तक क्रान्ति के साथ और क्रान्ति के लिए जीते रहे। अपने सहयोगियों-साथियों को याद करते हुए फिदेल कहते हैं कि वे तमाम योद्धा जो मोन्काडा या ग्रान्मा अभियान के साथी थे–चे, केमिलो, राउल, अल्मीडा और तमाम साथी–वाल्देस, गार्सिया–क्रान्ति के तमाम कमांडेंट वे असाधारण लोग थे या हैं जिन्होंने संकट की, निर्णय की हर घड़ी को फौलादी प्रतिबद्धता के साथ जिया, एक भी अवसर पर, एक भी क्षण के लिए विचलित हुए बिना। आज क्रान्ति के साथ उन अगली पीढ़ियों के नए विचारों, नए मूल्यों, नए खून और नई ऊर्जा का भी हुजूम है, जो क्रान्ति विजय के समय तक पैदा नहीं हुए थे। उनमें न जाने कितने क्रान्ति के नायकों, योद्धाओं, शहीदों के रक्त से पैदा हुए हैं। ये कभी क्रान्ति के साथ विश्वासघात नहीं कर सकते।

अपनी वर्दी के बारे में फिदेल कहते हैं कि सियेरा अभियान के जमाने से ही वह इसे हमेशा पहनते आ रहे हैं और इसमें खुद को सबसे सहज महसूस करते हैं। इसकी आदत सी हो गई है। फिदेल की वर्दी में सियेरा के जमाने से ही लगभग कोई बदलाव नहीं हुआ

है। अनगिनत संघर्षों के विजयी योद्धा फिदेल अपनी वर्दी पर कोई तमगा, कोई अलंकरण नहीं लगाते। आगे के दिनों में नागरिक परिधानों को भी पहनने को लेकर वह याद करते हैं कि 1994 में सेन्टियागो डे-ला-इन्डिया के इबेरा-अमेरिकी शिखर सम्मेलन में कोलम्बियाई मेजबानों ने सभी राष्ट्राध्यक्षों से कोलम्बियाई पारम्परिक परिधान 'गुयाआबेरा' पहनने का आग्रह किया। उसके बाद से वह अन्तर्राष्ट्रीय बैठकों-सम्मेलनों के अवसर पर और क्यूबा में भी विशेष अवसरों पर 'नागरिक सूट' पहनते रहे हैं।

फिदेल को उनके पिता ने 14-15 वर्ष की आयु में उनकी पहली सिगार 'प्यूरो हबानो' थमा दी। तबसे वह बराबर सिगार पीते रहे और यह उनकी छवि, पहचान का एक हिस्सा बन गई थी। फिदेल ने करीब पिछले तीस सालों से सिगार को हाथ नहीं लगाया। फिदेल कहते हैं कि यह देश की भलाई और जनता के स्वास्थ्य के लिए उनका जरूरी त्याग था। मोटापा, मनमानी जीवनशैली और तम्बाकू के स्वास्थ्य पर पड़ने वाले भयावह दुष्प्रभावों को सुनते हुए फिदेल ने फैसला लिया कि जन-स्वास्थ्य के हित में उन्हें यह आदत छोड़ देनी चाहिए।

अपनी गलतियों को लेकर फिदेल का मानना है कि उन्होंने गलतियाँ की हैं मगर वे सब कार्यनीतिक भूले थीं न कि रणनीतिक भूलें। क्यूबाई राष्ट्र और समाज नवनिर्माण के लिए अपने प्रयासों को लेकर कभी पछतावे की स्थिति नहीं आई।

फिदेल को पछतावा केवल इस बात को लेकर है कि वह अपनी आगे की पढ़ाई नहीं कर सके। वह अर्थशास्त्र के क्षेत्र में गहन अध्ययन करना चाहते थे जो सम्भव नहीं हो सका। अगर वह अपनी पढ़ाई जारी रखते तो क्रान्ति को अंजाम देने के गुरुतर कार्यभार से वंचित रह जाते। फिदेल कहते हैं कि वह अच्छी तरह समझते थे कि जिस रास्ते पर वह कदम रख रहे हैं उसमें कठिनाइयाँ ही कठिनाइयाँ हैं--बतिस्ता को हटाना है, सब कुछ नए सिरे से बनाना है। इसलिए निजी आकांक्षाओं को किनारे कर तुरन्त इस काम में लगना होगा। मोन्काडा बैरक हमले की असफलता को लेकर वह कहते हैं कि अगर वे 26 जुलाई, 1953 को अपने अभियान में कामयाब हो गए होते तो वे आज जहाँ हैं, नहीं होते, अन्तर्राष्ट्रीय स्तर पर शक्तियों का सन्तुलन 1953 में अनुकूल नहीं था, स्तालिन की चन्द दिनों पहले 5 मार्च को मृत्यु हुई थी। बुल्गानिन, ख्रुश्चेव और मालेन्कोव के बीच चल रहे सत्ता-संघर्ष के चलते सोवियत संघ से वह समर्थन और सहयोग बिल्कुल नहीं मिल पाता जो सात साल बाद अमेरिकी साम्राज्यवादी प्रतिक्रिया को चुनौती देते हुए विजयी क्रान्ति ने नए क्यूबा के निर्माण की मुहिम में ख्रुश्चेव से हासिल किया। ख्रुश्चेव 1956 में सत्ता में आए, 1958 तक सत्ता पर अपनी पकड़ पूरी तरह मजबूत कर चुके थे और सोवियत संघ को एक विशाल आर्थिक-सामरिक ताकत बना चुके थे।

क्रान्ति की उपलब्धियों पर नजर डालते हुए फिदेल कहते हैं कि बगैर किसी विदेशी ताकत से एक भी पैसा या एक भी हथियार लिए, दुश्मन की बन्दूकें छीनकर क्यूबा की जनता ने बतिस्ता की अमेरिका पोषित आततायी सत्ता को उखाड़ फेंका।

हत्यारे, आततायी युद्ध अपराधियों पर मुकदमा चलाकर सजाएँ दी गईं। जमीनों का अधिग्रहण करके गरीब किसानों और खेतिहर मजदूरों में बाँटा गया। पहली जमीन जो क्रान्ति ने अधिगृहीत की वह फिदेल के पिता की थी। क्यूबा की प्राकृतिक सम्पदा-

संसाधनों, महत्त्वपूर्ण उद्योगों और सेवाओं का राष्ट्रीयकरण किया गया। अमेरिका द्वारा अपनी वायुसेना और नौसेना के बैकअप के साथ 'बे ऑफ पिग्स' पर प्रतिक्रियावादी क्यूबाई अमेरिकनों और भाड़े के हत्यारों के जरिए कराया गया आक्रमण 72 घंटों के अन्दर नाकामयाब कर दिया गया। समूचे क्यूबा से भाड़े के आतंकियों, सी.आई.ए. प्रतिक्रियावादियों के अमेरिका प्रायोजित 'डटीवार' अभियान का सफाया किया गया जिसके लिए क्रान्ति अभियान से ज्यादा सैनिकों-स्वयंसेवकों-नागरिकों को जानें गँवानी पड़ीं। हजारों अमेरिका प्रायोजित तोड़फोड-आतंकी कार्यवाहियों का मुकाबला किया गया। पूरे आत्मसम्मान और दृढ़ता के साथ 1962 में अमेरिका की ओर से परमाणु हमले के खतरे का सामना किया गया। आधी सदी से ज्यादा समय से चल रही अनैतिक, अवैधानिक, अमानवीय अमेरिकी आर्थिक नाकेबन्दी का सामना करते हुए क्यूबा से निरक्षरता का सफाया करने और बच्चों के लिए शुरू से उच्चतम स्तर तक सम्पूर्ण निःशुल्क शिक्षा सुनिश्चित करने में कामयाबी हासिल की गई। बेरोजगार नौजवानों को उनके जीवन-निर्वाह के लिए वित्तीय सहायता के साथ अध्ययन-प्रशिक्षण की व्यवस्था की गई। क्रान्ति से पहले की तुलना में तीस गुना से भी ज्यादा पेशेवर विशेषज्ञ, बुद्धिजीवी शिक्षक, कला-संस्कृति-विज्ञान के स्नातक तैयार किए गए। क्यूबा ज्ञान और संस्कृति के क्षेत्र में दुनिया का अग्रणी देश बना। शिशु मृत्यु दर साठ से घटाकर छः प्रति हजार पर लाई गई। जीवन-प्रत्याशा बीस वर्ष और बढ़ाई गई। तमाम संक्रामक बीमारियों का सफाया किया गया। जनता को श्रेष्ठतम चिकित्सा सुविधा सेवाएँ निःशुल्क उपलब्ध कराई गईं। चिकित्सकीय अनुसंधान के जरिए आनुवांशिक, मानसिक और जटिलतम रोगों के निदान और रोकथाम में सफलता हासिल की गई। सम्पूर्ण जनता के लिए शत प्रतिशत सामाजिक सुरक्षा सेवाएँ उपलब्ध कराई गईं। 85% क्यूबाइयों के पास अपना कर-मुक्त आवास है और बाकी 15% न्यूनतम किराये के आवासों में रह रहे हैं।

आबादी के नगण्य से हिस्से में अभी भी ड्रग की समस्या है जिसे मिटाने के प्रयास जारी हैं। लाटरी और जुए को खत्म किया जा चुका है। क्यूबा में किसी भी जीवित नेता की 'व्यक्ति पूजा' (पर्सनाल्टी कल्ट) का नामोनिशान नहीं है। कभी जनता के खिलाफ बल-प्रयोग नहीं हुआ, कभी कोई यातना, 'सफाया' नहीं हुआ। नई पीढ़ी और समूचे राष्ट्र को पर्यावरण के महत्त्व और संरक्षण के प्रति जागरूक किया गया है। क्यूबा अपनी सांस्कृतिक पहचान, परम्परा, धरोहरों की दृढ़तापूर्वक रक्षा करने, दूसरी संस्कृतियों के सकारात्मक तत्वों के साथ अन्तःक्रिया करने, लोगों और देशों के बीच सौहार्द और भाईचारा विकसित करने तथा किसी भी प्रकार की नकारात्मक, कुटिल, विभेदकारी, बाजारवादी अपसंस्कृति की अभिव्यक्तियों या तत्वों के विरुद्ध अनवरत संघर्ष की नीति पर चलता है। क्यूबा स्वस्थ-गैर पेशेवर खेल-कूद की परम्परा और विकास को समृद्ध करते हुए लगातार विश्वस्तरीय सम्मान और मेडल अर्जित कर रहा है।

क्यूबा ने मानव-मुक्ति की अन्तर्राष्ट्रीयता में दर्जनों देशों में अपनी भूमिका निभाते हुए दो हजार से ज्यादा स्वयंसेवकों की शहादतें दी हैं। इनमें से किसी भी देश में क्यूबा का अपना हित अथवा सम्पदा कभी नहीं रही। क्यूबा ने दुनिया के पैमाने पर निःस्वार्थ भाई-चारे की, अन्तर्राष्ट्रीयता की मिसालें कायम की हैं। हमेशा किसी बात को कहने से पहले

खुद करके दिखाया है। कभी सिद्धान्तों से समझौता नहीं किया, कभी विश्वासघात नहीं किया, कभी विचलित नहीं हुआ। पाँच लाख से भी ज्यादा क्यूबाइयों ने स्वयंसेवकों, लड़ाकों, शिक्षकों, तकनीशियनों, चिकित्सकों, चिकित्साकर्मियों और तमाम अन्य रूपों में अन्तर्राष्ट्रीय मिशनों-अभियानों में अपनी सेवाएँ दी हैं। तीसरी दुनिया के 18 से ज्यादा देशों में क्यूबा के हजारों चिकित्सक निःस्वार्थ, निःशुल्क लाखों नागरिकों का जीवन बचाने और बेहतर नीरोग जीवन-दशाएँ सुनिश्चित करने में लगे हैं। क्यूबा के डॉक्टरों के अभाव में संयुक्त राष्ट्र के लिए सब-सहारा अफ्रीकी क्षेत्र में एड्स की चिकित्सा और रोकथाम का मानवता के लिए अभूतपूर्व महत्त्व का अभियान चला पाना मुमकिन नहीं था।

फिदेल कहते हैं कि सौ साल बाद की दुनिया के लोग जब आज की दुनिया की हालत और कारनामों को इतिहास के पन्नों से जानेंगे, आज की दुनिया के लोगों को असभ्य, बर्बर आदिमानवों के कबीले की हिकारत से देखेंगे, आज की दुनिया में जितनी नफरत, जितनी विषमता, जितना अत्याचार है, मानवप्रजाति को नष्ट कर देने पर तुले हुए आज के लोग जो-जो कारनामे कर रहे हैं, उन्हें देखते हुए लगता है हम अभी भी असभ्य बर्बरों से आगे नहीं बढ़ सके हैं।

क्यूबा के राष्ट्रीय गर्व और गौरव को लेकर फिदेल कहते हैं कि वह क्यूबा के उस सम्मान, उस गर्व को ज्यादा गौरव और उम्मीद के साथ देखते हैं जो उनके बिना क्यूबा के संघर्षों और उपलब्धियों से जुड़ी हैं। सिमोन बोलिवार गौरव की बात करते थे, मगर यह हमेशा ध्यान में रखा जाना चाहिए कि वह 'विजेता' नहीं 'मुक्तिदाता' थे। उनका गौरव विजेता-आक्रांता का नहीं, मुक्तिदाता का गौरव था।

विचारों की आजादी के बारे में फिदेल का कहना है कि वह पहले दर्जे के आलोचक हैं, मगर देश के नहीं, गलतियों के। क्यूबा में जनता को विचारों की अभिव्यक्ति के अवसर और आजादी है। हर स्तर पर—म्युनिसिपल असेम्बलियों में, काम की जगहों पर वर्कर्स असेम्बलियों में, जन संगठनों में, ओपेन फोरमों के जरिए, जनता को सरकार की नीतियों, कार्यक्रमों पर खुलकर बहस करने, अपनी राय व्यक्त करने, आलोचना करने और सुझाव देने की आजादी है। फिदेल का मानना है कि लाखों देशवासियों में से कुछ हजार भी अगर नाखुश हैं, तो यह उनके लिए चिन्ता का सबब है। चिन्ता इसलिए नहीं कि लोगों का कितना प्रतिशत नाराज है बल्कि इसलिए कि उनकी नाराजगी जायज हो सकती है, उनकी राय में सच्चाई हो सकती है, और उनके सुझाव महत्त्वपूर्ण हो सकते हैं।

क्यूबा में एक दलीय व्यवस्था को लेकर फिदेल का कहना है कि बहुत से देशों में बहुदलीय निर्वाचन की क्लासिकी, परम्परागत चुनाव-प्रणाली अक्सर लोकप्रियता की प्रतिस्पर्धा बनकर रह जाती है, न कि योग्यता और क्षमता की। लोग अन्ततः उसे चुन लेते हैं जिसकी सबसे ज्यादा जन-अपील हो, जो जनता के साथ सबसे प्रभावी ढंग से संवाद कर लेता हो, जिसका सबसे आकर्षक बाह्य व्यक्तित्व हो, जिसका टीवी, रेडियो, मीडिया में सबसे ज्यादा प्रचार हो और सबसे बढ़कर जिसके पास प्रचार पर खर्च करने के लिए सबसे ज्यादा पैसा हो। अमेरिकी शैली, तौर-तरीकों के प्रचार अभियान में करोड़ों-अरबों डॉलर खर्च होते हैं। चुनाव अभियान की छवि विशेषज्ञ टीम उम्मीदवार को बताती है कि उसे अपने बाल कैसे सँवारने हैं, कब कैसे कपड़े पहनने हैं, मतदाताओं के बीच क्या

बोलना है, क्या नहीं बोलना है, कैसे हाव-भाव मुद्राएँ दिखानी हैं। ऐसे चुनाव एक तमाशा, एक प्रहसन, नाटक बनकर रह जाते हैं। अमेरिकी चुनाव प्रचार विशेषज्ञ इसे 'वैज्ञानिक प्रचार अभियान' का नाम देते हैं!

क्यूबा में चुनाव का पहला सिद्धान्त है कि उम्मीदवारों का चयन या नामांकन पार्टी नहीं करती। हर निर्वाचन समूह के लोग इकट्ठा होते हैं और तय करते हैं कि उनके क्षेत्र से उनका प्रतिनिधित्व करने के लिए कौन-कौन योग्य हो सकते हैं। पार्टी की इसमें कोई भूमिका नहीं होती। योग्य उम्मीदवारों की संख्या न्यूनतम दो और अधिकतम आठ हो सकती है। इन्हीं उम्मीदवारों का प्रस्ताव किया जाता है और इनके बीच से ही जनता चुनती है। जो पचास प्रतिशत से अधिक मत हासिल करता है, निर्वाचित होता है। निर्वाचित प्रतिनिधि का पार्टी सदस्य होना कोई शर्त नहीं है। यह बात अलग है कि अपनी क्षमता और योग्यता के चलते बड़ी संख्या में पार्टी सदस्य निर्वाचित होते हैं। क्यूबा में इस तरह के दस हजार निर्वाचन क्षेत्र हैं।

अपनी जीवन-शैली के बारे में फिदेल कहते हैं कि विदेशी पत्रिकाओं ने उन्हें दो बार विश्व के सबसे धनवानों की सूची में रखा जिसके पास अकूत सम्पदा है। सच्चाई यह है कि सम्पदा के नाम पर उनके पास कुछ भी नहीं है। कुछ पीसो (क्यूबाई मुद्रा) जरूर बची हैं क्योंकि जरूरतों के लिए सारे भुगतान चुकता कर देने के बाद कभी-कभी कुछ बच ही जाता है। उन्हें वेतन मिलता है। उसमें से पार्टी का हिस्सा, आवास आदि का भुगतान करने के बाद कुछ बचा रह सकता है। सालों बीत जाते हैं उन्हें अवकाश लिए हुए। शनिवार और रविवार के दिन भी उनके लिए अवकाश के नहीं हैं। फिदेल कहते हैं कि सच्चाई यह है कि उन्हें किसी चीज की जरूरत महसूस नहीं होती। जरूरत का उनके पास सब कुछ है। क्यूबा के किसी क्रान्तिकारी नेता पर उँगली रखकर दिखा दीजिए कि उसका किसी विदेशी बैंक में खाता है। फिदेल का वेतन 25 पीसो प्रति डॉलर की दर से 30 डॉलर मासिक है। फिदेल को देश-विदेश में लोगों से हजारों तोहफे मिले। उनकी कीमत पता नहीं कितने करोड़ों-डॉलर में होगी। फिदेल ने ऐसे 17000 तोहफे बिना किसी को बताये शहर के ऐतिहासिक संग्रहालय के हवाले कर दिए। फिदेल कहते हैं कि बताने पर लोगों को बुरा लग सकता था कि उन्होंने तोहफे की कद्र नहीं की। इसके उलट उन्हें तोहफे की कद्र थी इसीलिए ऐतिहासिक संग्रहालय को सुपुर्द किया। तोहफों के लिए उनकी केवल एक माँग है। किताबें उनके पास रहने दी जाएँ, उनके बाद वे जनता की सम्पत्ति होंगी। बावजूद इन सच्चाइयों के लोगों ने उन्हें विश्व के सबसे धनवानों की सूची में दो बार रखा। क्यूबा में वितरण का सिद्धान्त है–सबसे उसकी क्षमता के अनुसार-सबको उसकी जरूरत के अनुसार। फिदेल कहते हैं कि उनकी व्यक्तिगत जरूरतें सचमुच में बहुत कम हैं। उन्होंने अपने वेतन में कभी वृद्धि नहीं ली। वह अपने पास परिवर्तनीय मुद्रा की एक कौड़ी भी नहीं होने के गर्व के साथ मरेंगे। संस्मरण और किताबें लिखने के लिए करोड़ों डॉलर के प्रस्तावों को उन्होंने हमेशा ठुकराया। कहते हैं कि अगर लिखना होगा तो स्कूल के बच्चों के लिए लिखेंगे। खुद पर इस तरह का अनुशासन लागू करके ही कोई व्यक्ति सचमुच में मानसिक शान्ति, सच्ची खुशी और नैतिक शक्ति हासिल कर सकता है।

नैतिकता, मूल्य और चेतना को लेकर फिदेल कहते हैं, क्यूबा में पूर्वग्रहों अथवा ग्रंथियों के लिए जगह नहीं है। ग्रंथियाँ नफरत और ईर्ष्या पैदा करती हैं। क्रान्तिकारी के दिल में बदले की भावना नहीं होती। फिदेल मनुष्य और उसकी मनुष्यता में विश्वास करते हैं, उसकी नैतिकता और चेतना में विश्वास करते हैं, उसकी महानतम बलिदानों और त्याग की क्षमता में विश्वास करते हैं। लोग उन मूल्यों के लिए, उस सम्मान के लिए जान की बाजी लगा देना और मर जाना श्रेयस्कर समझते हैं जो उनके लिए अनमोल हों। ये मूल्य, गौरव लोगों के अन्दर रोपे जाते हैं। इसलिए वह लोगों में हमेशा श्रेष्ठतम मानवीय मूल्यों–न्याय, भाईचारा, समानता के रोपे जाने के पक्षधर हैं। फिदेल को 'स्वतंत्रता, समानता, भाईचारा' (लिबर्टी, इक्वालिटी, फ्रेटरनिटी) का फ्रांसीसी क्रान्ति का नारा बेहद प्रिय है। आज की परिस्थितियों में इनकी बात भी कर पाना मुश्किल है। मगर बावजूद हर विपरीत परिस्थिति के यह नारा जीतेगा, आगे बढ़ेगा–दुनिया के हर कोने से इन भावनाओं का ज्वार उठना शुरू हो गया है। फिदेल अद्‌भुत आशावादी हैं। वह कहते हैं–हम जानते हैं हमारा भविष्य क्या है, बहुत ही कठिन मगर उतना ही शौर्य और गौरव से उज्ज्वल– लगातार अपने ज्ञान, अपनी संस्कृति का विकास करते हुए, हर क्षेत्र में ज्ञान के कई गुना प्रसार के लिए लम्बे-लम्बे डग भरते हुए। अज्ञान तमाम समस्याओं और बुराइयों की जड़ है। उस राष्ट्र को ज्ञान अपना सबसे भरोसेमन्द साथी बनाना चाहिए जो तमाम विषमताओं, बाधाओं, संकटों को पार करते हुए सचमुच में मुक्त होने और मुक्त रहकर एक बेहतर दुनिया बनाने का आकांक्षी है। सम्भावनाएँ हमेशा मनुष्य की कल्पना से बहुत-बहुत आगे जाती हैं।

अपनी सेवानिवृत्ति को लेकर फिदेल कहते हैं कि समय गुजरता जाता है और मानवीय ऊर्जा भी घटने लगती है। 6 मार्च, 2003 को फिदेल ने राष्ट्रीय संसद की मर्जी होने पर उनका साथ देने का वायदा किया था। जब तक जरूरत होगी, जब तक वह खुद को इसके लिए उपयोगी समझेंगे, उससे एक पल कम नहीं-एक पल ज्यादा नहीं। जुलाई 2006 में स्वास्थ्य के संकट के चलते फिदेल ने सरकार चलाने का अस्थायी दायित्व राउल के नेतृत्व में सात सदस्यीय परिषद को सौंपा। 19 फरवरी, 2008 को फिदेल ने घोषणा की कि वह अब राष्ट्राध्यक्ष की उम्मीदवारी स्वीकार नहीं करेंगे। 24 फरवरी, 2008 की नेशनल असेम्बली ने राउल कास्त्रो रूज को क्यूबा का नया राष्ट्रपति चुना।

अपनी प्रशासनिक जिम्मेदारियों से मुक्त होकर फिदेल अब 'विचारों के युद्ध' के मोर्चे पर सक्रिय हैं। अपने अनमोल क्रान्तिकारी अनुभवों और उनकी सीखों के संस्मरणों के साथ लगातार लातिन-अमेरिकी एकता, विश्व की तमाम महत्त्वपूर्ण समस्याओं और मानवता के सवालों पर अपना विश्लेषण-विचार और सुझाव लिख रहे हैं।

फिदेल कहते हैं, उनकी असली जगह किसी एक व्यक्ति, एक राउल से कहीं ज्यादा क्यूबा की समूची वर्तमान पीढ़ी लेगी। उनका दृढ़ मत है कि प्रतिभा हर जगह है, अगर एक चीज में नहीं तो किसी दूसरी में। मेधा (जीनियस) सबके पास है, कोई किसी एक चीज में विशेष प्रतिभा रखता है तो कोई किसी दूसरी में। इसलिए वह हमेशा, पूरी तरह आशावादी रहे हैं। क्रान्ति नायकवाद या व्यक्तिपूजा पर आधारित नहीं होती। समाजवाद और नायकवाद का कोई मेल नहीं है। नायकवाद के लिए किसी भी आधुनिक समाज में

जगह नहीं होनी चाहिए। समाज का निर्माण, समाज की हिफाजत, समाज का विकास सामूहिक प्रयास की अवधारणाएँ, सैद्धान्तिक अवधारणाएँ हैं। क्रान्ति का आधार सिद्धान्त है। फिदेल कहते हैं, क्रान्ति के लिए जिन विचारों को हम लोगों ने अपनाया था, आज समूचा क्यूबा उनके साथ है। हम अपनी मानवीय पूँजी के बल पर जिन्दा रहेंगे और आगे बढ़ते रहेंगे। हमेशा खतरों से खबरदार रहते हुए, उनका मुकाबला करते हुए। आगे बढ़ने का सबसे श्रेष्ठ रास्ता तमाम विकल्पों को समझना, उन पर खूब-खूब विचार-मंथन करना और उसमें से सबसे बेहतर विकल्प को चुनकर संकल्प के साथ बढ़ चलना है। अमेरिकी साम्राज्यवाद कभी क्रान्ति की अग्रगति को नहीं रोक पाएगा। समूचा क्यूबा अपनी हिफाजत के लिए हथियार चलाना जानता है। अनेक गलतियों के बावजूद क्यूबा की जनता ने संस्कृति, ज्ञान और चेतना का वह स्तर हासिल कर लिया है कि वे अब अपने देश को किसी भी कीमत पर, किसी भी परिस्थिति में उपनिवेश नहीं बनने देंगे। हाँ, क्यूबा अपने आप को खुद तबाह कर सकता है। अगर उसने अपनी गलतियों का सुधार करना नहीं सीखा तो। अगर उसने व्यक्ति और समाज की तमाम बुराइयों को नहीं मिटाया तो। इसीलिए आज क्यूबा समाज के मुकम्मल बदलाव की ओर बढ़ रहा है। इसीलिए फिदेल नव-उदारवादी खगोलीकरण के प्रबल विरोधी और प्रखर आलोचक हैं। यह खगोलीकरण जनता के बीच भूख के खगोलीकरण की व्यवस्था है। यह वह आत्ममुग्ध व्यवस्था है जो दुनिया में झूठ, ईर्ष्या, अहं और उपभोग की संस्कृति का खगोलीकरण कर रही है। फिदेल का दृढ़ विश्वास है कि दुनिया इससे निजात पाकर आगे बढ़ जाएगी क्योंकि वह दुनिया को इसके खिलाफ प्रतिरोध करते हुए देख रहे हैं। लातिन अमेरिका में, एशिया में, अफ्रीका में, पूँजी के गढ़ों, पश्चिमी यूरोपीय देशों में और अब खुद पूँजी साम्राज्य की राजधानी अमेरिका में नव-उदारवाद और उससे उपजी मुसीबतों के खिलाफ असन्तोष और गुस्से का उभरता ज्वार देख रहे हैं।

31 जुलाई, 2006 को फिदेल ने जटिल शल्य चिकित्सा के लिए जाने से पहले अपने सरकारी प्राधिकार और दायित्व अस्थायी (प्रोविजनल) तौर पर राउल की अध्यक्षतावाली सात सदस्यीय कमेटी को लिखित रूप से सौंपे। एक बार फिर आधी सदी से घात लगाए चिर शत्रुओं की बाँछें खिल गईं। एक बार फिर उन्होंने क्रान्ति के सुनिश्चित पतन और क्यूबाई जनता की बगावत की घोषणा कर दी। प्रतिक्रान्तिकारी भगोड़ों-माफिया गिरोह क्यूबन-अमेरिकन नेशनल फाउंडेशन ने क्यूबा की जनता से 'सैनिक और नागरिक विद्रोह' के लिए आह्वान किया। 2 अगस्त को अमेरिकी राष्ट्रपति जार्ज बुश ने 'क्यूबा की जनता के नाम सन्देश' में खुली बगावत का आह्वान करते हुए कहा : 'हम जनतंत्र के लिए प्रतिबद्ध संक्रमणकालीन सरकार के गठन के लिए आप के हर प्रयास का खुले दिल से समर्थन करते हैं। यही नहीं, बुश ने अपने उसी सन्देश में क्रान्ति के समर्थकों को, जो 'मुक्त क्यूबा' का विरोध करने की हिम्मत करेंगे, खुले तौर पर धमकाया। मगर एक बार फिर चिर शत्रुओं की आशाओं पर पानी फिर गया। समूचे क्यूबा में, बिना किसी अपवाद के जीवन सामान्य, निरापद चलता रहा। जनता की क्रान्ति के साथ अविचल वफादारी एक बार फिर उजागर हुई। वह वफादारी जिसका आधार क्रान्ति की विजय, निर्माण और हिफाजत में हर कदम पर उसका अपना योगदान और अमेरिका की क्यूबा को हड़प लेने

की नीयत के प्रतिरोध की ऐतिहासिक विरासत थी। फ्रेई बेट्टो ने कहा, 'फिदेल कास्त्रो ने अपने देश को सिर्फ भूख से ही मुक्ति नहीं दिलाई है, बल्कि अशिक्षा, भीख, अपराध और साम्राज्य की चाकरी से भी मुक्ति दिलाई है।'

18 फरवरी 2008 को काउन्सिल ऑफ स्टेट की अध्यक्षता के लिए अपनी उम्मीदवारी से मना करते हुए अपने सन्देश में फिदेल ने कहा : 'मेरा शाश्वत कर्तव्य पदों से चिपके रहना या फिर आगे के लोगों के रास्ते में आना बिल्कुल भी नहीं है। मेरा शाश्वत कर्तव्य मेरे अपने अनुभवों और विचारों से अनवरत योगदान करना है–वे अनुभव और विचार जो उस असाधारण युग की देन हैं जिसमें मुझे रहने का गौरव मिला है। मैं कभी नहीं भूल सकता कि विश्व की सम्पूर्ण गरिमा अनाज के एक दाने में समाहित हैं। यह मेरी अन्तरात्मा और आत्मचेतना के प्रति विश्वासघात होगा कि मैं उस जिम्मेदारी को स्वीकार करूँ जिसके लिए उससे कहीं ज्यादा गतिशीलता और समर्पण की जरूरत है जितना मेरी शारीरिक स्थितियों की सामर्थ्य है। क्रान्ति अभी भी 'पुराने प्रहरियों' (ओल्डगार्ड) और उन लोगों पर भरोसा कर सकती है जो उस दौर में बहुत ही छोटे, करीब-करीब बच्चे थे और पहाड़ियों में लड़ने के लिए क्रान्ति की कतारों में शामिल हुए। तभी से वे अनवरत अपने गौरवशाली संघर्षों और अन्तर्राष्ट्रीय मिशनों के जरिए राष्ट्र की शान को नई ऊँचाइयों तक पहुँचाते रहे हैं। उनके पास मेरी जगह लेने का अनुभव और जन-प्राधिकार है। फिर हमारे पास मध्यवर्ती पीढ़ी भी है जिसने हम लोगों के साथ क्रान्ति की अग्रगति बनाए रखने और उसका नेतृत्व करने की जटिल और लगभग असम्भव सी कला के मूल तत्वों को सीखा है।'

फिदेल के अपने खुद के आकलनों की रोशनी में यह देख पाना बिल्कुल भी मुश्किल नहीं है कि बतिस्ता तानाशाही के अन्त के असम्भव से कार्यभार के सफलतापूर्वक अंजाम देने के बाद पहले दिन से ही सामाजिक न्याय और समता पर आधारित नए क्यूबा के निर्माण के लिए फिदेल की नेतृत्व दृष्टि बिल्कुल स्पष्ट थी। क्रान्ति के तुरन्त बाद फिदेल ने कहा था : 'हमने हमेशा एक ऐसे भविष्य की कल्पना और कामना की है जिसमें हम शान्ति और सुख का युग स्थापित कर सकें। हमने हमेशा उनके दुःखों और गरीबी को मिटा देने का सपना देखा है जो भुलाये जा चुके हैं। हमेशा अशिक्षितों को शिक्षित करने और भूखों के पेट भरने का सपना देखा है। हम हमेशा उन सबके जीवन की तमाम जरूरतों को पूरा करने के लिए आगे बढ़ने को प्रतिबद्ध है जो क्यूबा में अब तक हमेशा भुलाए जाते रहे हैं, वे जिन्हें जब कोई नहीं याद करता था, हम हमेशा याद रखते रहे हैं।'

क्रान्ति को सफल बनाने और उसे विकास की नई मंजिलों की ओर ले चलने के लिए फिदेल की आधारभूत ताकत हमेशा जनता रही है और जनता का उन्होंने हमेशा खुद आगे बढ़कर नेतृत्व किया है। अपनी प्रतिबद्धताओं, अपनी वचनबद्धताओं और अपने लोगों को लेकर फिदेल निःस्वार्थ और अविचल भाव से वफादार रहे हैं। फिदेल के अनुसार अगर उनसे पूछा जाए कि वह किस तरह के सैनिकों का नेतृत्व करना पसन्द करेंगे, उनका जवाब होगा वह जनता का नेतृत्व करना पसन्द करेंगे क्योंकि जनता अपराजेय होती है। फिदेल हमेशा जनता के साथ सीधे संवाद करते हैं और अक्सर अपने लम्बे, प्रेरक और सम्मोहित कर देनेवाले भाषणों की शुरुआत इससे करते हैं कि 'मैं यहाँ भाषण देने नहीं

आया हूँ। मैं यहाँ जनता के साथ तर्क करने आया हूँ। मैं यहाँ जनता से बातचीत करने आया हूँ। आज से पहले कभी इतना जरूरी नहीं था कि जनता और हमारे (क्रान्तिकारी सरकार) बीच पूरी तरह से मुकम्मल समझदारी बनाई जाए।' फिदेल की जनता के साथ इस बातचीत का दायरा असीमित है। वह जनता के साथ विचारों-मूल्यों की दुनिया से लेकर ठोस यथार्थ की कड़वी-मीठी सच्चाइयों के सारे आयामों को साझा करते हैं। वह जनता से आनेवाले भविष्य की बात करते हैं, सपनों की बात करते हैं, आजादी की बात करते हैं, समृद्धि और प्रगति की बात करते हैं। वह जनता से देश की समस्याओं, जरूरतों, अन्दरूनी और बाहरी खतरों, रोजमर्रा की घटनाओं पर बातचीत करते हैं। वह अमेरिकी साम्राज्यवाद की हरकतों, हथकंडों, हमलों की बात करते हैं। वह सोवियत समाजवाद के अवसान की बात करते हैं। वह नव उदारीकरण-खगोलीकरण की बात करते हैं। और वह जनता के साथ क्यूबा में बच्चों को क्या पढ़ाया जाय, कैसे पढ़ाया जाय, या फिर नवजात शिशुओं के क्या नाम रखे जाएँ, इनकी भी बातें करते हैं। मगर इस सारी बातचीत की दिशा हमेशा, अविचल रूप से एक रहती है–जैसे डेविड ने गोलिएथ का सामना किया था, क्यूबा हर कीमत पर, किसी भी कीमत पर अपनी क्रान्ति की हिफाजत करेगा, करता रहेगा और अमेरिकी आर्थिक साम्राज्यवाद के खिलाफ गौरवशाली इतिहास की रचना करेगा। वह जनता के साथ सीधा संवाद करते हुए जनता से सीखने और जनता को सिखाने के प्रबल पैरोकार हैं।

फिदेल सिर्फ क्यूबा की जनता के लिए ही एक नया सवेरा, नई उम्मीद और नई प्रेरणा बनकर नहीं उभरे बल्कि दुनिया के तमाम देशों और उनके लोगों–खासकर औपनिवेशिक दासता के चंगुल से निकलने की जद्दोजहद कर रहे या फिर चंगुल से नए-नए आजाद हुए देशों और उनकी जनता के लिए एक नई प्रेरणा, नया विश्वास और विश्वसनीय साथी बनकर उभरे। फिदेल की तीसरी दुनिया के तमाम देशों की क्रान्तियों के साथ एकजुटता, समर्थन और सहयोग की दृष्टि साम्राजी ताकत के लिए प्रभावी वैश्विक चुनौती खड़ी करने की अन्तर्राष्ट्रीय मानवता की मुहिम का हिस्सा थी। स्वाभाविक था, फिदेल ने दुनिया के तमाम संघर्षशील, प्रगतिशील नेताओं का विश्वास और सम्मान अर्जित किया। विपरीत परिस्थितियों में जोखिम उठाने की बेखौफ आदत के चलते, फिदेल वह प्रेरणा बनकर उभरे जिसने सारी दुनिया में उनके समर्थकों, शुभचिन्तकों, सहयोगियों को तमाम विद्यमान जड़ताओं और मूढ़ताओं के खिलाफ नए मूल्यों की रचना और विकास के लिए प्रेरित किया।

नए मूल्यों की रचना और विकास के लिए फिदेल सबसे अधिक महत्त्व शिक्षा को देते रहे हैं। फिदेल का हमेशा अविचल विश्वास रहा है कि नैतिकता, चेतना, कर्तव्यबोध, बंधुत्व, अनुशासन जैसे उदात्त मानवीय मूल्यों की रचना के लिए मनुष्य को उपलब्ध सबसे ताकतवर और प्रभावी हथियार शिक्षा है। क्रान्ति ने अब तक जो कुछ भी श्रेष्ठ हासिल किया है, वह लोगों में शर्म और सम्मान की भावना जगाने, उनकी चेतना को विकसित करने और नए विचारों के बीज डालने के जरिए हो सका है और यह सब कुछ शिक्षा ने किया है।

फिदेल के निजी चरित्र की दृढ़ता और महानता उन्हें तमाम अन्तर्राष्ट्रीय नेताओं से कहीं ऊँचा उठा देती है। छः सौ बार से भी ज्यादा खुद पर जानलेवा हमलों के सन्दर्भ में

संयुक्त राष्ट्रसंघ में भाग लेने के लिए वाशिंगटन पहुँचे फिदेल से पत्रकारों ने पूछा कि क्या वह एहतियात के लिए बुलेटप्रूफ जैकेट पहनते हैं, फिदेल ने दुनिया के सामने अपनी नंगी छाती खोलकर दिखाते हुए कहा कि उनके पास नैतिकता का कवच है जो हरदम उनकी हिफाजत करता है।

फिदेल के जीवट का कोई सानी नहीं है। कठिनतम परिस्थितियों में क्यूबा का आधी सदी से ज्यादा सफलतापूर्वक नेतृत्व करने और क्रान्ति की समाजवादी दिशा को बनाए रखने में उनकी प्रतिबद्धता और जीवट का महत्त्वपूर्ण योगदान है। क्यूबा को भूख और अभाव के अँधेरों में कैद करके घुटने टेकने पर मजबूर करने की अमेरिकी आर्थिक नाकेबन्दी की कोशिशें, उनके जीवन पर सैकड़ों हमले, क्यूबा के अस्तित्व पर मिसाइल संकट के दौर में सोवियत संघ के पीछे हट जाने, या फिर सोवियत संघ समेत यूरोपीय समाजवादी खेमे के भहराकर ढह जाने के संकट भी फिदेल की प्रतिबद्धता और जीवट को नहीं डिगा सके। हर संकट को फिदेल ने सीख लेते हुए आगे बढ़ जाने के अवसर के रूप में लिया। हर संकट ने फिदेल को और भी मजबूत बनाया। खुद के नेतृत्व और जनता की क्षमता पर उनका पूरा विश्वास है। फिदेल के अनुसार क्रान्तिकारी न कभी निराश हो सकते हैं और न ही किसी से खौफ खा सकते हैं। फिदेल ने समाजवादी क्रान्ति के अपने कार्यभार को लेकर अपनी अटल आशावादिता की राह में कभी किसी को नहीं आने दिया–न अमेरिकी साम्राज्यवाद को, न प्रतिक्रियावादी भगोड़ों को और न ही विशेषकाल के संकट को। फिदेल का हमेशा मानना रहा कि दुनिया में ऐसा कोई अवरोध, चाहे वह जितना विकट हो, कोई कठिनाई चाहे वह जितनी जटिल हो ऐसी नहीं हो सकती जिसे इनसान अपने संकल्प और साहस के बल पर लड़कर जीत न सके।

फिदेल के नेतृत्व का मुख्य आधार खुद का उदाहरण रहा है। क्रान्ति के पहले ही साल 1959 में पहले कृषि सुधार कार्यक्रम के जरिए किसानों-भूमिहीनों को जमीनों के पुनर्वितरण की शुरुआत फिदेल ने सबसे पहले अपने पारिवारिक कृषि-भूमि और बागानों को जब्त करके की थी। 1961 में बे ऑफ पिग्स अमेरिकी-मियामी प्रतिक्रियावादी हमले में फिदेल ने खुद सेना की अगली पंक्ति में युद्ध-भूमि में रहकर मुकाबला किया और बहत्तर घंटों के अन्दर मैदान जीत लिया। क्यूबाई समाजवाद के निर्माण का इतिहास ऐसे अनगिनत उदाहरणों से भरा पड़ा है। क्रान्ति के एक साल के अन्दर ही फिदेल ने क्यूबा में राष्ट्रव्यापी साक्षरता अभियान चलाकर, जनता के लिए मुफ्त शिक्षा और स्वास्थ्य सेवाओं का बन्दोबस्त करके, किरायेदारों को घरों का मालिकाना देकर, किराये में भारी कटौती करके क्रान्ति की कथनी और करनी की एकता की दिशा को स्पष्ट कर दिया था।

चर्चिल ने कहा था, मनुष्य को मिली तमाम प्रतिभाओं में वक्तृता सबसे अनमोल तोहफा है। फिदेल के पास इस प्रतिभा का अपार खजाना है। फिदेल के पास अपनी दृष्टि, अपने लक्ष्य, अपने कार्यभार को चिन्हित करने और उसे दूसरे तक साफ, सरा, प्रभावशाली-सम्मोहक संवाद के जरिए संप्रेषित करने की अद्भुत क्षमता है। कोई श्रोता हो–हवाना में इकट्ठा अपार जन समूह, किसी दूसरे देश की जनता, संयुक्त राष्ट्र में जुटे दुनिया के शीर्षस्थ नेता, गुटनिरपेक्ष सम्मेलन के प्रतिनिधि, कहीं भी फिदेल अपनी क्रान्ति के पक्ष में माहौल तैयार करने से नहीं चूकते और कोई भी उनकी वक्तृता के

सम्मोहन से छूट नहीं सकता। फिदेल की इस क्षमता ने हमेशा अपनी जनता के लिए और दुनिया के तमाम मंचों पर समाजवाद की सफलता की मशाल को जलाए रखा। यह फिदेल की इतिहास रचने और इसके लिए अपनी जनता को किसी भी हद तक प्रेरित कर सकने की क्षमता का ही करिश्मा था कि मुश्किल से साठ-सत्तर लाख की आबादी वाला एक छोटा सा, गरीब, मुसीबतों का मारा, केरेबियाई देश क्यूबा अपने 6 लाख स्वयंसेवकों, सैनिकों, तकनीशियनों को अफ्रीका (अंगोला, कांगो, इथियोपिया, दक्षिण अफ्रीका), मध्य और दक्षिण अमेरिका (निकारागुआ, ग्वाटेमाला, सल्वाडोर, बोलीविया) और एशिया (वियेतनाम, यमन) आदि दुनिया के तमाम देशों में अन्तर्राष्ट्रीय क्रान्तिकारी संघर्षों-आन्दोलनों के सहयोग में भेजने और हजारों चिकित्सकों, स्वास्थ्यकर्मियों, शिक्षकों को दुनिया के हर कोने में जीवन-रक्षण और शिक्षा की अन्तर्राष्ट्रीय मानवता के प्रसार के लिए जाने को प्रेरित कर सका।

जुलाई 2006 से क्यूबा और विश्व राजनीति के मंच पर फिदेल ने अपनी भूमिका बदली। क्रान्ति के दैनन्दिन प्रबन्धन के प्रशासनिक दायित्वों से मुक्ति लेकर फिदेल समाजवादी क्रान्ति और अन्तर्राष्ट्रीय मानवतावाद के जीवित इतिहास और सदी के वरिष्ठतम क्रान्तिनायक की भूमिका की ओर अग्रसर हुए। फिदेल क्रान्ति और समाजवादी समाज के नवनिर्माण के अग्रिम मोर्चे पर अपनी आधी सदी से अधिक की अनवरत सक्रियता के अनुभव और दृष्टि का समृद्ध भंडार पार्टी मुखपत्र 'ग्रान्मा' के पृष्ठों पर नियमित स्तम्भ लेखन के रूप में उड़ेलते रहे। यह फिदेल के 'विचारों के संघर्ष' मोर्चे पर संघर्ष चलाते रहने का माध्यम है। अपने इन संस्मरणों-टिप्पणियों-विचारों के 'रिफ्लेक्शन्स' में फिदेल क्रान्ति के संघर्ष की गाथाओं के संस्मरणों के साथ-साथ तमाम महत्त्वपूर्ण अन्तर्राष्ट्रीय राजनीति की घटनाओं और मानवता के प्रश्नों पर अपनी दृष्टि साझा कर रहे हैं। इनके जरिए फिदेल वेनेजुएला में ह्यूगो चावेज की बोलिवारी क्रान्ति, लातिन अमेरिका में वाम लहर के रुझान और लातिनी-अमेरिकी एकता की नई सम्भावनाओं पर विचार-विमर्श कर रहे हैं। इनके जरिए फिदेल मानवता के तमाम महत्त्वपूर्ण सरोकारों-जलवायु परिवर्तन के भयावह दुष्परिणामों, ऊर्जा की अन्धाधुंध बरबादी, प्राकृतिक संसाधनों का मनमाना विदोहन, अरबों इनसानों के भूख से तड़पती दुनिया में अमेरिका द्वारा अनाज को बायोडीजल में बदलने जैसे क्रूर कार्यक्रमों की आलोचना के साथ-साथ इन पर वैकल्पिक मानवीय दृष्टि दे रहे हैं और इनके जरिए फिदेल क्यूबा की क्रान्ति और अमेरिकी साम्राज्यवाद से मुकाबले के अपने नेतृत्वकारी अनुभवों की ऐतिहासिक विरासत आनेवाली पीढ़ियों के लिए बना रहे हैं।

अपनी बीमारी और शल्य चिकित्सा से उबरने के बाद फिदेल ने 27 फरवरी, 2007 को वेनेजुएला में चावेज के रेडियो कार्यक्रम 'आलो प्रेसिडेन्टे' में अतीत और वर्तमान पर दृष्टि डालने की अपनी वर्तमान मुहिम के बारे में कहा कि पिछले साठ सालों में दुनिया किस कदर बदल चुकी है। वे अब इसी कार्यभार पर अपना समय और ध्यान लगाना चाहते हैं। अध्ययन के लिए अब उनके पास ज्यादा ऊर्जा, ज्यादा ताकत और ज्यादा समय है। एक बार फिर से वह छात्र बन गए हैं। फिदेल मानवता की विकराल समस्याओं के 'रणनीतिक चिन्तक' की अपनी इस नई भूमिका में लगातार रमते जा रहे हैं। फिदेल की

करिश्माई नेतृत्वकारी दृष्टि अब सही मायनों में क्यूबा की सीमाओं को पार करती हुई मानव-मुक्ति की अन्तर्राष्ट्रीयता की दृष्टि बन रही है।

फिदेल के नेतृत्व और दृष्टि की अन्तर्राष्ट्रीय अपील ने जिस नेता को सबसे गहरे और आत्मीय ढंग से प्रभावित किया, वह वेनेजुएला की बोलिवारी क्रान्ति के नायक ह्यूगो चावेज हैं। वैसे भी फिदेल की करिश्माई अपील का हमेशा सबसे गहरा और व्यापक प्रभाव लातिन अमेरिका में रहा है। बहुत से लातिनी अमेरिकी देशों और उनकी जनता के लिए 1959 से ही फिदेल महाद्वीपीय एकता, सामाजिक न्याय और अमेरिकी साम्राज्यवादी चंगुल से मुक्ति का प्रतीक रहे हैं। आज भी फिदेल के व्यक्तित्व और कृतित्व की लातिन अमेरिका में जबर्दस्त भावनात्मक और आत्मीय अपील है।

फिदेल के व्यक्तित्व को जिन गिने-चुने लोगों ने न सिर्फ गहराई से परखा है बल्कि एक दूसरे के व्यक्तित्व को परस्पर प्रभावित किया है–उनमें नोबेल पुरस्कार विजेता लातिन अमेरिकी उपन्यासकार गैब्रियेल गार्सिया मार्क्वेज का नाम सबसे आगे होना चाहिए। गैब्रियेल की दृष्टि में फिदेल का एक राजनीतिज्ञ के रूप में सबसे असाधारण गुण किसी समस्या की जड़ की समूची गहराई तक पहुँच जाना है, उसके सारे के सारे कारण-परिणामों को ढूँढ़ निकालना है, मानो वह तैरते हिमशैल का न सिर्फ ऊपरी भाग बल्कि उसका पानी के अन्दर का 7/8वाँ हिस्सा भी पूरी स्पष्टता के साथ देख रहे होते हैं। फिदेल की यह प्रतिभा किसी 'आत्मिक आभास' (इन्ट्यूशन) पर काम नहीं करती बल्कि उनकी अनवरत और कठिन तार्किकता का परिणाम है।

हार को लेकर फिदेल का रवैया, यहाँ तक कि रोजमर्रा की छोटी से छोटी घटनाओं को लेकर भी, उनकी अपनी व्यक्तिगत तार्किकता पर चलता है : वह हार को कबूल नहीं करते और तब तक एक पल के लिए भी चैन नहीं लेते जब तक कि वह स्थितियों को पलटकर हार को जीत में नहीं बदल देते।

फिदेल की सबसे बड़ी सहयोगी उनकी याद्दाश्त है। अपने भाषणों और आपसी बातचीत को अपराजेय तार्किकता और अविश्वसनीय गति से गणितीय आँकड़ों के जरिए प्रभावी बनाने के लिए वह इस याद्दाश्त का दुरुपयोग की सीमा तक उपयोग करते हैं। सूचना संग्रहण की यह मुहिम उनके उठने के साथ शुरू हो जाती है। उनका नाश्ता पूरी दुनिया के समाचारों के कम से कम 200 पन्नों के साथ होता है। पूरे दिन उनकी अनवरत गतिविधियों के बीच तमाम जरूरी सूचनाओं से अवगत कराने के लिए उनके सहायक उनके पीछे-पीछे हाँफते भागते रहते हैं। उनकी अपनी गणना के मुताबिक वह रोज करीब पचास दस्तावेजों को तो पढ़ते ही हैं।

हालाँकि फिदेल ने बहुत पहले कहा था कि काम करना सीखने जितना ही महत्त्वपूर्ण आराम करना सीखना है। मगर उनके आराम करने के तरीके कुछ ज्यादा ही मौलिक है जिनमें लगातार बातचीत और विचार-विमर्श भी शामिल हैं।

बातचीत फिदेल की सूचना-संग्रहण प्रक्रिया का प्रमुख स्रोत है। लगातार, तेजी से सवाल दागते रहने की उनकी आदत है जिसे देखते-सुनते हुए बरबस रूसी गुड़िया 'मातृष्का' की याद आती है जिसके अन्दर से बिल्कुल वैसी ही मगर थोड़ी छोटी गुड़िया निकलती है, फिर उससे छोटी, फिर उससे छोटी और तब तक निकलती चली जाती है

जब तक कि सबसे छोटी मुमकिन गुड़िया नहीं बच जाती। फिदेल स्वाभाविक, स्वतःस्फूर्त ढंग से एक के बाद एक सवाल करते चले जाते हैं जब तक कि वह क्यों के, क्यों के अन्तिम क्यों की खोज नहीं पूरी कर लेते।

स्पेन, उनके पूर्वजों की गृहभूमि उन्हें भावनात्मक रूप से आकर्षित करता है, उनका 'आब्सेशन' है। भविष्य के लातिन अमेरिका की उनकी दृष्टि बोलिवार और मार्ती की है। एकजुट और खुदमुख्तार राष्ट्र-समूह जो दुनिया की तकदीर को प्रभावित करने में सक्षम हों। मगर क्यूबा के बाद जिस देश को वह सबसे ज्यादा अच्छी तरह, गहराई से जानते हैं, वह है अमेरिका। वह अमेरिकी जनता के मिजाज, अमेरिकी शक्ति-प्रतिष्ठान की जटिलताओं, अमेरिकी प्रशासन के घोषित-अघोषित इरादों से पूरी तरह वाकिफ हैं और इस क्षमता ने अपने देश को आर्थिक नाकेबन्दी के कभी न रुकने वाले झंझावातों से बचाकर रखने में उनकी भरपूर मदद की है।

फिदेल की करीब-करीब सनक सरीखी प्रतिबद्धता है कि मनुष्य नाम के प्राणी की महानतम उपलब्धि सही चेतना का निर्माण है और यह भी कि नैतिक प्रोत्साहन और प्रेरणा ही, न कि भौतिक प्रोत्साहन और प्रेरणा दुनिया को बदलने और इतिहास को आगे ले जाने की क्षमता रखती है। वह हमारे युग के महानतम आदर्शवादियों में से एक हैं। शायद यह उनका सबसे श्रेष्ठ गुण है, हालाँकि अक्सर यह उनके लिए सबसे बड़ा खतरा भी रहा है।

सारा का सारा नजारा पूरी तरह बदल जाता है जब फिदेल सड़कों पर जनता के साथ बातचीत कर रहे होते हैं। जल्दी ही बातचीत सच्ची आत्मीयता और स्नेह की बेलौस साफगोई और अनौपचारिक खुरदुरी अभिव्यक्तियों का रूप ले लेती है। फिदेल के तमाम नागरिक और सामरिक नामों में केवल एक नाम बचा रहता है–फिदेल। बिना किसी डर और खतरे के लोग उन्हें चारों ओर से घेर लेते हैं। उनके साथ बातचीत के लिए वह क्यूबा का आत्मीय सम्बोधन 'तू' प्रयोग करते हैं। वे फिदेल के साथ बहस करते हैं, उनका विरोध करते हैं, बात कहते हैं, उनसे माँग करते हैं। परस्पर अन्तःक्रिया और संप्रेषण का ऐसा तात्कालिक और प्रभावी चैनल तैयार हो जाता है जहाँ से सच्चाइयों का गुबार फूटता रहता है। यह फिदेल का वह समय होता है, जब फिदेल के अपने व्यक्तित्व की विशाल छवि की चकाचौध के पीछे दुबका 'अद्‌भुत फिदेल इनसान' निकल आता है। गैब्रियेल कहते हैं कि उनके खयाल से वह इसी फिदेल को जानते हैं। यह वह फिदेल है जिससे गैब्रियेल ने पूछा कि वह इस दुनिया में क्या करना सबसे ज्यादा पसन्द करेंगे और इस फिदेल ने तुरन्त बेहिचक जवाब दिया, 'किसी सड़क के किनारे बस यूँ ही मटर गश्ती करना।' एक व्यक्ति के बतौर फिदेल थोड़े शर्मीले, खुद में सिमटे, विनम्र और स्नेही इनसान हैं। बाचचीत करते समय सामने वाले पर पूरा ध्यान देते हैं, बातचीत में निजता या अनौपचारिक आत्मीयता नहीं दिखती मगर कभी भी तहजीब और संस्कारों के दायरे से बाहर नहीं जाते। एक तरह से पुराने जमाने की 'दि लास्ट स्पेनिश जेन्टलमैन' की शिष्टता। हमेशा दूसरों का अपने स्टाफ, अपने अंगरक्षकों, सहायकों का पूरा ध्यान रखते हैं। कभी आवाज ऊँची नहीं करते, कभी हुक्म नहीं देते। मगर वह जहाँ कही भी होते हैं–अपने निर्णायक प्रभाव के साथ होते हैं। सबके ऊपर छा जानेवाले उनके व्यक्तित्व के लिए किसी औपचारिक प्राधिकार की दरकार नहीं होती। अगर फिदेल हैं तो सम्पूर्ण स्वाभाविकता

और सहजता में अन्तिम बात उसी की होगी। 60 के दशक के उत्तरार्ध में क्यूबा की कम्युनिस्ट पार्टी के निर्माण के प्रारम्भिक वर्षों में लाखों क्यूबाई जनता का एक ही कहना था : 'अगर फिदेल कम्युनिस्ट है तो हमारा नाम भी लिख लो।' पूरे सम्मान और पेशेवर अन्दाज में वह ध्यान के साथ सबकी सुनते हैं, निर्णय-प्रक्रिया में सबकी राय लेते हैं, मगर अन्तिम निर्णय उन्हीं का होता है और यह सब का सहज, स्वीकार्य अपना निर्णय बन जाता है, कभी किसी प्राधिकार का थोपा गया निर्णय नहीं लगता।

फिदेल अपनी प्रतिभा और प्रभाव में एकाकी हैं। कोई समकक्ष बौद्धिक नहीं, कोई अन्तरंग मित्र नहीं। प्रतिभा, प्रभाव और बौद्धिकता में उनकी एकमात्र तुलना चे से की जा सकती है जिनकी कमी फिदेल कभी नहीं भूल पाते।

फिदेल का समूचा जीवन अविश्वसनीय सादगी और सहजता से बीता है। उनकी आधिकारिक गाड़ी 80 के जमाने की मर्सिडिज थी। उनका आधिकारिक जहाज पुराना सोवियत इल्यूसिन 1970 से ही बनना बन्द हो चुका है। आरामतलबी की कोई आदत-कोई साधन-कोई जरूरत कभी नहीं रही। इन अर्थों में फिदेल 'योद्धा फकीर' (सोल्जर मांक) कहे जा सकते हैं। दुनिया में शायद ही दो-चार ऐसे राष्ट्राध्यक्षों का उदाहरण मिल सकेगा जिसने अपने पद और प्रभाव का इस्तेमाल अपनी निजी समृद्धि के लिए न किया हो। और आधी सदी तक राष्ट्राध्यक्ष रहकर बिना एक कौड़ी परिवर्तनीय डॉलर के सेवानिवृत्त होनेवाले राष्ट्राध्यक्ष का उदाहरण तो एक भी दूसरा नहीं मिलेगा। 24 घंटों में रात के 4 घंटे सोने का समय। कभी-कभी मौका मिल गया तो दिन में एकाध घंटा और। काम के दिन सप्ताह के सातों दिन। काम की शुरुआत सुबह के पाँच या छः बजे से। काम का अन्त रात के दो या तीन बजे। उस समय भी थकान भरी मुस्कराहट के साथ किसी भी जरूरी, अचानक बैठक के लिए बिल्कुल तैयार। फिदेल के सहायक-30 के आसपास के नौजवान–काम का दिन खत्म होते-होते जैसे थककर निचुड़ गए होते हैं–लगभग पैरों पर खड़े-खड़े सो जाते हैं। इस अस्सी पार नौजवान की कभी न थकनेवाली ऊर्जा के आगे लाचार। क्यूबा में फिदेल का एक और नाम है–'अल कबालो' (घोड़ा)।

फिदेल की जिज्ञासा असीम है। कभी सोचना बन्द नहीं करते। नोट्स, रिपोर्ट, केबुल ग्राम, समाचारों, आँकड़ों, टीवी और रेडियो प्रसारणों के सार संक्षेप, जनता-जनसंगठनों-ट्रेड यूनियन संगठनों की राय की अनवरत माँग करते रहेंगे। खोजते रहेंगे-सोचते रहेंगे। अपने सहायकों-स्टाफ को हरदम 'एलर्ट' पर रखे रहेंगे। कब कौन सी सूचना-जानकारी की माँग कर दें। हरदम कार्यवाही के लिए तैयार। हर दिन क्रान्तिकारी पुनर्निर्माण के मोर्चे पर मुस्तैद।

फिदेल का पोंगापंथी के पांडित्य, जड़ मूढ़ताओं-विचारों-अवधारणाओं, जानी-बूझी जा चुकी सच्चाइयों के दुहराव से लेना-देना नहीं है। फिदेल को नियमों-व्यवस्थाओं की सीमाओं में नहीं बाँधा जा सकता। उनका पूरा व्यक्तित्व घोर जड़ताविरोधी नेता का है--हरदम कुछ नया जानने, सोचने और करने पर उतारू, पूरी तरह विद्रोही-राजनीति को हमेशा दौड़ाये रखते हुए, हमेशा विचारों से लैस। फिदेल की रचनात्मक सर्जना न सोचे जा सकने वाले विचारों को सोचने, अकल्पनीय की कल्पना करने और असम्भव को सम्भव करने की है।

फिदेल की मानसिक दृढ़ता अद्भुत है। एक बार किसी परियोजना-कार्यक्रम पर विचार-विमर्श के बाद फैसला ले लें, उसके बाद कोई अवरोध, कोई मुश्किल उसके क्रियान्वयन को रोक नहीं सकती। इस मामले में फिदेल हमेशा 'कहा और हुआ' की नीति पर चलते हैं।

फिदेल जो कुछ भी कर रहे होते हैं उस पर जुनून की हद तक भरोसा करते हैं। उनका उत्साह, उनका आवेग, उनका आशावाद दूसरों को भी जो वह कर रहे होते हैं सही होने का विश्वास ही नहीं दिलाता, उसे करने का, उसमें लग जाने के लिए जुनून भी पैदा कर देता है। फिदेल अक्सर कहते हैं–'ये विचार हैं जो दुनिया को बदल देते हैं।'

फिदेल की जनता के साथ संवाद की भूख कभी नहीं मिटती। फिदेल अपनी वक्तृता से लोगों में जुनून भर देने की अपनी क्षमता को अच्छी तरह पहचानते हैं और हमेशा इसका भरपूर इस्तेमाल करते हैं। अपनी ओजस्विता से श्रोता को सम्मोहित करते हुए, उसके अन्दर ऊर्जा और आवेग की बिजली भरते हुए फिदेल किसी भी हद तक प्रेरित कर सकते हैं। फिदेल को भाषण देते हुए देखना-सुनना अपने आप में सपनों सरीखा-अविश्वसनीय अनुभव है। गैब्रियेल गार्सिया मार्क्वेज इस अनोखे अनुभव के बारे में कहते हैं : 'वह हमेशा शुरुआत करीब-करीब न सुनी जा सकने वाली आवाज में करते हैं, हिचकिचाते हुए, असमंजस में, मानो धुंध में किसी अनिश्चित सी राह पर आगे बढ़ते हुए। फिर विचार की किसी चिंगारी, चमक को पकड़ कर धीरे-धीरे पकड़ बनाने लगते हैं, तब तक जब तक कि वह अचानक बिजली की तेजी से झपट कर श्रोता को अपने सम्मोहनपाश में नहीं ले लेते। फिर शुरू होता है फिदेल और श्रोता के बीच आदान-प्रदान का वह रिश्ता जो दोनों को उत्तेजना-जुनून की ऊँचाइयों पर लेता चला जाता है। इस बर्दाश्त की सीमाओं से परे जुनून के तनाव में छिपी होती है फिदेल की ऊँचाइयाँ, उनकी प्रेरक शक्ति और सम्मोहित कर देनेवाली शालीनता की आभा के वे तत्व जिन्हें सिर्फ वही महसूस कर सकते हैं जिन्हें इस अनुभव से गुजरने का गौरव मिला हो।' मंच पर खड़े फिदेल, भाषण की ताल पर लहराता हुआ शरीर, माइक्रोफोन पर अक्सर झुका हुआ सर, तूफ़ान और बिजली जैसी कड़कती हुई आवाज, श्रोता पर टिकी हुई निगाह-अचानक एक झटके से रुकते है-योद्धा की तरह अपनी बाँहें ऊपर उठाते हैं और मंत्रमुग्ध भीड़ की तरफ अपनी तर्जनी दिखाते हुए सवाल दागते हैं। फिदेल वक्तृता की उस कसौटी पर पूरी तरह खरे उतरते हैं जिसके अनुसार जनसमूहों के महानतम वक्ताओं को शेर की सवारी करनेवाले के तौर-तरीकों और हाव-भावों में सिद्धहस्त होना चाहिए।

फ्रांस के राष्ट्रपति मितराँ से पूछा गया कि किन राजनीतिक शख्सियतों ने उन्हें सबसे ज्यादा प्रभावित किया है, उन्होंने जवाब दिया 'दगॉल, गोर्बाचेव और कास्त्रो।' 'कास्त्रो क्यों?' 'उनकी भविष्य को भाँप लेने की क्षमता और इतिहास बोध।'

फिदेल की उदात्त भावनाओं का मुख्य श्रोत हमेशा मार्ती रहे हैं। फिदेल हमेशा ज्ञान और विज्ञान की उपलब्धियों को, वैज्ञानिक और चिकित्सकीय अनुसंधानों के लाभों को पृथ्वी के हर कोने तक पहुँचाने का सपना देखते रहे हैं। जन्म लेने वाले हर बच्चे के लम्बी उम्र तक जिन्दा और पूरी तरह स्वस्थ-नीरोग रहने का सपना। मनुष्य की हर जरूरत के बिना किसी भेदभाव से इफरात हासिल हो सकने का सपना। वह गर्व से कहते हैं क्यूबा

ने कभी जैविकीय हथियारों पर अनुसंधान नहीं किया। फिदेल दुनिया में भय की नहीं खिलखिलाहटों की बादशाहत के हिमायती हैं। वह अपने अनन्यतम साथी चे के विचारों को पूरा करने की मुहिम चला रहे हैं, 'महान क्रान्ति सिर्फ और सिर्फ प्रेम की महानतम भावना से ही जन्म ले सकती है।' फिदेल का पसन्दीदा साहित्यिक हीरो 'डान क्विक्जोट' है–हमेशा पवित्रतम आकांक्षाओं, न्याय और समानता के लिए लीक से हटकर काम करता हुआ। फिल्म निर्माता ओलिवर स्टोन ने एक बार कहा था, 'कास्त्रो आज के जीवित सबसे बुद्धिमान मनुष्यों में से हैं। वह अदम्य जीवट वाले क्विक्जोट हैं। मैं उनकी क्रान्ति, उनके खुद में विश्वास और उनकी ईमानदारी पर निसार हूँ।'

फिदेल जीवन, विचार और व्यवहार में आडम्बर के घोर विरोधी हैं। उन्हें हर बात, हर काम, हर विचार सटीक, सही, मतलब का और समय से चाहिए। विस्मित कर देनेवाली तेजी से आँकड़ों का जटिल गणित हल कर सकते हैं। इस उम्र में भी उनकी स्मरण शक्ति नौजवानों के लिए ईर्ष्या का सबब हो सकती है। इसी स्मरण शक्ति के चलते उनके उद्गारों में, विचारों की शाखाएँ-प्रशाखाएँ निरन्तर फूटती चली जाती हैं, हर शाखा एक दूसरे से जुड़ती हुई विचार की लम्बी परस्पर सम्बद्ध श्रृंखला बनाती चली जाती हैं। बहसों से कभी मुँह नहीं चुराते। हमेशा इसकी फिराक में रहते हैं। हमेशा उन्हें इसकी जरूरत रहती है। हमेशा सामने वाले को उकसाते रहते हैं, प्रतिवाद करते रहते हैं। फिदेल के पास तर्कों, विचारों का कभी न खत्म होनेवाला खजाना है। फिदेल की तर्कों और विचारों की भूख कभी मिटती। तर्कों और विचारों की यह खोज निराले अन्दाजों में हमेशा जारी रहती है। कोई आश्चर्य नहीं कि फिदेल कब रात के किसी भी पहर अचानक किसी साथी-सहायक-परिचित का दरवाजा खटखटाते और फिर उसे सारी रात बहसों-तर्कों-विचार-विमर्श में उलझाए रखते मिल जाएँ।

यह है वह फिदेल जिसने मुश्किल से पचीस साल की उम्र में बतिस्ताशाही के खिलाफ मोन्काडा बैरक पर हमला करके क्रान्ति का पहला बिगुल बजाया। यह है वह फिदेल जिसने मोन्काडा की असफलता को क्रान्ति की निर्णायक सफलता में बदल दिया। यह है वह फिदेल जिसने क्रान्ति के लिए किसी विदेशी ताकत से एक कौड़ी या एक बन्दूक नहीं ली। यह है वह फिदेल जिसने बतिस्ता आखेट से बचे मुश्किल से सात साथियों के साथ सियेरा मायेस्त्रा की दुर्गम पहाड़ियों में बतिस्ता की बन्दूकें छीनकर बतिस्ता और उसके पोषक अमेरिकी साम्राज्यवाद का बोरिया-बिस्तर क्यूबा की धरती से हमेशा-हमेशा के लिए बाँध दिया। यह है फिदेल जिसने क्यूबा के चिर काल के सताये गरीबों, किसानों, मजदूरों को अपराजेय क्रान्तिकारी योद्धाओं में बदल दिया। यह है फिदेल जिसके क्यूबा को एक नए समाजवादी, समतामूलक, भौतिक, आदर्श समाज में बदल देने के सपने और संकल्प को कठिनाइयों का कोई पहाड़ नहीं डिगा सका। अमेरिकी साम्राज्यवाद की नाकेबन्दी, अमेरिकी प्रशासन और प्रतिक्रियावादियों का डर्टीवार, उनका मनोवैज्ञानिक युद्ध, सोवियत महाशक्ति का अमेरिकी परमाणु हमले के खतरे के समय साथ देने से इनकार, बर्लिन की दीवार का गिरना, सोवियत संघ का बिखरना, पूरे सोवियत समाजवादी खेमे का पूँजीवाद की धूप में बर्फ सा पिघल जाना–कुछ भी इस फिदेल को अपने इरादों, अपने सपनों से नहीं डिगा सका। यह है वह फिदेल जिसने

अपने क्यूबा को सामाजिक न्याय के सिद्धान्तों और व्यवहारों पर चलने वाला, न्यूनतम विषमताओं वाला बेहतर शिक्षित, बेहतर स्वस्थ, बेहतर सुसंस्कृत, बेहतर मानवीय, समूची दुनिया की तकलीफ को अपनी तकलीफ समझने वाला समाज पूँजीवादी नुस्खों को नकारते हुए बनाने का बीड़ा उठाया और सभी चुनौतियों का मुकाबला करते हुए, सफलता की मंजिल की ओर बढ़ा जा रहा है। यह है वह फिदेल जिसने मानवीय अन्तर्राष्ट्रीयता की नई परिभाषाएँ गढ़ीं। जिसने सारी दुनिया को शिक्षित, स्वस्थ और सही मायनों में आजाद, हर तरह की विषमताओं से मुक्त करने का सपना देखा और इसके लिए हर मुमकिन योगदान किया। यह है वह फिदेल जिसने लाखों स्वयंसेवक दुनिया के हर कोने में मुक्ति के लिए जूझती-छटपटाती मानवता के संघर्षों में योगदान के लिए भेजे। जिसने हजारों-हजार चिकित्सकों को दुनिया के हर कोने में मानवता की सेवा के लिए भेजा। जिसने हजारों स्वयंसेवकों को दुनिया के हर कोने में नैतिकता की अलख जगाने के लिए भेजा। जिसने हजारों शिक्षकों को दुनिया में ज्ञान की रोशनी के प्रसार के लिए भेजा। यह है वह फिदेल जिसने अपने सिद्धान्तों, अपनी नीतियों, विचारों, व्यवहारों पर हमेशा अटल विश्वास किया। यह है वह फिदेल जिसने सिद्धान्तों और मूल्यों की रक्षा में कभी घुटने नहीं टेके, कभी डगमगाया नहीं, कभी पाला नहीं बदला। यह है वह फिदेल जिसने अपने हाथों में 25 साल की उम्र में थामी समाजवाद की मशाल को आज भी तमाम झंझावातों के बावजूद जलाये रखा है।

आज सारी दुनिया में एक बेहतर दुनिया के जन्म लेने की छटपटाहट सुनाई दे रही है। पूर्वग्रह, नफरत, ईर्ष्या से मुक्त, न्यायपूर्ण बेहतर दुनिया और सुसंस्कृत, सभ्य इनसान का फिदेल का सपना दुनिया के हर देश की आम जनता का सपना बनता दिखाई देने लगा है। पूँजी के साम्राज्य की बढ़ती आक्रामकता और खुद पूँजी के गढ़ों में आम जनता का बढ़ता विरोध इसके प्रमाण हैं। लातिनी-अमेरिकी पिन्क टाइड, अरब स्प्रिंग से लेकर पूँजी के गढ़ों, यूरोपीय देशों और सबसे बढ़कर खुद पूँजी के साम्राज्य की राजधानी अमेरिका में आकुपाई जन-आन्दोलन और उथल-पुथल आनेवाले कल की गवाही दे रहे हैं। फिदेल का संघर्ष उत्पीड़ित जनता के संघर्ष में बदल रहा है। पूँजी की आक्रामकता के वैश्वीकरण के मुकाबले उत्पीड़ित जनों की एकजुटता का वैश्वीकरण आकार ले रहा है। उत्पीड़ित जनों के नए योद्धा कमान सँभालने के लिए, नए-नए तरीकों से संघर्ष को आगे ले चलने के लिए, पूँजी के आक्रामण के हजारों तरीकों के मुकाबले जन-संघर्षों के हजारों हजार तरीके विकसित करने के लिए उभरने लगे हैं– ह्यूगो चावेज, इवो मोरालेस जैसे तमाम नए योद्धा फिदेल की मानवीय अन्तर्राष्ट्रीयता की विरासत सँभालने के लिए तैयार हो रहे हैं।

फिदेल अभी संघर्ष के मोर्चे पर डटे हैं। नवउदारवादी वैश्वीकरण के खिलाफ, पर्यावरण, ऊर्जा, संसाधनों की बरबादी के खिलाफ, पूँजी की दादागिरी के खिलाफ आज भी युद्ध के अग्रिम मोर्चे पर विचार के हथियार के साथ डटे हैं। फिदेल जानते हैं कि आज दुनिया पूँजी के साम्राज्यवादी सरगना को कहीं बेहतर और गहराई से जानने-समझने लगी है। आज दुनिया जानने लगी है कि इस साम्राज्य की ताकत और हैसियत क्या है। वह जान चुकी है कि यह ताकत भय पर टिकी है। जिस दिन दुनिया से भय मिट जाएगा,

पूँजी के साम्राज्य का अस्तित्व भी मिट जाएगा। लोग डरना छोड़ने लगे हैं। लोग चुनौती देने सड़कों पर निकलने लगे हैं। फिदेल इस महान उद्देश्य के लिए लगातार संघर्ष करते रहना, इसके लिए अपनी सारी ऊर्जा, जीवट और समय लगाना आज की सबसे बड़ी जरूरत मानते हैं। जिससे हम सब गर्व के साथ करोड़ों-करोड़ संघर्षरत जनता की आवाज के साथ आवाज मिला सकें, हाँ हम मानवता के निर्माण की लड़ाई में शामिल हैं, हाँ हमारा जन्म लेना सार्थक है, हाँ हमारा इस दुनिया में जीना सार्थक है। महान मानवता के लिए फिदेल का संघर्ष जारी है। यह संघर्ष अपनी मंजिल पर पहुँचने तक जारी रहेगा, करोड़ों हाथ, करोड़ों कदम इसके साथ जुटते जाएँगे। महान मानवता का सपना साकार होगा। क्रान्तिकारी कवि महेश्वर के शब्दों में :

सृष्टि बीज का नाश न हो,
हर मौसम की तैयारी है।
कल का गीत लिए होंठों पर,
आज लड़ाई जारी है।

सन्दर्भ और सहायक सामग्री

पुस्तकें

- *My Life,* Fidel Castro, Edited by Ignacio Ramonet, Penguin Books
- *Cuban Revolution Reader*, Edited by Julio Garcia Luis, Ocean Press
- *Che Guevara Reader*, Edited by David Dentschmann, Left world in association with Ocean
- *The African Dream : The Diaries of the Revolutionary war in Congo* by Che Guevara, Vintage Books
- *Back on the Road : A Journery to Central America* by Che Guevara, Vintage
- *Pirates of the Caribbean : Axis of Hope* by Tariq Ali, Left World
- *The Poetry of Pablo Neruda*, Edited by Ilan Stanvaus - Farrar, Straus and Giroux
- *Cuba Project,* Fabian Escalante
- *Cuba Files,* Fabian Escalante
- *634 ways to kill,* Fabian Escalante

इन्टरनेट से (दस्तावेज, लेख आदि)

- OPI/PLD/SB/I - Working Paper - Simon Bolivar Symposium - 21-23 July 1985 Caracas
- www.nalis.gov.tt/Biography/Siman_Bolivar.htm
- 20th Century Political Economy : A Brief History of Global Capitalism - Jaffrey D. Sachs
- listverse.com/2010/10/04/top-10-revolutions-felt-around-the-world
- what-when-how.com/social-sciences/revolutions-latin-american
- news.bbc.co.uk/2/hi/americas-cubatimeline
- geography.about.com/library/cia/blccuba.htm
- www.archive.com/stream/cubanstory
- www.slp.at/theoric/cuba_4.html - cuba:socialism and democracy - Peter Taaffe

- dwardmac.pitzer.edn/anachists_archives - The Cuban Revolution A critical Perspective
- www.regfrh.easynet.co.uk/ratb - History of Cuba - The Cuban Revolution
- www.donquijute.org/culture/spain/history - latin America Revolutions - Cuba, Mexico, Venezuela
- epilogue : History and our Heros - The Bolivar Legand By John Lombardi
- www.latinamericanstudies.org/liberatores/Simon Bolivar/The Liberator
- DG/83/23 : Bolivar
- www.historyofcuba.com/history : The struggle for Cuban independance and identity
- webcache.googleusercontent.com : Brief history of Cuba
- www.davecorcoranhistorian.com : Ide abril 1948 - Bogatazo
- www.eluniversal.com : three-shorts-set-fire-to-a-nation : Bogatazo
- www.elbogatazd : Memoirs del opvido - Castro's experience in Bogatazo
- www.globalsecurity.org/ : The spirit of Moncada : Fidel Castro Rise to Power 1953-59
- www.historyinanhour.com : Fidel Castro's Prison letters - a Revolution inscribed from incarceration
- www.2.pslwel.org : From military defeat to Political victory
- www.latinamericanhistory.about.com : Assaulton Moncada Barracks : The Cuban Revolution Begins : Myths of the enemy : Castro, Cuba and Herbert Maithews of NY Times By Authony De Palama
- www.criticalvision.blogspot.com : Fidel Castros "History will Absolve Me"
- www.blackcommentator.com : History will absolve/Fidel
- www.dailytimes.com.pk : Purple watch : History will Absolve Me
- www.juventadreblelde.co.cu : Fidel's Prophetic Declaration : History will Absolve Me
- www.library.thinkquest.org : History will Absolve Me by Fidel Castro Ruz
- www.socialistalternative.org : Granma and the 26th July Movement
- www.cuba1952-1959.blogspot.com : Castro's Mexico Exila
- www.themilitant.com : Granma Voyage Began Revolutionary War; The Militant Vol. 60/No.11 : Suicide Squad : Example of Revolutionary Morale; Ber keley Review of Latin American Studies : Radicals, Revolutionaries and Exila : Mexico City in the 1920s
- www.latinamericanstudies.org : Sierra Manifesto 1957

- www.1957timecapsula.wordpress.com : Miami Pact
- www.cubaheritage.org : Women in the Guerilla By Che Guevara Articles by Che Guevara from Sierra Maestra
- www.Universalpublishers.com : Frank Pais
- www.pateplumaradio.com : Castro's Radio Rebalde Permanent Revolution-Autmn 2009 issue : The working class in Cuban Revolution
- www.globalsecurity.org : The cuban Revolution PCC;
  Values in Global Economics : Consortium for Peace and Ethics by Larry Cata Backer;
  Cuba : Learning from the otherside - webhost.bridgew.edu;
  studyworld.com : The Peasantry and the Urban Underground in Cuban revolution
- www.cuba.cu : Fidel Castro's Speech at open forum Buey Arriba
- www.internationalviewpoint.org : Socialist Revolution and Latin American Unity
- www.trincole.edu : Latin America
- www.venezuelanalysis.com : Reform and Revolution in Latin America : Class struggle will determine the outcome
- www.panafricanperspective.com : Fidel's speech at closing of the congress of women in the Americas.
- www.regfriti.easynet.co.uk : Defending Socialism in Cuba
- www.historyofcuba.com : Cuba's special Period
- www.anglefire.com : The status of cuban woman : From Economically dependent to Independant cubasocialistrenewal.blogspot : Cuba's Socialist Renewal
- www.militantstudent.org : Where is the revolution going?
- www.socialistworld.net : Reprint of Cuba : Analysis of the Revolution
- www.socialistworld.net : Pov·er in the hands of a Bureaucratic Elite
- www.socialistworld.net : For a socialist united states of Caribbean and Latin America RaceTowards Equality
- www.anglefire.com : Cuba's struggle against Racism
- www.latinamericanhistory.about.com : Cuba : The Bay of Pigs Invasion
- www.sfr-21.org : Fidel on Religion
- www.marxists.org : US Bay of Pigs Invasion
- www.dasberlcly.edu : Cooperatives : A key line of Agrarian Development in Cuba
- www.edis.ifas.ıftl.edu : Transformations in Cuban Agriculture after 1959

- www.themilitant.com : Cuba's and Reform : An Agrarian Revolution
- www.sadonlin.org : Cuba's Agriculture after the New Reforms, between stagnation and sustainable development
- www.lanic.utexas.edu : Fidel's speech at Camaguey on 21/01/1959
- www.link.org.an : Fidel's Reflections on Trujillo : honesty in journalism and release of Jugrid Betancourt
- Transitions from Charismatic Rule : Theories of Leadership change and cuba's post-field succession by Bert Hoffmann;
  Fidel Castro : The Leader Behind the Dictator (1959-2008) Prof. David Gergin CRS Report for Congress : Cuba's Political Succession from Fidel to Raul Castro.

❑❑❑